TRAITÉ

THÉORIQUE ET PRATIQUE

DES

EXPERTISES

EN MATIÈRES CIVILES

ADMINISTRATIVES ET COMMERCIALES

MANUEL DES EXPERTS

PAR

OSCAR DEJEAN

Ancien magistrat

TROISIÈME ÉDITION

AUGMENTÉE ET MISE AU COURANT DE LA LÉGISLATION ET DE LA JURISPRUDENCE

PAR

C. FLAMAND et Edouard PELTIER

Avocats à la Cour d'Appel de Paris

PARIS

LIBRAIRIE MARESCQ AINÉ

CHEVALIER-MARESCQ ET Cie, ÉDITEURS

20, RUE SOUFFLOT, 20

1897

TRAITE

THÉORIQUE ET PRATIQUE

DES EXPERTISES

en matières civiles, administratives et commerciales

TRAITÉ

THÉORIQUE ET PRATIQUE

DES

EXPERTISES

EN MATIÈRES CIVILES
ADMINISTRATIVES ET COMMERCIALES

MANUEL DES EXPERTS

PAR

OSCAR DEJEAN
Ancien magistrat

TROISIÉME ÉDITION

REVUE, AUGMENTÉE ET MISE AU COURANT DE LA LÉGISLATION ET DE LA JURISPRUDENCE

PAR

C. FLAMAND et Edouard PELTIER
Avocats à la Cour d'Appel de Paris

PARIS

LIBRAIRIE MARESCQ AÎNÉ
CHEVALIER-MARESCQ et Cie, ÉDITEURS
20, RUE SOUFFLOT, 20
—
1897

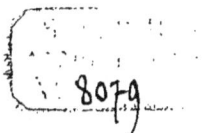

AVERTISSEMENT

Nous présentons au public une nouvelle édition du Traité de M. Dejean sur les Expertises.

On sait avec quelle faveur ce livre a été accueilli et quelle autorité il a depuis longtemps acquise. Mais les années ont marché; les décisions de la jurisprudence se sont multipliées; des lois spéciales ont été promulguées. Il fallait que l'ouvrage subît des remaniements importants et des additions nombreuses.

La mort a emporté M. Dejean au moment où il se disposait à entreprendre cette tâche. Nous nous sommes adressés à MM. C. Flamand et Edouard Peltier, avocats à la Cour d'appel de Paris, qui ont bien voulu se charger de ce travail si délicat de revision et de refonte.

Toutes les décisions rendues jusqu'en 1896 en matière d'expertise ont été citées ou résumées. Les questions qu'ont pu soulever les lois parues depuis la dernière édition ont reçu leur solution. La partie de l'ouvrage relative aux expertises en matière administrative a été l'objet d'une transformation presque complète, en raison des changements apportés à la législation antérieure par la loi du 22 juillet 1889 sur la procédure à suivre devant les Conseils de préfecture et par celle du 29 décembre 1892, sur les dommages causés à la propriété privée par l'exécution des travaux publics.

Les formules ont été mises en harmonie avec les modifications apportées par ces lois. En un mot, tout en conservant à l'ouvrage son cadre primitif, nous l'avons rajeuni et nous en avons comblé les lacunes.

Nous ne doutons pas que cette édition n'obtienne le même succès que celles qui l'ont précédée.

———✳✳✳———

PRÉFACE

———

Lorsque la pensée nous vint d'écrire cet ouvrage, notre unique but était de fournir aux personnes peu versées dans la science du droit et peu familiarisées avec les règles assez compliquées de la procédure relative à l'expertise, un guide-formulaire, qui leur facilitât l'exercice des fonctions d'expert, dont les parties ou les tribunaux les auraient investies.

Mais, dès que notre tâche fut commencée, nous nous aperçûmes que, pour éclairer entièrement les experts sur la manière de remplir leur mission, il fallait absolument entrer dans des détails, donner des explications, qui nécessitaient un examen complet de la législation, de la jurisprudence et de l'opinion des auteurs.

C'est ainsi que ce livre, qui ne devait d'abord être qu'un simple manuel à l'usage des experts, devint, par la force des choses et l'importance du sujet, un traité complet des expertises en matières civiles, administratives et commerciales, traité dans lequel sont examinées et résolues toutes les questions qui se rapportent à cette partie essentielle de la procé-

dure devant les diverses juridictions. L'accueil qui
a été fait à notre première édition et le succès qu'elle
a obtenu, nous ont prouvé que nous avions atteint le
but que nous nous étions proposé, celui de faire un
ouvrage à la fois théorique et pratique. L'édition
nouvelle, que nous donnons aujourd'hui, a été revue
avec le plus grand soin, et augmentée de toutes les
décisions judiciaires de quelque importance, rendues
depuis la publication de la première édition; nous
l'avons ainsi parfaitement mise au courant de la
jurisprudence et de la doctrine.

Le premier chapitre contient la définition de l'expertise en général et la nomenclature détaillée des
matières civiles, administratives et commerciales qui
doivent ou qui peuvent y être soumises. Il indique
les cas où l'expertise est obligatoire et ceux où elle
n'est que facultative.

Le deuxième chapitre traite du choix des experts
et de la nature de leur mission, dont il précise le
caractère et fait ressortir l'importance, après avoir
établi la différence qui existe entre les arbitres et
les experts.

Le troisième chapitre est exclusivement consacré
aux expertises en matière civile. Il se divise en trois
sections, qui comprennent : 1° les expertises en justice de paix ; 2° les expertises devant les tribunaux de
première instance et les cours d'appel ; 3° les expertises dans des cas spéciaux. C'est dans la deuxième
section de ce chapitre que sont commentées toutes les dispositions du titre XIV du livre II de la

1ʳᵉ partie du Code de procédure civile, qui renferme les règles fondamentales de l'expertise, dispositions auxquelles sont plus ou moins soumises les diverses opérations de cette nature, en matières administrative et commerciale aussi bien qu'en matière civile.

L'expertise en matière administrative fait l'objet du quatrième chapitre. La première section est consacrée aux expertises ordinaires ; la seconde, à celles pour lesquelles les lois spéciales ont tracé des règles particulières.

Le cinquième chapitre traite de l'expertise en matière commerciale. Ce chapitre est également partagé en deux sections : l'une relative aux opérations ordinaires, et l'autre aux expertises qui ont lieu dans des cas spéciaux.

Dans le sixième chapitre se trouve tout ce qui a rapport aux expertises dites amiables, que les parties font opérer sans l'intervention de la justice.

Tous les tarifs des frais et honoraires des experts sont reproduits et commentés dans le septième chapitre.

Enfin, le huitième et dernier chapitre contient cent soixante formules des divers actes que peuvent nécessiter les opérations qui font l'objet de ce Traité. Rédigées avec le plus grand soin, d'après les règles tracées par la loi, ces formules sont le complément nécessaire, indispensable, des explications que renferment les précédents chapitres. Elles éclairent la théorie par la pratique, et, en leur réservant une large place dans notre livre, nous avons suivi le conseil de Bacon, qui, au n° 88 de ses *Aphorismes*, s'exprime ainsi : « Recueillez des formules diverses, particulières à chaque nature d'affaires, car elles sont d'un grand intérêt pour la pratique, et, certes, elles découvrent les mystères et les oracles des lois. Il y a dans les lois bien des choses qui restent, en quelque sorte, à l'état latent, et que les formules font voir tout en détail ; c'est la différence du poing fermé à la main ouverte (*instar pugni et palmæ*). »

Une table analytique des matières et une table alphabétique terminent le volume ; elles sont disposées de manière à ce qu'on puisse promptement et facilement trouver ce dont on a besoin.

Tel est le cadre de cet ouvrage, dont l'utilité est de plus en plus appréciée chaque jour, non seulement par les personnes appelées à remplir les fonctions d'expert, dont il guide la marche et facilite les travaux, mais encore par les hommes d'affaires et les magistrats, qui, sur chaque objet, y trouvent le dernier état de la législation, de la jurisprudence et de la doctrine, et évitent ainsi de perdre un temps précieux à des recherches toujours longues, souvent incomplètes et parfois infructueuses.

TRAITÉ

THÉORIQUE ET PRATIQUE

DES

EXPERTISES

EN MATIÈRES CIVILES, ADMINISTRATIVES ET COMMERCIALES.

CHAPITRE PREMIER.

DE L'EXPERTISE EN GÉNÉRAL, ET DES MATIÈRES QUI DOIVENT OU PEUVENT Y ÊTRE SOUMISES.

1. On entend par *expertise* (du latin *experiri*, éprouver, expérimenter) l'opération à laquelle se livrent un ou plusieurs experts pour constater certains faits, vérifier, examiner, mesurer, évaluer certaines choses, et faire un rapport destiné à éclairer les décisions de la justice, lorsqu'il se présente, dans un procès, des questions que les juges ou les arbitres ne peuvent apprécier par eux-mêmes, parce qu'elles demandent des connaissances spéciales, ou qu'elles nécessiteraient des déplacements trop prolongés ou trop onéreux.

2. L'expertise peut également avoir pour objet la constatation d'un état de choses dont il sera nécessaire de rapporter ultérieurement la preuve, et qui oblige, dès lors, à une vérification préalable.

3. Les *experts* sont des hommes expérimentés et pourvus de connaissances spéciales, que les magistrats ou les arbitres nomment d'office, ou que les parties choisissent elles-mêmes, pour procéder à une expertise.

4. On appelle *rapport d'experts* l'exposé écrit de l'expertise, c'est-à-dire le procès-verbal des recherches, vérifications, calculs, etc., auxquels se sont livrés les experts, et de l'avis qu'ils ont adopté en conséquence de ces divers travaux.

5. L'expertise est amiable ou judiciaire.

6. Elle est amiable lorsque les experts procèdent sans intervention de la justice, et uniquement en vertu des pouvoirs que les parties leur ont donnés.

7. L'expertise est judiciaire quand elle est ordonnée par des juges ou par des arbitres régulièrement nommés soit d'office, soit sur la demande et la présentation des parties, dans le cours d'une instance ou préalablement à une contestation, et par un jugement ou une simple ordonnance sur requête.

8. Le but spécial de cet ouvrage est de traiter de l'expertise judiciaire. Toutefois, pour donner un travail complet sur ces deux natures d'opérations, nous consacrerons notre chapitre VI à l'expertise amiable. Tout ce qui va suivre immédiatement se rapporte, dès lors, exclusivement à l'expertise judiciaire.

9. Les experts commis par les tribunaux tiennent de la justice une délégation qui leur fait emprunter, sous certains rapports, le caractère du juge. D'un autre côté, ce sont des témoins instruits qui viennent déposer sur les faits qui ont été soumis à leurs investigations. Aussi, — dit le Journal du palais (*Rép.*, t. VII, p. 84), — la loi et la jurisprudence les ont-elles assimilés tantôt aux magistrats, tantôt aux témoins, selon qu'il y avait lieu de considérer leur caractère à l'un ou à l'autre de ces points de vue.

10. L'expertise judiciaire est obligatoire ou facultative pour les magistrats.

11. Lorsque la loi prescrit au juge de ne décider que sur un rapport d'experts, ou qu'elle lui fait un devoir de nommer des experts si les parties le demandent, l'expertise est obligatoire. Elle est facultative lorsque l'emploi de ce mode d'instruction est subordonné à l'appréciation des magistrats.

Nous allons, dans les deux sections suivantes, indiquer ces divers cas, en distinguant les matières civiles, administratives et commerciales.

SECTION PREMIÈRE.

CAS DANS LESQUELS L'EXPERTISE EST OBLIGATOIRE.

12. La loi a voulu laisser autant que possible à la sagesse des magistrats l'appréciation des circonstances où il y aurait lieu de faire procéder à une expertise ; mais elle a cependant reconnu qu'il est des cas où cette voie d'instruction est indispensable, et alors elle a imposé aux juges l'obligation de ne rendre leur décision qu'après avoir pris l'avis d'hommes spéciaux. Elle a également voulu que, dans certaines circonstances, l'expertise réclamée par les parties leur fût toujours accordée. Enfin, elle a prévu qu'il y a des cas où il est nécessaire de faire constater par des experts un état de choses, une valeur, des faits, qui pourront ultérieurement être la base, le point de départ d'une réclamation à faire, d'une action à intenter, d'un compte à rendre, d'un règlement à opérer, et elle a fait aux parties intéressées un devoir strict de recourir à une expertise préalable.

§ Ier. — *Matières civiles.*

13. En matière civile, les magistrats sont obligés d'ordonner une expertise d'office, ou sur la demande des parties, dans les divers cas que nous allons énumérer.

14. Ceux qui ont obtenu l'envoi en possession provisoire des biens d'un absent peuvent requérir, pour leur sûreté, qu'il soit procédé, par un expert nommé par le tribunal, à la visite des immeubles, à l'effet d'en constater l'état. (Code civil, art. 126.) Les intéressés peuvent, s'ils le veulent, se dispenser de l'expertise ; mais, lorsqu'ils la requièrent, le tribunal est obligé de nommer l'expert.

15. Les père et mère, tant qu'ils ont la jouissance des biens de leurs enfants mineurs, c'est-à-dire jusqu'à l'âge de dix-huit ans accomplis, ou jusqu'à l'émancipation qui pourrait avoir lieu avant cet âge, sont dispensés de vendre les meubles, s'ils préfèrent les garder en nature : mais, dans ce cas, ils sont obligés de faire faire, à leurs frais, une estimation à juste valeur par un expert, qui est nommé par le subrogé tuteur et prête serment devant le juge de paix. (Code civil, art. 453. — Voir ci-après, nᵒˢ 762 et suiv.)

16. L'un des voisins ne peut pratiquer dans le corps d'un mur mitoyen aucun enfoncement, ni y appliquer ou appuyer aucun ouvrage sans le consentement de l'autre propriétaire, ou sans avoir, à son refus, fait régler par experts les moyens nécessaires pour que le nouvel ouvrage ne soit pas nuisible aux droits d'autrui. (Code civil, art. 662. — Voir ci-après, nᵒˢ 770 et suiv.)

17. Le partage des biens d'une succession peut donner lieu à rescision lorsqu'un des héritiers établit à son préjudice une lésion de plus du quart. Pour juger s'il y a eu lésion, on estime les objets suivant leur valeur à l'époque du partage. (Code civil, art. 887 et 890. — Voir ci-après, nᵒˢ 780 et suiv.)

18. Il en est de même du partage fait par des ascendants, soit qu'il y ait lésion de plus d'un quart, soit que la quotité disponible ait été dépassée. (Code civil, art. 1079 et 1080. — Voir ci-après, nᵒˢ 791 et suiv.)

19. L'échange d'un immeuble dotal peut être autorisé par la justice, du consentement de la femme, contre un autre immeuble de même valeur, pour les quatre cinquièmes au moins; la valeur comparative des deux immeubles doit être fixée par des experts nommés d'office par le tribunal. (Code civil, art. 1559.)

20. Si, dans la vente d'un immeuble avec indication de contenance, à raison de tant la mesure, il s'élève une contestation entre le vendeur et l'acquéreur, il est indispensable de mesurer le terrain pour établir si la différence s'élève à un vingtième au-dessus ou au-dessous de la contenance déclarée dans l'acte. (Code civil, art. 1617 et 1618.)

21. Lorsque le vendeur d'un immeuble prétend être lésé de plus de sept douzièmes dans le prix de cet immeuble, il a le droit de demander la rescision de la vente. La preuve de la lésion ne peut se faire que par un rapport de trois experts, nommés d'office, à moins que les parties ne se soient accordées pour les nommer tous les trois conjointement. (Code civil, art. 1674, 1675, 1678 et 1680. — Voir ci-après, nᵒˢ 849 et suiv.)

22. Lorsqu'il y a contestation sur le prix d'un bail verbal dont l'exécution a commencé, et qu'il n'existe pas de quittance, si le locataire ne veut pas s'en rapporter au serment du propriétaire, il peut demander l'estimation par experts. (Code civil, art. 1716.) L'expertise est facultative pour le locataire, mais elle est obligatoire pour le propriétaire et pour les juges, lorsque le locataire la demande.

23. En matière de nantissement, le créancier ne peut, à défaut de payement, faire ordonner en justice que le gage lui demeurera en payement, jusqu'à due concurrence, que d'après une estimation faite par experts. (Code civil, art. 2078.)

24. Les architectes, entrepreneurs, maçons et autres ouvriers employés pour édifier, reconstruire ou réparer des bâtiments, canaux ou autres ouvrages quelconques, sont au nombre des créanciers privilégiés sur les immeubles auxquels ils ont travaillé, pourvu néanmoins que, par un expert nommé d'office par le tribunal de première instance dans le ressort duquel les bâtiments sont situés, il ait été dressé préalablement un procès-verbal à l'effet de constater l'état des lieux relativement aux ouvrages que le propriétaire déclarera avoir dessein de faire, et que les ouvrages aient été, dans les six mois au plus de leur perfection, reçus par un expert également nommé d'office. (Code civil, art. 2103. — Voir ci-après, n°s 837 et suiv.)

25. En matière d'ordre, lorsqu'il y a lieu à ventilation du prix de plusieurs immeubles vendus collectivement, le juge, d'office ou sur la réquisition des parties, fait procéder à cette opération, par un ou trois experts. (Code de procédure civile, art. 757. — Voir ci-après, n°s 847 et suiv.)

26. Dans les levées de scellés avec inventaire, et dans tous les autres cas où il y a lieu de faire un inventaire notarié, les parties intéressées pourront convenir du choix d'un ou deux notaires et d'un ou deux commissaires-priseurs ou experts; si elles n'en conviennent pas, il sera procédé, suivant la nature des objets, par un ou deux notaires, commissaires-priseurs ou experts, nommés d'office par le président du tribunal de première instance. Le procès-verbal de levée de scellés constate la nomination des notaires, commissaires-priseurs et experts qui doivent opérer. (Code de procédure civile, art. 935 et 936. — Voir ci-après, n°s 857 et suiv.)

27. L'acheteur ou l'échangiste qui soupçonne un animal par lui acquis d'être atteint de vice rédhibitoire doit, à peine de déchéance, provoquer la nomination d'un ou trois experts chargés de constater le vice et de dresser procès-verbal. (Loi du 2 août 1884, art. 7. — Voir ci-après, n°s 874 et suiv.)

§ II. — *Matières administratives.*

28. L'expertise est obligatoire, en matière administrative, dans les divers cas suivants.

29. Aux termes des déclarations du roi des 18 juillet 1729 et 18 août 1730, l'autorité administrative ne peut, sauf le cas de péril imminent prévu par l'article 10 de cette dernière déclaration, ordonner la démolition d'un bâtiment menaçant ruine qu'après qu'il a été procédé à une expertise contradictoire entre le propriétaire et l'administration. (Voir ci-après, n°s 1028 et suiv.)

30. Si l'administration de l'enregistrement veut réclamer un supplément de droit, lorsque le prix énoncé dans un acte translatif de propriété ou d'usufruit de biens immeubles, à titre onéreux, lui paraît inférieur à leur valeur vénale à l'époque de l'aliénation, ou lorsque l'évaluation donnée au revenu d'immeubles transmis à tout autre titre qu'à titre onéreux lui paraît insuffisante, ou bien encore en cas d'insuffisance de déclaration de locations verbales, ou du prix de vente d'un fonds de commerce ou d'une clientèle, c'est au moyen d'une expertise qu'elle doit faire constater la plus-value. (Loi du 22 frimaire an VII, art. 17 et 19; loi du 23 août 1871, art. 11; loi du 28 février 1872, art. 8. — Voir ci-après, n°s 1041 et suiv.)

31. En matière de douanes, toutes les fois qu'il s'élève entre l'administration et le commerce des difficultés sur l'espèce, l'origine ou la quantité des marchandises saisies, ou qu'il y a lieu d'estimer la valeur de la marchandise pour établir la quotité de l'amende, les tribunaux sont tenus de faire procéder à une expertise. (Lois des 11 prairial an VII, 8 floréal an XI, 28 avril 1816, 27 juillet 1822 et 7 mai 1881).

32. Lorsque le gouvernement fait un desséchement de marais, ou lorsque la concession de ce desséchement a été accordée, il est formé entre les propriétaires un syndicat, à l'effet de nommer les experts qui doivent procéder aux estimations auxquelles donne lieu ce travail. (Loi du 16 septembre 1807, art. 7. — Voir ci-après, n°s 1036 et suiv.)

33. Lorsque, par suite de travaux publics généraux, départementaux ou communaux, ordonnés ou approuvés par le gouvernement, des propriétés privées auront acquis une notable augmentation de valeur, ces propriétés pourront être chargées de payer une indemnité qui pourra s'élever jusqu'à la moitié de la valeur des avantages acquis; le tout sera réglé sur une estimation par experts. (Même loi, art. 30. — Voir ci-après, n°s 1073 et suiv.)

34. Toutes les propriétés qui profiteront de l'ouverture ou du perfectionnement des routes ou moyens de navigation dont l'objet sera d'exploiter avec économie des bois, forêts, mines ou minières, seront appelées à contribuer, pour la totalité de la dépense, dans les proportions variées des avantages qu'elles recueilleront. L'estimation de la quote-part de chaque propriétaire devra être faite par des experts. (Même loi, art. 38 et 40. — Voir ci-après, n°s 1088 et suiv.)

35. Des experts doivent également être nommés lorsqu'il s'agit de fixer les indemnités dues pour occupation de terrains, et lorsque, par suite d'alignements arrêtés, les propriétaires ont à délaisser l'emplacement de bâtiments démolis, ou qu'ils reçoivent la faculté de s'avancer sur la voie publique. (Même loi, art. 48, 49, 50 et 53. — Voir ci-après, n°s 1098 et suiv.)

36. Les recherches pour découvrir des mines ne peuvent être faites que du consentement du propriétaire, ou, à défaut, avec l'autorisation du gouvernement et à la charge de payer au propriétaire une indemnité préalable, qui est fixée d'après un rapport d'experts. (Loi du 21 avril 1810, art. 10. — Voir ci-après, n°s 1144 et suiv.)

37. Des expertises sont également obligatoires pour statuer sur les indemnités à accorder aux propriétaires de mines ou minières qui ne veulent pas traiter à l'amiable, dans le cas d'exploitation par des tiers. (Même loi, art. 44, 45, 65, 66, 87 et suiv. — Voir ci-après, n°s 1153 et suiv.)

38. En matière de contributions directes, parmi les opérations auxquelles donne lieu la confection du cadastre se trouve l'expertise à laquelle se livrent, avec l'assistance du contrôleur, cinq propriétaires nommés par le conseil municipal, et désignés sous le nom de commissaires-classificateurs. (Voir ci-après, n°s 1159 et suiv.)

39. En matière de délimitation et bornage entre les forêts de l'État et les propriétés riveraines, deux experts sont nommés, l'un par le préfet et l'autre par le propriétaire, pour procéder à l'abornement. (Ordonnance royale du 1er août 1827. — Voir ci-après, art. 1167 et suiv.)

40. Lorsqu'il y a lieu d'occuper tout ou partie d'une ou de plusieurs propriétés particulières pour y faire des travaux de fortifications dont l'urgence a été déclarée par ordonnance royale ou par décret, le tribunal de première instance et le préfet nomment chacun un expert, chargés de concourir aux diverses opérations indiquées. Les personnes intéressées ont également la faculté de se faire assister ou représenter par un expert ; si elles n'usent pas de ce droit et qu'elles ne se présentent pas elles-mêmes aux opérations, le juge-commissaire désigne d'office un expert pour les représenter. (Loi du 30 mars 1831, art. 3, 5 et 7. — Voir ci-après, nos 1171 et suiv.)

41. Le classement des tabacs en feuilles, livrés à la régie par les propriétaires qui les ont récoltés, est opéré par une commission d'expertise composée de cinq membres nommés par le préfet. (Voir ci-après, nos 1188 et suiv.)

42. Enfin, en matière de chemins vicinaux, les subventions pour dégradations habituelles ou temporaires, ni les indemnités à accorder par le juge de paix, pour la valeur du sol attribué à une de ces voies, ou par le conseil de préfecture, pour extraction de matériaux, dépôt ou enlèvement de terres et occupations temporaires de terrains, ne peuvent être réglées que sur un rapport d'experts, si l'une des parties le demande. (Loi du 21 mai 1836, art. 14 et 15. — Voir ci-après, nos 1202 et suiv.)

§ III. — *Matières commerciales.*

43. L'expertise judiciaire est obligatoire, en matière de commerce, dans les divers cas ci-après.

44. En cas de refus de recevoir les objets transportés ou de contestation pour leur réception, l'état de ces objets doit être vérifié et constaté par des experts. (Code de commerce, art. 106. — Voir ci-après, nos 1367 et suiv.)

45. L'innavigabilité d'un navire dont la constatation est nécessaire soit pour permettre au capitaine d'en opérer la vente sans un pouvoir spécial du propriétaire, soit pour justifier le délaissement aux assureurs des objets assurés, ne peut être légalement établie que par une expertise. (Code de commerce, art. 237 et 369. — Voir ci-après, n°ˢ 1383 et suiv.)

46. Le capitaine d'un navire est tenu de payer des dommages-intérêts à l'affréteur, si, par son fait, le navire a été retardé ou arrêté au départ, pendant la route ou au lieu de décharge. Ces dommages-intérêts sont réglés par des experts. (Code de commerce, art. 295.)

47. En cas d'abordage de navires, le dommage doit être payé par celui des deux capitaines qui l'a causé; s'il y a doute dans les causes de l'abordage, le dommage est réparé à frais communs et par égale portion, par les navires qui l'ont fait et souffert. Dans ces deux cas, l'estimation du dommage est faite par experts. (Code de commerce, art. 407.)

48. Si, par tempête ou par la chasse de l'ennemi, le capitaine est obligé, pour le salut du navire, de jeter en mer une partie de son chargement, de couper les mâts ou d'abandonner les ancres, l'état des pertes et dommages est fait dans le lieu du déchargement du navire, à la diligence du capitaine et par experts. (Code de commerce, art. 410 et 414. — Voir ci-après, n°ˢ 1405 et suiv.)

49. En matière commerciale comme en matière civile, l'expertise est obligatoire pour constater les vices rédhibitoires dans les ventes et échanges d'animaux domestiques. (Voir ci-après, n° 1503.)

SECTION II.

CAS DANS LESQUELS L'EXPERTISE EST FACULTATIVE.

50. Nous n'entreprendrons pas d'énumérer tous les cas dans lesquels a lieu l'expertise facultative; ces cas sont excessivement fréquents, car les juges, ainsi que les arbitres, peuvent, soit d'office, soit sur la demande des parties, ordonner une expertise dans toutes les causes où elle peut contribuer à éclairer leur religion. La loi a cependant prévu certaines circonstances dans lesquelles il convient de recourir à des experts; nous les indiquerons dans les trois paragraphes qui suivent.

§ I⁰ʳ. — *Matières civiles.*

51. Lorsqu'il s'agira soit de constater l'état des lieux, soit d'apprécier la valeur des indemnités et dédommagements demandés, le juge de paix ordonnera que le lieu contentieux sera visité par lui, en présence des parties; et si l'objet de la visite ou de l'appréciation exige des connaissances qui soient étrangères au juge, il ordonnera que les gens de l'art, qu'il nommera par le même jugement, feront la visite avec lui et donneront leur avis. (Code de procédure civile, art. 41 et 42.)

52. En matière de reconnaissance et vérification d'écritures, si le défendeur dénie la signature à lui attribuée, ou déclare ne pas reconnaître celle attribuée à un tiers, la vérification en pourra être ordonnée tant par titres que par experts et par témoins (Code de procédure civile, art. 195. — Voir ci-après, nᵒˢ 885 et suiv.)

53. Dans le cas de faux incident civil, le jugement qui admettra les moyens de faux ordonnera que ces moyens seront prouvés tant par titres que par témoins, sauf au défendeur la preuve contraire, et qu'il sera procédé à la vérification des pièces arguées de faux par trois experts écrivains, qui seront nommés d'office par le même jugement. (Code de procédure civile, art. 232. — Voir ci-après, nᵒˢ 946 et suiv.) Il semblerait résulter des termes de cet article que la vérification des pièces par experts serait obligatoire ; mais la Cour de cassation a plusieurs fois décidé le contraire, notamment dans les divers arrêts que nous citerons en examinant spécialement l'article 232. (Voir ci-après, nᵒˢ 973 et suiv.)

54. Pour obtenir à l'égard d'un mineur tout l'effet qu'un partage d'immeubles aurait entre majeurs, il faut qu'il soit fait en justice et précédé d'une estimation faite par experts nommés par le tribunal de première instance du lieu de l'ouverture de la succession. (Code civil, art. 466.) D'après la seconde disposition de cet article, l'expertise serait obligatoire ; mais cette disposition a été abrogée par le paragraphe 2 de l'article 970 du Code de procédure civile, modifié par la loi du 2 juin 1841, qui est ainsi conçu : « Le tribunal pourra, soit qu'il ordonne le partage, soit qu'il ordonne la licitation, déclarer qu'il y sera immédiatement procédé *sans expertise préalable*, même lorsqu'il y aura des mineurs en cause..... »

55. Dans les partages entre majeurs, si l'un des cohéritiers refuse de consentir au partage, ou s'il s'élève des contestations soit sur le mode d'y procéder, soit sur la manière de le terminer, le tribunal prononce comme en matière sommaire, ou commet, s'il y a lieu, un des juges, sur le rapport duquel il décide les contestations. L'estimation des immeubles est faite par experts choisis par les parties intéressées, ou, à leur défaut, nommés d'office. L'estimation des meubles, s'il n'y a pas eu de prisée faite dans un inventaire régulier, doit être faite par gens à ce connaissant, à juste prix et sans crue. (Code civil, art. 823, 824 et 825.) Le nouvel article **970** du Code de procédure civile, que nous avons reproduit dans le numéro précédent, a également rendu, dans ce cas, l'expertise facultative pour le tribunal, et le premier paragraphe de l'article **971** porte que « lorsque le tribunal ordonnera l'expertise, il pourra commettre *un* ou trois experts... » La formation des lots, quand le partage a lieu devant notaire et que les cohéritiers ne peuvent pas s'entendre pour en charger l'un d'eux, est également opérée par un seul expert, conformément aux articles 834 du Code civil et 978 du Code de procédure civile.

56. Dans les ventes de biens immeubles appartenant à des mineurs, le jugement qui ordonne la vente détermine la mise à prix soit d'après l'avis des parents, soit d'après les baux, et, à défaut de baux, d'après le rôle de la contribution foncière. Néanmoins le tribunal peut, suivant les circonstances, faire procéder à l'estimation totale ou partielle des immeubles par un ou trois experts, selon l'importance et la nature des biens. (Code de procédure civile, art. 955 et 956.)

§ II. — *Matières administratives.*

57. En matière administrative comme en toute autre matière, les juges ont la faculté d'ordonner une expertise toutes les fois qu'elle peut les éclairer sur les allégations des parties, les aider à apprécier les faits qui leur sont soumis ou les dédommagements qui leur sont demandés. Cette mesure d'instruction appartient au droit commun. Il s'ensuit que les conseils de préfecture doivent s'en abstenir quand ils n'ont qu'à déterminer le sens ou examiner la régularité d'un acte et que la décision du procès appartient à d'autres juges, mais qu'ils peuvent en user dans tous les cas où le fond du litige est de leur compétence. (Voir ci-après, nᵒˢ 1000 et suiv.)

58. Le jury chargé de régler les indemnités en matière d'expropriation pour cause d'utilité publique doit faire par lui-même toutes les opérations qu'il croit utiles. (Loi du 3 mai 1841, art. 37.) Cependant il pourrait commettre un expert pour procéder à certaines opérations techniques, et même à certaines estimations. (Voir ci-après, nᵒˢ 1289 et suiv.)

59. Pour fixer le montant de la somme à consigner, lorsqu'il y a urgence de prendre possession de terrains non bâtis soumis à l'expropriation, le tribunal peut se transporter sur les lieux, ou commettre un juge pour visiter les terrains, recueillir tous les renseignements propres à en déterminer la valeur, et en dresser, s'il y a lieu, un procès-verbal descriptif. (Loi du 3 mai 1841, art. 68.) Dans ce cas, les juges peuvent évidemment se faire assister par des experts; il est même important qu'ils le fassent dans la plupart des affaires, afin de rendre leur procès-verbal descriptif aussi complet que possible. (Voir ci-après, nᵒˢ 1293 et suiv.)

§ III. — *Matières commerciales.*

60. L'article 429 du Code de procédure civile autorise les tribunaux de commerce : 1º à désigner des arbitres pour examiner les comptes, pièces et registres, entendre les parties, et les concilier, si faire se peut, sinon donner leur avis ; 2º s'il y a lieu à visite ou estimation d'ouvrages ou marchandises, à nommer un ou trois experts.

61. Les arbitres dont il s'agit dans cet article ne doivent pas être confondus avec les arbitres-juges; ce ne sont, à proprement parler, que des experts auxquels le tribunal confie la mission de concilier les parties, s'ils le peuvent, mais qui, dans le cas de non-conciliation, n'ont à donner qu'un simple avis, comme les experts ordinaires. On les désigne communément sous le nom d'*arbitres-rapporteurs.*

62. L'article 429 du Code de procédure civile n'est pas limitatif; les motifs de célérité et d'espoir de conciliation, la nécéssité de bien vérifier les objets du litige et d'apprécier à leur juste valeur les ouvrages et marchandises, s'étendent à toutes les affaires autres que celles spécialement désignées par cet article. Aussi les tribunaux de commerce sont-ils dans l'usage d'ordonner le renvoi devant des arbitres-rapporteurs dans la plupart des causes qui leur sont soumises, et de nommer des experts toutes les fois qu'ils sentent le besoin de recourir à des hommes spéciaux.

63. En matière d'assurances maritimes, on peut, dans beaucoup de circonstances, recourir à une expertise, soit pour évaluer les objets assurés, soit pour diverses autres vérifications ou estimations. (Code de commerce, art. 332 et suiv.)

64. Les avaries de toute nature arrivées aux navires ou aux marchandises donnent également lieu à de fréquentes expertises. (Code de commerce, art. 397 et suiv.)

65. En matière de faillite ou de liquidation judiciaire, lorsque les syndics ou les liquidateurs procèdent à l'inventaire, ils sont libres de se faire aider, pour l'estimation des objets, par tel expert qu'ils jugent convenable. (Code de commerce, art. 480. — Voir ci-après, n⁰ˢ 1496 et suiv.)

CHAPITRE II

CHOIX DES EXPERTS ET NATURE DE LEUR MISSION.

66. Il existait autrefois, dans les villes où siégeaient les Parlements, des experts, architectes ou arpenteurs jurés, qui formaient une sorte de corporation. Les édits de mai et juillet 1690 et la déclaration du roi du 3 mars 1705 les avaient constitués en titre d'office, de même que les greffiers.

67. Les fonctions de ces experts-jurés consistaient à faire les rapports, toisés, prisées et estimations, tant en justice qu'à l'amiable, pour les licitations, partages, servitudes, alignements, visites de carrières, cours d'eau, ouvrages de maçonnerie, charpenterie, menuiserie, serrurerie, etc. Il était interdit à toutes autres personnes de faire aucun acte ni rapport sur ces divers objets; les parties ni les magistrats ne pouvaient choisir que parmi ces experts-jurés, et, en dehors des affaires commerciales, on ne pouvait avoir égard à d'autres rapports que les leurs devant les tribunaux.

68. Aujourd'hui ces offices n'existent plus. Toute personne capable, qu'elle exerce ou non la profession, l'art, le commerce, le métier relatif au point litigieux, peut remplir les fonctions d'expert. La plus grande latitude est, par conséquent, laissée au choix des juges comme à la désignation des parties, qui, sauf pour quelques expertises spéciales (voir ci-après, nᵒˢ 71 à 75), peuvent nommer toute personne que la loi n'a pas déclarée incapable, soit à raison d'incompatibilité avec d'autres fonctions, soit pour toute autre cause. (Voir ci-après, nᵒˢ 76 et suiv.)

69. Plus les parties, les arbitres et les magistrats ont de liberté pour choisir les experts, plus ils doivent mettre de soin à ne confier cette tâche qu'à des hommes instruits, d'un jugement droit, d'une impartiale fermeté et d'une probité à toute épreuve. Il est souvent aussi très-essentiel que les experts connaissent bien le pays où ils doivent opérer, les habitudes de la contrée, les usages locaux, les personnes auxquelles ils ont à demander des renseignements. A cet égard, il convient de nommer, autant qu'on le peut, des personnes qui résident dans le voisinage du lieu où doit se faire l'opération ; mais, comme il faut aussi, dans les campagnes surtout, éviter la pression des influences locales, il est bon de prendre un des experts et quelquefois deux en dehors de la localité.

70. Il est également un point sur lequel nous croyons devoir appeler l'attention des magistrats ainsi que des parties et de leurs avoués : c'est la nécessité, dans presque toutes les opérations, que l'expert ou l'un d'eux au moins, quand il y en a trois, soient habitués aux affaires. Il est très-rare qu'une expertise ne nécessite pas l'application de règles de droit ou de procédure, dont les experts doivent s'inspirer pour n'omettre aucune constatation utile. Un bon expert doit se mettre en idée à la place du juge ; se demander quels seraient, s'il avait à prononcer sur le litige, les renseignements dont il aurait besoin, et les points sur lesquels il est nécessaire d'avoir des éclaircissements. Or l'expert ne peut savoir cela que s'il est apte à apprécier la difficulté et s'il se rend bien compte de l'importance que telle ou telle constatation peut avoir pour éclairer la justice. Nous avons vu trop souvent, dans la pratique, les tribunaux commettre des erreurs par suite de l'insuffisance des rapports, insuffisance provenant de l'inaptitude ou de l'inexpérience des experts, pour ne pas insister sur l'utilité de mettre, dans chaque expertise, au moins un homme pratique, possédant les connaissances nécessaires pour diriger l'opération.

71. En matière de douanes, d'après l'article 19 de la loi du 27 juillet 1822, modifié par l'article 4 de la loi du 7 mai 1881, il pouvait être adjoint aux trois commissaires-experts chargés de statuer sur les difficultés relatives à l'espèce, à l'origine ou à la qualité des produits, deux fabricants ou négociants choisis sur une liste dressée annuellement par la Chambre de commerce de Paris. Aujourd'hui, aux termes de l'article 9 de la loi du 11 janvier 1892, cette liste est dressée par le ministre du commerce et le ministre des finances après consultation des chambres de commerce, et elle peut comprendre, non plus seulement des négociants ou fabricants, mais toutes personnes possédant, soit par la pratique des opérations commerciales et industrielles, soit par leurs connaissances techniques, agricoles, commerciales ou scientifiques, une compétence spéciale pour les objets en litige.

72. Par arrêt du 8 août 1876 (1), la Cour suprême a décidé que les commissaires-experts institués par la loi du 27 juillet 1822 ne sont ni, d'une manière spéciale, des agents de l'administration des douanes, ni, d'une manière générale, des agents de l'État, et qu'ils remplissent leur mission dans des conditions d'indépendance absolue. Dès lors, un jugement n'a pas violé l'article 1382 du Code civil en déclarant que si les lenteurs apportées par des commissaires-experts dans l'accomplissement de leur mission peuvent constituer une faute, ces lenteurs ne sauraient être imputées à l'administration des douanes, ni engager la responsabilité de cette administration ou de l'État.

73. Pour les expertises relatives aux mines, minières et carrières, les experts doivent être pris parmi les hommes notables et expérimentés dans le fait des mines et de leurs travaux. (Voir ci-après, n° 1146.)

74. Pour les délimitations et bornages entre les forêts de l'État et les propriétés riveraines, le préfet est tenu de nommer un agent forestier pour opérer comme expert dans l'intérêt de l'État. (Voir ci-après, n° 1168.) Quant aux propriétaires riverains, ils peuvent désigner pour expert qui bon leur semble.

75. Pour le classement des tabacs en feuilles livrés à la régie par les planteurs, le garde-magasin et le contrôleur font nécessairement partie des cinq experts désignés par le préfet. (Voir ci-après, n° 1188.)

76. Un juge ne peut remplir les fonctions d'expert; elles sont incompatibles avec le caractère dont il est revêtu, et le procès-verbal qu'il dresserait de son opération aurait nécessairement une autorité que la loi n'accorde pas aux rapports d'experts. L'accomplissement d'une telle mission ne serait donc pas une expertise. Ainsi l'a jugé la Cour de cassation, par arrêt du 17 janvier 1833 (2).

77. Mais les greffiers n'ayant aucune autorité judiciaire, et aucun texte de loi ne leur interdisant d'être experts, nous pensons, avec MM. Dalloz (t. VII, p. 658) et Chauveau (*sur*

(1) Journal du palais, 1878, p. 20.
(2) Journal du palais, *Répert.*, t. VII, p. 87, n° 84.

Carré, t. III, p. 90), qu'il n'y a pas d'obstacle à ce qu'ils soient chargés d'une mission de cette nature. Toutefois, dans l'affaire où il aurait rempli les fonctions d'expert, le greffier ne pourrait pas tenir la plume à l'audience, et il devrait se faire remplacer par un commis assermenté.

78. L'article 34 du Code pénal déclare incapables d'être experts les individus condamnés à la dégradation civique, qui peut être prononcée comme peine principale (art. 33 du même Code), ou qui est la conséquence de la condamnation à une peine afflictive perpétuelle, à la déportation, aux travaux forcés à temps, à la détention, à la réclusion ou au bannissement. (Art. 28 du même Code.)

79. Aux termes de l'article 42 du Code pénal, les tribunaux correctionnels peuvent aussi, dans certains cas, interdire l'exercice du droit d'être expert.

80. D'après M. Boncenne (t. IV, p. 456), l'incapacité résultant des condamnations prononcées en vertu des articles cités aux deux numéros qui précèdent continue à subsister après l'accomplissement de la peine.

81. Les interdits et les personnes pourvues d'un conseil judiciaire sont incapables d'être experts.

82. Une expertise confiée à un mineur ayant atteint l'âge de raison serait valable, pourvu toutefois que les parties aient unanimement consenti à cette nomination, le mineur ne présentant pas de garanties suffisantes de responsabilité pour être désigné d'office.

83. Aucune loi n'interdit les fonctions d'experts aux femmes, qui, en certaines matières, sont plus aptes que les hommes à éclairer la justice; elles peuvent, dès lors, être investies de ces fonctions, soit d'office, soit sur la désignation des parties. Toutefois M. Bioche (n° 62) fait remarquer avec raison que s'il s'agit d'une femme mariée, l'expertise pouvant être pour elle une cause de responsabilité, il pourrait y avoir, dans certains cas, nullité de l'opération accomplie sans autorisation maritale; le tribunal ferait donc sagement de ne la commettre que du consentement des parties, ou d'exiger qu'avant de procéder à l'opération et même avant de prêter serment, elle soit formellement autorisée par son mari.

84. La question, longtemps controversée, de savoir si un étranger peut être expert, n'est plus douteuse. Non seulement les parties, mais les magistrats statuant d'office, ont le

2

droit de charger de cette mission un étranger, qui est quelquefois mieux en état que tout autre de la bien remplir. Cette doctrine repose sur un arrêt de la Cour de cassation, du 16 décembre 1847 (1).

85. D'après l'article 310 du Code de procédure civile, les experts peuvent être récusés par les motifs pour lesquels les témoins peuvent être reprochés. Or l'article 283 du même Code met au nombre des reproches la parenté ou l'alliance avec l'une ou l'autre des parties, jusqu'au degré de cousin issu de germain ; mais, comme l'article 268 du même Code porte : « Nul ne pourra être assigné comme témoin s'il est parent ou allié en ligne directe de l'une des parties, ou son conjoint même divorcé, » il en résulte que les parents et alliés désignés par ce dernier article ne sont pas compris dans l'article 283, puisqu'ils sont déjà frappés d'incapacité. N'étant pas reprochables comme témoins, ils ne pourraient être récusés comme experts, et cependant on ne saurait admettre qu'un père pût être expert pour son fils, un fils pour son père, un époux pour son conjoint : nous pensons donc qu'il faut appliquer aux expertises l'interdiction prononcée par l'article 268 pour les enquêtes, et que les parents ou alliés en ligne directe de l'une des parties, ou son conjoint même divorcé, ne peuvent être choisis pour experts. (Voir ci-après, nos 263 et suiv.)

86. Relativement aux mots « même divorcé » qui terminent l'article 268, nous ferons remarquer que, la séparation de corps n'ayant pas pour effet, comme le divorce, de rompre le lien conjugal, mais seulement de le relâcher dans une certaine mesure, il est bien certain que l'incapacité qui subsiste même après le divorce, continue à plus forte raison d'exister après la séparation de corps.

87. A part les quelques exceptions que nous venons de signaler, la confiance des magistrats et des parties peut s'exercer sans limites pour le choix des experts.

88. Ainsi, par arrêt du 10 août 1829 (2), la Cour de cassation a décidé qu'il n'y avait pas nullité d'un rapport d'experts de ce que, pour apprécier la nature d'un terrain et l'importance des plantations en vignes et oliviers qu'il aurait reçues,

(1) Journal du palais, 1848, t. II, p. 419.
(2) Journal du palais, *Rép.*, t. VII, p. 87, n° 97.

le tribunal, au lieu de choisir des cultivateurs ou des vigne-
rons et de les prendre sur les lieux mêmes, aurait mis au
nombre des trois experts un notaire et un arpenteur, domiciliés à plus de deux lieues.

89. Le principe de la liberté du ministère des experts, qui
existait déjà sous l'empire de nos lois anciennes, est également reconnu par la législation actuelle. Nul n'est donc obligé
d'accepter les fonctions d'expert, et aucun tribunal ne peut
forcer un citoyen à les remplir; car, alors même qu'il aurait
prêté serment en cette qualité, il n'est passible (voir ci-après,
nos 352 et 353) que du payement des frais frustratoires et de
dommages-intérêts, mais on ne peut le contraindre à procéder à l'expertise.

90. A la différence des arbitres, qui jugent eux-mêmes la
contestation, les experts ne sont appelés qu'à éclairer la justice. Ils doivent dès lors se borner à rendre compte de ce
qu'ils ont fait, à fournir tous les renseignements qu'ils ont
recueilis et à formuler leur avis motivé, en laissant aux magistrats le soin de statuer sur le litige.

91. Le travail des experts et l'avis qu'ils émettent ont néanmoins une grande influence sur l'opinion des juges. Quelles
que soient, en effet, l'intelligence et la capacité des magistrats, ils ne peuvent être suffisamment versés dans tous les
arts, toutes les sciences; quels que soient leur dévouement et
leur activité, ils ne peuvent tout examiner par eux-mêmes;
ils sont donc obligés de recourir aux lumières, à l'aptitude
d'hommes spéciaux auxquels ils ont confiance, et dont ils
doivent naturellement suivre presque toujours les indications,
adopter la manière de voir.

92. La mission des experts est, dès lors, de la plus haute
importance, et les hommes qui sont appelés à se charger
d'une telle mission ne doivent l'accepter que s'ils ont la conviction de posséder l'instruction, l'expérience et l'activité
nécessaires pour la remplir d'une manière consciencieuse et
éclairée.

93. Les experts « doivent se dépouiller de tout intérêt, de
toute prévention, pour préparer par leurs lumières les décisions impartiales des magistrats. » (*Exposé des motifs du Code
de procédure civile.*) Qu'ils soient nommés d'office ou choisis
par les parties, leur situation est la même : ils appartiennent
à la justice, ils deviennent les auxiliaires des juges ou des

arbitres appelés à statuer sur le litige ; et, quelles que soient leur considération, leur estime, leur amitié pour les personnes qui les ont désignés, ils doivent rechercher la vérité, constater rigoureusement ce qui existe, et donner leur avis avec une pleine et entière indépendance. S'ils agissaient différemment, ils assumeraient une responsabilité qui pourrait avoir pour eux de graves conséquences. (Voir ci-après, nos 620 et suiv.)

94. Il ne faut pas non plus que les parties croient, comme elles le font trop souvent, que lorsqu'elles désignent un expert elles se créent un défenseur, un mandataire auquel elles peuvent donner des instructions, fixer des chiffres, tracer une règle de conduite : c'est là une grave erreur, — partagée quelquefois par certains experts, — contre laquelle nous ne saurions trop nous élever. L'expert désigné par une des parties n'est pas plus son défenseur qu'il n'est le contradicteur de la partie adverse ; dès qu'il a accepté la mission qui lui est confiée en vertu de la loi, dès qu'il a prêté serment de la remplir en âme et conscience, il appartient, nous l'avons déjà dit, entièrement à la justice, et il ne doit plus chercher que la vérité, sans se préoccuper de savoir si le résultat de ses investigations sera plus ou moins favorable aux prétentions de l'une ou de l'autre des parties.

95. La loi protége les experts contre les injures et les outrages, les violences et les voies de fait dont ils peuvent être l'objet dans l'accomplissement de leur mission. Par arrêt du 8 mars 1877 (1), la Cour de cassation a décidé qu'un expert est l'auxiliaire du juge dont il concourt à préparer les décisions ; qu'il remplit à ce titre un véritable ministère de service public ; que, si sa mission est purement temporaire, il n'en est pas moins, pendant qu'il l'exerce, placé, comme le témoin, sous la protection spéciale de la loi, et qu'il y aurait, dans l'intérêt même de la justice, les plus grands inconvénients à le laisser, sans autre défense que l'action personnelle, exposé aux injures et aux récriminations des parties. Et, en conséquence, la Cour suprême a cassé l'arrêt qui lui était déféré, arrêt par lequel la cour d'Amiens avait refusé d'appliquer l'article 224 du Code pénal à la partie qu'elle reconnaissait en fait avoir dit à un expert, pendant qu'il procé-

---

(1) Journal du palais, 1877, p. 827.

dait à l'estimation d'un dommage : « Vous n'entendez rien à
» ces opérations, il vous faudrait des lunettes; vous n'êtes
» qu'un sot et un imbécile. »

96. L'article 224 du Code pénal est ainsi conçu : « L'outrage
fait par paroles, gestes ou menaces à tout officier ministériel
ou agent dépositaire de la force publique, et *à tout citoyen
chargé d'un ministère de service public*, dans l'exercice ou à
l'occasion de ses fonctions, sera puni d'un emprisonnement
de six jours à un mois et d'une amende de 16 fr. à 200 fr.,
ou de l'une de ces deux peines seulement. » Ainsi qu'on l'a
vu par l'arrêt que nous venons de citer dans le précédent numéro, la Cour de cassation considère les experts, qu'elle
assimile aux témoins, comme des citoyens chargés d'un ministère de service public. A ce titre, les violences ou voies de
fait exercées contre les experts sont punies, d'après l'art. 230
du Code pénal, d'un emprisonnement d'un mois au moins et
de trois ans au plus, et d'une amende de seize francs à cinq
cents francs

CHAPITRE III.

DE L'EXPERTISE EN MATIÈRE CIVILE.

97. L'expertise, en matière civile, est soumise à des formes différentes, selon qu'elle a pour objet des affaires de la compétence des justices de paix, des procès pendants devant les tribunaux civils, ou des constatations prescrites par des lois spéciales. Nous consacrerons une section distincte à chacune de ces trois divisions de notre sujet.

SECTION PREMIÈRE

EXPERTISES EN JUSTICE DE PAIX.

98. Le Code de procédure civile consacre à cette matière trois articles seulement, qui forment le titre VIII du livre 1er de la première partie de ce Code, intitulé : *Des Visites des lieux et des Appréciations.*

99. « Article 41. Lorsqu'il s'agira soit de constater l'état des lieux, soit d'apprécier la valeur des indemnités et dédommagements demandés, le juge de paix ordonnera que le lieu contentieux sera visité par lui, en présence des parties. »

100. « Article 42. Si l'objet de la visite ou de l'appréciation exige des connaissances qui soient étrangères au juge, il ordonnera que les gens de l'art, qu'il nommera par le même jugement, feront la visite avec lui et donneront leur avis ; il pourra juger sur le lieu même, sans désemparer. Dans les causes sujettes à l'appel, procès-verbal de la visite sera dressé par le greffier, qui constatera le serment prêté par les experts. Le procès-verbal sera signé par le juge, par le greffier et par les experts ; et si les experts ne savent ou ne peuvent signer, il en sera fait mention. »

101. « Article 43. Dans les causes non sujettes à l'appel, il ne sera point dressé de procès-verbal; mais le jugement énoncera les noms des experts. la prestation de leur serment, et le résultat de leur avis. »

102. Les dispositions des articles 41 et 42, que l'on vient de lire, sont impératives. Le juge n'a donc point besoin d'être requis par les parties pour ordonner la visite des lieux et l'expertise par des gens de l'art; il peut le faire d'office, quoique l'article 8 du Tarif de 1807 porte : « Le procès-verbal du juge doit faire mention de la réquisition de ia partie, et il n'est rien alloué à défaut de cette mention. »

103. M. Pigeau (*Comm.*, t. I, p. 105), s'appuyant sur cet article du Tarif, pense qu'une réquisition est nécessaire. Mais MM. Curasson (*Comp. des juges de paix*, t. I, p. 32), Levasseur (*Manuel*, p. 138), Carré et Chauveau (*Lois de la proc.*, t. I, p. 183 et 184), Rogron (*Code de proc. civ.*, p. 50) et Jay (*Formulaire*, p. 124) sont d'avis, comme nous, que, la loi s'en rapportant à la prudence du juge, il peut ordonner son transport sur les lieux et l'expertise, suivant qu'il le croit convenable, avec ou sans la réquisition des parties; de même que, si elles ont fait cette réquisition, il peut refuser d'y obtempérer, dans le cas où l'opération lui paraît inutile. Tout ce qui résulte du rapprochement des articles du Code avec le Tarif, c'est que les frais du transport du juge ne passent point en taxe, si la visite est ordonnée d'office. Or, en supposant que les parties s'opposent à ce que le procès-verbal mentionne une réquisition de leur part, la privation d'indemnité n'aurait aucune influence sur un juge de paix jaloux de l'accomplissement de ses devoirs, et dont le zèle ne serait que plus louable, puisque ce magistrat sacrifierait ses propres intérêts au désir de rechercher la vérité.

104. Tant qu'il ne s'agit que de constater et d'apprécier des dommages ordinaires aux champs, fruits ou récoltes, des anticipations ou entreprises qui ne nécessitent pas d'opérations géométriques, des réparations locatives de peu d'importance, ou des non-jouissances, le juge de paix doit se borner à ordonner son transport sur les lieux. Mais s'il s'agit de constatations plus importantes, de dommages plus difficiles à évaluer, de dégradations faites à des ouvrages d'art dont l'examen exige des connaissances particulières, il est de son devoir d'appeler des hommes du métier pour opérer la visite avec lui et lui donner leur avis.

105. Il doit surtout le faire dans les causes sujettes à l'appel, s'il n'a pas une entière conviction qu'il peut seul et sans aucun secours effectuer la visite, l'estimation, etc. ; car le tribunal saisi de l'appel peut décider que le juge n'avait pas les connaissances nécessaires pour cette appréciation, et ordonner une expertise. Cette opinion est fondée sur un jugement du tribunal de Lesparre (Gironde), du 15 mars 1809 (1), qui a annulé un procès-verbal du juge de paix de Pauillac relatif à l'estimation de dommages commis par un fermier dans la culture d'une vigne, par le motif que ce juge avait procédé seul à cette visite, et que le tribunal ne pensait pas qu'il eût des connaissances suffisantes en cette matière.

106. Le juge de paix a-t-il le droit d'ordonner une expertise sans ordonner en même temps son transport sur les lieux ? Les experts peuvent-ils opérer hors de sa présence et sans le concours du greffier ? Cette double question est très-importante et mérite un sérieux examen.

107. En prenant à la lettre l'article 42 du Code de procédure civile, il semble que l'expertise est entièrement subordonnée à la visite des lieux par le juge de paix ; que les gens de l'art ne peuvent opérer qu'en sa présence et avec lui ; qu'ils ne sont, comme le dit M. Thomine-Desmazures (t. I, p. 115), que ses aides, ses conseillers. L'article 42 ni l'article 43, qui le complète dans le sens que nous venons d'indiquer, ne tracent d'ailleurs aucune règle pour la rédaction et le dépôt du rapport, au cas où les experts procéderaient en l'absence du juge.

108. Cependant MM. Pigeau (t. I, p. 108 et 109), Curasson (t. I, p. 134), Bourbeau (*Just. de paix*, n° 513), Chauveau (sur *Carré*, t. 1, p. 185) et Bioche (v° *Expert*, n° 19) ont adopté une opinion contraire, à laquelle nous nous associons. Sans doute, la marche tracée par les articles 42 et 43 est la plus simple, la plus expéditive, la plus économique : le juge, qui, faisant la visite avec les experts, reçoit leur rapport, est aussi plus à même de connaître et de résoudre la difficulté ; mais la loi, qui a eu en vue de régler ce qu'il est possible de pratiquer communément, et qui n'a, du reste, attaché aucune nullité à l'inobservation de ce qu'elle indique, n'a point en-

---

(1) Carré, *Lois de la procéd. civile*, t. I, p. 190.

tendu interdire toute autre forme. « Or, dit M. Curasson, il existe des affaires pour l'appréciation desquelles le juge de paix serai* dans l'impossibilité de vaquer avec les experts, attendu la longueu de l'opération, et le greffier, quelque instruit qu'on le suppose, ne serait pas dans le cas de rendre exactement leur pensée. » Et il cite les actions possessoires, dont quelques-unes peuvent exiger une expertise difficile, les actions pour dommages faits aux champs, fruits et récoltes, qui peuvent nécessiter des connaissances toutes spéciales, les rendues de baux, le bornage, l'estimation de la perte ou avarie d'effets confiés aux aubergistes ou voituriers, et plusieurs autres cas dans lesquels les juges de paix ont à ordonner de nombreuses expertises auxquelles ils ne pourraient assister sans se détourner continuellement de leurs occupations ordinaires.

109. A l'appui de cette doctrine, nous invoquerons deux arrêts de la Cour de cassation : l'un du 20 juillet 1837 (1), qui a déclaré que le juge de paix ne commet pas un excès de pouvoir en basant sa sentence sur une expertise faite hors de sa présence et celles des parties ; l'autre, du 2 décembre 1868 (2), qui a jugé que l'expertise ordonnée par un juge de paix, dans une instance dont il est saisi, est régulière, bien que ce magistrat n'y ait pas assisté, cette assistance étant purement facultative de sa part.

110. Il est donc constant que le juge de paix, lorsqu'il le croit nécessaire, peut prescrire une enquête sans ordonner son propre transport sur les lieux ; que les experts ont, dans ce cas, le droit d'opérer hors de sa présence, et qu'ils n'ont besoin du concours du greffier que pour la rédaction du rapport, lorsqu'ils ne savent pas tous écrire.

111. Le juge peut également, dans certaines circonstances, assister à une première vacation et laisser ensuite les experts achever leur travail. Ainsi, en matière de bornage, MM. Millet (p. 215 à 217), Bioche (v° *Juge de paix*, n°ˢ 398 et 399) et Coin-Delisle (v° *Expert*, p. 192) enseignent, avec raison, que le juge de paix, se transportant sur les lieux le premier jour, peut recevoir la prestation de serment des experts, diriger et assurer leur marche en terminant dès l'origine les

(1) Journal du palais, 1837, t. II, p. 383.
(2) Journal du palais, 1869, p. 520.

TRAITÉ DES EXPERTISES.

incidents qui s'élèvent ordinairement au début ; puis, lorsque ces difficultés sont aplanies, dresser procès-verbal avec renvoi à l'audience pour un jour déterminé, et se retirer avec le greffier. Les experts continuent les opérations dans l'intervalle ; ils dressent un plan accompagné de notes en marge, l'apportent à l'audience, fournissent des explications au juge, qui, ayant déjà vu les lieux, statue en parfaite connaissance de cause, et fixe le jour où les bornes seront plantées en sa présence et celle des parties.

112. Un arrêt de la Cour de cassation, du 7 janvier 1829 (1), a décidé que le juge de paix, devant lequel on élève une question de compétence, peut ordonner une vérification des lieux dans le but de s'éclairer sur cette question. Rien ne s'oppose, en effet, dans la loi, à ce que le juge ordonne la visite des lieux, et même l'expertise, pour s'assurer de sa compétence comme pour statuer sur le fond. Il a le droit d'employer tous les moyens de s'éclairer, quelle que soit la nature de la décision qu'il est appelé à rendre.

113. Toutes les fois qu'elles sont reconnues nécessaires, la visite des lieux ainsi que l'expertise, qu'elle doive être faite ou non en présence du juge, sont ordonnées par un jugement (FORMULES 1re et 2e). Ainsi l'a décidé la Cour de cassation dans ses arrêts des 28 octobre 1838 (2) et 3 août 1849 (3). Les termes des articles 41 et 42 du Code de procédure ne laissent, d'ailleurs, aucun doute à cet égard (4).

114. La Cour de cassation a également décidé, par arrêt du 18 décembre 1872 (5), que le président du tribunal de première instance est incompétent pour statuer en référé, même dans les cas d'urgence, sur les matières dont les juges de paix doivent connaître d'après les lois de leur institution ; qu'il est suffisamment pourvu à ces cas par l'article 6 du Code de procédure civile, et spécialement que le juge des référés n'avait pu compétemment ordonner une expertise

(1) Journal des avoués, t. XXXVI, p. 159.
(2) Sirey, t. XXXVIII, 1re partie, p. 737.
(3) Jay, *Répertoire des juges de paix*, t. V, p. 347.
(4) Naturellement, il ne s'agit ici que des visites et expertises qui peuvent être reconnues necessaires lorsqu'une instance est engagée;
car le juge de paix peut être appelé à commettre des experts par simple ordonnance sur requête, soit pour opérer hors de sa présence, soit pour l'assister dans des constatations auxquelles la loi ou l'usage l'obligent à procéder. (Voir ci-après, nos 153 et suiv.)
(5) Pandectes françaises chronologiques, à sa date.

pour constater des dommages causés aux champs et récoltes par les animaux, dommages dont l'appréciation rentre dans les attributions exclusives des juges de paix aux termes de l'article 5, § 1er, de la loi du 25 mai 1838.

115. La cour de Paris a appliqué les mêmes principes, dans un arrêt du 14 novembre 1884 (1) et dans un arrêt du 15 mars 1875 (2), où elle dit, avec raison, que la loi du 25 mai 1838 (art. 11, 12 et 17) a prévu les cas d'urgence, et déterminé les moyens de procéder avec la plus grande célérité dans toutes les affaires de la compétence des juges de paix.

116. Le jugement qui ordonne l'expertise est *interlocutoire* s'il préjuge le fond du procès, et seulement *préparatoire* s'il n'a pour objet que l'instruction de la cause, sans rien décider quant au fond. (Voir ci-après, nos 178 et suiv.)

117. Par application de ce principe, la Cour de cassation a jugé, le 13 janvier 1831 (3), que, lorsque, sur une demande en réparation de dommages aux champs qu'on prétend avoir été causés par des lapins, un juge de paix nomme des experts afin de vérifier si le dommage existe et si l'on doit l'attribuer aux lapins sortis des bois du défendeur, lequel dénie sa responsabilité, même dans le cas où le dommage dont on se plaint existerait, le jugement qui ordonne l'expertise est interlocutoire et non préparatoire. Conséquemment, l'appel d'un tel jugement est suspensif, et les opérations d'expertise auxquelles il a été procédé nonobstant cet appel sont nulles et ne peuvent produire aucun effet.

118. La Cour suprême a également décidé, par arrêt du 30 avril 1873 (4), que tout jugement ordonnant une expertise dans le but de faire constater la cause et l'importance du dommage allégué n'a pas nécessairement le caractère d'une décision interlocutoire ; mais que ce caractère appartient d'une manière incontestable au jugement qui prescrit une mesure d'instruction, à la suite d'une contestation formelle élevée par le défendeur soutenant, d'une part, qu'il n'y avait pas de dommage et, d'autre part, qu'en tout cas le dommage ne pouvait provenir de son fait. Il n'importe que le jugement interlocutoire contienne des réserves relatives aux droits des

---

(1) Dalloz, 1886, 2, 80.
(2) Journal des avoués, t. C, p. 231.
(3) Bost, *Correspondant des just. de paix*, 1853, p. 174.
(4) Journal du palais, 1873, p. 949.

parties, ces réserves ne pouvant changer la nature propre de
la décision telle qu'elle résulte de la loi.

119. D'après l'article 28 du Code de procédure civile, le
jugement doit indiquer le lieu, le jour et l'heure où l'opération sera faite ; sa prononciation vaut citation quand il est
rendu *contradictoirement* et prononcé *en présence des parties*,
ce qu'il faut constater dans le jugement, afin qu'il ne soit ni
levé ni signifié, tandis qu'il doit l'être quand il est rendu par
défaut (FORMULE 3°) (1).

120. Mais, dans le cas où l'une des parties, après avoir
comparu et même donné ses conclusions, se retirerait avant
la prononciation du jugement (FORMULE 4°), l'autre partie
devrait-elle, pour exécuter ce jugement, le faire expédier et
signifier ? MM. Pigeau (t. 1, p. 84), Carré et Chauveau (t. I,
p. 154), répondent, avec raison, affirmativement, parce que
la loi, pour dispenser de la signification, exige que le jugement soit non-seulement contradictoire, mais encore *prononcé en présence des parties.*

121. Lorsque le jugement a été seulement prononcé en
l'absence du défendeur, après débat contradictoire, nous
pensons qu'il suffit d'en signifier un extrait (FORMULE 5°).
On se conforme ainsi à l'esprit de la loi, qui veut qu'en
justice de paix la procédure soit aussi simple et aussi économique que possible.

122. « Si le jugement, — porte l'article 29 du Code de
procédure civile, — ordonne une opération par des gens de
l'art, le juge délivrera à la partie requérante cédule de citation pour appeler les experts ; elle fera mention du lieu, du
jour, de l'heure, et contiendra le fait, les motifs et la disposition du jugement relative à l'opération ordonnée. » Les
experts n'ayant pas été présents au jugement, qui ne doit
pas leur être signifié, il est indispensable que le juge délivre
cette cédule (FORMULES 6° et 7°) et qu'elle leur soit notifiée
pour leur faire connaître juridiquement la mission dont ils
sont chargés (FORMULE 8°).

123. Si les experts nommés se trouvaient à l'audience, —
ce qui peut quelquefois arriver, surtout quand il n'y en a
qu'un seul, — le juge de paix pourrait rendre inutiles la cédule et la citation que nous venons d'indiquer, en constatant

(1) Toutefois cette signification n'est pas exigée à peine de nullité :
Cass., 9 novembre 1892. (Pandectes françaises, 1894, 1, 151.)

dans son jugement (FORMULE 9ᵉ) la présence des experts, leur acceptation, et même, dans le cas où ils doivent opérer sans visite des lieux par le juge, leur prestation de serment, ce qui éviterait les frais du procès-verbal à dresser ultérieurement pour constater cette formalité.

124. « Toutes les fois que le juge de paix se transportera sur le lieu contentieux soit pour en faire la visite, soit pour entendre des témoins, il sera accompagné du greffier, qui apportera la minute du jugement préparatoire » (Code de procédure civile, art. 30), ou la minute du jugement interlocutoire, si la décision du juge a revêtu ce caractère. L'apport de la minute est, en effet, nécessaire pour qu'en procédant à l'opération on puisse connaître le point de la difficulté et le but de la mesure prescrite, puisque, d'après l'article 28, le jugement ne doit point être expédié lorsqu'il est prononcé contradictoirement et en présence des parties.

125. Le jugement qui ordonne l'expertise doit, aux termes de l'article 42, contenir la nomination des experts. Est-ce à dire qu'il faut que cette nomination soit nécessairement faite d'office ? La loi ne l'exige point ; tout ce qui résulte de l'article 42, c'est que les experts doivent être nommés dans le jugement même. Les parties peuvent donc s'accorder sur le choix des experts, et, séance tenante, les proposer au juge de paix ; ou celui-ci peut préalablement prendre l'avis des parties, mais il n'est pas tenu d'accepter leur choix ni de suivre leur avis, car c'est lui seul que la loi charge de la nomination, et cette nomination doit, nous le répétons, être constatée dans le jugement.

126. L'article 42 ne déterminant pas le nombre de gens de l'art que le juge devra nommer comme experts, tout à cet égard est laissé à l'arbitrage du magistrat, et l'article 303 du Code de procédure civile n'est point applicable aux expertises en justice de paix. Tel est l'avis de MM. Lepage (*Quest.*, p. 89), Delaporte (t. I, p. 37), Thomine - Desmazures (t. I, p. 115), Curasson (t. I, p. 133), Carré et Chauveau (t. I, p. 187) ; ils pensent, comme nous, que le juge a sur ce point un pouvoir discrétionnaire qui le dispense de subordonner sa décision au consentement des parties, mais que, pour éviter les partages d'avis et les tierces- expertises, il doit toujours, — c'est, d'ailleurs, l'esprit général du Code, — nommer les experts en nombre impair, c'est-à-dire *un* ou *trois*, car ce dernier nombre ne doit jamais être dépassé.

127. Les affaires étant généralement assez simples en justice de paix, il suffira le plus souvent de nommer un seul expert, afin de ne pas occasionner aux parties des frais inutiles. Mais, s'il s'agit de vérifications ou d'estimations très-importantes, le juge de paix ne devra pas hésiter à en désigner trois, car il faut surtout que sa religion soit parfaitement éclairée par l'expertise ; l'intérêt même des parties le commande.

128. Les experts peuvent-ils être récusés devant les justices de paix comme dans les autres tribunaux ? L'affirmative n'est pas douteuse, pourvu toutefois que les experts aient été nommés d'office, car si la nomination avait été faite sur la présentation unanime des parties, la récusation ne saurait être admise, à moins de causes survenues postérieurement à la nomination. (Voir ci-après, n° 131.)

129. Les motifs de récusation des experts sont les mêmes que ceux pour lesquels les témoins peuvent être reprochés. La loi étant muette sur les causes de reproche des témoins en justice de paix, c'est dans l'article 283 du Code de procédure civile qu'il faut chercher ces causes, et conséquemment aussi les motifs de récusation des experts. (Voir ci-après, n°s 261 et suiv.)

130. Quant aux formes à suivre, en justice de paix, pour exercer le droit de récusation, nous n'admettons pas, comme certains auteurs, la nécessité de recourir aux dispositions des articles 309 à 314 du Code de procédure civile, beaucoup trop compliquées pour une juridiction où toute la procédure doit être simple et peu coûteuse. Nous préférons nous ranger à l'opinion de MM. Delaporte (t. I, p. 38), Lepage (*Quest.*, p. 89), Carré (t. I, p. 187), Rogron (*Code de proc. civ.*, p. 50) et Jay (*Formul.*, t. I, p. 128), qui enseignent que la présence des parties devant le juge de paix, en personne ou par mandataire, leur permettant d'exposer au juge, au moment même du choix des experts, des observations qui ne peuvent manquer d'être accueillies si elles sont fondées, et que la simplicité de la procédure devant les tribunaux de paix, doivent faire rejeter les formes de la récusation ordinaire ; que le juge doit rester libre appréciateur des motifs allégués; qu'il serait peu convenable, pour des objets souvent modiques, de ne pas laisser ce magistrat libre de peser lui-même, suivant les circonstances et avec la connaissance personnelle qu'il a presque toujours des individus, les motifs de la récusation ; qu'il est bon de s'en rapporter au sage pouvoir du juge, qui décidera sur l'admission ou le rejet de la récusation, mais qui surtout évitera de nommer des experts suspects, les révoquera s'il l'avait fait, et préviendra ainsi autant que possible les incidents de récusation ; qu'enfin, quant aux affaires qui ne sont jugées qu'en premier ressort, et ce sont les plus importantes, on a la ressource de l'appel pour se plaindre de ce que le juge de paix n'a pas eu égard à la récusation qui lui a été verbalement proposée. Ajoutons que, pour rendre possible cet appel, la partie aura toujours le droit de demander acte des motifs de récusation par elle allégués, et que le juge sera tenu de les énoncer dans son procès-verbal.

131. Si cependant il survenait des causes de récusation postérieurement à la nomination des experts, nous pensons, avec M. Lesueur (*Manuel*, p. 138), qu'ils pourraient être récusés, alors même qu'ils auraient été nommés sur la présentation unanime des parties. (Voir ci-après, nᵒˢ 237 et suiv.) Il suffirait, dans ce cas, de présenter au juge de paix une requête sur laquelle il statuerait (FORMULES 10ᵉ et 11ᵉ).

132. D'après l'article 41, la visite des lieux et, conséquemment, l'expertise doivent être opérées en présence des parties, ou elles dûment appelées : c'est afin qu'elles puissent faire toutes les observations qu'elles jugeront à propos et rendre contradictoire toute l'instruction. Ainsi l'a jugé la Cour de cassation par ses arrêts des 4 décembre 1847 (1), 15 janvier 1848 (2), 3 août 1849 (3) et 1ᵉʳ juillet 1874 (4). Ce dernier arrêt porte que la mise en demeure adressée à la partie, afin qu'elle puisse assister à l'expertise ordonnée par une sentence du juge de paix, est une formalité substantielle dont l'inaccomplissement entraîne la nullité, tant de l'expertise que du jugement définitif auquel cette mesure d'instruction a servi de fondement.

133. Dans un arrêt du 31 juillet 1876 (5), la Cour de cas-

(1) Jay, *Rép.*, t. V, p. 348.
(2) Sirey, t. XLVIII, 1ʳᵉ partie, p. 121.
(3) Jay, *Rép.*, t. V, p. 347.
(4) Journal du palais, 1874, p. 1230.
(5) Journal du palais, 1877, p. 118.

sation, après avoir établi « qu'en thèse générale les expertises ordonnées même en justice de paix ne peuvent être régulièrement faites sans que les parties y aient été appelées », a décidé que la partie qui, d'après les déclarations du jugement attaqué et celles du rapport de l'expert, a fixé ou fait fixer elle-même le jour et l'heure du commencement de l'expertise, ne saurait être admise à se plaindre, devant la Cour de cassation, de ce que les formalités de l'article 315 du Code de procédure civile n'auraient pas été remplies à son égard, c'est-à-dire de ce qu'elle n'aurait pas été appelée à l'expertise.

134. Par le même arrêt, la Cour suprême (sur le moyen tiré de la violation des articles 31 et 457 du Code de procédure civile et de l'article 11 de la loi du 25 mai 1838) a jugé que, sans qu'il soit nécessaire de rechercher quel est l'effet suspensif de l'appel en général, le principe ne peut être invoqué par la partie qui, sommée le 29 juin d'assister à une seconde visite des lieux litigieux par l'expert, fixée au 2 juillet suivant, n'a relevé appel du jugement interlocutoire que le 1er juillet, sans dénoncer son appel à l'expert et sans lui déclarer qu'elle s'opposait à la continuation de l'expertise qui devait avoir lieu le lendemain. Dans ces circonstances, l'expert a dû continuer son opération, qui, plus tard, aurait été rendue impossible par l'enlèvement de la récolte. D'où il suit que les textes invoqués n'ont point été violés.

135. A la visite des lieux et à l'expertise, chaque partie peut se faire accompagner par un conseil, ou se faire représenter par un fondé de pouvoirs, dont le juge ne peut refuser d'insérer les dires ou réquisitions dans le procès-verbal. Ces dires ou réquisitions sont signés par la partie, si elle est présente, ou par son fondé de pouvoirs.

136. Avant de commencer leur opération, les experts sont tenus, à peine de nullité, de prêter serment de bien et fidèlement remplir la mission qui leur a été confiée. Les articles 42 et 43 du Code de procédure confirment ce principe, applicable aux expertises de toute nature. (Voir ci-après, nos 371 et suiv.)

137. Les experts peuvent, toutefois, être dispensés du serment par le juge de paix, mais il faut pour cela que toutes les parties y consentent. (Voir ci-après, nos 377 et suiv.) C'est encore là une règle commune aux diverses expertises.

138. Lorsque les experts feront leur visite avec le juge de paix, ils prêteront serment sur les lieux mêmes; ce sera constaté au procès-verbal dressé par le greffier, si la cause est sujette à appel, ou dans le jugement, s'il est rendu en dernier ressort. Quand les experts devront opérer hors de la présence du juge de paix, ils iront préalablement prêter leur serment devant ce magistrat, qui en fera dresser, par le greffier, un procès-verbal spécial (FORMULE 12e).

139. La visite des lieux par le juge, ainsi que l'opération des experts et leur avis, sont, d'après les articles 42 et 43, constatés dans le procès-verbal dressé par le greffier (FORMULES 13e et 14e), ou dans le jugement lorsque la cause n'est point sujette à l'appel. La rédaction d'un rapport séparé est, par conséquent, interdite, et on devrait déclarer frustratoires les frais qu'elle occasionnerait.

140. Mais, si les experts opèrent seuls, en l'absence du juge, ils dresseront un rapport (FORMULES 15e, 16e et 17e) dans la confection duquel ils devront, d'après MM. Pigeau (t. I, p. 108), Carré et Chauveau (t. I, p. 189), suivre les formalités prescrites pour les expertises devant les tribunaux (voir ci-après, nos 466 et suiv.), puisque le titre *Des Justices de paix* est muet à cet égard.

141. Dès que le rapport est terminé, un des experts le fait enregistrer et le dépose au greffe de la justice de paix, où procès-verbal est dressé de ce dépôt (FORMULE 18e). Les débours et honoraires des experts sont taxés par le juge de paix, au bas du rapport (FORMULE 19e).

142. En matière de domaine congéable ou bail à convenant, très-commun en Bretagne, le juge de paix est appelé, par la loi du 7 juin 1791, à nommer des experts dans certains cas. La Cour de cassation a décidé, par arrêt du 8 avril 1845 (1), que, dans les expertises de cette nature, le rapport devait être déposé au greffe de la justice de paix où les experts avaient été nommés et avaient prêté serment, par application des dispositions de l'article 319 du Code de procédure civile et du principe général en vertu duquel tout acte résultant d'une commission donnée par un juge doit lui être rapporté

---

(1) Journal du palais, 1845, t. I, p. 456. — Sirey, t. XLV, 1re partie, p. 497.

143. En justice de paix, comme devant les autres tribunaux, le rapport d'experts fait foi jusqu'à inscription de faux. (Voir ci-après, nᵉˢ 608 et suiv.)

144. La responsabilité des experts est également engagée de la même manière, et ils sont passibles de dommages-intérêts dans les mêmes cas. (Voir ci-après, nᵒˢ 620 et suiv.)

145. Si le juge de paix n'use pas de la faculté que lui donne l'article 42 de statuer sur le lieu même, sans désemparer, doit-il dresser procès-verbal dans le cas prévu par l'article 43, c'est-à-dire lorsque l'affaire est de nature à être jugée en dernier ressort ? Selon M. Biret (t. II, p. 299), le juge de paix doit, dans ce cas, dresser un procès-verbal ; autrement il ne resterait ni traces de son transport, ni constatation des lieux, ni appréciation des indemnités : c'est ainsi qu'il faut, dit-il, interpréter l'article 43.

146. Mais M. Carré (t. I, p. 189) pense que cette opinion est contraire au texte de l'article 43, qui interdit formellement et sans distinction au juge de dresser procès-verbal. On ne peut dire ici, — ajoute-t-il, — que la lettre de la loi soit en opposition avec son esprit, puisqu'il est incontestable qu'elle est rédigée dans le but d'économiser les frais. Il n'y a donc pas lieu d'interpréter l'article 43, et nous croyons que l'on ne doit point rédiger de procès-verbal. Le juge, qui a vu les lieux et reçu verbalement l'avis des experts, sera en état de statuer d'après ces notions, qu'il aura conservées dans sa mémoire ou gardées en note. M. Chauveau approuve cette solution, qui est aussi la nôtre, en faisant observer que les traces dont parle M. Biret ne sont point nécessaires ; qu'il suffit de l'impression produite par la visite sur l'esprit du juge.

147. Le *résultat* de l'avis des experts, qui, d'après l'article 43, doit figurer dans le jugement rendu en dernier ressort (FORMULE 20ᵉ), est l'énoncé pur et simple de l'avis des experts, c'est-à-dire l'apurement donné par eux, sans aucune mention des motifs sur lesquels il repose. MM. Pigeau, Thomine-Desmazures, Carré et Chauveau (*loc. cit.*) professent sur ce point la même doctrine que nous.

148. Dans les causes sujettes à appel, le jugement (FORMULE 21ᵉ) ne doit pas contenir les mentions prescrites par l'article 43, puisqu'elles se trouvent au procès-verbal de visite, ou au rapport d'experts lorsqu'il est fait séparément.

149. MM. Pigeau (t. I, p. 109), Curasson (t. I, p. 135), Carré et Chauveau (t. I, p. 186) enseignent, comme nous, que l'article 322 du Code de procédure civile, qui permet d'ordonner une nouvelle expertise, est applicable aux justices de paix. Cet article a pour but de fournir aux magistrats les moyens d'éclairer leur religion; or il n'y a pas de raison valable pour interdire aux juges de paix la faculté accordée aux tribunaux d'arrondissement. En effet, d'une part, le magistrat ne peut être tenu de juger, nonobstant l'incertitude où le laisserait un procès-verbal insuffisant; de l'autre, les parties seraient privées par un tel rapport des avantages que l'expertise leur eût offerts. (Voir ci-après, nos 653 et suiv.)

150. Nous dirons également, avec les mêmes auteurs et M. Thomine-Desmazures (t. I, p. 116), que le juge de paix n'est pas obligé de suivre l'avis des experts, si sa conviction s'y oppose. Le principe consacré par l'article 323 du Code de procédure civile est d'autant plus applicable à ce magistrat, que la loi lui permet de remplir, en certains cas, les fonctions d'expert, ce qui est interdit aux juges des tribunaux d'arrondissement. (Voir ci-après, nos 661 et suiv.)

151. L'irrégularité des opérations d'une expertise ordonnée judiciairement n'entraîne pas la nullité de la décision qui en consacre le résultat, alors qu'en dehors de l'expertise le jugement porte en termes exprès que, « dans l'état des documents de la cause, le juge a des éléments suffisants d'appréciation. » Ainsi l'a décidé la Cour de cassation, par arrêt du 16 mars 1868 (1).

152. Lorsque le tribunal d'appel, réformant la décision du juge de paix, ordonne une expertise, elle doit être opérée suivant les formalités prescrites au titre XIV du livre II du Code de procédure civile. (Voir ci-après, nos 466 et suiv.) Les appels des jugements des juges de paix sont réputés matières sommaires par l'article 404; et les règles de la procédure à suivre dans ces matières, en exécution du titre XXIV, ne font aucune exception à celles que contient le titre XIV relativement aux expertises devant les tribunaux d'arrondissement.

153. Tout ce que nous avons dit dans cette section sur

(1) Journal du palais, 1868, p. 491.

les formalités à remplir, par le juge de paix, pour ordonner l'expertise et nommer les experts, et par ceux-ci pour accomplir leur mission, s'applique aux opérations de ce genre qui sont prescrites lorsqu'une action est engagée; mais il est d'autres cas où le juge de paix nomme des experts soit pour procéder avec lui, soit pour opérer hors de sa présence.

154. De ce nombre sont : 1° l'expertise ou estimation des meubles des enfants mineurs dont les père et mère ont la jouissance (voir ci-après, nᵒˢ 762 et suiv.); 2° l'expertise en matière de vices rédhibitoires dans le commerce des animaux domestiques, où les experts sont nommés par le juge de paix, quelle que soit la juridiction devant laquelle l'action doit être portée (voir ci-après, nᵒˢ 874 et suiv.); 3° la tierce-expertise en matière d'enregistrement (voir ci-après, nᵒ 1042); 4° l'expertise, dans certains cas, et la tierce-expertise en matière de chemins vicinaux (voir ci-après, nᵒˢ 1273 et 1283); 5° l'expertise d'objets transportés (voir ci-après, nᵒˢ 1367 et suiv.); 6° l'expertise pour constater l'innavigabilité d'un navire (voir ci-après, nᵒ 1395); 7° l'expertise en matière de jet à la mer et de contribution (voir ci-après, nᵒ 1411). Ces diverses opérations faisant l'objet de commentaires spéciaux, dont nous venons d'indiquer les numéros, nous n'avons pas à nous y arrêter maintenant.

155. Il est d'usage, en matière de baux à ferme ou à loyer, de faire constater par le juge de paix, dès que le preneur a vidé les lieux, les dégradations qui existent dans l'immeuble loué. Le juge de paix se fait ordinairement accompagner, dans ce cas, par un ou plusieurs experts qu'il nomme, sur requête du bailleur, par une ordonnance (FORMULES 22ᵉ et 23ᵉ), laquelle est signifiée à la partie adverse et aux experts avec sommation de comparaître aux lieu, jour et heure indiqués. Le juge, assisté du greffier, dresse, d'après l'avis des experts, serment préalablement prêté, un procès-verbal de l'état des lieux (FORMULE 24ᵉ).

156. En cas d'urgence, le juge de paix pourrait se transporter immédiatement sur les lieux avec les experts, qu'il ferait avertir verbalement. La réquisition du bailleur et l'ordonnance seraient alors mises en tête du procès-verbal de constat (FORMULE 25ᵉ).

157. Dans certaines circonstances, il peut être nécessaire de faire évaluer un dommage, reconnaître un état de choses, constater un ou plusieurs faits qu'il serait impossible de constater, reconnaître ou évaluer ultérieurement. Nul doute que le juge de paix n'ait, en cette occurrence, le droit de nommer par ordonnance, sur requête de la partie intéressée (FORMULES 26°, 27° et 28°), un ou trois experts qui, après avoir prêté serment, comme dans les cas ordinaires, dresseraient un rapport (FORMULES 29° et 30°) qu'ils déposeraient au greffe de la justice de paix.

158. Pour ces diverses expertises, les frais et honoraires des experts seront taxés, par le juge, conformément au tarif des justices de paix. (Voir ci-après, n°s 1529 et suiv.)

159. Dans les expertises amiables, le choix du tiers-expert est souvent laissé au juge de paix (voir ci-après, n° 1517), en cas de désaccord des deux experts primitifs. Cette nomination est faite par ordonnance, sur requête présentée par les parties ou l'une d'elles (FORMULES 31° et 32°).

SECTION II.

EXPERTISES DEVANT LES TRIBUNAUX CIVILS OU LES COURS D'APPEL.

160. Les juges peuvent toujours nommer des experts, soit d'office, soit sur la demande des parties, lorsqu'ils en reconnaissent l'utilité. Tous les auteurs sont d'accord sur ce point, que de nombreux arrêts ont invariablement admis. Nous citerons entre autres un arrêt de la cour de Rennes, du 22 décembre 1820 (1), et trois arrêts de la Cour de cassation, des 13 mars 1824 (2), 3 décembre 1834 (3) et 24 mai 1836 (4), qui, dans des cas divers, ont toujours statué affirmativement.

161. La doctrine et la jurisprudence sont également unanimes sur le droit incontestable qu'ont les tribunaux de refuser d'accueillir, à cet égard, la demande des parties, lorsque l'expertise ne leur paraît pas nécessaire et que cette voie

---

(1) Journal des avoués, t. XII, p. 732.
(2) Journal des avoués, t. XXVII, p. 344.
(3 et 4) Journal du palais, *Rép.*, t. VII, p. 85, n°s 30 et 31.

d'instruction n'est, d'ailleurs, pas déclarée obligatoire par la loi. (Voir précédemment, n°s 12 et suiv.)

162. Ainsi il a été décidé par la Cour de cassation, les 17 mars 1819 1), 6, 11 et 12 décembre 1827 (2), 18 août 1836 (3), 6 juillet 1857 (4), 20 avril 1874 (5), 5 avril 1875 (6), 29 mai 1877 (7), 15 juin 1880 (8) et 29 février 1888 (9) et par la cour de Nancy, le 26 novembre 1895 (10) que les juges ne sont pas tenus d'ordonner une expertise lorsqu'ils peuvent, sans y avoir recours, puiser des raisons suffisantes de décider, soit dans les documents produits devant eux, soit dans les circonstances et les faits qu'ils ont remarqués, et que l'expertise, dans tous les cas où elle n'est pas déclarée obligatoire par la loi, est une mesure d'instruction que les tribunaux peuvent se dispenser d'ordonner, si elle ne leur paraît pas nécessaire, ou s'ils pensent qu'elle ne peut amener la preuve d'aucun fait utile à la solution du procès.

163. La Cour de cassation a également jugé : 1° par arrêt du 17 décembre 1819 (11), que, sur une demande en rescision d'un bail pour cause de lésion, alors même que cette demande était formée au nom d'un mineur, les juges ont pu, d'après les circonstances et l'état des choses, déclarer qu'il n'y avait pas lésion sans ordonner un rapport d'experts préalable ; — 2° par arrêt du 24 décembre 1835 (12), que la question de savoir si un terrain est enclavé peut être décidée sans avoir besoin d'ordonner une expertise, bien qu'elle ait été demandée par les parties.

164. Mais, dans les matières soumises aux règles de l'art, les juges peuvent-ils refuser d'ordonner une expertise parce qu'ils se croient capables de résoudre les questions posées ? Ont-ils ainsi le droit de substituer leurs connaissances personnelles à un rapport d'experts ? Nous croyons, avec M. Chauveau (*sur Carré*, t. III, p. 79) et le Journal du palais (*Rép.*, t. VII, p. 85), qu'on ne saurait refuser aux magistrats le droit d'user des notions morales, scientifiques ou artistiques qu'ils possèdent personnellement, et qu'ils ont acquises, sans con-

---

(1) Journal du palais, 1819, p. 164.
(2) Journal des avoués, t. XXXV, p. 111.
(3) Journal du palais, 1837, t. I, p. 472.
(4) Journal du palais, 1859, t. I p. 321.
(5) Journal du palais, 1875, p. 126.
(6) *Gazette des tribunaux,* des 5 et 6 avril 1875, p. 333.

(7) *Gazette des tribunaux,* du 30 mai 1877, p. 517.
(8) Sirey, 1852, 1, 403.
(9) Pandectes françaises, 1888, 1, 281.
(10) Dalloz, 1896, 2, 96.
(11) Journal du palais, 1819, p. 606.
(12) Journal du palais, *Rép.*, t. VII, p. 85, n° 36.

sidération du procès, pour apprécier les faits et résoudre les difficultés de la cause ; car, en agissant ainsi, le juge, éclairé par ses propres lumières, ne fait autre chose « qu'appliquer les lois de la nature ou celles d'une science quelconque, comme habituellement il applique les lois civiles. Vouloir qu'il fût obligé de mettre de côté ses propres connaissances pour invoquer celles des experts ne serait pas moins ridicule que de l'assujettir à prendre une consultation d'avocat toutes les fois qu'il a à décider un point de droit. »

165. Le refus par le tribunal d'ordonner une expertise n'a pas même besoin d'être motivé. Ainsi la Cour de cassation a jugé : 1° le 3 mai 1830 (1), qu'un arrêt qui, après avoir posé la question de savoir s'il y a lieu à une nouvelle expertise, statue sur le fond sans résoudre cette question, ne peut être cassé pour défaut de motifs ; — 2° le 21 août 1837 (2), qu'un arrêt qui rejette une demande d'expertise, en adoptant les motifs des premiers juges, est suffisamment motivé lorsque le jugement décide qu'il existe des documents suffisants pour juger, alors même que l'expertise demandée en appel serait plus étendue que celle demandée en première instance.

Iᵉʳ. — *Jugement qui ordonne l'expertise. Nomination des experts.*

166. « Lorsqu'il y aura lieu à un rapport d'experts, il sera ordonné par un jugement, lequel énoncera clairement les objets de l'expertise. » (Code de procédure civile, art. 302.)

167. Excepté dans les cas où l'expertise est obligatoire, c'est, on l'a déjà vu, aux juges seuls qu'il appartient de décider s'il y a lieu ou non d'ordonner cette opération, soit d'office, soit sur la demande des parties, demande qu'ils peuvent accueillir ou rejeter selon qu'il leur paraît inutile ou nécessaire d'y faire droit.

168. L'expertise doit être ordonnée par un jugement (FORMULE 33ᵉ), à moins que la loi n'ait tracé une autre marche à suivre. (Voir ci-après, nᵒˢ 762 et suiv., 857 et suiv.,

(1) Sirey, t. XXX, 1ʳᵉ part., p. 180.
(2) Journal des avoués, t. LIV, p. 89.

874 et suiv.) Aussi la cour de Bourges a-t-elle décidé, par arrêt du 7 avril 1832 (1), que le juge tenant l'audience des référés ne peut ordonner une expertise.

169. Néanmoins il est depuis longtemps d'usage, à Paris, que le président du tribunal, statuant en référé, prescrive des expertises, lorsqu'il reconnaît l'urgence de cette mesure, qui, dans bien des cas, ne saurait être retardée sans nuire considérablement aux parties. Cet excellent usage a été, avec raison, adopté dans presque tous les autres ressorts (FORMULES 34e et 35e), et il est maintenant consacré par la jurisprudence.

170. Ainsi la cour de Paris a décidé, par arrêt du 25 novembre 1871 (2), que, lorsqu'un immeuble a éprouvé des dégradations par fait de guerre et que le locataire est en instance avec le propriétaire pour le contraindre à réparer l'immeuble, le juge des référés peut, sans dépasser les limites de sa compétence, autoriser l'exécution, sur les avances du locataire, et sous la direction de l'expert précédemment commis par le tribunal, des travaux jugés nécessaires et urgents par ledit expert.

171. Par arrêt du 15 juin 1874 (3), la Cour de cassation a déclaré qu'aucun texte de loi ne s'oppose à ce que les juges du fond prennent pour élément de leur décision une expertise prescrite régulièrement, en cas d'urgence, par le juge des référés, et à laquelle il a été contradictoirement procédé entre les parties à l'effet de constater un dommage. La cour suprême a confirmé cette jurisprudence dans un arrêt du 28 août 1877 (4).

172. Enfin, il résulte d'un arrêt de la cour de Bordeaux, du 4 décembre 1878 (5), qu'en prescrivant une expertise ayant pour but de constater, dans le cas d'urgence, un état des lieux qui pouvait être modifié d'un jour à l'autre, le président du tribunal de première instance, statuant en référé, n'avait pas excédé ses pouvoirs.

173. Mais le juge de référé n'a compétence pour ordonner des mesures d'instruction qu'autant que la demande principale à laquelle ces mesures se rattachent rentre dans les

---

(1) Journal du palais, *Rép.*, t. VII, p. 86, no 60.
(2) *Gazette des tribunaux*, du 2 décembre 1871, p. 807.
(3) Journal du palais, 1874, p. 1229.

(4) Journal du palais, 1878, p. 876.
(5) Journal des arrêts de cette cour, t. LIII, p. 366, et Journal du palais, 1879, p. 732.

attributions du tribunal dont il fait partie. Il est incompétent pour ordonner une expertise ayant trait à une contestation qui rentrerait dans les attributions, soit du juge de paix (voir précédemment, nᵒˢ 114 et 115), soit du tribunal de commerce, soit de la juridiction administrative. Ce principe est sanctionné par de nombreux arrêts, entre autres ceux de la cour de cassation des 13 juillet 1871 (1) et 16 décembre 1878 (2), de la cour de Lyon du 13 juin 1872 (3) et de la cour de Paris du 5 mai 1888 (4).

174. La cour de Grenoble a jugé, par arrêt du 13 juillet 1872 (5), qu'en cas d'urgence, le juge des référés peut ordonner toutes les mesures provisoires qu'il croit utiles, telles qu'une expertise ou une vérification, ces mesures ne pouvant engager le tribunal.

175. La question de savoir si l'on peut conclure à une expertise par action principale a été résolue affirmativement par deux arrêts de la cour de Paris, des 20 mars 1835 (6) et 24 décembre 1836 (7). Le tribunal de la Seine avait décidé le contraire dans les deux jugements réformés par ces arrêts; il se fondait sur ce qu'il résulte des termes de la loi et de la position du titre XIV du livre II du Code de procédure civile que l'expertise n'est qu'une procédure incidente, une voie d'instruction destinée à éclairer les juges sur une demande déjà introduite; que l'action principale tendant à ordonner une expertise est irrégulière, comme ne mettant pas le défendeur à même de savoir ce qu'on veut obtenir de lui, et, par suite, d'acquiescer ou de se défendre. M. Chauveau (sur *Carré*, t. III, p. 81) et le Journal du palais (*Rép.*, t. VII, p. 86) adoptent l'opinion du tribunal de la Seine, qui a été depuis sanctionnée par la cour de cassation dans un arrêt du 25 octobre 1886 (8). Isolée, indépendante d'une demande principale, une telle voie d'instruction n'a aucun but; nous sommes d'avis qu'elle doit être déclarée non recevable.

176. Le jugement doit énoncer « clairement les objets de l'expertise »; cela est indispensable pour que les experts sachent bien quelle est leur mission, sur quels points doivent porter leurs investigations, et quelle est la nature de l'avis qui leur est demandé. (Voir ci-après, nᵒˢ 533 et suiv., 654 et suiv.)

(1, 2 et 3) Pandectes chronologiques.
(4) Pandectes françaises, 1888, , 266.
(5) Journal du palais, 1872, p. 1183.
(6 et 7) Journal du palais, *Rép.*, t. VII, p. 86, nᵒˢ 61 et 62.
(8) Pandectes françaises, 1887, 1, 11.

177. Le jugement qui, en ordonnant une expertise, déclare qu'un certain mode d'opérer sera suivi par les experts, a l'autorité de la chose jugée sur ce point ; et, en conséquence, il fait obstacle à ce que l'opération des experts soit établie d'après d'autres bases. Ainsi l'a décidé la Cour de cassation, dans un arrêt du 12 novembre 1878 (1).

178. Lorsque l'expertise préjuge le fond du procès, le jugement qui l'ordonne est *interlocutoire*. Si l'expertise n'a lieu que comme simple voie d'instruction et ne préjuge pas le fond, il n'est que *préparatoire*. (Voir précédemment, nos 116 à 118.)

179. Ainsi, d'après un arrêt de la Cour de cassation du 27 février 1838 (2), est simplement préparatoire le jugement qui, sur la demande d'expertise formée par toutes les parties, dans un but différent, ordonne que l'expertise aura lieu suivant le mode adopté par chacune d'elles. Mais la même cour a décidé, le 3 janvier 1860 (3), que le jugement qui, statuant sur une demande en dommages-intérêts pour réparation d'un préjudice que le défendeur prétend n'être tenu de réparer dans aucune hypothèse, ordonne une expertise pour constater l'importance du préjudice allégué, est interlocutoire et, comme tel, susceptible d'appel avant le jugement définitif.

180. Par arrêt du 19 mars 1879 (4), la Cour de cassation a jugé que l'opposition formée à un jugement qui a nommé des experts sans rien préjuger au fond, et basée sur le mauvais choix de ces experts, ne saurait être considérée comme un incident détaché du litige ; le jugement qui déboute de cette opposition est un jugement préparatoire ayant, comme le premier, le caractère d'un simple avant faire droit, et contre lequel l'appel ne peut être interjeté que conjointement avec l'appel du jugement rendu sur le fond.

181. Les jugements ou arrêts qui ordonnent une expertise sont suffisamment motivés par l'énonciation qu'ils sont rendus avant faire droit. La Cour de cassation l'a ainsi décidé, par arrêt du 4 janvier 1820 (5).

182. Il résulte également d'un arrêt de la Cour suprême,

(1) *Gazette des tribunaux*, des 18 et 19 novembre 1878, p. 1121.
(2) Journal du palais, 1838, t. I, p. 504.
(3) Journal du palais, 1860, p. 1161.
(4) *Gazette des tribunaux*, du 21 mars 1879, p 269.
(5) Journal des avoués, t. XII, p. 410.

du 13 mai 1879 (1) : 1° que le juge n'est pas tenu de statuer sur une demande d'expertise présentée après la clôture de débats qui n'ont pas été rouverts ; il lui est même défendu de s'y arrêter ; 2° que l'arrêt qui, en pareil cas, pourrait se dispenser de motiver le refus de la vérification demandée, le motive d'une manière suffisante quand il déclare qu'elle serait frustratoire « tenant les faits ci-dessus rappelés et l'examen fait par la cour en chambre de conseil. »

183. Le jugement qui ordonne l'expertise doit être signifié à la partie adverse, à peine de nullité de l'opération. La cour de Besançon a jugé dans ce sens, par deux arrêts des 21 juin 1813 (2) et 26 juillet 1821 (3) et le tribunal de commerce de Pont-Audemer, par un jugement du 25 septembre 1890 (4).

184. Mais, d'après un arrêt de la cour de Douai du 8 mars 1844 (5), la signification aux experts du jugement qui ordonne l'expertise n'est prescrite ni même autorisée par aucune loi. Les frais de cette signification sont par conséquent frustratoires et doivent être rejetés de la taxe. MM. Sudraud-Desisles (*Manuel du juge taxateur*, p. 159), Carré (*Taxe en mat. civile*, p. 125) et Bonnesœur (*Manuel de la taxe*, p. 161) sont du même avis. « Les experts, — ajoute ce dernier, — n'ont pas besoin de cette copie pour opérer, puisque la grosse doit leur être remise. »

185. Conformément aux principes généraux, le jugement qui ordonne une expertise est exécutoire tant qu'il n'a pas été frappé d'appel. Ainsi la cour d'Amiens a jugé, le 25 novembre 1824 (6), qu'une expertise ordonnée par un jugement peut être faite dans le délai de l'appel, pourvu qu'elle le soit après la huitaine de la prononciation du jugement et avant que l'appel en ait été interjeté.

186. La cour de Colmar a décidé, par arrêt du 2 janvier 1834 (7), qu'une partie peut interjeter appel du jugement qui ordonne une expertise, quoiqu'elle ait assisté à cette opération, mais sans y concourir ni manifester l'intention d'y participer ; et, par arrêt du 27 février 1860 (8), la Cour de cassation a jugé que la partie qui, après avoir assisté au commen-

---

(1) *Gazette des tribunaux*, du 16 mai 1879, p. 475.

(2) Journal du palais, *Rép.*, t. VII, p. 86, n° 68.

(3) Journal **des** avoués, t. XII, p. 712.

(4) Pandectes françaises, 1891, 2, 32.

(5) Journal du palais, 1845, t. **I**, p. 377. — Dalloz, 1845, p. 288.

(6 et 7) Journal du palais, *Rép.*, t. VII, p. 72 et 69.

(8) Journal du palais, 1861, p. 388 ; Pandectes françaises, *Rép.*, v° *Acquiescement*, 481.

cement d'une expertise, sous toutes réserves, s'est retirée avant la fin et a refusé de signer le procès-verbal, ne peut être considérée comme ayant acquiescé au jugement ordonnant cette expertise.

187. Mais, d'après un arrêt de la Cour de cassation du 19 décembre 1871 (1), la partie qui exécute volontairement un jugement, en désignant un expert pour concourir à la mesure d'instruction qu'il prescrit, se rend non recevable à appeler de ce jugement. Il en est de même de la partie qui a assisté sans réclamation à une expertise et qui a plaidé au fond lors de l'homologation du rapport; elle n'est plus recevable à interjeter appel du jugement qui l'a ordonnée. Ainsi l'a jugé la cour de Lyon, par arrêt du 27 août 1833 (2).

188. La cour de Bourges a également jugé, par arrêt du 11 juin 1839 (3), que la partie qui, sommée d'assister à l'expertise, y a réellement assisté et a pris, par ses dires, part à l'opération qui a eu lieu, n'est pas recevable à interjeter appel du jugement qui avait ordonné l'expertise ; qu'il était dans les attributions des experts de constater ces faits, ainsi qu'ils l'ont fait dans leur procès-verbal, et qu'à raison de cette circonstance même l'acquiescement de la partie audit jugement n'était pas douteux.

189. Par arrêt du 6 janvier 1860 (4), la cour de Paris a déclaré non recevable à interjeter appel du jugement qui a ordonné une expertise la partie qui a assisté, dans la personne de son avoué, à la prestation de serment de l'expert et lui a fourni les pièces et documents nécessaires à l'accomplissement de sa mission (5).

190. La Cour de cassation a décidé, le 4 mars 1862 (6), que le mandat *ad litem* confère à l'avoué le droit et lui impose le devoir d'accomplir tous les actes nécessaires pour parvenir au jugement qui doit terminer l'instance. Par conséquent, la déclaration, faite par l'avoué, qu'il ne s'oppose pas à la réception du serment de l'expert nommé par un jugement, et que même il requiert au besoin cette mesure, emporte acquiescement au jugement qui ordonne l'expertise et engage la partie, alors que celle-ci n'a, postérieurement à la

1) Dalloz, 1871, 1, 299.
(2 Journal du palais, *Rép.*, t. VII, p. 87, nᵒ 70.
(3) Dalloz, 1840, t II, p. 46.
(4) Journal du palais, 1860, p. 105.

(5) V. sur ce point: Pandectes françaises, *Rép.*, vᵒ *Acquiescement*, nᵒ 487.
(6) Journal du palais, 1862, p. 97.

signification dudit jugement, donné aucune instruction spéciale en ce qui concerne l'expertise prescrite.

191. Enfin, par arrêt du 25 juillet 1867 (1), la Cour de cassation a jugé que, si, en thèse générale, la déclaration de s'en rapporter à justice n'emporte pas acquiescement, il en est autrement lorsque cette déclaration est accompagnée d'une formule rappelant la demande de l'adversaire et impliquant l'abandon d'un droit. — Spécialement, au cas où l'une des parties demande une expertise par un seul expert, avec dispense de serment, la déclaration faite par l'autre partie qu'elle s'en rapporte à justice, sur cette demande, emporte acquiescement au jugement qui l'a accueillie, et, dès lors, rend l'appel non recevable.

192. D'après un arrêt de la cour d'Agen du 22 mai 1812 (2), la mention « par les sieurs..., experts agréés par les parties, etc., » contenue dans le jugement qui ordonne l'expertise, ne prouve pas que les parties aient elles-mêmes nommé les experts et qu'elles se soient rendues non recevables à appeler de ce jugement.

193. Toutefois la même cour a décidé, par arrêt du 3 janvier 1818 (3), que, lorsqu'un jugement portant nomination de trois experts constate qu'ils ont été « convenus par les parties, » l'une d'elles n'est plus recevable à critiquer cette nomination, encore bien qu'elle aurait fait admettre le désaveu contre son avoué, de qui était émané ce prétendu acquiescement à la nomination d'experts, parce que le jugement admettant ce désaveu est étranger à l'autre partie.

194. « L'expertise ne pourra se faire que par trois experts, à moins que les parties ne consentent qu'il soit procédé par un seul. » (Code de procédure civile, art. 303.)

195. Par application de cet article, la Cour de cassation a décidé, le 20 novembre 1866 (4), que les juges ne peuvent, au cas où ils ordonnent une expertise sur la demande des parties ou de l'une d'elles, ne nommer qu'un seul expert ; il y a obligation pour eux d'en nommer trois, à moins de consentement de toutes les parties à ce qu'il n'y en ait qu'un seul.

(1) Journal du palais, 1867, p. 1190.
(2) Journal du palais, *Rép.*, t. VII, p. 26, n° 71.
(3) Journal du palais, *Rép.*, t. VII, p. 89, n° 142.
(4) Journal du palais, 1867, p. 160.

Des arrêts de la même cour, des 14 mai 1872 (1) et 16 mars 1890 (2) ont de nouveau consacré ce principe.

196. Cette règle n'est cependant pas sans exceptions. Nous avons déjà fait connaître les diverses circonstances dans lesquelles, en matière civile, la loi prescrit elle-même la nomination d'un seul expert (voir précédemment, nos 14, 15 et 24), et celles où elle laisse cette faculté aux magistrats (voir précédemment, nos 26, 27, 55 et 56), qui n'ont point alors à consulter les parties, dont le consentement est inutile.

197. Mais ce ne sont pas les seules exceptions à la règle posée par l'article 303. La Cour de cassation, qui n'admettait pas autrefois qu'en dehors des cas prévus par la loi, les tribunaux eussent le droit de nommer moins de trois experts, a modifié plus tard sa jurisprudence. Elle fait aujourd'hui une distinction, et elle décide que les juges peuvent ne nommer qu'un seul expert, au lieu de trois, lorsqu'ils ordonnent d'office une expertise pour obtenir des renseignements dont ils ont besoin, sans que la loi l'exige ou que l'une des parties l'ait formellement demandée. De nombreux arrêts ont été rendus en ce sens par la cour suprême ; nous citerons notamment ceux des 10 juillet 1834 (3), 21 janvier 1837 (4), 28 février 1837 (5), 12 juin 1838 (6), 28 février 1848 (7), 16 avril 1855 (8), 25 mai 1859 (9), et 8 novembre 1869, cité plus loin (voir ci-après, no 224). Les cours de Bordeaux, arrêt du 28 mars 1831 (10), Colmar, arrêt du 8 mars 1837 (11), Poitiers, arrêt du 3 février 1843 (12), Orléans, arrêt du 24 avril 1845 (13), Paris, 4 décembre 1871 (14), et Lyon, 24 mars 1876 (15) ont adopté la même jurisprudence, qui est ainsi parfaitement établie.

198. Par arrêt du 15 juillet 1861 (16), la Cour de cassation

---

(1) Journal du palais, 1872. p. 558.

(2) Pandectes françaises, 1890, 1, 410.

(3) Sirey, t. XXXIV, 1re partie, p. 503.

(4) Sirey, t. XXXVII, 1re partie, p. 664.

(5) Journal du palais, 1837, t. II, p. 382.

(6) Journal du palais, 1838, t. II, p. 388.

(7) Journal du palais, 1848, t. I, p. 355.

(8) Journal du palais, 1857, t, I, p. 828.

(9) Journal du palais, 1860, p. 291.

(10) Journal des arrêts de cette cour, t. VI, p. 186.

(11) Journal du palais, 1838, t. II, p. 509.

(12) Journal du palais, 1843, t. II, p. 242.

(13) Journal du palais, 1845, t. II, p. 55.

(14) Journal des avoués, t. XCVII, p. 30.

(15) Journal du palais, 1877, p. 845.

(16) Journal du palais, 1862, p. 1022.

a jugé que les tribunaux, qui ordonnent d'office une expertise pour se procurer des renseignements, peuvent ne nommer
qu'un seul expert, au lieu de trois, sans avoir besoin du consentement des parties; que cette expertise est applicable
même aux parties intervenues dans le procès depuis qu'elle
a été ordonnée; et qu'en un tel cas les juges peuvent donner
une mission complémentaire à l'expert, bien que les parties
demandent une expertise nouvelle. Persistant dans cette jurisprudence, la Cour suprême a également décidé, les 11 août
1868 (1) et 14 mai 1872 (2), que, dans le cas d'expertise ordonnée d'office par les juges pour une vérification qu'ils
croient utile, ils peuvent ne nommer qu'un seul expert
au lieu de trois, sans que le consentement des parties soit
nécessaire. Enfin, par arrêt du 18 mars 1873 (3), elle a jugé
que l'article 303 du Code de procédure civile, qui ordonne
que l'expertise ne pourra se faire [que par trois experts, à
moins que les parties ne consentent à la désignation d'un seul
expert, n'est pas applicable au cas où l'expertise est ordonnée
d'office; et qu'une expertise est réputée ordonnée d'office,
alors même que les parties ont consenti à cette expertise, si
elles ne l'ont pas réclamée formellement dans leurs conclusions.

199. Hors les cas où la loi oblige à prendre l'avis de trois
experts (voir précédemment, nos 21 et 53), les parties peuvent toujours consentir à ce qu'il n'en soit nommé qu'un
seul; mais il faut pour cela qu'elles soient toutes maîtresses
de leurs droits, et, dès lors, les mineurs, les interdits et toutes
les personnes qui ne peuvent transiger sont incapables de
donner un consentement de cette nature.

200. Il est incontestable que les tribunaux ne peuvent, en
aucun cas, augmenter le nombre des experts, même du consentement des parties. Cela résulte clairement des termes
de l'article 303, ainsi que des arrêts de la cour de Paris des
11 février et 1er avril 1811 (4), et de la cour de Colmar du
8 avril 1830 (5).

201. L'article 303, qui fixe le nombre des experts à un ou

(1) Journal du palais, 1868, p. 1102.
(2) *Gazette des tribunaux*, du 22 mai 1872, p. 499.
(3) *Gazette des tribunaux*, du 27 mars 1873, p. 293.
(4) Journal des avoués, t. XII, p. 698 et 700.
(5) Journal du palais, t. VII, p. 89, no 332.

trois, interdit également d'en nommer deux, afin d'éviter autant que possible les partages d'avis, qui embarrassent les juges pour prendre une décision, et les contre-expertises, qui font perdre du temps et augmentent les frais.

202. La nullité résultant de ce qu'il a été nommé plus de trois experts, ou de ce qu'il n'y en a eu qu'un seul, peut être couverte par l'acquiescement, même tacite, des parties maîtresses de leurs droits. M. Bioche (*Dict. de procéd.*, v° *Expert*, n° 44) professe, comme nous, cette doctrine (1).

203. Pour que l'acquiescement tacite soit valable, il faut que la partie comparaisse elle-même; la comparution de l'avoué seul ne serait pas suffisante. Adoptant ce principe, la cour de Rennes a décidé, par arrêt du 9 mars 1810 (2), que, lorsqu'un avoué, présent à la prestation de serment des experts, se borne à dire qu'il n'a aucun moyen de s'opposer à cette prestation, la partie n'est pas censée acquiescer au jugement, et elle peut en interjeter appel.

204. D'après un arrêt de la Cour de cassation du 20 juillet 1825 (3), il n'y a pas nullité du jugement sur le fond en ce que le tribunal n'aurait nommé qu'un seul expert pour procéder à une estimation, s'il est d'ailleurs constaté que les juges ont statué d'après leur conscience et sans homologuer le rapport de l'expert.

205. Lorsqu'un tribunal a réservé aux parties le droit de convenir d'experts dans un certain délai, il ne peut pas, même après l'expiration de ce délai, réduire à un seul le nombre des experts; il doit se borner à substituer son choix à celui des parties, en désignant le nombre d'experts déterminé par l'article 303 du Code de procédure civile. Ainsi l'a jugé la cour de Caen, par arrêt du 19 février 1850 (4).

206. A Paris, un usage constant permet au président, statuant en état de référé, de ne commettre qu'un seul expert, dans les cas où il a le pouvoir d'ordonner des expertises. « Cette dérogation au droit commun, — dit le Journal du palais (*Rép.*, t. VII, p. 89, n° 144), — nous paraît suffisamment justifiée par l'urgence, qui nécessite alors ces opérations. » Le même motif a fait, avec raison, adopter cet usage dans un grand nombre d'autres ressorts, et il a été consacré

---

(1) V. aussi Cass., 7 novembre 1888; Pandectes françaises, 1889, 1, 69.
(2 et 3) Journal du palais, *Rép.*, t VII, p. 89, n°s 141 et 143.
(4) Dalloz, 1850, t. II. p. 88.

par diverses décisions judiciaires, notamment par des arrêts de la cour de Paris, du 2 mai 1872 (1), de la Cour de cassation, du 28 août 1877 (2) et de la cour de Nîmes, du 12 août 1891 (3).

207. « Si, lors du jugement qui ordonne l'expertise, les parties se sont accordées pour nommer les experts, le même jugement leur donnera acte de la nomination. » (Code de procédure civile, art. 304.)

208. Lorsqu'elles sont maîtresses de leurs droits, les parties s'accordent sur le choix de trois experts, ou bien elles conviennent de n'en prendre qu'un seul, et elles le désignent unanimement ; dans l'un comme dans l'autre cas, le tribunal n'a qu'à leur donner acte de cette nomination dans le jugement qui ordonne l'expertise.

209. Si, tout en étant d'accord pour demander qu'un seul expert soit chargé de procéder à l'expertise, les parties ne peuvent s'entendre sur le choix, le tribunal leur donne acte de cette demande, et nomme d'office un expert seulement.

210. Mais si les parties ne conviennent pas qu'il sera procédé par un seul expert, il faut qu'elles s'entendent pour choisir les trois, et, en cas de dissentiment sur un d'eux, c'est aux juges qu'il appartient de les nommer tous. Ainsi la cour de Rennes a décidé, par ses arrêts des 10 février 1809 (4) et 13 juillet 1813 (5), que la nomination de deux experts, faite d'office par le tribunal, une des parties ayant nommé le troisième, était irrégulière.

211. Lors donc qu'une des parties seulement choisit son expert, le tribunal ne peut pas se borner à désigner les deux autres ; il doit en nommer trois d'office. Mais si les parties, après avoir désigné chacune un expert, déclaraient d'un commun accord laisser au tribunal le choix du troisième, rien ne s'opposerait à ce qu'il leur en fût donné acte et que le tiers-expert seulement fût nommé d'office. Telle est l'opinion de MM. Favard de Langlade (t. II, p. 700), Dalloz (t. VII, p. 660), Thomine-Desmazures (t. I, p. 508), Carré et Chauveau (t. III, p. 87).

212 « Si les experts ne sont pas convenus par les parties, le jugement ordonnera qu'elles seront tenues d'en nommer

---

(1) *Gazette des tribunaux,* du 22 mai 1872, p. 499.
(2) Journal du palais, 1878, p. 876.
(3) Pandectes françaises, 1893, 2, 131.
(4 et 5) Journal des avoués, t. IV, p. 119.

dans les trois jours de la signification ; sinon, qu'il sera procédé à l'opération par les experts qui seront nommés d'office par le même jugement. — Ce même jugement nommera le juge-commissaire, qui recevra le serment des experts convenus ou nommés d'office : pourra néanmoins le tribunal ordonner que les experts prêteront leur serment devant le juge de paix du canton où ils procéderont. » (Code de procédure civile, art. 305.)

213. « Dans le délai ci-dessus, les parties qui se seront accordées pour la nomination des experts en feront leur déclaration au greffe. » (Même Code, art. 306.)

214. La nomination d'office des experts, par le jugement qui ordonne l'expertise, est conditionnelle et provisoire ; elle ne devient définitive que si, dans les trois jours de la signification du jugement à partie et à avoué, les parties ne s'entendent pas pour faire leur choix.

215. Le tribunal ne peut priver les parties du droit que la loi leur réserve de convenir entre elles des experts, dans les trois jours. La nomination qu'il ferait d'office, sans accorder ce délai, devrait donc être considérée comme non avenue, bien que la disposition de l'article 305 ne soit pas prescrite à peine de nullité ; il s'agit ici, en effet, moins d'une formalité de procédure que de l'accomplissement d'une obligation qui tient à la substance du jugement par lequel les experts auraient été nommés d'office. MM. Favard de Langlade, Dalloz, Thomine-Desmazures, Carré et Chauveau (*locis citatis*) sont unanimes pour admettre cette doctrine, consacrée par les cours de Paris, arrêt du 14 février 1844 (1), Bruxelles, arrêts des 6 août 1808 (2) et 15 octobre 1829 (3), Colmar, arrêt du 3 avril 1830 (4), et par l'arrêt de la Cour de cassation du 20 novembre 1866, que nous avons déjà cité relativement au nombre des experts. (Voir précédemment, n° 185.)

216. Toutefois, dans un arrêt du 20 août 1828 (5), la Cour de cassation a décidé que la nomination d'office est valable lorsque, l'une des parties ayant conclu à ce que les experts fussent désignés par le tribunal, l'autre partie, présente à

---

(1) Journal des avoués, t. XII, p. 698.

(2) Journal des avoués, t. XII, p. 687.

(3) Journal des arrêts de cette cour, 1830, t. I, p. 30.

(4) Journal des arrêts de cette cour, t. XXVI, p. 77.

(5) Journal des avoués, t. XXXVI, p. 115.

l'audience, n'a fait aucune objection. M. Chauveau (*sur Carré*, t. III, p. 89) critique cette décision ; la pensée de conciliation que les parties n'ont pas eue à l'audience peut, dit-il, entrer plus tard dans leur esprit, et c'est une chance que la loi a voulu favoriser en accordant le délai. Il trouve également que la cour d'Aix a mal jugé, le 14 juillet 1807 (1), en disant que, lorsque l'une des parties assignées à convenir d'experts fait défaut, le tribunal peut faire sa nomination sans condition.

217. Nous pensons que, dans la rigueur du droit, la Cour suprême et la cour d'Aix peuvent avoir raison ; mais, comme il n'y a aucun inconvénient à ce que les trois jours indiqués par l'article 305 soient laissés aux parties pour tâcher de s'entendre à l'amiable, nous ne voyons pas pourquoi les tribunaux nommeraient d'office les experts irrévocablement, et sans accorder ce faible délai.

218. La Cour de cassation a également rejeté, le 7 novembre 1838 (2), le pourvoi dirigé contre un arrêt de la cour de Limoges, qui, après avoir déterminé la part de chacun des litigants sur le terrain contesté, avait nommé d'office trois experts pour procéder au partage, sans faire aux intéressés aucune interpellation, ni leur donner aucun délai pour s'accorder sur un autre choix. La Cour suprême a considéré que, le procès étant jugé, il ne s'agissait plus d'une voie d'instruction, mais de l'exécution de l'arrêt, et que l'article 305 n'était plus applicable. MM. Boncenne (t. IV, p. 462 et suiv.) et Chauveau (*sur Carré*, t. III, p. 86) combattent cette interprétation. Nous sommes entièrement de leur avis. La loi ne fait pas de distinction, et il n'y a aucun motif de traiter différemment l'expertise qui n'est qu'une voie d'instruction et celle qui a pour but l'exécution de l'arrêt ou du jugement définitif. Le même intérêt existe pour les parties dans les deux cas ; il est juste de leur accorder les mêmes garanties.

219. La partie qui aurait exécuté sans réserves un jugement contenant la nomination d'office des experts serait non recevable à se pourvoir en appel contre ce jugement, en se fondant sur ce que le tribunal n'a pas laissé aux parties la faculté de choisir elles-mêmes les experts. La cour de Rennes

(1) Journal des avoués, t. XII, p. 685.
(2) Sirey, t. XXXVIII, 1re partie, p. 978.

l'a ainsi jugé, par arrêt du 14 novembre 1810 (1) ; et M. Dalloz ajoute avec raison, dit M. Chauveau, que cette exécution couvrirait la nullité, même à l'égard de l'autre partie, puisqu'elle constaterait suffisamment l'impossibilité d'une nomination amiable.

220. Lorsque les parties ne peuvent s'accorder sur le choix des trois experts, l'expertise doit être faite par ceux dont le jugement contient la nomination d'office, sans que l'une des parties puisse choisir son expert particulier. Cela résulte d'un arrêt de la cour de Metz du 25 mars 1812 (2).

221. Le consentement donné par les parties à ce qu'il soit procédé par un seul expert ne leur ôterait pas le droit de le choisir; le tribunal doit donc toujours leur réserver cette faculté. Cependant, s'il ne l'avait pas fait, on pourrait induire de l'accord des parties sur le premier point qu'elles ont renoncé à s'entendre sur le second, et le jugement ne devrait pas être annulé. Cette jurisprudence a été adoptée par la Cour de cassation, dans un arrêt du 28 décembre 1831 (3), et par la cour de Nancy, le 11 mai 1832 (4).

222. Si, après l'expiration du délai de trois jours, le tribunal acquérait la preuve que les experts qu'il a nommés d'office ne sont pas dans les conditions voulues pour remplir leur mission, il aurait certainement le droit de rétracter cette nomination. Les experts ne sont, en effet, pour lui, que des conseillers dont il n'est pas tenu de suivre les avis si sa conviction s'y oppose; il doit donc être libre de rétracter son choix dans une circonstance particulière, où il reconnaît d'avance qu'il ne pourra raisonnablement accorder aucune confiance au rapport. MM. Thomine-Desmazures (t. I, p. 514), Dalloz (t. VII, p. 660), Carré et Chauveau (t. III, p. 89 et 90) sont, à cet égard, du même avis que nous.

223. Lorsque le jugement qui nomme les experts est par défaut, le délai de trois jours fixé par l'article 305 ne commence à courir que de l'expiration de la huitaine donnée pour former opposition, ou du jour du débouté de l'opposition. De même, si le jugement était frappé d'appel et qu'il fût confirmé, le délai ne partirait que du jour de la signifi-

(1) Journal des avoués, t. XII, p. 698.
(2) Journal du palais, *Rép.*, t. VII, p. 90, n° 157.
(3 et 4) Journal des avoués, t. XLII, p. 250.

cation de l'arrêt confirmatif. Tous les auteurs que nous avons déjà cités sont d'accord avec nous sur cette doctrine.

224. Lorsque l'expertise n'a pour objet qu'une simple vérification ordonnée d'office par les juges, ils peuvent ne réserver aux parties la faculté de choisir les experts que dans les trois jours qui suivent non la *signification*, mais la *prononciation* du jugement. Cela résulte d'un arrêt de la Cour de cassation, du 8 novembre 1869 (1), fondé sur ce que les articles 303 et suivants du Code de procédure civile, relatifs au nombre et au choix des experts, ne s'appliquent qu'à l'expertise demandée par les parties elles-mèmes ou prescrite par la loi.

225. Les tribunaux prononcent assez souvent des condamnations, en laissant à la partie condamnée la faculté d'exécuter le jugement ou de recourir à une expertise dans un délai fixé. La cour d'Orléans, par arrêt du 12 décembre 1810 (2), a jugé que, dans ce cas, les parties n'étaient pas tenues de convenir d'experts dans les trois jours de la signification du jugement ; que ces trois jours ne couraient que de l'expiration du délai accordé pour opter entre la condamnation prononcée et l'expertise.

226. D'après l'article 306 du Code de procédure civile, les parties qui se sont accordées pour nommer les experts doivent en faire la déclaration au greffe du tribunal. Acte en est donné par le greffier (FORMULE 36ᵉ), qui a besoin pour cela de la présence simultanée de toutes les parties.

227. Chacune des parties doit être assistée de son avoué, parce que, dans le cours d'une instance, aucun acte judiciaire ne peut être fait sans l'assistance d'un avoué. Le greffier refuserait de recevoir la déclaration d'une partie qui se présenterait seule.

228. La loi ne prescrit pas la déclaration au greffe a peine de nullité. Si donc la nomination des experts était faite autrement qu'au greffe, elle ne serait pas nulle, d'après MM. Perrin (*Traité des nullités*, p. 236), Thomine Desmazures (t. I, p. 510), Carré et Chauveau (t. III, p. 93).

229. Les auteurs sont très-divisés sur le point de savoir si, dans le cas où, postérieurement aux trois jours que donne

(1) Journal du palais, 1870, p. 164.
(2) Journal des avoués, t. XII, p. 68.

l'article 305, les parties, conformément à l'article 306, déclaraient au greffe les noms des experts qu'elles auraient choisis,
ces derniers devraient faire l'opération de préférence a
ceux qui avaient été nommés d'office. Evidemment le délai
fixé par l'article 305 n'est pas un délai fatal ; il indique seulement que, les trois jours passés, l'exécution du jugement
n'est plus suspendue. Il n'en résulte, par conséquent, pas la
déchéance, pour les parties, de choisir les experts après son
expiration : une cordiale entente est toujours préférable à
l'intervention de la justice. Mais, comme il faut que cette
faculté ait un terme, nous pensons, avec MM. Carré (t. III,
p. 93), Favard de Langlade (t. IV, p. 704) et Vasserot (p. 13),
que les parties ne conservent le droit de désignation amiable
que jusqu'à la prestation de serment des experts, époque
à laquelle les opérations de l'expertise doivent être réputées
commencées, et où la nomination faite d'office doit être
devenue irrévocable.

230. L'article 305, qui veut que, à défaut par les parties
de choisir elles mêmes les experts, ils soient nommés par le
jugement, conséquemment par le tribunal lui-même et non
par le président seul, ne fait pas obstacle à ce qu'une cour
d'appel donne commission rogatoire au président d'un tribunal, et non à ce tribunal entier, de procéder à une nomination d'experts. Ainsi jugé par un arrêt de la Cour de cassation du 20 mars 1860 (1).

231. L'article 305 porte que le jugement qui ordonne
l'expertise doit désigner le juge-commissaire chargé de recevoir le serment des experts convenus ou nommés d'office.
Par application de cet article, la cour de Bordeaux a décidé,
dans un arrêt du 23 février 1858 (2), qu'en cas d'omission,
dans le jugement qui a ordonné l'expertise, de nommer un
magistrat pour recevoir le serment des experts, ce serment
ne peut être reçu par le président du tribunal s'il n'a pas été
commis à cet effet. (Voir ci-après, n°s 1341 et 1342.) Pour
éviter toute difficulté, il est aujourd'hui d'usage d'insérer,
dans tous les jugements de nomination d'experts, que le serment sera reçu par le président ou par le juge qui le remplacera.

---

(1) Journal du palais, 1861, p. 605.
(2) Journal des arrêts de cette cour, t. XXXIII, p. 83 et 84.

232. En terminant, l'article 305 ajoute : « Pourra néanmoins le tribunal ordonner que les experts prêteront leur serment devant le juge de paix du canton où ils procéderont. » Cette disposition a pour but d'économiser les frais de déplacement des experts, dont le domicile est souvent éloigné du siége du tribunal, et qui seraient alors obligés de faire un long voyage uniquement pour prêter serment, tandis qu'ils peuvent ainsi remplir cette formalité dans le canton même où ils vont procéder à leur opération.

233. Le tribunal qui ne désigne pas un de ses membres pour recevoir le serment des experts peut-il nommer un magistrat autre que le juge de paix du canton où l'expertise doit avoir lieu ? Si l'on ne consultait que l'article 305, la réponse serait négative ; mais, en se reportant à l'article 1035 du même Code, on verra que les tribunaux ont, à cet égard, toute latitude, et que le juge de paix du lieu n'est évidemment indiqué qu'à titre d'exemple, *per modum exempli*, et comme celui qui doit le plus ordinairement être commis.

234. — Le juge-commissaire, nommé pour recevoir le serment des experts, n'a pas le droit d'assister à l'expertise ; mais le tribunal pourrait ordonner qu'il y assistera, si, par exemple, on avait lieu de craindre que l'une des parties mît obstacle, par ses actes ou ses paroles, au travail des experts. En ce cas, dit M. Pigeau (t. I, p. 294), on autorise le juge à ordonner par provision ce qu'il estimera convenable, soit pour prévenir les résistances, soit pour les réprimer, même à ordonner tout ce qu'il croira nécessaire pour mettre les experts en état de faire leur rapport, comme des ouvertures de portes, des fouilles, etc.

235. Le droit du tribunal d'ordonner que le juge-commissaire assistera à l'expertise nous paraît d'autant plus fondé qu'un arrêt de la Cour de cassation du 4 janvier 1820 (1) a décidé, en matière de nouvelle expertise, qu'on ne peut faire résulter un moyen de cassation de ce que l'arrêt de la cour d'appel qui a prescrit cette seconde opération a ordonné que les nouveaux experts procéderaient en présence du maire de la commune et des anciens experts. Il est évident que ce qui est permis pour la seconde expertise ne saurait être défendu pour la première, puisque, dans l'un comme

_____

(1) Journal des avoués, t. XII, p. 410.

dans l'autre cas, le but qu'on se propose est de réunir les renseignements les plus nombreux et les plus sûrs, et de les puiser aux meilleures sources.

§ II. — *Récusation des experts.*

236. La procédure à suivre pour récuser les experts et les conséquences de la récusation sont déterminées par les articles 308 à 314 du Code de procédure civile, que nous allons successivement reproduire et commenter.

237. « Les récusations ne pourront être proposées que contre les experts nommés d'office, à moins que les causes n'en soient survenues depuis la nomination et avant le serment. » (Code de procédure civile, art. 308).

238. En thèse générale, les parties ne peuvent pas récuser les experts qu'elles ont désignés. Il est évident que puisqu'elles les choisissaient elles devaient les connaître, et que, s'il y avait contre eux quelques motifs de récusation, elles n'ont pas jugé à propos de s'y arrêter. La récusation ne peut donc être proposée que pour des causes survenues après la nomination et avant que les experts aient prêté serment.

239. Si cependant les causes de la récusation, quoique antérieures à la nomination, n'avaient pu être connues qu'après, nous pensons, avec MM. Thomine-Desmazures (t. I, p. 513) et Chauveau (*sur Carré*, t. III, p. 97), que, dans de telles circonstances, la récusation serait admissible, pourvu toutefois qu'il fût bien avéré que la partie récusante a été dans l'impossibilité absolue de connaître les motifs de suspicion sur lesquels elle s'appuie. Les causes de récusation dont la connaissance n'aurait réellement pu être acquise avant la nomination seraient alors considérées comme survenues après cette époque.

240. Dans aucun cas, les experts ne peuvent être récusés après la prestation de serment; les dispositions de l'article 308 combinées avec celles de l'article 309 s'y opposent formellement. C'est l'opinion unanime de MM. Lepage (*Quest.*, p. 207 et 208), Favard de Langlade (t. IV, p. 702), Dalloz (t. VII, p. 664), Thomine-Desmazures (t. I, p. 513), Boncenne (t. IV, p. 472); Carré et Chauveau (t. III, p. 97 et 98). C'est également ce qui a été jugé par un arrêt de la Cour de Nancy du 13 décembre 1892 (1).

(1) Pandectes françaises, 1894, 2, 241.

241. A la vérité, la cour de Bordeaux a jugé, le 2 août 1833 (1), qu'un expert nommé d'office peut être récusé après avoir prêté serment, si cette prestation a eu lieu immédiatement après sa nomination ; mais on sent, — dit avec raison M. Chauveau (*sur Carré*, t. III, p. 98), — que, dans cette circonstance toute particulière, sous peine de rendre illusoire et impossible à exercer la faculté de récusation, pour laquelle la loi accorde trois jours, il a fallu de toute nécessité admettre cette exception, qui ne fait que confirmer le principe.

242. La cour d'Amiens a été plus loin encore : elle a décidé, par arrêt du 7 décembre 1822 (2), que, lorsque des causes de récusation sont survenues pendant le cours de l'expertise, comme par exemple le fait de la part d'un expert de boire et manger avec une des parties et à ses frais, ces causes peuvent être proposées même six mois après la clôture et le dépôt du rapport. Cet arrêt, fortement motivé, peut paraître équitable ; mais il est tellement en opposition avec l'article 308, qu'il ne saurait faire autorité Dans l'esprit de la loi, le respect dû au serment prêté par les experts empêche d'admettre toute espèce de récusation ultérieure.

243. Mais, si la récusation est impossible, quelles que soient les causes survenues, après le serment, rien n'empêche les parties de faire connaître, pendant les débats, ces circonstances au tribunal, afin qu'il en tienne compte dans l'appréciation du rapport des experts.

244. Les experts, de leur côté, doivent, pendant toute la durée de l'expertise et jusqu'à ce que le rapport ait été déposé, scrupuleusement éviter de faire naître volontairement en eux aucune cause de récusation, soit en buvant ou mangeant avec l'une ou l'autre des parties et à ses frais, soit de toute autre manière. Il ne suffit pas, en effet, que, se tenant dans les limites rigoureuses de la légalité, ils n'encourent aucun reproche ; il faut aussi qu'ils se conduisent de façon à mettre leur impartialité à l'abri de tout soupçon fondé.

245. Nous avons quelquefois entendu des experts exprimer la conviction que les causes de récusation qui surviendraient dans le cours de l'expertise, — notamment celle de manger et boire avec une des parties et à ses frais, — entraîneraient

---

(1) Journal des avoués, t. XLVII, p. 573.
(2) Journal des avoués, t. XII, p. 736.

la nullité de l'opération. C'est une erreur. Aucune disposition de la loi ne frappe de nullité le rapport fait par des experts récusables, et les parties elles-mêmes qui n'auraient pas usé de leur droit de récusation ne sauraient obtenir l'annulation de l'expertise. Elles ne pourraient que signaler les faits au tribunal pour l'éclairer sur la foi due au rapport.

246. « La partie qui aura des moyens de récusation à proposer sera tenue de le faire, dans les trois jours de la nomination, par un simple acte signé d'elle ou de son mandataire spécial, contenant les causes de récusation et les preuves, si elle en a, ou l'offre de les vérifier par témoins : le délai ci-dessus expiré, la récusation ne pourra être proposée, et l'expert prêtera serment au jour indiqué par la sommation. » (Code de procédure civile, art. 309.)

247. La récusation doit être proposée dans les trois jours de la nomination des experts ; mais il faut : 1° que cette nomination soit définitive, c'est-à-dire que le délai d'option accordé par l'article 305 (voir précédemment, nᵒˢ 212 et suiv.) et, si le jugement est par défaut, le délai d'opposition, soient expirés; — 2° que la nomination soit légalement connue des parties, ainsi que l'ont décidé la cour de Bordeaux dans un arrêt du 16 janvier 1833 (1), et la cour de Nancy dans un arrêt du 13 décembre 1892 (2), d'après lequel le délai ne court que du jour de la signification. D'où il suit que, d'après la jurisprudence et l'opinion des différents auteurs que nous avons précédemment cités, la durée du délai de récusation varie selon les diverses circonstances suivantes :

248. Si les experts ont été convenus par les parties ou nommés d'office sans que les parties aient le droit d'opter, et que le jugement soit rendu contradictoirement et en dernier ressort, le délai de récusation part du jour de la prononciation de ce jugement.

249. Si les experts sont nommés d'office, toujours par jugement contradictoire et non sujet à l'appel, mais avec la réserve d'option prévue par l'article 305, le délai de récusation ne commence à courir qu'à l'expiration des trois jours qui suivent la signification du jugement à partie et non à avoué, ce qui fait un total de six jours à dater de cette signi-

(1) Journal des arrêts de cette cour, t. VIII, p. 34. — Journal du palais, 1833, p. 52.
(2) Pandectes françaises, 1894, 2, 241.

fication. Cela résulte spécialement de deux arrêts, l'un de la cour d'Aix, du 9 décembre 1837 (1), et l'autre de la cour de Nancy, du 11 novembre 1841 (2).

250. Si le jugement a été rendu par défaut, les délais indiqués dans les deux numéros précédents ne courent que du jour de l'expiration du délai pour faire opposition, ou du jour du débouté de cette opposition, si elle a lieu.

251. Enfin, si le jugement est contradictoire, mais sujet à l'appel, les délais indiqués dans les nos 248 et 249 sont suspendus pendant la première huitaine qui suit la prononciation, huitaine durant laquelle le jugement ne peut être exécuté, et de plus jusqu'au démis de l'appel, s'il est interjeté.

252. Les trois jours accordés par l'article 305 pour la récusation ne sont pas francs; ainsi le jour de la nomination des experts ou de la signification du jugement ne compte pas; mais celui de l'échéance est compris dans le délai. C'est l'avis de MM. Dalloz (t. VII, p. 664), Favard de Langlade (t. IV, p. 702), Carré et Chauveau (t. III, p. 99), et nous le partageons complétement.

253. La récusation ne pourra être proposée après l'expiration du délai fixé par l'article 309; c'est là un délai fatal, emportant la déchéance du droit de récusation, déchéance qui ne saurait, aux termes de l'article 1029 du Code de procédure civile, être comminatoire. Cette doctrine, professée par MM. Pigeau (t. I, p. 562), Lepage (t. 1, p. 208), Favard de Langlade (t. IV, p. 702), Carré et Chauveau (t. III, p. 100), est conforme à la jurisprudence de la cour de Metz, arrêt du 25 mai 1812 (3), de la cour de Rennes, arrêt du 17 juin 1816 (4), de la cour de Bordeaux, arrêt du 4 juillet 1832 (5), et enfin de la Cour de cassation, arrêt du 8 mai 1872 (6).

254. La cour de Bourges a décidé, le 24 juillet 1832 (7), qu'on ne peut pas proposer en appel, contre les experts, des moyens de récusation qu'on n'aurait pas présentés en première instance. Cet arrêt, qui a tranché une question assez

---

(1) Sirey, t. XXXV, 2e partie, p. 164.
(2) Sirey, t. XLII, 2e partie, p. 245.
(3) Journal du palais, t. VII, p. 92, no 199.
(4) Journal des avoués, t. XII, p. 722.
(5) Journal des arrêts de cette cour, t. VII, p. 383.
(6) Journal du palais, 1872, p. 559.
(7) Journal des avoués, t. XLVI, p. 226.

controversée, corrobore également ce que nous venons de dire dans le numéro précédent relativement au délai.

255. La cour de Gand, par arrêt du 29 juin 1871 (1) et la cour de la Réunion, par arrêt du 7 mars 1891 (2) ont jugé de même que le choix d'un expert ne peut être critiqué par voie d'appel, mais seulement par voie de récusation.

256. La partie est tenue de proposer ses moyens de récusation par un acte signé d'elle ou de son mandataire spécial (FORMULE 37e). Il résulte clairement de cette disposition que l'avoué lui-même ne peut, sans un pouvoir *ad hoc*, exercer ce droit au nom de son client. La cour d'Orléans l'a ainsi jugé le 11 mai 1821 (3), et M. Pigeau (t. I, p. 562) dit, en approuvant cet arrêt : « Les reproches contre les témoins peuvent être proposés par l'avoué sans qu'il soit obligé de justifier d'un pouvoir. Les experts étant des témoins, il semble qu'il en devrait être de même ; cependant la loi exige la signature de la partie ou de son mandataire, parce que, les fonctions de l'expert participant de celles du juge, elle a voulu que la voie à suivre pour leur récusation fût à cet égard aussi solennelle. »

257. En indiquant dans son acte les causes de la récusation, la partie doit en fournir les preuves, si elle en a, ou offrir de les vérifier par témoins. Par argument de l'article 289, qui exige une désignation immédiate des témoins reprochés dans une enquête, MM. Pigeau (t. I, p. 563) et Chauveau (*sur Carré*, t. III, p. 101) enseignent que la partie qui veut prouver par témoins la cause de sa récusation est tenue de désigner ces témoins dans l'acte même que prescrit l'article 309.

258. La récusation est suspensive. L'expert récusé ne peut donc plus ni prêter serment ni se livrer à aucune des opérations de l'expertise; il doit attendre que le tribunal ait statué sur le mérite de la récusation.

259. « Les experts pourront être récusés par les motifs pour lesquels les témoins peuvent être reprochés. » (Code de procédure civile, art. 310.)

260. Le législateur n'a pas indiqué, pour la récusation des experts, les mêmes motifs que pour celle des juges; les

(1) Journal des avoués, t. XCVII, p. 79.
(2) Pandectes françaises, 1892. 2, 7.
(3) Journal des avoués, t. XII, p. 734.

experts ne sont pas, en effet, des juges, puisque leur avis ne lie en aucune manière le tribunal (voir ci-après, nᵒˢ 661 et suiv.), mais des témoins instruits, ayant des connaissances spéciales ou s'étant livrés à des recherches particulières, qui viennent déposer sur des faits que les juges ont cru nécessaire de leur donner mission de vérifier et d'apprécier.

261. Les experts pouvant être récusés par tous les motifs pour lesquels les témoins sont reprochables, c'est à l'article 283 du Code de procédure civile qu'il faut se reporter pour connaître les moyens de récusation.

262. L'article 283 est ainsi conçu : « Pourront être reprochés : les parents ou alliés de l'une ou de l'autre des parties, jusqu'au degré de cousin issu de germain inclusivement ; les parents et alliés des conjoints au degré ci-dessus, si le conjoint est vivant, ou si la partie ou le témoin en a des enfants vivants ; en cas que le conjoint soit décédé et qu'il n'ait pas laissé de descendants, pourront être reprochés les parents et alliés en ligne directe, les frères, beaux-frères, sœurs et belles-sœurs. — Pourront aussi être reprochés : le témoin héritier présomptif ou donataire ; celui qui aura bu ou mangé avec la partie, et à ses frais, depuis la prononciation du jugement qui a ordonné l'enquête ; celui qui aura donné des certificats sur les faits relatifs au procès ; les serviteurs et domestiques ; le témoin en état d'accusation ; celui qui aura été condamné à une peine afflictive ou infamante, ou même à une peine correctionnelle pour cause de vol. »

263. La loi doute, avec raison, de l'impartialité des parents ou alliés jusqu'au degré de cousin issu de germain, et elle permet de les récuser : mais elle ne leur interdit pas absolument d'être experts, comme aux parents et alliés en ligne directe et au conjoint de l'une des parties. (Voir précédemment, nᵒ 85.) Si donc ils sont nommés et qu'aucune des parties ne les récuse, ils peuvent valablement opérer.

264. Le beau-frère de la femme de la partie adverse est-il reprochable comme témoin (1), bien que cette femme soit décédée sans enfants de cette partie, si, en premières noces, elle avait épousé le frère du témoin, et qu'il existe un enfant

---

(1) Il est bien entendu que tout ce que nous disons ici des *témoins* s'applique aux *experts*, et que tout ce qui, dans les enquêtes, est un motif de *reproche*, est, pour les expertises, une cause de *récusation*.

de cette union ? La Cour de cassation a jugé l'affirmative par un arrêt du 2 février 1842 (1).

265. D'après un arrêt de la Cour de cassation du 6 avril 1809 (2), la prohibition d'entendre les parents et alliés en ligne directe légitime doit être étendue aux parents et alliés en ligne directe naturelle, encore bien que l'enfant naturel qui produit ce lien n'ait pas été reconnu ; ces parents et alliés directs sont, par conséquent, compris dans l'interdiction portée par l'article 268 et ne peuvent être choisis comme experts. (Voir précédemment, n° 85).

266. Quant aux parents et alliés en ligne collatérale, nous pensons, avec MM. Pigeau (t. I, p. 537), Thomine Desmazures (t. I, p. 484), Carré et Chauveau (t. III, p. 23), que les reproches ne peuvent atteindre que les frères et sœurs naturels, leurs conjoints et leurs descendants. Cette opinion est justifiée par les articles 756 et suivants du Code civil, qui, en appelant les enfants naturels à recueillir une part des successions paternelle et maternelle et à hériter les uns des autres, établit entre eux des rapports même civils de parenté.

267. La parenté adoptive, qui, d'après les articles 348, 350 et 351 du Code civil, existe jusqu'au degré de frère et de sœur, doit entraîner les mêmes conséquences que la parenté légitime ou naturelle ; mais on la proposerait vainement comme moyen de reproche ou d'incapacité à un degré plus éloigné. C'est l'avis de MM. Pigeau, Carré et Chauveau (*loc. cit.*), auquel nous adhérons.

268. M. Bonceune (t. IV, p. 357) partage également notre opinion et celle des divers auteurs que nous venons de citer dans les numéros précédents. Il ajoute que le vice d'adultère ou d'inceste qui entacherait la naissance d'un enfant, et qui le rendrait inhabile à réclamer aucun droit sur la succession des auteurs de ses jours, n'empêcherait pas le mari de sa mère de reprocher son témoignage. M. Carré (t. III, p. 608) professe la même doctrine, en s'appuyant sur Denisart (t. IV, p. 675) et sur un arrêt de la Cour de cassation du 6 avril 1809 (3), qui a déclaré que, le vice de la naissance de l'enfant n'étant d'aucune considération à l'égard du mari qui a contracté une alliance légale avec la mère, il existe toujours

(1) Sirey, t. XLII, 1re partie, p. 279.
(2) Journal des avoués, t. XI, p. 591.
(3) Journal des avoués, t. XI, p. 59.

entre celle-ci et son enfant, lors même qu'il est bâtard ou adultérin, un lien naturel d'où résultent des rapports inaltérables d'alliance entre cet enfant et celui qui a épousé sa mère. M. Chauveau (*sur Carré*, t. III, p. 23) pense de la même manière, mais il fait remarquer, avec raison, qu'on ne pourrait, afin de justifier un reproche de cette nature, entreprendre de prouver une filiation ou des relations honteuses dont la loi prohibe la recherche.

269. La parenté ou l'alliance des experts entre eux n'est point un motif de récusation; l'article 283 ne parle que de la parenté et de l'alliance des témoins avec une des parties et non entre eux. La cour de Bruxelles l'a ainsi jugé par un arrêt du 25 mars 1806 (1). Il est bon néanmoins d'éviter autant que possible de choisir des experts proches parents les uns des autres. Eux-mêmes doivent refuser d'opérer dans de semblables conditions, à moins de cas tout à fait exceptionnels

270. L'expert qui a bu ou mangé avec une des parties et à ses frais peut être récusé; mais la cour de Bourges a décidé, le 30 mars 1829 (2), que si la partie adverse s'est mise à table avec eux, elle n'a plus le droit d'user de ce moyen de récusation.

271. On ne peut pas non plus récuser l'expert qui aurait bu ou mangé avec une des parties soit dans une auberge, soit dans une maison d'ami ou toute autre maison tierce, ni celui qui aurait bu ou mangé avec les parties, ou l'une d'elles, chez lui et à ses propres frais. Il faut, pour que le reproche soit fondé, que l'expert ait bu ou mangé avec la partie et aux *frais* de cette partie.

272. Des doutes avaient été élevés sur le point de savoir si un témoin chez lequel une des parties a bu ou mangé en qualité de pensionnaire était reprochable; on soutenait l'affirmative, en se fondant sur ce que celui qui prend un pensionnaire vit au moins pour partie aux dépens de ce pensionnaire. Les juges de première instance avaient accueilli ce moyen ; mais il a été, avec raison, repoussé par deux arrêts, l'un de la cour de Paris, du 10 mars 1809 (3), et l'autre de la

(1) Journal des avoués, t. XI, p. 38.
(2) Journal du palais, *Rép.*, t. VII, p. 93, n° 214.
(3) Journal des avoués, t. II, p. 57.

cour de Rennes, du 14 juillet 1814 (1), qui ont déclaré que
le témoin ne se trouvait pas dans le cas prévu par l'article 283
du Code de procédure civile.

273. Il résulte également d'un arrêt de la cour de Bourges,
du 10 janvier 1831 (2), que les témoins ne sont pas reprochables lorsque, dans le cas de nécessité, étant obligés de
séjourner longtemps dans la commune qui les produit pour
assister à l'enquête, ils ont bu et mangé chez les habitants et
à leurs frais. Cette décision nous paraît équitable, parce que
les habitants de la commune ne sont pas véritablement parties au procès. Toutefois nous croyons qu'en pareil cas, et
pour plus de régularité, les experts devront avoir soin de
payer leurs dépenses, afin de n'être pas nourris aux frais des
habitants de la commune.

274. Nous venons de dire que les habitants de la commune en instance ne sont pas véritablement parties au procès. Cela est tellement vrai que, d'après un arrêt de la Cour
de cassation du 30 mai 1825 (3), un arrêt de la cour de Poitiers du 16 novembre 1826 (4), un arrêt de la cour de Riom
du 19 mai 1829 (5) et un arrêt de la cour de Limoges du
8 mars 1838 (6), leurs parents au degré prohibé, leurs héritiers présomptifs, ni leurs domestiques, ne peuvent être reprochés comme témoins dans une enquête où la commune
est partie ; et qu'aux termes d'un arrêt de la Cour de cassation du 30 mars 1836 (7) et d'un arrêt de la cour de Douai du
16 décembre 1831 (8) et d'un arrêt de la cour de Paris du
9 juillet 1690 (9), ils ne sont eux-mêmes reprochables que
lorsqu'ils ont un intérêt direct dans la contestation.

275. Par arrêt du 30 juillet 1875 (10), la cour de Bordeaux
a admis que les habitants d'une commune ne doivent pas être
par cela seul reprochés comme témoins dans un procès
intenté par elle ou contre elle ; mais qu'il convient de n'avoir
à leurs dépositions tels égards que de droit s'ils sont propriétaires aux environs du terrain litigieux, s'ils ont manifesté
des vœux pour le succès de la commune ou s'ils ont fait des

(1) Journ. des avoués, t. XI, p. 131.
(2) Dalloz, 1831, t. II, p. 125.
(3) Journal des avoués, t. XXX, p. 173.
(4) Journal des avoués, t. XXXIII, p. 371.
(5) Journ. des avoués, t. XXXVIII, p. 321.

(6) Journal des avoués, t. LV; p. 418.
(7) Journal des avoués, t. L, p. 378.
(8) Bost, *Corresp. des justices de paix*, 1852, p. 149.
(9) Pandectes franç., 1891, 2, 30.
(10) Journal des arrêts de cette cour, t. L, p. 342.

démarches dans le même sens, et qu'il y a lieu d'écarter complétement des débats la déposition de l'adjoint qui a dressé un procès-verbal invoqué dans le procès et celle d'un propriétaire limitrophe du terrain litigieux, qui a un intérêt évident et direct à la contestation soulevée.

276. Des certificats donnés sur les faits relatifs au procès sont des motifs sérieux de reproche ; le législateur a pensé avec raison que, lié par ces certificats, trop souvent l'œuvre d'une complaisance blâmable, le témoin ou l'expert n'oserait pas se rétracter et embrasser une opinion contraire à celle qu'il aurait déjà émise.

277. Il est évident, toutefois, que, pour produire ce résultat, il faut que ce soient de véritables certificats, c'est-à-dire des pièces sérieuses émanant de la libre volonté du témoin ou de l'expert, en dehors de toute obligation professionnelle ou officielle. Citons des exemples.

278. Un arrêt de la cour d'Angers, du 28 juin 1823 (1), déclare reprochables des témoins qui, avant le procès commencé, ont déposé des faits y relatifs devant un fonctionnaire public, volontairement et sans y être forcés par un acte extra-judiciaire.

279. Mais il résulte d'un arrêt de la Cour de cassation, du 24 juillet 1871 (2), que, l'écriture étant de l'essence de tout certificat, le témoin qui a fait, devant le maire de la commune, sur les faits de la cause, une déclaration verbale dont « aucune note n'a été prise, sous la dictée du témoin, » ne peut être reproché comme ayant fourni un certificat dans le sens de l'article 283 du Code de procédure civile.

280. Ne saurait non plus être accueilli le reproche articulé contre un témoin qui, en ami impartial et pour prévenir le procès dans lequel les parties allaient s'engager, a donné par écrit des renseignements communiqués, selon sa volonté expresse, à toutes parties. Ainsi l'a décidé la cour de Bordeaux dans un arrêt du 7 juin 1871 (3).

281. La cour de Poitiers a décidé, par arrêt du 6 juin 1828 (4), qu'on ne pouvait entendre comme témoin celui qui, sur la demande d'une partie, a fait passer à l'avoué de celle-ci, pour l'éclairer sur la cause, le récit des faits dont il avait con-

(1) Journal des avoués, t. XXV, p. 235.
(2 et 3) Journal des avoués, t. XCVII, p. 155 et 156.
(4) Journal des avoués, t. XXXV, p. 66.

naissance, et a fait des demandes, dans l'intérêt de cette même partie, relativement à l'objet du procès.

282. Dans un arrêt du 17 juin 1873 (1), la Cour de cassation a admis que les premiers juges avaient pu considérer la signature d'une pétition, dans laquelle le droit d'une partie était affirmé, comme un acte équivalant à la délivrance d'un certificat sur les faits relatifs au procès, et en faire un motif de reproche.

283. De même, nous pensons que l'on peut reprocher le membre d'un conseil de famille qui a concouru à accorder l'autorisation de soutenir ou d'intenter une action pour un mineur ou un interdit ; le conseiller municipal, le conseiller de préfecture, le membre du Conseil général, le conseiller d'État qui ont pris part à une délibération autorisant une commune ou un département à plaider. Tous, en effet, après avoir apprécié le litige, ont été d'avis d'intenter le procès ; ils ont, dès lors, en manifestant ainsi leur opinion, et en signant le procès-verbal de la séance, donné un véritable certificat.

284. Au contraire, on ne pourrait reprocher le fonctionnaire qui aurait délivré, relativement au procès, un extrait des registres dont il est dépositaire. C'est ce qu'a jugé la cour d'Amiens, le 22 novembre 1822 (2).

285. Ne serait pas non plus reprochable l'huissier qui, en notifiant un exploit, a constaté la réponse de la personne qui le recevait, et encore moins celui qui n'a fait que signifier les actes du procès. La cour de Bordeaux l'a décidé par arrêt du 12 juin 1837 (3).

286. Il résulte de deux arrêts, l'un de la cour de Paris, du 30 janvier 1825 (4), et l'autre de la Cour de cassation, du 21 janvier 1825 (5), qu'un expert n'est pas récusable par le seul motif qu'il aurait été précédemment l'avoué de la partie qui l'a nommé.

287. La cour de Bruxelles a aussi jugé, le 10 novembre 1825 (6), que l'avoué qui a obtenu le jugement en vertu

1) Journal du palais, 1873, p. 649.
(2) Journal des avoués, t. XXX, p. 357.
(3) Journal des avoués, t. LIII, p. 591.

(4) Journal des avoués, t. XXXI, p. 229.
(5) Journal des avoués, t. XXXIII, p. 60.
(6) Journal des arrêts de cette cour, 1826, t. I, p. 66.

duquel a lieu une expropriation forcée, et l'huissier qui a fait les actes de poursuite, peuvent être entendus comme témoins, et par conséquent être nommés experts.

288. Mais l'avoué et l'avocat qui auraient plaidé ou occupé en première *instance* pourraient être reprochés s'ils venaient déposer en appel ; ils seraient, dès lors, récusables, si la cour les choisissait pour experts. Cela résulte d'un arrêt de la cour de Bruxelles, du 27 juillet 1825 (1).

289. Des lettres missives peuvent-elles être considérées comme ayant le caractère de certificats dans le sens de l'article 283 du Code de procédure civile ? La Cour de cassation a jugé l'affirmative, dans son arrêt du 12 décembre 1831 (2).

290. La Cour de cassation a également jugé, par l'arrêt du 8 mai 1872 déjà cité (voir précédemment, n° 253), que la circonstance que deux des trois experts auraient d'abord procédé comme arbitres sur l'objet de la contestation et auraient même préparé une sentence arbitrale restée sans effet et **non** communiquée d'ailleurs aux parties, n'est pas une cause de récusation. On ne saurait, en un tel cas, considérer les experts comme ayant donné des certificats sur les faits relatifs au procès.

291. Des experts ne peuvent non plus être récusés par le seul motif qu'ils auraient accompli la même mission dans d'autres litiges soulevant des questions analogues à celles qu'ils sont de nouveau appelés à résoudre, l'expert qui a rempli, sous la foi du serment, une mission légale ne pouvant être assimilé au témoin qui, spontanément ou à la sollicitation d'une des parties, a donné un certificat sur l'objet du procès. Ainsi l'a jugé la cour de Bordeaux, par arrêt du 20 juillet 1874 (3).

292. Enfin, il résulte d'un arrêt de la Cour de cassation, du 23 janvier 1877 (4), que les personnes qui, en exécution d'ordres de justice, ont levé un plan et dressé un procès-verbal, ou placé des bornes provisoires et constaté par écrit cette opération, ne peuvent être reprochées comme témoins, sous prétexte qu'elles auraient délivré des certificats relatifs au procès.

---

(1) Journal des arrêts de cette cour, 1825, t. II, p. 175.
(2) Sirey, t. XXXII, 1ʳᵉ partie, p. 38.
(3) Journal des arrêts de cette cour, t. XLIX, p. 321.
(4) Journal du palais, 1879, p. 293.

293. En mettant au nombre des personnes qu'on peut reprocher « les serviteurs et domestiques, » l'article 283 n'a pas entendu frapper d'exclusion toute la classe des serviteurs et domestiques, mais seulement ceux de *l'une ou l'autre des parties.*

294. La loi comprend ici, sous la dénomination de serviteurs ou domestiques, non-seulement les individus dans un état complet de domesticité, tels que les valets, cuisiniers, cochers, garçons de ferme, etc., mais encore tous ceux qui vivent dans la maison d'une des parties gratuitement ou à raison des services qu'ils lui rendent, comme les secrétaires, précepteurs, intendants, clercs, commis, compagnons, ouvriers ; tous ceux, en un mot, qui sont placés sous la dépendance du maître ou patron, et subordonnés à sa volonté.

295. Ainsi la cour de Rennes a jugé, par arrêt du 30 juillet 1840 (1), que, dans ce cas, les commis des marchands et négociants, qu'ils soient salariés ou non, doivent être classés dans la catégorie des serviteurs, et par suite sont reprochables comme témoins.

296. D'après un arrêt de la cour de Douai, du 20 mai 1847 (2), sont également reprochables, dans une enquête concernant une maison de commerce, les commis de magasin et même les commis d'un ordre plus élevé attachés à la maison. La Cour de cassation a donné pareille solution à l'égard d'un teneur de livres, par arrêt du 14 décembre 1867 (3).

297. Mais on ne peut assimiler au serviteur ou domestique l'ouvrier travaillant à la journée ou au mois, ni d'une manière générale celui qui n'habite ni ne mange avec son patron. Ainsi l'ont décidé la cour de Bordeaux par deux arrêts, l'un du 23 août 1842 (4), l'autre du 19 avril 1848 (5), la cour de Metz, par un arrêt du 20 août 1862 (6) et la cour d'Orléans, par un arrêt du 15 décembre 1890 (7).

298. De même, d'après un arrêt de la cour de cassation du 14 décembre 1881 (8), le commis salarié qui n'est pas attaché par la nature de ses fonctions à la personne ou à la maison du patron, n'est pas reprochable.

(1) Sirey, t. XL, 2ᵉ partie, p. 338.
(2) Journal du palais, 1847, t. II, p. 248.
(3) Journal du palais, 1870, p. 399.
(4) Sirey, t. XLIII, 2ᵉ partie, p. 98.
(5) Sirey, t. XLVIII, 2ᵉ partie, p. 391.
(6) Journal du palais, 1863, p. 736.
(7) Dalloz, 1891, 2, 383.
(8) Dalloz, 1882, 1, 184.

299. Dans l'arrêt du 14 décembre 1867 que nous venons de citer (voir précédemment nº 296), la Cour, de cassation a déclaré non reprochable le commis qui voyage pour une maison de commerce en qualité de fondé de pouvoirs, et qui, outre des appointements fixes, a un intérêt dans la maison. Cette décision nous étonne : nous admettons parfaitement que le commis voyageur, bien que fondé de pouvoirs de la maison en cette qualité, puisse être admis comme témoin, mais nous ne comprenons pas que le commis *intéressé* ne soit pas reprochable, car il est évident qu'il a un intérêt personnel et direct à ce que la maison gagne son procès. Nous pensons qu'il ne saurait, dans tous les cas, remplir les fonctions d'expert s'il était récusé.

300. Par arrêt du 19 août 1835 (1), la cour de Douai avait décidé que les employés d'une société n'étaient pas reprochables comme serviteurs ; la cour de cassation, dans un arrêt du 29 décembre 1880 (2), s'est prononcée de la même manière pour les employés d'une compagnie de chemin de fer.

301. Enfin, la cour de Nancy, par arrêt du 20 juillet 1877 (3), a jugé que le surveillant général d'une mine et le chef mineur surveillant à la mine, qui ne sont ni logés ni nourris chez leur patron et n'ont avec lui d'autres rapports que ceux résultant de leurs fonctions, ne peuvent être considérés comme serviteurs ou domestiques dans le sens de l'article 283 du Code de procédure civile.

302. Le reproche fondé sur l'état de domesticité n'est admissible que lorsque le témoin se trouve actuellement au service de l'une des parties. Ainsi l'a jugé la cour de Rouen, par arrêt du 25 février 1843 (4). Dans l'espèce de cet arrêt, le témoin n'avait même cessé d'être au service de la partie qu'après la prononciation du jugement interlocutoire qui avait ordonné l'enquête. Nous approuvons la décision de la cour de Rouen, mais nous pensons qu'en pareille occurrence, les juges doivent examiner si la sortie du domestique ne serait pas une feinte convenue entre le maître et lui pour qu'il ne pût être reproché ; car, dans ce cas, le reproche devrait être admis.

(1) Sirey, t. XXXVI, 2ᵉ partie, p. 246.
(2) Pandectes chronologiques, à sa date.
(3) Journal du palais, 1877, p. 840.
(4) Sirey, t. XLIII, 2ᵉ partie, p. 397.

303. L'expert en état d'accusation peut être récusé, puisque le témoin est reprochable; mais s'il vient à être acquitté avant que le tribunal ait statué sur la récusation, ce moyen n'est plus admissible, l'état d'accusation ayant cessé et l'expert étant lavé du crime qu'on lui imputait. MM. Pigeau (t. 1, p. 530), Boncenne (t. IV, p. 376), Carré et Chauveau (t. III, p. 32) sont, à cet égard, du même avis que nous.

304. Quant aux condamnés à une peine afflictive ou infamante, nous avons déjà dit (voir précédemment, n° 78) qu'ils sont incapables d'être experts; il n'y a donc pas lieu de s'en occuper au point de vue de la récusation, non plus que des condamnés à une peine correctionnelle qui ont été privés du droit d'être experts. (Voir précédemment, n° 79.)

305. Enfin, l'article 283 déclare reprochable celui qui aura été condamné, pour cause de vol, à une peine correctionnelle, quelle qu'en soit la durée. Tout expert ayant subi une condamnation pour vol peut conséquemment être récusé, alors même qu'il ne serait pas privé de l'exercice de ses droits civiques, civils ou de famille.

306. Mais le condamné pour vol est-il reprochable, même après qu'il a subi sa peine? La cour de Colmar avait déjà jugé l'affirmative dans son arrêt du 16 août 1814 (1); la cour de Caen s'est prononcée dans le même sens, par arrêt du 23 septembre 1840 (2).

307. Lorsque les reproches fondés sur l'une des causes mentionnées en l'article 283 sont prouvés, les juges n'ont pas la faculté de les admettre ou de les rejeter; ils doivent exécuter la loi, qui leur donne bien pour mission d'examiner si le moyen proposé existe, s'il est appuyé sur des preuves suffisantes, mais qui, lorsqu'elle indique elle-même une cause de récusation, et que l'existence de cette cause est reconnue, ne leur permet pas de refuser son admission. Telle est l'opinion de MM. Locré (*Espr. du Code* t. IX, p. 307 et 308) et Chauveau (*sur Carré*, t. III, p. 19).

308. Il nous reste à examiner une question grave, qui a longtemps divisé les auteurs, les cours entre elles, et même les diverses chambres de la Cour de cassation. Les tribunaux ne peuvent-ils admettre d'autres causes de reproches que

(1) Sirey, t. XV, 2ᵉ partie, p. 20.
(2) Sirey, t. XLI, 2ᵉ partie, p. 96.

celles contenues dans l'article 283, ou bien cette nomenclature n'est-elle que simplement énonciative?

309. MM. Boitard (t. II, p. 232), Berriat Saint-Prix (p. 293, note 42) et Locré (*loc. cit.*) pensent que l'article 283 est *limitatif*, et qu'on ne peut admettre aucun autre moyen de reproche que ceux qu'il renferme. Au contraire, MM. Toullier (t. IX, p. 443), Pigeau (t. I, p. 535), Favard de Langlade (t. II, p. 366), Carré et Chauveau (t. III, p. 40 et 41) sont d'avis que les juges ont la faculté d'admettre d'autres causes de reproches que celles spécifiées dans l'article 283, dont les dispositions sont simplement *démonstratives* et non limitatives. Les diverses raisons données de part et d'autre nous paraissent en faveur de cette seconde manière de voir, à laquelle nous nous associons entièrement.

310. Voyons maintenant quel est, à cet égard, l'état de la jurisprudence. La cour de Paris, dans un arrêt du 24 mai 1811 (1), et la cour de Rennes, dans un arrêt du 30 juillet 1817 (2), avaient déclaré que l'article 283 est limitatif. Le contraire a été décidé par un arrêt de la cour d'Angers du 28 juin 1823 (3), par trois arrêts de la cour de Bourges des 8 février, 10 mai et 20 juillet 1831 (4), par un arrêt de la cour de Paris du 12 décembre 1837 (5), et par un arrêt de la cour de Bordeaux du 1er juillet 1873 (6). Enfin la Cour de cassation, par arrêt du 3 juillet 1820 (7), avait jugé que l'article 283 est simplement démonstratif; elle revint sur cette appréciation et décida le contraire dans un arrêt de la chambre civile du 25 juillet 1826 (8); mais la chambre des requêtes a maintenu sa première jurisprudence par deux arrêts, des 17 et 23 mai 1827 (9), et elle y a persisté dans ceux du 15 février 1837 (10) et 17 juin 1873, déjà cité. (Voir précédemment, n° 282), et la chambre civile l'a confirmée par un arrêt du 1er juillet 1890 (11).

311. Il nous paraît donc actuellement bien établi que

(1) Journal des avoués, t. XI, p. 105.
(2) Journal des arrêts de cette cour, t. IV, p. 690.
(3) Journal des avoués, t. XXV, p. 235.
(4) Journal des arrêts de cette cour, t. X, p. 95, 256 et 286.
(5) Journal des avoués, t. XLIV, p. 108, et Journal du palais, 1838, t. II, p. 249.

(6) Journal des arrêts de cette cour, t. LXVIII, p. 266.
(7) Journal des avoués, t. XI, p. 174.
(8) Journal des avoués, t. XXXII, p. 65.
(9) Journal des avoués, t. III, p. 235 et 236.
(10) Journal du palais, 1837, t. I, p. 172.
(11) Pandectes franç., 1890, 1, 494.

l'article 283 n'est point limitatif, et que les causes de reproches qu'il contient à l'égard des témoins sont, dès lors, purement indicatives pour ce qui concerne la récusation des experts. Un arrêt de la cour de Nancy, du 11 novembre 1841 (1), a très-clairement tranché la question dans ce sens. Cet arrêt est ainsi motivé : « Attendu que les experts peuvent être récusés par les motifs pour lesquels les témoins peuvent être reprochés; que l'article 283 du Code de procédure civile, qui énumère les reproches relatifs aux témoins, n'est pas limitatif, mais simplement indicatif; qu'il abandonne aux magistrats le droit d'apprécier d'autres reproches fondés sur l'existence de certains faits qui enlèveraient au témoin toute la confiance que les magistrats doivent avoir en sa déposition ; qu'à plus forte raison l'expert, dont l'opinion doit éclairer la conscience du juge et préparer sa décision, doit être à l'abri du soupçon qu'il n'apporterait pas dans l'accomplissement de la mission qui lui est confiée l'esprit d'impartialité, a position d'indépendance que les magistrats doivent attendre des hommes qu'ils associent en quelque sorte à leurs fonctions, etc. »

312. Un grand nombre d'arrêts ont implicitement corroboré cette jurisprudence, en admettant des reproches ou des motifs de récusation non indiqués dans l'article 283 du Code de procédure civile. Citons les plus importants, eu égard aux cas spéciaux qu'ils ont résolus.

313. La cour d'Aix a admis, par arrêt du 9 décembre 1834 (2), la récusation d'un expert habituellement employé comme géomètre par une compagnie en cause et comme mandataire par un des membres de cette compagnie.

314. Les cours de Bruxelles et de Bordeaux ont décidé, la première, le 27 avril 1824 (3), et la seconde, le 5 juin 1837 (4), que les créanciers d'une faillite ne peuvent être entendus comme témoins dans une instance introduite par les syndics dans l'intérêt de la masse.

315. La cour de Douai a jugé, le 19 août 1835 (5), que le sociétaire d'une compagnie d'assurances mutuelles est repro-

---

(1) Sirey, t. XLII, 2ᵉ partie, p. 245.
(2) Journal des avoués, t. LI, p. 627.
(3) Journal des arrêts de cette cour, 1824, t. I, p. 451.
(4) Journal des avoués, t. XLVII, p. 595.
(5) Journal des avoués, t. L, p. 115.

chable dans une enquête intéressant l'association dont il fait
partie.

316. Enfin la cour de Limoges, dans une audience solennelle du 8 mars 1838 (1), a admis le reproche allégué contre
le débiteur de l'une des parties, l'obligation qu'il avait contractée étant assez considérable, eu égard à son état de fortune, pour l'inquiéter sur les poursuites dont son créancier
était l'objet.

317. La cour de Bordeaux a également été appelée à examiner un autre moyen de récusation non prévu par l'article 283, et elle ne s'est point basée sur le prétendu caractère limitatif de cet article pour décider, dans son arrêt du
16 janvier 1833 (2), qu'on ne pourrait récuser un expert en
se fondant sur ce que, plusieurs années avant l'expertise, il
aurait fait exécuter contre l'une des parties un jugement de
condamnation en payement d'une somme pécuniaire.

318. Il a été jugé aussi, par la cour de Colmar, le 12 novembre 1822 (3), que la circonstance que la partie, qui récuse
un expert, se trouve en instance liée avec lui, ne peut fonder
un moyen de récusation. Dans cet arrêt non plus, la cour de
Colmar n'a point invoqué le caractère limitatif de l'article 283
du Code de procédure civile ; elle a examiné le mérite du
motif allégué. La décision vient, par conséquent, de même
que celle de la cour de Bordeaux, à l'appui de la doctrine que
nous enseignons.

319. Cela ne nous empêchera pas, toutefois, de critiquer
au fond l'arrêt de la cour de Colmar. Nous croyons, en effet,
que le moyen de récusation proposé aurait dû être admis ;
car il est évident qu'un expert en procès avec l'une des
parties n'est pas dans une situation de nature à inspirer à
la justice pleine et entière confiance. Si, d'ailleurs, dans la
rigueur du droit, ce n'est pas une cause de récusation, l'expert lui-même doit, en pareille occurrence, y suppléer en
n'acceptant pas la mission qui lui a été confiée.

320. Il appartient, du reste, aux tribunaux d'apprécier
les motifs d'intérêt personnel qui peuvent rendre un témoin
suspect de partialité et reprochable ; c'est une question de

(1) Journal des avoués, t. LV, p. 418.
(2) Journal des avoués, t. XLIV, p. 191.
(3) Journal du palais, *Rép.*, t. VII, p 92, n° 209.

7674

TRAITÉ DES EXPERTISES.

fait, qui est soumise à l'appréciation exclusive les juges du
fond. Ainsi l'a décidé la Cour de cassation dans trois arrêts,
des 12 décembre 1831 (1), 17 juin 1839 (2) et 16 novembre
1842 (3).

321. Enfin, il résulte de cinq arrêts de la Cour suprême,
en date des 29 juillet 1873 (4), 16 juin 1874 (5), 30 décembre
1874 (6), 31 juillet 1876 (7) et 8 mai 1883 (8), que les juges
du fond ont un pouvoir souverain pour apprécier, en dehors
des cas spécifiés par l'article 283 du Code de procédure civile, la valeur des reproches cotés contre les témoins, et qu'ils
peuvent les admettre ou les rejeter sans que leur décision
sur ce point puisse être revisée par la Cour de cassation.

322. « La récusation contestée sera jugée sommairement
à l'audience, sur simple acte, et sur les conclusions du ministère public ; les juges pourront ordonner la preuve par
témoins, laquelle sera faite dans la forme ci-après prescrite
pour les enquêtes sommaires. » (Code de procédure civile,
art. 311.)

323. Les contestations peuvent provenir de l'expert récusé, qui a intérêt à repousser l'imputation d'un fait inju-
rieux, ou de l'une des parties, qui tient à conserver un expert
dans lequel elle a confiance (FORMULES 38ᵉ et 39ᵉ).

324. Le ministère public doit toujours être entendu, que
la récusation soit dirigée contre des experts nommés d'office,
ou contre ceux qu'auraient choisis les parties ; dans l'un
comme dans l'autre cas, le moyen proposé, le fait allégué
peuvent en effet intéresser l'ordre public. MM. Pigeau (t. I,
p. 564), Thomine-Desmazures (t. I, p. 515), Carré et Chauveau (t. III, p. 163) partagent à cet égard notre opinion.

325. La loi ne prescrit pas de communiquer l'acte de
récusation à l'expert récusé, comme elle veut (art. 385 du
Code de procédure civile) qu'il soit communiqué au magistrat récusé. M. Pigeau (t. I, p. 373) fait remarquer, à cet
égard, que, l'expert n'étant pas, comme le juge, revêtu d'une
fonction publique, sa déclaration sur les causes de la récusation n'aurait pas le même poids.

(1) Sirey, t. XXXII, 1ʳᵉ partie, p. 38.
(2) Sirey, t. XXXIX, 1ʳᵉ partie, p. 759.
(3) Sirey, t. XLII, 1ʳᵉ partie, p. 907.
(4) Journal du palais, 1874, p. 903.
(5 et 6) Journal du palais, 1875, p. 369 et 534.
(7) Journal du palais, 1877, p. 422.
(8) Dalloz, 1883, 1, 393.

326. Lorsque la récusation est fondée sur une des causes énumérées dans l'article 283 du Code de procédure civile, les juges ne peuvent refuser d'admettre la preuve offerte ; dans tous les autres cas, ils ont sur ce point une complète liberté d'appréciation. Cette doctrine est celle de MM. Pigeau (t. I, p. 564) et Chauveau (t. III, p. 103), comme la nôtre.

327. L'enquête doit avoir lieu dans la forme des enquêtes sommaires, c'est-à-dire conformément aux dispositions des articles 407 à 413 du Code de procédure civile.

328. « Le jugement sur la récusation sera exécutoire nonobstant appel. » (Code de procédure civile, art. 342.)

329. « Si la récusation est admise, il sera d'office, par le même jugement, nommé un nouvel expert, ou de nouveaux experts, à la place de celui ou de ceux récusés. » (Code de procédure civile, art. 313.)

330. Dans le cas où la récusation est admise, soit que l'expert déclaré récusable ait primitivement été choisi par le tribunal, soit qu'il ait été convenu par les parties, son remplaçant doit toujours être nommé d'office; il n'y a pas lieu de réserver aux parties le délai de trois jours accordé par l'article 305.

331. Cependant, comme conséquence du droit de transiger qu'ont toujours les parties maîtresses de leurs droits, si elles renonçaient d'un commun accord à se servir du jugement contenant la nomination d'office, elles pourraient alors remplacer elles-mêmes l'expert ou les experts récusés.

332. Le jugement étant exécutoire nonobstant appel, le nouvel expert devra procéder immédiatement à l'expertise, s'il n'est pas lui-même récusé, et son rapport sera valable alors même que la cour infirmerait le jugement. Le seul avantage qu'obtiendrait l'appelant serait de gagner les frais de l'incident.

333. Si la récusation est rejetée, bien que le jugement soit frappé d'appel, l'expert devra remplir sa mission, et, sur son rapport, le tribunal statuera ; car aucune disposition de la loi n'autorise les juges qui ont rejeté la récusation à suspendre le jugement du fond.

334. Mais qu'adviendra-t-il si le jugement qui a rejeté la récusation est réformé par la cour ? Le rapport dressé par les experts récusés sera nul ; le tribunal devra ordonner une nouvelle expertise, et, après cette seconde opération, il statuera au fond par un nouveau jugement.

335. MM. Favard de Langlade (t. IV, p. 703), Dalloz (t. VII, p. 665, n° 7), Bioche (n° 95), Carré et Chauveau (t. III, p. 104 et 105) partagent l'opinion que nous venons d'émettre dans les deux numéros précédents. M. Pigeau (*Procéd.*, t. I, liv. II, part. II, tit. III, chap. I, § 2) l'adopte aussi, mais il pense que, attendu l'urgence, la partie peut requérir et le tribunal ordonner qu'il soit procédé à l'expertise par un autre expert, par analogie à ce qui se pratique, aux termes de l'article 391, en cas de récusation d'un juge commis. M. Chauveau dit que cette analogie ne saurait être admise, parce qu'il suffirait alors d'une récusation mal fondée pour empêcher l'opération d'être faite par l'expert récusé. Cette raison ne nous paraît pas concluante; car le tribunal est toujours libre de ne pas nommer un autre expert, si les moyens de récusation proposés sont tellement faibles qu'il n'y ait aucun doute à avoir sur la décision de la cour. L'interprétation de M. Pigeau, à laquelle nous adhérons, a d'ailleurs cet avantage que, si le tribunal n'est pas parfaitement sûr du maintien de son jugement, il peut, en choisissant un autre expert, éviter la nullité de l'expertise et de la décision sur le fond, si elle est rendue avant que la cour ait prononcé.

336. Bien que l'expertise ait été ordonnée dans une matière susceptible d'être jugée en dernier ressort, on peut interjeter appel du jugement rendu sur la récusation. Les termes généraux de l'article 312 ne permettent pas de douter de cette solution, confirmée par une juste analogie de l'article 391, et qu'adoptent, comme nous, MM. Pigeau (*Comm.* t. I, p. 565), Dalloz (t. VII, p. 665, n° 19), Favard de Langlade (t. IV, p. 703), Carré et Chauveau (t. III, p. 104).

337. Les experts nommés d'office, en exécution de l'article 313 du Code de procédure civile, sont récusables comme l'étaient ceux qu'ils sont appelés à remplacer. La loi ne dit pas le contraire, et la raison indique, d'ailleurs, ajoute M. Carré, qu'il serait injuste de laisser au tribunal la faculté de substituer à des experts récusés des experts que les parties seraient obligées d'admettre, nonobstant les causes de récusation qu'elles auraient à leur opposer. MM. Demiau-Crouzilhac (p. 229), Pigeau (*loc. cit.*), Dalloz (*loc. cit.*), Favard de Langlade (*loc. cit.*) et Chauveau (*sur Carré*, t. III, p. 106) sont du même avis.

338. « Si la récusation est rejetée, la partie qui l'aura faite sera condamnée en tels dommages et intérêts qu'il appartiendra, même envers l'expert, s'il le requiert; mais, dans ce dernier cas, il ne pourra demeurer expert. » Code de procédure civile, art. 314.)

339. La partie qui a proposé des moyens de récusation, rejetés par le tribunal, peut être condamnée à des dommages-intérêts soit envers la partie adverse, soit envers l'expert ou les experts récusés, s'ils en font la demande.

340. La partie adverse, c'est-à-dire celle qui s'opposait à la récusation, a droit à des dommages-intérêts lorsque le retard apporté à l'expertise, et par suite au jugement définitif du procès, lui a causé un préjudice réel, ou s'il résulte des moyens proposés et non admis quelque atteinte à son honneur et à sa considération.

341. L'expert obtiendra des dommages-intérêts dans le cas où la récusation rejetée a été basée sur des motifs qui entachent sa moralité, compromettent son honneur, font tort à sa réputation. On lui en accordera également si, par le fait de la récusation, il a éprouvé quelque préjudice matériel d'une certaine importance; car l'article 314 ne spécifie rien, et donne aux juges le pouvoir de condamner à tels dommages-intérêts qu'il appartiendra.

342. Les tribunaux sont appréciateurs souverains du préjudice éprouvé, des circonstances qui peuvent donner lieu à un dédommagement et de la quotité de l'indemnité à accorder. Lors de la rédaction du Code de procédure civile, plusieurs cours demandèrent que les cas dans lesquels des dommages-intérêts seraient dus fussent définis et limités, mais les législateurs aimèrent mieux s'en rapporter à l'appréciation des juges. C'était, en effet, préférable.

343. Les dommages-intérêts ne peuvent être accordés que sur la demande des parties ou des experts récusés : le tribunal ne peut pas en allouer d'office.

344. Pour former sa demande en dommages-intérêts, l'expert récusé doit simplement intervenir dans l'instance ; il n'a pas besoin d'introduire une action principale (FORMULE 40°). La demande est jugée d'après les règles établies au titre *Des Incidents,* articles 337 et suivants du Code de pro-

cédure civile. Tel est l'avis de MM. Delaporte (t. I, p. 299),
Thomine-Desmazures (t. I, p. 516), Carré et Chauveau (t. III,
p. 107), qui partagent également, ainsi que M Pigeau (*Comm.*,
t. I, p. 566), la doctrine que nous enseignons dans les cinq
numéros qui précèdent.

345. Les dispositions de l'article 1036 du Code de procédure civile sont applicables en matière de récusation. Le tribunal pourrait, par conséquent, même d'office, supprimer
les écrits calomnieux produits dans l'incident et ordonner
l'impression et l'affiche du jugement.

346. D'après l'article 314, l'expert qui aura requis et
obtenu des dommages-intérêts sera remplacé par le tribunal ;
conformément à l'article 314, ce remplacement aura lieu
d'office et sans qu'il soit nécessaire d'appeler les parties à
s'entendre pour un nouveau choix.

347. Bien que l'article 314 semble dire qu'il n'y a lieu de
changer l'expert que lorsqu'il a obtenu des dommages-intérêts, il est évident qu'on ne peut le maintenir s'il succombe
dans sa demande. Le soupçon de partialité ne naît pas, en
effet, du succès de cette demande, mais de la demande elle-
même, qui indique que l'expert est très-sensible à l'injure
qu'il prétend avoir reçue ; or, s'il éprouve un échec, sa sus-
ceptibilité sera d'autant plus irritée, et on pourra encore
moins compter sur son impartialité. Notre opinion sur ce
point est corroborée par celle de MM. Favard de Langlade
(t. IV, p. 703) et Chauveau (*sur Carré*, t. III, p. 107).

§ III. — *Refus, déport ou empêchement des experts.*

348. « Si quelque expert n'accepte point la nomination,
ou ne se présente point, soit pour le serment, soit pour l'expertise, aux jour et heure indiqués, les parties s'accorderont
sur-le-champ pour en nommer un autre à sa place ; sinon la
nomination pourra être faite d'office par le tribunal. — L'expert qui, après avoir prêté serment, ne remplira pas sa mission, pourra être condamné par le tribunal qui l'avait commis à tous les frais frustratoires, et même à des dommages-
intérêts s'il y échet. » (Code de procédure civile, art. 316.)

349. Cet article prévoit deux cas de non-présentation des experts : l'un lorsqu'il s'agit de prêter serment, l'autre quand il faut procéder à l'expertise. Les conséquences de cette absence diffèrent de gravité relativement aux experts, mais leur remplacement a lieu à peu près de la même manière dans les deux cas. Voici comment il s'opère :

350. Si l'expert ne se rend pas pour le serment, les parties, lorsqu'elles sont présentes, doivent convenir d'un autre expert, non par déclaration au greffe, comme dans le cas de l'article 306, mais sur-le-champ, devant le président ou le juge-commissaire. Quand une des parties est absente, ou si, étant toutes présentes, elles ne s'accordent pas, la nomination est faite d'office par le président ou le juge commis, si le jugement lui en a conféré le pouvoir, ou bien par le tribunal.

351. Si, après avoir prêté serment, l'expert ne se rend pas à l'expertise et qu'un juge y assiste, il constate la non-présentation dans son procès-verbal, et les parties procèdent devant lui au remplacement. En cas de désaccord ou d'absence des parties ou de l'une d'elles, le juge nomme lui-même l'expert nouveau, quand il y est autorisé ; sinon il renvoie devant le tribunal. Lorsqu'il n'y a pas de juge, la non-comparution est constatée par le greffier de la justice de paix du lieu. C'est là ce qu'enseignent, par argument de l'article 317, MM. Pigeau (*Comm.*, t. I, p. 568) et Chauveau (*sur Carré*, t. III, p. 444). La partie la plus diligente se pourvoit ensuite, soit devant le tribunal, soit devant le magistrat délégué par le jugement pour procéder au remplacement.

352. Il résulte de l'article 316 que, jusqu'au moment de la prestation de serment, le ministère des experts est essentiellement libre : de sorte que celui qui refuserait d'accepter ne ferait qu'user de son droit et n'encourrait aucune peine. Mais la prestation de serment constate l'acceptation que l'expert fait de ses fonctions ; elle engage sa responsabilité, elle le lie envers les parties, et si, après avoir prêté serment, il ne procède pas à l'expertise, il peut être condamné au remboursement des frais frustratoires qu'il a occasionnés, et même à des dommages-intérêts.

353. On ne pourrait pas toutefois contraindre un expert à remplir sa mission, car personne ne peut être obligé à un fait : *nemo potest cogi ad factum*. Le législateur a lui même consacré ce principe dans l'article 316, puisqu'il ne soumet l'expert, en cas de refus après la prestation de serment,

qu'au payement des frais frustratoires et à des dommag····
intérêts, le laissant ainsi toujours libre de procéder à l'expertise ou de s'en abstenir.

354. Cette doctrine est unanimement professée par
MM. Pigeau (*Comm.*, t. I, p. 567), Favard de Langlade (t. IV,
p. 704), Dalloz (t. VII, p. 670), Thomine-Desmazures (t. I,
p. 518), Boncenne (t. IV, p. 478), Carré et Chauveau (t. III,
p. 111). Et c'est dans le même sens que doit être entendu
un arrêt de la cour de Besançon, du 24 janvier 1807 (1), portant que l'expert, après la prestation de serment, est définitivement lié et qu'il ne peut se démettre sans motifs légi-
times.

355. Tous les auteurs que nous venons de nommer sont
également d'avis que, comme l'indique la cour de Besançon
dans l'arrêt ci-dessus, si un expert, après avoir prêté serment, était empêché par une cause légitime, s'il prouvait,
par exemple, qu'il ne peut procéder à l'expertise sans
éprouver un préjudice notable, le tribunal pourrait et devrait le dispenser, sans lui appliquer la peine pécuniaire
établie par le deuxième paragraphe de l'article 316, qui est
toute facultative pour les juges. M. Pigeau (t. I, p. 296) tire
de l'article 2007 du Code civil un argument sérieux à l'appui
de cette opinion, qui est aussi la nôtre.

356. Les experts peuvent-ils refuser d'opérer jusqu'à ce
que les frais de leurs vacations aient été consignés? Il est incontestable qu'ils en ont le droit avant la prestation de serment, puisqu'ils peuvent refuser d'une manière absolue la
mission qui leur est confiée, et, dès lors, ne l'accepter qu'à
cette condition; mais nous ne pensons pas qu'ils puissent,
après avoir prêté serment, exiger la consignation préalable
de leurs honoraires. La question est importante; exami-
nons-la dans tous ses détails, et donnons les motifs de notre
opinion.

357. La cour d'Orléans, dans ses observations sur le
projet du Code de procédure civile, disait bien: « Les experts
peuvent refuser d'opérer si on ne leur donne pas l'assurance du payement de leur salaire; » et elle demandait qu'il
fût ordonné « que la partie qui voudrait aller en avant con-
signât au greffe telle somme qui serait arbitrée par le prési-

---

(1) Journal des avoués, t. XII, p. 682.

dent du tribunal. » Néanmoins le Code a gardé le silence à ce sujet.

358. A cela on répond que l'ordonnance de 1567 ne s'expliquait pas davantage, et que cependant, sous l'empire de cette ordonnance, on tenait pour certain que les experts ne pouvaient être contraints d'opérer tant qu'on n'avait pas, sur leur demande, consigné le montant de leurs vacations, appliquant ainsi à l'expertise les prescriptions de l'article 15 du titre XXI de l'ordonnance, relatif aux descentes de juges (Rodier et Jousse, sur cet article; Duparc-Poullain, t. IX, p. 479; Pothier, chap. III, art. 5). Et l'on ajoute qu'il n'y a aucun motif pour ne pas décider de même aujourd'hui, par application de l'article 301 du Code de procédure civile, qui correspond à l'article 15 précité.

359. Telle est l'opinion de MM. Berriat-Saint-Prix 'p. 314, note 16), Favard de Langlade (t. IV, p. 704), Dalloz (t. VII, p. 671), Thomine-Desmazures (t. I, p. 519) et Carré (t. III, p. 111). Mais les auteurs du *Praticien français* la condamnent, et un arrêt de la cour de Grenoble, du 23 juillet 1830 (1), a débouté les experts d'une demande de cette nature, en se fondant sur ce que, les vacations ne pouvant être taxées qu'après le dépôt du rapport, il serait contraire à la loi de fixer d'avance la somme à consigner. Nous croyons, avec M. Chauveau (*sur Carré*, t. III, p. 112), que la doctrine de l'arrêt de la cour de Grenoble est incontestable, et que les experts n'ont pas le droit d'exiger la consignation préalable de leurs honoraires.

360. Mais, comme M. Chauveau (*loc. cit.*), nous sommes d'avis que ce qui n'est pas permis aux experts pour leurs vacations proprement dites ne saurait être appliqué aux déboursés qu'ils seraient obligés de faire pour remplir leur mission. Il y aurait injustice à leur imposer l'obligation d'avancer des sommes, qui, dans certaines affaires, s'élèvent assez haut, et dont ils n'obtiendraient le remboursement qu'après avoir achevé leur opération. Ils peuvent donc réclamer le dépôt du montant présumé de leurs déboursés, qui ne doit point leur être refusé.

361. Il y a cependant un cas où, par une exception qui confirme la règle posée dans l'arrêt que nous venons de citer,

(1) Journal des avoués, t. XLV, p. 587.

C

la consignation préalable, même des vacations, est exigée : c'est lorsqu'un partage d'ascendant est attaqué pour cause de lésion ou pour un avantage plus grand que la loi ne le permet. « L'enfant qui attaquera, — porte l'article 1080 du Code civil, — le partage fait par l'ascendant, devra faire l avance des frais de l'estimation; et il les supportera en définitive, ainsi que les dépens de la contestation, si sa réclamation n est pas fondée. » La fin de l'article prouve, d'ailleurs, que l avance des frais d'expertise est prescrite plutôt dans l'intérêt de la partie défenderesse que dans celui des experts. (Voir ci-après, n°s 791 et suiv.)

362. La loi du 21 avril 1810 sur les mines, minières et carrières, dispose également, dans son article 92, que la consignation des sommes jugées nécessaires pour subvenir aux frais d'expertise pourra être ordonnée par le tribunal contre celui qui poursuivra l'expertise. (Voir ci-après, n° 1170.)

363. D'après l'article 316 du Code de procédure civile, si les parties ne s'accordent pas pour remplacer sur-le-champ l'expert non acceptant ou empêché, la nomination est faite d'office par le tribunal. Dans quelle forme cette nomination doit-elle être demandé ? La loi ne s'expliquant pas sur ce point, c'est l'usage qui y a suppléé.

364. Par un arrêt du 4 juin 1835 (1), la cour de Colmar, se fondant non sur la loi, qu'elle déclare muette à cet égard, mais sur l'usage habituellement suivi, a décidé que le remplacement doit être demandé par simple requête communiquée à la partie adverse, et elle a rejeté une demande de ce genre formée par voie d'incident, laissant à la charge des avoués en cause les frais faits sur cet incident, frais considérés par elle comme frustratoires.

365. Nous approuvons complétement la première partie de cet arrêt; mais, quant à la seconde, nous pensons, avec le Journal du palais (Rép., t. VII, p. 94), M. Billequin et M. Chauveau (sur Carré, t. III, p. 113), que la cour de Colmar a jugé arbitrairement en annulant une procédure introduite par voie d'incident au lieu de l'être par simple requête, alors que le législateur n'a prescrit aucun mode spécial de provo-

(1) Sirey, t. XXXVI, 2e partie, p. 171. — Journal des avoués, t. XLIX, p. 657.

quer la nomination du nouvel expert. Elle s'est également montrée trop rigoureuse en rejetant de la taxe les frais de l'incident. Les parties elles-mêmes ont souffert de cette décision, car il a fallu revenir devant la cour sous une autre forme, éprouver des retards et perdre du temps.

366. Quoi qu'il en soit, l'usage est aujourd'hui parfaitement établi d'agir par simple requête (FORMULE 41ᵉ) adressée au président du tribunal, qui procède seul au remplacement, sans recourir au tribunal (FORMULE 42ᵉ) « Le président, — dit M. Debelleyme (*Ordonn.*, t. 1, p. 125), — commet par ordonnance sur requête un expert en remplacement d'un autre expert décédé, malade, absent ou empêché par toute autre cause, pour procéder à l'opération ordonnée par un jugement ou par une ordonnance de référé. L'usage a consacré ce mode de remplacement, parce que rien ne justifiait, pour un simple acte d'exécution, le délai et les frais d'un jugement. Il se présente même des circonstances urgentes dans lesquelles il faut à l'instant pourvoir à ce remplacement. Cependant, pour effacer toute apparence d'irrégularité, le tribunal délègue ce pouvoir au président par une disposition que l'on insère dans le jugement ordonnant l'expertise. »

367. En cas de désaccord des parties sur le choix d'experts en remplacement de ceux qui ont refusé, les juges qui procèdent à la nomination d'office peuvent-ils désigner un expert supplémentaire, pour le cas où l'un des nouveaux experts n'accepterait pas ou serait empêché ? La Cour de cassation a décidé l'affirmative par un arrêt du 13 avril 1840 (1), cette désignation n'étant contraire ni à l'article 316, ni à aucune autre disposition de la loi, et ayant pour objet d'abréger la procédure et d'éviter de nouveaux frais. Cela nous paraît juste, et nous y adhérons.

368. D'après le Journal du palais (*Rép.*, t. VII, p. 95), cette décision « ne doit être adoptée qu'en ce sens que l'expert supplémentaire ne pourra fonctionner que dans le cas où les parties ne s'accorderaient pas sur le choix d'un expert pour remplacer, en cas de refus, ceux qui font l'objet de la nomination principale. Autrement, et si, dans le cas de ce refus, l'expert nommé supplémentairement devait avoir nécessairement mission de procéder, il y aurait violation de

(1) Sirey, t. XL, 1ʳᵉ partie, p. 409. — Journal du palais, 1840, t. II, p. 111.

l'article 316 du Code de procédure, qui ne donne aux tribunaux le droit de nommer l'expert suppléant que dans le cas
où les parties n'ont pas usé de leur droit de nomination, et
cela sans distinguer entre les nominations premières et celles
qui sont faites en remplacement. »

369. Nous ne partageons pas cette opinion, qui exagère,
à notre avis, le droit des parties de choisir elles-mêmes les
experts. Dès là qu'elles sont en désaccord pour opérer le remplacement, le juge est souverain pour désigner le nouvel
expert ; il peut nommer la personne qui lui convient, et rien
ne s'oppose dans la loi à ce qu'il désigne tel à défaut de tel
autre qui serait dans l'impossibilité de remplir la mission.
C'est un moyen d'éviter, sans nuire à personne, des frais et
des longueurs, moyen qu'il convient d'employer dans l'intérêt
même des parties.

370. Lorsque le remplacement d'un expert refusant ou
empêché a eu lieu, la partie la plus diligente provoque sa
prestation de serment, conformément à l'article 307 (voir ci-
après, nᵒˢ 385 et 386) ; puis, après avoir pris le jour du nouvel
expert et de ses collègues, s'il en a, elle doit le faire connaître
à l'adversaire par acte d'avoué à avoué. A défaut par les experts de convenir d'un jour, elle peut ou les intimer à se
réunir devant le juge-commissaire pour s'entendre à cet
égard, ou bien les assigner à jour fixe pour commencer leurs
opérations, à moins qu'ils ne préfèrent indiquer eux-mêmes
un jour et lui en donner avis. Telle est la marche indiquée
par MM. Thomine-Desmazures (sur l'art. 346), Bioche (nᵒ 120)
et par le Journal du palais (*Rép.*, t. VII, p. 95); nous ne
croyons pas qu'on en doive suivre d'autre. (Voir ci-après,
nᵒ 392.)

§ IV. — *Prestation de serment des experts, et fixation des lieu,
jour et heure de l'opération. — Sommation aux parties d'assister à l'expertise.*

371. Il résulte des diverses dispositions du Code de procédure civile, notamment des articles 305 et 307, et d'une jurisprudence constante, que les experts doivent, sous peine de
nullité de l'expertise, prêter serment avant de commencer

leur opération, à moins qu'ils n'en aient été dispensés du consentement unanime des parties.

372. Ainsi la cour de Rouen a décidé, par arrêt du 24 août 1842 (1), que les formalités prescrites par le Code de procédure civile en matière d'expertise doivent être observées par la constatation des vices rédhibitoires, et que le procès-verbal de l'expert qui n'a point préalablement prêté serment doit être annulé.

373. La Cour de cassation a jugé, par arrêt du 29 avril 1844 (2), que la loi de procédure qui, par une mesure générale et d'ordre public, impose aux témoins, aux *experts* et aux gens de l'art l'obligation du serment, domine tous les cas où il y a lieu de recourir judiciairement à un témoignage, à une *expertise* ou à un rapport de gens de l'art ; que par cela seul, dans l'espèce, qu'il s'agissait de faire procéder par des artistes vétérinaires à une constatation de fait, cette constatation ne pouvait, aux termes du droit commun, être accréditée en justice sans qu'au préalable la sincérité n'en fût garantie par l'autorité qui s'attache à la formalité du serment.

374. La Cour de cassation a également décidé, par arrêt du 29 janvier 1844 (3), que, pour constater la mort des bœufs vendus sur les marchés de Sceaux et de Poissy, il est indispensable de recourir aux règles du droit commun sur les expertises, et que, d'après la disposition de l'article 305 du Code de procédure civile, les experts sont tenus de prêter serment avant de procéder à leur opération.

375. Par arrêt du 23 février 1858 (4), la cour de Bordeaux a jugé que si, en matière commerciale, l'article 429 du Code de procédure civile ne prescrit pas la prestation de serment des experts, c'est que cette formalité était déjà prescrite par l'article 305 du même Code, dont la disposition est générale et s'applique aux tribunaux de commerce comme aux autres tribunaux. « Le serment, porte cet arrêt, est une garantie essentielle dont les parties ne peuvent être arbitrairement privées, d'où il suit que son omission entraîne de plein droit la nullité du rapport des experts. »

---

(1) Journal du palais, 1842, t. II, p. 699. — O. Dejean, *Traité de l'action rédhibitoire*, 3ᵉ édition, p. 90.
(2) Sirey, t. XLIV, 1ʳᵉ partie, p. 442.

(3) Journal du palais, 1844, t. I, p. 796. — O. Dejean, *Traité de l'action rédhibitoire*, 3ᵉ édition, p. 149.
(4) Journal des arrêts de cette cour, t. XXXIII, p. 83 et 84.

376. Mais, lorsqu'après avoir déposé leur rapport, des experts sont chargés d'en faire un supplémentaire pour vérifier les faits antérieurement soumis à leur examen, ou pour préciser les bases sur lesquelles ils ont appuyé leur opération, il n'est pas nécessaire qu'ils prêtent un nouveau serment. Ainsi l'a jugé la Cour suprême, notamment par son arrêt du 16 juin 1874, dont nous reproduisons ci-après les termes. (voir n° 1320).

377. Nous avons dit (voir précédemment, n° 371) que les experts doivent prêter serment, sous peine de nullité de l'expertise, à moins qu'ils n'en aient été dispensés du consentement des parties. Il résulte, en effet, de divers arrêts de la Cour de cassation, notamment de ceux du 15 janvier 1839 (1), du 11 juin 1856 (2), du 7 novembre 1888 (3) et du 4 mai 1891 (4), ainsi que d'un arrêt de la cour de Paris du 28 novembre 1868 (5) et d'un arrêt de la cour de Nîmes du 30 mai 1871 (6), que les juges peuvent dispenser les experts de la prestation de serment, pourvu que toutes les parties y consentent.

378. La dispense n'a même pas besoin d'être expresse; elle peut être tacite, d'après deux arrêts de la cour de cassation des 9 novembre 1858 (7) et 21 janvier 1874 (8); ce dernier arrêt porte que la prestation du serment prescrit par les articles 305 et 307 du Code de procédure civile ne constitue pas une formalité d'ordre public; que les parties peuvent y renoncer soit expressément, soit tacitement, et qu'il appartient aux juges du fond d'apprécier les circonstances de fait qui impliquent à leurs yeux une renonciation tacite.

378 *bis*. La Cour de cassation admet que le juge des référés peut, quand il ordonne une expertise, décider qu'il y sera procédé par un seul expert et le dispenser d'office de la prestation du serment. C'est ce qu'elle a décidé notamment par ses arrêts des 28 août 1877 (9) et 24 juillet 1888 (10).

379. La Cour de cassation a jugé, par arrêt du 14 juillet 1857 (11), que le jugement qui, en nommant des experts, les dispense, *pour les parties,* de l'obligation de prêter serment, est réputé ne les avoir dispensés que du consentement des parties elles-mêmes. — Dans tous les cas, on ne peut pas

(1 et 2) O. Dejean, *Traité de l'action rédhibitoire*, 3e éd., p. 149-150.
(3) Pandectes franç., 1889, 1, 69.
(4) Pandectes franç. 1891, 1, 425.
(5) Journal du palais, 1869, p. 327.
(6) Journal du palais, 1871, p. 656.
(7) O. Dejean, *Traité de l'action rédhibitoire*, 3e édition, p. 150.
(8) Journal du palais. 1874, p. 805.
(9) Dalloz, 1878, 1, 213.
(10) Pandectes franç., 1888, 1, 382.
(11) Journal du palais, 1858, p. 1229

proposer pour la première fois en cassation la non-prestation de serment, quoique la dispense ne fût pas régulière.

380. A plus forte raison, les parties qui ont elles-mêmes nommé des experts et qui les ont dispensés du serment ne peuvent-elles demander la nullité de l'expertise, en se fondant sur ce que, cette formalité intéressant l'ordre public, on n'avait pas le droit d'y renoncer, et que, dès lors, on était toujours recevable à opposer la nullité d'une opération faite par des experts non assermentés. Ces moyens ont été rejetés par un arrêt de la cour de Florence, du 23 juin 1810 (1), attendu qu'il s'agissait d'une formalité qui tenait à l'intérêt privé des parties et que, conséquemment, leurs conventions devaient servir de règle.

381. La Cour de cassation a également décidé par deux arrêts, l'un du 30 novembre 1824 (2) et l'autre du 21 juillet 1830 (3), que, lorsque les parties ont consenti à ce qu'un tiers-expert, choisi par les deux experts qu'elles avaient nommés, opérât sans avoir préalablement prêté serment, elles ne sont plus recevables à demander la nullité de l'expertise pour défaut de serment.

382 D'après les arrêts de la cour d'Alger, du 29 mai 1868 (4) et de la cour de Douai du 2 novembre 1895 (5) la dispense du serment consentie par les parties en faveur des experts nommés par un jugement ne profite pas aux experts qui, en cas de refus des premiers, sont nommés en leur remplacement, alors surtout que ces nouveaux experts sont nommés d'office, hors la présence de l'une des parties. En conséquence, est nul le rapport dressé sans prestation préalable de serment par ces experts.

383. Par arrêt du 8 avril 1879 (6), la Cour de cassation a décidé que le serment prescrit par l'article 305 du Code de procédure civile doit être prêté par les experts convenus ou nommés d'office, dont le rapport est destiné à éclairer la décision des magistrats pour la solution du litige pendant ; mais qu'il n'est pas nécessaire de soumettre à cette formalité l'expert désigné pour surveiller l'exécution de certains travaux et d'apprécier ceux qui seraient utiles et conformes aux intérêts respectifs des parties. « Attendu, dit cet arrêt, qu'il

---

(1) Journal des avoués, t. XII, p. 695.
(2) Journal des avoués, t. XII, p. 741.
(3) Dalloz, 1830, t. II, p. 386.
(4) Journal du palais, 1869, p. 329.
(5) Dalloz, 1896, 2, 95.
(6) Journal du palais, 1879, p. 647.

résulte de l'arrêt attaqué que le rapport des trois experts a été entériné ; qu'aucune nouvelle expertise tendant à obtenir des renseignements plus complets n'a été ordonnée ; que le sieur L... n'a été chargé que de la surveillance de certains travaux ordonnés par justice ; qu'à ce titre, il ne pouvait être assimilé à un expert appelé à formuler un avis préalable à une décision judiciaire ; qu'ainsi l'article 305 du Code de procédure civile, resté étranger, n'a pu être violé. »

384. Nous avons déjà vu, dans le deuxième paragraphe de l'article 305 et les explications qui l'accompagnent (voir précédemment, n°s 212, 231 et suiv.), quel est le magistrat devant lequel le serment doit être fait, soit par les experts nommés d'office, soit par ceux que les parties ont choisis dans le délai de trois jours qui leur est accordé.

385. « Après l'expiration du délai ci-dessus, la partie la plus diligente prendra l'ordonnance du juge, et fera sommation aux experts nommés par les parties ou d'office, pour faire leur serment, sans qu'il soit nécessaire que les parties y soient présentes. » (Code de procédure civile, art. 307.)

386. Aux termes de cet article, la partie la plus diligente, sur une requête (FORMULE 43ᵉ) qu'elle présente au président ou au juge commis, obtient une ordonnance (FORMULE 44ᵉ) en vertu de laquelle sommation est faite aux experts de comparaître aux jour et heure fixés par le juge, pour prêter serment de bien et fidèlement remplir leur mission (FORMULE 45ᵉ).

387. D'après l'article 307, la présence des parties n'est pas nécessaire ; il ne s'agit, en effet, que de l'accomplissement d'une simple formalité, qui ne peut donner lieu à aucune observation. Toutefois l'article 91 du tarif civil accorde aux avoués une vacation pour y comparaître.

388. Du moment où la prestation de serment peut être faite hors la présence des parties, il n'y a pas lieu de les sommer d'y assister. D'ailleurs la requête présentée au juge-commissaire, ainsi que son ordonnance, devant être signifiées par le poursuivant à la partie adverse, au domicile de son avoué, parce qu'elles font partie de la procédure, cette signification (FORMULE 46ᵉ), qui donne connaissance du jour et de l'heure de la prestation de serment, est pour la partie un avertissement suffisant de se présenter si bon lui semble. Exiger en outre une sommation, ce serait multiplier les frais sans nécessité. Notre opinion, à cet égard, est conforme à celle de MM. Delaporte (t. I, p. 295), Demiau-Crouzilhac (p. 226), Hautefeuille (p. 173), Favard de Langlade (t. IV, p. 702), Thomine-Desmazures (t. I, p. 514), Dalloz (t. VII, p. 660), Boncenne (t. IV, p. 471), Carré et Chauveau (t. III, p. 95). M. Boncenne ajoute, avec raison, qu'il n'est pas nécessaire de signifier à la partie, à son domicile, la requête ni l'ordonnance; cette signification doit être faite au domicile de l'avoué.

389. « Le procès-verbal de prestation de serment contiendra indication par les experts du lieu et des jour et heure de leur opération. — En cas de présence des parties ou de leurs avoués, cette indication vaudra sommation. — En cas d'absence, il sera fait sommation aux parties, par acte d'avoué, de se trouver aux jour et heure que les experts auront indiqués. » (Code de procédure civile, art. 315.)

390. Le procès-verbal de prestation de serment des experts (FORMULES 47ᵉ et 48ᵉ) ne serait pas nul parce qu'il ne contiendrait pas l'indication des jour et heure de l'expertise. Cette indication n'est pas prescrite à peine de nullité; or, d'après l'article 1030 du Code de procédure civile, le procès-verbal de prestation de serment, qui est un acte de procédure, ne peut être déclaré nul si la nullité n'en est prononcée formellement par la loi. On ne peut pas dire non plus que cette omission vicie le procès-verbal dans sa substance; et, lorsqu'elle existe, il est facile de la réparer en assignant, à cet effet, les experts devant le juge-commissaire. MM. Delaporte (t. I, p. 299), Favard de Langlade (t. IV, p. 704), Dalloz (t. VII, p. 668), Carré et Chauveau (t. III, p. 108) professent cette doctrine, à laquelle nous adhérons.

391. Par arrêts des 21 novembre 1820 (1) et 8 mai 1872 (2), la Cour de cassation a jugé, dans le même sens, qu'une expertise n'est pas nulle, quoique le procès-verbal de prestation de serment des experts n'indique pas les lieu et heure de leur opération, surtout lorsqu'il a été suppléé à cette omission par une signification tendant à prévenir le préjudice que cette irrégularité aurait pu causer.

392. Si l'un des experts ne se présente pas pour prêter

(1) Sirey, t. XXI, 1ʳᵉ partie, p. 392.
(2) Journal du palais, 1872, p. 559.

serment avec les autres, ils ne peuvent convenir du jour et de l'heure de l'opération. Le défaillant ou son remplaçant, s'il lui en est donné un, doit alors s'entendre avec ses collègues, afin de pouvoir indiquer dans le procès-verbal de sa prestation de serment les jour et heure de l'expertise. A défaut, la partie poursuivante devra les intimer tous les trois à se réunir devant le président ou le juge-commissaire pour s'entendre sur cette indication (FORMULE 49ᵉ), ou bien, comme nous l'avons déjà indiqué (voir précédemment, n° 370), les assigner à jour fixe pour commencer leurs opérations (FORMULE 50ᵉ) en faisant, par acte d'avoué à avoué, sommation à la partie adverse d'y assister, si bon lui semble (FORMULE 51ᵉ).

393. Quand il y a urgence, un expert peut fixer le jour et l'heure de son opération avant d'avoir prêté serment. Ainsi l'a jugé la cour de Colmar, par arrêt du 24 décembre 1833 (1). En ce cas, la partie poursuivante doit instruire des lieu, jour et heure choisis la partie adverse, en lui faisant sommation d'assister à l'opération.

394. Par arrêt du 26 juin 1847 (2), la cour de Caen a jugé que, lorsque le procès-verbal de prestation de serment des experts, indiquant le lieu, le jour et l'heure des opérations, a été rédigé en présence des avoués des parties, il n'est nécessaire de faire aucune sommation aux parties. M. Bioche (vᵒ *Experts*, n° 220) émet un avis contraire ; mais il est évidemment dans l'erreur, car l'article 315 porte textuellement : « En cas de présence des parties *ou de leurs avoués*, cette indication vaudra sommation. »

395. Toutes les fois que ni les parties ni leurs avoués n'auront été présents à la prestation de serment, il leur sera fait sommation, par acte d'avoué, de se trouver à l'expertise aux jour et heure indiqués dans le procès-verbal. Il est indispensable que cette sommation (FORMULE 52ᵉ) soit signifiée, puisqu'elle a pour objet de mettre les parties à même de faire aux experts les observations utiles à leurs intérêts, et il est évident que le défaut de sommation rendrait nulle l'opération faite en l'absence de la partie non intimée.

396. Dans le cas où les experts auraient été dispensés du serment, la partie poursuivante, pour pouvoir faire la som-

---

(1) Journal des avoués, t. XLVII, p. 576.
(2) Journal du palais, 1848, t. I, p. 166.

mation prescrite par l'article 315, devra demander aux experts de lui indiquer les lieu, jour et heure de l'opération, et, si elle ne peut obtenir d'eux cette indication, elle les assignera à jour et heure fixes, pour avoir à commencer leur travail, sur les lieux litigieux (FORMULE 53ᵉ), en faisant, par acte d'avoué à avoué, sommation aux parties adverses d'y assister, si bon leur semble (FORMULE 54ᵉ).

397. La nullité d'une expertise à laquelle les parties n'ont pu assister, soit parce qu'elles n'avaient pas été averties des jour et heure de l'opération, soit parce que le jour avait été changé à leur insu, a été reconnue par de nombreux arrêts, parmi lesquels nous citerons : deux arrêts de la Cour de cassation, des 7 floréal an VI (1) et 14 décembre 1892 (4); trois arrêts de la Cour de Besançon, des 21 juin 1813 (2), 20 juin 1818 (3) et 26 juillet 1821 (5), et sept arrêts des cours de : Nîmes, 3 janvier 1820 (6); Rennes, 15 mars 1821 (7); Dijon, 11 mars 1828 (8); Colmar, 5 déc. 1831 (9), et 11 juillet 1832 (10), Bordeaux, 30 juillet 1868 (11); Paris, 18 juillet 1870 (12).

398. La cour de Poitiers a même jugé, par arrêt du 17 février 1838 (12), que cette nullité pouvait être opposée même par la partie qui poursuivait l'expertise, l'adversaire ayant à s'imputer de ne pas lui avoir fait la sommation prescrite. Le troisième paragraphe de l'article 315 n'établit, en effet, aucune différence entre les parties : « En cas d'absence, dit-il, il sera fait sommation. »

399. Par arrêt du 30 décembre 1865 (13), la cour d'Orléans, après avoir décidé que la sommation de se trouver aux opérations des experts, qui doit être adressée aux parties dans le cas où elles n'ont pas assisté à la prestation de serment, est une formalité substantielle, dont l'omission emporte nullité de l'expertise faite hors la présence de la partie, ajoute que

---

(1, 2 et 3) Journal du palais, *Rép.*, t. VII, p. 96, n 287.

(4) Pandectes françaises, 1894, 1, 285.

(5) Journal des avoués, t. XII, p. 712.

(6) Sirey, t. XX, 2ᵉ partie, p. 98 — Journal des avoués, t. XII, p. 728.

(7) Journal des avoués, t. XIX, p. 231.

(8) Journal des avoués, t. XXXVII, p. 178.

(9) **Journal des avoués**, t. XLII, p. 280.

(10) Journal du palais, *Rép.*, t. VII, p. 96, nᵒ 287.

(11) Journal des arrêts de cette cour, 1868, p. 431. — Journal du palais, 1869, p. 1091.

(12) Journal du palais, 1871, p. 54.

(13) Journal des avoués, t. XXXIX, p. 150.

(14) Journal du palais, 1866, p. 851.

le délai pour assister à ces opérations doit être augmenté à raison de la distance. Cela est indispensable pour que la partie sommée puisse avoir le temps de se rendre. Il faut, à cet égard, se conformer aux dispositions de l'article 1033 du Code de procédure civile.

400. La loi ne distinguant pas entre une première expertise et un supplément d'expertise ordonné pour constater un fait matériel à l'appui du rapport, il faut que, pour chacune de ces deux opérations, les parties aient été mises en demeure de fournir leurs observations aux experts ; il n'y a pas plus de raison, dans un cas que dans l'autre, de leur enlever la garantie de leur présence, pour prévenir es erreurs que pourraient commettre les experts, faute de renseignements suffisants. Cette doctrine a été adoptée par un arrêt de la cour de Bruxelles, du 31 mai 1836 (1).

401. Mais la nullité résultant de ce que les parties n'auraient pas été régulièrement convoquées aux opérations de l'expertise est couverte par la défense au fond présentée devant les premiers juges. Elle ne pourrait, suivant un arrêt de la Cour de cassation du 5 août 1889 (2), être proposée pour la première fois en appel,

402. Au cas où une expertise a été ordonnée sur un ensemble de faits dont les uns concernent l'un des défendeurs et les autres une autre partie, l'expertise à laquelle il aurait été procédé à la diligence de cette dernière en ce qui touche les seuls faits qui la concernent, et sans que le demandeur ait été sommé d'assister aux opérations des experts, est nulle à l'égard de celui-ci, et comme incomplète et comme irrégulière. Ainsi l'a jugé la Cour de cassation, par arrêt du 28 juin 1869 (3).

403. Lorsque, après une première vacation à laquelle toutes les parties ont été sommées d'assister, les experts renvoient la continuation de leur travail à jour et heure fixes, il n'y a pas lieu de réitérer la sommation, pourvu qu'elles soient averties d'une façon suffisante. La Cour de cassation l'a ainsi jugé dans ses arrêts des 21 déc. 1886 (4) et 6 juin 1887 (5). Elle a même jugé, dans un arrêt du 19 juin 1838 (6)

(1) Journal des arrêts de cette cour, 1836, t I, p. 134.
(2) Pandectes franç., 1890, 1, 203.
(3) Journal du palais, 1869, p. 1091.
(4) Pandectes franç., 1882, 1, 342.
(5) Pandectes franç., 18-8, 1. 284.
(6) Sirey, t. XXXIX, 1re partie, p. 609.

en se fondant sur l'article 1034 du Code de procédure civile, qu'il n'y a pas lieu d'adresser une nouvelle sommation aux parties qui n'ont pas assisté à première vacation.

404. Un arrêt de la cour de Bourges, du 22 décembre 1843 (1), a décidé, dans le même sens, que, lorsque le défendeur à une expertise, sommé de se trouver sur les lieux aux jour et heure indiqués par les experts, avait fait défaut, si ces derniers renvoient leur travail à une époque ultérieure, il n'est pas nécessaire de signifier à ce défendeur une nouvelle sommation.

405. La cour de Rennes avait auparavant jugé, par arrêt du 11 août 1824 (2), que les experts peuvent, après une première visite des lieux, s'y transporter de nouveau pour dresser des plans ou prendre des renseignements, sans que les parties en soient averties ; dans tous les cas, un avertissement verbal suffirait.

406. Il résulte d'un arrêt de la cour de Rouen, du 15 mars 1844 (3), que le rapport des experts n'est pas nul parce qu'une des parties, après avoir assisté aux opérations premières, n'a pas été prévenue du jour auquel il serait procédé à des opérations subséquentes, qui n'étaient que la suite et la conséquence des premières opérations. La cour a considéré que, dans ces circonstances, l'omission commise par les experts d'indiquer le jour de l'achèvement de leur travail « ne tombe pas sur une formalité substantielle, et, par suite, n'entraîne pas la nullité de leur procès-verbal ». La partie, qui savait d'ailleurs que ces opérations complémentaires devaient avoir lieu, pouvait parfaitement s'informer de l'époque où les experts s'y livreraient.

407. Enfin la Cour de cassation a décidé, le 7 juin 1869 (4), qu'une expertise n'est pas nulle par cela seul qu'une des parties, après avoir assisté aux premières et plus importantes opérations de cette expertise, n'aurait pas reçu d'avertissement spécial pour être présente à des vérifications supplémentaires, s'il résulte des constatations et circonstances de la cause que ces vérifications n'ont pu être faites qu'avec le

---

(1) Journal du palais, 1845, t. I, p. 186.
(2) Journal du palais, *Rép.*, t. VII. p. 96, n° 292.
(3) Sirey, t. XLIV, 2° partie, p. 635.
(4) Journal du palais, 1870, p. 153.

concours de cette partie, et qu'ainsi elle a été à même de faire devant les experts tous dires et réquisitions utiles.

408. Mais si, après une première ou même une seconde vacation, les experts renvoient indéfiniment la continuation de leurs travaux, une sommation (FORMULE 55ᵉ) deviendra nécessaire pour indiquer aux parties le jour qu'ils auront ultérieurement choisi. Si cette formalité n'était pas remplie, il y aurait incontestablement nullité du rapport, ainsi que l'ont jugé la Cour de cassation, par arrêt du 24 germinal an V (1), la cour de Paris, par arrêt du 30 floréal an X (2), et la cour de Colmar, par arrêt du 11 juillet 1832 (3).

409. Dans un arrêt du 5 février 1879 (4), après avoir posé en principe que si, en l'absence de dispositions formelles de la loi, l'inobservation des formalités prescrites par les articles 305 et suivants du Code de procédure civile n'entraîne pas nécessairement, dans tous les cas, la nullité de l'expertise, cette nullité doit être prononcée lorsque l'irrégularité commise a pour conséquence de porter atteinte à la libre défense des parties, la Cour de cassation a décidé que les parties doivent, à peine de nullité, être convoquées à la reprise d'une expertise momentanément transformée en arbitrage, alors qu'une seconde visite est nécessaire pour un examen complémentaire, et que, pour couvrir cette omission, les juges ne peuvent pas se fonder sur ce que l'appelant, ayant assisté aux premières et plus importantes opérations de l'expertise, a pu soumettre aux experts toutes les observations utiles à sa cause.

410. Au surplus, M. Chauveau (sur *Carré*, t. III, p. 110) pense que la nullité dont nous nous occupons, n'étant pas d'ordre public, peut être couverte; il suffit pour cela, dit-il, que le but de la loi ait été rempli d'une autre manière que par la sommation légale : ainsi par l'avertissement officiel donné aux parties par les experts eux-mêmes, lorsque ce fait est suffisamment constaté. C'est ce qu'ont décidé les arrêts des cours de Rennes, du 18 novembre 1815 (5), et de Montpellier, du 27 mars 1824 (6).

(1) Journal du palais, 3ᵉ édition, t. I, p. 153; Pandectes françaises chronologiques, à sa date.
(2) Journ. des avoués, t. XII, p. 676.
(3) Jour. des avoués, t. XLV, p. 757.
(4) Journal du palais, 1879, p. 620.
(5) Journal des avoués, t. XII, p. 720.
(6) Journal des avoués, t. XXVI, p. 181.

411. Telle n'est pas notre opinion. Cette doctrine, contraire aux prescriptions formelles du 3ᵉ paragraphe de l'article 315, est repoussée par plusieurs cours, notamment par un arrêt de la cour de Grenoble, du 20 août 1825 (1), et un arrêt de la cour de Pau, du 23 janvier 1836 (2), qui ont jugé que la sommation d'assister à l'expertise, prescrite par l'article 315 du Code de procédure civile, est une formalité substantielle, qui peut seule donner une connaissance légale du jour et de l'heure fixés pour l'opération ; que son omission entraîne la nullité de l'expertise faite hors la présence de la partie intéressée ; que vainement on alléguerait que la partie qui n'a pas été sommée a eu connaissance par une autre voie du jour fixé par les experts. Cela est, pour nous, de la dernière évidence.

412. Mais la nullité serait couverte par la présence des parties sur les lieux au moment de l'expertise ; elles ne pourraient plus se prévaloir de ce que la sommation prescrite par l'article 315 ne leur aurait point été faite. MM. Thomine-Desmazures (t. I, p. 518) et Chauveau (*sur Carré*, t. III, p. 110) sont, comme nous, de cet avis, corroboré par un arrêt de la cour de Montpellier, du 27 mars 1824, que nous avons déjà cité et combattu à un autre point de vue (voir précédemment, nᵒˢ 410 et 411), et un arrêt de la cour de Dijon, du 11 mars 1828 (3).

413. La présence des parties à l'opération peut, d'après un arrêt de la cour d'Orléans, du 5 mai 1849 (4), résulter implicitement de l'insertion de leurs dires au procès-verbal des experts. Il est certain, en effet, que si elles ont fait des observations, elles étaient réellement présentes à l'expertise.

414. La cour de Rennes a également décidé, par arrêt du 17 août 1812 (5), que la simple déclaration des experts, constatant que les parties ont assisté à l'expertise, suffit, à défaut de la signature de ces dernières, pour faire preuve de leur présence et couvrir la nullité résultant du défaut de sommation.

415. La partie qui a déclaré se tenir pour valablement avertie ne peut arguer de ce que, l'un des experts ne s'étant

(1) Dalloz, 1826, t. II, p. 173.
(2) Sirey, t. XXXVI, 2ᵉ partie, p. 400. — Journal du palais, 1837, t. I, p. 42.
(3) Journal des avoués, t. XXXVII, p. 178.
(4) Journ. des avoués, t. XII, p. 726.
(5) Journ. des avoués, t. XII, p. 710.

pas rendu sur le lieu de l'expertise, les autres experts ont fixé un nouveau jour pour l'opération, en intimant les parties de s'y trouver. Ainsi l'a jugé, avec raison, la cour de Bordeaux, par arrêt du 2 août 1833 (1).

416. Bien que l'article 315 du Code de procédure civile porte que la sommation de se trouver à l'expertise sera faite aux parties par acte d'avoué, nous pensons que cette sommation peut être signifiée à la partie elle-même, par exploit à personne ou à domicile, aussi bien que par acte d'avoué à avoué. Cette jurisprudence a été adoptée par la cour de Bourges, arrêt du 14 mars 1821 (2), la cour d'Orléans, arrêt du 4 juin 1841 (3), et la Cour de cassation, arrêts des 13 novembre 1832 (4) et 18 décembre 1871 (5). La sommation dont parle l'article 315 n'étant qu'un simple acte de procédure, la nullité ne peut être suppléée, alors surtout que la partie est plus directement intimée.

417. La présence des parties à l'expertise, sans réclamation, couvre les irrégularités antérieures, telles, par exemple, que le défaut d'enregistrement et de signification tant aux parties qu'aux experts. Ce principe a été consacré par un arrêt de la Cour de cassation, du 30 novembre 1824 (6), et il nous paraît incontestable.

418. La Cour de cassation a également jugé, par arrêt du 13 janvier 1879 (7), que lorsque la sommation d'assister à l'expertise a réellement touché la partie sommée, celle-ci doit s'imputer, si l'exploit lui paraissait irrégulier à raison de l'insuffisance des délais, de n'en avoir pas proposé la nullité avant de conclure au fond, et elle ne peut exciper, devant la Cour de cassation, ni de la nullité en elle-même, ni d'une atteinte portée aux droits de la défense restée libre de choisir son terrain et ses moyens.

419. Dans le cas où l'expertise est ordonnée par une cour d'appel, la sommation de se trouver sur les lieux, prescrite par l'article 315, doit, d'après un arrêt de la cour de Gre-

---

(1) Journal des avoués, t. XLVII, p. 575.
(2) Journal des avoués, t. XII, p. 733.
(3) Journal du palais, 1841, t. II, p. 218.

(4) Journal des avoués, t. XLV, p. 740.
(5) Journal du palais, 1872, p. 688.
(6) Journal du palais, *Rép.*, t. VII, p. 96, n° 298.
(7) *Gazette des tribunaux*, du 17 janvier 1879, p. 53.

noble, du 20 août 1825 (1), être faite à l'avoué à la cour, et non à celui de première instance, dont le mandat a pleinement cessé par la décision définitive du tribunal.

420. Les parties peuvent se faire accompagner à l'expertise **par** leurs avoués ; mais, d'après l'article 92 **du** tarif civil, le montant des vacations dues à ces officiers ministériels n'entre pas en taxe et reste à la charge de la partie qui s'est fait assister de son avoué. Elles ont également le droit d'amener avec elles leur avocat, ou de se faire représenter à l'expertise par un mandataire spécial, mais toujours à leurs frais.

421. La Cour de cassation a décidé, par arrêt du 15 juin 1870 (2), que la visite, par un médecin, de l'une des parties en cause, ordonnée d'office par les juges, ne constitue pas une expertise proprement dite, et qu'elle peut, dès lors, avoir lieu hors la présence des autres parties.

422. Il résulte également d'un arrêt de la Cour de cassation, du 28 novembre 1871 (3), que, si une expertise est nulle quand elle a eu lieu hors la présence des parties et sans que celles-ci aient été mises en demeure d'y assister, on ne saurait arguer de cette nullité contre l'arrêt qui, pour résoudre le point soumis aux investigations des hommes de l'art, se fonde sur des documents, des présomptions et un ensemble de circonstances étrangers à l'expertise.

423. De même, un arrêt a pu, tout en décidant que l'expertise faite en l'absence de l'une des parties ne devait pas lui être opposée, combiner avec d'autres documents du procès la même expertise « consultée à titre de renseignement très-sérieux », et tirer de ce rapprochement la preuve du fait litigieux ; dans l'espèce, la constatation de la cause à laquelle devait être attribuée l'avarie des marchandises dont il s'agissait. Ainsi l'a jugé la Cour de cassation, par arrêt du 6 décembre 1876 (4), et elle a confirmé cette jurisprudence dans ses arrêts des 9 février 1869, 9 janvier 1877 et 30 avril 1877. (Voir ci-après, nos 549, 754 et 751.)

(1) Dalloz, 1826, t. II, p. 453.
(2) Journal du palais, 1870, p. 794.
(3) *Gazette des tribunaux*, des 4 et 5 décembre 1871, p. 817.
(4) *Gazette des tribunaux*, du 12 décembre 1876, p. 1199.

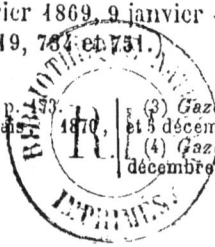

§ V. — *Opérations des experts.*

424. Au jour et à l'heure par eux indiqués, les experts se rendront sur le lieu de l'expertise. Dès qu'ils seront tous réunis, — et, à ce sujet, nous leur rappellerons que l'exactitude est pour eux un devoir, — si les parties sont présentes, ils commenceront leur opération. Dans le cas où les parties, ou seulement une d'elles, seraient absentes, les experts devront attendre pendant une heure pour donner défaut contre elles, et pour commencer à opérer hors leur présence; c'est le délai qu'on accorde, dans la pratique, aux retardataires avant de passer outre.

425. Les experts ne peuvent procéder que tous ensemble; ils n'ont même pas le droit de déléguer un d'eux pour telle ou telle partie de leurs opérations. La loi entend que chacun d'eux voie et apprécie par lui-même, et les juges qui les ont nommés veulent avoir l'avis des trois, et non de deux ou d'un seul, avis basé sur un examen fait personnellement par chacun d'eux de l'objet de l'expertise.

426. Aussi la Cour de cassation a-t-elle jugé, par arrêt du 2 septembre 1811 (1), que, lorsqu'un des experts ne se présente pas à l'opération, les deux autres ne peuvent y procéder que du consentement unanime des parties.

427. Il a de même été décidé par les arrêts de la cour de Bruxelles du 31 juillet 1811 (2), de la cour de Riom du 3 décembre 1885 (3) et de la cour de cassation du 20 février 1889 (4) qu'on doit regarder comme nulle l'expertise à laquelle il a été procédé en l'absence de l'un des experts.

428. Toutefois, deux des experts peuvent, en l'absence du troisième, recevoir des renseignements sur la cause (mais non des dépositions de témoins), sauf à en donner plus tard connaissance à leur collègue absent. Cela résulte d'un arrêt de la cour de Rennes, du 11 août 1824 (5), qui ne contrarie en rien ce que nous venons de dire, puisqu'il ne s'agissait, dans l'espèce, que de simples renseignements et non de l'expertise en elle-même.

429. La même cour a jugé, avec raison, par le même

(1 et 2) Journal du palais, *Rép.*, t. VII, p. 97, nos 312 et 313.
(3) Dalloz, 1886, 2, 219.
(4) Pandectes françaises, 1889, 1, 329.
(5) Journal du palais, *Rép.*, t. VII, p. 97, no 314.

arrêt, que l'irrégularité tirée de ce que deux des experts auraient décidé, en l'absence du troisième, qu'il serait fait un nouveau transport sur les lieux, est couverte par le consentement donné ultérieurement par leur collègue à cette détermination.

430. Les experts peuvent aussi charger l'un d'eux de lever, copier ou calquer un plan, qui doit leur servir sur le terrain et dont ils vérifient ensuite tous ensemble l'exactitude en procédant à leur opération. Si ce plan est joint au rapport, il doit être signé de tous les experts.

431. Le seul fait que l'un des trois experts commis pour procéder à une vérification n'aurait pas assisté à la dernière séance ne suffirait pas non plus pour vicier l'expertise, si, d'ailleurs, l'examen fait dans cette séance n'a porté que sur des points accessoires au sujet desquels les deux autres experts se sont adjoints des hommes spéciaux choisis par tous, et alors surtout que cet examen a eu lieu en présence des parties intéressées, et qu'il s'agissait d'une expertise dont les termes ne devaient pas lier le juge. Ainsi l'a décidé la Cour de cassation, dans un arrêt du 13 novembre 1867 (1).

432. Par arrêt du 2 décembre 1868 (2), la Cour de cassation a également jugé qu'il n'y a pas nullité de l'expertise, bien que les parties n'aient pas été présentes aux renseignements que les experts étaient autorisés à prendre pour s'éclairer.

433. Il résulte de deux arrêts de la même cour, en date des 15 mai 1876 (3) et 20 janvier 1892 (4) que si en réalité tous les experts doivent concourir conjointement à l'œuvre commune, il importe peu que l'un d'eux ait été chargé seul d'une opération purement matérielle, telle que la réunion d'échantillons d'essai ou bien un classement de pièces destiné à faciliter des totaux de chiffres.

434. Lorsque, dans l'intervalle d'une vacation à l'autre, les experts ont, en l'absence des parties, procédé à l'examen des titres qui leur avaient été remis et recueilli les renseignements dont ils étaient autorisés à s'entourer, il n'y a là que des mesures d'instruction accessoires qui ne sont assujetties

(1) Journal du palais, 1868, p. 29.
(2) Journal du palais, 1869, p. 123.
(3) Journal du palais, 1876, p. 749.
(4) Pandectes françaises, 1893, 1, 51.

à aucune forme spéciale et auxquelles l'article 315 du Code
de procédure civile n'est pas applicable. Ainsi l'a décidé la
Cour de cassation, par arrêt du 9 août 1876 (1). On conçoit,
en effet, que, pour s'éclairer sur la signification ou la valeur
de tel ou tel titre, les experts peuvent quelquefois avoir à consulter les parties, mais que le plus souvent leur présence nuirait à une étude sérieuse et réfléchie des pièces produites, et
entraînerait de vaines et stériles discussions.

435. « Le jugement qui aura ordonné l'expertise, et les
pièces nécessaires seront remis aux experts. Les parties pourront faire tels dires et réquisitions qu'elles jugeront convenables : il en sera fait mention dans le rapport ; il sera rédigé
sur le lieu contentieux, ou dans le lieu et aux jour et heure
qui seront indiqués par les experts. — La rédaction sera
écrite par un des experts, et signée par tous : s'ils ne savent
pas tous écrire, elle sera écrite et signée par le greffier de la
justice de paix du lieu où ils auront procédé. » (Code de procédure civile, art. 317.)

436. Les experts sont tenus, dans leurs opérations, de se
conformer scrupuleusement aux dispositions du jugement ou
de l'ordonnance de référé, qui, en prescrivant l'expertise, a
déterminé la nature de leur mission, et dont copie leur est
remise. Lecture de cette pièce sera faite à haute voix, par
l'un d'eux, au commencement de la première vacation, en
présence des parties, si elles se sont rendues.

437. Les pièces à remettre aux experts, en exécution de
l'article 317, sont, outre l'expédition du jugement qui a ordonné l'expertise, ou de la requête et de l'ordonnance de
référé qui en tiennent lieu, la sommation aux parties d'assister
aux opérations lorsqu'il en a été fait une, et les divers titres,
actes, plans ou documents divers qui peuvent être utiles aux
experts pour remplir leur mission.

438. Les parties doivent remettre aux experts tous les documents de nature à les guider dans les constatations qu'ils
ont à faire et à les éclairer sur les avis qu'ils ont à émettre.
La dissimulation de ces documents, en totalité ou en partie,
pourrait être considérée comme un dol, si cette dissimulation
avait pour effet, en trompant les experts, de leur faire donner
des conclusions contraires à la vérité.

_____

(1) Journal du palais, 1878, p. 1215.

439. A ce sujet, la cour d'Alger, dans un arrêt du 29 avril 1874 (1), qui confirme le principe que nous venons de poser, a décidé qu'il n'y a pas dol personnel dans la simple rétention par une partie, d une pièce qui n'avait aucun caractère décisif, surtout lorsque la partie adverse connaissait cette pièce et avait refusé d'en demander la communication.

440. Par arrêt du 15 mars 1878 (2), la cour de Dijon a jugé que le dol personnel, pouvant donner ouverture à requête civile, est celui qui a eu pour effet de tromper e uge et d'obtenir de lui une décision qu'il n'aurait pas rendue sans les manœuvres dolosives employées ; qu'ainsi une partie ne saurait invoquer, comme impliquant l'existence d'un dol personnel, la contradiction existant entre les conclusions d'une expertise à la suite de laquelle elle a été condamnée, et les conclusions d'une seconde expertise ordonnée sur sa plainte au criminel, alors qu'aucune des pièces ayant servi à la seconde expertise n'a été dissimulée par la partie adverse au premier expert. On comprend que la décision eût été contraire si la partie adverse n'avait pas remis toutes les pièces au premier expert.

441. Il résulte d'un arrêt de la cour d'Angers, du 5 décembre 1877 (3), qu'un expert régulièrement commis ne saurait être pris à partie et remplacé parce qu'indûment peut-être, mais de bonne foi, il a exigé la production de pièces qu'il croyait indispensables à l'accomplissement de son mandat. Le droit de la partie intéressée se borne, en pareil cas, à faire décider par justice, contradictoirement avec la partie adverse, si elle est tenue ou non de fournir les documents réclamés par l'expert.

442. Pendant les opérations, chacune des parties peut faire tels dires et réquisitions qu'elle juge convenables, soit par elle-même, soit par l'organe de son avoué, de son avocat, ou du mandataire spécial chargé de la représenter. Mention en est faite dans le rapport. — La loi n'impose pas aux experts l'obligation de déférer à toutes les réquisitions qui leur sont faites par chaque partie, ou en son nom; mais ils sont tenus de les mentionner toutes sur leur procès-verbal, et, s'ils **ne** croient pas devoir obtempérer à une ou plusieurs de ces ré-

(1) Journal du palais, 1876, p. 1250.
(2) Journal du palais, 1878, p. 990.
(3) Journal du palais, 1878, p. 1019.

quisitions, ils doivent donner les motifs de leur refus. Nous pensons, avec M. Boncenne (t. IV, p. 480), que les experts ne doivent pas avoir égard à des réquisitions sans portée, mais qu'ils sont néanmoins obligés de les consigner dans leur rapport, afin que les juges puissent en apprécier la valeur.

443. Du reste, s'il s'élevait, dans le cours des opérations, des difficultés dont l'appréciation dépasserait les limites de leurs pouvoirs et devant lesquelles ils ne croiraient pas devoir passer outre, les experts renverraient les parties à l'audience du tribunal ou du juge des référés qui les aurait commis.

444. Des termes de l'article 317 et d'un arrêt de la cour de Rennes, du 16 juillet 1848 (1), il résulte qu'on peut déclarer irrégulier dans sa substance un rapport d'experts, sur ce que les parties ont été mises hors d'état de requérir des apurements tendant à la découverte de la vérité.

445. Par application de ce principe, la Cour de cassation a jugé, par arrêt du 30 juin 1863 (2), que l'expertise ordonnée avant la mise en cause d'un tiers, et exécutée sans qu'il ait été appelé ni défendu devant les experts, est inopposable à ce tiers, alors surtout que les juges auraient précédemment décidé que le jugement ordonnant cette expertise ne lui serait pas commun. Une telle expertise ne peut, dès lors, servir de base à une condamnation contre l'appelé en cause.

446. Lorsque, dans le cours de leur opération, les experts ont à entendre, à titre de renseignements, des personnes que le tribunal ou le juge-commissaire les a autorisés à consulter, ils doivent intimer les parties de se trouver à cette audition, et, s'ils arrêtent qu'ils recevront les déclarations en l'absence des parties, ils outrepassent leurs pouvoirs, et leur rapport doit être annulé. Ainsi l'a décidé la cour d'Orléans, par arrêt du 18 novembre 1823 (3).

447. La partie qui a été appelée à une expertise et sommée d'y produire ses titres ne peut se faire un moyen de nullité contre cette expertise, de ce qu'elle n'aurait pas présenté ses titres, ni fait ses observations aux experts. La cour d'Amiens a consacré cette doctrine, par un arrêt du 25 novembre 1824 (4).

448. L'assistance des parties aux opérations des experts

(1) Journal des avoués, t. XII, p. 724.
(2) Journal du palais, 1864, p. 85.
(3 et 4) Journal du palais, *Rép.*, t. VII, p. 27, n°ˢ 306 et 307

est implicitement constatée, d'une manière suffisante, par l'insertion, en plusieurs endroits du rapport, de leurs dires et observations. Cela ne saurait faire le moindre doute, et nous avons à peine besoin de citer, à l'appui, un arrêt de la cour d'Orléans, du 5 mai 1819 (1).

449. La Cour de cassation, par arrêt du 22 avril 1840 (2), a décidé avec raison que la loi permet aux experts de recueillir les renseignements dont ils ont besoin pour remplir leur mission ; et il résulte d'un arrêt de la cour de Rennes, du 17 août 1857 (3), ainsi que d'un arrêt de la Cour de cassation, du 17 novembre 1858 (4), que les juges qui ordonnent une expertise peuvent autoriser les experts à se renseigner auprès des personnes en mesure de leur donner d'utiles informations.

450. La Cour de cassation a également jugé, le 23 novembre 1857 (5), que des experts nommés par la justice peuvent s'éclairer à l'aide d'une enquête officieuse, qui vaut à titre de simple renseignement, et, le 12 février 1878 (6), qu'aucune disposition de la loi ne défend aux experts de vérifier, à l'aide de témoignages, les faits qui peuvent les éclairer dans l'opération dont ils sont chargés, ni aux juges de les autoriser. Elle a encore jugé, le 15 novembre 1886, (7) qu'après avoir procédé à toutes les opérations en présence des parties, des experts commis pour évaluer un dommage peuvent recueillir des renseignements sur son importance.

451. Mais les experts n'ont pas le droit, quelle que soit pour eux l'utilité de certains témoignages, de procéder à une enquête régulière et légale par eux-mêmes et en vertu de leur caractère de délégués de la justice.

452. Aussi la cour d'Orléans a-t-elle jugé, par arrêt du 23 avril 1823 (8), que des experts, commis par un tribunal pour vérifier s'il a été fait des améliorations à un immeuble et en quoi elles consistent, ne peuvent entendre des témoins ; que le droit de faire enquête n'appartient qu'aux magistrats et est hors du caractère et des attributions reconnues par la loi aux experts.

453. Il est vrai que d'un second arrêt de la même cour,

(1) Journal du palais, *Rép.*, t. VII, p. 27, nº 308.
(2) Journ. du pal., 1840, t. II, p. 100.
(3) Journal du palais, 1858, p. 1032.
(4) Journal du palais, 1859, p. 600.
(5) Journal du palais, 1858, p. 1032.
(6) *Gazette des tribunaux*, du 14 février 1878, p. 149.
(7) Pand. françaises, 1888, 1, 326.
(8) Journ. des av., t. XII, p. 738.

en date du 18 novembre 1825 (1), il paraît résulter une doctrine contraire, doctrine qu'enseignent MM. Pigeau (*Procéd.*, liv. II, part. II, tit. III, chap. v, § 5, n° 8, p. 310), Favard de Langlade (t. IV, p. 700) et Dalloz (t. VII, p. 671).

454. La cour de Rennes a également décidé, le 11 août 1824 (2), qu'il n'y a pas nullité en ce que les experts auraient reçu en leur demeure des déclarations de témoins, alors que les parties n'ont désigné les témoins qu'après la visite de lieux; et que, dans tous les cas, la partie qui aurait, sans réclamer, fait comparaître ces témoins devant les experts, en leur demeure, serait non recevable à se plaindre de ce mode de procéder.

455. Mais nous croyons néanmoins, avec MM. Boncenne (t. IV, p. 482), Chauveau (*sur Carré*, t. III, p. 123) et Bioche (n° 128), avec le Journal du palais (*Rép.*, t. VII, p. 97) et avec l'arrêt de la cour d'Orléans, du 23 avril 1823, ci-dessus rapporté (voir précédemment, n° 452), qu'une procédure aussi insolite que l'enquête faite par des experts ne saurait être considérée comme légale; que des hommes simplement chargés par la justice de l'éclairer de leurs avis sur certains points ne peuvent remplir le rôle ni exercer les fonctions des magistrats, et que les tribunaux eux-mêmes n'ont pas le droit de déléguer aux experts le pouvoir de faire une enquête.

456. La cour de Rennes a parfaitement reconnu ce principe, en décidant, par arrêt du 8 janvier 1859 (3), qu'un tribunal ne peut, en chargeant des experts de constater l'état des lieux litigieux, leur donner mission d'entendre des témoins sous forme d'enquête, à l'effet de constater des faits de possession et de prescription.

457. Il résulte également d'un arrêt de la cour de Bordeaux, du 6 novembre 1877 (4), que la mission donnée à des experts ne peut aller jusqu'à les autoriser à procéder, par voie d'enquête officieuse, à la vérification des faits respectivement articulés par les parties. Cette mission doit se borner « à recueillir, sans procéder même officieusement à une enquête, tous renseignements et notoriétés qui leur seront signalés ou leur paraîtront utiles pour éclairer la justice. »

(1) Journal des avoués, t. XII, p. 738.
(2) Journal du palais, *Rép.*, t. VII, p. 97, n° 324.
(3) Journal du palais, 1859, p. 132.
(4) Journal des arrêts de cette cour, t. LII, p. 399.

458. Au résumé, les experts ont la faculté d'entendre, à titre de renseignements, toutes les personnes qui peuvent leur fournir d'utiles informations et qui veulent bien leur donner ces éclaircissements ; mais il n'ont pas le droit de procéder à une enquête régulière, de faire citer des témoins et de les contraindre à déposer.

459. La Cour de cassation a confirmé cette jurisprudence, par un arrêt du 31 juillet 1872 (1), duquel il résulte qu'il est toujours loisible aux experts de recourir à une enquête officieuse quand ils le jugent nécessaire pour éclairer leur religion ; et, s'il est vrai, en principe, qu'une expertise qui se serait transformée en enquête devrait être annulée comme ayant entrepris sur l'œuvre du juge, ce grief n'atteint pas, quelque nombreux qu'aient été les témoins entendus, le rapport, dont les appréciations sont fondées principalement sur les constatations personnelles des experts, ainsi que le déclare l'arrêt déféré à la Cour de cassation. — Dans tous les cas, une partie est non recevable à exciper de ce qu'une enquête aurait été arbitrairement substituée à l'expertise, quand, d'une part, elle a produit et fait entendre elle-même des témoins devant les experts, et quand, d'autre part, elle a couvert par son silence l'irrégularité dont elle se plaint, en n'élevant aucune protestation sur ce point devant le tribunal de première instance.

460. Si les experts reconnaissaient que l'audition régulière et juridique de certains témoins est indispensable à l'accomplissement de la mission dont ils sont chargés, ils devraient surseoir à l'expertise, en déclarant (FORMULE 56e) la nécessité d'une enquête sur tel ou tel fait. Cette enquête serait poursuivie, en la forme ordinaire, par la partie la plus diligente, et, quand elle serait terminée, les experts reprendraient leurs opérations.

461. C'est un devoir pour les experts de procéder avec la plus sévère exactitude aux constatations prescrites, d'apporter le plus grand soin dans leurs vérifications et de s'entourer de tous les renseignements possibles, afin de donner aux magistrats qui les ont commis un avis aussi éclairé que consciencieux. Ils peuvent prendre tout le temps qui leur est nécessaire pour bien remplir leur mission, sans toutefois y

(1) *Gazette des tribunaux*, du 2 août 1872, p. 756.

apporter de négligence et sans laisser l'expertise traîner en longueur de manière à causer aux parties un préjudice quelconque. (Voir ci-après, n⁰ˢ 558 et suiv.)

462. Dans le cas où un des experts apporterait de la négligence dans l'opération soit en ne se rendant pas aux réunions, ce qui empêcherait les autres experts de procéder, soit en mettant un trop long retard à la rédaction du rapport dont il aurait été chargé, les deux autres experts, ou l'un d'eux, auraient-ils qualité pour l'obliger à remplir sa mission ? Nous **ne** le pensons pas ; mais ils peuvent, — ils doivent même, pour mettre leur responsabilité à couvert, — prévenir les parties, qui ont, elles, le droit d'agir judiciairement. La loi a, en effet, prévu le cas de retard ou de refus des experts, et les dispositions de l'article 320 du Code de procédure civile donnent aux parties les moyens de les obliger à terminer l'expertise et à déposer leur rapport.(Voir ci-après, n⁰ˢ 558 et suiv.)

463. La loi n'a pas déterminé de délai pendant lequel l'expertise doive être faite, ni même requise par les parties. Ainsi la cour de Rennes a jugé, le 7 mai 1831 (1), que le tribunal ne peut pas, en ordonnant une expertise, prescrire qu'elle aura lieu sous tel délai, à peine de déchéance ; et la cour de Pau a décidé, dans un arrêt du 25 janvier 1836 (2), que le délai fixé par le jugement pour procéder à une expertise n'est que comminatoire ; qu'il n'y a pas déchéance contre la partie qui n'y a pas fait procéder dans ce délai.

464. Toutefois, lorsqu'en cas d'urgence on a recours, pour obtenir une expertise, à la juridiction du président du tribunal statuant en référé, ce magistrat tient de la nature même de sa compétence le droit d'ordonner que l'opération qu'il prescrit sera parachevée et le rapport déposé dans un délai qu'il détermine. Les experts doivent alors se conformer à sa décision, et si, par des circonstances indépendantes de leur volonté, ils ne pouvaient terminer leur travail dans le temps fixé, ils en référeraient au président, afin d'éviter que la partie à laquelle nuirait ce retard pût élever contre eux des réclamations fondées.

465. L'urgence de l'expertise, ni la fixation par le président d'un délai déterminé pour le dépôt du rapport, n'en-

---

(1) Journal du palais, *Rép.*, t. VII, p. 97, n° 325.
(2) Journal du palais, 1837, t. I, p. 42.

traînent pas, pour les experts, l'obligation d'accepter la mission qui leur est confiée. Ils conservent toute leur liberté jusqu'à ce qu'ils aient prêté serment, et peuvent refuser de se charger de l'opération aussi bien après un référé que dans toute autre circonstance. Seule, la prestation de serment les lie envers la justice et les parties. (Voir précédemment, n°s 352 et suiv.)

§ VI. — *Rédaction du rapport des experts.*

466. Le rapport ou procès-verbal des experts est la conséquence et le but des opérations auxquelles ils se sont livrés sur le terrain. Il doit être fait par écrit; les experts ne sont point entendus à l'audience comme des témoins, et les tribunaux ne pourraient pas valablement ordonner qu'ils se borneront à faire un rapport verbal. Le Code de procédure civile, loin d'autoriser un pareil mode de procéder, l'exclut au contraire implicitement par l'article 317, qui veut que le rapport soit écrit. (Voir ci-après, n°s 480 et suiv.)

467. Cependant, comme les formalités édictées par les articles 317 et suivants ne sont pas d'ordre public, si toutes les parties étaient majeures et libres de leurs droits, elles pourraient consentir à ce que les experts, au lieu de rédiger le rapport par écrit, le fissent oralement à l'audience. Ainsi l'a jugé la cour de Bordeaux, par un arrêt du 15 décembre 1870 (1), qui décide également qu'après avoir accepté sans protestation, en première instance, cette forme irrégulière du rapport, une partie ne peut être autorisée, en appel, à relever une nullité qu'elle a couverte par son silence approbatif.

468. A moins d'un consentement unanime des parties, le rapport doit donc être écrit. Toutefois, comme il importe que les juges s'éclairent par tous les moyens possibles, nous pensons que rien dans la loi ne s'oppose à ce que, sans avoir besoin de consulter les parties, ils appellent les experts à leur fournir, en audience publique, des explications orales sur certains points du rapport dont la clarté laisserait du doute dans leur esprit. (Voir ci-après, n°s 658 et 659.)

(1) Journal des arrêts de cette cour, 1870, p. 414.

469. L'article 317 porte que le rapport sera rédigé sur le lieu contentieux, ou dans le lieu et aux jour et heure qui seront indiqués par les experts, auxquels toute liberté est, par conséquent, accordée pour agir à cet égard de la manière la plus convenable.

470. On comprend que les experts ne se livrent presque jamais à la rédaction du rapport sur le lieu contentieux; ils ne pourraient le faire que dans des causes extrêmement simples, et encore auraient-ils très-rarement à leur disposition les moyens matériels d'opérer convenablement ce travail. Ils se contentent donc de prendre des notes détaillées de leurs constatations, visites et appréciations, ainsi que des dires et réquisitions des parties, et ils indiquent le lieu, le jour et l'heure où ils se réuniront de nouveau pour dresser leur procès-verbal, afin que les parties et leurs avoués, ou leurs mandataires, puissent être présents, si bon leur semble, à la portion de ce travail à laquelle ils ont, comme nous allons le voir, le droit d'assister.

471. Par arrêt du 6 mars 1878 (1), la Cour de cassation a décidé que le moyen tiré de ce que les experts n'auraient pas rédigé leur rapport sur le lieu contentieux, mais dans un autre endroit et sans appeler les parties à fournir leurs explications, est irrecevable comme nouveau devant la Cour de cassation, de la part de la partie qui, devant les juges du fond, n'a invoqué que la nullité de l'enquête à laquelle les hommes de l'art avaient accessoirement procédé.

472. Le procès-verbal ou rapport des experts se divise en deux parties distinctes. La première comprend : 1° le préambule relatant la nomination des experts, leur prestation de serment et l'objet de l'expertise ; 2° le transport et l'arrivée des experts sur les lieux; 3° la présence des parties ou leur absence, et, dans ce dernier cas, le défaut donné contre elles; 4° la remise des pièces ; 5° les dires et réquisitions des parties, s'il y en a ; 6° les opérations faites par les experts pour asseoir leur avis. La seconde partie du rapport, qui est la conséquence et le résultat de la première, contient l'avis motivé des experts.

473. C'est uniquement à la première portion du rapport que les parties et leurs avoués, ou leurs mandataires, ont le

(1) *Gazette des tribunaux*, du 9 mars 1878, p. 229.

droit d'assister, en quelque lieu que s'opère la rédaction, parce que cette première partie du procès-verbal d'expertise appartient à l'instruction, et que les parties ont intérêt à s'assurer que leurs dires et réquisitions y sont fidèlement reproduits.

474. MM. Pigeau (t. I, p. 297), Favard de Langlade (t. IV, p. 704), Boncenne (t. IV, p. 481), Thomine-Desmazures (t. I, p. 521), Dalloz (t. VII, p. 671), Carré et Chauveau (t. III, p. 115) adoptent, comme nous, cette doctrine. Mais, comme nous aussi, ils pensent, — et la cour d'Amiens a jugé dans le même sens, par arrêt du 11 janvier 1826 (1), — que la seconde portion du rapport, entièrement consacrée à l'avis des experts, doit être rédigée hors de la présence des parties et de leurs avoués, car les experts prononcent alors une espèce de jugement, et il convient de leur laisser la liberté la plus entière.

475. La connaissance des lieu, jour et heure de la rédaction du rapport étant indispensable aux parties pour qu'elles s'y rendent, si cela leur convient, à l'effet de compléter, le cas échéant, d'expliquer ou de renouveler leurs dires et d'en requérir l'insertion, le défaut d'indication par les experts de ces lieu, jour et heure serait une irrégularité substantielle qui permettrait au tribunal de prononcer la nullité du rapport, dans le cas où cette irrégularité aurait porté préjudice aux parties ou seulement à l'une d'elles.

476. C'est dans la séance où ils terminent leur travail sur le terrain que les experts indiquent les lieu, jour et heure de la rédaction du rapport. Si, à ce moment, l'une des parties est absente et qu'elle n'ait pas été légalement sommée d'assister à l'expertise, il faudra l'avertir, à peine de nullité, par acte exprès (FORMULE 57ᵉ), des lieu, jour et heure où le rapport sera rédigé ; mais, si la partie absente a été prévenue par les voies légales de l'époque où les experts devaient se réunir pour commencer leurs opérations, il n'y a pas lieu de l'avertir de nouveau. C'est par sa faute qu'elle ne s'est pas rendue dès le principe ; elle ne peut s'en prendre qu'à elle seule, et nul n'est obligé de réparer sa négligence.

477. Il n'y a donc pas nullité de l'opération, bien que les experts aient rédigé leur procès-verbal hors du lieu conten-

(1) Journal des arrêts de cette cour, 1826, p. 155.

tieux, et qu'ils n'aient pas instruit les parties de ce fait, ni du jour où la rédaction devait être opérée, lorsque d'ailleurs les parties ont été mises à même d'assister à l'expertise. Une foule d'arrêts ont consacré cette jurisprudence ; nous citerons notamment ceux de la Cour de cassation des 7 décembre 1826 (1), 20 août 1828 (2), 10 août 1829 (3), 11 novembre 1829 (4) et 19 juin 1838 (5) ; et ceux des cours de : Bourges, 2 août 1810 (6), 20 avril 1825 (7) et 30 mars 1829 (8); Paris, 21 juin 1814 (9) ; Colmar, 2 juillet 1814 (10) ; Montpellier, 19 juin 1821 (11) et 26 mars 1824 (12) ; Orléans, 13 juin 1822 (13) ; Toulouse, 10 octobre 1823 (14) ; Metz, 13 novembre 1823 (15); Agen, 16 juillet 1828 (16); Bordeaux, 4 juillet 1832 (17), 3 août 1832 (18) et 2 août 1833 (19) ; Rennes, 12 novembre 1836 (20), et Pau, 25 juin 1840 (21) et enfin celui de la Cour de cassation du 21 octobre 1895 (22).

478. C'est là, on le voit, une jurisprudence bien assise ; nous la croyons, comme M. Chauveau, conforme aux vrais principes, et nous partageons l'opinion émise dans le *Répertoire* du Journal du palais (t. VII, p. 98), que, dans ce cas, l'irrégularité n'est une cause de nullité du rapport qu'autant que, dans chaque espèce, il serait justifié qu'elle a été préjudiciable aux parties en les empêchant de se défendre.

479. Dans la séance indiquée pour rédiger leur rapport, les experts procéderont ensemble à la rédaction, ou bien, si la chose n'est pas possible, ils conviendront ensemble des termes dans lesquels le rapport sera conçu, et ils chargeront l'un d'eux de rédiger cet acte, qu'ils signeront ensuite tous les trois, après lecture (FORMULES 58e à 71e).

480. Ils pourraient également, s'ils le jugeaient utile, faire

(1) Journal des avoués, t. XXXII, p. 354.
(2) Journal du palais, *Rép.*, t. VII, p. 98.
(3 et 4) Journal des avoués, t. XXXVIII, p. 39.
(5) Journal des avoués, t. LV, p. 496.
(6) Journal des avoués, t. XII, p. 697.
(7) Journal des avoués, t. XXX, p. 221.
(8) Journal des avoués, t. XXXVII, p. 230.
(9, 10 et 11) Journal des avoués, t. XII, p. 705 et suiv.
(12) Journal des avoués, t. XXVI, p. 181.
(13) Journal des avoués, t. XII, p. 705.
(14 et 15) Journal des avoués, t. XXV, p. 333 et 349.
(16) Journ. des avoués, t. XXXVI, p. 81.
(17 et 18) Journ. des arrêts de cette cour, t. VII, p. 383 et 463.
(19) Journal des avoués, t. XLVII, p. 575.
(20) Journ. des av., t. LIV, p. 86.
(21) Journ. du pal., 1841, t. I, p. 421.
(22) Pandectes françaises, 1896, 1, 92.

rédiger le rapport par une autre personne ; car,—dit M. Carré
(t. III, p. 118), dont nous partageons la manière de voir, —
rien ne s'oppose à ce que, d'un commun accord, les experts
chargent un tiers de la rédaction de leur procès-verbal, afin
d'y mettre plus de clarté et moins de temps, s'ils ne croyaient
pas qu'ils eussent la capacité nécessaire. (Commentaire inséré
aux *Annales du notariat*, t. II, p. 320.) Aussi l'article 317 ne
dit-il pas que la rédaction sera *faite*, mais qu'elle sera *écrite*
par un des experts et signée par tous. Voilà, ce nous semble,
tout ce que la loi exige pour la validité du rapport.

481. La jurisprudence a même été plus loin. Quoique
l'article 317 porte textuellement : « La rédaction sera écrite
par un des experts, » la cour de Rouen a décidé, par arrêt
du 24 juillet 1826 (1), qu'un procès-verbal n'est pas nul par
cela seul qu'il n'est pas écrit par l'un des experts, alors surtout qu'il est constant que la rédaction a été faite par l'expert
et qu'il ne s'est servi d'un écrivain que pour le copier.

482. La Cour de cassation a également jugé : 1° par arrêt
du 20 juin 1826 (2), qu'il n'est pas nécessaire, à peine de
nullité, que le rapport des experts soit écrit en entier par l'un
d'eux ou par le greffier, si la récapitulation entière du rapport a été écrite de la main des experts et le rapport signé
par tous ; 2° par arrêt du 7 mars 1843 (3), que le rapport est
valable, quoique non écrit en entier par un des experts. « Attendu , — dit la cour, — que le procès-verbal d'experts
constate que , quoi qu'il ne soit pas entièrement écrit de la
main des experts, il l'a été en leur présence, sous la dictée
de l'un d'eux, et collationné par eux ; que, dans de telles circonstances de fait, que la cour royale avait le droit d'apprécier, elle a pu déclarer que ledit rapport était régulier en la
forme sans violer les articles 315 et 317 du Code de procédure civile, rejette, etc. »

483. Enfin , il résulte d'un arrêt de la cour d'Orléans, du
9 janvier 1847 (4), et d'un arrêt de la Cour de cassation, du
18 mai 1847 (5), qu'alors même que tous les experts savent

---

(1) Journal des avoués , t. XXXII, p. 108.
(2) Journal des avoués, t. XXXI, p. 291.
(3) Journal du palais, 1843, t. I, p. 670.—Sirey, t. XLIII, 1re partie, p. 654.
(4) Journal du palais, 1848, **t. I,** p. 671.
(5) Journal du palais, 1848, t. II, p. 641.

écrire, le rapport non écrit de leur main est valable lorsqu'il est bien certain qu'il est leur œuvre personnelle.

484. La signature de tous les experts, prescrite par l'article 317, n'est pas non plus exigée à peine de nullité. MM. Thomine Desmazures (t. I, p. 522), Boncenne (t. IV, p. 490), Favard de Langlade (t. IV, p. 705), Dalloz (t. VII, p. 676), Chauveau (*sur Carré*, t. III, p. 119) et Frémy-Lignéville (*Code des architectes*, nᵒˢ 1428 et 1446) enseignent avec raison que, si l'un des experts refuse d'apposer sa signature sur le rapport, son caprice ne peut avoir pour effet de priver les parties et la justice d'un rapport à la confection duquel il a lui-même participé; que, l'avis des experts se formant à la majorité, le refus de signer de la part d'un seul ne peut infirmer l'exactitude de ce qui est affirmé par les deux autres; que la signature de ceux-ci est donc suffisante pour constater ce qui s'est passé et pour relater l'avis dissident de leur co-expert (FORMULE 72ᵉ); qu'autrement l'avis d'un seul prévaudrait sur celui de la majorité; qu'enfin cette doctrine s'appuie, par analogie, sur la disposition de l'article 1016 du Code de procédure civile, qui déclare valable le jugement arbitral que la minorité des arbitres aurait refusé de signer.

485. Ces principes, auxquels nous adhérons sans réserve, ont été consacrés par : deux arrêts de la Cour de cassation, des 21 novembre 1820 (1) et 30 novembre 1824 (2); deux arrêts de la cour d'Orléans, des 14 novembre 1817 (3) et 9 janvier 1847 (4); un arrêt de la cour de Bourges, du 19 mars 1822 (5), et un arrêt de la cour d'Agen, du 30 juillet 1828 (6).

486. Le législateur a prévu qu'il serait parfois utile de se servir d'experts ne sachant pas écrire, soit parce qu'ils posséderaient des connaissances spéciales, soit parce qu'il y aurait impossibilité d'en trouver d'autres, et nous avons déjà lu, dans l'article 317, que, si les experts ne savent pas tous écrire, la rédaction sera écrite et signée par le greffier de la justice de paix du lieu où ils auront procédé (FORMULE 73ᵉ).

487. Ainsi, il suffit qu'un seul des trois experts ne sache pas écrire, pour que le rapport doive être écrit et signé par le greffier de la justice de paix. Il ne peut y avoir aucun

(1, 2 et 3) Journal des avoués, t. XII, p. 731 et 741.
(4) Sirey, t. XLVIII, 2ᵉ partie, p. 254.
(5) Journal des avoués, t. XII, p. 731.
(6) Journal des avoués, t. XXXVI, p. 82.

doute à cet égard, et nous ne nous expliquons pas qu'une pareille question ait plusieurs fois été portée devant les tribunaux. Appelées à l'examiner, la cour supérieure de Bruxelles, par arrêt du 7 juillet 1831 (1), la cour d'Orléans, par arrêt du 28 juillet 1848 (2), et la Cour de cassation, par arrêt du 28 juillet 1848 (3), l'ont naturellement résolue de la manière que nous venons d'indiquer.

488. Dans une espèce où les experts avaient fait consigner dans le rapport qu'en raison de leur défaut d'habitude d'écrire, ce rapport avait été rédigé sur leurs notes et explications orales, et écrit en entier par le greffier de la justice de paix où ils avaient opéré, la cour de Nîmes a décidé, par arrêt du 19 juillet 1852 (4), qu'en procédant ainsi, les experts, loin de contrevenir à la loi, s'étaient conformés à la lettre et à l'esprit de l'article 317 du Code de procédure civile.

489. Est-ce le greffier du lieu contentieux visité par les experts, ou celui du lieu où ils ont délibéré et arrêté leur avis, qui doit écrire et signer le rapport lorsque l'un des experts ne sait pas écrire? Les auteurs ne sont pas tous d'accord sur ce point; la question est cependant, ce nous semble, facile à résoudre.

490. Selon M. Delaporte (t. I, p. 303), M. Bioche (n° 148) et les auteurs du Commentaire inséré aux *Annales du notariat* (t. I, p. 319), c'est le greffier du lieu où les experts ont procédé à leur délibération qui doit écrire le rapport; ils en donnent pour raison que, si l'on voulait qu'il fût écrit par le greffier du lieu contentieux, il deviendrait alors nécessaire que les experts restassent jusqu'à la rédaction de leur rapport dans le canton où ce lieu est situé, puisque ce greffier ne peut exercer ailleurs ses fonctions, ou qu'ils y retournassent pour cette même rédaction, ce qui serait multiplier les frais et les lenteurs sans nécessité.

491. Les auteurs du *Praticien* (t. II, p. 241) et MM. Hautefeuille (p. 176), Favard de Langlade (t. IV, p. 703), Thomine-Desmazures (t. I, p. 521), Carré et Chauveau (t. III, p. 113) enseignent au contraire que, par ces mots : « le greffier du lieu où les experts auront procédé, » le législateur a évidem-

(1) Journal des arrêts de cette cour, 1831, t. I, p. 319.
(2) Journal du palais, 1848, t. II, p. 192.
(3) Jay, *Répertoire des justices de paix*, t. III, p. 64.
(4) Journal du palais, 1854, t. I, p. 165.

ment entendu désigner le greffier du canton où les experts ont procédé à la visite, le greffier du lieu contentieux.

492. Il y a, en outre, — ajoute M. Carré, — un motif fondé sur la justice et la raison pour que le greffier de la justice de paix du lieu contentieux soit celui qui écrive le procès-verbal : c'est que des experts qui ne savent pas écrire ne peuvent conserver de notes suffisantes pour la rédaction du procès-verbal ; il faut donc qu'il soit rédigé dans le temps le plus voisin de leur visite, et de là naîtrait la présomption, pour ne pas dire la certitude, que le législateur a entendu désigner le greffier de paix du lieu contentieux, si, d'ailleurs, les termes de l'article étaient équivoques.

493. Cette dernière opinion est aussi la nôtre. L'article 317 nous paraît parfaitement clair. C'est le greffier du canton dans lequel se trouve le lieu contentieux qui doit écrire et signer le rapport, lorsque tous les experts ne savent pas écrire. Des experts illettrés, qui ne peuvent pas conserver de notes de leurs opérations, sont, plus encore que les autres, tenus de se hâter de procéder à la rédaction de leur rapport et de le faire écrire, pendant que leur mémoire est encore pleine de ce qu'ils ont vu et constaté ; et la loi a sagement agi en les obligeant à s'adresser au greffier du lieu où ils ont opéré, à ce greffier qui est là, tout près d'eux, qui connaît la localité, et qui peut, au besoin, les aider dans la rédaction de leur rapport, qu'il a seul la mission d'écrire.

494. Ceci nous conduit à examiner si le greffier doit se borner à écrire le rapport sous la dictée des experts ou de l'un d'eux, sans prendre aucune part à sa rédaction.

495. La loi ne charge le greffier que d'*écrire* la rédaction du rapport, dont les termes appartiennent évidemment en entier aux experts. Mais il faut convenir, avec M. Carré (t. III, p. 117), que, dans le cas où aucun des experts ne saurait écrire, il n'est guère vraisemblable que celui qui dicterait fît une rédaction aussi correcte et aussi claire que la rédaction que pourrait faire le greffier. Nous pensons donc, — et c'est également l'avis de MM. Pigeau (t. I, p. 570), Favard de Langlade (t. IV, p. 705), Dalloz (t. VII, p. 675) et Chauveau (*sur Carré*, t. III, p. 118), — qu'on ne pourrait pas arguer de nullité un procès-verbal qui n'aurait pas été écrit sous la dictée des experts. Il faut considérer, dans ce cas, le greffier **comme le notaire**, qui écrit toujours les conventions des parties, mais qui souvent les rédige : il suffit que la rédaction soit conforme à ce qui lui est exprimé pour que l'acte soit à l'abri de tout reproche.

496. Disons cependant que le greffier doit le plus possible écrire sous la dictée des experts, conserver les termes qu'ils emploient et ne substituer sa rédaction à la leur que lorsque cela est absolument nécessaire à la clarté du rapport. Peu importe que les phrases soient plus ou moins bien tournées ; l'essentiel est que les juges trouvent exactement décrites, dans le rapport, les visites, constatations et appréciations des experts, et leur avis clairement exprimé.

497. Quelques auteurs ont prétendu que, dans le cas où l'un d'eux ne sait pas écrire, les experts peuvent employer un notaire pour écrire leur procès-verbal. C'est une erreur qu'ont relevée MM. Chauveau et Carré (t. III, p. 116 et 117), en s'appuyant sur Pigeau (t. I, p. 570) et Delaporte (t. I, p. 384). Afin de donner, dans ce cas, de l'authenticité au rapport, la loi a désigné un officier ministériel pour l'écrire et le signer, et nul autre que lui ne peut donner à cet acte un caractère authentique. Un notaire, quoiqu'il soit lui aussi officier ministériel, ne pourrait donc, pas plus qu'un simple particulier, écrire et signer le rapport sans l'entacher de nullité, parce qu'en dehors de ses attributions un fonctionnaire n'a pas plus de pouvoir qu'un homme privé.

498. Toutefois, comme la loi n'a point indiqué le moyen de remplacer le greffier empêché ; que le recours au tribunal ou au juge des référés retarderait l'achèvement de l'expertise, et que ce retard pourrait nuire aux parties, parce que des experts qui n'ont pas pu prendre de notes oublieraient facilement certains apurements, nous pensons, avec M. Delaporte et M. Carré (*loc. cit.*), que, dans le cas d'empêchement légitime du greffier, dûment constaté, les experts pourraient valablement faire écrire et signer leur rapport par un des notaires du canton dans lequel est situé le lieu contentieux (FORMULE 74e), et que les tribunaux, tenant compte de l'espèce de force majeure à laquelle ils auraient cédé, ne prononceraient pas la nullité d'un procès-verbal ainsi dressé.

499. D'après un arrêt de la cour de Paris, du 15 décembre 1875 (1), n'est pas nul le rapport d'un second expert dressé

(1) *Gazette des tribunaux,* du 31 décembre 1875, p. 1261.

sur les notes d'un précédent expert décédé, sans constatations personnelles de la part du nouvel expert, les juges étant toujours maîtres de ne donner à ce travail que l'autorité qui lui appartient. « Considérant, porte cet arrêt, que Leblanc avait été commis dans le principe en qualité d'expert, pour faire toutes constatations et donner son avis sur les prétentions respectives des parties, mais qu'étant décédé, Duchâtelet a été commis pour continuer et mettre à fin son travail ; qu'enfin un supplément de rapport a été dressé par lui sur la demande du tribunal ; — Considérant que si ces rapports ont été faits par lui, non pas à la suite de visites et de constatations qui lui étaient personnelles, mais en se servant des notes et documents que pouvait lui fournir le travail préparatoire fait par le premier expert, le tribunal a été à même de donner à tous ces documents l'autorité qui pouvait leur appartenir et y avoir tel égard que de droit ; qu'il n'y a donc pas lieu de s'arrêter aux conclusions prises, etc. »

500. Pour achever le commentaire des dispositions de l'article 317, il nous reste à examiner quelles sont les formalités prescrites par cet article dont l'omission entraîne la nullité de l'expertise et celles qui n'ont qu'un caractère comminatoire. Nous avons déjà traité cette question pour des cas spéciaux (voir précédemment, nos 423 et suiv., 442, 444 et suiv., 463, 475 et suiv., et 499). Nous allons maintenant l'examiner à un point de vue général.

501. Le rapport des experts n'étant, comme le procès-verbal de prestation de serment, qu'un acte de procédure, on ne peut, d'après l'article 1030 du Code de procédure civile, et par les motifs que nous avons donnés (voir précédemment, nos 390 et 391), le déclarer nul par cela seul qu'il y a eu omission d'une des formalités indiquées dans l'article 317 ; aussi la Cour de cassation a-t-elle décidé, par arrêt du 8 mai 1872 (1), que les formalités prescrites par cet article ne le sont pas, à peine de nullité ; et la cour de Bordeaux a jugé, par arrêt du 26 mars 1841 (2), qu'un rapport d'experts n'est pas nul parce qu'il y aurait des omissions à lui reprocher ; qu'en pareil cas, on peut seulement demander un supplément d'expertise.

(1) *Gazette des Tribunaux*, du 17 mai 1872, p. 483.
(2) Journal du palais, 1841, t. II, p. 668.

502. Il n'y a pas non plus lieu de prononcer la nullité
d'un rapport d'experts par cela seul qu'il ne mentionne point
que les opérations de l'expertise ont eu lieu en présence des
parties, ou elles dûment appelées, lorsqu'il est d'ailleurs
constant en fait que les parties **ont** été exactement informées
de ces opérations, et qu'elles ont fourni toutes les observations
qu'elles jugeaient utiles à leur cause. Cela résulte d'un arrêt
de la Cour de cassation, du 26 novembre 1866 (1).

503. Mais nous croyons que, si le rapport est irrégulier
dans sa substance, si, par exemple, les experts ont mis les
parties dans l'impossibilité de requérir des apurements tendant à la découverte de la vérité, ou refusé de mentionner
des dires ou réquisitions faits dans ce but, la nullité doit être
prononcée.

504. A l'appui de cette doctrine et de ce que nous avons
dit dans le nº 502, nous citerons un arrêt de la cour de
Rouen, du 30 avril 1859 (2), dans lequel on lit : « Attendu
que la loi n'a pas attaché la peine de nullité à l'inobservation
des formalités qu'elle a prescrites pour les expertises, et que
la nullité ne doit être prononcée qu'autant qu'une forme
substantielle a été omise; que, dans l'espèce, l'absence d'une
mention expresse de l'exécution des dispositions des articles 315 et 317 du Code de procédure civile ne prouve pas
l'omission d'une formalité de ce genre, l'ensemble des énonciations du procès-verbal d'expertise démontrant que les
parties ont eu la pleine et entière faculté de proposer leurs
moyens devant les experts pendant le cours des opérations,
et que le droit de libre défense a été ainsi complétement
assuré; que c'est ce qui résulte notamment des circonstances relevées par les premiers juges, et encore de ce que
les experts, avant de procéder, ont donné à Baril et à Duroselle lecture du jugement ordonnant l'expertise, et les ont
par là mis à même de fournir leurs observations dès le premier moment, et enfin de ce que les experts ont constaté
que Duroselle a reconnu devant eux l'insuffisance de la
lumière fournie à Baril, ce qui démontre sa présence à l'expertise, etc. »

505. Il résulte également des arrêts de la Cour de cassa-

(1) Journal du palais, 1867, p 57.
(2) Jay, *Annales des justices de paix*, 1860, p. 312.

tion des 2 décembre 1868 (1), 29 janvier 1890 (2) et 20 janvier 1891 (3), que les irrégularités reprochées à une expertise ne peuvent en entraîner la nullité qu'autant qu'elles
sont de nature à en vicier la substance, et notamment à
paralyser le droit de la défense. Ainsi il ne résulte pas nullité de ce que certaines opérations ont eu lieu en l'absence
des parties lorsque celles-ci, qui s'étaient d'abord présentées, n'ont point demandé que ces opérations se fissent
en leur présence ; ni de ce que les parties n'ont pas été présentes aux renseignements que les experts étaient autorisés
à prendre pour s'éclairer ; ni de ce que, au cas où l'expertise
a pour objet la visite corporelle d'une personne blessée par
l'imprudence d'un tiers, cette visite a eu lieu hors la présence
de la partie adverse, une inégalité réelle dans la défense respective des parties ne pouvant résulter de cette circonstance ;
ni, enfin, de ce que les parties n'ont pas été sommées d'assister à la rédaction du procès-verbal, lorsqu'elles n'ont point
manifesté le désir d'y être présentes, et que le long temps
écoulé entre le commencement des opérations et la clôture du
procès-verbal leur a laissé toute latitude de faire telles réquisitions qu'elles jugeraient utiles.

506. M. Dalloz (t. VII, vᵒ *Expertise*, sect. I, art. 7 et 9),
d'accord avec quelques jurisconsultes et quelques arrêts, se
fondant sur ce que le titre XIV du Code de procédure civile,
qui nous occupe, ne contient aucune disposition irritante,
ont prétendu que la nullité ne pourrait, en aucun cas, être
prononcée par les juges.

507. C'est évidemment aller trop loin. Les arrêts de la
cour de Rouen et de la Cour de cassation, que nous venons de
citer (nᵒˢ 504 et 505), admettent la nullité quand une forme
substantielle a été omise ; et la cour de Besançon, en jugeant,
le 18 juin 1812 (4), que le procès-verbal ne doit pas nécessairement mentionner l'accomplissement des formalités, et
qu'on doit les supposer observées quand l'acte n'offre point
la preuve du contraire, a implicitement jugé que, pour un
certain nombre au moins, ces formalités étaient de rigueur.

508. La cour de Bruxelles a consacré le même principe,
par arrêt du 24 mars 1829 (5), et deux arrêts, l'un de la cour

(1) Journal du palais, 1869, p. 125.
(2) Pandectes françaises, 1890, 1, 370.
(3) Pandectes françaises, 1891, 1, 278.
(4) Journal des avoués, t. XII, p. 705.
(5) Journal des arrêts de cette cour, 1829, t. II, p. 224.

de Nancy, du 10 septembre 1814 (1), l'autre de la cour de Besançon, du 5 juin 1826 (2), se sont prononcés d'une manière formelle dans le même sens, en statuant sur une nullité prise de ce que le rapport n'avait pas été rédigé dans un lieu préalablement désigné par les experts. (Pour ce qui concerne spécialement cette cause de nullité, voir précédemment, n°s 475 et suivants.)

509. Il est difficile de poser, en cette matière, des règles générales bien précises. Cependant l'avis de presque **tous** les auteurs, parmi lesquels nous citerons MM. Pigeau (*Comm.*, t. I, p. 576 et 577), Berriat-Saint-Prix (p. 305), Favard de Langlade (t. IV, p. 705), le *Praticien français* (t. II, p. 265), Carré et Chauveau (t. III, p. 120 et 121), est qu'il y a des formalités tellement essentielles, qu'on peut les considérer comme des conditions de l'existence même du rapport, **et dont l'observation est indispensable à la validité de cet acte,** bien que la loi ne les ait pas prescrites à peine de nullité. Aussi les auteurs s'accordent-ils à dire que la nullité doit être prononcée lorsqu'il y a omission de ces formes substantielles, ou de l'une d'elles. L'arrêt de la cour de Rouen, du 30 avril 1859 (voir précédemment, n° 504), confirme cette doctrine, à laquelle nous adhérons complètement.

510. M. Pigeau classe parmi les formalités substantielles presque toutes les formes indiquées dans les articles **315** et **317.** La jurisprudence tend, au contraire, à leur enlever à peu près toute sanction pénale. Cette tendance exagérée de la jurisprudence est combattue avec force par M. Demiau-Crouzilhac, qui dit (p. 232) : « L'acceptation par les experts du mandat qui leur a été donné constitue un quasi-contrat par lequel ils sont obligés, tant envers la justice qu'à l'égard des parties, de satisfaire à toutes les conditions que la loi leur impose, du moins quant au mécanisme de leur opération ; et, en prêtant serment entre les mains du commissaire, ils ont contracté, sous les auspices de la divinité, l'engagement solennel de ne consulter dans leur opération que la loi, leurs lumières et leur conscience. »

511. Si donc, — ajoute M. Chauveau (*loc. cit.*), — les experts ont omis des formes essentielles, ils ont manqué à

(1) Journal des avoués, t. XII, p. 705.
(2) Journal des arrêts de cette cour, 1826, **p. 60.**

leur devoir, ils n'ont pas accompli la mission que la justice attendait d'eux. Il est vrai qu'on pourra n'être pas d'accord lorsqu'il s'agira de déterminer les formes qui ont ou non le caractère de *substantielles*; mais le principe qui devra guider les décisions sur ce point, c'est que la forme est essentielle lorsqu'elle a pour but d'obtenir un rapport éclairé, consciencieux, authentique, parce que sans ces trois qualités le but de la loi n'est pas rempli. Ainsi l'ont jugé la cour de Rennes, le 16 juillet 1818 (1), et la cour de Bruxelles, les 13 et 18 janvier 1827 (2).

512. En partant de ces principes, on ne peut plus être arrêté par cette considération que le titre XIV du Code de procédure civile ne prononce, dans aucune de ses dispositions, la peine de nullité. Aussi la cour de Bordeaux a-t-elle décidé, par arrêt du 25 mars 1828 (3), que la nullité d'un rapport d'experts peut être prononcée par les juges pour l'inexécution de certaines formalités, dans les cas où la loi ne la prononce pas ; et nous sommes d'avis qu'il appartient, comme l'a dit le tribunal de première instance de la Seine, dans un jugement du 19 mars 1879 (4), aux tribunaux « d'examiner si les irrégularités relevées contre une expertise sont de nature à la vicier dans sa substance et surtout à entraver les droits de la défense », auquel cas ils doivent l'annuler.

513. Toutefois nous n'admettons pas, comme l'a fait la cour de Rouen dans un arrêt du 23 novembre 1826 (5), que les nullités, lorsqu'il en existe, soient en quelque sorte d'ordre public, de façon à ne pouvoir être couvertes par le silence des parties.

514. A cette décision on en peut, d'ailleurs, opposer plusieurs autres, émanées de diverses cours. Nous en avons déjà cité quelques-unes (voir précédemment, nos 410 et 414) ; en voici encore d'autres également claires et explicites.

515. Ainsi il a été décidé par la Cour de cassation, le 30 novembre 1824 (6), et par la cour de Toulouse, le 17 janvier 1837 (7), que les nullités antérieures aux opérations des

(1) Journ. des avoués, t. XII, p.724.
(2) Journal des arrêts de cette cour, 1827, 1re partie, p. 197.
(3) Journal des arrêts de cette cour, t. III, p. 159.
(4) *Gazette des tribunaux*, du 20 mars 1879, p. 266.
(5) Carré, *Lois de la procédure*, t. III, p. 121.
(6) Journal des avoués, t. XII, p. 741.
(7) Journal des avoués, t. LII, p. 316.

experts sont couvertes lorsque les parties ont assisté à l'expertise sans réclamation.

516. La cour de Rennes a jugé, le 4 février 1826 (1), que les parties sont censées renoncer implicitement aux nullités encourues lorsqu'elles font usage du rapport.

517. Aux termes des arrêts de la cour de Montpellier du 19 juillet 1821 (2) et de la Cour de cassation des 2 juillet et 5 août 1889 (3), les parties ne peuvent demander pour la première fois en appel la nullité d'une expertise, quoique, d'après un arrêt de la cour de Bourges, du 12 mai 1830 (4), il ne soit pas nécessaire, pour proposer des vices de forme devant la cour, de les avoir développés devant les premiers juges, et qu'il suffise d'y avoir formellement conclu à la nullité du procès-verbal.

518. Enfin la cour de Liège a jugé, le 16 juillet 1825 (5), qu'on est déchu du droit de se plaindre de l'inexécution des formalités lorsqu'on a soi-même empêché, par sa propre résistance, l'observation de la loi.

519. Il résulte d'un arrêt de la Cour de cassation, du 9 février 1869 (6), que les juges peuvent, sans violer les lois de la défense, appuyer leur décision sur une expertise à laquelle l'une des parties n'a été ni appelée ni représentée, alors qu'ils ne s'en servent qu'à titre de renseignement. Nous ferons remarquer qu'il s'agissait, dans l'espèce, d'une expertise facultative et que le cour a pu, en ne la considérant que comme un simple renseignement, n'en pas prononcer la nullité; mais si l'expertise eût été obligatoire, la cour suprême l'aurait certainement annulée, car la mention que l'expertise ne sert aux juges qu'à titre de renseignement ne peut couvrir la nullité substantielle de cette opération, fondée sur ce que l'une des parties n'a été ni appelée ni représentée (7).

520. « Les experts dresseront un seul rapport; ils ne formeront qu'un seul avis à la pluralité des voix. — Ils indiqueront néanmoins, en cas d'avis différents, les motifs des divers avis, sans faire connaître quel a été l'avis personnel de chacun d'eux. » (Code de procédure civile, art. 318).

521. Dans aucun cas, les experts ne doivent s'écarter de

(1) Journal des arrêts de cette cour, t. VII, p. 61.
(2) Journ. des av., t. XII, p. 705.
(3) Pandectes françaises, 1890, 1, 29 et 203.
(4) Journ. des av., t. XL, p. 88.
(5) Journal des arrêts de la cour de Bruxelles, 1836, t. II, p. 19.
(6) Journal du palais, 1869, p. 397.
(7) Comp. Cass., 5 août 1895 (Dalloz, 1896, 1, 157).

la règle posée dans cet article, qui les oblige à ne dresser qu'un seul rapport. C'est une erreur de croire, comme le font certains experts, que la divergence de leurs avis et des motifs sur lesquels ils se fondent les autorise à dresser chacun un rapport séparé : l'article 318 s'y oppose formellement, et le surcroît de frais que ce double rapport entraînerait pourrait être laissé à la charge des experts.

522. Toutefois, la Cour de cassation a décidé, par arrêt du 1er février 1864 (1), qu'il ne saurait résulter nullité de l'expertise de ce que les experts, qui n'ont pu s'entendre, ont dressé chacun un rapport séparé, au lieu d'un seul rapport, surtout si les experts ont été dispensés par les parties d'observer les formes prescrites par la loi.

523. Les experts « ne formeront qu'un seul avis à la pluralité des voix. » Il résulte de cette disposition que l'avis adopté par deux d'entre eux doit être consigné dans le rapport comme avis des experts ; mais rien n'empêche, comme nous le verrons plus loin (voir ci-après, n° 526), que les motifs de l'expert dissident figurent également dans le procès-verbal.

524. M. Delaporte (t. I, p. 305) pense que les experts, pour former la pluralité des voix, sont tenus de se réduire à deux opinions, ainsi que le prescrit aux juges l'article 117 du Code de procédure civile. Mais l'auteur du Commentaire inséré aux *Annales du notariat* (t. II, p. 322), M. Pigeau (*Comm.*, t. I, p. 571 et 572) et MM. Carré et Chauveau (t. III, p. 122) enseignent avec raison le contraire. Il résulte, en effet, de l'article 318, que les experts, comme les juges, ne doivent qu'un seul avis, à la pluralité des voix, mais qu'à la différence de ceux-ci, auxquels on ne demande pas compte de la manière dont se forme parmi eux la pluralité des suffrages, ils sont tenus de faire connaître les motifs particuliers de leurs opinions respectives. Chaque expert peut donc avoir la sienne, complétement opposée à celle des deux autres, ou différente sur certains points seulement ; mais il doit, dans tous les cas, motiver cette divergence d'une manière claire, précise et détaillée (FORMULE 75e).

525. Le législateur a sagement agi en imposant aux experts, par l'article 318, l'obligation d'indiquer, en cas d'avis

(1) Journal du palais, 1864, p. 496.

différents, les motifs de chacun de ces divers avis. Cela est absolument nécessaire pour que le tribunal saisi de la contestation, dont l'expertise a pour unique but d'éclairer la religion, puisse choisir entre les diverses opinions des experts, et appliquer l'article 322 (voir ci-après, n°s 652 et 657), si aucun des avis ne le satisfait.

526. D'après M. Demiau-Crouzilhac (p. 231), il résulterait de l'article 318 que les avis différents des experts ne doivent être motivés que lorsqu'il s'en est formé trois. M. Pigeau, qui avait adopté la même interprétation dans sa *Procédure civile*, y a renoncé plus tard (*Comm.*, t. I, p. 571), et il reconnaît que les avis des experts doivent être motivés, même quand il n'y en a que deux. Cette doctrine, que nous professons comme MM. Carré et Chauveau (t. III, p. 123), est évidemment la meilleure, et elle est depuis longtemps consacrée par l'usage. C'est un moyen de donner aux tribunaux, qui ne sont pas obligés de suivre l'avis des experts, des renseignements utiles, dont il serait fâcheux de les priver, alors que la loi le permet plutôt qu'elle ne le défend.

527. Si les experts sont du même avis, par des motifs différents, il faut également qu'ils expriment ces motifs dans le rapport, parce qu'ils doivent fournir aux juges tous les éléments possibles d'appréciation (FORMULE 76e).

528. Par arrêt du 5 mai 1812 (1), la cour de Colmar a décidé que les experts ne sont pas tenus, sous peine de nullité, de motiver l'estimation qu'ils sont chargés de faire autrement qu'en faisant connaître le total de l'évaluation donnée par chacun d'eux. Cette jurisprudence est évidemment en opposition avec l'article 318, qui, dans le cas d'avis différents, exige formellement l'indication des motifs des divers avis.

529. Il est, en effet, hors de doute que les experts sont tenus de faire connaître les bases de leurs estimations respectives, afin que les juges puissent en apprécier l'exactitude. M. Chauveau (*sur Carré*, t. III, p. 124) partage à cet égard notre opinion, corroborée par un arrêt de la cour de Bruxelles, du 20 novembre 1820 (2), un arrêt de la cour de Rouen, du 23 novembre 1826 (3), et un arrêt de la cour de Grenoble, du 19 janvier 1827 (4).

(1) Journal des avoués, t. XII, p. 692.
(2) Journal des arrêts de cette cour, 1823, t. II, p. 200.
(3) Carré, *Lois de la procédure*, t. III, p. 124.
(4) Journal des arrêts de cette cour, t. III, p. 309.

530. Toutefois la cour de Nîmes a jugé, par un arrêt du 5 pluviôse an XIII (1), confirmé par la cour suprême, que les experts chargés d'estimer une maison ne doivent pas, sous peine de nullité de leur rapport, indiquer les valeurs partielles de chacun des objets en dépendant, qu'ils ont prises en considération pour évaluer la totalité de l'immeuble.

531. D'ailleurs, comme l'insertion des motifs est requise principalement pour éclairer la justice, — dit avec raison M. Chauveau (*loc. cit.*), — si les tribunaux trouvent des éléments suffisants pour juger, ils peuvent se contenter du procès-verbal non motivé; mais si, faute de motifs, leur incertitude n'était point dissipée, ils auraient incontestablement le droit d'ordonner une nouvelle expertise, et même d'annuler la première, dont ils pourraient faire retomber les frais sur les experts négligents. (Voir ci-après, n°s 620 et suiv.)

532. A ce sujet, la cour de Bourges a décidé, le 19 mars 1822 (2), que les motifs des divers avis sont suffisamment énoncés si les magistrats peuvent les induire de la comparaison de chaque opinion.

533. L'article 318 exige que les experts, en indiquant les motifs de leurs divers avis, lorsqu'il y a dissidence, ne fassent pas connaître l'avis personnel de chacun d'eux. Cette prescription devra être exécutée rigoureusement; elle a pour but de ne pas exposer les experts au ressentiment des parties et d'empêcher que les juges se déterminent moins par leurs propres lumières que par le degré de confiance que mérite particulièrement tel ou tel expert. Il y aura cependant des circonstances où le nom de l'expert dissident sera forcément connu; nous citerons, par exemple, le refus de signature du rapport (voir précédemment, n° 484). Il est évident qu'en pareil cas, la prescription finale de l'article 318 ne pourra être exécutée; mais elle devra toujours l'être lorsqu'il n'y aura pas une impossibilité absolue.

534 Toutefois, ce n'est pas là une prescription substantielle, dont l'inexécution obligerait à annuler l'expertise. Il appert d'un arrêt de la cour d'Aix, du 7 février 1878 (3), que le fait par un des experts d'avoir fait connaître son nom,

(1) Journal des avoués, t. XII, p. 678.
(2) Journal des avoués, t. XII, p. 731.
(3) Journal du palais, 1878, p. 1147.

dans le rapport, contrairement aux dispositions de l'article 318 du Code de procédure civile, est une irrégularité qui ne saurait amener la nullité du rapport et qu'il n'y a pas lieu, pour cela, d'ordonner un supplément d'expertise.

535. Les experts doivent se renfermer avec soin dans les limites de la mission qui leur a été confiée (voir précédemment, nos 166 et 176). Ils ne doivent, comme le disent avec nous MM. Hautefeuille (p. 126), Carré et Chauveau (t. III, p. 123), faire ni moins ni plus que ce qui leur a été ordonné. S'ils font moins, ils ne remplissent pas leur mandat; s'ils font plus, ils en dépassent les bornes. Ils ne peuvent donc donner ni des renseignements, ni un avis, sur des objets qui ne seraient pas énoncés dans le jugement ou l'ordonnance de référé qui a autorisé l'expertise.

536. Il est cependant des cas où, en procédant à leur opération, les experts reconnaissent la nécessité d'éclairer les juges sur certains points qu'il n'était pas possible de prévoir dans le jugement et dont l'expertise seule pouvait révéler l'importance dans la cause. Les experts devront alors, pour éviter un supplément d'expertise, opérer les constatations utiles et exprimer leur avis, en expliquant les motifs qui les auront portés à étendre ainsi leur mission. Nous n'avons pas besoin d'ajouter que ce sont là des cas tout à fait exceptionnels, et qu'en règle générale les experts sont, ainsi que nous l'avons déjà dit, tenus de se renfermer strictement dans les bornes de leur mission.

537. Même en ne s'occupant que des objets mentionnés dans le jugement ou l'ordonnance, les experts doivent se borner à l'examen et à la constatation des choses et des faits de leur compétence. Ce qu'ils diraient au point de vue du droit serait inutile et ne pourrait être pris en considération, à moins toutefois que les observations qu'ils feraient à cet égard ne fussent nécessairement liées à leur opération et inséparables de l'objet de leur rapport. Telle est l'opinion émise par MM. Brodeau (*sur Paris*, art. 185), Jousse (sur l'art. 12 du titre XXI de l'ordonnance de 1667), Duparc-Poullain (t. IX, p. 480), Carré et Chauveau (*loc. cit.*), opinion conforme aux vrais principes, et à laquelle nous adhérons.

538. La cour de cassation a décidé par arrêt du 22 octobre 1889 (1), qu'il y a lieu d'annuler le jugement basé

(1) Pandectes françaises, 1889, 1, 557.

sur un rapport d'experts relatant des faits sur lesquels
ceux-ci n'avaient reçu, ni du jugement qui les avait commis,
ni du consentement de toutes les parties, la mission de
s'expliquer.

539. Il a été jugé toutefois par la cour de Montpellier,
le 2 mars 1827 (1), et la cour de cassation, le 17 juillet 1828 (2) : 1° que le rapport par lequel des experts, au
lieu de surseoir à statuer sur une contestation élevée
devant eux par les parties en dehors de la mission qui leur
était confiée, auraient prononcé sur cette contestation, ne
peut être déclaré nul que dans la partie qui contenait un
excès de pouvoir ; 2° que de ce qu'une cour n'aurait
annulé un rapport d'experts prononçant sur une question
en dehors de la mission à eux donnée, que dans la partie
sur laquelle ils ont excédé leurs pouvoirs, il ne saurait
résulter une nullité de son arrêt sur le fond, alors qu'indépendamment du rapport, qui n'a été pour elle qu'un
renseignement, elle a basé son arrêt sur les actes du procès.

540. Dans tous les cas, si l'expert avait fait porter ses
investigations et donné son avis sur des points accessoires, à
la demande formelle des parties et après avoir reçu leurs
observations respectives, celles-ci ne pourraient lui reprocher
d'avoir excédé sa mission. Ainsi l'a jugé la Cour de cassation,
par arrêt du 19 novembre 1878 (3).

541. La même Cour a décidé, dans un arrêt du 1er mai
1877 (4), qu'aucune loi n'interdit aux tribunaux de soumettre
à des experts ou commissaires-arbitres des questions dans
lesquelles des appréciations de droit peuvent naître à l'occasion des appréciations de fait, sauf aux juges à exercer leur
contrôle sur tous les éléments des rapports, qui n'ont de force
juridique que par la sanction qu'ils leur donnent. Spécialement, un arrêt a pu dire qu'il résultait des expertises ordonnées dans la cause et des documents qui y étaient appréciés par les experts, des preuves ou commencements de
preuves écrites rendant admissibles contre l'une des parties
les présomptions autorisées par l'article 1353 du Code civil.

542. Les rapports d'experts doivent être écrits sur papier

(1 et 2) Journal du palais, *Rép.* t. VII, p. 160, nos 378 et 379.
(3) Journal du palais, 1879, p. 263.
(4) Journal du palais, 1877, p. 663.

timbré, sans blancs, surcharges, ni interlignes. Les ratures, s'il y en a, seront approuvées à la fin de l'acte, en indiquant le nombre de mots rayés comme nuls. Les renvois seront reportés en marge et paraphés par tous les signataires du rapport. Il ne faut pas mettre de mots en abrégé ; les nombres ni les dates ne doivent pas être écrits en chiffres, mais bien en toutes lettres.

543. La loi du 13 brumaire an VII, qui oblige (art. 12) les experts à écrire leurs rapports sur papier timbré, sous peine d'une amende de cinq francs, leur défend aussi expressément, dans son article 24, « d'agir sur un acte, registre ou effet de commerce non écrit sur papier timbré du timbre prescrit, ou non visé pour timbre. » Les experts doivent, par conséquent, se garder soigneusement de relater, dans leur procès-verbal, aucune pièce non timbrée. Les contraventions de cette nature sont punies d'une amende de vingt francs, aux termes de l'article 26 de la loi précitée, modifié par l'article 10 de la loi du 16 juin 1824, qui punit également d'une amende de cinq francs le fait de couvrir d'écriture ou d'altérer l'empreinte du timbre.

544. Si les experts annexent des plans à leur rapport, ces plans doivent être timbrés, et signés par tous les experts, alors même qu'ils auraient chargé l'un d'eux de les lever, de les calquer ou de les copier. (Voir précédemment, n° 430.)

545. Le rapport d'experts, fait un jour de dimanche ou de fête légale, doit-il être annulé? Avant le Code de procédure civile, les rapports dressés à pareil jour étaient considérés comme nuls, et le parlement de Provence, par un arrêt du 18 novembre 1694, considérant que ce défaut venait de la propre faute des experts, ordonna que le rapport serait refait à leurs dépens. L'auteur du Commentaire inséré aux *Annales du notariat* (t. II, p. 320) applique à la législation actuelle cette décision, approuvée par M. Delaporte (t. I, p. 304); et M. Pigeau (*Comm.*, t. I, p. 569) range les procès-verbaux d'expertise parmi les actes qui, d'après l'article 1037 du Code de procédure civile, ne peuvent être faits les dimanches ni les jours de fête légale.

546. Cette doctrine nous paraît bien rigoureuse, et nous préférons celle des auteurs du *Praticien français* (t. II, p. 256) et de MM. Favard de Langlade (t. IV, p. 705), Dalloz (t. VII, p. 677), Carré et Chauveau (t. III, p. 118), qui enseignent le contraire, en se fondant sur ce qu'aujourd'hui aucune disposition de la loi ne défend aux experts de vaquer les jours de dimanche et de fête ; que l'article 1037 du Code de procédure civile n'interdit rigoureusement de faire, un jour de fête légale, d'autres actes que les *significations* et *exécutions*, et que l'article 1030 du même Code ne permet de déclarer nul aucun acte de procédure si la nullité n'en est formellement prononcée par la loi. « Sans doute, — dit M. Carré, — comme les juges, les experts, dont les actes sont judiciaires, seront blâmables de procéder un jour de fête légale ; mais nous ne voyons pas que la loi prononce formellement la nullité des actes qu'ils auraient faits dans ces jours, que la loi ne désigne d'ailleurs aux juges que comme *jours de vacance.* »

547. Quoi qu'il en soit, nous conseillons aux experts de s'abstenir, à moins qu'il n'y ait péril en la demeure, de procéder à leurs opérations ou à la rédaction de leur rapport les jours de dimanche ou de fête légale. Ce sera plus convenable et plus sûr.

548. Lorsque les experts ont donné leur avis, clos et signé leur rapport, ils ne peuvent plus y apporter de modification. « Cependant, — dit M. Vasserot (p. 25), — s'il s'est glissé dans leur procès-verbal quelque erreur de fait, ils doivent être admis à rectifier cette erreur, même depuis le dépôt de leur procès-verbal. »

549. Nous ne saurions adopter une pareille doctrine. Après le dépôt du rapport surtout, il est impossible de faire aucune rectification sur le procès-verbal même, et le greffier manquerait à ses devoirs en remettant aux experts, pour le modifier, un acte enregistré et déposé dans ses minutes. Mais, d'un autre côté, comme il ne faudrait pas que les juges fussent appelés à statuer sur une constatation erronée, les experts devraient adresser au président la rectification de leur erreur, afin de mettre le tribunal à même d'en tenir compte dans sa décision. Il serait bon également qu'ils en avertissent les parties ou leurs avoués.

549 *bis.* Mais tant que leur rapport n'est pas déposé, il reste un simple projet, que les experts sont toujours libres, ainsi que l'a jugé la Cour de cassation le 5 juillet 1894 (1), de compléter ou de corriger.

(1) Pandectes françaises, 1895, 1, 439.

§ VII. — *Dépôt du rapport. Débours et honoraires des experts.
— Règlement des frais d'expertise.*

550. « La minute du rapport sera déposée au greffe du
tribunal qui aura ordonné l'expertise, sans nouveau serment
de la part des experts : leurs vacations seront taxées par le
président au bas de la minute ; et il en sera délivré exécutoire contre la partie qui aura requis l'expertise ou qui l'aura
poursuivie, si elle a été ordonnée d'office. » (Code de procédure civile, art. 319.)

551. Quand le rapport a été rédigé et signé, un des experts, ordinairement celui qui l'a écrit, ou, le cas échéant,
le greffier de la justice de paix, fait enregistrer le rapport,
et il le dépose au greffe du tribunal qui a ordonné l'expertise. Le greffier dresse acte de ce dépôt (FORMULE 77°).

552. Quoique l'article 319, par les mots : « sans nouveau
serment de la part des experts, » semble indiquer qu'ils doivent tous les trois concourir au dépôt de leur rapport, nous
venons de dire que ce dépôt est opéré seulement par un des
experts. C'est, en effet, ainsi que cela se fait, dans la pratique, afin d'éviter des frais de vacation et de transport évidemment inutiles et qui pourraient être considérés comme
frustratoires.

553. MM. Carré (t. III, p. 125), Dalloz (t. VII, p. 677),
Thomine-Desmazures (t. I, p. 522) et Chauveau (*sur Carré*,
t. I, p. 126) pensent que les experts n'ont point à faire revêtir
leur procès-verbal de la formalité de l'enregistrement, et que
c'est au receveur à poursuivre le recouvrement du droit,
sur l'extrait du dépôt que lui fournit le greffier. D'après
M. Pigeau (*Comm.*, t. I, p. 573) et le Commentaire inséré
aux *Annales du notariat* (t. II, p. 326), le greffier ne doit
recevoir le dépôt du rapport qu'après qu'il a été enregistré ;
ils se fondent sur l'article 42 de la loi du 22 frimaire an VII,
qui défend au greffier d'accepter en dépôt aucun acte privé
non enregistré.

554. Cette dernière opinion est évidemment la meilleure.
Elle est depuis longtemps consacrée par l'usage. Avant de
déposer le rapport, celui des experts chargé de ce soin le
fait revêtir de la formalité de l'enregistrement, dont il avance

9

le droit, de même qu'il a avancé le prix du papier timbré sur lequel cet acte est écrit. Ces frais, qui, comme on va le voir, sont de fort peu d'importance, lui sont remboursés en réglant ses honoraires.

555. Les rapports d'experts sont soumis à un droit fixe d'enregistrement de 3 francs 75 centimes, les deux décimes et demi compris. Chaque plan, dans le cas où il y en a d'annexés au rapport, est passible d'un droit de 3 francs 75 centimes, les deux décimes et demi compris. Le papier timbré coûte, on le sait, 1 franc 20 centimes la feuille; il est rare que le procès-verbal des experts en exige plus de trois ou quatre, et souvent une ou deux suffisent. Le timbre du plan est de 3 francs 60 centimes au maximum.

556. Le dépôt doit être fait au greffe du tribunal qui a ordonné l'expertise. La Cour de cassation a consacré ce principe général, par son arrêt du 8 avril 1845, que nous avons rapporté dans la section première du présent chapitre (voir précédemment, n° 142). C'est, par conséquent, au greffe de la cour d'appel que le rapport est déposé lorsque l'expertise a été ordonnée par cette cour. Cela résulte tant de l'article 319 que de l'article 470 du Code de procédure civile, portant que « les règles établies pour les tribunaux inférieurs seront observées dans les cours d'appel. » Aussi la cour de Paris a-t-elle jugé dans ce sens par deux arrêts, l'un du 2 décembre 1809 (1) et l'autre du 18 janvier 1825 (2).

557. Le Code de procédure civile n'a point fixé aux experts le délai dans lequel ils devraient déposer leur rapport. Dans ses observations sur le projet de ce Code, la cour de Rennes proposait de décider que le dépôt serait effectué dans les trois jours de la clôture, en ajoutant un jour par trois myriamètres de distance, lorsqu'elle excéderait cinq myriamètres. Ces délais sont suffisants, et nous engageons les experts à ne pas s'en éloigner, bien que la loi ne leur prescrive rien à cet égard. L'intérêt des parties exige que ce dépôt soit fait le plus promptement possible.

558. « En cas de retard ou de refus de la part des experts de déposer leur rapport, ils pourront être assignés à trois jours, sans préliminaire de conciliation, par-devant le tri-

(1) Journal des avoués, t. XII, p. 693.
(2) Journal des avoués, t. XXX, p. 15.

bunal qui les aura commis, pour se voir condamner, même par corps, s'il y échet, à faire ledit dépôt; il y sera statué sommairement et sans instruction. » (Code de procédure civile, art. 320.)

559. Si le législateur a voulu s'en rapporter au zèle des experts, en ne leur fixant pas de délai pour déposer leur procès-verbal au greffe, il a, d'un autre côté, dû prendre des mesures contre les retards qui proviendraient de leur négligence, de leur mauvaise volonté, ou de leur connivence avec une partie qui aurait intérêt à retarder le jugement de la cause. En conséquence, par l'article 320, il a donné aux parties les moyens de signaler ces retards, ou les refus qu'elles éprouveraient, et aux juges le pouvoir d'y mettre un terme, et, au besoin, de les réprimer sévèrement.

560. L'assignation dont il est question dans l'article 320 peut être donnée aux experts, soit par les deux parties, soit par l'une d'elles seulement (FORMULE 78ᵉ). Il convient de ne recourir à cette voie de rigueur qu'après un certain laps de temps, afin que les juges ne puissent la considérer comme prématurée, et de faire auparavant, auprès des experts, des démarches officieuses réitérées.

561. L'affaire doit être portée devant le tribunal qui a ordonné l'expertise, ou auquel appartient le juge des *référés* qui l'a autorisée, alors même qu'un autre tribunal ou un autre magistrat aurait été chargé de désigner les experts, parce que c'est en réalité de cette première juridiction que les experts tiennent leur mission. Par la même raison, ce serait directement devant la cour d'appel que la cause devrait être portée, si l'expertise avait été ordonnée par la cour.

562. Il appert d'un arrêt de la cour d'Orléans, du 21 janvier 1860 (1), que l'expert, tenu de prêter serment avant de procéder à l'expertise, ne peut valablement être actionné en dépôt de son rapport tant qu'il n'a pas prêté serment, et qu'il peut, même pour la première fois en appel, exciper du défaut de qualité résultant pour lui de ce qu'il n'a pas prêté serment. Cet arrêt est conforme aux vrais principes. En effet, tant que l'expert n'a pas prêté serment, il est entièrement libre de procéder ou non à l'expertise (voir précédemment, nᵒ 352), et on ne saurait l'obliger à faire ni déposer un rapport. Ce

(1) Journal du palais, 1860, p. 436.

n'est donc pas de l'article 320 qu'on peut user contre lui ; il faut auparavant le mettre en demeure de faire connaître s'il accepte la mission qui lui est confiée, et il suffit, pour cela, ou de le sommer de prêter serment, en vertu de l'article 307 (voir précédemment, n° 383), ou, s'il a été dispensé du serment, de l'assigner à jour et heure fixes pour avoir à commencer son travail (voir précédemment, n° 396).

563. L'article 320 portait que les experts peuvent être condamnés, *même par corps*, s'il y échet, à faire le dépôt de leur rapport. Depuis la loi du 22 juillet 1867, qui a aboli la contrainte par corps en matière civile et commerciale, la condamnation prononcée contre les experts ne peut plus faire l'objet d'une pareille sanction.

564. La partie à laquelle aurait causé préjudice le retard ou le refus des experts de déposer leur rapport pourrait elle les faire condamner à des dommages-intérêts? Tous les auteurs qui ont examiné la question y répondent, comme nous, affirmativement. L'article 316 permet au tribunal de condamner à des dommages-intérêts les experts qui, après avoir prêté serment, ne remplissent pas leur mission ; or, ceux qui négligent ou refusent de déposer leur rapport sont dans ce cas, puisque la mission qui leur a été confiée n'est accomplie que par le dépôt du rapport. Ils peuvent et doivent, dès lors, être condamnés à des dommages-intérêts envers la partie lésée par leur négligence ou leur refus.

565. Quoique l'article 320 désigne les experts en termes généraux, il est certain que, si le refus ou le retard ne provenait que de deux ou d'un seul d'entre eux, l'assignation serait dirigée et la condamnation prononcée uniquement contre celui ou ceux qui auraient retardé ou refusé le dépôt du rapport.

566. Au bas du rapport, les experts établissent le décompte des débours qu'ils ont avancés, des frais de déplacement et des honoraires auxquels ils ont droit, en raison des distances qu'ils ont parcourues et des vacations qu'ils ont employées, tant à leurs opérations qu'à la rédaction de leur procès-verbal (FORMULE 79°). Les distances sont indiquées en myriamètres. Quant aux vacations, qui doivent être chacune de trois heures, il est inutile de les détailler jour par jour, heure par heure ou séance par séance ; il suffit d'en donner le nombre total, le législateur n'ayant point spécialisé le mode d'après lequel cette mention doit avoir lieu. C'est dans ce sens qu'à statué la cour d'Orléans, par arrêt du 5 mai 1819 (1).

567. A la suite du décompte que les experts ont établi au bas de leur procès-verbal, le président du tribunal taxe la somme qui devra leur être payée (FORMULE 80°). Les experts attendent ordinairement que le procès soit terminé, et ils reçoivent alors des parties ou de leurs avoués le montant de cette taxe. C'est seulement lorsqu'ils éprouvent un trop long retard ou un refus de payement, qu'ils se font délivrer un exécutoire contre la partie qui a requis l'expertise ou celle qui l'a poursuivie.

568. L'exécutoire est, en général, un acte en vertu duquel on peut procéder à une exécution judiciaire. Dans l'espèce, cet acte consiste dans l'ordonnance du président qui a taxé les frais et vacations au bas du rapport des experts, et dont le greffier délivre une expédition revêtue du mandement de mise à exécution (FORMULE 81°).

569. L'article 319 fait, pour la délivrance de l'exécutoire, et conséquemment pour la demande en payement des experts, une distinction entre le cas où l'expertise a été requise et celui où elle a été ordonnée d'office. Dans l'un, c'est la partie requérante qui doit payer ; dans l'autre, c'est la partie poursuivante. L'application de ce principe se trouve dans les arrêts que nous allons citer.

570. La cour d'Orléans a décidé, le 18 janvier 1816 (2), que, lorsqu'une partie a demandé une expertise pour fixer le montant d'indemnités qu'elle réclame et que le tribunal, en déterminant d'office le *quantum* à payer comme indemnité, laisse néanmoins l'option d'une expertise, si la partie adverse, profitant de cette faculté, veut que l'expertise ait lieu, elle devient demanderesse par exception, et reste passible du payement des frais et honoraires des experts.

571. Par arrêt du 2 août 1822 (3), la cour de Besançon a jugé que, lorsque l'expertise a été ordonnée du consentement des parties, l'avance du montant des vacations doit être faite par portions égales entre parties ayant le même intérêt.

---

(1) Journal des avoués, t. XII, p. 727.
(2 et 3) Journal des avoués, t. XII, p. 721 et 736.

572. Par arrêt du 10 février 1890 (1), la cour de Montpellier a jugé que l'action de l'article 319 est toujours ouverte aux experts contre la partie qui a requis et poursuivi l'expertise, alors même que les dépens de l'instance auraient été mis à la charge de l'autre partie; et qu'au surplus dans une expertise ordonnée d'office, les experts sont les mandataires communs des parties. (Voir ci-après, n° 575 et suiv.).

573. Réciproquement, la Cour de cassation a décidé, par un arrêt du 3 novembre 1886 (2), qu'après la fin du litige les experts peuvent s'adresser directement à la partie qui, ayant perdu son procès, a été condamnée aux dépens, bien que l'expertise n'ait été ni ordonnée ni accomplie à sa requête.

574. La cour de Bourges a jugé, le 9 janvier 1832 (3), que les frais doivent toujours être payés par la partie qui a provoqué l'expertise, et que l'exécutoire décerné contre elle doit être maintenu, sauf son recours contre l'adversaire, alors même qu'un jugement aurait déterminé que c'est cette dernière partie qui doit payer tous les frais, y compris ceux des experts.

575. Enfin, la Cour de cassation de Bruxelles a jugé, le 9 mars 1836 (4), que la remise des pièces aux experts constitue un acte de poursuite, dans le sens de l'article 319, qui rend la partie de qui elle émane passible de l'exécutoire de la taxe des dépens.

576. Sous l'ancienne législation, des arrêts des parlements de Dijon et d'Aix, cités par M. Merlin (*Nouv. Rép.*, t. V, p. 32, v° *Expert*), avaient reconnu aux experts une action solidaire contre chacune des parties pour lesquelles ils avaient opéré. Ces arrêts étaient basés sur ce que les vacations des experts étaient comme les vacations et épices des juges, lesquelles étaient dues solidairement.

577. Cette jurisprudence, — disait M. Merlin (*loc. cit.*), — parait abrogée par l'article 319 du Code de procédure civile. En effet, cet article dispose que l'exécutoire sera délivré contre la partie qui aura requis l'expertise ou contre celle qui l'aura poursuivie, si elle a été ordonnée d'office; et, d'un autre côté, l'article 1202 du Code civil porte que la solidarité

(1) Pandectes françaises, 1890, 2, 116.
(2) Pandectes françaises, 1887, 1, 40.
(3) Journal des avoués, t. XLII, p. 346.
(4) Journal des arrêts de cette cour, 1834, t. I, p. 322.

ne se présume point ; qu'il faut qu'elle soit stipulée par les parties, ou prononcée par la loi. Or, on ne pourrait citer aucune disposition de nos codes qui prononçât la solidarité dans l'espèce.

578. M. Dalloz (t. VII, p. 677) et un arrêt de la cour de Grenoble, du 23 juin 1810 (1), refusent également aux experts une action solidaire contre les parties, en se fondant sur ce que, d'après l'article 1202 du Code civil, la solidarité ne se présume point ; qu'il faut qu'elle résulte d'une stipulation expresse ou d'une disposition de la loi.

579. Mais M. Merlin (*Additions*, t. XVII, p. 64, v° *Expert*) a renoncé à l'opinion qu'il avait d'abord embrassée, en rapportant un arrêt de la Cour de cassation, du 11 août 1813 (2), qui décide, par application de l'article 1222 du Code civil, que les frais et vacations des experts, nommés en vertu de l'article 414 du Code de commerce et sur la demande expresse des parties, forment une dette indivisible dont celles-ci sont tenues en totalité.

580. Par arrêt du 2 mars 1833 (3), la cour d'Aix a jugé que, lorsqu'une expertise a été requise et ordonnée dans l'intérêt de toutes les parties, et poursuivie par elles, l'expert a, pour le payement de ses frais et honoraires, une action solidaire contre chaque partie.

581. Il a également été décidé par la cour de Riom, le 10 mars 1815 (4), que les experts qui ont procédé au partage d'une succession ont, pour le payement des sommes à eux allouées pour leurs vacations, une action solidaire contre les héritiers, sans distinction entre ceux qui ont ou n'ont pas poursuivi les opérations du partage, et que le cohéritier qui, poursuivi pour le tout, forme opposition à la poursuite, ne peut mettre en cause l'un de ses codébiteurs pour prendre part à son opposition ou pour le garantir des suites.

582. La cour de Montpellier, par arrêt du 30 janvier 1840 (5), a jugé que l'article 319 du Code de procédure civile, suivant lequel, après que les vacations des experts ont été taxées par le président au bas de la minute du rapport déposé

---

(1) Pandectes chronologiques, à sa date.
(2) Journal des avoués, t. IX, p. 192 et 193.
(3) Journ. des av., t. XLV, p. 417.

(4) Journal du palais, *Rép.*, t. VII, p. 102, n° 423.
(5) Journal du palais, 1840, t. I, p. 673.

au greffe, on doit délivrer exécutoire contre la partie qui a requis l'expertise ou qui l'a poursuivie, si elle a été ordonnée d'office, ne dispose que pour le cas où le procès n'a pas encore été jugé et ne déroge point au droit commun ; qu'en conséquence, lorsqu'il est intervenu jugement sur l'interlocutoire, les experts ont, aux termes des articles 1222 et 2002 du Code civil, une action indivisible et solidaire, soit qu'ils aient été nommés par le juge ou par les parties, surtout si ces dernières ont comparu devant eux, remis les pièces et fourni les renseignements qui leur ont été demandés, parce que, indépendamment de l'opération indivisible dont elles profitent, elles sont censées avoir donné mandat pour une affaire commune.

583. Par arrêt du 13 décembre 1848 (1), la cour de Grenoble a jugé que la solidarité entre toutes les parties qui ont adhéré à une expertise commune, ou qui en ont poursuivi l'exécution, est fondée sur les dispositions des articles 319 du Code de procédure civile et 2002 du Code civil.

584. La cour de Riom a décidé, le 30 avril 1850 (2), que les experts ont, pour le payement de leurs honoraires, une action solidaire contre toutes les parties en cause qui ont intérêt à l'expertise, et non pas seulement contre celles qui l'ont provoquée ou poursuivie.

585. La cour de Bordeaux a jugé, par arrêt du 8 juin 1855 (3), que, lorsqu'une expertise a été ordonnée sur la demande d'une des parties et poursuivie par l'autre, les experts ont une action solidaire contre chacune d'elles pour le payement de leurs honoraires.

586. La solidarité de toutes les parties a de même été reconnue par des arrêts de la cour de Paris du 1er avril 1873 (4); de la cour de Lyon, du 18 décembre 1885 (5); de la cour de Montpellier, du 10 février 1890, cité précédemment n° 572; et par un jugement du tribunal de la Seine, du 3 janvier 1887 (6).

587. A ces diverses décisions, vient s'ajouter encore l'opinion de MM. Pigeau (*Comm.*, t. I, p. 574), Boncenne (*Théor*

---

(1) Sirey, t XLIX, 2e partie, p. 604.
(2) Journ. du pal., 1851, t. I, p. 545.
(3) Journ. du pal., 1856, t. II, p 160.
Pand. chron. t. Ier, II, 45 sous-note *b*.

(4) *Gazette des tribunaux*, du 4 mai 1873, p. 427.
(5) Sirey, 1886, 2, 153.
(6) Pand. françaises 1887, 2, 283

proc. civ., t. IV, p. 492), Favard de Langlade (t. IV, p. 706) et Chauveau (*sur Carré*, t. III, p. 126), opinion qui est aussi la nôtre.

588. Il est donc constant que l'article 319 du Code de procédure civile n'a point introduit un droit nouveau ; que l'expert peut toujours être considéré comme le mandataire des deux parties lorsqu'il a été nommé sur leur poursuite, de leur aveu, ou sans opposition de leur part et dans leur intérêt respectif ; que, si l'article 1202 n'est point applicable, les articles 1222 et 2002 le sont incontestablement ; qu'en conséquence, la dette est indivisible, et que les experts, en qualité de mandataires des parties, ont, contre chacune d'elles, une action solidaire pour le payement de leurs frais et honoraires.

589. En vertu des mêmes principes, nous pensons, avec la cour de Paris, qui l'a ainsi jugé, par arrêt du 22 juin 1848 (1), que les experts n'ont pas d'action solidaire envers une partie qui s'est opposée à l'expertise, en prétendant qu'elle ne devait aucune réparation, et qui ensuite a gagné son procès.

590. La Cour de cassation a également décidé, dans un arrêt du 11 août 1856 (2), que, lorsqu'une expertise a été ordonnée sur les conclusions expresses de l'une des parties, et nonobstant les conclusions contraires de l'autre partie, celle-ci ne peut être tenue solidairement des frais d'expertise, quand elle a obtenu gain de cause sur l'action à laquelle elle défendait.

591. Et la même cour a persisté dans cette jurisprudence, par arrêt de la chambre civile du 28 août 1876 (3), ainsi conçu : « Vu l'article 319 du Code de procédure civile ; — Attendu que, sur la demande formée par Stappleton à fin d'exécution de deux testaments, les époux Pallavicino avaient déclaré en méconnaître la signature et conclu, en conséquence, au débouté immédiat de la demande ; — Attendu que l'expertise ordonnée pour la vérification d'écriture des testaments litigieux a été requise par Stappleton, dans son intérêt, et que c'est lui seul qui l'a poursuivie ; — Qu'ayant, au fond, succombé dans sa demande, il a été condamné en tous les dépens ; — Attendu que, conformément à l'article 319, les

(1) Sirey, t. XLIX, 2e partie, p. 293 ; Pand. chron., t. II, II, 223, sous-note *a*.
(2) Jay, *Annales des justices de paix*, 1857, p. 316 ; Pandectes chronologiques, t. Ier, II, 45, sous-note *c*
(3) Journal des avoués, t. CII, p. 201.

experts, qui, du reste, avaient demandé et obtenu exécutoire contre Stappleton, partie requérante, ne pouvaient réclamer que contre lui le payement de ce qui leur était dû ; —Attendu que, si l'expertise terminée et le rapport ayant été déposé, les époux Pallavicino en ont fait lever expédition et l'ont fait signifier à Stappleton, et s'ils en ont demandé l'homologation, qui a été prononcée, ils n'ont pas par là modifié leurs conclusions premières tendant au rejet de la demande principale; — Que l'expertise a pu leur devenir utile, sans qu'elle ait cessé d'être une voie d'instruction exclusivement requise et poursuivie par Stappleton ; — D'où il suit qu'en condamnant les époux Pallavicino à payer aux experts les frais et honoraires qui devaient rester à la charge de Stappleton, le jugement attaqué a formellement violé la disposition de l'article 319 sus-visée; —Casse, etc. »

592. Il est évident qu'on ne peut pas invoquer l'action résultant du mandat et se fonder sur l'article 1222, ni sur l'article 2002 du Code civil, contre une partie qui, loin d'avoir adhéré, même tacitement, à l'expertise, l'a, au contraire, énergiquement repoussée, et qui, en définitive, a gagné son procès.

593. Mais, si la partie, après s'être opposée à l'expertise ordonnée, se l'est néanmoins ensuite appropriée, soit en faisant des réquisitions aux experts, soit en poursuivant le remplacement de l'un d'eux, soit en activant le dépôt de leur travail, il est certain, comme l'a jugé la cour de Besançon, le 4 mars 1856 (1), que les experts ont, pour le payement de leurs honoraires, une action solidaire contre toutes les parties en cause, alors même qu'il s'agit d'une seconde expertise, requise par une seule des parties, qui en a poursuivi l'exécution et fait les avances, mais ordonnée par le juge comme suite et complément de la première et dans l'intérêt de toutes les parties. La cour de Rouen, dans un arrêt du 8 août 1857 (2), s'est prononcée dans le même sens.

594. La Cour de cassation, par arrêt du 17 avril 1838 (3), a décidé qu'un expert chargé par des cohéritiers de procéder

---

(1) Journal du palais, 1856, t. II, p. 161. — Journal des avoués, t. LXXXII, p. 213.
(2) Journal des huissiers, t. XXXIX, p. 43.
(3) Journal des avoués, t. LVI, p. 26. — Sirey, t. XXXVIII, 1re partie, p. 439.

au partage d'une succession indivise entre eux n'avait pas été obligé de s'adresser, pour le règlement de ses vacations, au tribunal du domicile des parties, bien que sa nomination ait eu lieu avant toute instance judiciaire, et qu'il avait pu se faire délivrer exécutoire en suivant la marche tracée par l'article 319 du Code de procédure civile. Il est vrai que, dans cette affaire, le lieu du dépôt du rapport n'ayant pas été fixé par les parties, la minute avait été déposée par l'expert au greffe du tribunal où l'action en partage devait être et où elle avait été, en effet, poursuivie.

595. Mais il résulte d'un arrêt de la cour de Dijon, du 11 décembre 1847 (1), que c'est devant le tribunal des parties poursuivies que les experts doivent porter l'action en payement de leurs honoraires, lorsque l'expertise est faite en exécution d'un bail intervenu entre les parties et que les experts ont été nommés devant le juge de paix en vertu de cet acte. La cour dit, avec raison, que des experts nommés et ayant agi dans de telles conditions doivent être considérés comme des mandataires constitués par plusieurs personnes pour une affaire commune, lesquels, suivant le droit commun, ont une action personnelle et solidaire contre chacun des constituants; qu'il n'y a pas, dans l'espèce, attribution de juridiction pour la taxe, aux termes de l'article 319 du Code de procédure, au tribunal saisi de la demande principale, parce que les experts n'ont pas reçu leur mission de ce tribunal; qu'ils n'ont pas déposé et n'ont pas pu déposer leur rapport à son greffe; que les constatations portées devant lui ne sont nées qu'après le dépôt du rapport, lorsque le droit des experts était déjà ouvert; et que dès lors l'action de droit commun, qui a son fondement dans l'article 2002 du Code civil, n'a pu leur être enlevée par un événement ultérieur auquel il sont étrangers.

596. L'ordonnance du président, qui déclare exécutoire la taxe des frais et honoraires des experts, est susceptible d'opposition soit de la part des experts, soit de la part des parties (FORMULE 82e), même dans le cas où cette ordonnance a été rendue contradictoirement. Cela résulte d'un arrêt de la Cour de cassation, du 2 avril 1811 (2), qui a éga-

---

(1) Sirey, t. XLVIII, 2e partie, p. 316.
(2) Journal des avoués, t. IX, p. 207. — Sirey, t. XI, p. 169.

lement jugé que l'article 6 du décret supplémentaire du
16 février 1807, sur la liquidation des dépens, lequel article
fixe à trois jours le délai de l'opposition à l'exécutoire ou au
jugement de liquidation, n'est pas applicable à l'opposition à
une ordonnance de taxation des experts.

597. De même, suivant un arrêt de la cour de Douai du
29 avril 1868 (1), les experts seraient recevables à former
opposition à l'ordonnance de taxe, bien que plus de trois
jours se soient écoulés depuis qu'elle a été rendue. Le délai
pour la former serait donc le délai ordinaire de huitaine.
Aux termes d'un arrêt de la cour de Nancy du 26 janvier
1889 (2), il ne serait au contraire que de trois jours. Quoi
qu'il en soit, la cour de cassation, par un arrêt du 11 novembre 1890 (3), a déclaré non recevable une opposition à
taxe formée par des experts en dehors de tout délai légal,
dans l'espèce plus de deux mois après les offres réelles qui
leur avaient été faites.

598. Suivant un arrêt de la cour de Nancy, du 1ᵉʳ décembre 1829 (4), un arrêt de la cour de Bourges, du 9 janvier 1832 (5), et l'avis de MM. Thomine-Desmazures (t. I,
p. 523), Favard de Langlade (t. IV, p. 705 et 706), Dalloz
(t. VII, p. 677), Carré et Chauveau (t. III, p. 127), l'opposition à l'ordonnance du président doit être portée devant le
tribunal, en audience publique.

599. Mais il a été décidé par la cour de Paris, arrêts des
31 janvier 1843 (6), 9 juillet 1859 (7) et 17 avril 1877 (voir
ci-après, nº 602), par la cour de Bordeaux, arrêt du 1ᵉʳ février 1867 (8), par la cour de Douai, arrêt du 29 avril 1868
(voir précédemment, nº 597), et par la cour de cassation,
arrêt du 19 janvier 1886 (9) que l'opposition à l'ordonnance
du président qui taxe les frais d'un expert doit être jugée en
chambre du conseil, et non en audience publique. Tel est le
dernier état de la jurisprudence, ainsi que l'opinion de
M. Bonnesœur (*Manuel de la taxe des frais*, p. 161 et 269).

600. Par arrêt du 28 janvier 1870 (10), la cour de Rouen
a jugé qu'un expert est non recevable à intervenir en cause
d'appel pour demander la réformation de la taxe de ses honoraires faite par le président du tribunal de première instance,

(1) Pand. chronolog. à sa date.
(2) Pand. françaises, 1889, 2, 104.
(3) Pand. françaises, 1891, 1, 139.
(4) J. des av., t. XXXVIII, p. 273.
(5) Pand. chronol. à sa date.

(6) Journ. du pal. 1843, t. I, p. 365.
(7) Journal du palais, 1859, p. 1168.
(8) Jour n. du palais, 1867, p. 1265.
(9) Pand. françaises, 1888, 1, 430.
(10) J. des av., t. XCVII, p. 62.

et que la seule voie qui lui soit ouverte est celle de l'opposition devant le tribunal statuant en la chambre du conseil.

601. Un commandement, ne pouvant être considéré
comme un acte d'exécution, ne saurait mettre obstacle à ce
que, alors d'ailleurs qu'il agit dans les délais légaux, l'opposant à un exécutoire de dépens puisse faire valoir les
moyens et exceptions qu'il eût pu invoquer antérieurement
aux poursuites du prétendu créancier. Ainsi l'a jugé la Cour
de cassation, dans un arrêt du 15 novembre 1871 (1), par
lequel elle a également décidé que les experts qui, par leur
faute, ont donné lieu à l'annulation de l'expertise, n'ont pas
droit aux frais et honoraires applicables à cette opération,
comme si elle avait été valable.

602. Dans un arrêt du 17 avril 1877 (2), la cour de Paris a
décidé que, lorsque la taxe des honoraires d'un expert et celle
des frais d'un avoué sont signifiées par le même acte (la taxe
de l'expert étant comprise dans l'état de frais de l'avoué), on
ne peut considérer comme tardive l'opposition formée, sur
cette signification, à l'exécutoire comprenant les deux taxes.
— Dans le même arrêt, la cour dit que c'est à la chambre du
conseil qu'il appartient de connaître de l'opposition à la taxe
des honoraires de l'expert.

603. Alors même qu'il n'y aurait pas d'appel ou de contestation sur le fond, les experts et les parties ont le droit
d'appeler spécialement du jugement qui prononce sur l'opposition à l'ordonnance du président et taxe les frais et vacations des experts. Cela résulte de l'arrêt de la cour de
Nancy, du 1er décembre 1829, que nous venons de citer
(voir précédemment, n° 598), et d'un arrêt de la cour de
Bordeaux, du 18 mars 1864 (3), portant que l'article 6 du
second décret du 16 février 1807, qui ne permet d'interjeter appel du jugement rendu sur l'opposition à un exécutoire qu'autant qu'il y a appel du fond du litige, n'est applicable qu'aux exécutoires délivrés aux officiers ministériels
pour dépens, et non à ceux délivrés aux experts pour leurs
honoraires.

604. La cour de Caen a également décidé, par arrêt du

(1) Journal *Le Droit*, du 19 novembre 1871, p. 767.
(2) *Gazette des tribunaux*, du 26 mai 1877, p. 505.
(3) Journal du palais, 1864, p. 587.

28 décembre 1866 (1), que l'article 6 du second décret du 16 février 1807, qui interdit l'appel du chef du jugement qui liquide les dépens, s'il n'y a appel de quelque disposition sur le fond, n'est applicable qu'au cas de règlement des dépens entre les parties en cause ; il ne met pas obstacle à ce que les experts, dont les honoraires ont été fixés par un jugement, interjettent appel de cette décision, conformément au droit commun.—D'après le même arrêt, les experts, qui, dans le mémoire présenté au tribunal, ont porté leurs vacations au chiffre indiqué pour les laboureurs et artisans, ne peuvent, en appel, prétendre qu'ils devaient être taxés comme experts d'une catégorie supérieure.

605. D'après un arrêt de la cour de Colmar, du 28 septembre 1848 (2), la cour d'appel est compétente pour connaître de la demande en débouté d'opposition à un commandement signifié en vertu d'un exécutoire de frais et honoraires délivré, par le premier président, à un arbitre-rapporteur nommé par la cour. Une pareille demande doit être portée devant le tribunal du lieu où le commandement a été fait.

606. Bien que la demande formée collectivement et dans le même exploit, par trois experts, en payement de leurs honoraires, excède quinze cents francs, le jugement est en dernier ressort, si la part de chacun d'eux dans la créance est au-dessous de ce chiffre. Ainsi l'a jugé la cour de Bordeaux, par arrêt du 14 janvier 1869 (3), en se fondant sur ce que « l'obligation de payer à des experts le montant de leurs honoraires ne présente aucun caractère de solidarité ; qu'aucun d'eux n'a le droit de demander le payement total de la créance, et que le payement fait à l'un d'eux de ce total ne libère pas le débiteur vis-à-vis des autres, l'obligation, comme son exécution, étant essentiellement divisible. » Cette jurisprudence est, d'ailleurs, conforme à un précédent arrêt de la même cour, du 3 février 1860 (4), et à un arrêt de la Cour de cassation, chambres réunies, du 25 janvier 1860 (5).

(1) Journal du palais, 1867, p. 928.
(2) Journ. du pal., 1850, t. I, p. 391.
(3) Journal des arrêts de cette cour, 18.., p. 75.

(4 et 5) Journal du palais, 1860, p. 531 et 536 ; Pandectes chronologiques, à sa date.

§ VIII. — *Caractère et conséquences du rapport. — Jugement ou arrêt après l'expertise.*

607. Le rapport ou procès-verbal des experts est, comme on l'a déjà vu par ce qui précède, un document judiciaire, destiné à éclairer les juges sur certains points qu'ils ne peuvent pas vérifier eux-mêmes, document dans lequel ils puisent les renseignements dont ils ont besoin, mais qui, sauf dans quelques rares cas spéciaux (voir ci-après, n°s 684 et suivants), ne lie en rien leur décision.

608. Les experts étant des commissaires nommés par la justice, sur la demande des parties ou d'office, le rapport qu'ils dressent de leurs opérations a le caractère d'un acte authentique, et les faits que constate ce rapport, relativement à l'objet de la mission confiée à ses auteurs, doivent être tenus pour vrais jusqu'à inscription de faux. MM. Favard de Langlade (t. IV, p. 704), Boncenne (t. IV, p. 495), Dalloz (t. VII, p. 681), Carré et Chauveau (t. III, p. 144) et le *Praticien français* (t. II, p. 255) admettent avec nous ce principe, qui, comme nous allons le voir dans les numéros suivants, est consacré par la jurisprudence.

609. M. Pigeau (*Comm.*, t I, p. 578) l'adopte également, mais avec cette restriction, à laquelle nous adhérons, que le procès-verbal des experts, qui fait pleine foi entre les parties, n'aurait pas le même privilége à l'égard d'un tiers qu'on prétendrait l'avoir signé et auquel on l'opposerait. Celui-ci n'aurait pas besoin de s'inscrire en faux pour infirmer les assertions du rapport dont il aurait à se plaindre. Les experts, en effet, ne sont pas des officiers publics investis de la confiance de la loi; ils n'ont ce caractère que vis-à-vis des parties qui les ont choisis ou qui ont acquiescé, par leur silence, au choix du tribunal.

610. En donnant une opinion conforme à celle des divers auteurs que nous venons de citer, sur l'authenticité du rapport et la foi qui doit lui être accordée, M. Boncenne (t. IV, p. 495) ajoute : « Mais cette foi abstraite qui est due aux énonciations du rapport ne supplée pas toujours à son insuffisance, et quelquefois elle sert à prendre acte d'une irrégularité, d'une nullité substantielle. L'authenticité du rap-

port ne sauve ni la forme ni le fond. Cette observation est
utile pour que l'on comprenne bien le droit des parties et le
pouvoir des magistrats en ce qui touche la discussion et le
jugement des expertises. »

611. Les rapports d'experts font foi de leur date. Un
jugement du tribunal de Verdun avait admis la récusation
proposée contre un tiers-expert, par l'administration de
l'enregistrement, deux jours après la clôture du procès-
verbal, par le motif que les actes sous seing privé n'ont de
date certaine que celle de l'enregistrement ; que le rapport
n'ayant été enregistré que deux jours après cette récusation,
c'était à cette date seule que se rapportait son existence
légale, et que, dès lors, l'acte de récusation devait être
considéré comme antérieur au rapport. La Cour de cassation,
par arrêt du 6 frimaire an XIV (1), a cassé ce jugement, en
déclarant que les rapports d'experts ont date certaine du
jour où ils ont été faits, et non du jour de l'enregistrement
ou du dépôt.

612. Sous l'ancienne législation, le parlement d'Aix avait
décidé, le 13 février 1786, que le rapport des experts faisait
foi, jusqu'à inscription de faux, de tout ce qui était relatif à
leurs fonctions ; et la cour de Rennes a jugé, par arrêt du
17 août 1813 (2), que, si un rapport d'experts faisait mention
des dires d'une partie, il prouvait par cela même, jusqu'à
inscription de faux, la présence de cette partie à l'expertise.

613. La cour de Riom a décidé : 1° par arrêt du 12 janvier 1815 (3), que la mention par les experts, dans leur
procès-verbal, qu'ils l'ont continué en présence et du consentement des parties, fait foi jusqu'à inscription de faux ; —
2° par arrêt du 13 février 1816 (4), que les procès-verbaux
des experts nommés judiciairement, en matière de partage,
font foi des faits et des consentements des parties qu'ils
énoncent, et que leur caractère ne permet pas de s'arrêter à
un simple désaveu.

614. Il résulte également d'un arrêt de la cour de Besançon, du 28 décembre 1815 (5), d'un arrêt de la cour d'Amiens,
du 31 août 1820 (6), et d'un arrêt de la Cour de cassation, du

---

(1) Journal des avoués, t. XII, p. 681.
(2) Vasserot, *Manuel*, p. 25.
(3 et 4) Journal du palais, *Rép.*, t. VII, p. 101, n°ˢ 401 et 402.
(5) Journal des avoués, t. XII, p. 682.
(6) Dalloz, 1829, t. II, p. 108.

14 janvier 1836 (1), que les procès-verbaux ou rapports d'experts font foi de la présence et des dires des parties qui y sont énoncés.

615. Par arrêt du 25 juin 1824 (2), la cour d'Agen a décidé que, lorsque des experts ont été chargés d'apprécier les dégradations et améliorations prétendues par des cohéritiers en litige, leur rapport doit faire foi, jusqu'à inscription de faux, des déclarations qu'ils certifient avoir été faites devant eux : par exemple, de la reconnaissance par toutes les parties qu'il y avait compensation entre les améliorations et les dégradations.

616. Mais la cour de Bordeaux a jugé, par arrêt du 1er juin 1832 (3), que la déclaration consignée au rapport d'experts chargés d'estimer des biens sur lesquels il y a instance en partage, et portant que toutes les parties ont consenti à ce qu'ils fussent vendus en justice, n'est pas obligatoire pour celle d'entre elles qui n'a pas signé le procès-verbal d'expertise.

617. Il résulte d'un arrêt de la cour de Paris, du 14 mai 1810 (4), qu'on ne peut attaquer un rapport d'experts, par inscription de faux, sur le simple motif que ce rapport constate la présence des experts les jours mêmes où, au lieu de se réunir pour l'objet de leur expertise, ils ont vaqué à d'autres opérations.

618. Les tribunaux ne sont pas tenus d'admettre toutes les demandes en inscription de faux qui peuvent être formées contre les rapports d'experts. Ainsi la Cour de cassation a jugé, par arrêt du 16 décembre 1874 (5), qu'un tribunal peut déclarer inadmissible l'inscription de faux contre un rapport d'experts, en se fondant sur ce que ce rapport n'est pas indispensable à la solution du procès et sur ce que, d'un autre côté, les experts paraissent avoir régulièrement procédé. L'arrêt de la cour de Toulouse attaqué n'a, en effet, dit la cour suprême, « fait qu'user de la faculté accordée aux tribunaux par l'article 214 du Code de procédure civile, et n'a violé aucun des principes en matière de faux incident ». (Voir ci-après, nos 946 et suiv.)

---

(1) Journ. des avoués, t. L, p. 379.
(2) Journal des avoués, t. XXVII, p. 231.
(3) Journal du palais, *Rép.*, t. VII, p. 101, n° 403.

(4) Sirey, t. XIV. 2e partie, p. 305.
—Journal des avoués, t. XIV, p. 350.
(5) Journal des avoués, t. CI, p. 211.

619. Enfin un arrêt de la Cour de cassation, du 24 février 1843 (1), décide que, quoique les parties se soient engagées à ne pas attaquer un rapport d'experts nommés par le tribunal, cette convention n'enlève pas à cet acte son caractère de *rapport judiciaire*; qu'en conséquence il n'est pas nécessaire de le déposer au greffe, ni d'en faire ordonner l'exécution par le président, et que le tribunal est régulièrement saisi, par une demande en homologation, des difficultés élevées sur l'exécution de ce rapport.

620. Les experts sont-ils juridiquement responsables de toutes les fautes par eux commises dans leurs opérations et la rédaction de leur rapport, ou bien leur responsabilité n'est-elle engagée que dans le cas de dol ou de fraude?

621. Nous avons déjà traité cette question relativement à certains cas spéciaux, tels que le refus des experts de remplir leur mission (voir précédemment, nos 348 et suiv.) et le retard apporté au dépôt du rapport (voir précédemment, no 444 et nos 558 et suiv.). Nous allons maintenant l'examiner dans son ensemble.

622. Duparc-Poullain (t. IX, p. 487) enseigne que les experts dont le rapport est attaqué pour nullité, ou pour tout autre vice, sont responsables de la faute notable qu'ils ont commise. Il est bon, toutefois, de remarquer que ce jurisconsulte base son opinion sur l'article 264 de la coutume de Bretagne, qui rendait les priseurs et arpenteurs responsables des fautes grossières commises dans leurs opérations.

623. Les auteurs du Commentaire inséré aux *Annales du notariat* (t. II, p. 338) font une distinction. Ils pensent que les experts ne pourraient être déclarés responsables qu'autant que l'insuffisance de leur rapport serait le résultat de la mauvaise foi. Dans le cas contraire, cette insuffisance ne devrait être attribuée qu'à une erreur involontaire sur ce que le tribunal aurait exigé d'eux.

624. M. Carré (t. III, p. 434) partage l'opinion des auteurs du Commentaire : « Nous assimilons, dit-il, l'insuffisance reconnue d'un rapport d'experts au *mal jugé*, dont les juges ne sont pas responsables, lorsqu'il provient d'une erreur de fait ou de droit, dégagée de dol ou de fraude, tandis que, dans le cas de dol ou de fraude, l'action en dommages-intérêts

(1) Journal du palais, 1843, t. I, p. 695.

est ouverte contre les juges par voie de prise à partie, conformément à l'article 505 du Code de procédure civile. »

625. Par un arrêt du 16 juillet 1812 (1), la cour de Rennes a jugé, au contraire, que les experts doivent supporter les frais de l'annulation de leur rapport, par suite d'une *faute notable* de leur part.

626. Après avoir cité cet arrêt, qui lui paraît fort équitable, M. Chauveau (*sur Carré*, t. III, p. 134) exprime, comme M. Demiau-Crouzilhac (p. 231 et 232), la pensée que c'est aux juges qu'il appartient de prononcer suivant les circonstances; il faut, d'un côté, faire la part de l'erreur humaine, et, de l'autre, prévenir le dol et la fraude. Tel est aussi l'avis de M. Pigeau (*Comm.*, t. I, p. 576 et 577).

627. Mais M. Favard de Langlade (t. IV, p. 707) et le *Praticien français* (t. II, p. 238) adoptent l'opinion de M. Carré, en se fondant sur les mêmes motifs. A l'appui de ce système, on dit que les experts ne sont pas des officiers ministériels soumis, par l'article 1031 du Code de procédure civile, à la réparation du dommage résultant des fautes qu'ils commettent dans l'exercice de leurs fonctions. M. Pigeau lui-même (*loco citato*) fait valoir cette raison, pour soustraire au moins les experts aux conséquences de l'omission d'une formalité prescrite par la loi. A cela M. Dalloz répond (t. VII, p. 684), d'accord avec M. Thomine-Desmazures (t. I, p. 525), que les experts sont libres de refuser une mission pour laquelle ils ne se sentent pas les connaissances nécessaires; que, du moment où ils l'acceptent, ils contractent l'engagement de la remplir suivant toutes les règles légales. Ainsi, l'excuse tirée de l'ignorance de la loi ne suffit pas pour les mettre à l'abri du recours des parties.

628. L'application de l'article 1382 du Code civil, — ajoute M. Chauveau, — doit être faite aux experts avec d'autant plus de raison que le Code ne trace aucune règle de procédure pour les atteindre comme responsables, même en cas de dol et de fraude : c'est donc le droit commun qui leur est applicable. (Voir ci-après, n° 1017.)

629. Si l'on veut assimiler les experts à des commissaires exerçant, en vertu de leur nomination par la magistrature, une émanation du pouvoir judiciaire, on peut encore arguer

(1) Journal des avoués, t. XII, p. 709.

de l'article 292 du Code de procédure civile. Car, — dirons-
nous avec M. Chauveau, — il serait difficile de concevoir la
justice d'une disposition de la loi qui frapperait le magistrat,
en présence d'un principe qui mettrait à l'abri de toute poursuite un commissaire par lui délégué.

630. Par un arrêt du 10 février 1890, cité plus haut
(V. n° 572), la cour de Montpellier a décidé que l'article 316
du Code de procédure civile, qui expose à des dommages-
intérêts l'expert qui ne remplit pas sa mission, n'est pas
applicable au cas où il est déclaré par justice qu'il a mal
compris ou mal rempli son mandat. Mais la cour de Dijon,
par arrêt du 25 juillet 1854 (1) a considéré les experts comme
passibles de dommages-intérêts lorsqu'ils ont commis des
erreurs grossières, apporté des retards préjudiciables aux
parties, ou manqué d'une manière essentielle aux devoirs
de la prudence et de la délicatesse dans l'accomplissement
de leur mission.

631. De son côté, la cour de Besançon a décidé, par arrêt
du 4 mars 1856 (2), que le retard apporté par les experts
dans le dépôt de leur rapport, occasionné par une cause de
force majeure, telle que la maladie de l'un d'eux, ne peut,
alors surtout que les parties n'ont pas usé contre eux des
moyens d'accélération indiqués par l'article 320 du Code de
procédure civile, les rendre passibles envers celles-ci de
dommages-intérêts.

632. Il appert de l'arrêt de la cour de Dijon du 25 juillet
1854 (V. précédemment n° 630) et d'un arrêt de la cour de
Pau, du 30 décembre 1863 (3), que les experts ne peuvent
être recherchés à raison des erreurs de fait ou des inexac-
titudes commises dans leurs rapports (à moins de dol ou de
fraude), du moment où ces rapports ont été sanctionnés
par jugement passé en force de chose jugée. L'autorité de
la chose jugée s'étend aux rapports des experts qui ont
servi de base au jugement.

633. La cour de Paris, dans un arrêt du 2 décembre
1878 (4), a jugé qu'un expert commis par justice pour constater et faire exécuter les travaux que réclame un immeuble
ne saurait être actionné par le propriétaire, alors même que
l'urgence de certains travaux ne serait pas démontrée, s'il est
constant que les travaux ont donné une plus-value à l'immeuble et ont été exécutés conformément aux règles de l'art.

(1) J. du pal., 1855, t. II, p. 240. | (3) Journal du palais, 1864, p. 415.
(2) Journ. du pal., 1856, t. II, p. 161. | (4) *Gaz. des tr.*, du 5 mars 1879.

634. C'est, dans tous les cas, devant le tribunal saisi du fond du procès, qu'on doit assigner les experts pour faire prononcer contre eux les condamnations de frais ou de dommages-intérêts qu'ils ont encourues.

635. « Le rapport sera levé et signifié à avoué par la partie la plus diligente; l'audience sera poursuivie sur un simple acte. » (Code de procédure civile, art. 321.)

636. Après le dépôt du rapport au greffe, la levée de l'expédition qui en est délivrée par le greffier, et sa signification à l'avoué de la partie adverse (FORMULE 83ᵉ) (1) la discussion s'engage contradictoirement, devant le tribunal ou la cour, sur la question de savoir si l'avis des experts est concluant et s'il doit être admis ou rejeté.

637. Suivant un arrêt de la Cour de cassation, du 30 mars 1858 (2), l'article 321 du Code de procédure civile, d'après lequel le rapport doit être levé et signifié avant l'audience, n'est pas rigoureusement applicable en matière de référé, ni en matière de commerce, d'après un arrêt de la Cour de cassation du 17 mars 1879. (Voir ci-après, n° 1363).

638. Excepté en cette matière, dans le cas de l'article 956 du Code de procédure civile (vente d'immeubles appartenant à des mineurs; voir précédemment, n° 56), et en matière d'ordre (voir précédemment, n° 25, et ci-après, nᵒˢ 847 et suiv.), trois cas où il n'est pas délivré d'expédition du rapport, toutes les parties ont également le droit de lever et signifier le rapport, aussitôt qu'il a été déposé, et de poursuivre le jugement de la cause. Cette poursuite doit avoir lieu sur un simple acte (FORMULE 84ᵉ); d'où il résulte que les frais d'un acte de cette nature sont seuls passés en taxe.

639. Il y a, néanmoins, quelques cas où des conclusions détaillées et des défenses sont nécessaires. Ainsi, en matière de partage, il est d'usage d'admettre des requêtes en homologation ou en rejet, et de les passer en taxe. MM. Thomine-Desmazures (t. I, p. 524), Boncenne (t. IV, p. 494) et Chauveau (sur Carré, t. III, p. 129) approuvent cela.

640. MM. Pigeau (t. I, p. 300) et Carré (t. III, p. 129) estiment que, si la partie qui lève le rapport n'est pas celle qui a requis l'expertise, elle peut prendre exécutoire du montant de cette expédition et s'en faire rembourser comme

(1) Un jugement du tribunal de Perpignan, du 26 février 1896 (*la Loi* du 9 avril 1896) décide avec raison qu'il n'y a pas lieu de signifier les plans joints à un rapport d'experts. Le défendeur a simplement le droit d'en prendre communication au greffe et de les faire reproduire à ses frais, s'il le juge utile.
(2) Journal du palais, 1858, p. 1043.

de frais primordiaux, parce qu'il est, en général, de principe qu'une partie ne peut refuser de payer préalablement les frais faits par son adversaire, lorsqu'elle-même eût dû les avancer. On trouve un exemple de l'application de ce principe dans l'article 220 du Code de procédure civile, et il n'y a pas de motifs pour refuser la même faculté dans l'espèce de l'article 324.

641. M. Thomine-Desmazures (t. I, p. 523), et avec lui M. Boncenne (t. IV, p. 494), combattent cette doctrine, parce que, suivant eux, il n'y a point d'analogie entre ce cas et celui de l'article 220, et qu'en disant que la poursuite sera reprise par la partie la plus diligente, la loi ne peut pas avoir entendu qu'elle ne le serait pas à ses risques et périls. Mais MM. Favard de Langlade (t. IV, p. 706), Dalloz (t. VII, p. 677) et Chauveau (*sur Carré*, t. III, p. 129) partagent l'opinion de MM. Pigeau et Carré, que nous n'hésitons pas à adopter aussi.

642. En ce qui concerne la demande en homologation, M. Hautefeuille (p. 177) dit que l'audience est poursuivie sur un simple acte, contenant les conclusions de la partie en homologation (ou en rejet) du rapport. Excepté en matière de partage, ces conclusions ne sont pas nécessaires, et MM. Pigeau (*Comm.*, t. I, p. 300), Demiau-Crouzilhac (p. 233), Carré, (t. III, p. 130) et Bioche (n° 176) pensent, avec raison, qu'il est parfaitement inutile de demander l'homologation ou le rejet du rapport, puisque les juges ont à prononcer sur ce rapport même et que le jugement doit statuer sur tous les points qui ont fait l'objet de l'expertise.

643. Toutefois, et par exception, il faut demander, comme nous l'avons déjà dit, l'homologation dans le cas de partage d'une succession, parce que le rapport devient, par ce moyen, un titre pour chaque copartageant, le jugement qui attribue à chacun son lot ne pouvant contenir les détails que renferme le procès-verbal des experts.

644. MM. Favard de Langlade (t. IV, p. 796), Dalloz (t. VII, p. 677) et Chauveau (*sur Carré*, t. III, p. 130) partagent les opinions que nous venons d'émettre. Mais, ajoute M. Chauveau, c'est ici le cas de rappeler que, par arrêt du 2 janvier 1844 (1), la cour de Besançon a décidé que les

(1) Journal des avoués, t. XII, p. 738.

jugements d'homologation des rapports d'experts n'ont pas l'autorité de la chose jugée ; qu'ils ne font que constater que les opérations ou vérifications ont eu lieu, et que, lorsque les parties reconnaissent qu'il existe de fausses énonciations dans un rapport, elles peuvent toujours en demander la rectification, tant que les choses ne sont pas entières. (Voir cependant, *supra*, n° 632.)

645. Dans un arrêt du 6 juin 1877 (1), la Cour de cassation a également décidé que, lorsqu'un tribunal, par une décision passée en force de chose jugée, a homologué une expertise à laquelle était annexé un plan, qui, par erreur, attribuait à l'une des parties un terrain autre que celui dont elles étaient convenues devant les experts, le même tribunal peut rectifier cette erreur sans violer l'autorité de la chose jugée ; il ne fait qu'interpréter souverainement un contrat judiciaire.

646. La Cour de cassation, par arrêt du 20 floréal an XI (2), a décidé que le jugement homologatif d'un rapport d'experts n'est pas nul, quoique, en condamnant une des parties à payer le montant de la somme exprimée dans ce rapport, il n'en désigne pas la quotité.

647. Il a été jugé par la cour d'Orléans, le 17 février 1818 (3), que, lorsqu'une expertise a été ordonnée concernant une somme réclamée en payement d'ouvrages, et que les experts élèvent la somme due au-dessus de celle demandée, elle doit être payée en entier, si les juges adoptent le contenu du rapport d'experts. Il n'y a pas *ultrà petita* dans leur sentence. La raison en est qu'en concluant à l'homologation du rapport, le demandeur a implicitement demandé toute la somme fixée par les experts.

648. Ainsi que l'a jugé la cour d'Orléans, par arrêt du 20 novembre 1822 (4), lorsque le contrat judiciaire est formé par un jugement interlocutoire qui ordonne un rapport d'experts, le tribunal ne peut, après l'exécution de l'expertise, statuer sans qu'il soit donné avenir préalable, l'audience devant être poursuivie sur un simple acte, à la re-

---

(1) *Gazette des tribunaux*, du 8 juin 1877, p. 551.
(2) Journal des avoués, t. XII, **p. 677.**
(3) Journal du palais, *Rép.*, t. **VII,** p. 103, n° 449.
(4) Journal du palais, *Rép.*, t. **VII,** p. 103, n° 443.

quête de la partie la plus diligente ; autrement le jugement est radicalement nul.

649. Par arrêt du 23 juin 1828 (1), la cour de Bordeaux a décidé que, lorsqu'un tribunal de première instance a ordonné une expertise, il ne peut pas statuer au fond avant que cet interlocutoire ait été vidé. Il s'agissait de dégradations commises par un fermier, et le tribunal de Blaye, après avoir ordonné une expertise pour vérifier les dégradations alléguées, l'avait purement et simplement renvoyé de la demande sans que l'expertise eût été faite. La cour a considéré qu'une telle décision blessait trop ouvertement les règles de l'ordre judiciaire et les principes du droit pour pouvoir être maintenue ; qu'en effet, les premiers juges n'avaient pas le droit de se réformer eux-mêmes ; que, puisqu'ils avaient ordonné que les dégradations dont s'étaient plaints les demandeurs seraient constatées par experts, ils devaient attendre le résultat de cette opération, ou tout au moins que les demandeurs eussent été mis en demeure de l'exécuter avant de prononcer le relaxe des défendeurs.

650. Nous croyons, — dit M. Chauveau (*sur Carré*, t. III, p. 143), — cet arrêt bien rendu. On remarquera qu'il n'exige point, pour qu'une partie puisse obtenir jugement définitif, qu'elle fasse procéder à l'interlocutoire ordonné sur les conclusions de son adversaire, ce qui violerait le principe que tout demandeur qui ne prouve pas doit être débouté ; mais seulement qu'elle mette celui-ci en demeure de l'exécuter. Telle est aussi notre opinion.

651. Par application de ces principes, lorsqu'une expertise a été ordonnée par un jugement et que la partie qui l'a obtenue ne la fait pas faire, le défendeur, s'il ne veut pas poursuivre lui-même l'expertise, ainsi qu'il en a le droit, doit mettre son adversaire en demeure d'y faire procéder dans un certain délai, à l'expiration duquel le défendeur pourra demander au tribunal de passer outre et de statuer sans expertise. Nous n'avons pas besoin de dire que si le tribunal reconnaît la nécessité de l'expertise, il sera toujours libre de la prescrire d'office, et qu'alors il faudra forcément que l'une des parties y fasse procéder pour obtenir jugement.

652. Lorsqu'un arrêt interlocutoire a prescrit une exper-

_____

(1) Journal des avoués, t. XXXVI, p. 32.

tise et que cette opération a eu lieu, un arrêt définitif peut être rendu sur le fond du litige, bien que l'expert ait déclaré, sur un des chefs, ne pouvoir formuler une opinion définitive et qu'il ait réclamé une expertise supplémentaire. On ne saurait reprocher à l'arrêt une violation de la chose jugée en ce qu'il se serait placé, pour trancher la question en litige, en dehors des conditions déterminées par la décision interlocutoire. Ainsi l'a décidé la Cour de cassation, dans un arrêt du 24 juin 1873 (1).

653. « Si les juges ne trouvent point, dans le rapport, les éclaircissements suffisants, ils pourront ordonner d'office une nouvelle expertise, par un ou plusieurs experts qu'ils nommeront également d'office, et qui pourront demander aux précédents experts les renseignements qu'ils trouveront convenables. » (Code de procédure civile, art. 322.)

654. Le rapport doit fournir à la justice tous les éclaircissements que l'expertise a eu pour but de recueillir. Il contiendra ces éclaircissements si les experts ont bien opéré sur le terrain, et rédigé ensuite leur procès-verbal avec précision et clarté, à moins toutefois que l'objet de l'expertise n'ait pas été suffisamment expliqué dans le jugement qui l'a ordonnée. Car l'insuffisance des rapports ne vient ordinairement que du défaut de précision, par les juges, des faits à vérifier et de l'avis à donner, ou de ce que les experts ont agi avec négligence, incurie, ou manqué des connaissances nécessaires pour bien remplir leur mission.

655. Nous avons déjà dit avec quel discernement les parties et les magistrats doivent choisir les hommes auxquels ils confient une expertise (voir précédemment, n° 69); avec quel soin les experts sont tenus de remplir cette mission, qu'ils ne doivent, d'ailleurs, accepter que lorsqu'ils se reconnaissent parfaitement aptes à la bien remplir (voir précédemment, n°s 92 et suiv., 461, 510, 511, 524 et 525); et, enfin, quelles condamnations peuvent, le cas échéant, être prononcées contre eux. (Voir précédemment, n°s 352, 543, 538 et suiv., 620 et suiv.)

656. Quant aux magistrats, ils savent que la loi leur fait un devoir « d'énoncer clairement les objets de l'expertise » dans le jugement ou l'ordonnance de référé qui prescrit cette

---

(1) *Gazette des tribunaux*, du 3 juillet 1873, p. 627.

opération; ils comprennent, comme nous, l'importance de cette prescription, et, s'ils ne s'y conforment pas toujours, c'est le plus souvent parce que les parties ne leur fournissent pas des explications assez claires sur les points en litige. C'est donc aux parties et à leurs avoués qu'il appartient de donner aux juges les moyens d'éviter ce fâcheux écueil.

657. Quoi qu'il en soit, et de quelle part que provienne l'insuffisance du rapport des experts, lorsque les juges n'y trouvent pas les éclaircissements dont ils ont besoin, la loi leur permet d'ordonner une nouvelle expertise. Nous traiterons dans un paragraphe spécial (voir ci-après, n^s 703 et suiv.) de tout ce qui concerne cette seconde opération, dont, — à l'exception des cas où il ne s'agit que de renseignements complémentaires, — l'importance égale celle de l'expertise primitive.

658. Nous avons émis l'opinion (voir précédemment, n° 468) que, dans le cas où le rapport laisserait des doutes dans l'esprit des juges, ils pourraient demander d'office aux experts, en audience publique, des explications orales. MM. Boncenne (t. IV, p. 501), Favard de Langlade (t. IV, p. 707) et Dalloz (t. VII, p. 676) partagent cette manière de voir. C'est un moyen simple, prompt et économique d'éviter une nouvelle expertise; mais il ne faut pas oublier que la loi veut que le rapport soit écrit (voir précédemment, n°s 466 et suiv.); les explications orales dont il s'agit ne doivent, par conséquent, être reçues que pour préciser certains faits, ou pour éclairer quelques phrases obscures du procès-verbal, sans modifier en aucune façon les constatations opérées ni l'avis donné par les experts.

659. A l'appui de ce que nous venons de dire, nous citerons un arrêt rendu par la cour de Limoges, le 25 frimaire an XI (1), dans les circonstances suivantes : Des experts avaient estimé, héritage par héritage, les immeubles d'une succession, mais ils ne s'étaient pas clairement expliqués sur l'époque dont ils étaient partis pour estimer les jouissances. Ce manque de clarté donna lieu à un jugement qui ordonna que les experts comparaîtraient en personne, à l'audience, pour indiquer, sous la foi du serment, l'époque de cette estimation. Les experts donnèrent l'explication requise, et

(1) Vasserot, *Manuel*, p. 27.

leur rapport fut homologué par le tribunal. En appel, on soutint que le rapport des experts, une fois déposé, ne leur appartenait plus; qu'il en était d'un expert comme d'un témoin, qui ne pouvait être admis à expliquer sa déposition. Ce moyen fut repoussé par la cour, dont l'arrêt fut ainsi motivé : « Attendu que, les experts, réciproquement choisis, ayant été d'accord dans leurs opérations, rien ne pouvait faire suspecter l'explication qui leur avait été demandée, sous la foi du serment, sur un point obscur de leur rapport, et qu'aucune loi n'interdit ce mode d'explication, susceptible de prévenir les frais considérables d'une nouvelle expertise. » La cour suprême a statué dans le même sens par arrêt du 3 janvier 1887 (1).

660. La cour de Paris, par arrêt du 17 mars 1877 (2), a décidé que l'expertise, à laquelle il a été procédé en vertu du jugement d'un tribunal reconnu plus tard incompétent, ne peut servir de base légale pour statuer sur la demande aux mêmes fins, soumise à un autre tribunal, et que, lorsque ce tribunal n'a pas d'autres éléments suffisants d'appréciation, il est dans la nécessité de recourir à une nouvelle expertise régulière.

661. « Les juges ne sont point astreints à suivre l'avis des experts, si leur conviction s'y oppose. » (Code de procédure civile, art. 323.)

662. Sous l'ancienne législation, les juges pouvaient s'écarter de l'opinion des experts; c'est encore aujourd'hui le principe de la loi nouvelle. Les magistrats ont à apprécier la justesse des avis et des renseignements qui leur sont donnés et non à s'y conformer servilement et sans examen; excepté dans les cas spéciaux que nous indiquerons plus loin (voir ci-après, nos 684 et suiv.), l'avis des experts n'entraîne donc pas la décision conforme des juges : *dictum expertorum nunquàm transit in rem judicatam.* Cela est bien clairement exprimé dans l'article 323, et cependant la question a été souvent portée devant les tribunaux, dont la jurisprudence n'a jamais varié. Nous citerons, à cet égard, les arrêts de la Cour de cassation des 22 mars 1813 (3), 10 juin 1818 (4), 4 mars 1824 (5), 21 décembre 1825 (6), 7 mars 1832 (7) et

(1) Pand. françaises, 1888, 1, 346.
(2) Journ. des av., t. CII, p. 385.
(3, 4 et 5) Journal du palais, *Rép.*, t. VII, p. 103, nos 451 et 453.

(6) Journal des avoués, t. XXX, p. 378.
(7) Journal des avoués, t. XLIII, p. 676.

22 avril 1840 (1), et celui de la cour de Grenoble du 18 avril 1831 (2).

663. D'un arrêt de la Cour de cassation, du 23 décembre 1891 (3), il résulte que les juges, pour repousser les conclusions du rapport des experts, peuvent se fonder sur la rétractation, régulièrement produite aux débats, de l'un d'eux.

664. La même cour a également décidé, le 2 juillet 1839 (4), que, nonobstant une expertise ordonnée par les premiers juges, et dont l'utilité est contestée par l'appelant, une cour d'appel peut juger la question du fond sans recourir à cette expertise, et cela quand bien même l'intimé aurait acquiescé à l'expertise ordonnée.

665. Par arrêt du 5 juillet 1846 (5), la cour de Rennes a déclaré que l'article 323 est applicable à une seconde expertise comme à une première, et de la part des juges d'appel comme de la part des juges de première instance.

666. Toutefois la cour de Bordeaux a décidé, le 8 janvier 1830 (6), que, quoique en principe les rapports d'experts ne lient pas les juges et qu'ils puissent s'en écarter, ils ne peuvent le faire arbitrairement et sans motifs sérieux.

667. Et la Cour de cassation a jugé, par arrêt du 3 février 1832 (7), qu'une expertise ne peut, surtout en matière de partage, être rejetée par le tribunal comme inexacte, lorsque cette inexactitude n'est pas clairement justifiée.

668. Ceci nous conduit naturellement à examiner si les juges sont obligés de donner les motifs pour lesquels ils s'écartent de l'avis des experts, ou tout au moins de déclarer formellement que leur conviction s'oppose à ce qu'ils suivent cet avis.

669. D'après M. Favard de Langlade (t. IV, p. **707**), qu'approuve M. Berriat-Saint-Prix (p. 306), l'avis de la majorité des experts étant la règle naturelle de la décision des juges, ils ne peuvent s'abstenir de le suivre qu'en déclarant expressément que leur conviction s'y oppose.

(1) Journal du palais, 1840, t. II, p. 100.
(2) Dalloz, 1832, t. II, 88.
(3) Pandectes françaises, 1893, 1, 184.
(4) Journal du palais, 1839, t. II, p. 474.
(5) Journal du palais, *Rép.*, t. VII, p. 103, n° 456.
(6) Journ. des avoués, t. XXXVIII, p. 354.
(7) Journal du palais, *Rép.*, t. VII, p. 103, n° 458.

670. Cette opinion est fondée sur un arrêt de la Cour de cassation, du 7 août 1815 (1), portant : que les juges ne peuvent s'écarter de l'avis de la pluralité des experts qu'en déclarant qu'ils ont la conviction personnelle que les experts se sont trompés ; qu'ainsi doit être cassé l'arrêt d'une cour d'appel qui, au sujet d'une vérification d'écritures, faisant prévaloir l'opinion solitaire de l'un des experts sur celle des deux autres, n'a pas déclaré qu'elle se décidait d'après sa propre conviction, mais seulement parce que l'avis de l'expert dont elle a adopté l'opinion semblait rendre la question incertaine. Mais il faut convenir que la rédaction de cet arrêt était telle qu'on ne pouvait pas le considérer comme motivé, et que la cour suprême, pour le casser, n'avait besoin de recourir qu'à l'article 141 du Code de procédure civile.

671. MM. Dalloz (t. VII, p. 686) et Chauveau (*sur Carré*, t. III, p. 141) s'élèvent contre la doctrine de M. Favard de Langlade. Ils admettent, avec raison, que le jugement ou l'arrêt qui décide contrairement à l'avis des experts doit être motivé : c'est une conséquence du principe général de l'article 141 du Code de procédure civile, et c'est dans ce sens que la cour de Bordeaux a rendu son arrêt du 8 janvier 1830 (voir précédemment, v° 666). Mais, — continue M. Chauveau, — qu'il faille nécessairement, pour que la condition des motifs soit remplie, que le tribunal combatte l'avis des experts, en lui opposant des raisons contraires de décider et en déclarant expressément que sa conviction est différente de la leur, c'est ce que nous ne pouvons admettre, parce que des motifs suffisants peuvent résulter de raisonnements indirects mais analogues.

672. M. Boncenne (t. IV, p. 508), qui adopte cette opinion, de même que M. Bioche (n° 207), s'étonne qu'on veuille imposer aux juges qui ne sont pas satisfaits de l'expertise une formule sacramentelle, dont ils seraient obligés de se servir pour exprimer leur improbation, lorsqu'il ressort, d'ailleurs, clairement de leur décision qu'ils n'ont pas voulu suivre l'avis des experts.

673. Aussi la Cour de cassation a-t-elle décidé, le 25 juillet 1833 (2), que la cour d'appel qui, sans avoir égard à

_____

(1) Journal des avoués, t. XII, p. 718.
(2) Sirey, t. XXXIII, 1re partie, p. 616.

l'expertise par elle ordonnée, confirme la décision des premiers juges en se bornant à adopter leurs motifs, a suffisamment motivé son arrêt, parce qu'elle a ainsi exprimé implicitement que sa conviction était contraire à l'avis des experts.

674. La cour suprême a également jugé, dans des cas analogues : 1° le 27 novembre 1832 (1), que, quoique les motifs des premiers juges ne puissent directement se référer à l'enquête ou à l'expertise ordonnée en cause d'appel, néanmoins ces motifs étant fondés sur ce que la demande n'était point justifiée, en les adoptant, la cour d'appel déclare implicitement que cette justification ne résulte pas plus de l'instruction faite devant elle que de celle qui avait eu lieu devant le tribunal ; — 2° le 17 janvier 1833 (2), qu'on ne peut annuler, pour défaut de motifs, la décision d'une cour parce qu'elle aurait jugé le fond du litige sans faire mention du rapport d'un juge de paix commis par elle, et sans déclarer qu'elle s'est décidée d'après sa propre conviction.

675. Par arrêt du 2 juillet 1838 (3), la Cour de cassation a encore décidé que les juges ne sont obligés ni de régler leur jugement d'après l'avis des experts, ni de dire pourquoi ils ne le suivent pas ; il suffit qu'ils indiquent qu'il existe dans la cause des éléments de conviction propres à les déterminer.

676. Enfin, la même cour a jugé, par arrêt du 26 juin 1876 (4), qu'en déclarant que de la correspondance et des livres d'un failli résulte la preuve que celui-ci est resté, jusqu'au jour de la déclaration de sa faillite, à la tête de ses affaires et en possession de son crédit, une cour d'appel rejette virtuellement les conclusions contraires de l'expert par elle commis d'office pour l'examen de la comptabilité ; elle exprime, par là même, que sa conviction s'oppose à l'adoption de l'avis de cet expert ; elle n'a, dès lors, pu violer ni l'article 7 de la loi du 20 avril 1810, ni l'article 323 du Code de procédure civile.

677. Toutefois, suivant un arrêt de la cour d'Agen, du 4 août 1847 (5), est nul, pour défaut de motifs, le jugement qui se borne à adopter les motifs d'un rapport d'experts, sans

---

(1) Journal des avoués, t. XLIII, p. 753.
(2) Journal des avoués, t. XLIV, p. 172.
(3) Journ. du pal., 1838, t. II, p. 396.

(4) *Gazette des tribunaux*, des **26** et 27 juin 1876, p. 627.
(5) Journal du palais, 1848, t. I, p. 159.

même énoncer les causes qui ont pu éclairer l'opinion de ces derniers.

678. La Cour de cassation a également décidé, par un arrêt du 18 juin 1878 (1), que lorsqu'une expertise est arguée de nullité, le juge ne peut la prendre pour base de sa décision sans répondre à l'exception proposée.

679. Au surplus, un arrêt de cour d'appel, qui homologue un rapport d'experts, est suffisamment motivé lorsqu'il donne les raisons générales sur lesquelles il se fonde pour adopter ce rapport. Il n'est pas nécessaire qu'il s'explique sur chacun des éléments qui ont servi de base au travail des experts. Ainsi l'a jugé la Cour de cassation, par arrêt du 26 juillet 1838 (2).

680. La cour suprême a également, par arrêt du 26 novembre 1866 (3), reconnu suffisants les motifs d'un jugement qui homologue un rapport d'experts sur l'estimation de la valeur vénale d'immeubles requise par la régie, en répondant aux objections principales faites contre ce rapport, bien qu'il ne donne point de motifs particuliers sur tous les arguments invoqués par la partie défenderesse.

681. D'après un arrêt de la même cour, du 14 août 1871 (4), le jugement qui homologue un rapport d'experts se réfère par là, d'une manière tacite mais directe, aux considérations développées par ledit expert, et il ne saurait, dès lors, être critiqué pour défaut de motifs, alors surtout que le juge ajoute à la formule d'homologation qu'il fonde son avis sur les investigations auxquelles l'expert s'est livré.

682. Enfin la Cour de cassation a jugé, dans son arrêt du 1er mai 1877, précédemment cité (voir n° 541), que le jugement qui, en s'appropriant les termes de deux rapports d'experts, déclare « qu'en droit comme en fait, ces rapports ont bien et dûment réglé toutes les difficultés pendantes entre les parties » se trouve ainsi régulièrement motivé, selon le vœu de l'article 7 de la loi du 20 avril 1810, et, par suite, il en est de même de l'arrêt qui a confirmé ce jugement par adoption des motifs.

(1) *Gazette des tribunaux*, du 19 juin 1878, p. 585.
(2) Journal du palais, 1838, t. II, p. 399.
(3) Journal du palais, 1867, p. 57.
(4) Journal *Le Droit*, du 20 août 1871, p. 459. — *Gazette des tribunaux*, du 10 septembre 1871, p. 523.

683. D'après un arrêt de la cour de Rennes, du 26 juillet 1820 (1), les juges ne sont pas tenus d'admettre des preuves morales contre les preuves matérielles d'un rapport d'experts.

684. Il y a deux cas où, par exception à l'article 323, les juges sont tenus de se conformer à l'avis des experts. Il en est ainsi en matière de douanes. (Voir précédemment, n° 71.) C'est ce que la Cour de cassation a jugé par ses arrêts des 3 octobre 1817, 5 août 1828, 30 avril 1838, 30 janvier 1839, 14 juin et 7 août 1876 (2). Il en est de même en matière d'enregistrement, du moins suivant une jurisprudence uniforme, que nous analysons ci-après.

685. Lorsque le prix énoncé dans un acte translatif de propriété ou d'usufruit de biens immeubles, à titre onéreux, paraît inférieur à leur valeur vénale à l'époque de l'aliénation, par comparaison avec les fonds voisins de même nature, ou lorsque l'évaluation donnée au revenu d'immeubles transmis à tout autre titre qu'à titre onéreux paraît insuffisante, ou bien encore en cas d'insuffisance de déclaration de locations verbales, ou du prix de vente d'un fonds de commerce ou d'une clientèle, l'administration de l'enregistrement, des domaines et du timbre est autorisée, par les articles 17 de la loi du 22 frimaire an VII, 11 de celle du 23 août 1871 et 8 de celle du 28 février 1872, à requérir une expertise, dont les formes et les conséquences sont réglées dans l'article 18 de la première de ces lois. (Voir ci-après, n°s 1044 et suiv.)

686. Or, la Cour de cassation a décidé par de nombreux arrêts, notamment ceux des 7 mars 1808 (3), 24 juillet 1815 (4), 17 avril 1816 (5), 4 janvier 1820 (6), 28 mars 1831 (7), 29 février 1832 (8) et 24 avril 1850 (9): que les juges ne peuvent, en matière d'enregistrement, se dispenser de suivre l'avis des experts; que l'article 323 du Code de procédure civile n'est pas applicable aux expertises de cette na-

(1) Journ. des av., t. XVIII, p. 709.
(2) Pand. françaises, *Répertoire*, V° *Douanes*, n°s 557 et suivants.
(3) Sirey, t. VIII, 2e partie, p. 213.
(4) Journ. des av., t. XII, p. 717.
(5) Sirey, t. XX, 2e partie, p. 491.
— Journal des avoués, t. XII, p. 727.
(6) Journal des avoués, t. XII, p. 410.
(7) Journal des avoués, t. XL, p. 366.
(8) Journal des avoués, t. XLIII, p. 67.
(9) Sirey, 1850, t. I, p. 360.

ture ; — que, si les juges pensent que l'estimation d'un immeuble, faite par les experts pour en vérifier la valeur vénale, est fautive et incohérente, ils peuvent ordonner une nouvelle expertise, mais non substituer leur propre estimation à celle des experts ; — que, dans le cas où le rapport des experts est déclaré irrégulier et annulé pour vice de forme, le tribunal doit ordonner que l'expertise sera recommencée par de nouveaux experts ; — qu'enfin, si le rapport des experts présente des obscurités qui le rendent peu propre à fixer la religion du juge, celui-ci peut ne pas y avoir égard ; mais qu'il est alors dans l'obligation de faire opérer une nouvelle expertise, ne pouvant jamais, en cette matière, prononcer un jugement d'après ses seules lumières.

687. Un arrêt de la cour suprême, du 29 avril 1845 (1), a également décidé la question de la manière la plus explicite ; nous le citons en entier :

« La cour,

» Vu les articles 17 et 18 de la loi du 22 frimaire an VII,

» En droit : Attendu que l'article 323 du Code de procédure civile, qui déclare que les juges ne sont pas astreints à suivre l'avis des experts, ne s'applique pas aux expertises en matière d'enregistrement ; — que les règles à suivre en cette matière sont tracées dans les deux articles précités, et que c'est aux experts seuls qu'est conférée la mission d'apprécier la valeur des immeubles dont s'agit ; — que la question de savoir s'il y a une plus-value doit être résolue par le résultat de l'expertise ; — que, si les deux experts nommés par les parties sont d'accord, les juges sont obligés de suivre leur avis ; — qu'au cas de partage et après la nomination d'un tiers-expert, soit qu'il ait été choisi par les deux premiers experts, soit qu'il ait été nommé par justice, c'est l'avis de la majorité des experts qui doit faire loi, puisque cet avis est le véritable résultat de l'expertise ; — que, si les juges ne croient pas devoir s'arrêter à l'expertise, ils peuvent même d'office en ordonner une nouvelle ; — mais que, dans aucun cas ni sous aucun prétexte, ils ne peuvent faire par eux-mêmes l'estimation des immeubles dont il s'agit, ni adopter arbitrairement l'avis isolé d'un des experts ; — que, s'ils avaient cette faculté, l'appel d'un tiers-expert, en cas de **partage,** serait sans objet ;

(1) Sirey, 1845, t. I, p. 575.

« En fait : Attendu que le jugement attaqué, après qu'un tiers-expert a été appelé, a adopté l'estimation isolée de l'expert de l'administration et homologué son rapport comme s'il pouvait seul constituer le résultat de l'expertise, et qu'en statuant ainsi il a violé les dispositions des articles 17 et 18 de la loi du 22 frimaire an VII,

« Casse, etc. »

688. Un arrêt de la Cour de Cassation du 9 brumaire an XIV (1), admet cependant que le tribunal peut, sans excéder ses pouvoirs, reconnaître l'existence d'une plus-value donnée à l'immeuble, conformément à l'avis du tiers-expert, mais par des motifs différents de ceux qui avaient déterminé l'opinion de celui-ci et qu'il considère comme erronés. Un autre arrêt de la même cour, du 17 avril 1889 (2), décide de même que les bases à suivre par les experts pour leurs évaluations, en cette matière, n'étant pas déterminées par la loi d'une manière précise, ils peuvent choisir celles que leurs lumières et leur conscience leur suggèrent, « sauf au juge à les apprécier ».

689. MM. Merlin (*Quest. de droit*, t. III, p. 56), Favard de Langlade (t. IV, p. 709), Berriat-Saint-Prix (p. 307) et Carré (t. III, p. 141) approuvent la jurisprudence qui, dans le cas dont s'agit, soumet la décision des juges à l'avis des experts. Mais M. Dalloz (t. VII, p. 684) s'élève fortement contre ce système. L'autorité des tribunaux s'étend, dit-il, sur les discussions avec le fisc comme sur les différends qui divisent les particuliers. Il importe peu que l'expertise soit le seul mode auquel les tribunaux peuvent recourir, et que même ils ne puissent se dispenser de l'employer ; de cette obligation il résulte seulement qu'ils ne peuvent juger seuls et par eux-mêmes, qu'ils doivent s'entourer de renseignements, mais non pas qu'ils doivent prendre ces renseignements pour vrais quand ils ont la conviction qu'ils sont faux. En d'autres termes, les experts sont appelés pour fournir des lumières aux juges, mais il ne peut s'ensuivre que ceux-ci n'aient pas le droit de révision sur les éléments de décision qu'on leur présente. Une interprétation opposée est injurieuse aux magistrats ; elle tend à déplacer le pouvoir judiciaire pour le confier à de simples experts, qui offrent bien moins

---

(1) Journ. des av. t. XII, p. 679. — Journal du pal., 3e édit., t. V, p. 22.
(2) Pandectes françaises, 1889, 6, 25.

de garanties que des juges inamovibles ; elle mettrait ceux-ci dans l'absurde nécessité d'apposer quelquefois le sceau de la légalité à des actes qui porteraient évidemment le sceau de la l'injustice et de l'erreur.

690. Les objections de M. Dalloz paraissent justes à M. Chauveau (*sur Carré*, t. III, p. 142), et il y adhère volontiers, mais il n'ose pas espérer qu'une jurisprudence si bien établie, et qui n'a jamais été appliquée qu'en faveur de la régie, soit de longtemps modifiée (1).

691. Il faut donc se conformer à cette jurisprudence constante et unanime, et tenir pour certain qu'en matière d'enregistrement les juges sont astreints à suivre l'avis des experts. Les graves inconvénients que signale M. Dalloz sont d'ailleurs évités, ou du moins considérablement amoindris, par la faculté qu'ont les magistrats d'ordonner une seconde expertise. On ne peut pas, en effet, supposer que six experts différents, choisis avec soin par les juges eux-mêmes, se trompent tous grossièrement et mettent le tribunal dans la nécessité de consacrer une injustice.

692. Mais, si la loi et la jurisprudence sont formelles pour ce qui concerne les cas spéciaux dont nous venons de nous occuper, il ne faudrait pas s'en prévaloir pour rendre cette exception applicable à tous les cas où l'expertise est une voie d'instruction imposée aux juges, dont ils ne peuvent se dispenser. (Voir précédemment, nᵒˢ 12 et suiv.) M. Carré (*loco citato*) va donc trop loin lorsqu'il dit que « la disposition de l'article 323 reçoit exception toutes les fois que la loi a indiqué l'expertise comme moyen spécial de vérifier un fait. » Cette conséquence semble, avec raison, à M. Chauveau la condamnation du système : car autant vaudrait, dit il, transformer les experts en de véritables juges, et les mettre au-dessus des magistrats institués par la loi.

693. Comme M. Carré, M. Merlin (*Rép.*, vᵒ *Experts*, nᵒ 2) a posé la question de savoir si, dans une matière ordinaire où l'expertise forme l'élément unique de l'instruction, les

(1) Le tribunal civil de la Seine a encore fait application de cette jurisprudence, dans un jugement du 22 août 1879 (*Gazette des Tribunaux*, du 25 octobre 1879, p. 1043), où il est dit : « Que les experts ont, en pareille matière, un pouvoir absolu pour fixer la valeur des biens, valeur qui doit servir d'assiette à l'impôt, et que le rôle du tribunal doit se borner à vérifier la régularité de leurs opérations et à donner à leurs décisions, quand elles sont conformes à la loi, la sanction judiciaire. »

tribunaux sont obligés de se conformer à l'avis des experts ?
« Je ne le pense pas, dit-il. D'une part, en effet, l'article 322
du Code de procédure civile n'*oblige* pas les juges, mais il
les *autorise* à ordonner une nouvelle expertise, lorsqu'ils ne
trouvent point, dans le rapport, des éclaircissements suffisants; de l'autre part, l'article 323 déclare expressément qu'ils
ne sont point assujettis à suivre l'avis des experts, si leur
conviction s'y oppose ; et ni l'un ni l'autre article n'excepte
de sa disposition les cas où une expertise préalable est com-
mandée par la loi. »

694. MM. Dalloz (t. VII, p. 684) et Boncenne (t. IV, p. 504)
embrassent cette opinion, qui paraît à M. Chauveau (*loco
citato*) la seule rationnelle et légale ; elle est consacrée par
les arrêts des cours de Nîmes, du 12 pluviôse an XII (1), de
Colmar, du 5 mai 1809 (2), de Grenoble, du 18 avril 1831 (3),
et par ceux de la Cour de cassation que nous avons rappelés
(voir précédemment, n°s 662 et suiv.) en posant le principe
établi par l'article 323 du Code de procédure civile.

695. En résumé, il résulte bien nettement de tout
ce qui précède que c'est uniquement en matière de
douanes et en matière d'enregistrement que les juges
sont obligés de se conformer aux conclusions du rapport
des experts. Dans tous les autres cas, l'article 323 du Code
de procédure conserve toute sa force, et les juges ne sont
pas astreints à suivre l'avis des experts lorsque leur conviction s'y oppose.

696. La cour de Rennes a décidé, par arrêt du 7 août
1813 (4), que, lorsqu'un tribunal a prononcé une condamnation à une somme déterminée, avec la restriction : *si mieux
n'aiment les parties à dire d'experts*, l'avis des experts doit être
la règle de sa décision définitive, attendu que, l'option étant
consommée en faveur de l'expertise, la condamnation à une
somme fixe devient caduque, puisque, les deux dispositions
étant alternatives et au choix des parties, celle qu'elles ont
admise doit nécessairement subsister avec tous ses effets,
comme si l'autre n'avait pas été prononcée.

697. Comme conséquence de cette solution, approuvée par

(1) Journal des avoués, t. XII,
p. 678. — Journal du palais, 3e édit.,
t. IV, p. 380.
    (2) Journ. des avoués, t. XII, p. 692.

(3) Dalloz, 1832, 2e partie, p. 88.
(4) Journal des avoués, t. XII,
p. 715.

MM. Dalloz (t. VII, p. 684), Carré et Chauveau (t. III, p. 143), il est incontestable que, lorsque les parties, usant de l'alternative qui leur a été réservée, ont opté pour l'estimation par experts, le tribunal peut ordonner d'office une seconde expertise dans le cas où la première est irrégulière ou n'offre pas des renseignements suffisants. « En effet, dit M. Carré (*loco citato*), si, dans le cas d'option entre une somme fixe et celle à fixer par experts, c'est la dernière seule qui doit être la règle de la décision définitive, il s'ensuit que le jugement qui donnait cette option n'est considéré que comme *interlocutoire*, pour le cas où les parties n'eussent pas acquiescé à la fixation faite par ce jugement. Or, par une conséquence nécessaire de ce caractère attribué au jugement qui accorde l'option, le tribunal ne se trouve pas dessaisi de l'affaire, et, s'il s'élève des contestations sur l'expertise, rien ne s'oppose à ce qu'il en ordonne une nouvelle dans le cas prévu par l'article 322, sauf, — ajoute M. Chauveau, — à conformer son jugement définitif aux résultats de la dernière. » Cela est parfaitement exact. Les parties ayant opté pour l'expertise, la condamnation à une somme déterminée est non avenue ; il ne reste plus que la seconde disposition, qui est *interlocutoire*, et, par suite, le tribunal se trouve dans la même situation que s'il avait uniquement ordonné l'expertise. Il peut, dès lors, user du pouvoir que lui donne l'article 322 et ordonner, le cas échéant, une seconde expertise, dont les conclusions devront servir de règle à sa décision définitive.

698. Par arrêt du 6 octobre 1806 (1), la Cour de cassation a jugé que les cours d'appel ne peuvent admettre contre une expertise des moyens de nullité qui n'ont pas été présentés en première instance.

699. D'après la cour de Bourges, arrêt du 12 mai 1830 (2), il suffit que, devant les premiers juges, il ait été conclu à l'annulation du rapport d'experts, même sans détailler les moyens de nullité, pour qu'on soit recevable, en appel, à les détailler et à s'en prévaloir.

700. Mais la Cour de cassation a décidé, le 4 janvier 1842 (3), que la partie qui demande l'homologation d'une expertise et se borne à contester le chiffre de l'évaluation

(1 et 2) Journal du palais, *Rép.*, t. VII, p. 103, nᵒˢ 444 et 446.
(3) Journal du palais, 1842, t. I, p. 583.

fixée par les experts, acquiesce nécessairement au mode suivi pour arriver à cette fixation, et ne peut plus, dès lors, la critiquer.

701. Par arrêt du 19 décembre 1842 (1), la Cour de cassation a jugé que la partie qui déclare s'en rapporter à justice sur l'homologation d'un rapport d'experts ne se rend pas non recevable à interjeter appel du jugement qui prononce cette homologation, alors même que subsidiairement, et pour le cas où cette homologation serait prononcée, elle aurait conclu à l'exécution du rapport, et que cette exécution aurait été ordonnée. On ne peut pas dire qu'il y ait eu, par le fait de ces conclusions subsidiaires, acquiescement anticipé à la décision des juges.

702. Le consentement donné par une partie, au moment de la prononciation du jugement, à ce que l'expert soit dispensé du serment, ne doit pas être considéré comme un acquiescement à ce jugement et rendre irrecevable l'appel interjeté plus tard par cette même partie. Ainsi l'a décidé la cour de Nîmes, par arrêt du 30 mai 1871 (2).

§ IX. — *Nouvelle expertise ou Contre-expertise.*

703. D'après l'article 322 du Code de procédure civile, si les juges ne trouvent pas dans le rapport des experts les éclaircissements suffisants, ils pourront ordonner d'office une nouvelle expertise, par un ou plusieurs experts qu'ils nommeront également d'office, et qui pourront demander aux précédents experts les renseignements qu'ils trouveront convenables.

704. Nous avons déjà reproduit cet article dans le paragraphe précédent, et nous l'avons fait suivre de quelques observations, auxquelles il sera bon de se reporter avant de lire ce qui va suivre. (Voir précédemment, nos 653 à 660.)

705. Par une application trop rigoureuse de l'article 322, la cour d'Orléans, arrêts des 17 août 1809 (3) et 20 décembre 1821 (4), et celle de Rennes, arrêt du 10 juin 1816 (5), ont

(1) Journal du palais, 1844, t. II, p. 97.
(2) Journal *Le Droit*, du 15 juillet 1871, p. 335.

(3 et 4) Carré, *Lois de la procédure*, t. III, p. 130.
(5) Journal des avoués, t. XII, p. 693.

décidé que, si les juges ne sont pas suffisamment éclairés par le rapport des experts, ils *doivent* ordonner d'office une nouvelle expertise. Il est certain que, pour rendre une bonne décision, les magistrats sont tenus de s'éclairer complétement sur tous les points du litige, et que, s'ils ne trouvent pas, dans le rapport qui leur est présenté, tous les renseignements dont ils ont besoin, c'est pour eux un devoir de les demander à de nouveaux experts.

.**706**. Toutefois la lettre de la loi ne leur impose rien à cet égard : « ils pourront, dit-elle, ordonner une nouvelle expertise. » Ce n'est là qu'une faculté, et, si l'article 322 donne aux tribunaux le droit de prescrire cette seconde opération, il ne leur en fait pas une obligation. Ainsi l'ont décidé la cour de Rennes, dans un arrêt du 19 mai 1843 (1), et la Cour de cassation, par ses arrêts des 8 brumaire an XIV (2), 20 août 1828 (3), 7 mars 1832 (4), 9 avril 1833 (5), 2 août 1836 (6), 24 avril 1838 (7) et 24 mai 1894 (8).

707. La Cour de cassation a également jugé, par arrêt du 19 décembre 1871 (9), que, si le juge d'appel estime et déclare qu'une nouvelle expertise n'est pas possible, il peut, sans méconnaître l'autorité de la chose jugée, après avoir annulé l'expertise accomplie, en vertu d'une décision interlocutoire du premier juge, substituer une enquête à la mesure d'instruction qu'il ne peut faire recommencer.

708. Mais, si les juges ne sont pas obligés de recourir à une nouvelle expertise, ils sont également libres de l'ordonner quand ils la trouvent nécessaire, et aucune des parties n'a le droit de critiquer leurs décisions sur ce point. La cour de Rennes l'a parfaitement reconnu, dans un arrêt du 16 juillet 1817 (10), ainsi motivé : « Considérant que l'usage de la faculté établie par l'article 322 a dû être abandonné à la prudence du magistrat, puisqu'il était impossible de déterminer le degré d'impression que pourraient produire sur son esprit les apurements donnés par les premiers experts; — qu'on doit respecter l'opinion du juge lorsqu'il déclare n'avoir pas acquis une conviction suffisante, et laisser à sa disposition tous les moyens égaux de la compléter; — que

---

(1, 2, 3, 4, 5 et 6) Journal du palais, *Rép.*, t. VII, p. 105, n° 483.
(7) Journ. du pal. 1838, t. II, p. 300.
(8) Pand. françaises, 1895, 1, 440.

(9) *Gazette des tribunaux,* du 22 décembre 1871, p. 877.
(10) Journal des avoués, t. XXII, p. 443.

ce serait, en quelque sorte, prétendre régler sa conscience
que de décider qu'il a eu tort de ne pas se trouver suffisamment convaincu. »

709. La cour de Bourges a décidé, par arrêt du 2 août
1810 (1), que les juges peuvent ordonner une seconde expertise, quoiqu'une des parties ait renoncé à se plaindre de
la première et l'ait exécutée.

710. La cour de Rennes a également décidé, le 25 février
1826 (2), qu'en matière de partage, comme en matière ordinaire, les juges peuvent ordonner une nouvelle expertise
lorsqu'ils le jugent nécessaire.

711. La partie qui a concouru à l'exécution d'un jugement par lequel un rapport d'experts a été annulé, et de nouveaux experts nommés, ne peut, — suivant un arrêt de la
cour de Colmar, du 5 mai 1812 (3), — appeler de ce jugement
et prétendre que la première expertise doit être suivie.

712. Il a été jugé par la cour de Rennes, le 12 février
1821 (4), que, lorsqu'il résulte d'un procès-verbal d'experts
légalement fait, explicite et précis, joint à diverses circonstances apprises, qu'un testament olographe n'a pas été écrit
de la main du testateur, on ne peut, avant faire droit, ordonner une nouvelle expertise.

713. Les juges, que l'article 322 investit du pouvoir de
prescrire d'office une nouvelle expertise, peuvent-ils l'ordonner sur la demande des parties? — Les opinions sont par-
tagées, mais il nous semble que la question est facile à résoudre d'une manière certaine.

714. Déjà, sous l'empire de l'ordonnance de 1667, les
auteurs n'étaient pas d'accord. Jousse (sur l'art. 13 du
titre XXI) dit que, si les experts qui ont d'abord été nommés
font un rapport uniforme, les parties ne sont pas recevables
à en demander un autre, quand même celle qui demande-
rait le nouveau rapport offrirait de le faire faire à ses dépens,
à moins que le premier rapport ne fût pas concluant, qu'il
ne fût exprimé d'une manière ambiguë ou suspecte, ou qu'il
ne renfermât quelques autres vices de cette espèce. Duparc-
Poullain (t. IX, p. 486) et plusieurs autres auteurs cités par

(1) Journal des avoués, t. XII,
p. 697.
(2) Journal des arrêts de cette
cour, t. VII, p. 93.

(3) Journal du palais, *Rép.*, t. VII,
p. 105, n° 483.
(4) Journal des avoués, t. XII,
p. 733.

Duroussaud de Lacombe (v° *Experts*) soutenaient, au contraire, que les parties étaient toujours recevables à demander la contre-visite.

715. Depuis la promulgation du Code de procédure civile, la question est encore diversement résolue. Ainsi les auteurs du *Praticien* (t. II, p. 247) et M. Pigeau (t. I, p. 300), interprétant rigoureusement les termes de l'article 322, enseignent que, si la loi permet aux juges d'ordonner d'office une nouvelle expertise, elle ne donne pas aux parties le droit de la requérir, parce que les juges apprécieront eux-mêmes, après les plaidoiries, si les éclaircissements sont ou ne sont pas suffisants.

716. Mais les auteurs du Commentaire inséré aux *Annales du notariat* (t. II, p. 339), et MM. Delaporte (t. I, p. 308), Demiau-Crouzilhac (p. 234), Favard de Langlade (t. IV, p. 707), Boncenne (t. IV, p. 497), Dalloz (t. VII, p. 684), Carré et Chauveau (t. III, p. 132) sont unanimement d'un avis opposé. Ils pensent que le législateur n'a point interdit aux parties de demander une nouvelle expertise, soit dans le cas de l'article 322, soit lorsqu'elles auraient à se plaindre d'erreur ou de partialité dans le rapport. Puisque, dans ces circonstances, le tribunal est investi du droit d'ordonner une contre-visite d'office, à plus forte raison le peut-il faire lorsqu'on le lui demande.

717. « En effet, — ajoute M. Carré (*loco citato*), — toutes les dispositions qui autorisent les juges à ordonner quelque chose d'office ne sont insérées dans la loi qu'afin de faire connaître qu'ils auront, nonobstant le silence des parties, le droit d'ordonner de leur propre mouvement ce qu'ils jugeront convenable. Mais il ne suit pas de là qu'il sera interdit aux parties de requérir du juge ce qu'il est autorisé à ordonner, sans qu'il soit besoin de cette réquisition; et voilà, selon nous, tout ce qu'exprime l'article 322, c'est que le juge peut prescrire une seconde expertise encore qu'elle ne soit pas demandée. Si donc une des parties, en demandant une contre-visite, fait concevoir aux juges qu'elle est nécessaire, ou si, après cette demande ou indépendamment d'elle, les juges reconnaissent cette nécessité, il nous paraît juste qu'ils ordonnent la nouvelle expertise, comme il serait juste qu'ils la refusassent s'ils ne la croyaient pas utile. »

718. Cette argumentation est, à notre avis, parfaitement exacte. Voyons maintenant quelle jurisprudence les cours judiciaires ont adoptée.

219. Dans un arrêt du 26 mars 1813 (1), la cour de Rennes a décidé que les parties ne peuvent juger le mérite d'un rapport d'experts et obtenir *nécessairement* une nouvelle expertise, si la première ne fournit pas des renseignements suffisants. Par ce mot *nécessairement* la cour déclare que le tribunal n'est pas tenu d'ordonner une nouvelle expertise, par cela seul que les parties la demandent, mais elle reconnaît implicitement le droit qu'il a de prescrire cette opération s'il la croit utile, sans que la demande des parties puisse faire obstacle à l'exercice de ce pouvoir discrétionnaire.

220. La cour de Besançon a jugé, le 6 décembre 1815 (2), que la loi, qui permet aux juges d'ordonner une nouvelle expertise, lorsque la première ne leur offre pas des renseignements suffisants, n'autorise nulle part les parties à demander un amendement du rapport. Mais il est clair qu'un article de loi n'était pas nécessaire pour cela ; il en aurait, au contraire, fallu un tout exprès pour interdire ce droit aux parties, si le législateur avait eu l'intention de le leur enlever ; or, cet article n'existe pas.

221. La cour de Rennes, par arrêt du 14 janvier 1820 (3), a décidé que les juges ne sont pas tenus d'ordonner une seconde expertise sur la réquisition de l'une des parties, encore bien qu'elle offre d'en avancer les frais. Cette décision confirme le pouvoir des tribunaux d'ordonner ou de refuser la contre-visite, même dans le cas d'offre de payement des frais, mais elle ne détruit en rien la faculté qu'ont les parties de requérir ce supplément d'instruction ; elle tend plutôt à la leur reconnaître.

222. Enfin, en matière de partage, la cour de Nîmes a jugé, par arrêt du 15 juillet 1829 (4), que, si le procès-verbal des experts ne présente pas suffisamment les bases sur lesquelles l'estimation a eu lieu, l'un des copartageants peut demander une expertise, en offrant d'en avancer les frais.

223. Il résulte de tout ce qui précède et encore d'un arrêt de la Cour de cassation du 29 mai 1889 (5) qu'aucune disposition de la loi n'interdit aux parties le droit de requérir une

(1) Journal des avoués, t. XXII, p. 439.
(2) Journal des avoués t. XII, p. 721.
(3) Journal des avoués, t. XII, p. 730.
(4) Dalloz, 1821, t. II, p 801.
(5) Pand. françaises, 1890,1,322.

nouvelle expertise; que les juges peuvent l'ordonner sur
leur demande aussi bien que d'office, en ayant soin, toutefois, dans l'une comme dans l'autre hypothèse, de déclarer
l'insuffisance des renseignements contenus dans le premier
rapport; qu'enfin ils sont parfaitement libres de prescrire ou
de refuser cette seconde opération suivant qu'elle leur paraît
utile ou non pour éclairer leur conscience et les mettre à
même de rendre un bon jugement.

724. Nous pensons, comme M. Pigeau (*Comm.*, t. I,
p. 509), que les parties ne peuvent demander un nouveau
rapport qu'autant qu'elles produisent aux juges la preuve de
l'insuffisance du premier. Il est évident que, puisque les juges
sont libres d'accueillir la demande ou de la rejeter, il est
indispensable de leur mettre sous les yeux tous les motifs qui
rendent nécessaire la nouvelle opération réclamée.

725. Mais l'insuffisance du rapport n'aurait pas besoin
d'être démontrée si la nouvelle expertise était demandée par
un tiers-opposant. L'arrêt de la Cour de cassation du 5 avril
1810 (1) nous en fournit un exemple. Il s'agissait, dans l'espèce, d'une tierce-opposition formée contre un jugement
rendu après une première expertise. La cour a décidé que les
tiers-opposants, ayant été étrangers aux actes d'instruction
faits dans le cours de la première instance, étaient fondés à
demander que l'objet litigieux fût visité par de nouveaux
experts. Dans ce cas, l'article 322 n'est point applicable, et il
n'est pas nécessaire que le premier rapport soit déclaré
insuffisant pour que les juges puissent ordonner une seconde
expertise. MM. Merlin (*Quest. de droit*, t. V, p. 459), Favard
de Langlade (t. IV, p. 707), Carré et Chauveau (t. III, p. 139
et 140) approuvent, comme nous, cette jurisprudence.

726. Nous venons de dire (voir précédemment, nº 723),
que les juges doivent déclarer, dans le jugement qui ordonne
une contre-expertise, l'insuffisance des éclaircissements contenus dans le premier rapport. Telle est aussi l'opinion de
MM. Merlin (t. V, p. 30, vº *Experts*) et Carré (t. III, p. 134),
qui se fondent, avec raison, sur ce que tout jugement doit
être motivé et sur ce qu'un tribunal n'est autorisé par la loi
à ordonner une expertise nouvelle qu'autant qu'il reconnaît
que la première est insuffisante.

(1) Sirey, t. XI, p. 1. — Journal des avoués, t. XXI, p. 538.

727. M. Chauveau (*sur Carré*, t. III, p. 134) trouve bien rigoureux d'annuler un jugement, parce qu'en ordonnant une nouvelle expertise il aurait omis de déclarer expressément l'insuffisance de la première. « Cette déclaration ne résulte-t-elle pas virtuellement, dit-il, de ce fait qu'une seconde expertise est ordonnée? » A notre avis, cette conséquence *virtuelle* ne suffit pas : il faut que l'insuffisance du rapport soit constatée dans le jugement, car c'est elle seule qui autorise les juges à ordonner une nouvelle expertise. Il est évident qu'il n'y a pas de formule sacramentelle à employer pour déclarer les éclaircissements insuffisants, mais il faut que cela résulte clairement des motifs du jugement et non pas du fait seul qu'une seconde expertise est ordonnée.

728. Lorsque les juges, ne trouvant pas dans un rapport d'experts les éclaircissements suffisants, ordonnent une nouvelle expertise, doivent-ils anéantir le premier rapport? — MM. Merlin (*Rép.*, v° *Experts*, § 1er), Berriat-Saint-Prix (p. 307), Chauveau (*sur Carré*, t. III, p. 133) et Bioche (n° 186) font, comme nous, à cette question une réponse négative. Il est, en effet, dans l'esprit de la loi d'accorder aux juges, en cette matière, un pouvoir à peu près discrétionnaire, pour prendre des renseignements partout où ils en trouvent; or, la comparaison de deux rapports, dans la même affaire, peut leur être très-utile, et il serait absurde de les priver des éclaircissements donnés par les premiers experts.

729. Aussi ne comprenons-nous pas que M. Dalloz soit d'un avis contraire. D'après lui, la faculté accordée aux nouveaux experts de demander des renseignements aux précédents est suffisante pour conserver au procès les éléments utiles que le premier rapport pouvait contenir. Mais rien n'oblige les seconds experts à demander ces renseignements; ils pourront ne pas le faire, et les juges en seront privés. Il est bien préférable de maintenir au dossier le travail des premiers experts, qu'on n'a aucun intérêt à supprimer.

730. La cour de Limoges a consacré cette doctrine, en décidant, par arrêt du 10 juin 1822 (1), que la loi donne bien aux juges, lorsqu'ils ne sont pas suffisamment éclairés par le premier rapport, la faculté d'ordonner une nouvelle expertise, mais qu'ils ne doivent pas, pour cela, anéantir et exiner

1. Journal des avoués, t. XXIV, p. 188.

de la procédure ce premier rapport quand il est régulier dans la forme ; qu'il doit, au contraire, rester au procès, pour que les juges puissent le comparer avec celui des nouveaux experts, et puiser leur conviction dans l'un ou dans l'autre, suivant que les points traités dans chacun de ces documents leur paraissent plus ou moins exacts.

731. La cour de Rennes avait déjà jugé antérieurement, dans le même sens, par arrêt du 19 mai 1812 (1), que, lorsqu'un rapport d'experts ne contient qu'une simple erreur d'estimation, le tribunal peut, sans prononcer la nullité du rapport, ordonner d'office de nouveaux apurements tendant à rectifier l'erreur.

732. Il résulte également d'un arrêt de la cour d'Orléans, du 9 août 1816 (2), que le tribunal qui déclare un rapport d'experts insuffisant et qui en ordonne un second peut, en statuant sur le résultat de celui-ci, prendre ce qu'il trouve de régulier dans celui-là et combiner les termes des procès-verbaux des deux expertises.

733. En matière de vices rédhibitoires, la Cour de cassation a décidé, par arrêt du 22 novembre 1842 (3), que, lorsque deux expertises ont eu lieu, les juges ont le droit de se fonder sur la première, quelles que soient les conclusions du second rapport.

734. Il est, du reste, de jurisprudence, que les juges peuvent, sans violer les droits de la défense, se servir à titre de renseignement, d'une expertise irrégulière, pourvu qu'ils n'en fassent pas la base unique de leur décision, et qu'ils constatent qu'indépendamment du rapport de l'expert, ils se sont fondés sur les actes et documents du procès, n'attachant à l'expertise d'autre force probante que celle d'un document livré à la discussion des parties et accepté comme un élément de présomptions dans la cause. Cela résulte d'un arrêt de la Cour de cassation, du 9 janvier 1877 (4).

735. Par arrêt du 11 juin 1877 (5), la même cour a jugé que lorsque des conclusions subsidiaires sont prises pour la première fois en appel, pour obtenir le maintien d'une partie

(1) Journal des avoués, t. XII, p. 703
(2) Journal des avoués, t. XII, p. 723.
(3) O. Dejean, *Traité de l'action* *rédhibitoire dans le commerce des animaux domestiques*, 3ᵉ édition, p. 158 et 159, nᵒ 303.
(4) Journal du palais, 1877, p. 131.
(5) Journal du palais, 1878, p. 523.

au moins des prétentions originairement soutenues, et pour demander à cet effet une nouvelle expertise, l'arrêt qui repousse ces conclusions subsidiaires en même temps que les conclusions principales, en appliquant expressément aux unes et aux autres les motifs des premiers juges et l'avis des experts nommés par ceux-ci, est nettement et, par suite, suffisamment motivé.

236. Il résulte aussi d'un arrêt de la Cour suprême, du 19 avril 1878 (1), que l'arrêt qui homologue un rapport d'experts, en constatant expressément l'exactitude des conclusions de ce rapport, motive suffisamment par cela même le rejet des conclusions subsidiaires tendant à l'annulation de l'expertise et à la nomination d'un nouvel expert.

237. Enfin, la Cour de cassation a également décidé, dans un arrêt du 9 juillet 1879 (2), en matière commerciale, qu'une expertise déclarée indispensable par un arrêt d'avant faire droit et accomplie dans des conditions qui la rendaient irrégulière et nulle, ne doit pas être nécessairement recommencée, si le juge ne la retient qu'à titre de renseignements dans la cause et vise d'autres documents qu'il déclare suffisants pour motiver sa décision.

238. Aux termes de l'article 322, la nouvelle expertise doit être faite par *un* ou *plusieurs* experts nommés *d'office* par les juges. Pour cette seconde opération, les parties n'ont donc plus à s'accorder ni sur le nombre ni sur le choix des experts. Au tribunal seul appartient le droit de décider, suivant les circonstances et le degré d'importance des renseignements à obtenir, s'il suffit de désigner un seul expert ou s'il est nécessaire d'en commettre trois.

239. La Cour de cassation a consacré cette doctrine en décidant, par arrêt du 10 août 1853 (3), que le juge peut, après avoir ordonné une première expertise par trois experts, faire opérer la seconde par un seul expert, sans qu'il en résulte aucune violation de la chose jugée.

240. C'est également le tribunal qui choisit lui-même, et sans l'intervention des parties, les hommes auxquels il croit devoir confier cette mission.

(1) Journal du palais, 1878, p. 1211.
(2) *Gazette des tribunaux,* du 13 juillet 1879, p. **679.**
(3) Journal du palais, 1853, t. II, p. 658.

741. Il résulte de tout ce qui précède que les articles 303, 304, 305, § 1er, et 306 du Code de procédure civile, ne sont pas applicables aux secondes expertises.

742. Mais le paragraphe 2 de l'article 305 et l'article 307, relatifs à la prestation de serment, les articles 308 à 314, qui concernent les récusations, l'article 315, l'article 316 (sauf la disposition du premier paragraphe, relative à l'accord des parties pour remplacer l'expert non acceptant ou empêché), les articles 317 à 321 et l'article 323, qui règlent l'opération et ses conséquences, doivent être exécutés dans les nouvelles expertises comme dans les expertises primitives. Ce second travail doit être fait dans les mêmes formes, avec le même soin et sous les mêmes garanties que le premier, car il faut que le rapport des nouveaux experts (FORMULE 85e) acquière la même authenticité que le procès-verbal de leurs devanciers, puisqu'il a pour but de confirmer, de modifier ou de contredire ce procès-verbal, et qu'il est ainsi appelé à exercer sur la décision des magistrats une influence au moins égale, sinon plus grande.

743. Il résulte évidemment des termes et de l'esprit de l'article 322 du Code de procédure civile que la nouvelle expertise ne peut porter que sur les faits qui ont été l'objet de la première.

744. Aussi la Cour de cassation a-t-elle décidé, le 15 janvier 1839 (1), que l'arrêt qui, hors du cas prévu par l'article 322, a nommé un seul expert, dispensé du serment, pour une expertise nouvelle applicable à des faits et actes postérieurs à une précédente expertise, quoique s'y rattachant par une nécessaire liaison, a été rendu en violation de la loi et doit être annulé.

745. Les juges, investis par la loi du droit d'ordonner d'office une nouvelle expertise et de choisir également d'office les nouveaux experts, peuvent-ils confier cette mission aux experts qui ont procédé à la première opération ? Ont-ils, du moins, la faculté de leur demander de nouveaux renseignements ? — La doctrine et la jurisprudence sont d'accord pour résoudre d'une manière précise cette double question.

746. MM. Favard de Langlade (t. IV, p. 707), Thomine-

_____

(1) Journal du palais, 1839, t. I, p. 169; Pandectes chron., à sa date.

Desmazures (t. I, p. 525) et Chauveau (*sur Carré*, t. III,
p. 123) expriment une opinion unanime, parfaitement résumée
dans le Répertoire général du Journal du palais (t. VII,
p. 105), en ces termes : « On conçoit très-bien qu'un tribunal qui, après avoir annulé un premier rapport d'experts,
ordonne une nouvelle expertise, ne puisse la confier aux
mêmes experts. De puissantes considérations semblent pro-
scrire cette mesure. D'abord rien ne garantirait à la justice
que la seconde opération, étant confiée aux mêmes individus,
serait plus régulière, plus satisfaisante que la première. En
second lieu, les termes de l'article 322 du Code de procédure
civile paraissent indiquer que, lorsqu'il y a lieu à une seconde
expertise dans la même affaire, l'opération doit être confiée
à de nouveaux experts, puisque ceux-ci sont autorisés
par cet article à demander aux précédents tous les renseignements qu'ils trouvent convenables. Mais il n'en est pas de
même lorsqu'il s'agit d'un supplément au premier rapport,
et surtout de simples renseignements devenus nécessaires
par suite de circonstances alléguées ou découvertes depuis la
clôture du rapport ; il est évident que, dans ce cas, cette
nouvelle opération peut et doit même être confiée aux premiers
experts, beaucoup plus en état de répondre à la confiance de
la justice que des hommes nouveaux et restés jusqu'alors
totalement étrangers à l'affaire.

747. Cette doctrine, à laquelle nous adhérons complètement, est consacrée par les arrêts de la Cour de cassation
des 5 mars 1818 (1), 7 août 1827 (2), 1er février 1832 (3),
19 décembre 1833 (4), 3 août 1836 (5), 4 janvier 1843 (6),
16 décembre 1847 (7) et par celui de la cour de Montpellier
du 27 mars 1824 (8), qui ont décidé : 1º que les juges qui,
n'étant pas suffisamment éclairés par la première expertise, en ordonnent une seconde, peuvent la confier aux
mêmes experts, lorsque cette nouvelle opération n'a d'autre
objet que de suppléer à l'insuffisance de la première ; —

(1) Journal des avoués, t. XII, p. 743.
(2) Journal des avoués, t. XXXIV, p. 24.
(3) Journal des avoués, t. LI, p. 715.
(4) Sirey, t. XXXV, 1re partie, p. 56.
(5) Sirey, t. XXXVII, 1re partie, p. 158.
(6) Journal du palais, 1843, t. I, p. 307.
(7) Journal du palais, 1848, t. II, p. 419.
(8) Journal des avoués, t. XXVI, p. 181.

2° que, lorsque les juges, sans annuler le rapport des experts, ordonnent un supplément de rapport sur quelques points qui leur paraissent mériter des explications, et particulièrement sur des circonstances alléguées pour la première fois par l'une des parties depuis la clôture du travail des experts, ils peuvent nommer d'office les mêmes experts pour procéder à cette nouvelle opération ; — 3° que, si l'expertise a été, du consentement des parties, faite par un seul expert, le tribunal peut, malgré l'opposition de l'une des parties, qui même demande la nullité du rapport, charger le même expert de faire seul une nouvelle opération supplétive et explicative de ce rapport; — 4° enfin, que la présence à une contre-expertise, ordonnée pendant les débats, d'un expert qui a déjà émis un avis lors de l'instruction, n'est pas interdite, et, dès lors, qu'il n'en peut résulter aucune nullité.

748. Deux autres arrêts, l'un de la Cour de cassation, du 27 février 1828 (1), et l'autre de la cour de Liége, du 11 février 1836 (2), ont statué dans le même sens. De plus, ils ont jugé qu'un nouveau serment n'est pas nécessaire pour valider la seconde opération, lorsque celle-ci n'est que la continuation de la première ; qu'elle est placée sous la même garantie, et que les experts n'ont pas alors besoin d'indiquer aux parties le jour où ils doivent opérer. Dans l'espèce, on n'avait demandé aux experts que de préciser les bases sur lesquelles ils avaient assis leur expertise, et il ne s'agissait, en quelque sorte, que de la continuation de leur premier travail. Mais il en serait autrement pour peu que les nouveaux renseignements demandés pussent être considérés comme une nouvelle expertise; toutes les formalités prescrites par la loi devraient alors, ainsi que nous l'avons déjà expliqué, être rigoureusement observées. (Voir précédemment, n° 742.)

749. Persistant dans sa jurisprudence, par arrêt du 8 novembre 1876 (3), la Cour de cassation a décidé que lorsqu'une expertise est annulée pour vice de forme aussi bien que lorsqu'elle est insuffisante et qu'il y a lieu de la compléter, le juge est libre, en en ordonnant une autre, de la confier à ceux qu'il avait chargés de la première ou de nommer des experts nouveaux, et que, quel que soit celui de ces deux partis qu'il pré-

(1) Journal des avoués, t. XXXVIII, p. 49.
(2) Journal de la cour de Bruxelles, 1836, t. II, p 174.
(3) Journal du palais, 1877, p. 158.

fère, d'après les faits et circonstances de la cause, il ne décide en cela qu'une question d'opportunité dont il est le seul et unique arbitre.

750. Les tribunaux ont donc pour cela toute liberté, et nous sommes, pour notre part, d'avis que lorsqu'un tribunal, après une expertise faite par un seul expert, croira devoir ordonner une contre-expertise par trois experts, il y aura presque toujours intérêt à ce que le premier expert soit mis au nombre des trois. Sa présence dans l'opération nouvelle la rendra plus complète et évitera aux juges l'indécision dans laquelle les place fort souvent l'existence de deux rapports également bien faits. Il est évident que les deux nouveaux experts, en vérifiant sur les lieux ou en discutant à l'aide des mêmes documents les constatations et les appréciations de leur collègue, qui les vérifiera et les discutera avec eux, seront beaucoup mieux éclairés, et qu'ils arriveront tous les trois ensemble à faire un rapport parfaitement étudié, dont la précision ne laissera plus aucune incertitude dans l'esprit des magistrats appelés à statuer sur le litige. — Dans le cas où la première expertise aurait été faite par trois experts, on pourrait également prendre l'un d'eux pour procéder à la contre-expertise avec deux nouveaux experts. (Voir ci-après, n⁰ˢ 757 et 760.)

751. Dans tous les cas, en nommant de nouveaux experts pour compléter une première expertise reconnue insuffisante, le juge ne s'interdit pas d'utiliser les renseignements fournis par le rapport des premiers experts. Ainsi l'a décidé, dans ses arrêts des 14 janvier 1878 (1) et 28 avril 1890 (2), la Cour de cassation, qui avait déjà jugé, le 30 avril 1877 (3), que lorsqu'en ordonnant une seconde expertise, pour vérifier et compléter les indications fournies par la première, le tribunal de première instance n'a point déclaré cette première expertise irrégulière et ne l'a point rejetée du débat, la cour d'appel en réunissant, pour rendre sa décision sur le fond, les données des deux expertises et en adoptant l'évaluation du dommage faite par les premiers experts, ne porte aucune atteinte à ce qui a été décidé par ledit jugement, passé en force de chose jugée, et elle fait de son pouvoir d'appréciation un usage légitime.

(1) Journal des avoués, t. CIV, p. 68.
(2) Pandectes françaises, 1891, 1, 10.
(3) Journal des avoués, t. CIII, p. 163.

752. L'expédient proposé par M. Boncenne, pour remédier à l'insuffisance ou à l'obscurité de certains points du rapport, expédient qui consiste à faire venir les experts à l'audience et à leur demander des renseignements oraux, peut être employé dans quelques cas et avoir pour effet d'économiser aux plaideurs du temps et des frais. Nous avons déjà traité cette question (voir précédemment, n°s 658 et 659), et nous ne pouvons que persister dans l'opinion que nous avons émise.

753. La cour de Bourges a jugé, par arrêt du 24 juillet 1832 (1), qu'une cour d'appel ne peut entrer dans l'examen des renseignements demandés à des experts par les premiers juges.

754. Nous avons examiné (voir précédemment, n° 620 et suiv.) quelle est la responsabilité encourue par les experts lorsque l'insuffisance de leur rapport oblige les juges à ordonner une nouvelle expertise, et l'on a vu que, dans certains cas, ils peuvent être condamnés à des dommages-intérêts. Il s'agit maintenant de savoir quelle est celle des deux opérations dont les frais doivent être supportés par les experts en faute, la première ou la seconde ?

755. D'après M. Dalloz (t. VII, p. 681), il faudrait prendre le parti qui blesserait le moins l'intérêt des experts. Pas plus que MM. Thomine-Desmazures (t. I, p. 625) et Chauveau (*sur Carré*, t. III, p. 135), nous ne voyons de bonne raison pour adopter cette solution. Il est plus naturel de mettre à la charge des experts les frais de la première expertise, qui ne peut pas remplir le but qu'elle devait atteindre, et de faire payer aux parties le coût **de** la seconde opération, sur laquelle sera jugé le procès. Il y aura, d'ailleurs, dans la plupart des causes de cette espèce, des circonstances de fait que les tribunaux apprécieront et qui devront modifier le principe que nous venons de poser : comme, par exemple, lorsque les juges laisseront de côté le second rapport pour s'en tenir au premier, ou qu'ils puiseront dans les deux les éléments de leur décision, etc.

756. L'article 322 porte que les nouveaux experts pourront demander aux précédents experts les renseignements qu'ils trouveront convenables. Ce que la loi accorde ici

---

(1) Journal du palais, *Rép.*, t. VII, p. 105, n° 502.

comme une simple faculté aux hommes chargés de la seconde expertise doit être pour eux une règle à suivre. Leur opération ne peut, en effet, que gagner en précision et en maturité par les éclaircissements qu'ils obtiendront de ceux qui ont procédé avant eux. Les premiers experts auront également intérêt à fournir à leurs successeurs tous les renseignements en leur possession, afin de prouver qu'ils n'avaient pas agi légèrement, et de justifier autant que possible l'avis contenu dans leur rapport.

757. Mais cette faculté laissée aux nouveaux experts de demander aux anciens les renseignements qu'ils trouveront convenables ne nous suffit pas. Instruit par une longue pratique de ces sortes d'opérations, nous sommes convaincu qu'une contre-expertise peut très-rarement être bien faite si les nouveaux experts ne confèrent pas avec ceux qui ont opéré avant eux, et nous croyons que, dans la plupart des cas, les tribunaux doivent, dans leurs jugements, en imposer l'obligation. Les nouveaux experts craignent souvent de s'adresser aux anciens, qui par un sentiment de réserve bien naturel se tiennent à l'écart, et il arrive alors que les uns se privent de renseignements précieux, dont ils tiendraient à s'entourer, tandis que les autres s'abstiennent, par délicatesse, de fournir d'utiles éclaircissements, qu'ils seraient heureux de donner. L'insertion dans le jugement d'une simple indication, ne fût-elle même pas obligatoire, suffirait pour enlever toutes les hésitations et profiterait ainsi à la constatation de la vérité. (Voir précédemment, n⁰ˢ 747 et suiv., et ci-après, n° 760.)

758. En matière de vérification d'écritures, les juges ont, comme en toute autre matière, le droit d'ordonner une nouvelle expertise. Notre opinion, sur ce point, est corroborée par celle de MM. Dalloz (t. VII, p. 631), Carré et Chauveau (t. III, p. 435 et 136).

759. La jurisprudence s'est également prononcée affirmativement à cet égard. Il résulte, en effet, d'un arrêt de la cour de Besançon, du 16 juin 1812 (1), et de deux arrêts de la cour de Rennes, des 26 mars 1813 (2) et 16 juillet 1817 (3), que l'article 322 du Code de procédure civile, bien qu'il se trouve sous le titre XIV, *Des Rapports d'experts*, doit

---

(1 et 2) Journal des avoués, t. XXII, p. 435 et 439.
(3) Journal des avoués, t. XXII, p. 435, 439 et 443.

recevoir son application dans le cas de la procédure prescrite au titre X, *De la Vérification des écritures*, puisque les individus chargés de donner leur avis sur les écritures contestées sont de véritables experts, qualifiés tels par la loi; que, si le législateur a établi, sous deux rubriques différentes, les règles relatives aux rapports d'experts et celles qui concernent les vérifications d'écritures, c'est parce que cette dernière procédure exige des formalités qui lui sont particulières; mais que les règles qui, comme celle contenue dans l'article 322, conviennent aux rapports d'experts, en général, ne sont pas moins applicables aux expertises en écritures qu'à toutes autres.

760. Dans son arrêt du 4 janvier 1820, que nous avons déjà cité (voir précédemment, n° 235), la Cour de cassation a décidé que le jugement ou l'arrêt qui ordonne une nouvelle expertise peut prescrire que les nouveaux experts procéderont en présence des anciens et devant certains fonctionnaires pouvant leur offrir des renseignements, par exemple devant le maire de la commune. Cette mesure peut, dans certaines circonstances, aider les experts dans leur travail et le rendre plus complet. (Voir ce que nous avons dit précédemment, n° 757.)

SECTION III.

EXPERTISES DANS DES CAS SPÉCIAUX.

761. Le titre XIV du livre II de la première partie du Code de procédure civile, que nous avons commenté dans la précédente section, contient toutes les règles générales auxquelles on doit se conformer, en matière civile, dans toutes les expertises et contre-expertises pour lesquelles la loi n'a pas prescrit de formes particulières. Ce sont ces cas spéciaux que nous allons maintenant examiner, en suivant l'ordre où ils se trouvent placés dans la première et la deuxième section du chapitre Ier de cet ouvrage.

§ Ier.—*Expertise ou estimation des meubles des enfants mineurs dont les père et mère ont la jouissance.*

762. D'après l'article 453 du Code civil, le survivant des père et mère qui veut garder, pour les remettre en nature, les meubles de ses enfants mineurs, dont il a la jouissance légale, est tenu d'en faire faire, à ses frais, une estimation à juste valeur par un expert nommé par le subrogé-tuteur, et qui prête serment devant le juge de paix. (Voir précédemment, n° 15.)

763. Dans ce cas, l'estimation est confiée, comme on le voit, à un seul expert, que nomme le subrogé-tuteur sans intervention du père tuteur ou de la mère tutrice, parce qu'ils auraient intérêt à ce que les meubles fussent estimés au prix le plus bas.

764. Le subrogé-tuteur n'est pas obligé de choisir un officier public, tel qu'un commissaire-priseur, un notaire, un greffier ou un huissier; cette expertise peut être faite par toute autre personne capable et digne de confiance. Ainsi l'ont jugé la Cour de cassation de Bruxelles, par arrêt du 2 août 1839 (1), et la cour de Grenoble, par arrêt du 5 décembre 1839 (2).

765. La nomination a lieu, sur la réquisition du tuteur ou de la tutrice, devant le juge de paix du canton dans lequel la succession s'est ouverte, qui reçoit en même temps le serment de l'expert, et dresse du tout un procès-verbal, dont la minute reste au greffe de la justice de paix (FORMULE 86°).

766. Aux jour et heure qu'il a fixés, en prêtant serment, l'expert procède à l'estimation, en présence du tuteur ou de la tutrice et du subrogé-tuteur, qui lui indiquent les meubles soumis à son appréciation.

767. L'estimation doit, d'après l'article 453 du Code civil, être faite à *juste valeur*. Il semble qu'une estimation doit toujours être ainsi faite, sans qu'il soit nécessaire de le spécifier; mais la loi nous explique, dans des cas analogues, le but de cette recommandation, en disant : « à juste valeur

---

(1 et 2) Sirey, t. XL, 2e partie, p. 100 et 223

(ou à juste prix) et *sans crue.* » (Voir, à cet égard, les
art. 825 et 868 du Code civil, et 943-3° du Code de procédure
civile.) Voici quel est le sens historique de ces mots : Un édit
de Henri II, du mois de février 1556, rendait les experts-
estimateurs garants de leur prisée et permettait de laisser
à leur compte les meubles qu'on ne pouvait pas vendre au
prix par eux indiqué. Pour se mettre à l'abri, les experts
prirent l'habitude d'estimer les objets mobiliers au-dessous
de leur valeur réelle; de là vint l'usage, chez ceux qui faisaient estimer, d'ajouter au prix fixé une augmentation, qui
était généralement d'un quart et qu'on appelait *crue, plus-
value, parisis,* etc. Aujourd'hui que les experts n'ont plus à
craindre de voir les meubles rester à leur compte, il n'y a plus
de raison pour eux de les priser au-dessous de leur valeur, et
c'est ce que le législateur a voulu éviter en prescrivant l'estimation à *juste valeur et sans crue.*

768. L'estimation dont il s'agit dans l'article 453 n'a rien
de commun avec l'inventaire qui a lieu après décès, ou dans
tous autres cas (voir précédemment, n° 26, et, ci-après,
n°s 857 et suiv.), et auxquels les notaires ont seuls le droit de
procéder. La Cour de cassation l'a ainsi décidé, par arrêt
du 17 juin 1850 (1). Il s'agissait, dans l'espèce, d'un greffier
de justice de paix qui, nommé par le subrogé-tuteur, et après
avoir prêté serment devant le juge de paix, avait, sur la
réquisition de la tutrice, dressé l'état estimatif des meubles
que celle-ci voulait conserver en nature, en vertu de l'article 453, et avait déposé cet acte au rang des minutes de son
greffe. La cour suprême a jugé, avec raison, que la cour de
Paris, en refusant de reconnaître dans ce fait une usurpation
des fonctions des notaires, n'avait ni faussement appliqué
l'article 453 du Code civil, ni violé soit l'article 943 du Code
de procédure civile, soit la loi du 25 ventôse an XI.

769. Le procès-verbal de l'expert (FORMULE 87e) est dressé
dans la forme ordinaire et déposé, après enregistrement, au
greffe de la justice de paix, où les parties peuvent, si elles
le jugent convenable, en prendre expédition. Les frais et
honoraires de l'expert sont taxés par le juge de paix, au bas
du procès-verbal, et payés par le père ou la mère qui a requis
l'expertise.

---

(1) Sirey, t. L, 1re partie, p. 649.

§ II. — *Expertise en matière de travaux à un mur mitoyen.*

270. « Tout copropriétaire peut faire exhausser le mur mitoyen ; mais il doit payer seul la dépense de l'exhaussement, les réparations d'entretien au-dessus de la hauteur de la clôture commune, et en outre l'indemnité de la charge, en raison de l'exhaussement et suivant la valeur. » (Code civil, **art.** 658.)

271. « Si le mur mitoyen n'est pas en état de supporter l'exhaussement, celui qui veut l'exhausser doit le faire reconstruire en entier à ses frais, et l'excédant d'épaisseur doit se prendre de son côté. » (Code civil, art. 659.)

272. « L'un des voisins ne peut pratiquer dans le corps d'un mur mitoyen aucun enfoncement, ni y appliquer ou appuyer aucun ouvrage, sans le consentement de l'autre, ou sans avoir, à son refus, fait régler par experts les moyens nécessaires pour que le nouvel ouvrage ne soit pas nuisible aux droits de l'autre. » (Code civil, art. 662.)

273. Les dispositions des trois articles du Code civil que nous venons de transcrire donnent souvent lieu à des expertises, qui, dans les villes, ont parfois une grande importance, présentent des difficultés et doivent être faites avec le plus grand soin. Elles sont presque toujours opérées à l'amiable ; l'intervention de la justice n'est réclamée que si l'un des copropriétaires du mur les rend nécessaires par son inertie ou son mauvais vouloir.

274. Lorsqu'un propriétaire, usant des droits qu'il puise dans les articles 658 et 659 du Code civil, veut faire exhausser le mur mitoyen, il doit prévenir le voisin assez à l'avance pour que celui-ci se mette en état d'éviter les dégradations et les dommages qui pourraient se produire de son côté. Chacun nomme ensuite un expert ; ces deux experts examinent l'état du mur, décident s'il peut supporter l'exhaussement ou s'il faut le reconstruire en entier, fixent dans le premier cas l'indemnité due pour l'exhaussement ou déterminent dans le second cas les détails de la reconstruction, etc. Ils dressent un rapport de leurs constatations et des calculs qui en sont la conséquence, et les parties se conforment à leur décision. Si les deux experts ne sont pas d'accord, ils nomment un tiers pour les départager et le rapport se fait alors en commun par les trois experts.

275. Dans le cas où le voisin ne consent pas à nommer amiablement un expert, ou retarde trop cette nomination, le propriétaire qui veut exhausser le mur doit lui faire signifier une sommation extra-judiciaire d'avoir à désigner son expert; si cette sommation reste sans effet, il faut s'adresser au président du tribunal de première instance qui, par ordonnance sur requête, désigne d'office des experts, sur le rapport desquels le tribunal autorise l'exhaussement du mur. Les parties et les experts doivent, pour ces sortes d'expertises, se conformer aux dispositions substantielles des articles 315 et suivants du Code de procédure civile. (Voir précédemment, n.os 389 et suiv.)

276. La Coutume de Paris (art. 197) fixait le montant de l'indemnité de la charge, en raison de l'exhaussement, au sixième de la valeur de cet exhaussement. Le Code civil n'a pas déterminé de chiffre; il a laissé le soin de fixer cette valeur aux experts, qui devront à cet égard se conformer à l'usage du lieu, s'il en existe. Il est, dans tous les cas, juste que l'indemnité soit égale à la valeur de ce dont le mur est déprécié par la charge qu'il reçoit.

277. Les travaux d'exhaussement du mur ne peuvent être commencés que lorsque le voisin a donné son consentement écrit ou, à défaut, qu'après l'expertise et l'autorisation de la justice, et le copropriétaire du mur qui ferait opérer l'exhaussement sans ce consentement amiable ou cette autorisation judiciaire pourrait être condamné à des dommages-intérêts et même à la démolition, sans préjudice des frais de la procédure.

278. Pour ce qui concerne les travaux prévus par l'article 662 du Code civil, les formalités à remplir sont plus simples. Le copropriétaire du mur mitoyen prévient le voisin des travaux qu'il veut faire et lui demande son consentement écrit, la preuve testimoniale n'étant pas admissible en pareille matière. Si le voisin n'obtempère pas à cette demande, le propriétaire qui veut faire les travaux requiert le consentement par acte d'huissier en déclarant qu'un expert, dont on donne le nom, sera sur les lieux tel jour et à telle heure, à l'effet de déterminer le mode à suivre pour que les travaux ne soient pas dommageables au voisin, le sommant d'y faire

trouver, de son côté, un expert, si bon lui semble. Au jour
et à l'heure indiqués, si le voisin n'a pas envoyé d'expert,
celui du copropriétaire procède seul à l'expertise, fait son
rapport et les travaux peuvent être entrepris.

279. Il résulte d'un arrêt de la Cour de cassation, du 20 novembre 1876 (1), que l'article 662 du Code civil, qui défend de
« pratiquer dans le corps d'un mur mitoyen aucun enfoncement, ni d'y appliquer ou appuyer aucun ouvrage sans le
consentement de l'autre propriétaire, ou sans avoir, à son
refus, fait régler par experts les moyens nécessaires pour que
le nouvel ouvrage ne soit pas nuisible aux droits du voisin »,
ne prescrit pas, comme sanction de ses dispositions, que
les tribunaux devront ordonner la destruction des travaux irrégulièrement pratiqués, et spécialement celle des
cheminées construites par l'un des copropriétaires, sans expertise préalable, dans l'épaisseur du mur mitoyen. L'expertise prescrite par l'article 662 n'est donc pas nécessairement
préalable. Elle peut être ordonnée postérieurement à l'exécution des travaux et comme moyen d'examiner, après coup,
si les travaux doivent être supprimés en tant que nuisibles
aux droits du voisin, ou si réparation seulement est due à
celui-ci à raison du préjudice causé.

§ III. — *Expertise dans le cas de demande en rescision de partage d'une succession.*

280. Après avoir dit que « les partages peuvent être res-
cindés pour cause de violence ou de dol », cas dont nous
n'avons pas à nous occuper ici, l'article 887 du Code civil
ajoute : « Il peut aussi y avoir lieu à rescision, lorsqu'un des
cohéritiers établit, à son préjudice, une lésion de plus du
quart. La simple omission d'un objet de la succession ne
donne pas ouverture à l'action en rescision, mais seulement
à un supplément de l'acte de partage. »

281. L'égalité est de l'essence même des partages ; si donc,
dans un acte de cette nature, les lots n'ont pas été égaux, le
partage peut être annulé ou rescindé (de *rescindere*, annuler).

_____

(1) Journal du palais, 1877, p. 376.

Cependant la loi n'autorise la rescision que si un des cohéritiers a été lésé de *plus du quart*. Ainsi, dans une succession de 60,000 francs à partager entre cinq héritiers, chacun d'eux doit avoir 12,000 francs ; si l'un d'eux reçoit moins de 9,000 francs, il a le droit de demander la rescision.

782. « L'action en rescision est admise contre tout acte qui a pour objet de faire cesser l'indivision entre cohéritiers, encore qu'il fût qualifié de vente, d'échange et de transaction, ou de toute autre manière. — Mais après le partage, ou l'acte qui en tient lieu, l'action en rescision n'est plus admissible contre la transaction faite sur les difficultés réelles que présentait le premier acte, même quand il n'y aurait pas eu à ce sujet de procès commencé. » (Code civil, art. 888.)

783. L'action en rescision pour cause de lésion doit comprendre tous les actes qui ont fait cesser l'indivision. Le législateur a nécessairement entendu que, dans le cas de partages successifs et partiels d'une même hérédité, la lésion, quoique reprochée à un seul de ces actes, serait appréciée par sa combinaison avec les autres ; qu'autrement le désavantage de l'acte attaqué pouvant être compensé par l'avantage résultant de tous ou de certains des actes semblables qui l'ont précédé ou suivi, les tribunaux seraient conduits à déclarer une lésion qui n'aurait rien de réel. Ainsi l'a jugé la Cour de cassation, dans un arrêt du 27 avril 1841 (1).

784. En vertu du même principe, la Cour de cassation, par arrêt du 29 juin 1847 (2), a rejeté le pourvoi contre un arrêt de cour d'appel ayant jugé que le mari qui acquiert la part indivise d'un cohéritier de sa femme, est présumé agir au nom et pour le compte de celle-ci, de telle sorte que l'on doit considérer la cession, non comme une vente au profit d'un étranger, mais comme un partage soumis à la rescision pour cause de lésion de plus du quart.

785. « L'action n'est pas admise contre une vente de droit successif faite sans fraude à l'un des cohéritiers, à ses risques et périls, par ses autres cohéritiers ou par l'un d'eux. » (Code civil, art. 889.) Ce n'est pas là, en effet, un partage déguisé qui doive entraîner la rescision, conformément à l'article 888; c'est un contrat aléatoire, dans lequel chaque partie court

(1) Sirey, t. XLI, 1re partie, p. 390.
(2) Sirey, t. XLVIII, 1re partie, p. 360.

des chances de perte ou de gain. La Cour de cassation a consacré cette jurisprudence dans un arrêt du 2 juillet 1878 (1).

786. « Pour juger s'il y a eu lésion, on estime les objets suivant leur valeur à l'époque du partage. » (Code civil, art. 890.)

787. La rescision pour cause de lésion ne peut être prononcée par les tribunaux que si le copartageant, demandeur dans l'instance, n'a pas eu dans le partage les trois quarts de ce qu'il devait avoir; il est évident que pour connaître ce qu'il a eu et ce qu'il devait avoir, ce n'est pas la valeur actuelle des biens que les experts ont à estimer, mais celle qu'avaient ces biens au moment du partage.

788. Cette constatation ne peut résulter que d'une expertise, et c'est pour cela que nous avons classé les opérations de cette nature dans la catégorie des expertises obligatoires. (Voir précédemment, n° 17.) Mais cela ne veut pas dire que les tribunaux ne soient pas libres de déclarer que la lésion n'existe pas, sans ordonner d'expertise préalable et en se fondant sur les documents qui leur sont soumis. Ainsi l'a jugé la Cour de cassation, par un arrêt du 16 décembre 1846 (2), et par celui du 29 juin 1847, précédemment cité. (Voir n° 784.) L'expertise n'est point obligatoire lorsque la lésion est manifestement repoussée par les circonstances de la cause ou qu'elle manque absolument de vraisemblance.

789. Dans les opérations de cette espèce, les experts ont à constater quels étaient la nature et l'état des biens à l'époque où le partage a été opéré, et à estimer leur valeur à cette époque. Ils doivent, par conséquent, faire abstraction de toutes les améliorations apportées depuis lors, de même que de la plus-value que certains objets auraient pu acquérir soit par le travail du copartageant auquel ils ont été attribués, soit par la force des choses. Ils n'ont pas non plus, par la même raison, à tenir compte des dégradations que les biens auraient pu subir postérieurement au partage ou de la moins-value qu'ils auraient pu éprouver par des circonstances naturelles ou exceptionnelles. C'est, en un mot, à l'époque du partage que les experts doivent se reporter entièrement, sans se préoccuper, dans leur estimation, des changements d'état

---

(1) Journal du palais, 1879, p. 275.
(2) Sirey, t. XLVIII, 1re partie, p. 687.

ou de valeur qui se sont ultérieurement produits. Plus tard,
si le partage est annulé et qu'il y ait lieu d'en faire un autre,
il faudra évidemment estimer les biens d'après leur valeur
actuelle, rechercher les améliorations ou les dégradations
ultérieures du fait de chacun des copartageants et en constater la valeur ; mais ce sera là une expertise nouvelle, que
peut rendre inutile l'entente amiable des intéressés et dont il
n'y a pas lieu de se préoccuper dans l'instance en rescision.

790. Les expertises, en matière de rescision, s'effectuent
d'après les mêmes règles que les expertises ordinaires devant
les tribunaux civils et les cours d'appel (voir précédemment,
nᵒˢ 466 à 760) ; le rapport est rédigé et déposé dans la même
forme, et les émoluments des experts sont calculés, taxés et
recouvrés de la même manière.

§ IV. — *Expertise dans le cas de demande en rescision de partage fait par père, mère ou autres ascendants.*

791. A l'effet de prévenir les contestations et les querelles
qu'engendre trop souvent le partage des successions, la loi a
donné aux père, mère et autres ascendants le droit d'opérer
eux-mêmes ce partage entre leurs descendants soit par acte
entre-vifs, soit par testament. Mais elle a aussi accordé aux
enfants le droit de demander, dans le cas de lésion, l'annulation de ces sortes de partages.

792. « Le partage fait par l'ascendant pourra être attaqué
pour cause de lésion de plus du quart ; il pourra l'être aussi
dans le cas où il résulterait du partage et des dispositions
faites par préciput, que l'un des copartagés aurait un avantage plus grand que la loi ne le permet. » (Code civil,
art. 1079.)

793. La première partie de cet article admet la rescision
des partages d'ascendants, comme celle des partages entre
cohéritiers, pour cause de lésion de plus du quart, et c'est
également par l'estimation des biens partagés que l'on peut
reconnaître l'existence de la lésion. Cette opération a donc
une certaine analogie avec celle dont nous avons expliqué les
règles dans le paragraphe précédent. Ainsi, ce que nous avons
dit dans les nᵒˢ 781, 783, 787, 788, 789 et 790 s'applique à

l'expertise relative aux partages d'ascendants comme à celle relative aux partages entre cohéritiers, et il sera bon de s'y reporter en le combinant avec les explications qui vont suivre.

794 L'expertise à effectuer dans le cas qui nous occupe actuellement est délicate, difficile, et elle ne pourra être bien faite que par des hommes pratiques, parfaitement au courant de ces sortes de questions, surtout lorsqu'il s'agira de rechercher si l'un des copartagés a « un avantage plus grand que la loi ne le permet ». Il faut alors, en effet, déterminer la quotité disponible et constater si l'ascendant a ou n'a pas dépassé cette barrière opposée par la loi à ses excès de libéralité, opération qui demande beaucoup de soin et exige des connaissances spéciales.

795. Que le partage soit attaqué pour cause de lésion ou pour atteinte portée à la réserve, il s'agit, pour apprécier si l'action est fondée, d'estimer la valeur des biens compris dans le partage. Mais à quelle époque devra-t-on remonter pour opérer cette estimation? Ce ne sera, dans tous les cas, jamais au jour de l'acte du partage, même entre-vifs : l'action en rescision ne sera ouverte qu'au décès de l'ascendant, et ce sera seulement à cette époque que les biens compris dans le partage devront être évalués. La jurisprudence est aujourd'hui parfaitement fixée, sur ce point, par de nombreux arrêts de la Cour de cassation, notamment ceux des 2 août 1848 (1), 16 juillet 1849 (2), 18 février 1851 (3), 14 juillet 1852 (4), 18 décembre 1854 (5), 6 février 1860 (6), 4 juin 1862 (7), 7 janvier 1863 (8), 28 juin et 29 août 1864 (9), 18 juin 1867 (10), 24 juin 1868 (11), 25 août 1869 (12), 9 juillet 1872 (13), 15 mai 1876 (14) et celui du 26 décembre 1876, que nous citons plus loin (Voir ci-après, n° 798) et aussi par un arrêt de la cour de Limoges du 14 janvier 1887 (15).

796. Maintenant, il y a une distinction à établir. S'il s'agit d'un partage simple, c'est-à-dire fait par un seul ascendant

(1) Journal du palais, 1848, t. II, p. 185.
(2) Journal du palais, 1849, t. II, p. 107.
(3) Journal du palais, 1851, t. II, p. 392.
(4) Journal du palais, 1852, t. II, p. 292.
(5) Journal du palais, 1855, t. I, p. 512.
(6) Journal du palais, 1860, p. 677.
(7) Journal du palais, 1863, p. 934.
(8) Journal du palais, 1863, p. 637.
(9) Journal du palais, 1864, p. 1182.
(10) Journal du palais, 1867, p. 761.
(11) Journal du palais, 1868, p. 880.
(12) Journal du palais, 1869, p. 1190.
(13) Journal du palais, 1873, p. 245.
(14) Journal du palais, 1876, p. 1070.
(15) Pand. françaises, 1888, 1,504.

et ne comprenant que ses biens, c'est au moment du décès de cet ascendant qu'il faut se placer pour procéder à l'estimation. Cela résulte des divers arrêts que nous venons de citer.

297. S'il s'agit du partage effectué, dans le même acte, par plusieurs ascendants, le père et la mère par exemple, en faisant des biens de chacun d'eux une masse et une répartition distinctes, il y aura là, en quelque sorte, deux partages, et on devra, pour estimer les biens de chaque ascendant, remonter au jour de son décès.

298. Enfin, s'il s'agit d'un partage *cumulatif,* — c'est-à-dire d'un partage fait ensemble par le père et la mère, tous deux vivants, dans le même acte et en confondant leurs biens en une seule masse, ou d'un partage fait, par le survivant des père et mère, de ses biens et de ceux de son conjoint décédé, également confondus en une masse unique, — l'action en rescision ne s'ouvrant qu'au décès du dernier mourant, c'est à cette époque qu'il faut se placer pour procéder à l'estimation de *tous* les biens. Cela résulte de nombreux arrêts et notamment de ceux de la Cour de cassation des 19 décembre 1859 (1), 2 et 18 janvier 1867 (2), 11 juin 1872 (3), 27 juillet 1874 (4) et 26 décembre 1876 (5). Ce dernier arrêt est ainsi motivé : « Vu les articles 922 et 1079 du Code civil; — Attendu que, par l'acte du 12 avril 1837, la veuve Sarrus a fait donation de tous ses biens à ses trois enfants, et que, par le même acte, ces biens réunis en une seule masse avec ceux de la succession de Sarrus père, prédécédé, ont été partagés entre les donataires en présence et avec l'assentiment de leur mère, qui avait fait de ce partage une condition de sa libéralité ; — Attendu que cet acte forme un tout indivisible ; que, pour vérifier s'il contient une lésion ou une atteinte à la réserve, il faut nécessairement apprécier le partage dans son ensemble et comparer la valeur respective des biens composant le lot de chacun des donataires copartageants ; — Qu'il suit de là que tous les immeubles compris dans la masse doivent être estimés à une même époque ; qu'on ne pourrait, en effet, sans rompre l'équilibre des lotissements et détruire toute l'économie du partage, fixer deux époques différentes pour l'estimation des biens paternels et des biens maternels,

(1) Journal du palais, 1860, p. 675.
(2) Journal du palais, 1867, p. 131 et 761.
(3) Journal du palais, 1873, p. 247.
(4) Journal du palais, 1875, p. 139.
(5) Pand. chronolog. à sa date.

qui ont été réunis dans une masse unique et répartis entre les copartageants sans distinction d'origine ; — Attendu que l'arrêt attaqué, après avoir reconnu que, pour vérifier si l'action en rescision ou en réduction est fondée, il fallait estimer les biens de la veuve Sarrus suivant leur valeur à l'époque de son décès, a néanmoins décidé que les biens paternels compris dans le même lotissement devaient être estimés selon leur valeur au moment du partage, et qu'elle s'est fondée sur cette double évaluation, faite à deux époques différentes, pour rejeter l'action du demandeur, tout en déclarant que si les biens paternels étaient estimés suivant leur valeur au décès de la veuve Sarrus, il serait possible qu'il existât une lésion à leur préjudice, ou que leur réserve fût atteinte ; — Attendu que, par cette décision, la cour d'appel de Bordeaux a méconnu les effets de l'indivisibilité du partage, et par suite, violé les articles ci-dessus visés ; — Casse, etc. » La cour de Bordeaux, — qui avait jugé en sens contraire, dans son arrêt du 28 avril 1873 (1), cassé par la décision de la Cour suprême du 26 décembre 1876, que nous venons de reproduire, — s'est conformée à cette jurisprudence par ses arrêts des 6 février 1878 (2) et 8 mai 1878 (3).

799. Dans ce dernier arrêt, la cour de Bordeaux a également décidé que, pour apprécier l'avantage indirect résultant d'une vente d'immeuble consentie à un successible, il y a lieu d'estimer la valeur de l'immeuble eu égard à son état au jour même de la vente et à sa valeur tant au même jour qu'à la date du décès de la mère dont le partage cumulatif est attaqué.

800. Le Code civil, dans ses articles 913 à 919, établit quelle est la portion de biens disponible, suivant le nombre de descendants ou d'ascendants du donateur ou du testateur, et l'article 920 porte que « les dispositions soit entre-vifs, soit à cause de mort, qui excèderont la quotité disponible seront réductibles à cette quotité, lors de l'ouverture de la succession. »

801. « La réduction des dispositions entre-vifs ne pourra être demandée que par ceux au profit desquels la loi fait la

---

(1) Journal des arrêts de cette cour, t. L, p. 172.
(2 et 3) Journal des arrêts de cette cour, t. LIII, p. 131 et 203.

réserve, par leurs héritiers ou ayants cause : les donataires, les légataires, ni les créanciers du défunt, ne pourront demander cette réduction, ni en profiter. » (Code civil, art. 921.)

802. « La réduction se détermine en formant une masse de tous les biens existants au décès du donateur ou testateur. On y réunit fictivement ceux dont il a disposé par donations entre-vifs, d'après leur état à l'époque des donations et leur valeur au temps du décès du donateur. On calcule sur tous ces biens, après en avoir déduit les dettes, quelle est, eu égard à la qualité des héritiers qu'il laisse, la quotité dont il a pu disposer. » (Code civil, art. 922.)

803. D'après cet article, après avoir formé une masse de tous les biens meubles et immeubles qui existent au décès, il faut y réunir fictivement tous ceux que le défunt a aliénés gratuitement pendant sa vie, déduire du tout les dettes qu'il a laissées, et, sur la somme qui reste, calculer celle qui constitue le disponible, en se conformant aux dispositions des articles 913 à 916 du Code civil.

804. C'est, en effet, ainsi qu'il faut calculer toutes les fois que les dettes n'excèdent pas l'actif de la succession ; mais, lorsque l'actif est insuffisant pour le payement des dettes, cette marche ne doit plus être suivie, parce qu'elle conduirait à d'injustes résultats. Aux termes de l'article 921, les créanciers du défunt ne peuvent pas profiter de la réduction : leurs créances ne doivent être payées que par les biens *existants au décès* et non par les biens précédemment donnés ; la déduction des dettes ne doit donc se faire que sur les biens existants. « Le mode de calcul indiqué par l'article se trouve indifférent, — dit M. Marcadé (t. III, p. 478), — toutes les fois que les dettes ne dépassent pas les biens existants ; parce qu'alors, que la déduction soit faite sur ces biens seuls ou sur ces biens réunis aux biens donnés, le résultat est toujours le même. Mais, si les dettes dépassent les biens existants et qu'au lieu de les déduire de ces seuls biens (en faisant abstraction de l'excédant de passif, qui est en effet perdu pour les créanciers et se trouve anéanti), on fasse la déduction sur les biens existants et les biens donnés, on fera ainsi supporter *fictivement* une part des dettes aux biens donnés qui n'en doivent rien payer *réellement*, et on diminuera d'autant l'actif définitif et partant la portion disponible, qui en est une fraction. En suivant ainsi la lettre de notre article (921),

13

l'héritier se procurerait une réserve plus forte que celle de la
loi : en imputant sur les biens donnés une certaine partie des
dettes, il se ferait restituer par les donataires, en sus de sa
véritable réserve, une somme qu'il refuserait ensuite de donner aux créanciers en invoquant l'article 921... Supposons
50,000 francs de biens existants, 50,000 francs de biens donnés, 80,000 francs de dettes et un seul enfant : l'enfant, en
déduisant les 80,000 francs de passif de la masse totale de
100,000 francs, dirait aux donataires qu'il ne reste que
20,000 francs d'actif ; que la portion disponible étant de moitié, ils n'ont droit qu'à 10,000 francs ; et que, puisqu'ils en
ont reçu 50,000, c'est 40,000 francs qu'ils ont à lui rendre ;
que, sur ces 40,000 francs, 10,000 francs seulement lui resteront comme réserve, et que les 30,000 autres vont aux
créanciers. Après avoir reçu ces 40,000 francs, il irait dire
aux créanciers que l'article 921 les empêchant de profiter de
la réduction, ils sont forcés de se contenter des 50,000 francs
trouvés au décès de son auteur. Ainsi, dans un cas où le disponible est de *moitié* et où par conséquent le disponible et la
réserve doivent être égaux, le réservataire arriverait à prendre
40,000 francs en ne laissant que 10,000 francs aux donataires!
Il est évident, au contraire, que les créanciers n'ayant droit
que sur les biens du décès et devant perdre ce qui leur est dû
au-delà du chiffre de ces biens, c'est sur ces biens seulement
que la déduction des dettes doit se faire. De cette manière,
on aura pour actif tous les biens donnés, 50,000 francs, dont
une moitié restera aux donataires comme disponible, et
l'autre moitié, ou 25,000 francs, reviendra à l'héritier réservataire. Si notre article indique un mode différent de calcul,
c'est évidemment parce que les rédacteurs se sont préoccupés
des cas les plus ordinaires, des cas où les dettes ne dépassent
pas l'actif du jour du décès (1). »

805. Si l'on veut pousser encore plus loin les conséquences
de l'application rigoureuse de l'article 922, dans le cas où les
dettes excèdent l'actif, supposons avec M. Rogron (*Code civil
expliqué*, p. 266), que le défunt, qui avait deux enfants, a
laissé un actif de 9,000 francs, après avoir fait deux donations
entre-vifs, l'une de 14,000 francs et l'autre de 10,000 francs,

(1) Merlin (*Rép.*, v° *Rés.*), Grenier (n° 612), Levasseur (n° 73), Toullier (V, 144), Delvincourt, Duranton (VIII, 343), Demante (*Prog.*, II, 286),
Vazeille (n° 23), Coin-Delisle (n° 37), Saintespès (II, 469).

soit une masse totale de 33,000 francs pour la consistance de la succession, et que le montant des dettes s'élève à 34 000 francs. La masse se trouverait ensuite réduite à zéro. « Il faudrait en conclure que la quotité disponible étant le tiers de la masse (le défunt ayant laissé deux fils), elle serait aussi zéro, et que toutes les donations devraient se rapporter ; que la réserve, étant les deux tiers de la masse, serait aussi zéro, et que, par conséquent, les légitimaires ne profiteraient pas de la réduction, mais seulement les créanciers, au mépris de l'article 921. Pour éviter ces conséquences absurdes, il faut dire que toutes les fois qu'il y aura plus de dettes que d'actif, les biens laissés par le défunt seront considérés comme zéro, et la masse ne se composera que des biens donnés entre-vifs. Ainsi, dans notre dernière hypothèse :

Actif de la succession. .   .   .   .   .   9,000 fr.
Dettes. 34,000

Les biens laissés seront considérés comme nuls, puisqu'ils sont absorbés et au delà par les dettes.

Première donation. .   .   .   .   .   . 14,000 fr.
Deuxième donation. 10,000
Total formant la masse. .   . 24,000
Pour la quotité disponible, le tiers. .   8,000
Pour la réserve, les deux tiers. .   . 16,000

Les héritiers légitimaires feront réduire les donations pour y prendre cette somme ; et, s'ils ont eu soin d'accepter sous bénéfice d'inventaire, comme ils ne seront tenus que jusqu'à concurrence des biens trouvés dans la succession, les créanciers n'auront rien à réclamer sur la réserve de 16,000 francs, parce qu'ils ne doivent jamais profiter de la réduction (art. 921). »

806. Ainsi donc, pour fixer la masse dont la division doit donner la portion disponible et la portion réservée, il faudra : 1° établir la valeur des biens que le défunt possédait en mourant ; 2° en déduire le montant des dettes, et, si ces dettes absorbent la valeur des biens existants, considérer cette valeur comme nulle dans le calcul du disponible et de la réserve ; 3° enfin, estimer l'ensemble des biens donnés entrevifs et l'ajouter à l'actif au décès, après déduction des dettes ; et, si les dettes excèdent l'actif au décès, calculer la réserve et le disponible sur le montant seul des donations entre-vifs.

807. Examinons maintenant quelles sont les règles que les experts auront à suivre pour procéder à ces diverses opérations, en nous aidant des explications données par M. Marcadé sur l'article 922 (t. III, p. 479 et suiv.).

808. « Et d'abord, il faut estimer tous les biens que le défunt a laissés en mourant; aussi bien ceux dont il pourrait avoir disposé par testament que ceux qu'il laisse passer à ses héritiers. On les estime d'après l'état et la valeur qu'ils présentent au jour du décès, et sans tenir compte des changements qui auraient pu survenir depuis ce moment; parce que c'est au moment même du décès que se réalise le droit à la réserve, à la succession réservée, et que c'est sur l'ensemble des biens, des valeurs existant à ce moment, que l'héritier doit avoir telle fraction et les donataires ou légataires telle autre fraction. Donc, les augmentations survenues depuis le décès seraient un profit pour l'héritier, comme les diminutions seraient une perte dont il ne pourrait pas se faire indemniser. Au moment du décès, en effet, la réserve s'est immédiatement déterminée *en droit* (quoiqu'elle ne le soit *en fait* que plus ou moins longtemps après) ; depuis ce moment elle a été la propriété, non plus du défunt, mais de l'héritier, et c'est pour le compte de ce dernier qu'elle s'est accrue ou qu'elle a diminué. »

809. L'article 922 veut que l'on compte tous les biens existants au décès du donateur ou testateur, c'est-à-dire toutes les valeurs quelles qu'elles soient, les immeubles corporels et incorporels, les meubles de toute nature, argent, bijoux, tableaux, propriétés artistiques et littéraires, etc., sans regarder l'origine d'aucun de ces biens, et soit que le défunt les ait lui-même acquis ou qu'ils lui soient venus par donation, succession ou autrement. « On compte aussi les créances, bien entendu, en y comprenant celles que le défunt pouvait avoir contre son héritier et dont celui-ci s'est trouvé libéré par confusion (art. 1300 du Code civil). Parmi ces créances, les bonnes, lorsqu'elles sont pures et simples ou seulement à terme, doivent compter pour leur valeur nominale ; celles qui seraient évidemment mauvaises doivent être rejetées; et quant à celles qui seraient douteuses ou conditionnelles, comme elles ne peuvent être ni admises absolument, ni rejetées absolument, elles ne permettent de faire, quant à présent, qu'un calcul provisoire que l'on fera suivre plus tard d'un compte supplémentaire quand les résultats seront une fois connus. On pourrait cependant éviter cet inconvénient, soit pour les créances douteuses ou conditionnelles, soit pour tous autres biens dont la propriété serait conditionnelle ou menacée d'éviction, en vendant immédiatement ces différentes valeurs, si l'on en trouvait l'occasion, ou bien encore au moyen d'une estimation à forfait dont les donataires et légataires conviendraient amiablement avec l'héritier. » Cette estimation amiable pourrait être constatée dans le rapport des experts (1).

810. La valeur des biens existants au décès étant fixée, il faut déduire les dettes en suivant les règles que nous venons d'indiquer. « Ainsi, de même qu'on estime tous les biens, il faut déduire toutes les dettes (Marcadé, *loco citato*), c'est-à-dire la valeur de toutes les obligations de diverse nature, à l'exécution desquelles la succession se trouve soumise. Et quant à celles qui se trouvent conditionnelles, la déduction s'en fait provisoirement et sauf nouveau calcul, si la condition ne s'accomplit pas. On pourrait aussi, par commun accord des donataires, des légataires et de l'héritier avec les créanciers conditionnels, se libérer de ces obligations en versant de suite à ces créanciers une somme dont on conviendrait, ou bien encore, sans le concours des créanciers, les estimer éventuellement et à forfait à une somme fixe, dont on ferait immédiatement la déduction. — Ainsi encore, de même que l'on compte dans les biens les créances que le défunt pouvait avoir contre son héritier, de même il faut compter dans les dettes les créances que cet héritier pouvait avoir contre le défunt. — Enfin, de même que l'on ne compte pas, dans l'actif des biens existants, les choses qui constituent la succession spéciale des articles 351, 352 et 747, de même on ne

---

(1) En disant que l'on doit compter, pour former la masse, *tous les biens* délaissés par le défunt, il est évident que l'article 922 ne comprend que les biens appartenant réellement à la succession à diviser en réserve et disponible, et qu'il faut mettre de côté tous ceux qui forment une succession spéciale, tels que les biens donnés par l'ascendant et repris par lui dans le patrimoine du descendant mort sans postérité (art. 747 du Code civil), les biens donnés par l'adoptant qu'il reprend dans la succession de l'adopté **ou** de ses descendants, et les biens que les enfants de l'adoptant reprennent dans la succession de l'adopté (art. 351 et 352 du Code civil). Les choses soumises, dans ces divers cas, au retour légal, ne faisant pas partie de la succession à diviser en portion disponible et portion réservée, il n'y a pas lieu de les compter dans la masse de cette succession

déduira pas de cet actif la portion que cette succession spéciale doit supporter dans les dettes. Par exemple, s'il y a pour 100,000 francs de biens, dont 40,000 (ou deux cinquièmes) soient soumis au retour légal, en sorte qu'il n'en faut compter que 60,000 pour la succession ordinaire ; que, d'un autre côté, il y ait 30,000 francs de dettes ; alors il est clair que deux cinquièmes de ces dettes, ou 12,000 francs, devant être payés par celui qui profite du retour, c'est 18,000 francs seulement qu'il faudra déduire de la succession ordinaire, en sorte que l'actif net et définitif sera de 42,000 francs. — Il faut comprendre aussi dans les dettes à déduire les frais funéraires, les dépenses que l'héritier a dû faire pour l'acceptation de la succession, les frais de scellés, d'inventaire, de partage, etc. »

811. « Quand on a fait l'estimation des biens existants et la déduction des dettes, il faut estimer les biens donnés entre-vifs ; et de même qu'on a dû estimer *tous* les biens existants et en déduire toutes les dettes, il faut aussi estimer *tous* les biens donnés. Ainsi ce ne sont pas seulement les biens donnés à des étrangers qu'il faut faire entrer en compte, mais aussi les biens donnés aux héritiers, soit par avancement d'hoirie, soit même par préciput. En effet, il ne s'agit pas encore de savoir si telle ou telle donation doit ou non être réduite, si elle doit s'imputer sur la réserve ou sur le disponible ; il s'agit tout simplement de former la masse fictive sur laquelle doivent se calculer ce disponible et cette réserve, et il est clair que, pour cela, il faut compter toutes les donations, qu'elles soient imputables sur l'une ou l'autre portion... Mais comment devra se faire l'estimation de ces biens donnés ? Le texte de notre article veut que l'on prenne pour base l'état dans lequel se trouvaient les biens au jour de la donation, et la valeur qu'ils ont ou devraient avoir au jour du décès du donateur, d'après cet état ; d'où il suit qu'on ne devrait jamais tenir aucun compte des changements survenus dans l'état de l'objet donné, dans l'intervalle de la donation au décès. Cette règle est exacte pour les cas ordinaires ; mais elle deviendrait fausse si on lui donnait un sens absolu, qui n'était certainement pas dans la pensée des rédacteurs. Les donataires ont pu améliorer ou détériorer les biens, et il ne serait pas juste que la succession gagnât ou perdît une valeur plus ou moins considérable par suite du fait de ces donataires. Les biens .

doivent être estimés à la valeur qu'ils auraient *s'ils n'avaient pas été donnés par le défunt.* C'est là ce que veut dire notre article; et les changements d'état dont il défend de tenir compte sont ceux provenant du fait des donataires. Mais cette idée de la loi se trouve exprimée inexactement; car l'état que les choses présentaient au jour de la donation a pu être changé autrement que par les donataires; il a pu recevoir des modifications qu'il aurait reçues nécessairement aussi dans le patrimoine du défunt et dont la succession doit dès lors souffrir ou profiter. — Ainsi, une maison qui valait 30,000 francs lors de la donation, et qui en vaudrait 40,000 lors du décès (à cause, par exemple, du percement de nouvelles rues) si elle était restée dans le même état, en vaut 60,000 par suite des augmentations que le donataire y a fait faire ; il est clair qu'on doit s'arrêter à la valeur de 40,000 francs; comme le demandent les termes de notre article, et ne pas tenir compte des 20,000 francs de plus-value provenant des déboursés du donataire. Mais, s'il s'agit d'un terrain qui valait 50,000 francs, et qui vaut aujourd'hui 70,000 francs par suite de l'accroissement considérable que l'alluvion lui a donné, il est évident qu'il doit être compté pour cette valeur de 70,000 francs, et que le terrain ne doit pas être estimé d'après la valeur qu'il aurait s'il était encore dans le même état qu'au jour de la donation. Il s'agit là, en effet, d'un changement d'état que le terrain aurait reçu tout aussi bien dans le patrimoine du défunt que dans les mains du donataire. Que si une construction s'est trouvée détruite par une inondation ou autre cas fortuit, il est clair encore que c'est la succession qui doit en subir la perte, et qu'on doit estimer le bien, non d'après l'état où il était lors de la donation, mais dans l'état où il se trouve aujourd'hui. Si, enfin, le donataire a subi l'expropriation forcée de l'immeuble, il est évident que c'est l'indemnité payée qui devra entrer en compte, ni plus ni moins. — En un mot, la règle à laquelle il faut s'attacher, c'est que les biens doivent être comptés pour la valeur qu'ils procureraient lors du décès, s'ils n'avaient pas été donnés par le défunt. C'est tout simple, puisque le but des calculs indiqués par cet article est d'arriver à savoir combien la succession vaudrait, si les donations n'avaient pas été faites. »

813. Pour les meubles la règle est la même, en faisant

toutefois une distinction. « S'il s'agit de biens meubles que l'on ne possède, dans l'usage, que pour les consommer ou les aliéner prochainement, leur donation empêche de retrouver dans la succession, non pas les choses elles-mêmes (puisque le donateur ne les aurait pas gardées), mais la valeur qu'elles avaient au moment de la donation ; c'est à ce moment de la donation, en effet, que le donateur les aurait vendues, échangées ou consommées ; la valeur dont le patrimoine se trouve diminué est donc celle que le donateur aurait tirée de ces choses en les aliénant à titre onéreux, ou celle au moyen de laquelle il lui a fallu en obtenir de semblables pour sa consommation. S'il s'agit, au contraire, de biens meubles qu'il est d'usage de conserver (des rentes, des créances, des offices ministériels, des meubles meublants, des pierreries, des bijoux, etc.), la succession, si la donation n'avait pas eu lieu, posséderait aujourd'hui ces choses en nature ; c'est donc de leur valeur, au temps du décès, qu'elle se trouve privée ; et c'est pour cette valeur que les choses doivent être comptées (1). »

813. Au résumé, les biens donnés doivent toujours être comptés pour la valeur qu'ils auraient procurée *lors du décès*, si la donation n'en avait pas été faite. « Ainsi, — ajoute M. Marcadé (*loco citato*), — quand même les calculs de réduction ne se feraient que longtemps après le décès, et que les biens donnés auraient beaucoup augmenté ou diminué de valeur dans l'intervalle (*par des causes indépendantes du donataire*), ces calculs se feront toujours d'après la valeur au temps du décès. Supposons qu'il y eût au décès 100,000 francs, dont 40,000 francs en une maison recueillie par un enfant, unique héritier, et 60,000 francs en une ferme donnée : la donation de la ferme, si la réduction s'était faite immédiatement, aurait été réduite d'*un sixième* ; donc, à quelque époque que se fasse la réduction et quelle que soit la valeur de la ferme donnée, ce sera toujours le retranchement d'un sixième qui devra avoir lieu. Ainsi, que la ferme, par d'heureuses circonstances, soit arrivée à valoir 90,000 francs, le donataire ne pourrait se libérer en donnant 10,000 francs ; il lui faudra

---

(1) *Comparez* : Grenier (n° 637), Delaporte, Delvincourt, Toullier (V, 139), Duranton (VIII, 342), Vazeille (n° 14), Coin-Delisle (n°° 31-35), Saintespès (II, 492).

rendre un sixième de la ferme, qui vaut aujourd'hui 15,000 francs. — En effet, ce n'est pas seulement pour une partie des calculs à faire, c'est pour tous ces calculs, qu'il faut prendre la valeur lors du décès. Or, la valeur de la ferme lors du décès n'était que les deux tiers de sa valeur actuelle ; et de même que les 90,000 francs d'aujourd'hui ne représentent que les 60,000 francs d'alors, de même il faut aujourd'hui 15,000 francs pour équivaloir aux 10,000 francs dus au moment du décès. En d'autres termes : c'est l'objet donné, c'est la ferme, qui doit subir le retranchement. On estime donc cette ferme avec sa valeur au décès, c'est-à-dire 60,000 francs ; ces 60,000 francs réunis aux 40,000 francs que l'enfant a recueillis forment un patrimoine de 100,000 francs, dont il faut moitié à l'enfant ; donc c'est 10,000 francs qui manquent à cet enfant ; mais 10,000 francs, c'est le sixième de la ferme estimée 60,000 fr. ; donc c'est ce sixième que l'enfant doit prendre. Ce sixième, qui est devenu la propriété de l'enfant dès le décès, a dû augmenter de valeur pour lui, comme les cinq autres sixièmes ont augmenté de valeur pour le donataire. — La réciproque aurait lieu, bien entendu, si la valeur de la ferme avait diminué (toujours *par des causes indépendantes du donataire*). »

814. Quand les experts auront ainsi estimé la valeur des biens donnés, ils la réuniront à la somme qui, dans l'actif des biens existants au décès, excèdera le montant des dettes, et, sur cette masse totale, ils calculeront la réserve et la portion disponible, d'après le nombre et la qualité des héritiers réservataires, conformément aux dispositions des articles 913 à 916 du Code civil. — Il est bien entendu que, dans le cas où le montant des dettes serait égal ou supérieur à la valeur des biens existants au décès, ce serait sur la valeur seule des biens donnés que le calcul serait opéré. (Voir précédemment, n°s 804, 805 et 806.)

815. A l'appui de la doctrine que nous venons d'émettre relativemen aux biens donnés (voir précédemment, n°s 811 et suiv.), nous citerons un arrêt de la Cour de cassation, du 4 décembre 1876 (1), portant que les biens dont il a été disposé par donation entre-vifs devant être fictivement réunis, pour la détermination de la quotité disponible, aux biens

_____

(1) Journal du palais, 1877, p. 156.

existants au décès du donateur (art. 922 du Code civil), il en résulte que le jugement qui charge des experts d'évaluer tous les biens d'une succession et d'en former des lots, autorise virtuellement et nécessairement ces experts à évaluer les immeubles compris dans la donation faite à l'un des héritiers par l'auteur commun. En conséquence, l'autorité de la chose jugée par cette décision n'est pas méconnue par l'arrêt qui admet, en homologuant le rapport des experts, que ceux-ci ont pu faire porter leur estimation sur les biens donnés.

816. Telles sont les règles générales que les experts doivent suivre dans les cas de rescision de partages d'ascendants; on voit, par l'étendue même du résumé que nous venons d'en faire et par la diversité des questions qui peuvent surgir de leur application, combien de semblables expertises exigent de soin, d'intelligence et d'aptitude spéciale; quels sont tous les éclaircissements que le rapport doit contenir et avec quelle précision, quelle clarté il doit être rédigé pour fournir aux magistrats les bases de leur décision.

817. « L'enfant qui, pour une des causes exprimées en l'article précédent, attaquera le partage fait par l'ascendant, devra faire l'avance des frais de l'estimation; et il les supportera en définitive, ainsi que les dépens de la contestation, si la réclamation n'est pas fondée. » (Code civil, art. 1080.)

818. C'est le seul cas où la loi oblige les parties à faire l'avance des frais d'expertise (voir précédemment, n° 361). Les experts peuvent, en vertu de cet article, exiger, avant d'entreprendre leur travail, la consignation au greffe, par la partie poursuivante, des débours et honoraires présumés de leur opération. Il leur est souvent si difficile d'obtenir le payement de ce qui leur est dû, et ils sont presque toujours obligés de l'attendre si longtemps, qu'ils feront bien de ne pas négliger, puisqu'en cette matière la loi le leur permet, de s'assurer, avant de rien faire, que ce préalable a été rempli.

§ V. — *Expertise dans le cas de demande en rescision d'une vente pour cause de lésion.*

819. « Si le vendeur a été lésé de plus de sept douzièmes dans le prix d'un immeuble, il a le droit de demander la rescision de la vente, quand même il aurait expressément renoncé dans le contrat à la faculté de demander cette rescision, et qu'il aurait déclaré donner la plus-value. » (Code civil, art. 1674.)

820. « Pour savoir s'il y a lésion de plus de sept douzièmes, il faut estimer l'immeuble suivant son état et sa valeur au moment de la vente. » (Code civil, art. 1675.)

821. Il est évident que, pour savoir s'il y a eu lésion au moment de la vente, il faut considérer la valeur que l'immeuble avait alors et non celle qu'il présente actuellement. On ne doit donc avoir aucun égard aux détériorations ni aux améliorations ou accroissements survenus depuis cette époque.

822. Le prix des récoltes pendantes par racines et des fruits des arbres non encore recueillis, lors de la vente, doit être compris dans l'estimation. Ainsi l'a jugé un arrêt de la Cour de cassation, du 15 décembre 1830 (1), par la raison que, dans l'ancien droit comme sous l'empire du Code civil (art. 520), les récoltes pendantes par les racines et les fruits des arbres non encore recueillis sont réputés immobiliers; de sorte que, pour vérifier la lésion, il faut ajouter à la valeur de l'immeuble, au moment de la vente, le prix de ces fruits et récoltes.

823. « La preuve de la lésion ne pourra être admise que par jugement, et dans le cas seulement où les faits articulés seraient assez vraisemblables et assez graves pour faire présumer la lésion. » (Code civil, art. 1677.)

824. MM. Troplong (t. II, p. 830) et Duvergier (t. II, p. 106) enseignent que la rescision pourrait être prononcée par un premier et seul jugement, si les juges trouvaient la lésion suffisamment établie. M. Marcadé (t. VI, p. 314 et 315) dit que c'est une erreur. « La loi ne permet pas aux tribunaux de prononcer immédiatement la rescision, en accueillant *de plano* la preuve de lésion que le vendeur pourrait donner; elle exige qu'un premier jugement admette le vendeur à faire sa preuve (laquelle ne peut résulter que d'une expertise faite en conformité des articles 1678 à 1680 du Code civil), après quoi un second jugement, si le tribunal trouve la lésion

---

(1) Sirey, t. XXXI, 1re partie, p. 33.

de plus de sept douzièmes suffisamment établie, prononcera la rescision. »

825. M. Rogron (*Code civil expliqué*, p. 628) est du même avis que M. Marcadé. C'est aussi l'opinion que nous adoptons, en présence des termes formels de l'article 1677 et de ceux de l'article 1678, que nous allons reproduire. (Voir ci-après, n° 830.)

826. « Du reste, — dit M. Marcadé (t. VI, p. 316), — si le tribunal est toujours forcé, du moment qu'il croit devoir donner suite à la demande, d'ordonner une expertise, il n'est jamais forcé de se conformer au rapport des experts. Il peut nommer d'office de nouveaux experts; il peut, comme le disaient dans le Conseil d'État M. Tronchet et le Premier Consul, chercher la vérité par tout autre moyen, recourir en dehors de l'expertise aux actes de ventes, de partages, de baux et à toutes autres circonstances, et arriver ainsi à reconnaître l'existence d'une lésion de plus de sept douzièmes malgré le rapport qui la niait, ou la rejeter quand le rapport l'admettait. » Cette doctrine est conforme aux principes posés dans les articles 322 et 323 du Code de procédure civile, applicables en matière de lésion (voir précédemment, n°s 653 et suiv., 661 et suiv., 703 et suiv.), et elle est consacrée par un **arrêt de la Cour de cassation, du 31 mars 1840 (1)**.

827. Par arrêt du 6 janvier 1879 (2), la cour de Caen a jugé que l'article 1674 du Code civil, qui autorise le vendeur lésé de plus de sept douzièmes à demander la rescision de la vente, est général et s'applique aux ventes faites moyennant une rente viagère comme à toutes les autres ventes; qu'à cet égard les tribunaux ont le pouvoir d'apprécier, par tous les moyens que la loi met à leur disposition, si le prix, quel qu'il soit, est inférieur aux cinq douzièmes de la valeur de l'immeuble; mais que, d'après l'article 1677 du même Code, la preuve de la lésion ne pouvant être admise que dans le cas seulement où les faits articulés seraient assez vraisemblables et assez graves pour la faire présumer, les juges peuvent rejeter la demande d'expertise et l'action en rescision quand la rente viagère stipulée et les autres charges de la vente (réserve d'usufruit, retenues faites par le vendeur, réparations

---

(1) Sirey, t. XL, 1re partie, p. 304.
(2) Journal du palais, 1879, p. 733; Pandectes chronologiques, à sa date.

imposées à l'acquéreur) forment un tout supérieur aux cinq douzièmes de la valeur de l'immeuble vendu.

828. En ce qui concerne l'admissibilité de la rescision contre les ventes à rente viagère, la jurisprudence paraît être fixée dans le sens de l'affirmative, tant par la décision ci-dessus rapportée que d'après deux arrêts, l'un de la Cour de cassation, du 13 novembre 1867 (1), et l'autre de la cour de Lyon, du 10 juin 1875 (2).

829. Quant à la seconde solution contenue dans l'arrêt de la cour de Caen, le *Journal du palais* (3) s'exprime ainsi : « Aux termes de l'article 1677 du Code civil, la preuve de la lésion ne pourra être admise que dans le cas seulement où les faits articulés seront assez vraisemblables et assez graves pour en faire présumer l'existence. La lésion est un fait exceptionnel. Pour être admis à la prouver, il ne suffit pas de l'alléguer ; il faut encore produire des faits qui la rendent vraisemblable. Sous ce rapport, les juges sont investis d'un pouvoir discrétionnaire. Ils doivent rejeter l'offre de preuve et l'action en rescision, quand le vendeur se borne à alléguer la lésion, sans justifier de la vraisemblance de cette allégation. A plus forte raison doivent-ils rejeter l'offre de preuve et l'action en rescision, quand il est constant pour eux qu'il n'y a pas eu lésion. » Cette doctrine est fondée sur un arrêt de la Cour de cassation du 7 décembre 1849 et l'opinion de Merlin (*Rép.*, v° *Lésion*, n° 6), Duranton (t. XVI, p. 446), Troplong (*Vente*, t. II, p. 828 et suiv.), Duvergier (t. II, p. 405), Aubry et Rau (t. IV, p. 447), Laurent (t. XXIV, p. 436).

830. « Cette preuve ne pourra se faire que par un rapport de trois experts, qui seront tenus de dresser un seul procès-verbal commun et de ne former qu'un seul avis à la pluralité des voix. » (Code civil., art. 1678.)

831. « S'il y a des avis différents, le procès-verbal en contiendra les motifs, sans qu'il soit permis de faire connaître de quel avis chaque expert a été. » (Code civil, art. 1679.)

832. « Les trois experts seront nommés d'office, à moins que les parties ne se soient accordées pour les nommer tous les trois conjointement. » (Code civil, art. 1680.)

---

(1) Journal du palais, 1868, p. 35.
(2) Journal du palais, 1876, p. 478.
(3) Journal du palais, 1879, p. 733, note.

833. Ces trois articles modifient sur deux points seule-ment les règles générales des expertises, que nous avons dé-veloppées et commentées dans la section II du présent cha-pitre III; mais, pour tout le reste, ils confirment ces règles, auxquelles il faudra conséquemment se reporter, en tenant compte des modifications que nous allons indiquer aux n°s 834 et 836.

834. D'après l'article 1678, l'opération devra toujours être faite par trois experts. Ce nombre ne pourrait pas être réduit, même du consentement des parties; c'est une dérogation à l'article 303 du Code de procédure civile (voir précédemment, n°s 194 et suiv.), dont le second membre de phrase est, dès lors, sans objet pour le cas actuel.

835. La suite de l'article 1678 et l'article 1679 tout entier reproduisent les dispositions de l'article 318 du Code de pro-cédure civile. (Voir précédemment, n°s 520 et suiv.) Nous n'avons, par conséquent, rien à ajouter à cet égard. Le rap-port (FORMULE 88e) doit être dressé comme dans les cas ordi-naires.

836. Aux termes de l'article 1680, les trois experts doi-vent être nommés d'office par le tribunal, à moins que les parties ne se soient accordées pour les nommer *tous les trois conjointement*. Il faut que cet accord complet soit fait avant la prononciation du jugement; à défaut, la nomination des trois experts a lieu d'office. D'où il suit que le premier paragraphe de l'article 305 du Code de procédure civile et l'article 306 en entier (voir précédemment, n°s 213 et suiv.) sont sans appli-cation au cas qui nous occupe.

§ VI.— *Expertises relatives au privilége des architectes, entrepreneurs et ouvriers.*

837. L'article 2103 du Code civil porte : «Les créanciers privilégiés sur les immeubles sont : ... 4° les architectes, entrepreneurs, maçons et autres ouvriers, employés pour édifier, reconstruire ou réparer des bâtiments, canaux, ou autres ouvrages quelconques, pourvu néanmoins que, par un expert nommé d'office par le tribunal de première instance dans le ressort duquel les bâtiments sont situés, il ait été dressé préalablement un procès-verbal, à l'effet de constater l'état des lieux relativement aux ouvrages que le propriétaire déclarera avoir dessein de faire, et que les ouvrages aient été, dans les six mois au plus de leur perfection, reçus par un expert également nommé d'office. — Mais le montant du privilége ne peut excéder les valeurs constatées par le second procès-verbal, et il se réduit à la plus-value existante à l'époque de l'aliénation de l'immeuble et résultant des travaux qui y ont été faits. »

838. Chacune des deux expertises que prescrit cet article est, on le voit, faite par un seul expert, lequel est toujours nommé d'office par le tribunal de première instance. Les articles 303, 304, 305, § 1er, et 306 du Code de procédure civile, sont, dès lors, sans application.

839. Il s'agit de déterminer la plus-value qui résultera des travaux faits à l'immeuble sur lequel doit reposer le privilége; il faut, pour cela, procéder à deux opérations distinctes : l'une avant le commencement des travaux, l'autre dans les six mois de leur achèvement.

840. La première expertise consiste à dresser un procès-verbal de l'état des bâtiments, canaux ou autres ouvrages auxquels le propriétaire déclarera vouloir faire opérer les travaux projetés. Cette constatation doit, d'après un arrêt de la Cour de cassation, du 20 novembre 1839 (1), être faite préalablement à tout travail de démolition, de construction ou de réparation. Dès que son rapport (FORMULE 89ᵉ) est rédigé, l'expert le dépose, après l'avoir fait enregistrer, au greffe du tribunal, et la première opération est ainsi terminée.

841. Six mois au plus après la perfection des travaux, la seconde expertise doit avoir lieu. Un autre expert, — ou le même, car rien ne s'oppose à ce que le même soit choisi, et il y aura avantage à le désigner dans la plupart des cas, — procédera, sur nouvelle nomination d'office, émanant encore du tribunal de première instance, et après avoir de nouveau prêté serment, à la réception des travaux. Il dressera un second procès verbal, dans lequel seront consignés tous les éléments propres à établir la valeur actuelle de l'immeuble et à déterminer, par comparaison avec le premier rapport, la

(1) Sirey, t. XXXIV, 1ʳᵉ partie, p. 903.

plus-value sur laquelle doit reposer le privilège. Ce second procès-verbal (formule 90°) est, comme le premier, déposé au greffe.

842. Les règles prescrites par les articles 303, § 2, 307 et suivants du Code de procédure civile, sont, d'ailleurs, applicables à la double expertise dont nous nous occupons, à l'exception toutefois de l'article 316, modifié en ce sens que le remplacement de l'expert a toujours lieu d'office, et de l'article 318, qui est sans objet.

843. Aux termes de l'article 2110 du Code civil, et conformément à deux arrêts de la cour de Paris, des 9 janvier 1836 (1) et 22 août 1837 (2), le procès-verbal d'état des lieux et celui de réception des travaux doivent successivement, et aussitôt après leur dépôt au greffe, être inscrits au bureau des hypothèques. Moyennant cette double formalité, le privilège est acquis à la date de l'inscription du premier procès-verbal.

844. Les deux expertises que nous venons d'indiquer, l'une antérieure, l'autre postérieure aux travaux, et la double inscription hypothécaire qui les complète, sont toutes les deux indispensables pour l'acquisition du privilège accordé aux architectes, entrepreneurs et ouvriers.

845. Telles sont les formalités imposées par la loi. « Ces formalités sont substantielles, — dit M. Paul Pont (*Privilèges et Hypothèques*, t. I, p. 194); — le privilège ne saurait exister si l'on manquait de les accomplir. Nombre de décisions ont consacré la règle d'une manière générale, non-seulement dans le cas où il s'agissait de réparations, mais encore dans le cas où il s'agissait d'édifices nouveaux, de constructions à élever sur un terrain vague et nu. » A cet égard, nous citerons les arrêts des cours de Bordeaux, 26 mars 1834 (3), de Paris, 6 mars 1834, 26 mars 1836 et 25 novembre 1843 (4), de Rouen, 12 juin 1844 (5), et de la Cour de cassation des 20 novembre 1839 (6), 1er mars 1853 (7) et 11 juillet 1855 (8).

846. Toutefois, d'après MM. Persil (*Privil. et Hypoth.*, t. I, p. 142), Dalloz (v° *Hypoth. et Privil.*, ch. I, sec. I, art. 3,

---

(1) Pand. chronol., à sa date.
(2) Dalloz, 1838, t. II, p. 19.
(3) Paul Pont, *Privil. et Hypoth.*, t. I, p. 194, note 3.
(4) Dalloz, 1844, t. II, p. 30. — Journal du palais, 1843, t. II, p. 793.

(5) Paul Pont, t. I, p. 194, note 3.
(6) Devilleneuve, 1839, t. I, p. 903.
(7) Dalloz, 1853, t. I, p. 216. — Devilleneuve, 1853, t. I, p. 363.
(8) Devilleneuve, 1855, t. I, p. 699.

n° 31), Troplong (n° 245) et Paul Pont (t. I, p. 195), le mot *préalablement*, employé dans l'article 2103 relativement au premier procès-verbal, ne doit pas être pris à la lettre. Quelques retards dans la rédaction de ce procès-verbal, et le fait qu'il aurait été dressé quand les travaux étaient déjà commencés, ne feraient pas obstacle à l'acquisition du privilége, si, d'ailleurs, les travaux exécutés n'avaient pas apporté à l'état des lieux de tels changements qu'il fût désormais impossible de fixer d'une manière certaine la valeur primitive de l'immeuble. C'est ce qu'a jugé un arrêt de la cour de Bordeaux, du 2 mai 1826 (1), lequel constate, — et c'est par là seulement qu'il échappe à la critique, — que les travaux commencés laissaient toute possibilité de reconnaître l'ancien état des lieux. Nous croyons donc, avec M. Paul Pont, qu'en toute circonstance où le procès-verbal, quoique tardif, comme fait au cours des travaux, donnera les moyens de fixer la valeur qu'aurait eu l'immeuble s'il n'eût pas été l'objet de constructions nouvelles ou réparations, le but de la loi sera atteint, et sa volonté obéie dans des conditions suffisantes pour que le constructeur acquière son privilège.

846 *bis*. Aux termes d'un arrêt de la cour de Paris du 23 mars 1886 (2) les frais d'expertise que nécessite l'accomplissement des formalités prescrites par l'article 2103 sont à la charge de l'entrepreneur. Le propriétaire n'en serait tenu que dans le cas de résistance injustifiée.

§ VII. — *Expertise pour ventilation en matière d'ordre.*

847. « Lorsqu'il y a lieu à ventilation du prix de plusieurs immeubles vendus collectivement, le juge, sur la réquisition des parties ou d'office, par ordonnance inscrite sur le procès-verbal, nomme un ou trois experts, fixe le jour où il recevra leur serment et le délai dans lequel ils devront déposer leur rapport. — Cette ordonnance est dénoncée aux experts par le poursuivant ; la prestation du serment est mentionnée sur le procès-verbal d'ordre, auquel est annexé le rapport des experts, qui ne peut être levé ni signifié. » (Code de procédure civile, art. 757.)

848. Cet article n'existait pas dans le Code de procédure civile ; il y a été ajouté par la loi du 21 mai 1858, qui a remplacé par des dispositions nouvelles les articles 749 à 779 de

(1) Dalloz, 1826, t. II, p. 226. | (2) Pandectes franç., 1886, 1, 170.

ce code. Voici en quels termes le rapporteur de la commission du Corps législatif, chargée d'étudier le projet de loi, a justifié l'introduction de l'article 757 actuel dans le titre de l'*Ordre* : « On a adjugé collectivement, pour un seul prix, divers petits immeubles grevés d'hypothèques diverses, ou bien un domaine vendu en bloc est formé de parcelles qui ont des origines et des hypothèques distinctes. Il faut que le prix afférent à chaque parcelle soit déterminé. Il a dû l'être, s'il y a eu purge, aux termes de l'article 2192 du Code Napoléon. Mais si la ventilation n'a pas été faite, il est bon que la loi détermine la manière de procéder à cette opération préliminaire à l'état provisoire, et la détermine dans les conditions les plus simples et les plus économiques, en la confiant au juge-commissaire et n'exigeant qu'un seul expert... »

849. Bien que ces sortes d'expertises ne soient pas obligatoires d'une manière absolue, nous les avons rangées dans les cas de cette nature (voir précédemment, n° 25). Si, en effet, le juge-commissaire possède des renseignements suffisants pour opérer lui-même la ventilation, il n'a pas besoin de nommer d'experts ; mais, lorsqu'il ne trouve pas dans le dossier de la procédure les documents nécessaires pour déterminer le prix afférent à chaque immeuble, et que les parties ne s'entendent pas pour opérer elles-mêmes ce calcul, il doit toujours, d'office ou sur la demande des parties, recourir à l'expertise, qui devient alors obligatoire, car elle est le seul moyen légal d'effectuer la ventilation.

850. L'article 757 détermine, on le voit, des formes spéciales pour l'expertise en matière d'ordre. Ainsi, l'ordonnance est inscrite sur le procès-verbal du juge-commissaire, qui a la faculté de nommer un ou trois experts, sans être obligé de consulter les parties, ni de leur laisser le choix de ces experts ; il fixe, dans son ordonnance, le jour où il recevra le serment et le délai dans lequel le rapport devra être déposé. Les articles 302 à 307 du Code de procédure civile sont, par conséquent, sans application dans cette matière.

851. Il n'est pas de même des articles 308 à 314 relatifs à la récusation, qui conservent évidemment toute leur force. (Voir précédemment, n°s 236 et suiv.) Pas plus en matière d'ordre qu'en toute autre matière, les parties ne peuvent être privées du droit de récuser les experts qui ne présentent pas les garanties voulues par la loi.

852. La partie poursuivante dénonce l'ordonnance aux experts; elle n'a pas besoin pour cela de prendre une expédition, qui ne lui serait d'ailleurs pas délivrée et qui, dans tous les cas, n'entrerait pas dans la taxe.

853. Les prescriptions de l'article 315 du Code de procédure civile nous paraissent ici sans objet. Les experts n'ont pas besoin de donner, dans le procès-verbal de prestation de serment, l'indication des jour et heure de leur opération, et il n'y a aucune espèce de sommation à faire aux parties. L'expert ou les experts, dès qu'ils ont prêté serment, se hâtent de remplir leur mission, pour pouvoir la terminer dans le délai, ordinairement fort court, qui leur est accordé par le juge. Ils choisissent, pour cela, le jour qui leur convient sans avoir besoin d'en prévenir les parties, à moins qu'ils n'aient à leur demander des explications.

854. L'article 316 du Code de procédure civile (voir précédemment, nos 348 et suiv.) est applicable en cette matière, à l'exception toutefois de l'accord à intervenir entre les parties pour remplacer l'expert qui refuse ou ne se présente pas; c'est le juge-commissaire qui pourvoit d'office au remplacement.

855. Les parties doivent remettre aux experts toutes les pièces nécessaires, ainsi que le prescrit l'article 317 du Code de procédure civile, qui est également applicable (voir précédemment, nos 435 et suiv.), de même que les articles 318, 319 et 320 (voir précédemment, nos 520 et suiv., 550 et suiv., 558 et suiv.), avec cette modification, en ce qui concerne l'article 319, qu'au lieu du président du tribunal c'est le juge-commissaire qui taxe les vacations des experts et qui délivre l'exécutoire, s'il y a lieu. — Les débours, vacations et frais de transport des experts sont, d'ailleurs, réglés par le juge, conformément au tarif ordinaire des matières civiles. (Décret réglementaire du 16 février 1807.)

856. Nous avons vu, dans l'article 757 du Code de procédure civile, que le rapport ne peut être ni levé ni signifié, et, par conséquent, l'article 321 du même code est sans objet en matière d'ordre. Mais il n'en est pas de même des articles 322 et 323, qui sont parfaitement applicables. (Voir précédemment, nos 653 et suiv., 661 et suiv., 703 et suiv.)

§ VIII. — *Expertise ou prisée du mobilier dans les inventaires.*

857. Les textes sur lesquels est basée cette sorte d'expertise, plus ordinairement désignée sous le nom de *prisée*, sont les suivants :

858. Lorsqu'il y a lieu de procéder à un inventaire, soit que les scellés n'aient point été apposés, soit après leur levée, l'article 935 du Code de procédure civile règle comme suit le mode de nomination des officiers ministériels ou experts : « Le conjoint commun en biens, les héritiers, l'exécuteur testamentaire et les légataires universels ou à titre universel, pourront convenir du choix d'un ou deux notaires, et d'un ou deux commissaires-priseurs ou experts ; s'ils n'en conviennent pas, il sera procédé, suivant la nature des objets, par un ou deux notaires, commissaires-priseurs ou experts, nommés d'office par le président du tribunal de première instance. Les experts prêteront serment devant le juge de paix. »

859. « Le procès-verbal de levée (*des scellés, lorsqu'ils auront été apposés*) contiendra : …6° la nomination des notaires, *commissaires-priseurs* et *experts*, qui doivent opérer, etc. » (Code de procédure civile, art. 936.)

860. « Outre les formalités communes à tous les actes devant notaire, l'inventaire contiendra : 1° les noms, professions et demeures des requérants, des comparants, des défaillants et des absents, s'ils sont connus, du notaire appelé pour les représenter, des *commissaires-priseurs* et *experts* ; …3° la description et estimation des effets, laquelle sera faite à juste valeur et sans crue ; 4° la désignation des qualité, poids et titre de l'argenterie, etc. » (Code de procédure civile, art. 943.)

861. L'expertise ou prisée dont il s'agit est, on le voit, une opération toute spéciale, qui n'est soumise à aucune des règles générales du titre XIV du livre II de la première partie du Code de procédure civile.

862. Les parties ont la faculté de choisir elles-mêmes un ou deux commissaires-priseurs ou experts, et, si elles ne s'accordent pas, le président du tribunal en nomme d'office un ou deux, selon l'importance de l'estimation à opérer. Les experts, si ce ne sont pas des officiers ministériels (commissaires-priseurs, greffiers ou huissiers), prêtent serment devant le juge de paix du canton dans lequel ils doivent procéder.

863. On a soulevé la question de savoir si les parties et le président du tribunal pouvaient confier la prisée à de simples particuliers, ou s'ils étaient obligés de choisir toujours des officiers publics, tels que commissaires-priseurs, greffiers, huissiers ou notaires, car ces derniers peuvent faire en même temps l'inventaire et la prisée (voir ci-après, n° 868) ; et de ce que l'article 935 porte que « les experts prêteront serment, » on a conclu que le choix est facultatif.

864. L'opinion qui reconnaît à tous experts, qu'ils soient officiers publics ou non, le droit de procéder à la prisée dans les inventaires, est professée par M. Dalloz (v° *Expertise*, sect. I, art. 2, n° 4), et elle est consacrée par un arrêt de la cour de Rennes, du 14 janvier 1835 (1), et un arrêt de la cour de Nîmes, du 22 février 1837 (2).

865. M. Jay *(Traité des scellés,* p. 252) croit, au contraire, que l'on doit observer avant tout les lois générales sur les officiers priseurs, lesquelles ont établi un système fondé sur la loi du 17 septembre 1793, et continuellement répété depuis, notamment dans la loi du 27 ventôse an IX, dans l'article 89 de la loi du 28 avril 1816 et dans l'ordonnance qui a suivi. « Le Code civil et le Code de procédure civile ont employé, dit-il, l'expression *expert* ou *commissaire-priseur*, sans se préoccuper de ces lois générales d'attributions, » et il ne comprend pas qu'on puisse voir en cela une abrogation de la loi d'attributions, entièrement indépendante.

866. Cette manière d'envisager la question nous paraît exacte ; seulement nous estimons qu'il faut faire une distinction. Ainsi, dans les villes où résident les commissaires-priseurs, et où ils ont, d'après l'article 1er de la loi du 27 ventôse an IX et l'article 89 de la loi du 28 avril 1816, le droit exclusif de faire les prisées de meubles et les ventes aux enchères d'effets mobiliers, nul autre que ces officiers ministériels ne peut procéder aux prisées dans les inventaires ; mais, partout ailleurs, les parties ou le président du tri-

(1 et 2) Devilleneuve, 1837, t. II, p. 179 et 180.

bunal sont libres de charger qui bon leur semble de cette
mission.

867. Par arrêt du 26 août 1835 (1), la cour de Douai a
décidé qu'un notaire pouvait, comme expert, hors de la
circonscription de son ressort, procéder à l'estimation et à
la prisée d'objets mobiliers, lors d'un inventaire dressé par
le notaire du lieu où se faisait cet inventaire.

868. Il résulte également d'un arrêt de la cour de Grenoble, du 5 décembre 1839 (2), que soit le notaire qui procède à l'inventaire, soit le greffier qui assiste le juge de paix
pour la levée des scellés, peuvent opérer l'estimation des
meubles, en même temps qu'ils remplissent leurs fonctions
habituelles de rédacteurs d'actes.

869. Lorsqu'il se trouve, dans le mobilier à inventorier,
des objets qui demandent des connaissances spéciales, que
ne possède pas l'officier priseur, on appelle un expert, qui
en fait l'estimation, après avoir prêté serment devant le juge
de paix, lequel constate l'accomplissement de cette formalité
dans son procès-verbal de levée des scellés, ou, si les scellés
n'ont point été apposés, dans un procès-verbal ordinaire de
prestation de serment. C'est, du reste, ainsi que l'on procède,
à cet égard, lorsque la prisée est confiée à tout autre qu'un
officier priseur assermenté.

870. Le commissaire-priseur, ou tout autre officier ministériel choisi pour la prisée, peut, dans tous les cas, recourir lui-même, pour s'éclairer sur le prix des objets qui
excèdent ses connaissances, à tel expert qu'il juge convenable, mais qui n'est alors là que pour lui fournir des renseignements, et dont le serment est inutile. Cela résulte de
deux arrêts, l'un de la cour d'Orléans, du 22 août 1837 (3),
et l'autre de la Cour de cassation, du 19 décembre
1838 (4).

871. L'expert chargé de la prisée, qu'il soit officier public
ou non, ne dresse pas de procès-verbal de son opération;
les chiffres de ses évaluations sont inscrits, en regard de
chaque objet, dans l'inventaire, qu'il signe avec le notaire,
les parties, etc.

(1 Sirey, t. XXXVI, 2e partie, p. 223.
(2) Sirey, t. XL, 2e partie, p. 223.
(3) Sirey, t. XXXVII, 2e partie, p. 410.
(4) Jay, *Annales des justices de paix*, 1839, p. 104.

872. D'après l'article 943 du Code de procédure civile, l'estimation doit être faite à juste valeur et sans crue. Nous avons expliqué la signification de ces mots. (Voir précédemment, n° 767)

873. Dans les successions de peu d'importance et dont le produit serait, en grande partie, absorbé par l'apposition des scellés, suivie de la levée et de l'inventaire, les juges de paix dressent ordinairement un procès-verbal de description sommaire, auquel ils font ajouter par le greffier, en qualité d'expert, l'estimation de chaque objet. Cette manière d'opérer ne repose sur aucun texte de loi, mais l'usage où sont les juges de paix de procéder ainsi est trop bien justifié, par des raisons de bienfaisance et d'économie, pour qu'il puisse être l'objet du moindre blâme ni de la plus légère critique.

§ IX. — *Expertise en matière de vices rédhibitoires d'animaux domestiques.*

874. Lorsqu'un animal vendu ou échangé est atteint d'un vice rédhibitoire, l'acquéreur qui veut intenter l'action en rédhibition a pour le faire un délai de trente jours pour les cas de fluxion périodique des yeux et de neuf jours pour tous les autres cas. (Loi du 2 août 1884, art. 5.) Ce délai est franc et susceptible d'augmentation à raison de la distance (art. 6).

875. « Quel que soit le délai pour intenter l'action, l'acheteur, à peine d'être non recevable, devra provoquer dans les délais de l'article 5 la nomination d'experts chargés de dresser procès-verbal, la requête sera présentée, verbalement ou par écrit, au juge de paix du lieu où se trouve l'animal; ce juge constatera dans son ordonnance la date de la requête et nommera immédiatement un ou trois experts qui devront opérer dans le plus bref délai. Ces experts vérifieront l'état de l'animal, recueilleront tous les renseignements utiles, donneront leur avis et, à la fin de leur procès-verbal, affirmeront, par serment, la sincérité de leurs opérations. » (Loi du 2 août 1884, art. 7.)

876. Dans notre *Traité de l'action rédhibitoire dans le commerce des animaux domestiques* (3ᵉ édit., p. 147 à 155), on trouvera la description des maladies ou vices rédhibitoires, et les diverses autres notions indispensables aux experts pour bien remplir leur mission. Nous nous bornerons à rappeler ici les principales formalités de l'expertise.

877. La première de ces formalités consiste à présenter une requête en nomination d'experts au juge de paix du canton dans lequel l'animal se trouve. Le requérant peut écrire lui-même cet acte, ou le faire écrire par une autre personne et le signer. S'il ne sait pas signer, un parent ou un ami peut signer en son nom et comme son mandataire verbal; mais le requérant doit alors remettre lui-même la requête au juge de paix, afin que ce magistrat ait la certitude qu'elle émane bien de la partie intéressée (FORMULES 91° et 92°).

878. Le juge de paix met son ordonnance (FORMULES 93°, 94° et 95°) au bas de la requête. Il désigne d'office l'expert ou les experts qui doivent opérer. La requête avec l'ordonnance sont ensuite remises au demandeur, qui fait enregistrer celle-ci et transmet le tout à l'expert ou aux experts nommés.

879. La demande en nomination d'experts peut aussi être adressée verbalement au juge de paix ; c'est même la meilleure marche à suivre lorsque le demandeur ne sait pas signer. Le juge dresse alors un procès-verbal, qui contient à la fois la requête et l'ordonnance (FORMULE 96°). Ce procès-verbal est enregistré et remis en minute à l'expert.

880. Nous venons de dire que le demandeur remet directement à l'expert la requête et l'ordonnance, ou le procès-verbal qui en tient lieu. Telle est la marche ordinairement suivie, et qui doit toujours l'être, autant que possible, parce qu'elle économise du temps et des frais; mais, si cependant le cas était pressant et que l'on craignît soit que l'expert n'acceptât pas sa mission, soit qu'il mît de la négligence à la remplir, on lui adresserait, conformément à l'article 307 du Code de procédure civile, une sommation d'avoir à faire son serment et à commencer ses opérations (FORMULE 97°).

881. Dès que l'expert est nanti de sa nomination, dûment enregistrée, ou au jour fixé par la sommation s'il lui en est signifié une, il se présente devant le juge de paix pour prêter serment (FORMULE 98°). La prestation de serment par les experts est obligatoire, à peine de nullité de l'expertise, à moins toutefois qu'ils n'en aient été dispensés du consentement unanime des parties. (Voir précédemment, n°s 371 et suiv.).

882. Son serment prêté, l'expert fixe au requérant les lieu, jour et heure où il procédera à l'expertise. Celui-ci fait alors signifier à la partie adverse une sommation d'être présente à l'expertise (FORMULE 99*), à moins qu'il n'en soit autrement ordonné par le juge de paix, à raison de l'urgence et de l'éloignement (loi du 2 août 1884, art. 8). Aux termes de la même disposition législative, « la citation à l'expertise devra être donnée au vendeur dans les délais déterminés par les articles 5 et 6 (voir précédemment n° 874); elle énoncera qu'il sera procédé même en son absence. »

883. Dès que l'expert a terminé ses opérations, il en dresse un procès-verbal (FORMULES 100* à 103*), qu'il fait enregistrer et dépose au greffe de la justice de paix du canton où il a opéré. Les déboursés et honoraires sont taxés comme à l'ordinaire, au pied du rapport, par le juge de paix.

884. D'après l'opinion émise par le ministre des travaux publics, de l'agriculture et du commerce, lors de la discussion de la loi du 20 mai 1838, devant la Chambre des députés, le rapport d'experts devrait être remis *en minute* à la partie requérante. Mais ce serait là une innovation que rien ne justifie, dont les inconvénients n'ont pas besoin d'être démontrés, et qui n'a, d'ailleurs, pas été adoptée dans la pratique. La loi du 2 août 1884 étant, comme celle du 20 mai 1838, restée muette à cet égard, on doit procéder suivant les formes ordinaires, c'est-à-dire déposer le rapport au greffe, où chaque partie peut en prendre expédition.

§ X. — *Expertise en vérification d'écritures.*

885. La vérification d'écritures, objet du titre X du livre II de la première partie du Code de procédure civile, est l'examen que l'on fait en justice d'un acte sous seing privé, afin de reconnaître par quelle personne il a été écrit ou signé. Elle est ordonnée dans le cas où la partie à laquelle on oppose cet acte refuse de reconnaître qu'il est de son écriture, en totalité ou en partie, qu'il est signé d'elle, ou enfin qu'il émane d'un tiers auquel on l'attribue. Une demande expresse ou implicite en reconnaissance d'écriture précède donc toujours la procédure en vérification.

886. « Si le défendeur dénie la signature à lui attribuée, ou déclare ne pas reconnaître celle attribuée à un tiers, la vérification en pourra être ordonnée tant par titres que *par experts* et par témoins. » (Code de procédure civile, art. 195.)

887. On voit que l'expertise est facultative. Les juges sont libres de l'ordonner ou de la refuser selon les circonstances; le législateur s'en est rapporté à leurs lumières et à leur sagesse. Les auteurs sont à peu près unanimes sur ce point, et de nombreux arrêts l'ont ainsi jugé, notamment ceux de la Cour de cassation des 25 août 1813 (1), 11 février 1818 (2), 6 décembre 1827 (3), 9 février 1830 (4), 27 août 1835 (5), 14 mars et 24 mai 1837 (6), 9 septembre et 3 décembre 1839 (7). 27 mai 1856 (8), 10 mai 1870 (9), 1er mai 1872 (10), 7 mai 1872 (11), 23 mars 1874 (12), 28 mars 1876 (13), 17 juin 1879 (14), 7 février 1882 (15), 4 août 1884 (16), 29 janvier 1894 (17) et 26 juin 1894 (18).

888. Les trois genres de preuves peuvent être employés simultanément ou successivement; mais leur concours n'est pas exigé, et le choix d'une de ces voies n'est point exclusif des autres. En règle générale, et sauf les circonstances, dont la variété est infinie, la preuve par titres, c'est-à-dire celle qui a lieu au moyen d'actes émanés de la partie à laquelle est attribué l'écrit non reconnu, et dans lesquels elle mentionnerait elle-même cet écrit, ou consentirait quelque convention qui en supposerait l'existence, mérite plus de confiance que la preuve par témoins, et celle-ci l'emporte à son tour

(1 et 2) Journal des avoués, t. XXII, p. 411.
(3) Journal des avoués, t. XXXV, p. 111.
(4) Sirey, t. XXX, 1re partie, p. 235.
(5) Journal des avoués, t. XLIX, p. 613.
(6) Journal du palais, 1837, t. I, p. 290 et 450.
(7) Sirey, t. XL, 1re partie, p. 30 et 191.
(8) Dalloz, 1856, 1, 249.
(9) Dalloz, 1871, 1, 61.
(10) Dalloz, 1872, 1, 191.
(11) Dalloz, 1872, 1, 148.
(12) Dalloz, 1876, 1, 278.
(13) Dalloz, 1877, 1, 492.
(14) Dalloz, 1880, 1, 150.
(15) Dalloz, 1882, 1, 367.
(16) Dalloz, 1885, 1, 290.
(17) Pand. françaises, 1894, 1, 324.
(18) Dalloz, 1894, 1, 459.

sur la vérification par experts, cette dernière nature de preuve étant, de toutes celles qui sont admises en justice, la plus conjecturale. Tout cela résulte d'arrêts nombreux, et principalement de ceux des cours de Nîmes, 2 décembre 1806; Colmar, 12 juillet 1807; Liége, 15 décembre 1810, 29 mars 1811 et 15 décembre 1819; Rennes, 24 juillet 1812 et 22 juillet 1816; Toulouse, 1er mai 1817; Caen, 2 avril 1817; Besançon, 28 juillet 1818 et 5 août 1819; Angers, 5 juillet 1820 (1); Lyon, 16 août 1826 (2); Montpellier, 3 mars 1828 (3); et de ceux de la Cour de cassation des 13 novembre 1816 (4), 5 janvier 1825 (5) et 19 décembre 1827 (6).

889. En prescrivant une vérification d'écritures, les juges ont le droit d'ordonner que l'enquête ne pourra être requise qu'après le dépôt du rapport des experts : il n'est pas nécessaire que ces opérations aient lieu simultanément et cumulativement. Ainsi l'a jugé la cour de Metz, par arrêt du 4 août 1869 (7).

890. « Le jugement qui autorisera la vérification ordonnera qu'elle sera faite par trois experts, et les nommera d'office, à moins que les parties ne se soient accordées pour les nommer. Le même jugement commettra le juge devant qui la vérification se fera; il portera aussi que la pièce à vérifier sera déposée au greffe, après que son état aura été constaté, et qu'elle aura été signée et paraphée par le demandeur ou son avoué, et par le greffier, lequel dressera du tout un procès-verbal. » (Code de procédure civile, article 196.)

891. La vérification doit être faite par trois experts; les parties ne pourraient donc pas convenir d'un seul expert, comme dans les expertises ordinaires; l'article 303 du Code de procédure civile n'est point applicable. Notre opinion est, en cela, conforme à celle de MM. Thomine Desmazures (t. I, p. 358), Boncenne (t. III, p. 498) et Chauveau (*sur Carré,* t. II, p. 321). La Cour de cassation s'est d'ailleurs prononcée en ce sens par un arrêt du 13 décembre 1887 (8).

(1) Tous ces arrêts sont rapportés au Journal des avoués, t. XXII, p. 405 et suiv.
(2) Journal des arrêts de cette cour, 1826, p. 275.
(3) Sirey, t. XXVIII, 2e partie, p. 153.
(4) Journ. des av., t. XXII, p. 440.

(5) Sirey, t. XXVI, 1re partie, p. 185.
(6) Journal des avoués, t. XXXV, p. 117.
(7) Journal du palais, 1870, p. 459. — Journal des avoués, t. XCVII, p. 150.
(8) Pand. françaises, 1888, 1, 40.

892. La disposition de l'article 305, qui accorde aux parties un délai de trois jours pour convenir des experts, ne s'applique pas non plus à la vérification d'écritures. Tel est le sentiment de MM. Favard de Langlade (t. V, p. 920), Dalloz (t. XII, p. 945), Delaporte (t. I, p. 498), Thomine-Desmazures (*loc. cit.*), Boncenne (*loc. cit.*), Carré et Chauveau (t. III, p. 320 et 321). Si donc les parties veulent des experts de leur choix, il faut qu'elles se mettent d'accord avant le jugement.

893. La Cour de cassation a décidé, par arrêt du 13 août 1816 (1), qu'il n'est pas nécessaire que les juges constatent le refus ou la négligence des parties de choisir elles-mêmes les experts, et que la nomination d'office fait suffisamment présumer cette négligence ou ce refus.

894. La pièce à vérifier sera déposée au greffe, afin que le défendeur puisse en prendre connaissance et que les experts procèdent à la vérification; elle sera signée et paraphée par le demandeur ou son avoué et par le greffier, afin qu'on ne puisse pas prétendre ultérieurement qu'une autre pièce a été substituée à celle qui avait été déposée. La loi n'exige point la signature du juge-commissaire, mais on ne pourrait pas lui reprocher de l'avoir apposée, car ce serait une garantie de plus de l'identité de la pièce.

895. Le greffier constatera l'état de la pièce, par un procès-verbal indiquant le nombre de feuilles qui la composent, la dimension du papier, la couleur de l'encre, les blancs, les interlignes, les ratures, grattages, surcharges, etc. Ce procès-verbal (FORMULE 104e) attestera aussi l'accomplissement de toutes les formalités requises.

896. « En cas de récusation contre le juge-commissaire ou les experts, il sera procédé ainsi qu'il est prescrit aux titres XIV et XXI du présent livre. » (Code de procédure civile, art. 497.)

897. C'est, par conséquent, aux articles 308 à 314 du Code de procédure civile et aux commentaires dont ils sont accompagnés qu'il faut se reporter pour connaître les formalités à remplir en matière de récusation des experts. (Voir précédemment, nos 236 et suiv.) Nous n'avons rien à ajouter

(1) Dalloz, 1817, t. I, p. 67.

à ce que nous avons dit à ce sujet, si ce n'est que les n°ˢ 249 et 331 sont sans objet dans le cas actuel, puisque l'option réservée aux parties par l'article 305 n'existe pas en matière de vérification d'écritures. (Voir précédemment, n° 892.)

898. « Dans les trois jours du dépôt de la pièce, le défendeur pourra en prendre communication au greffe sans déplacement : lors de ladite communication, la pièce sera paraphée par lui, ou par son avoué, ou par son fondé de pouvoir spécial; et le greffier en dressera procès-verbal. » (Code de procédure civile, art. 198.)

899. Le délai de trois jours fixé par cet article ne commence à courir que du jour de la signification qui est faite du dépôt au défendeur à son domicile, ou par acte d'avoué à avoué (FORMULE 105ᵉ).

900. « Au jour indiqué par l'ordonnance du juge-commissaire (FORMULES 106ᵉ et 107ᵉ), et sur la sommation de la partie la plus diligente, signifiée à avoué s'il en a été constitué (FORMULE 108ᵉ), sinon à domicile, par un huissier commis par ladite ordonnance (FORMULE 109ᵉ), les parties seront tenues de comparaître devant ledit commissaire, pour convenir de pièces de comparaison : si le demandeur en vérification ne comparaît pas, la pièce sera rejetée; si c'est le défendeur, le juge pourra tenir la pièce pour reconnue. Dans les deux cas, le jugement sera rendu à la prochaine audience, sur le rapport du juge-commissaire, sans acte à venir plaider : il sera susceptible d'opposition. » (Code de procédure civile, art. 199.)

901. « Si les parties ne s'accordent pas sur les pièces de comparaison, le juge ne pourra recevoir comme telles : 1° Que les signatures apposées aux actes par-devant notaires, ou celles apposées aux actes judiciaires, en présence du juge et du greffier, ou enfin les pièces écrites et signées par celui dont il s'agit de comparer l'écriture, en qualité de juge, greffier, notaire, avoué, huissier, ou comme faisant, à tout autre titre, fonction de personne publique; — 2° Les écritures et signatures privées, reconnues par celui à qui est attribuée la pièce à vérifier, mais non celles déniées ou non reconnues par lui, encore qu'elles eussent été précédemment vérifiées et reconnues être de lui. — Si la dénégation ou méconnaissance ne porte que sur partie de la pièce à vérifier, le juge pourra ordonner que le surplus de ladite pièce servira de pièce de comparaison. » (Code de procédure civile, art. 200.)

902. En cas de contestations relatives à l'admissibilité ou la non-admissibilité des pièces de comparaison, le juge-commissaire n'a pas qualité pour statuer. Les questions de cette nature, dont la solution peut entraîner celle du fond du procès, doivent nécessairement être soumises au tribunal, et le droit de les résoudre ne saurait être délégué au juge-commissaire. Cela résulte des arrêts des cours de Rennes, 3 janvier 1838 (1); Caen, 28 décembre 1867 (2); Metz, 4 août 1869 (3) et 30 novembre 1869 (4). Mais il résulte de ce dernier arrêt que l'ordonnance rendue, en pareil cas, par le juge-commissaire, ne peut être attaquée pour excès de pouvoir devant le tribunal; elle est seulement susceptible d'appel, selon la règle commune.

903. « Si les pièces de comparaison sont entre les mains de dépositaires publics ou autres, le juge-commissaire ordonnera qu'aux jour et heure par lui indiqués, les détenteurs desdites pièces les apporteront au lieu où se fera la vérification; à peine, contre les dépositaires publics, d'être contraints par corps, et les autres par les voies ordinaires, sauf même à prononcer contre ces derniers la contrainte par corps, s'il y échet. » (Code de procédure civile, art. 201.)

904. « Si les pièces de comparaison ne peuvent être déplacées, ou si les détenteurs sont trop éloignés, il est laissé à la prudence du tribunal d'ordonner, sur le rapport du juge-commissaire, et après avoir entendu le procureur de la République, que la vérification se fera dans le lieu de la demeure des dépositaires, ou dans le lieu le plus proche, ou que, dans un délai déterminé, les pièces seront envoyées au greffe par les voies que le tribunal indiquera par son jugement. » (Code de procédure civile, art. 202.)

905. « Dans ce dernier cas, si le dépositaire est personne publique, il fera préalablement expédition ou copie collationnée des pièces, laquelle sera vérifiée sur la minute ou original par le président du tribunal de son arrondissement, qui en dressera procès-verbal : ladite expédition ou copie

---

(1) Sirey, t. XXXVIII, 2ᵉ partie, p. 516.
(2) Journal du palais, 1868, p. 707.
(3 et 4) Journal du palais, 1870, p. 456 et 459. — Journal des avoués, t. XCVII, p. 156.

sera mise par le dépositaire au rang de ses minutes, pour en tenir lieu jusqu'au renvoi des pièces; et il pourra en délivrer des grosses ou expéditions, en faisant mention du procès-verbal qui aura été dressé. — Le dépositaire sera remboursé de ses frais par le demandeur en vérification, sur la taxe qui en sera faite par le juge qui aura dressé le procès-verbal, d'après lequel sera délivré exécutoire. » (Code de procédure civile, art. 203.)

906. « La partie la plus diligente fera sommer par exploit les experts et les dépositaires de se trouver aux lieu, jour et heure indiqués par l'ordonnance du juge-commissaire : les experts, à l'effet de prêter serment et de procéder à la vérification, et les dépositaires, à l'effet de représenter les pièces de comparaison; il sera fait sommation à la partie d'être présente, par acte d'avoué à avoué. Il sera dressé du tout procès-verbal : il en sera donné aux dépositaires copie par extrait, en ce qui les concerne, ainsi que du jugement. » (Code de procédure civile, art. 204.)

907. L'ordonnance dont il s'agit dans cet article s'obtient du juge-commissaire par une requête non grossoyée (FOR-MULES 110ᵉ et 111ᵉ); et comme, dans le procès-verbal de réception des pièces de comparaison, le juge aura désigné, conformément à l'article 201, les lieu, jour et heure où les pièces devront être apportées, l'ordonnance prescrira que les experts et dépositaires seront assignés aux mêmes lieu, jour et heure. Dans le cas où l'envoi des pièces aurait été ordonné, en vertu de l'article 202, elle enjoindra aux dépositaires de les envoyer dans le délai déterminé et par la voie indiquée.

908. Les experts et les dépositaires seront sommés par exploit, c'est-à-dire par acte ordinaire d'huissier, à personne ou à domicile (FORMULE 112ᵉ), parce que les experts ni les dépositaires ne sont point en cause, tandis que la sommation aux parties qui ont chacune un avoué constitué, sera faite par simple acte d'avoué à avoué (FORMULE 113ᵉ).

909. Si les parties, ou l'une d'elles, ne comparaissent pas, le juge-commissaire donne défaut, et l'opération a lieu en leur absence.

910. Si un dépositaire néglige d'envoyer ou d'apporter les pièces, les dispositions de l'article 201 lui sont appliquées.

911. Lorsque c'est un expert qui ne se présente pas, il faut, par induction de l'article 316 du Code de procédure civile (voir précédemment, nᵒˢ 348 et suiv.), que les parties s'accordent de suite pour le remplacer. Dans le cas contraire, le juge-commissaire en fait rapport au tribunal, qui pourvoit d'office au remplacement. Cette nomination est signifiée au défendeur, et l'on remplit de nouveau les formalités prescrites par l'article 204 pour faire prêter serment aux experts et commencer l'opération. MM. Demiau-Crouzilhac (p. 464), Thomine-Desmazures (t. I, p. 371), Favard de Langlade (t. V, p. 924), Dalloz (t. XII, p. 948), Carré et Chauveau (t. II, p. 345 et 346) expriment, sur ces trois points, une opinion identique.

912. « Lorsque les pièces seront représentées par les dépositaires, il est laissé à la prudence du juge-commissaire d'ordonner qu'ils resteront présents à la vérification, pour la garde desdites pièces, et qu'ils les retireront et représenteront à chaque vacation ; ou d'ordonner qu'elles resteront déposées ès mains du greffier, qui s'en chargera par procès-verbal : dans ce dernier cas, le dépositaire, s'il est personne publique, pourra en faire expédition, ainsi qu'il est dit dans l'article 203 ; et ce, encore que le lieu où se fait la vérification soit hors de l'arrondissement dans lequel le dépositaire a le droit d'instrumenter. » (Code de procédure civile, art. 205.)

913. « A défaut ou en cas d'insuffisance des pièces de comparaison, le juge-commissaire pourra ordonner qu'il sera fait un corps d'écritures, lequel sera dicté par les experts, le demandeur présent ou appelé. » (Code de procédure civile, art. 206.)

914. L'insuffisance peut résulter, par exemple, de ce qu'on n'aurait, pour pièces de comparaison, que des signatures de la partie, la signature ayant souvent un caractère tout particulier, ou de ce que les pièces de comparaison seraient fort anciennes et que l'écriture eût beaucoup varié depuis lors, ou bien encore de ce qu'on présumerait que, dans ces pièces, la partie aurait déguisé son écriture.

915. On ne peut évidemment ordonner qu'il sera fait un corps d'écritures que lorsque c'est au défendeur lui-même que l'écriture ou la signature sont attribuées.

916. Nous pensons, avec MM. Favard de Langlade (t. V, p. 922), Thomine-Desmazures (t. I, p. 373), Dalloz (t. XIX, p. 949), Carré et Chauveau (t. II, p. 348), que , d'après les termes mêmes de l'article 206, le juge-commissaire a le droit de prescrire d'office cette mesure, ce qui n'exclut en aucune manière la faculté qu'il a de l'ordonner sur la réquisition des parties.

917. Nous sommes également d'avis que les experts pourraient eux-mêmes demander au juge-commissaire d'ordonner qu'il soit fait un corps d'écritures, si cette pièce de comparaison leur paraissait absolument nécessaire.

918. Le législateur a voulu que les experts dictassent eux-mêmes le corps d'écritures , afin qu'ils fissent écrire au défendeur des mots et des phrases en rapport avec la pièce à vérifier, ou le contenu même de cette pièce, pour tâcher de le surprendre jusque dans le soin qu'il prendrait de contrefaire son écriture.

919. Notre article dit, en terminant, que le demandeur sera *présent* ou *appelé*. MM. Carré et Chauveau (t. II, p. 348) pensent que le procès-verbal des experts serait nul si le corps d'écritures n'avait pas été dicté en présence du demandeur ou lui dûment appelé (FORMULE 114ᵉ). « Il ne s'agit pas, — disent-ils , — d'un simple vice de forme, mais d'un droit accordé au demandeur. Or, il est difficile d'admettre que l'on puisse le priver de ce droit, sous prétexte que la loi ne porte pas la peine de nullité. Ici la nullité paraît substantielle, attendu qu'un acte fait sans avoir appelé la partie qui a droit d'être présente à sa confection doit être considéré comme non avenu par rapport à elle... S'il avait été présent ou appelé, le demandeur aurait eu le droit de faire telles observations qu'il aurait cru utile ; de prouver, par exemple, que le défendeur faisait ses efforts pour contrefaire son écriture, et de demander acte de la pose du corps et de la main pour établir ensuite par témoins que telle n'était pas son habitude. Il n'appartenait à personne de le priver d'un droit aussi précieux. »

920. Ces considérations sont très-sérieuses ; néanmoins elles ne nous paraissent pas décisives. Nous croyons, comme M. Rogron (*Code de procédure civile expliqué*, p. 179), que, la loi ne prescrivant pas la présence du demandeur à peine de nullité, le tribunal ne devrait pas, pour la seule omission

15

de cette formalité, annuler le procès-verbal des experts. Cette doctrine est consacrée par un arrêt de la cour de Rennes, du 16 juillet 1817 (1).

921. Si les pièces de comparaison manquent, et que l'auteur de l'écriture méconnue soit décédé, MM. Dalloz (t. XII, p. 949), Carré et Chauveau (t. II, p. 350) enseignent, avec raison, que l'impossibilité où se trouve le demandeur de faire vérifie la pièce qu'il produit le soumet à l'application de la règle de droit qui met la preuve à la charge du demandeur : *actori incumbit onus probandi* ; que, dès lors, faute par lui de prouver que l'écriture ou la signature émane de la personne à laquelle il l'attribue, il ne peut se servir de la pièce pour justifier sa demande.

922. Si le défendeur refuse de faire le corps d'écritures, ou ne se présente pas au jour indiqué pour l'écrire, nous pensons, avec MM. Dalloz (t. XII, p. 949), Thomine-Desmazures (t. I, p. 373), Carré et Chauveau (t. II, p. 350), que le juge-commissaire doit constater l'absence ou le refus sur son procès-verbal, et renvoyer à l'audience prochaine, en intimant les parties de s'y trouver, pour, sur son rapport, être statué par le tribunal, comme il est dit en l'article 199.

923. « Les experts ayant prêté serment, les pièces leur étant communiquées, ou le corps d'écritures fait, les parties se retireront, après avoir fait, sur le procès-verbal du juge-commissaire, telles réquisitions et observations qu'elles aviseront. » (Code de procédure civile, art. 207.)

924. La cour de Bruxelles a jugé, par arrêt du 13 avril 1830 (2), qu'en matière de vérification d'écritures, les parties peuvent demander que le juge-commissaire insère, dans son procès-verbal, toutes les observations propres à éclairer les experts dans leur travail.

925. MM. Thomine-Desmazures (t. I, p. 375), Carré et Chauveau (t. II, p. 351) estiment que les réquisitions et observations que les parties peuvent faire sur le procès-verbal du juge consistent, par exemple, à inviter les experts à examiner telles ou telles différences ou ressemblances de l'écriture contestée avec les pièces de comparaison ; à leur

(1) Journal des avoués, t. XXII, p. 443.
(2) Journal des arrêts de cette cour, 1830, t. II, p. 79.

faire remarquer que, dans un corps d'écritures qu'ils auraient dicté au défendeur, celui ci aurait déguisé son écriture, ou que l'âge ou les infirmités auraient apporté des changements entre son écriture actuelle et celle de la pièce soumise à l'expertise, etc. Toutes ces observations et les réponses qu'elles amènent doivent être littéralement reproduites dans le procès-verbal; chaque partie doit signer ses dires. Les experts y ont ensuite tel égard que de raison.

926. Lorsqu'il s'agit de la vérification de l'écriture méconnue d'un testament olographe, il n'appartient pas à l'une des parties de demander aux experts de vérifier avant tout si tel ou tel mot est surchargé; et les experts qui décident que le corps entier du testament est de la main du testateur décident par là même implicitement que les mots surchargés l'ont été par lui. Ainsi l'a jugé la cour de Bordeaux, par arrêt du 4 février 1829 (1).

927. Le juge-commissaire doit empêcher que les parties n'influencent l'opinion des experts; et, dès que les préliminaires exigés par la loi sont remplis, l'article 207 veut que les parties se retirent, afin de ne pas troubler les experts par leurs protestations ou leurs remarques et de les laisser procéder avec calme à la vérification ordonnée.

928. « Les experts procéderont conjointement à la vérification, au greffe, devant le greffier ou devant le juge, s'il l'a ainsi ordonné; et, s'ils ne peuvent terminer le même jour, ils remettront à jour et heure certains indiqués par le juge ou par le greffier. » (Code de procédure civile, art. 208.)

929. D'après un arrêt de la cour de Besançon, du 29 mars 1817 (2), l'opération serait nulle si le procès-verbal du juge ou du greffier ne fournissait pas la preuve que, conformément aux prescriptions de l'article 208, les experts ont procédé au greffe, devant le juge ou le greffier, ou qu'en cas de renvoi ils ont remis à jour et heure certains indiqués par le juge ou le greffier.

930. Nous sommes d'avis que ces prescriptions de **notre** article sont des formalités rigoureuses et substantielles, qu'il n'est pas permis de violer impunément; mais nous pensons, comme l'a, d'ailleurs, décidé la cour de Bruxelles,

(1) Journal des arrêts de cette cour, t. IV, p. 87.
(2) Journal des avoués, t. XXII, p. 442.

le 18 juin 1836 (1), que la nullité ne serait pas encourue par cela seul que le procès verbal ne mentionnerait point la présence du juge ou du greffier, et que, dans tous les cas, ce défaut de mention ne fournirait pas la preuve de l'inaccomplissement de cette formalité.

931. La cour de Metz a également jugé, dans son arrêt du 30 novembre 1869, déjà cité (voir précédemment, n° 902), que le procès-verbal de vérification n'est point nul par cela seul qu'en mentionnant une suspension momentanée des opérations, il n'indiquerait point l'heure fixée pour leur continuation par le juge-commissaire ou le greffier : il suffit qu'il soit constaté qu'elles ont été reprises en leur présence.

932. M. Pigeau (*Comm.*, t. I, p. 439) dit que la violation de la disposition de l'article 208, qui prescrit aux experts de procéder conjointement, n'entraînerait pas nullité. Nous ne saurions être aussi explicite, car cette formalité ne nous paraît pas moins essentielle que les autres.

933. Quoi qu'il en soit, pour éviter tout inconvénient, les experts devront se conformer strictement aux prescriptions de l'article 208, en procédant conjointement, au greffe, et devant le juge-commissaire ou le greffier; ils renverront si cela est nécessaire, mais à jour et heure certains, et le tout sera mentionné avec soin dans le procès-verbal dressé par le juge ou le greffier.

934. Quant à la rédaction du rapport, rien ne s'oppose à ce que les experts s'en occupent en dehors du greffe. Cela résulte d'un arrêt de la Cour de cassation, du 10 août 1848 (2), qui, en constatant le religieux accomplissement des formalités prescrites par l'article 208, vient à l'appui de ce que nous disons à cet égard dans le numéro précédent; cet arrêt est motivé comme suit : « Attendu qu'il est constaté, par le procès-verbal du greffier, que la vérification d'écritures commise aux experts a été faite par eux conjointement, au palais de justice, et cela en présence du greffier, ainsi que le prescrit l'article 208 du Code de procédure civile; — que, si le procès-verbal du greffier permet de supposer que les experts ont travaillé hors le greffe, dans l'intervalle d'une séance à l'autre, à la rédaction de leur rapport, ce n'était là que la

_____

(1) Journal des arrêts de cette cour, 1836, t. II, p. 486.
(2) Sirey, t. XLVIII, 1re partie, art. 702.

préparation d'un acte qui n'a acquis le titre de rapport qu'au moment où les experts en ont opéré la remise entre les mains du greffier, laquelle a été faite au greffe par tous les experts conjointement; — qu'ainsi les prescriptions dudit article 208 ont été religieusement observées, rejette, etc. »

935. « Les trois experts seront tenus de dresser un rapport commun et motivé, et de ne former qu'un seul avis à la pluralité des voix. — S'il y a des avis différents, le rapport en contiendra les motifs, sans qu'il soit permis de faire connaître l'avis particulier des experts. » (Code de procédure civile, art. 210.)

936. Les experts ne peuvent pas faire de rapports séparés; ils n'en doivent dresser qu'un (FORMULES 115e, 116e et 117e), et ne former également qu'un seul avis, à la pluralité des voix. Ainsi l'opinion adoptée par deux des experts, alors même que le troisième ne la partagerait point, sera seule indiquée dans le rapport et regardée comme l'avis définitif des experts. Toutefois il sera bon de donner les motifs qui ont porté l'expert dissident à se séparer de ses collègues, afin que les juges en profitent, s'il y a lieu (FORMULE 118e). Nous avons, du reste, traité en détail ces diverses questions sous l'article 318, qui contient les mêmes prescriptions que l'article 210 et est conçu dans des termes à peu près identiques. (Voir précédemment, nos 520 et suiv.)

937. Aux termes d'un arrêt de la cour de Bourges, du 22 novembre 1825 (1), il ne suffit pas, dans le cas de vérification d'écritures de deux testaments, que les experts énoncent qu'ils pensent, à la pluralité des voix, que les deux testaments ne sont pas écrits par celui à qui on les attribue, le tribunal peut exiger que le rapport fasse connaître les motifs de l'expert dissident.

938. En cas d'avis différents, lorsqu'il n'y a point de pluralité et que chaque expert a un avis particulier, il est très-essentiel que les motifs de chacun d'eux soient indiqués dans le rapport, pour que le tribunal les apprécie et se détermine, s'il le peut, par ses propres lumières, sans être obligé de recourir à une nouvelle expertise. (Voir ci-après, nos 942 et 943.)

939. Les juges ne sont, d'ailleurs, obligés d'adopter, dans

----

(1) *Gazette des tribunaux*, du 2 décembre 1825.

aucun cas, l'avis des experts ; c'est la disposition formelle de l'article 323 du Code de procédure civile, qui, suivant un arrêt de la Cour de cassation, du 11 août 1820 (1), doit recevoir son application surtout en matière de vérification d'écritures, où il s'agit d'un art aussi conjectural que celui des écrivains experts. (Voir précédemment, nᵒˢ 664 et suiv.)

940. « Leur rapport sera annexé à la minute du procès-verbal du juge-commissaire, sans qu'il soit besoin de l'affirmer ; les pièces seront remises aux dépositaires, qui en déchargeront le greffier sur le procès-verbal. — La taxe des journées et vacations des experts sera faite sur le procès-verbal, et il en sera délivré exécutoire contre le demandeur en vérification. » (Code de procédure civile, art. 209.)

941. Ainsi que nous l'avons lu dans l'arrêt de la Cour de cassation du 10 août 1848 (voir précédemment, nᵒ 934), le rapport est rédigé au greffe, ou, s'il a été écrit en dehors, il y est remis conjointement par tous les experts. Il est ensuite annexé au procès-verbal du juge-commissaire, qui taxe, comme d'habitude, les frais et honoraires des experts, au bas du rapport (voir précédemment, nᵒˢ 566 et suiv.), et leur en délivre exécutoire contre le demandeur en vérification, si celui-ci néglige ou refuse de les payer.

942. L'article **322** du Code de procédure civile étant applicable en matière de vérification d'écritures, les tribunaux peuvent, s'ils le jugent nécessaire, ordonner une nouvelle expertise. Cette solution se trouve dans un arrêt de la cour de Besançon, du 16 juin 1812 (2), et deux arrêts de la cour de Rennes, l'un du 26 mars 1813 (3), l'autre du 16 juillet 1817 (4), desquels il résulte qu'encore bien que l'article 322 soit au titre *Des Rapports d'experts*, il doit recevoir son application dans la procédure en vérification d'écritures, puisque les écrivains ou autres individus chargés de donner leur avis sur l'écriture contestée exercent véritablement les fonctions d'experts et sont qualifiés tels par la loi. En cette matière, comme en toute autre, les juges ont au surplus un pouvoir souverain d'appréciation pour décider s'il y a lieu ou non d'ordonner une nouvelle expertise. C'est ce

(1) Sirey, t. XXI, 1ʳᵉ partie, p. 185. Comp. également, Aix, 27 mars 1890 (Pandectes françaises, 1890, 2, 264.)
(2, 3 et 4) Journal des avoués, t. XXII, p. 435, 439 et 443.

qu'a jugé la Cour de cassation par un arrêt du 29 mai 1889 (voir précédemment n° 723) en décidant que la Cour d'appel ne fait qu'user de son droit, en rejetant comme inutile la demande tendant à une nouvelle vérification de l'écriture d'un testament olographe.

943. La cour de Bruxelles a également décidé, par arrêt du 20 novembre 1822 (1), qu'un rapport d'experts, par lequel ils déclarent ne pouvoir juger si la pièce est vraie ou fausse, est nul, et que, par suite, il y a lieu d'en ordonner un nouveau.

944. Il résulte d'un arrêt de la cour de Bordeaux, du 2 janvier 1877 (2), qu'en matière de vérification d'écritures, comme en tout autre cas où une expertise a été ordonnée, les parties ont le droit d'examiner, au greffe où elles sont déposées, les pièces qui ont servi de base au travail des experts, en se conformant aux formes voulues et aux précautions nécessaires pour sauvegarder la responsabilité du dépositaire. On ne trouve dans la loi aucun texte qui contredise la règle tracée à cet égard par la nature des choses et les nécessités de la défense; on ne peut, notamment, argumenter de l'article 198 du Code de procédure civile, pour soutenir que la communication n'est plus possible quand trois jours se sont écoulés depuis le dépôt au greffe de la pièce à vérifier; en effet, cette disposition, exclusivement relative à la procédure antérieure à l'expertise, n'a nullement pour objet de régler la communication nécessaire aux parties pour apprécier et discuter le mérite du rapport des experts, quand il a été dressé.

945. Par arrêt du 17 juin 1879 (3), la Cour de cassation a décidé que, si les articles 199 et suivants du Code de procédure civile réglementent la manière dont les pièces de comparaison doivent être fournies aux experts en matière de vérification d'écritures, aucune loi n'interdit de faire usage, à l'audience, d'autres pièces de comparaison dont la valeur probante devient l'un des objets du débat contradictoire et est soumise, comme tous les autres documents de la cause, à l'appréciation des juges du fond. — Une cour d'appel a donc pu, sans violer aucune loi, comprendre, dans les éléments de son appréciation souveraine, des pièces que les experts

(1) Journal des arrêts de cette cour, 1822, t. II, p. 200.
(2) Journal des arrêts de cette cour, t. LII, p. 11.
(3) *Gazette des Tribunaux*, du 18 juin 1879, p. 587.

n'avaient pas vues, mais que les parties avaient produites
et discutées à l'audience.

§ XI. — *Expertise en matière de faux incident civil.*

946. Le faux en écritures publiques, authentiques ou privées, est un crime; il peut, d'après les articles 145,146,
147 et 150 du Code pénal, être commis d'une foule de
manières : 1° de la part des fonctionnaires ou officiers
publics, soit par fausses signatures, par altération d'actes,
écritures ou signatures, par supposition de personnes, par in-
tercalation d'écritures sur des registres ou autres actes publics
depuis leur confection ou clôture ; soit en dénaturant frau-
duleusement, dans des actes de leur ministère, la substance
ou les circonstances de ces actes, en écrivant des conventions autres que celles qui auraient été tracées ou dictées par
les parties, en constatant comme vrais des faits faux ou
comme avoués des faits qui ne l'étaient pas ; — 2° de la part de
toutes personnes publiques ou privées, soit par contrefaçon
ou altération d'écritures ou de signatures, par fabrication
de conventions, dispositions, obligations ou décharges, ou
par leur insertion après coup dans ces actes; soit, enfin, par
addition ou altération de clauses, de déclarations ou de faits
que ces actes avaient pour objet de recevoir ou de constater.

947. Les lois pénales punissent sévèrement le crime de
faux ; mais la partie à laquelle on oppose, dans un procès,
une pièce qu'elle croit fausse, n'est pas obligée, pour la faire
rejeter par le juge, de se pourvoir par les voies criminelles
contre la personne présumée coupable ; il lui suffit de s'inscrire contre la pièce pour en faire reconnaître et déclarer
la fausseté. « C'est, — dit M. Boncenne (t. IV, p. 11), — l'é-
pisode d'une action qui n'avait pas originairement une imputation de faux pour objet ; c'est un procès fait à la pièce
seulement, comme si la pièce s'était fabriquée ou falsifiée
d'elle-même. »

948. L'inscription de faux n'est donc qu'un incident, un
épisode de l'action principale, qui peut se produire dans un
procès civil comme dans une affaire criminelle, et qui prend,
suivant le cas, la dénomination de *faux incident criminel* ou

de *faux incident civil*. C'est de l'expertise relative à ce dernier que nous avons uniquement à nous occuper ici.

949. Le Code de procédure civile consacre au faux incident civil le titre XI du livre II de sa première partie. Les formalités qu'il prescrit sont plus compliquées que celles de la vérification d'écritures, qui ne s'applique, comme nous l'avons déjà dit, qu'aux actes sous seings privés (voir précédemment, n° 885), tandis que l'inscription de faux peut avoir lieu contre toute espèce d'acte, public, authentique ou privé, même contre les minutes ou expéditions de jugements ou arrêts. Ainsi l'a décidé la Cour de cassation, les 13 juin 1838 (1), 13 mai 1840 (2) et 24 juin 1840 (3).

950. « Celui qui prétend qu'une pièce signifiée, communiquée ou produite dans le cours de la procédure, est fausse ou falsifiée, peut, s'il y échet, être reçu à s'inscrire en faux, encore que ladite pièce ait été vérifiée, soit avec le demandeur, soit avec le défendeur en faux, à d'autres fins que celles d'une poursuite de faux principal ou incident, et qu'en conséquence il soit intervenu un jugement sur le fondement de ladite pièce comme véritable. » (Code de procédure civile, art. 214.)

951. Le jugement intervenu sur une vérification d'écritures n'empêcherait donc pas d'attaquer l'acte ainsi reconnu légalement entre les parties, mais il n'en serait pas de même s'il y avait eu inscription et procédure de faux principal ou incident. Ainsi l'a jugé la cour de Riom, par un arrêt du 13 juillet 1844 (4), duquel il résulte aussi que l'inscription de faux peut être admise contre un acte sous seing privé, même après la reconnaissance de cet acte, faite par erreur par la partie qui l'attaque.

952. Par les mots *s'il y échet*, c'est-à-dire s'il y a lieu, que contient l'article 214, le législateur a entendu que les magistrats auraient un pouvoir discrétionnaire pour recevoir ou non les parties à s'inscrire en faux. La cour suprême et les autres cours ont rendu un grand nombre d'arrêts dans ce sens; nous citerons, entre autres, ceux de la Cour de cas-

---

(1) Journal du palais, 1838, t. II, p. 118.
(2) Journal du palais, 1840, t. II, p. 267. — Dalloz, 1840, t. I, p. 223.

(3) Journal du palais, 1841, t. I, p. 32. — Dalloz, 1840, t. I, p. 257.
(4) Sirey, t. XLV, 2ᵉ partie, p. 166.

sation des 26 février 1827 (1), 16 février 1830 (2), 12 janvier 1833 (3), 7 juillet 1835 (4), 23 août 1836 (5), 5 avril 1837 (6), 10 avril 1838 (7), 8 mai 1839 (8), 7 juillet 1839 (9), 27 mai 1840 (10), 6 février 1844 (11), 1er avril 1844 (12), 16 décembre 1874, que nous avons déjà cité (Voir précédemment, n° 618), 26 janvier 1892 (13) et 10 janvier 1893 (14).

953. « Celui qui voudra s'inscrire en faux sera tenu préalablement de sommer l'autre partie, par acte d'avoué à avoué, de déclarer si elle veut ou non se servir de la pièce, avec déclaration que, dans le cas où elle s'en servirait, il s'inscrira en faux. » (Code de procédure civile, art. 215.)

954. « Dans les huit jours, la partie sommée doit faire signifier, par acte d'avoué, sa déclaration, signée d'elle, ou du porteur de sa procuration spéciale et authentique, dont copie sera donnée, si elle entend ou non se servir de la pièce arguée de faux. » (Code de procédure civile, art. 216.)

955. « Si le défendeur à cette sommation ne fait cette déclaration, ou s'il déclare qu'il ne veut pas se servir de la pièce, le demandeur pourra se pourvoir à l'audience sur un simple acte, pour faire ordonner que la pièce maintenue fausse sera rejetée par rapport au défendeur; sauf au demandeur à en tirer telles inductions ou conséquences qu'il jugera à propos, ou à former telles demandes qu'il avisera, pour ses dommages-intérêts. » (Code de procédure civile, art. 217.)

956. « Si le défendeur déclare qu'il veut se servir de la pièce, le demandeur déclarera par acte au greffe, signé de lui ou de son fondé de pouvoir spécial et authentique, qu'il entend s'inscrire en faux; il poursuivra l'audience sur un simple acte, à l'effet de faire admettre l'inscription, et de faire nommer le commissaire devant lequel elle sera poursuivie. » (Code de procédure civile, art. 218.)

(1) Dalloz, 1827, t. I, p. 321.
(2) Dalloz, 1830, t. I, p. 129.
(3) Journal des avoués, t. XLVII, p. 470.
(4) Sirey, t. XXXV, 1re partie, p. 939. — Journal des avoués, t. XLIX, p. 717.
(5) Journal des avoués, t. LI, p. 573.
(6) Journal du palais, 1837, t. II, p. 357.
(7) Sirey, t. XXXVIII, 1re partie, p. 535.
(8) Sirey, t. XXXIX, 1re partie, p. 784.
(9) Journ. du pal., 1839, t. II p. 408.
(10) Dalloz, 1840, t. I, p. 243. — Journal du palais, 1840, t. II, p. 202.
(11) Journ. du p d., 1841, t. I, p. 758.
(12) Sirey, 1844, 1, p. 335.
(13) Pand. françaises, 1893, 1, 343.
(14) Pand. françaises, 1894, 1, 159.

957. « Le défendeur sera tenu de remettre la pièce arguée de faux, au greffe, dans trois jours de la signification du jugement qui aura admis l'inscription et nommé le commissaire, et de signifier l'acte de mise au greffe dans les trois jours suivants. » (Code de procédure civile, art. 219.)

958. « Faute par le défendeur de satisfaire, dans ledit délai, à ce qui est prescrit par l'article précédent, le demandeur pourra se pourvoir à l'audience, pour faire statuer sur le rejet de ladite pièce, suivant ce qui est porté en l'article 217 ci-dessus; si mieux il n'aime demander qu'il lui soit permis de faire remettre ladite pièce au greffe, à ses frais, dont il sera remboursé par le défendeur comme de frais préjudiciaux, à l'effet de quoi il lui en sera délivré exécutoire. » (Code de procédure civile, art. 220.)

959. « En cas qu'il y ait minute de la pièce arguée de faux, il sera ordonné, s'il y a lieu, par le juge-commissaire, sur la requête du demandeur, que le défendeur sera tenu, dans le temps qui lui sera prescrit, de faire apporter ladite minute au greffe, et que les dépositaires d'icelle y seront contraints, les fonctionnaires publics par corps, et ceux qui ne le sont pas, par voie de saisie, amende, et même par corps s'il y échet. » (Code de procédure civile, art. 221.)

960. « Il est laissé à la prudence du tribunal d'ordonner, sur le rapport du juge-commissaire, qu'il sera procédé à la continuation de la poursuite du faux, sans attendre l'apport de la minute; comme aussi de statuer ce qu'il appartiendra, en cas que ladite minute ne pût être rapportée, ou qu'il fût suffisamment justifié qu'elle a été soustraite ou qu'elle est perdue. » (Code de procédure civile, art. 222.)

961. « Le délai pour l'apport de la minute court du jour de la signification de l'ordonnance ou du jugement au domicile de ceux qui l'ont en leur possession. » (Code de procédure civile, art. 223.)

962. « Le délai qui aura été prescrit au défendeur, pour faire apporter la minute, courra du jour de la signification de l'ordonnance ou du jugement à son avoué; et, faute par le défendeur d'avoir fait les diligences nécessaires pour l'apport de ladite minute dans ce délai, le demandeur pourra se pourvoir à l'audience, ainsi qu'il est dit article 217. — Les diligences ci-dessus prescrites au défendeur seront remplies, en signifiant par lui aux dépositaires, dans le délai qui aura été prescrit, copie de la signification qui lui aura été faite de l'ordonnance ou du jugement ordonnant l'apport de ladite minute, sans qu'il soit besoin, par lui, de lever expédition de ladite ordonnance ou dudit jugement. » (Code de procédure civile, art. 224.)

963. « La remise de ladite pièce prétendue fausse étant faite au greffe, l'acte en sera signifié à l'avoué du demandeur, avec sommation d'être présent au procès-verbal ; et trois jours après cette signification, il sera dressé procès-verbal de l'état de la pièce. — Si c'est le demandeur qui a fait faire la remise, ledit procès verbal sera fait dans les trois jours de ladite remise, sommation préalablement faite au défendeur d'y être présent. » (Code de procédure civile, art. 225.)

964. « S'il est ordonné que les minutes seront apportées, le procès-verbal sera dressé conjointement, tant desdites minutes, que des expéditions arguées de faux, dans les délais ci-dessus : pourra néanmoins le tribunal ordonner, suivant l'exigence des cas, qu'il sera d'abord dressé procès-verbal de l'état desdites expéditions, sans attendre l'apport desdites minutes, de l'état desquelles il sera, en ce cas, dressé procès-verbal séparément. » (Code de procédure civile, art. 226.)

965. « Le procès-verbal contiendra mention et description des ratures, surcharges, interlignes et autres circonstances du même genre ; il sera dressé par le juge-commissaire, en présence du procureur de la République, par le défendeur et le demandeur, s'ils peuvent ou veulent les parapher ; sinon il en sera fait mention. Dans le cas de non-comparution de l'une ou de l'autre des parties, il sera donné défaut et passé outre au procès-verbal. » (Code de procédure civile, art. 227.)

966. « Le demandeur en faux, ou son avoué, pourra prendre communication, en tout état de cause, des pièces arguées de faux, par les mains du greffier, sans déplacement et sans retard. » (Code de procédure civile, art. 228.)

967. « Dans les huit jours qui suivront ledit procès-verbal, le demandeur sera tenu de signifier au défendeur ses moyens de faux, lesquels contiendront les faits, circonstances et preuves par lesquels il prétend établir le faux ou la falsification ; sinon le défendeur pourra se pourvoir à l'audience pour y faire ordonner, s'il y échet, que ledit demandeur demeurera déchu de son inscription en faux. » (Code de procédure civile, art. 229.)

968. « Sera tenu le défendeur, dans les huit jours de la signification des moyens de faux, d'y répondre par écrit ; sinon le demandeur pourra se pourvoir à l'audience pour faire statuer sur le rejet de la pièce, suivant ce qui est prescrit article 217 ci-dessus. » (Code de procédure civile, art. 230.)

969. « Trois jours après lesdites réponses, la partie la plus diligente pourra poursuivre l'audience, et les moyens de faux seront admis ou rejetés, en tout ou en partie : il sera ordonné, s'il y échet, que lesdits moyens ou aucuns d'eux demeureront joints soit à l'incident en faux, si quelques-uns desdits moyens ont été admis, soit à la cause ou au procès principal ; le tout suivant la qualité desdits moyens et l'exigence des cas » (Code de procédure civile, art. 231.)

970. Il faut, d'après cet article, qu'un jugement intervienne pour admettre ou rejeter les moyens de faux. Il le faut pour éviter qu'une procédure s'engage sur des moyens qui, alors même qu'ils seraient prouvés, n'établiraient pas la fausseté de la pièce, ou sur des moyens que la loi réprouve. Ainsi la cour de Lyon a jugé, par arrêt du 17 mars 1849 (1), que, si le demandeur en faux ne pouvait invoquer que la preuve testimoniale, et qu'il n'y eût ni altération matérielle dans l'acte, ni commencement de preuves par écrit, ni circonstances graves, précises et concordantes qui fissent présumer la vérité des faits allégués, on devait rejeter les moyens de faux, parce que les admettre dans ce cas, ce serait, en laissant prendre la voie détournée de l'inscription de faux, contrevenir à l'article 1341 du Code civil, qui repousse en principe la preuve testimoniale contre le contenu aux actes.

971. Toutefois il n'est pas nécessaire, — d'après un arrêt de la cour de Bruxelles, du 23 novembre 1825 (2), — pour que l'inscription de faux incident puisse être admise, que la pièce arguée présente par elle-même des signes extérieurs de dol ou de faux.

972. Par arrêt du 11 mars 1840 (3), la Cour de cassation a décidé « qu'une cour d'appel, en rejetant les moyens de faux qui se rapportaient au corps du billet argué de faux,

---

(1) Sirey, t. XIX, 2ᵉ partie, p. 260.
(2) Journal des arrêts de cette cour, 1826, t. **I**, p. **89**.
(3) Sirey, t. XLI, 1ʳᵉ partie, p. 67.

parce que ces moyens n'étaient ni pertinents ni admissibles, et en ordonnant, au contraire, la preuve des moyens de faux qui s'appliquaient au *bon* approbatif de la somme énoncée au billet et à la signature de ce billet, n'a pas scindé un titre indivisible, ni jugé une question qui dût être renvoyée devant le tribunal de commerce, mais qu'elle a apprécié les moyens de faux proposés, et usé du droit qui lui appartenait d'admettre les uns et de rejeter les autres, ce qui ne constitue aucun excès de pouvoir, ni violation d'aucune loi, etc. »

973. « Le jugement ordonnera que les moyens admis seront prouvés, tant par titres que par témoins, devant le juge commis, sauf au défendeur la preuve contraire, et qu'il sera procédé à la vérification des pièces arguées de faux, par trois experts écrivains, qui seront nommés d'office par le même jugement. » (Code de procédure civile, art. 232.)

974. En matière de faux, comme en matière de vérification d'écritures, la preuve se fait par titres, par témoins et par experts. (Voir précédemment, n° 888.) Ces trois moyens peuvent être employés cumulativement, mais on peut aussi n'user que de deux, ou même d'un seul, s'il est suffisant; les juges ont, à cet égard, un pouvoir discrétionnaire. Ainsi l'a décidé la Cour de cassation, dans ses arrêts des 17 mai 1830 (1), 25 mars 1835 (2), 27 décembre 1835 (3), 11 mars 1840 (4), 20 juin 1846 (5) et 24 avril 1849 (6).

975. Les experts seront toujours au nombre de trois. Le tribunal ne pourrait pas en nommer moins, à peine de nullité, alors même que le ministère public et les parties y consentiraient.

976. Les experts doivent également toujours être nommés d'office. L'opération intéresse l'ordre public, puisqu'elle peut avoir pour résultat de constater un crime; on n'a, dès lors, pas dû permettre aux parties, sous peine de nullité, de choisir les experts, qui, dévoués chacun à la partie qui l'aurait désigné, seraient naturellement enclins à pallier le fait cri-

(1) Journal du palais, t. XXVI, 1834-1835 p. 1551.
(2) Sirey, t. XXXV, 1re partie, p. 510. — Journal des avoués, t. XLVIII, p. 299.
(3) Sirey, t. XXXVII, 1re partie, p. 68.
(4) Journal du palais, 1840, t. II, p. 791.—Sirey, t. XLI, 1re partie, p. 67.
(5) Journal du palais, 1846, t. II, p. 522.
(6) Dalloz, 1849, t. I, p. 154.

minel dont l'expertise pourrait révéler l'existence. C'est ce qu'enseignent, comme nous, MM. Pigeau (t. I, p. 340), Locré (t. XXI, p. 455), Berriat-Saint-Prix (p. 280), et Carré (t. II, p. 422).

977. Il n'existe pas d'*experts écrivains* en titre d'office, et MM. Demiau-Crouzilhac (p. 178), Delaporte (t. I, p. 329) et Thomine-Desmazures (t. I, p. 409) pensent que la loi n'oblige pas les juges à désigner exclusivement des maîtres d'écriture; que toute personne expérimentée en l'art d'écrire peut être choisie. Nous sommes de cet avis. Il ne suffit pas d'être habile en calligraphie pour faire un bon expert en écriture : il faut aussi être capable de bien apprécier les pièces de comparaison, de déjouer les ruses qui peuvent être employées par l'individu soupçonné, savoir s'entourer de tous les renseignements utiles, etc.

978. Il y a, en outre, des circonstances où il est indispensable de nommer d'autres personnes que des écrivains. Si, par exemple, le faux paraissait commis à l'aide de procédés chimiques, il faudrait désigner pour experts des chimistes. Des cas analogues peuvent également se présenter, où il sera nécessaire de choisir des experts pris dans d'autres professions ou ayant des aptitudes différentes, l'expertise devant porter sur divers points et exigeant des connaissances variées.

979. « Les moyens de faux, qui seront déclarés pertinents et admissibles, seront énoncés expressément dans le dispositif du jugement qui permettra d'en faire la preuve ; et il ne sera fait preuve d'aucun autre moyen. Pourront néanmoins les experts faire telles observations dépendantes de leur art qu'ils jugeront à propos, sur les pièces prétendues fausses, sauf aux juges à y avoir tel égard que de raison. » (Code de procédure civile, art. 233.)

980. Les moyens de faux, et conséquemment les points sur lesquels devra porter l'expertise, seront expressément énoncés dans le jugement; c'est un principe général que toute décision judiciaire qui ordonne une preuve doit spécifier les faits à prouver, pour que toutes les parties, les témoins et les experts soient bien fixés sur l'objet précis de la cause.

981. Les experts pourront néanmoins faire telles observations dépendantes de leur art qu'ils jugeront à propos, afin d'éclairer complétement les magistrats sur la valeur de la pièce soumise à leur vérification Aussi la cour de Paris a-t-elle décidé, par arrêt du 23 janvier 1811 (1), qu'il est permis à des experts commis pour constater un faux matériel de recourir à des pièces de comparaison, quoiqu'ils n'aient à se prononcer que sur des grattages et la surcharge d'un paraphe.

982. Mais, de ce que l'article 233 porte que le tribunal aura « tel égard que de raison » aux observations des experts étrangers à l'objet déterminé de la preuve, il ne faut pas conclure, *a contrario*, qu'il sera lié par les avis donnés sur cet objet par les experts. Les juges, en cette matière comme dans toute autre, ne sont point astreints à suivre l'avis des experts si leur conviction s'y oppose. (Voir précédemment, n° 661 et suiv.) Tout ce qu'a voulu dire notre article, c'est que le tribunal peut prendre en considération les observations des experts, bien qu'elles ne soient pas relatives aux moyens de faux énoncés dans le jugement.

983. « En procédant à l'audition des témoins, seront observées les formalités ci-après prescrites pour les enquêtes (2) ; les pièces prétendues fausses leur seront représentées, et paraphées d'eux, s'ils peuvent ou veulent les parapher; sinon il en sera fait mention. — A l'égard des pièces de comparaison et autres qui doivent être représentées aux experts, elles pourront l'être aussi aux témoins, en tout ou en partie, si le juge-commissaire l'estime convenable; auquel cas elles seront par eux paraphées, ainsi qu'il est ci-dessus prescrit. » (Code de procédure civile, art. 234.)

984. « Si les témoins représentent quelques pièces lors de leur déposition, elles y demeureront jointes, après avoir été paraphées, tant par le juge-commissaire que par lesdits témoins, s'ils peuvent ou veulent le faire ; et, si lesdites pièces font preuve du faux, ou de la vérité des pièces arguées, elles seront représentées aux autres témoins qui en auraient connaissance ; et elles seront par eux paraphées, suivant ce qui est ci-dessus prescrit. » (Code de procédure civile, art. 235.)

985. L'enquête doit, autant que possible, précéder l'expertise. C'est la conséquence logique du second paragraphe du

(1) Sirey, t. XIV, 2ᵉ partie, p. 332.— Journal des avoués, t. XIV, p. 369.
(2) Articles 260 et suivants du Code de procédure civile.

2° de l'article 236 (voir ci-après, n° 987), qui autorise à représenter aux experts les pièces que les témoins auraient jointes
à leurs dépositions. Nous pensons toutefois, avec M. Chauveau
(*sur Carré*, t. II, p. 433), que cet ordre à suivre dans l'instruction n'est pas prescrit à peine de nullité.

986. Si les témoins, lors de leur déposition, représentent
quelques pièces, le juge-commissaire doit le constater, faire
la description de ces pièces et les parapher avec le témoin
qui les produit. Puisque l'article 236, que nous reproduisons
dans le numéro suivant, veut que les pièces dont il s'agit
soient représentées aux experts, il faut nécessairement qu'on
en constate la nature et l'identité, en en faisant la description
et en les paraphant. Nous partageons cette opinion avec
l'auteur du Commentaire inséré aux *Annales du notariat* (t. II,
p. 61), et avec MM. Carré et Chauveau (t. II, p. 433).

987. « La preuve par experts se fera en la forme suivante : — 1° Les pièces de comparaison seront convenues
entre les parties, ou indiquées par le juge, ainsi qu'il est dit
à l'article 200, titre *De la Vérification des écritures* (voir précédemment, n° 904). — 2° Seront remis aux experts : le
jugement qui aura admis l'inscription de faux; les pièces
prétendues fausses; le procès-verbal de l'état d'icelles; le
jugement qui aura admis les moyens de faux et ordonné le
rapport d'experts; les pièces de comparaison, lorsqu'il en
aura été fourni; le procès-verbal de présentation d'icelles,
et le jugement par lequel elles auront été reçues : les experts
mentionneront dans leur rapport la remise de toutes les
pièces susdites, et l'examen auquel ils auront procédé, sans
pouvoir en dresser aucun procès-verbal; ils parapheront
les pièces prétendues fausses. — Dans le cas où les témoins
auraient joint des pièces à leur déposition, la partie pourra
requérir et le juge-commissaire ordonner qu'elles seront représentées aux experts. — 3° Seront, au surplus, observées
audit rapport les règles prescrites au titre *De la Vérification
d'écritures*. » (Code de procédure civile, art. 236.)

988. Quoique cet article ne parle, dans son 1°, que du
choix des pièces de comparaison et ne renvoie qu'à l'article 200 du Code de procédure civile, nous croyons, comme
MM. Demiau-Crouzilhac (p. 179), Thomine-Desmazures (t. I,
p. 415), Carré et Chauveau (t. II, p. 434), qu'on doit appliquer à l'inscription de faux non-seulement l'article 200,

mais encore les articles 201 et suivants, relatifs à l'apport ou
l'envoi des pièces par les dépositaires. (Voir précédemment,
n°ˢ 903 et suiv.)

889. Le procès-verbal de présentation des pièces, indiqué
dans le 2° de l'article 236, est celui qui, aux termes de l'article 203, doit être dressé par le président du tribunal de
l'arrondissement du dépositaire. Cette solution, qui est la
conséquence et la confirmation de celle que nous avons donnée dans le numéro précédent, a l'assentiment de MM. Pigeau
(t. I, p. 343), Carré et Chauveau (t. II, p. 435).

990. De ce que l'article 236 porte qu'on remettra aux experts le jugement par lequel les pièces de comparaison auront
été reçues, faut-il conclure qu'en matière de faux incident
civil le juge-commissaire ne puisse pas, lorsque les parties ne
s'accordent point sur le choix de ces pièces, les recevoir par
ordonnance et sans recourir au tribunal? Si l'on s'attache à
la lettre de notre article, la réponse est affirmative; elle ne le
sera pas si nous consultons l'esprit de la loi. Voyons quelle
est, à cet égard, l'opinion des auteurs.

991. Seul M. Pigeau (t. I, p. 343) enseigne qu'une ordonnance du juge-commissaire serait insuffisante et qu'il faut un
jugement; qu'ainsi, dans tous les cas où les parties ne se sont
pas accordées, le juge-commissaire doit ordonner qu'il en
sera référé par lui au tribunal, qui, sur son rapport, indique
les pièces.

992. Cette doctrine exagère évidemment le sens des termes
employés par le législateur dans l'article 236 ; nous préférons
nous associer à celle qu'ont unanimement adoptée MM. Lepage (*Quest.*, p. 178), Demiau-Crouzilhac (p. 180), Delaporte
(t. I, p. 235), Thomine-Desmazures (t. I, p. 415), Favard de
Langlade (t. II, p. 564), Bioche (n° 484), Carré et Chauveau
(t. II, p. 435 et 436), ainsi que les auteurs du Commentaire
inséré aux *Annales du notariat* (t. II, p. 66 et 67). Se fondant
sur l'esprit du Code, qui est de se conformer le plus possible aux dispositions de l'ordonnance de 1737 (tit. I, art. 19,
et tit. II, art. 36 et 39), laquelle autorisait le juge-commissaire à régler l'admission ou le rejet des pièces de comparaison, à moins qu'il ne jugeât à propos d'en référer au tribunal, et portait que l'ordonnance ou le jugement qui aurait
admis ces pièces serait remis aux experts, tous les jurisconsultes que nous venons de citer pensent, avec raison, que le

juge-commissaire a la faculté de statuer lui-même sur la réception des pièces dont il s'agit, ou d'en saisir le tribunal, et que, dès lors, selon le parti qu'il aura adopté, ce sera de son ordonnance ou du jugement que remise sera faite aux experts, en exécution de l'article 236.

993. La partie ne manquera pas de requérir la présentation aux experts des pièces jointes par les témoins à leur déposition; mais, si elle ne le faisait pas et que la chose fût nécessaire, le juge-commissaire, appelé à fournir aux experts tous les moyens possibles de s'éclairer et de renseigner le tribunal, aurait le droit d'ordonner d'office la représentation de ces pièces. M. Carré (t. II, p. 436 et 437), émet cette opinion, d'accord avec MM. Thomine-Desmazures (t. I, p. 4‹5), Chauveau (*sur Carré*, t. II, p. 437) et les auteurs du Commentaire inséré aux *Annales du notariat* (t. II, p. 68). Si l'article 236 dit que la partie pourra requérir, c'est pour faire connaître que le juge-commissaire ne sera pas obligé d'ordonner la représentation d'office, mais non pour lui interdire la faculté de représenter les pièces aux experts lorsqu'il le jugera convenable pour l'instruction d'une affaire qui intéresse l'ordre public. Il pourrait, au surplus, en référer au tribunal, qui, sur les conclusions du ministère public, aurait incontestablement le droit d'ordonner la représentation.

994. En terminant, l'article 236 porte que les règles prescrites au titre *De la Vérification des écritures* seront observées. Ces règles sont contenues dans les articles 204 à 210 du Code de procédure civile, que nous avons reproduits et commentés dans le deuxième paragraphe de la présente section. (Voir précédemment, n⁰ˢ 906 et suiv.) Les formalités à remplir dans la rédaction du rapport (FORMULE 119ᵉ) sont par conséquent identiques.

995. « En cas de récusation, soit contre le juge-commissaire, soit contre les experts, il y sera procédé ainsi qu'il est prescrit aux titres XIV et XXI du présent livre. » (Code de procédure civile, art. 237.)

996. C'est aux articles 308 à 314 du Code de procédure civile qu'il faut recourir pour connaître les formalités à remplir en matière de récusation des experts. Nous les avons reproduits, avec des commentaires (voir précédemment, n°ˢ 236 et suiv.), auxquels nous n'avons rien à ajouter. Il convient seulement de faire remarquer que les numéros 249 et 331 sont sans objet, en matière de faux incident civil, puisque les parties n'ont pas à intervenir dans le choix des experts. (Voir précédemment, n° 976.)

CHAPITRE IV.

DE L'EXPERTISE EN MATIÈRE ADMINISTRATIVE.

997. L'expertise est, dans les matières administratives, comme dans toutes les autres, une mesure d'instruction que la loi prescrit, ou à laquelle les juges ont la faculté de recourir, pour vérifier les faits avancés par les parties, suppléer à l'insuffisance des documents produits, estimer des dommages, etc.

998. Dans beaucoup d'affaires, la visite du lieu contentieux, l'inspection de l'objet du litige sont indispensables pour rendre une décision : par exemple, comme l'a reconnu le conseil d'État (1), quand il s'agit d'une application de titres, du gisement d'un terrain, de l'assiette d'un droit de servitude. Il serait désirable que le conseil de préfecture pût aller lui-même s'éclairer ; mais les frais, les pertes de temps, les exigences du service ne lui permettent presque jamais d'employer ce moyen. Quelquefois il délègue un de ses membres ; mais c'est encore assez rare, et, le plus souvent, il confie cette mission à une ou plusieurs personnes ayant les connaissances spéciales et l'expérience pratique nécessaires pour recueillir et lui transmettre les renseignements dont il a besoin.

999. La majeure partie des opérations de ce genre se fait d'après les règles générales, que nous allons d'abord indiquer ; puis nous traiterons, dans une seconde section, des expertises pour lesquelles le législateur a établi des formes particulières et spéciales.

---

(1) Ordonnance du 4 juillet 1837, Garanton. (Dufour, *Droit admin. appl.*, 3ᵉ édit., t. II, p. 66.)

SECTION PREMIÈRE

EXPERTISES ADMINISTRATIVES ORDINAIRES

1000. En toutes matières, le conseil de préfecture peut, soit d'office, soit sur la demande des parties ou de l'une d'elles, ordonner, avant faire droit, qu'il sera procédé à une expertise sur les points déterminés par sa décision. Telle est la règle générale formulée par le premier alinéa de l'article 13 de la loi du 22 juillet 1889. Réciproquement, le Conseil d'État a jugé, le 18 janvier 1895 (1), qu'il peut toujours refuser l'expertise sollicitée s'il la juge inutile.

1001. Mais, aux termes du second alinéa du même article, en matière de dommages résultant de l'exécution des travaux publics (voir ci-après, n°s 1056 et suivants), ou de subventions spéciales pour dégradations extraordinaires aux chemins vicinaux (voir ci-après n°s 1202 et suivants), l'expertise doit obligatoirement être ordonnée si elle est demandée par les parties ou par l'une d'elles pour faire vérifier les faits qui servent de base à la réclamation. Dans ces matières spéciales, le conseil de préfecture ne pourrait se refuser à ordonner une expertise sur la demande de l'une des parties, que si la requête était frappée d'une fin de non recevoir, ou si la solution de l'affaire dépendait d'une question de droit et non d'une vérification de fait (2). (Voir ci-après, n°s 1124 et suivants.)

1002. Lorsqu'il y a lieu de faire procéder à une expertise soit en exécution de la loi, soit en vertu du pouvoir discrétionnaire du conseil de préfecture, cette opération est ordonnée par un arrêté, qui doit énoncer clairement les points à examiner et nommer les experts choisis par les parties, ou, à défaut, nommés d'office (FORMULE 120e).

1003. L'arrêté du conseil de préfecture qui ordonne une expertise ou un supplément d'expertise. ne préjugeant pas le fond du litige, le conseil d'État a décidé (3) que cet arrêté est essentiellement préparatoire, et que, dès lors, il n'est pas susceptible d'un recours distinct et préalable à la décision définitive.

1004. Les règles de procédure concernant les expertises

(1) Pandectes françaises, *Rép.*, v° Conseil de préfecture, 598.
(2) Rapport au Sénat, 17 janvier 1889.
(3) Ordonnance du 19 juillet 1833, ministre des travaux publics contre Charageat (Dufour, 3e édit., t, II, p. 65) ; décret du 3 juin 1892 (Lebon, p. 513).

devant les conseils de préfecture sont formulées dans les articles 14 à 24 de la loi du 22 juillet 1889, que nous reproduisons ci-après.

1005. « L'expertise sera faite par trois experts, à moins que les parties ne consentent à ce qu'il y soit procédé par un seul. — Dans ce dernier cas, l'expert est nommé par le conseil, à moins que les parties ne s'accordent pour le désigner. — Si l'expertise est confiée à trois experts, l'un d'eux est nommé par le conseil de préfecture, et chacune des parties est appelée à nommer son expert. » (Loi du 22 juillet 1889, art. 14.)

1006. « Les parties qui ne sont pas présentes à la séance publique où l'expertise est ordonnée ou qui n'ont pas, dans leurs requêtes et mémoires, désigné leur expert, sont invitées, par une notification faite conformément à l'article 7 (FORMULE 121ᵉ), à le désigner dans le délai de huit jours. — Si cette désignation n'est pas parvenue au greffe dans ce délai, la nomination est faite d'office par le conseil de préfecture. » (Loi du 22 juillet 1889, art. 15.)

1007. Si les parties, s'étant décidées pour la nomination d'un seul expert, ne pouvaient tomber d'accord sur le choix de l'homme de l'art, il appartiendrait au conseil de préfecture de le désigner, à l'expiration du délai imparti pour le dépôt au greffe du nom de l'expert commun. (V. pr. nº 209.)

1008. Bien que la loi du 22 juillet 1889, interprétée littéralement, ne prévoie pas l'intervention de plus de trois experts, il est un cas où, contrairement à ce qui a lieu en matière civile (voir précédemment, nº 200), ce nombre devra être dépassé. Il en sera ainsi, suivant nous, toutes les fois que dans une instance figureront plus de deux parties ayant des intérêts opposés. Le principe en cette matière est en effet que chaque partie en cause a le droit de nommer son expert en outre de celui que doit désigner le conseil de préfecture. Peu importe que les experts puissent se trouver ainsi en nombre pair, car nous verrons plus loin (voir ci-après nº 1019) qu'à la différence de l'article 318 du Code de procédure civile (voir précédemment, nᵒˢ 520 et suivants), l'article 20 de la loi du 22 juillet 1889 veut qu'en cas d'avis différents, les experts fassent connaître dans leur rapport l'opinion de chacun d'eux. Telle est d'ailleurs l'interprétation donnée à la loi par la circulaire du ministre de l'intérieur en date du 31 juillet 1890 (1), ainsi que

(1) Pandectes françaises, 1891, 3, 1.

par les arrêtés des conseils de préfecture du Morbihan, du 13 juillet 1891 (1), de la Seine, du 10 janvier 1893 (2), et du Conseil d'Etat, du 1er juillet 1892 (3).

1009. Aux termes de la même circulaire, la notification adressée aux parties, d'avoir à désigner leur expert, pourra utilement leur rappeler qu'elles peuvent opter entre la nomination d'un expert pour chacune d'elles et la désignation, après entente entre elles, d'un expert unique. En vue d'arriver à un accord par le choix d'un expert commun, le conseil pourra même prolonger le délai de huitaine. Ce délai en effet n'est pas un délai de rigueur. Mais par contre l'arrêté qui aurait nommé d'office des experts avant l'expiration du délai serait entaché d'un vice de forme, à moins qu'ultérieurement, les parties n'eussent assisté sans protestations ni réserves aux opérations de l'expertise.

1010. « L'arrêté du conseil de préfecture qui ordonne l'expertise et en fixe l'objet, et qui nomme, s'il y a lieu, le ou les experts, désigne l'autorité devant laquelle ils doivent prêter serment, à moins que le conseil ne les en dispense, du consentement des parties. — La prestation de serment et l'expédition du procès-verbal ne donnent lieu à aucun droit d'enregistrement. — Le conseil de préfecture fixe, en outre, le délai dans lequel les experts seront tenus de déposer leur rapport au greffe. » (Loi du 22 juillet 1889, art. 16.)

1011. La formalité de la prestation de serment est substantielle. Son omission entraînerait la nullité de l'expertise, que celle-ci soit obligatoire ou facultative. Ce n'est que du consentement des parties que le conseil peut dispenser les experts de la prestation de serment. (Voir précédemment, nos 371 et suiv.)

1012. La circulaire précitée du ministre de l'intérieur (voir précédemment, n° 1008) indique notamment, comme fonctionnaires pouvant être désignés pour recevoir le serment des experts, les conseillers de préfecture, siégeant en corps ou individuellement, le secrétaire général, un sous-préfet, un maire, un juge de paix. Toutefois, ajoute-t-elle, en vue de diminuer les frais, il est préférable de désigner les fonctionnaires qui résident le plus près des lieux où doit avoir lieu l'expertise.

1013. L'arrête du conseil de préfecture qui nomme des

(1, 2 et 3), Pandectes françaises, *Rép.*, vo Conseil de préfecture, 655.

experts fixe le délai dans lequel ceux-ci seront tenus de déposer leur rapport au greffe. La sanction de cette disposition se trouve dans l'article 18 de la loi du 22 juillet 1889 (voir ci-après, n° 1016). Mais le conseil de préfecture serait toujours libre d'accorder aux experts, si les circonstances l'exigeaient, une prolongation du délai primitivement imparti.

1014. « Les fonctionnaires qui ont exprimé une opinion dans l'affaire litigieuse, ou qui ont pris part aux travaux qui donnent lieu à une réclamation, ne peuvent être désignés comme experts. — Les règles établies par le Code de procédure civile (voir précédemment, n°s 236 et suiv.), pour la récusation des experts, sont applicables dans le cas où les experts sont désignés d'office par le conseil de préfecture, — La récusation doit être proposée dans les huit jours de la notification de l'arrêté qui a désigné l'expert. Elle est jugée d'urgence. » (Loi du 22 juillet 1889, art. 17.)

1015. Le paragraphe 1er de cet article édicte une incapacité spéciale, en matière d'expertise, à l'égard des fonctionnaires qui ont exprimé une opinion dans l'affaire ou qui ont pris part aux travaux sur lesquels porte la réclamation. Cette exclusion, aux termes de la circulaire précitée (voir précédemment, n° 1008), s'applique sans distinction à tout agent de l'Etat, du département, des communes, des établissements publics et des associations syndicales autorisées. Elle peut être prononcée d'office ou sur la demande des parties. D'après la même circulaire, quand une accusation est admise, l'arrêté qui la prononce nomme le nouvel expert.

1016. « Dans le cas où un expert n'accepte pas la mission qui lui a été confiée, il en est désigné un autre à sa place. — L'expert qui, après avoir accepté sa mission, ne la remplit pas, et celui qui ne dépose pas son rapport dans le délai fixé par le conseil de préfecture, peuvent être condamné à tous les frais frustatoires, et même à des dommages-intérêts, s'il y a lieu. L'expert est, en outre, remplacé, s'il y a lieu. » (Loi du 22 juillet 1889, art. 18.)

1017. « Les parties doivent être averties par le ou les experts des jours et heures auxquels il sera procédé à l'expertise; cet avis leur est adressé quatre jours au moins à l'avance, par lettre recommandée. — Les observations faites par les parties dans le cours des opérations doivent être consignées dans le rapport. » (Loi du 22 juillet 1889, art. 19.)

1018. La convocation des parties à l'expertise, est une formalité substantielle. Mais la nullité résultant de son inobservation ne pourrait pas être invoquée par la partie qui, bien que n'ayant pas été convoquée à l'expertise, y aurait néanmoins assisté. (Voir précéd., n°s 397 et suiv.)

1019. « S'il y a plusieurs experts, ils procèdent ensemble à la visite des lieux et dressent un seul rapport. Dans le cas où ils sont d'avis différents, ils indiquent l'opinion de chacun d'eux et les motifs à l'appui. » (Loi du 22 juillet 1889, art. 20.)

1020. Cette disposition s'écarte de celle de l'article 318 du Code de procédure civile (voir précédemment, n°s 520 et suiv.), d'après lequel, en matière civile, les experts doivent ne former qu'un seul avis à la pluralité des voix, et, en cas d'avis différents, indiquer les motifs des divers avis sans faire connaître l'avis personnel de chaque expert.

1021. « Le rapport est déposé au greffe du conseil (FORMULE 122e). Les parties sont invitées, par une notification faite conformément à l'article 7, à en prendre connaissance et à fournir leurs observations dans le délai de quinze jours (FORMULE 123e); une prorogation de délai peut être accordée. » (Loi du 22 juillet 1889, art. 21).

« Si le conseil ne trouve pas dans le rapport d'expertise des éclaircissements suffisants, il peut ordonner un supplément d'instruction, ou bien ordonner que les experts comparaîtront devant lui pour fournir des explications et renseignements nécessaires. — En aucun cas le conseil n'est obligé de suivre l'avis des experts. » (Loi du 22 juillet 1889, art. 22.)

1022. Ces dispositions ne font que sanctionner la jurisprudence qui, même antérieurement à la loi du 22 juillet 1889, appliquait en matière administrative les règles écrites dans l'article 322 du Code de procédure civile. (Voir précédemment, n°s 633 à 657, 703 et suiv.) L'article 22 de la loi de 1889 permet au conseil de préfecture, s'il ne se trouve pas suffisamment éclairé par l'expertise, de la compléter par un moyen quelconque, sans recourir à une nouvelle expertise en forme régulière; il peut, par exemple, en pareil cas, ainsi que l'a jugé le conseil de préfecture de la Seine le 2 juin 1891 (1), ordonner qu'il sera procédé à une

---

1) Pandectes françaises, *Rép.*, v^o Conseil de préfecture, n° 867.

enquête par un de ses membres. Mais, cependant, si l'on se trouve dans l'un des cas d'expertise obligatoire (voir précédemment, n° 1001), le Conseil d'Etat a décidé, le 29 juillet 1892 (1) qu'une nouvelle vérification ne peut être ordonnée qu'en se conformant aux formalités substantielles en matière d'expertise; que spécialement on ne peut nommer d'office un expert unique sans avoir mis les parties à même de désigner les leurs ou de déclarer si elles entendent se contenter d'un seul.

1023. De même qu'en matière civile (voir précédemment, n°s 706 et suiv.), le conseil de préfecture n'est pas tenu de faire droit à une demande tendant à une nouvelle expertise si la première lui semble suffisante. C'est d'ailleurs ce qui a été jugé par le Conseil d'Etat, le 13 mai 1892 (2).

1024. De même également qu'en matière civile (voir précédemment, n°s 661 et suiv.), le conseil de préfecture n'est, en aucun cas, obligé de suivre l'avis des experts, si sa conviction s'y oppose. En effet les experts ne sont pas les juges du fait; ils sont appelés pour donner un avis, et non pour dresser une sentence. Leur rapport ne s'impose pas davantage aux parties, qui ont le droit de le discuter et de le critiquer comme bon leur semble, après une seconde comme après une première expertise, bien que les faits qu'il constate doivent être tenus pour vrais jusqu'à inscription de faux. (Voir précédemment, n° 608.)

1025. « Les experts joignent à leur rapport un état de leurs vacations, frais et honoraires. — La liquidation et la taxe en sont faites par arrêté du président du conseil de préfecture, même en matière de contributions directes ou de taxes assimilées, conformément au tarif qui sera fixé par un règlement d'administration publique (3), mais les experts ou les parties peuvent, dans le délai de trois jours à partir de la notification qui leur est faite dudit arrêté, contester la liquidation devant le conseil de préfecture, statuant en chambre du conseil. » (Loi du 22 juillet 1889, art. 23.)

---

(1) Pandectes françaises, *Rép.*, v° Conseil de préfecture, n° 875.
(2) Pandectes françaises, *Rép.*, v° Conseil de préfecture, n° 870.
(3) Ce décret a été promulgué le 18 janvier 1890 (Pandectes françaises, 1890, 3, 29). Voir, sur l'application de ses dispositions, Pandectes françaises, *Rép.*, v° Conseil de préfecture, n°s 897 et suiv.

SECTION II

EXPERTISES ADMINISTRATIVES DANS DES CAS SPÉCIAUX

1026. Des règles particulières pour les expertises administratives sont prescrites par la loi dans certains cas spéciaux que nous allons successivement indiquer.

§ 1ᵉʳ — *Expertise en cas d'urgence.*

1027. « En cas d'urgence, le président du conseil de préfecture peut, sur la demande des parties, désigner un expert pour constater des faits qui seraient de nature à motiver une réclamation devant ce conseil. — Avis en est immédiatement donné au défendeur éventuel. » (Loi du 22 juillet 1889, art. 24). Cette disposition, qui constitue l'une des innovations les plus importantes de la loi du 22 juillet 1889, permet au président du conseil de préfecture de nommer, en cas d'urgence, un expert pour procéder à un constat. Mais, à la différence du président du tribunal civil, statuant en référé, le président du conseil de préfecture, ainsi que le fait remarquer la circulaire du ministre de l'intérieur du 31 juillet 1890 (voir précédemment, n° 1008), ne peut prendre aucune décision, même provisoire, sur le litige ; il doit se borner à désigner un expert pour constater des faits qu'il y a urgence à reconnaître et qui seraient de nature à motiver une réclamation devant le conseil.

§ II. — *Expertise d'un bâtiment menaçant ruine.*

1028. L'article 97, § 1ᵉʳ, de la loi du 5 avril 1884 a confié à la vigilance et à l'autorité des corps municipaux tout ce qui intéresse la sûreté et la commodité du passage dans les rues, quais, places et voies publiques, ce qui comprend notamment la démolition et la réparation des bâtiments menaçant ruine. Les maires et, à Paris, le préfet de la Seine (1) sont donc obligés de faire réparer ou démolir les édifices dont l'état de vétusté présente du danger pour la sûreté des passants. Ainsi l'a jugé la Cour de cassation, par ses arrêts des 21 décembre 1821 (2) et 28 avril 1827 (3).

---

(1) Cette attribution, qui appartenait primitivement au préfet de police a été transportée au préfet de la Seine, par décret impérial du 10 octobre 1859.

(2 et 3) Jay, *Annales des justices de paix*, 1856, p. 228.

1029. Lorsque le maire (1) est averti d'un fait de cette nature, il en prévient le propriétaire ; si celui-ci nie la nécessité de la réparation ou de la démolition, le maire commet un expert pour constater officiellement l'état du bâtiment.

1030. L'opération à laquelle se livre cet expert ne devant servir de base à aucune décision judiciaire, elle est affranchie de toutes les formalités prescrites pour les expertises proprement dites (2).

1031. Si le rapport que dresse l'expert constate qu'il y a péril, le maire enjoint, par un arrêté, au propriétaire de s'exécuter, ou bien, s'il conteste la nécessité du travail à faire, de choisir immédiatement un expert pour procéder, avec celui que désignera le maire, à une vérification régulière, officielle et contradictoire de l'édifice dont s'agit.

1032. Le conseil d'État a décidé (3) qu'aux termes des déclarations du roi des 18 juillet 1729 et 18 août 1730, sauf les cas de péril imminent prévus par l'article 10 de cette dernière déclaration, la démolition des maisons ne peut être ordonnée, par l'autorité compétente, qu'après qu'il a été procédé à une enquête contradictoire. Cette jurisprudence a également été consacrée par la Commission provisoire remplaçant le conseil d'État, au contentieux, suivant décret du 16 mars 1872 (4).

1033. Les experts procèdent dans les formes que nous avons indiquées dans la première section du présent chapitre (voir précédemment, n°ˢ 1020 et suiv.), et ils remettent leur rapport (FORMULE 124ᵉ) à la mairie, ou, pour la ville de Paris, à la préfecture de la Seine.

1034. Pour donner une idée aux experts des constatations qu'ils auront à opérer, nous citerons le passage suivant du *Code de la voirie* de M. Daubenton (p. 130, n° 104) :

« On juge qu'il y a lieu de démolir un bâtiment pour cause de péril :

» 1° Lorsque c'est par vétusté que l'une ou plusieurs jambes-étrières, trumeaux ou piédroits sont en mauvais état ;

» 2° Lorsque le mur de face sur rue est en surplomb de la

---

(1) Tout ce que nous disons du maire, dans ce paragraphe, s'applique, pour la ville de Paris, au préfet de la Seine.
(2) Voir Pandectes françaises, *Rép.*, v° Arrêté de péril, n° 75.
(3) Décret du 30 janvier 1862, Le Marié. (Bost, *Correspondant des justices de paix*, 1862, p. 463 et 464) ; Pandectes chronologiques, à sa date.
(4) *Gazette des tribunaux*, du 16 octobre 1872, p. 1015.

moitié de son épaisseur, dans quelque état que se trouvent les jambes-étrières, les trumeaux et piédroits;

» 3º Si le mur sur rue est à fruit, et s'il a occasionné sur la face opposée un surplomb égal au fruit de la face sur rue;

» 4º Chaque fois que les fondations sont mauvaises, quand il ne se serait manifesté dans la hauteur du bâtiment aucun fruit ni surplomb;

» 5º S'il y a un bombement égal au surplomb dans les parties inférieures du mur de face. »

1035. Si les experts sont unanimement d'avis que le péril n'existe pas, l'affaire est terminée et la responsabilité du maire est à couvert.

1036. Si, au contraire, les experts sont d'accord pour constater que le bâtiment menace, le maire enjoint au propriétaire d'opérer, dans un délai fixé, la démolition ou les réparations voulues; si le propriétaire n'obtempère pas à cet ordre, procès-verbal est dressé contre lui, et le tribunal de simple police est saisi de la contravention.

1037. Dans le cas où il y aurait péril imminent, c'est-à-dire où l'état du bâtiment serait de nature à compromettre gravement la sûreté des passants, le maire aurait pour devoir non seulement d'ordonner la démolition immédiate, mais même, si son injonction n'était pas exécutée sur-le-champ, de faire opérer d'office cette démolition. Cette doctrine a été confirmée plusieurs fois par la Cour de cassation, — arrêts des 7 mars 1839 (1), 3 mai 1841 (2) et 14 août 1845 (3), et par le conseil d'État, — ordonnances des 16 juin 1824 (4), 23 juillet 1841 (5) et 24 février 1860 (6).

1038. Si les experts sont en désaccord, ou si le propriétaire en appelle au préfet de l'arrêté municipal qui ordonne la démolition ou les réparations jugées nécessaires, toutes les pièces de l'affaire sont adressées à la préfecture, par la mairie.

1039. Le préfet prononce, en conseil de préfecture, sur le vu du rapport et après avoir reçu les explications des parties, si elles trouvent à propos d'en présenter.

(1) Bost, *Corresp. des justices de paix*, 1831, p. 297.
(2, 3, 4 et 5) Jay, *Annales des justices de paix*, 1856, p. 228.
(6) Bost, *Correspond. des justices de paix*, 1861, p. 297.

L'arrêté du préfet peut être déféré au ministre, et, en cas d'excès de pouvoir, au Conseil d'État (1).

1010. Il résulte des déclarations du roi, des 18 juillet 1729 et 18 août 1730; de la loi du 5 avril 1884, que nous avons déjà citée, et de celle du 19-22 juillet 1791; des décisions du conseil d'État, des 27 avril 1818 (2), 8 septembre 1832 (3) et 23 juillet 1841 (4); des arrêts de la Cour de cassation, des 30 août 1833 (5) et 14 août 1845 (6), et enfin du décret impérial, du 10 octobre 1859 (voir précédemment, n° 1028, note 2) : 1° qu'en matière de petite voirie, c'est, à Paris, au préfet de la Seine et, partout ailleurs, au maire, qu'il appartient d'ordonner la réparation ou la démolition des bâtiments menaçant ruine; mais qu'en matière de grande voirie, le préfet du département a seul ce droit, et que c'est conséquemment lui qui doit agir dès le début; — 2° que les conseils de préfecture ne peuvent, sans excéder les bornes de leur compétence, ordonner, pour cause de sûreté publique, la démolition d'un bâtiment menaçant ruine; — 3° que, l'autorité administrative étant seule compétente pour apprécier l'état dans lequel se trouve le bâtiment, le tribunal de simple police, saisi de la contravention, ne peut, à cet égard, prescrire une expertise : ce droit n'appartient, s'il s'agit de petite voirie, qu'au maire, ou, à Paris, au préfet de la Seine, et, lorsqu'il s'agit de grande voirie, qu'au préfet du département.

§ III. — *Expertise en matière d'enregistrement.*

1011. « Si le prix énoncé dans un acte translatif de propriété ou d'usufruit de biens immeubles, à titre onéreux, paraît inférieur à leur valeur vénale à l'époque de l'aliénation, par comparaison avec les fonds voisins de même nature, la régie pourra requérir une expertise, pourvu qu'elle en fasse la demande dans l'année, à compter du jour de l'enregistrement du contrat. » (Loi du 22 frimaire an VII, art. 17.)

---

(1) Voir Pandectes françaises, *Rép.*, v° Arrêté de péril, n° **14.**
(2, 3, 4 et 5) Du°our, 3ᵉ édit., t. VIII, p. 295 et 296.
(6) Jay, *Annales des justices de paix*, 1856, p. 228 et 229.

1042. « La demande en expertise sera faite, au tribunal civil du département dans l'étendue duquel les biens son' situés, par une pétition portant nomination de l'expert de la nation. — L'expertise sera ordonnée dans la décade de la demande. — En cas de refus de la partie de nommer son expert sur la sommation qui lui aura été faite d'y satisfaire dans les trois jours, il lui en sera nommé un d'office par le tribunal. — Les experts, en cas de partage, appelleront un tiers-expert; s'ils ne peuvent en convenir, le juge de paix du canton de la situation des biens y pourvoira (1). — Le procès-verbal d'expertise sera rapporté, au plus tard, dans le mois qui suivra la remise qui aura été faite aux experts de l'ordonnance du tribunal, ou dans le mois après l'appel d'un tiers-expert. — Les frais de l'expertise seront à la charge de l'acquéreur, mais seulement lorsque l'estimation excédera d'un huitième au moins le prix énoncé au contrat. — L'acquéreur sera tenu, dans tous les cas, d'acquitter le droit sur le supplément d'estimation, s'il y a une plus-value constatée par le rapport des experts. » (Loi du 22 frimaire an VII, art. 18.)

1043. « Il y aura également lieu à requérir l'expertise des revenus des immeubles transmis en propriété ou usufruit à tout autre titre qu'à titre onéreux, lorsque l'insuffisance dans l'évaluation ne pourra être établie par actes qui puissent faire connaître le véritable revenu des biens. » (Loi du 22 frimaire an VII, art. 19.)

1044. Aux termes de l'article 11 de la loi du 23 août 1871, sur le timbre et l'enregistrement, « lorsqu'il n'existe pas de conventions écrites constatant une mutation de jouissance de biens immeubles, il y est suppléé par des déclarations détaillées et estimatives; » et, « en cas de déclaration insuffisante, il sera fait application des dispositions des articles 19 et 39 de la loi du 22 frimaire an VII. » D'où il résulte que l'administration pourra requérir l'expertise lorsque l'insuffisance dans la déclaration ne pourra être établie par des actes (2).

---

(1) Pour les expertises relatives à des sommes ou valeurs qui n'excèdent pas 2,000 francs, la loi du 23 août 1871 a modifié les dispositions de cet article en ce qui concerne le nombre des experts. (Voir ci-après, n° 1045.)

(2) Oscar Dejean, *Code annoté des nouveaux impôts*, 2ᵉ édition p. 13 et 17.

1015. La même loi porte : « Art. 15. — Lorsque, dans les cas prévus par la loi du 22 frimaire an VII et par l'article 11 de la présente loi, il y a lieu à expertise, et que le prix exprimé ou la valeur déclarée n'excède pas deux mille francs, cette expertise est faite par un seul expert nommé par toutes les parties, ou, en cas de désaccord, par le président du tribunal, et sur simple requête (1). »

1046. Enfin, d'après l'article 8 de la loi du 28 février 1872, concernant les droits d'enregistrement et de timbre, l'insuffisance du prix de vente d'un fonds de commerce ou d'une clientèle « peut également être constatée par expertise, dans les trois mois de l'enregistrement de l'acte ou de la déclaration de la mutation. — Il sera perçu un droit en sus sur le montant de l'insuffisance, outre les frais d'expertise, s'il y a lieu, et si l'insuffisance excède un huitième (2). »

1047. D'après une circulaire de l'administration de l'enregistrement, des domaines et du timbre, en date du 11 mai 1873 (3), la procédure spéciale à suivre en matière d'enregistrement n'a été modifiée par la loi du 23 août 1871 qu'en ce qui concerne la désignation de l'expert; la nécessité de faire ordonner l'expertise par le tribunal en cas de refus de la partie d'y consentir, n'en subsiste pas moins. « Il convient donc, dans les cas de l'espèce, — porte la circulaire, — de faire signifier à la partie une requête adressée au tribunal, à l'effet d'obtenir une autorisation d'expertise. Cette signification, à faire avant l'échéance de la prescription, devra contenir, indépendamment d'une assignation, sommation à la partie de nommer, dans les trois jours, de concert avec l'administration, l'expert qui devra procéder à l'estimation des immeubles. S'il est déféré à cette invitation et que l'accord puisse se faire, un procès-verbal ou compromis sera dressé immédiatement. Dans le cas contraire, le directeur doit, après avoir fait ordonner l'expertise par le tribunal, s'il n'existe aucun acte d'où l'on puisse induire le consentement de la partie, présenter au président une requête tendant à ce que ce magistrat désigne un expert. »

---

(1) Oscar Dejean, *Code annoté des nouveaux impôts*, 2e édition p. 26.
(2) Oscar Dejean, *Code annoté des nouveaux impôts*, 2e édition, p. 147.
(3) Journal des avoués, t. CI., p. 468.

1048. Les articles 17 et 19 de la loi du 22 frimaire an VII, l'article 11 de la loi du 23 août 1871 et l'article 8 de celle du 28 février 1872 indiquent les divers cas où l'expertise peut être ordonnée en matière d'enregistrement. L'article 18 de la première de ces lois et l'article 15 de la seconde tracent les règles spéciales à cette sorte d'expertise; il faut pour tout ce qu'ils ne prévoient pas, s'en référer aux règles générales contenues dans le Code de procédure civile.

1049. Ainsi les experts doivent, préalablement à leur opération, prêter serment (voir précédemment n°s 371 et suiv.), soit devant le tribunal qui les a nommés, soit devant le juge de paix, s'il s'agit du tiers-expert que ce magistrat désigne dans le cas où les deux autres ne s'accordent pas.

1050. Ils peuvent être récusés, et il y a lieu, pour cela, de se conformer aux articles 308 à 314 du Code de procédure civile. (Voir précédemment, n°s 236 et suiv.) Mais le tribunal de Troyes a jugé, le 16 mai 1889(1), que le délai de trois jours fixé par l'art. 309 du Code de procédure civile n'est pas applicable pour la récusation de l'expert désigné par la Régie dans le cas de l'art. 18 de la loi du 22 frimaire an VII.

1051. Quant à la rédaction et au dépôt du rapport, si les deux experts primitifs sont d'accord sur l'évaluation, ils ne font qu'un seul procès-verbal, qu'ils rédigent en commun (FORMULE 125e) et que l'un d'eux dépose, après l'avoir fait enregistrer, au greffe du tribunal dont ils tiennent leur commission. Mais, s'ils diffèrent d'opinion, ils peuvent soit dresser chacun un rapport séparé, soit n'en faire qu'un seul, dans lequel chacun d'eux insère le chiffre par lui adopté et les motifs qui ont servi de base à ses calculs (FORMULE 126e). Dans l'un comme dans l'autre cas, les experts ne déposent pas le ou les rapports au greffe; ils en font directement la remise au tiers-expert, dès qu'il a prêté serment.

1052. Si les experts divisés ne s'entendent pas pour convenir du tiers-expert, l'article 18 de la loi veut que le juge de paix de la situation des biens y pourvoie. L'administration de l'enregistrement présente, à cet effet, une requête à ce magistrat, qui, par ordonnance, nomme le tiers-expert, auquel on signifie sa nomination, en l'invitant à prêter serment aux jour et heure indiqués par le juge.

1053. Après avoir prêté serment devant le juge de paix

(1) Pandectes françaises, 1891, 6, 4.

qui l'a nommé, et indiqué en même temps les jour et
heure de l'expertise, le tiers-expert procède à son opération, les parties présentes ou dûment appelées. Il confère,
s'il le croit utile, avec les premiers experts, examine attentivement les motifs par eux donnés, s'entoure de tous les
renseignements nécessaires, et dresse son rapport (FOR-
MULE 127ᵉ), qu'il dépose, avec celui ou ceux des deux autres
experts, au greffe du tribunal.

1054. L'article 322 du Code de procédure civile est applicable aux expertises en matière d'enregistrement ; si
donc les juges ne trouvent pas, dans les rapports, des
éclaircissements suffisants, ils peuvent ordonner une
seconde expertise. (Voir précédemment, nᵒˢ 653 et suiv.)

1055. Cette nouvelle expertise est, en cas d'insuffisance
de la première, d'autant plus nécessaire, que, comme nous
l'avons déjà dit (voir précédemment, nᵒˢ 684 et suiv.), les
tribunaux ne peuvent pas, en matière d'enregistrement,
prononcer, d'après leurs seules lumières, et que, contrairement à l'article 323 du Code de procédure civile, ils sont
astreints à suivre l'avis des experts.

§ IV. — *Expertise en matière de desséchement de marais,
de travaux publics et d'occupation temporaire de terrains.*

1056. Aux termes des articles 1 et 2 de la loi du 16 septembre 1807, la propriété des marais est soumise à des règles
particulières. Le gouvernement a le droit d'en ordonner le
desséchement quand il le juge utile ou nécessaire. Ces dessé-
chements sont exécutés par l'État directement ou par des
concessionnaires.

1057. « Lorsque le gouvernement fera un desséchement,
ou lorsque la concession aura été accordée, il sera formé
entre les propriétaires un syndicat, à l'effet de nommer les
experts qui devront procéder aux estimations statuées par
la loi. — Les syndics seront nommés par le préfet ; ils seront
pris parmi les propriétaires les plus imposés, à raison des
marais à dessécher. Les syndics seront au moins au nombre
de trois, et, au plus, au nombre de neuf, ce qui sera déterminé dans l'acte de concession. » (Loi du 16 septembre
1807, art. 7.)

1058. Le préfet a toute liberté quant au choix des syndics ; il doit, il est vrai, les prendre parmi les propriétaires

les plus imposés; mais la limite à laquelle il doit s'arrêter n'étant pas marquée, le conseil d'Etat, par décisions des 14 novembre 1891 (1) et 21 mai 1892 (2) a considéré comme régulière la nomination des propriétaires payant une taxe supérieure à la moyenne, sans qu'il soit nécessaire de suivre l'ordre d'importance des cotisations.

1059. « Les syndics réunis nommeront et présenteront un expert au préfet du département — Les concessionnaires en présenteront un autre ; le préfet nommera un tiers-expert.— Si le desséchement est fait par l'État, le préfet nommera le second expert, et le tiers-expert sera nommé par le ministre de l'intérieur. » (Loi du 16 septembre 1807, art. 8.)

1060. « Les terrains des marais seront divisés en plusieurs classes, dont le nombre n'excédera pas dix et ne pourra être au-dessous de cinq : ces classes seront formées d'après les divers degrés d'inondation. Lorsque la valeur des différentes parties du marais éprouvera d'autres variations que celles provenant des divers degrés de submersion, et dans ce cas seulement, les classes seront formées sans égard à ces divers degrés, et toujours de manière à ce que les terres de même valeur présumée soient dans la même classe. » (Loi du 16 septembre 1807, art. 9.)

1061. « Le périmètre des diverses classes sera tracé sur le plan cadastral qui aura servi de base à l'entreprise. — Ce tracé sera fait par les ingénieurs et les experts réunis. » (Même loi, art. 10.)

1062. « Le plan, ainsi préparé, sera soumis à l'approbation du préfet ; il restera déposé au secrétariat de la préfecture pendant un mois ; les parties intéressées seront invitées, par affiches, à prendre connaissance du plan, à fournir leurs observations sur son exactitude, sur l'étendue donnée aux limites jusques auxquelles se feront sentir les effets du desséchement, et enfin sur le classement des terres. » (Même loi, art. 11.)

1063. « Le préfet, après avoir reçu ces observations, celles en réponse des entrepreneurs du desséchement, celles des ingénieurs et des experts, pourra ordonner les vérifications qu'il jugera convenables. — Dans le cas où, après vérification, les parties intéressées persisteraient dans leurs plaintes,

---

(1) Dalloz, 1893, 3, 21. | (2) Dalloz, 1893, 3, 93.

les questions seront portées devant la commission constituée par le titre X de la présente loi. » (Même loi, art. 12.)

1064. L'article 26 de la loi du 21 juin 1865 a modifié cet article, en attribuant aux conseils de préfecture la connaissance des questions qui devaient être portées devant la commission constituée par le titre X de la loi du 16 septembre 1807. (Voir ci-après, nᵒˢ 1091 et suiv.)

1065. « Lorsque les plans auront été définitivement arrêtés, les deux experts nommés par les propriétaires et les entrepreneurs du desséchement se rendront sur les lieux ; et, après avoir recueilli tous les renseignements nécessaires, ils procéderont à l'appréciation de chacune des classes composant le marais, eu égard à sa valeur réelle au moment de l'estimation considérée dans son état de marais, et sans pouvoir s'occuper d'une estimation détaillée par propriété. — Les experts procéderont en présence du tiers-expert, qui les départagera s'ils ne peuvent s'accorder. » (Loi du 16 septembre 1807, art. 13.)

1066. « Le procès-verbal d'estimation par classe sera déposé, pendant un mois, à la préfecture. Les intéressés en seront prévenus par affiches ; et, s'il survient des réclamations, elles seront jugées par la commission (1). — Dans tous les cas, l'estimation sera soumise à ladite commission pour être jugée et homologuée par elle ; elle pourra décider outre et contre l'avis des experts. » (Même loi, art. 14.)

1067. Soit qu'il prononce sur des réclamations, soit qu'il révise tout le travail et arrête l'ensemble de l'estimation, le conseil de préfecture, comme la commission qu'il remplace, fait acte de juridiction, et sa décision est sujette au recours devant le conseil d'État (2).

1068. « Lorsque les travaux prescrits par l'État ou par l'acte de concession seront terminés, il sera procédé à leur vérification et réception. — En cas de réclamations, elles seront portées devant la commission (3), qui les jugera. » (Loi du 16 septembre 1807, art. 17.)

---

(1) Maintenant par le conseil de préfecture, conformément à ce que nous venons de dire dans le nᵒ 1064, qui précède.
(2) Ordonnance du 7 février 1848, Leblanc de Castillon. (Dufour, t. VI, p. 537.)
(3) Maintenant devant le conseil de préfecture, conformément à ce que nous venons de dire dans le nᵒ 1064, qui précède.

1069. « Dès que la reconnaissance des travaux aura été approuvée, les experts respectivement nommés par les propriétaires et par les entrepreneurs du desséchement, et accompagnés du tiers-expert, procéderont, de concert avec les ingénieurs, à une classification des fonds desséchés, suivant leur valeur nouvelle et l'espèce de culture dont ils seront devenus susceptibles. — Cette classification sera vérifiée, arrêtée, suivie d'une estimation, le tout dans les mêmes formes ci-dessus prescrites pour la classification et l'estimation des marais avant le desséchement.» (Même loi, art. 18.)

1070. Les dispositions de cet article sont claires, précises et n'ont pas besoin de commentaire. Nous rappellerons seulement que l'estimation des terrains doit être faite, comme avant le commencement des travaux, par classes et non par parcelles (1).

1071. «Dans le cas où le desséchement d'un marais ne pourrait être opéré par les moyens ci-dessus organisés, et où, soit par les obstacles de la nature, soit par des oppositions persévérantes des propriétaires, on ne pourrait parvenir au desséchement, le propriétaire ou les propriétaires de la totalité des marais pourront être contraints à délaisser leur propriété, sur estimation faite dans les formes déjà prescrites. — Cette estimation sera soumise au jugement et à l'homologation d'une commission formée à cet effet, et la cession sera ordonnée, sur le rapport du ministre de l'intérieur, par un règlement d'administration publique.» (Loi du 16 septembre 1807, art. 24.)

1072. D'après l'article 12 de la même loi de 1807, la mission d'arrêter les estimations, dans le cas prévu par l'article 24, était dévolue à la commission spéciale constituée par le titre X de cette loi; mais l'article 26 de la loi du 21 juin 1865 a décidé que l'indemnité serait, en cette matière, réglée en vertu de l'article 16 de la loi du 21 mai 1836, sur les chemins vicinaux, c'est-à-dire par un jury spécial, composé de quatre jurés seulement, présidé et dirigé par un juge du tribunal de l'arrondissement ou par le juge de paix du canton, au choix du tribunal.

1073. Mais ce n'est pas seulement le desséchement des

_____

(1) Ordonnance du 8 août 1838, Compagnie générale de desséchement. (Dufour, t. VI, p. 541.)

marais que règle la loi du 16 septembre 1807 : elle traite aussi, dans le titre VII, *des travaux de navigation, des routes, des ponts, des rues, places et quais dans les villes; des digues; des travaux de salubrité dans les communes ;* dans le titre VIII, *des travaux de route et de navigation, relatifs à l'exploitation des forêts et minières;* et, dans le titre XI, *des indemnités aux propriétaires pour occupation de terrains.* Nous allons d'abord nous occuper des expertises que peuvent nécessiter les objets compris dans les titres VII et VIII; nous examinerons ensuite séparément celles qui concernent le titre XI.

1074. « Lorsque, par suite des travaux déjà énoncés dans la présente loi, lorsque, par l'ouverture de nouvelles rues, par la formation de places nouvelles, par la construction de quais, ou par tous autres travaux publics généraux, départementaux ou communaux, ordonnés ou approuvés par le gouvernement, des propriétés privées auront acquis une notable augmentation de valeur, ces propriétés pourront être chargées de payer une indemnité qui pourra s'élever jusqu'à la valeur de la moitié des avantages qu'elles auront acquis ; le tout sera réglé par estimation, dans les formes déjà établies par la présente loi, jugé et homologué par la commission qui aura été nommée à cet effet (1). « (Loi du 16 septembre 1807, art. 30.)

1075. « Les indemnités pour payement de plus-value seront acquittées, au choix des débiteurs, en argent ou en rentes constituées à quatre pour cent net, ou en délaissement d'une partie de la propriété, si elle est divisible : ils pourront délaisser aussi en entier les fonds, terrains ou bâtiments dont la plus-value donne lieu à l'indemnité, et ce sur l'estimation réglée d'après la valeur qu'avait l'objet avant l'exécution des travaux desquels la plus-value aura résulté. — Les articles 21 et 23, relatifs aux droits d'enregistrement (2) et aux hypothèques, sont applicables aux cas spécifiés dans le présent article. » (Même loi, art. 31.)

1076. « Les indemnités ne seront dues par les proprié taires des fonds voisins des travaux effectués que lorsqu'il

(1) Actuellement par le conseil de préfecture, ainsi que nous l'avons dit au n° 1064, qui précède.
(2) C'est-à-dire qu'en cas de délaissement de la totalité ou d'une partie des fonds, terrains ou bâtiments, il n'y aura lieu, d'après l'article 21, qu'au droit fixe d'un franc pour l'enregistrement de l'acte de mutation de propriété.

aura été décidé, par un règlement d'administration publique rendu sur le rapport du ministre de l'intérieur, et après avoir entendu les parties intéressées, qu'il y a lieu à l'application des deux articles précédents. » (Même loi, art. 32.)

1077. Dans le but d'échapper à l'application des dispositions des trois articles qui précèdent, on a plusieurs fois soutenu qu'elles étaient tombées en désuétude, et, après les lois de 1833 et de 1841 sur l'expropriation, on a prétendu que ces lois avaient abrogé l'article 30 de la loi de 1807. « L'administration, — dit M. Dufour, — prit alors le parti de consulter le conseil d'État. Ce conseil émit, à la date du 23 avril 1843, l'avis qu'*on ne pouvait admettre* que l'article 30 de la loi du 16 septembre 1807 *eût été abrogé ou modifié*, ou qu'il fût *tombé en désuétude*, ou enfin qu'il fût d'une exécution impossible, et qu'*il devait continuer à être appliqué*. La question, engagée par la voie contentieuse, avait été résolue en ce sens dès 1831 et 1836 (1). Une décision, également rendue au contentieux postérieurement à l'avis émis en 1843, ne fit que confirmer la jurisprudence déjà établie. Enfin, on voit, par les exemples visés tant dans l'avis que dans les décisions émanées du conseil, que les articles 30, 31 et 32 de la loi de 1807 ont été appliqués, soit dans l'intérêt de l'État, soit dans l'intérêt des communes, en 1827, 1829, 1833, 1836, 1838, 1839 et 1843. Plus tard, il en a encore été fait, par décrets des 15 janvier 1853 et 8 juillet 1854, une très-notable application aux propriétaires riverains de la basse Seine, et, en 1857, aux propriétaires riverains du quai de Vaise, à Lyon; en 1859, aux fonds voisins des travaux d'agrandissement de la place de la Grande-Rotonde, à Aix, etc. Cet ensemble de précédents ne laisse plus aujourd'hui de place à la controverse. »

1078. Lorsque l'administration veut exercer l'action en plus-value, elle notifie individuellement ses intentions aux propriétaires menacés, qu'elle met ainsi en demeure de fournir leurs observations. Le dossier est ensuite examiné par les ingénieurs des ponts et chaussées, qui donnent leur avis; le préfet y ajoute le sien, et il transmet le tout au ministre de l'intérieur. Le ministre consulte le conseil général

---

(1) Ordonnances des 5 août 1831 et 1er juin 1836, Valence-Minardière. (Dufour, t. IV, p. 589.)

des ponts et chaussées, puis l'affaire est soumise au conseil d'État, et, sur le rapport du ministre des travaux publics, un décret décide qu'il y a lieu à l'application des articles 30 et 31 de la loi de 1807 ; ce décret fixe le nombre des syndics à nommer pour agir au nom des intéressés.

1079. Le préfet nomme les syndics, conformément à l'article 7 de la loi du 16 septembre 1807, et l'on suit ponctuellement les formes tracées par les articles 8, 11, 12, 13, 14, 17 et 18. (Voir précédemment, nᵒˢ 1057, 1058, 1059, 1062 et suiv.)

1080. « Lorsqu'il s'agira de construire des digues à la mer, ou contre les fleuves, rivières ou torrents navigables ou non navigables, la nécessité en sera constatée par le gouvernement, et la dépense supportée par les propriétés protégées, dans la proportion de leur intérêt aux travaux, sauf le cas où le gouvernement croirait utile et juste d'accorder des secours sur les fonds publics. » (Loi du 16 septembre 1807, art. 33.)

1081. « Les formes précédemment établies et l'intervention d'une commission seront appliquées à l'exécution du précédent article. » (Même loi, art. 34, § 1ᵉʳ.)

1082. L'article 34 se réfère, on le voit, pour l'exécution de l'article 33, aux formes précédemment établies, c'est-à-dire à celles que tracent les articles 7 et suivants de la loi. (Voir précédemment, nᵒˢ 1057 et suiv.) La commission est également remplacée, comme nous l'avons déjà dit, par le conseil de préfecture.

1083. Aux termes de l'article 33, la dépense doit être supportée par les *propriétés protégées*. Ainsi, d'après MM. Jousselin (*Traité des servitudes*, t. I, p. 219) et Dufour (t. IV, p. 598), dont nous partageons complétement l'opinion sur ce point, ce ne sont pas seulement les riverains, c'est-à-dire ceux dont les propriétés sont contiguës aux cours d'eau, qui doivent contribuer à la dépense, mais encore tous ceux dont les propriétés, bien que situées en arrière, sont exposées à souffrir du débordement des eaux.

1084. Pour opérer la répartition, les experts établissent ordinairement un certain nombre de classes, déterminées par les chances plus ou moins probables d'inondation, l'importance plus ou moins grande des dommages à redouter. Les terrains les plus exposés font naturellement partie de la première classe ; ceux qui le sont moins forment la seconde, et ainsi de suite. Dans les différentes classes, la quotité de contribution, pour chaque propriétaire, doit être calculée d'après la valeur réelle de l'immeuble, et non pas seulement d'après la superficie ou même le revenu cadastral de la propriété (1).

1085. A la suite des règles générales que contient l'article 33 de la loi de 1807, il n'est pas sans intérêt de signaler celles qui se rapportent spécialement aux travaux à exécuter, en vertu de la loi du 28 mai 1858, pour défendre les villes contre les inondations. Ces travaux sont, en principe, exécutés aux frais de l'État; mais, d'après l'article 1er de cette dernière loi, les départements, les communes et les propriétaires sont appelés à y concourir dans la proportion de leurs intérêts respectifs.

1086. D'après l'article 2, les décrets qui autorisent les travaux doivent être rendus dans la forme des règlements d'administration publique, et déterminer, pour chaque entreprise, la répartition des dépenses entre l'État, les départements, les communes et les propriétaires intéressés.

1087. La portion de dépense mise ainsi à la charge des propriétaires devant être supportée par chacun d'eux proportionnellement au besoin qu'il a des travaux de défense, il faut qu'une seconde répartition soit faite entre les propriétaires : l'article 3 de la loi de 1858 porte qu'elle sera opérée conformément aux dispositions de la loi du 16 septembre 1807. Il y a, par conséquent, lieu de constituer un syndicat et de remplir les formalités prescrites par les articles 7 et suivants de ladite loi. (Voir précédemment, nos 1037 et suiv.)

1088. « Lorsqu'il y aura lieu d'ouvrir et de perfectionner une route, ou des moyens de navigation dont l'objet sera d'exploiter avec économie des bois ou forêts, des mines ou minières, ou de leur fournir un débouché, toutes les propriétés de cette espèce, générales, communales ou privées, qui devront en profiter, seront appelées à contribuer, pour la totalité de la dépense, dans les proportions variées des avantages qu'elles devront en recueillir.—Le gouvernement pourra néanmoins accorder sur les fonds publics les secours qu'il croira nécessaires. » (Loi du 16 septembre 1807, art. 38.)

1089. « Les propriétaires se libéreront dans les formes

(1) Ordonnance du 10 décembre 1846, Roubin. (Dufour, t. IV, p. 598.)

énoncées aux articles 21, 22 et 23 de la présente loi. » (Même loi, art. 39.)

1090. « Les formes d'estimation et l'intervention de la commission organisée par la présente loi (1) seront appliquées à l'exécution des deux précédents articles. » (Même loi, art. 40.)

1091. Il est fait mention, dans plusieurs des articles reproduits au présent paragraphe, d'une commission, appelée à intervenir dans un grand nombre de cas. Nous avons déjà dit que toutes les attributions de cette commission spéciale avaient été rendues au conseil de préfecture par l'article 26 de la loi du 21 juin 1865. (Voir précédemment, nᵒˢ 1064 et suiv. et 1074.) Les articles 46 et 47 de la loi du 16 septembre 1807 définissaient les pouvoirs de la commission dont il s'agit; il faut donc s'y reporter pour savoir quelle est, en cette matière, la compétence du conseil de préfecture. Les voici :

1092. « Art. 46. — Les commissions spéciales connaîtront de tout ce qui est relatif au classement des diverses propriétés avant ou après le desséchement des marais, à leur estimation, à la vérification de l'exactitude des plans cadastraux, des clauses des actes de concession relatifs à la jouissance par les concessionnaires d'une portion des produits, à la vérification et à la réception des travaux de desséchement, à la formation et à la vérification du rôle de plus-value des terres après le desséchement; elles arrêteront les estimations dans le cas prévu par l'article 24, où le gouvernement aurait à déposséder tous les propriétaires d'un marais; elles connaîtront des mêmes objets, lorsqu'il s'agira de fixer la valeur des propriétés, avant l'exécution des travaux d'un autre genre, comme routes, canaux, quais, digues, ponts, rues, etc., et après l'exécution desdits travaux, et lorsqu'il sera question de fixer la plus-value. »

1093. « Art. 47. — Elles ne pourront, en aucun cas, juger les questions de propriété, sur lesquelles il sera prononcé par les tribunaux ordinaires, sans que, dans aucun cas, les opérations relatives aux travaux, ou l'exécution des décisions de la commission, puissent être retardées ou suspendues. »

1094. Dans tous les cas prévus par les deux articles qui

(1) Voir précédemment, nᵒ 1082, ce que nous avons dit relativement à l'article 34, dont les dispositions sont identiques à celle de l'article 40.

précèdent, les conseils de préfecture, auxquels les articles 43 de la loi du 16 septembre 1807 et 16 de celle du 21 juin 1865 font un devoir de motiver leurs décisions (1), exercent, comme le faisaient auparavant les commissions spéciales, une véritable juridiction de premier degré.

1095. La conséquence de ce principe est que les décisions des conseils de préfecture, en ces diverses matières, sont susceptibles d'opposition lorsqu'elles ont été prises en l'absence de toute réclamation ou contradiction (2), ou rendues par défaut (3).

1096. Les décisions rendues contradictoirement sont, par la même raison, sujettes à appel devant le conseil d'État (4), comme l'étaient celles des commissions spéciales; et il y a lieu d'appliquer aux conseils de préfecture la jurisprudence qui, dans le cas où ces commissions excédaient leurs pouvoirs, reconnaissait au ministre le droit de déférer d'office leurs décisions au conseil d'État (5).

1097. Il ne nous reste plus, pour terminer le présent paragraphe, qu'à examiner les cas d'expertises en matière d'*indemnités aux propriétaires pour occupation de terrains*, qui font l'objet du titre XI de la loi du 16 septembre 1807. C'est ce que nous allons faire dans les numéros suivants.

1098. La loi du 16 septembre 1807 est la première qui ait réglementé le droit d'expropriation pour cause d'utilité publique. Plus tard, la loi du 8 mars 1810, puis celles des 7 juillet 1833 et 3 mai 1841, ont posé des règles beaucoup plus étendues, qui ont modifié la portée du titre XI de la loi de 1807, dont l'application est aujourd'hui restreinte aux deux cas où, d'après la Cour de cassation, il n'y a qu'une privation temporaire de jouissance sans altération définitive du droit de propriété, et, d'après le conseil d'État, dont la jurisprudence est moins restrictive, aux cas où l'administration n'envahit pas directement les héritages privés et ne dépossède pas le propriétaire, en tout ou en partie.

---

(1) Ordonnance du 5 août 1831, Valence-Minardière. (Dufour, t. IV, p. 599.)

(2) Ordonnance du 31 août 1830, Ruffin. (Dufour, t. IV, p. 599.)

(3) Ordonnance du 12 mai 1846, commune de Bazoche. (Dufour, t. VI, p. 533.)

(4) Ordonnances des 8 janvier 1836, Oziol; 1er novembre 1837, habitants de Reymur; 18 mai 1816, Ruffin; décrets des 1er mars 1841, Durand-Mathieu, et 16 janvier 1862, de l'Espine. (Dufour, t. IV, p. 599.)

(5) Ordonnance du 26 août 1842, ville de Luçon. (Dufour, t. VI, p. 534.)

1099. « Lorsque, pour exécuter un desséchement, l'ouverture d'une nouvelle navigation, un pont, il sera question de supprimer des moulins et autres usines, de les déplacer, modifier, ou de réduire l'élévation de leurs eaux, la nécessité en sera constatée par les ingénieurs des ponts et chaussées. Le prix de l'estimation sera payé par l'État, lorsqu'il entreprend les travaux. Lorsqu'ils sont entrepris par des concessionnaires, le prix de l'estimation sera payé avant qu'il puisse faire cesser le travail des moulins et usines. — Il sera d'abord examiné si l'établissement des moulins et usines est légal, ou si le titre d'établissement ne soumet pas les propriétaires à voir démolir leurs etablissements sans indemnité, si l'utilité publique le requiert. » (Loi du 16 septembre 1807, art. 48.)

1100. Il est évident que, si l'usine est illégalement établie, ou si l'autorisation de l'établir contient la réserve indiquée à la fin de l'article 48, aucune indemnité n'est due, et il n'y a, dès lors, pas d'expertise. Mais, si la légalité de l'établissement est reconnue, le propriétaire doit être indemnisé.

1101. Ce n'est point l'emploi qui a pu être fait de la force motrice concédée, au moment de la concession, qu'il faut prendre en considération pour déterminer le chiffre de l'indemnité, mais bien l'emploi qui était fait de cette force motrice au jour où le préjudice a frappé le propriétaire, et les experts doivent, par conséquent, prendre pour base de l'évaluation de l'indemnité à allouer au propriétaire la valeur de son usine au moment du chômage partiel ou total causé à ladite usine (1).

1102. Les dispositions de l'article 48 de la loi du 16 septembre 1807 sont applicables aux usines établies sur les cours d'eau non navigables, comme sur celles situées sur les cours d'eau navigables (2).

1103. La question de savoir si l'usine a une existence légale doit également, pour les unes comme pour les autres, être vidée avant celle du droit à l'indemnité (3).

1104. La loi n'ayant dit nulle part que, pour évaluer les

---

(1) Décret du 25 janvier 1851, Boin. (Dufour, t. IV, p. 566 à 568.)
(2) Décret du 9 février 1854, Laroche. (Dufour, t. V, p. 79.)
(3) Ordonnance du 16 janvier 1846, Compagnie du canal de la Sambre à l'Oise ; décrets du 8 juin 1850, Bergère, et 6 juillet 1854, commune de Varennes. (Dufour, t. V, p. 79.)

indemnités, le conseil de préfecture devrait nécessairement recourir à un rapport d'experts, M. Dufour avait pensé qu'elle entendait ne pas déroger, sur ce point, aux règles générales et laisser aux juges administratifs le choix des moyens de s'éclairer. Le conseil d'État avait également paru adopter cette jurisprudence (1); mais il l'a plus tard abandonnée, et M. Dufour n'a pas tardé à reconnaître son erreur. (Voir ci-après, n°s 1124 et suiv.)

1105. En cette matière comme dans les autres, les règles tracées pour les expertises par les articles 14 et suivants de la loi du 22 juillet 1889 (voir précédemment n°s 1005 et suivants) doivent être rigoureusement observées. Les experts sont notamment tenus de prêter le serment préalable, sous peine de nullité de leurs opérations. Telle était déjà d'ailla jurisprudence du Conseil d'État sous l'empire de la législation antérieure (2).

1106. Dans l'évaluation des indemnités, le conseil d'État se refusait autrefois à tenir compte des changements apportés sans autorisation aux ouvrages extérieurs, aux conditions hydrauliques de l'établissement. D'après sa jurisprudence, il fallait, au contraire, dans l'appréciation du préjudice pour lequel réparation était due, prendre l'usine dans son état intérieur et avec tous les développements et l'importance donnés à son exploitation au jour où elle avait été atteinte. Depuis 1866, il regarde comme susceptibles d'être comprises parmi les éléments de l'indemnité les modifications apportées, sans autorisation, au régime extérieur de l'usine. Cette nouvelle jurisprudence, motivée dans des conclusions de M. Aucoc, commissaire du gouvernement, rapportées par M. Dufour, jurisprudence à laquelle les experts devront dorénavant se conformer dans leurs évaluations, compte déjà de nombreux monuments (3).

1107. « Les terrains nécessaires pour l'ouverture des canaux et rigoles de desséchement, des canaux de navigation, de routes, de rues, la formation de places et autres travaux

(1) Décret du 20 novembre 1851, Compagnie de la navigation du Drot. (Dufour, t. V, p. 80.)

2 Décret du 8 juin 1850, Compagnie de la navigation du Drot (Dufour, t. V. p. 80).

(3) Décrets des 26 juillet 1866, Philippe Ulrich; même date, Chrétien Ulrich; même date, héritiers Schillerstein; 6 décembre 1865, Ramspacher; 9 janvier 1867, Gæpp, et 9 mai 1867, Hummel. (Dufour, t. V, p. 80 à 84.)

reconnus d'une utilité générale (1), seront payés à leurs propriétaires, et à dire d'experts, d'après leur valeur avant l'entreprise des travaux, et sans nulle augmentation du prix d'estimation. » (Loi du 16 septembre 1807, art. 49.)

1108. « Lorsqu'un propriétaire fait volontairement démolir sa maison, lorsqu'il est forcé de la démolir pour cause de vétusté, il n'a droit à indemnité que pour la valeur du terrain délaissé, si l'alignement qui lui est donné par les autorités compétentes le force à reculer sa construction. » (Même loi, art. 50.)

1109. « Les maisons et bâtiments dont il serait nécessaire de faire démolir et d'enlever une portion, pour cause d'utilité publique légalement reconnue, seront acquis en entier, si le propriétaire l'exige, sauf à l'administration publique ou aux communes à revendre les portions de bâtiments ainsi acquises, et qui ne seront pas nécessaires pour l'exécution du plan. La cession par le propriétaire à l'administration publique ou à la commune, et la revente, seront effectuées d'après un décret rendu en conseil d'État sur le rapport du ministre de l'intérieur, dans les formes prescrites par la loi. » (Même loi, art. 51.)

1110. « Dans les villes, les alignements pour l'ouverture des nouvelles rues, pour l'élargissement des anciennes qui ne font point partie d'une grande route, ou pour tout autre objet d'utilité publique, seront donnés par les maires, conformément au plan dont les projets auront été adressés aux préfets, transmis avec leur avis au ministre de l'intérieur, et arrêtés en conseil d'État. — En cas de réclamation de tiers intéressés, il sera de même statué en conseil d'État sur le rapport du ministre de l'intérieur. » (Même loi, art. 52.)

1111. « Au cas où, par les alignements arrêtés, un propriétaire pourrait recevoir la faculté de s'avancer sur la voie publique, il sera tenu de payer la valeur du terrain qui lui sera cédé. Dans la fixation de cette valeur, les experts auront égard à ce que le plus ou le moins de profondeur du terrain cédé, la nature de la propriété, le reculement du reste du terrain bâti ou non bâti loin de la nouvelle voie, peuvent

---

(1) Ainsi que nous l'avons déjà dit (voir précédemment, n° 1098), cet article et les suivants ont été considérablement modifiés par les lois sur l'expropriation pour cause d'utilité publique, des 8 mars 1810, 7 juillet 1833 et 3 mai 1841.

ajouter ou diminuer de valeur relative pour le propriétaire, — Au cas où le propriétaire ne voudrait point acquérir, l'administration publique est autorisée à le déposséder de l'ensemble de sa propriété, en lui payant la valeur telle qu'elle était avant l'entreprise des travaux. La cession et la revente seront faites comme il a été dit en l'article 51 ci-dessus. » (Même loi, art. 53.)

1112. Sous l'empire de la loi du 16 septembre 1807, les indemnités dues par suite de l'exécution des deux articles qui précèdent devaient être réglées par le conseil de préfecture sur rapports d'experts ; mais il n'en est plus ainsi depuis la promulgation des lois de 1810, 1833 et 1841. Un avis du conseil d'État, du 1er avril 1841, a décidé « que, toutes les fois qu'un alignement donné par l'autorité compétente sur la voie publique, autre qu'un chemin vicinal, force un propriétaire à reculer ses constructions ou à s'avancer sur la voie publique, l'indemnité qui lui est due dans le premier cas, et dont il est débiteur dans le second, doit être réglée, en cas de contestation, par le jury spécial institué par la loi du 7 juillet 1833. » Un avis du 13 juin 1850 donne la même solution à la question, au regard de la loi du 3 mai 1841, et elle a été définitivement sanctionnée par une décision rendue au contentieux (1). C'est donc là un point hors de toute controverse.

1113. « Si l'exécution des travaux doit procurer une augmentation de valeur immédiate et spéciale à la propriété, cette augmentation sera prise en considération dans l'évaluation du montant de l'indemnité. — Les constructions, plantations et améliorations ne donneront lieu à aucune indemnité lorsque, à raison de l'époque où elles auront été faites, ou de toute autre circonstance, il peut être établi qu'elles ont été faites dans le but d'obtenir une indemnité plus élevée. » (Loi du 29 décembre 1892, art. 14 et 15.)

1114. « Les terrains occupés pour prendre les matériaux nécessaires aux routes ou aux constructions publiques pourront être payés aux propriétaires comme s'ils eussent été pris pour la route même. » (Loi du 16 septembre 1807, art 55, § 1er.)

---

(1) Décret du 27 janvier 1853, Lecoq (Dufour, t. VIII, p. 326) ; Pandectes chronologiques, à sa date.

1115. Ce premier paragraphe de l'article 55 de la loi du 16 septembre 1807 proclame le principe que l'administration est obligée d'indemniser les particuliers pour les héritages qu'elle fouille et qu'elle abandonne après en avoir extrait les matériaux, aussi bien que pour les terrains dont elle s'empare d'une manière irrévocable et définitive (1).

1116. Le droit d'action directe admis d'une manière générale au profit des locataires est également accordé au fermier de l'exploitation (2). En parlant seulement des propriétaires de terrains, l'article 55 se sert d'un terme générique, qui n'a pas pour but d'exclure les locataires et fermiers.

1117. Les bases de l'indemnité à allouer en cette matière sont aujourd'hui fixées par l'article 13 de la loi du 29 décembre 1892, dont les nouvelles dispositions abrogent celles du paragraphe 2 de l'article 55 de la loi de 1807. En voici le texte : « Dans l'évaluation de l'indemnité, il doit être tenu compte tant du dommage fait à la surface, que de la valeur des matériaux extraits. La valeur des matériaux sera estimée d'après les prix courants sur place, abstraction faite de l'existence et des besoins de la route pour laquelle ils sont pris, ou des constructions auxquelles on les destine, et en tenant compte des frais de découverte et d'exploitation. — Les matériaux n'ayant d'autre valeur que celle qui résulte du travail de ramassage ne donnent lieu à indemnité que pour le dommage causé à la surface. »

1118. L'article 55, § 2, de la loi de 1807, distinguait entre les matériaux tirés d'une carrière en exploitation et ceux provenant d'un terrain non encore utilisé comme carrière; dans le premier cas seulement, l'administration devait en payer la valeur; dans le second, on ne devait tenir compte que du dommage causé à la surface.

1119. L'article 13 de la loi du 29 décembre 1892, supprime cette distinction. Il prescrit de tenir compte, dans tous les cas, tant du dommage fait à la surface que de la valeur des matériaux extraits, en décidant toutefois que, s'il n'y a pas d'exploitation commencée, il convient de

(1) Ordonnance du 20 juin 1839, Gréban. (Dufour, t. VIII, p. 216 et 217).
(2) Décrets des 30 juillet 1863, Marchand (Dufour, t. VIII, p. 216.);
11 mai 1883 (Lebon, p. 479); 8 août 1885 (Lebon, p. 796); 31 janvier 1891 (Lebon, p. 111); 5 février 1892. (Pandectes françaises, 1894, 4, 3)

déduire de l'indemnité à payer les frais de découverte et d'exploitation que l'administration a dû supporter.

1120. Mais il résulte des décisions du Conseil d'Etat des 16 novembre 1877 (1), 24 mai 1878 (2), 14 novembre 1890 (3) et 26 décembre 1890 (4) que l'indemnité ne peut avoir pour base qu'un dommage certain et direct, il ne doit pas être tenu compte, pour son calcul, d'une privation de bénéfices purement éventuels.

1121. Le Conseil d'Etat a de même décidé, dans maintes circonstances, notamment les 18 février 1864 (5), 14 janvier et 1er avril 1869 (6), 3 juin 1881 (7) et 11 mai 1883 (8) qu'il n'est pas dû d'indemnité pour le préjudice qui n'est qu'une conséquence nécessaire de l'exploitation, comme celui qui résulte soit de la destruction des arbres ou récoltes, soit de la dépréciation du sol par suite des fouilles et excavations. Il a encore décidé, le 17 décembre 1886 (9) et le 18 mars 1892 (10), qu'il n'est dû aucune indemnité spéciale ni pour la démolition d'un mur, lorsqu'elle est la conséquence nécessaire de l'extraction, ni pour la privation de jouissance résultant de l'établissement d'une voie d'accès, conséquence forcée de l'exploitation normale des terrains occupés.

1122. Antérieurement à la loi du 22 juillet 1889, qui a formulé les règles de procédure à suivre devant les conseils de préfecture, spécialement pour les expertises (voir précédemment, nᵒˢ 1000 et suiv.), la loi du 16 septembre 1807 contenait à cet égard les dispositions suivantes : « Les experts, pour l'évaluation des indemnités relatives à une occupation de terrain, dans les cas prévus au présent titre, seront nommés, pour les objets de travaux de grande voirie, l'un par le propriétaire, l'autre par le préfet ; et le tiers-expert, s'il en est besoin, sera de droit l'ingénieur en chef du département ; lorsqu'il y aura des concessionnaires un expert sera nommé par le propriétaire, un par le concessionnaire et le tiers-expert par le préfet. — Quant aux travaux des villes, un expert sera nommé par le propriétaire, un par le maire de la ville, ou de l'arrondissement

(1) Lebon, p. 878.
(2) Lebon, p. 517.
(3 et 4) Dalloz, 1892, 3, 37.
(5) Dalloz, 1867, 5, 447.
(6) Dalloz, 1872, 3, 78.

(7) Dalloz, 1882, 3, 102.
(8) Dalloz, 1883, 5, 497.
(9) Dalloz, 1888, 3, 32.
(10) Lebon, p. 302.

pour Paris, et le tiers-expert par le préfet. » (Loi du
16 septembre 1807, art. 56.)

1123. « Le contrôleur et le directeur des contributions
directes donneront leur avis sur le procès-verbal d'expertise,
qui sera soumis, par le préfet, à la délibération du conseil de
préfecture ; le préfet pourra, dans tous les cas, faire faire une
nouvelle expertise. » (Même loi, art. 57.)

1124. Aujourd'hui l'expertise est soumise aux règles
de procédure édictées par les articles 14 à 24 de la loi
du 22 juillet 1889 (voir précédemment, n°s 1004 et suiv.)
Elle est obligatoire en matière de dommages résultant
de l'exécution de travaux publics, quand elle est réclamée
par les parties ou par l'une d'elles. Le conseil de préfecture ne pourrait se refuser à prescrire la vérification
réclamée, même en s'en référant à une précédente expertise ordonnée sur les mêmes faits par une autre juridiction (1).

1125. Toutefois, malgré le caractère impératif du paragraphe 2 de l'article 13 de la loi du 22 juillet 1889, le conseil de préfecture pourrait refuser l'expertise sollicitée, si
la requête était frappée d'une fin de non recevoir, ou si la
solution de l'affaire dépendait d'une question de droit et
non d'une vérification de fait (2).

1126. Ainsi, quand il est parfaitement établi que les faits
allégués, fussent-ils prouvés, ne sauraient ouvrir un droit
quelconque à indemnité, et que, par conséquent, l'expertise
est inutile, la jurisprudence du conseil d'Etat décide que ce
moyen d'instruction cesse d'être obligatoire. « En effet, —
ajoute M. Dufour, — pourquoi les longs délais d'une expertise, pourquoi des frais frustratoires alors que des constatations, même favorables aux prétentions du réclamant, ne
changeraient rien à la décision? Au cas, par exemple, où il
résulterait des termes mêmes de la demande que le dommage, tel qu'il est allégué, n'affecterait en rien l'immeuble
du réclamant, ou ne serait que la conséquence ordinaire des
obligations imposées, par leur situation même, à tous les
riverains des voies publiques, si aucun doute n'est pos-

(1) Circulaire du ministre de l'intérieur du 31 juillet 1890 (Pandectes
françaises, 1891, 3, 1).
(2) Rapport au Sénat, 17 janvier 1889.

sible, le Conseil d'État admet une exception à la règle générale (1). »

1127. Il est également inutile de recourir à l'expertise toutes les fois que le réclamant ne peut établir que, si l'indemnité vient à être allouée, il aura le droit de la recueillir (2).

1128. Lorsque le réclamant introduit, par une requête au conseil de préfecture, sa demande en indemnité, il indique ordinairement son expert dans la requête, dont communication est donnée à l'administration, ou à l'entrepreneur, qui désignent le leur, ou contestent, s'ils se croient fondés à le faire, l'utilité de l'expertise. Dans l'un comme dans l'autre cas, le conseil de préfecture rend un arrêté interlocutoire, et, s'il y a lieu, à défaut de désignation d'experts par les parties, les nomme d'office conformément à l'article 15 de la loi du 22 juillet 1889.

1129. Les parties peuvent, au surplus consentir à ce qu'il n'y ait qu'un seul expert, désigné, conformément à l'article 14 de la même loi, soit par elles-mêmes, soit par le Conseil de préfecture, si elles ne s'accordent pas sur sa désignation.

1130. Par décret du 1er juillet 1892, le Conseil d'Etat a décidé que la disposition de l'article 14 de la loi du 22 juillet 1889, suivant laquelle les expertises devant le Conseil de préfecture doivent être faites par trois experts, ne fait pas obstacle à ce qu'il soit désigné autant d'experts qu'il y a de parties ayant des intérêts distincts. Cette décision est fondée sur ce que, devant la juridiction administrative, chaque partie désignant son expert, cet expert a, en fait, sinon en droit strict, la mission de défendre spécialement les intérêts de la partie qui l'a choisi; il est, dès lors, équitable de donner, sur ce point, des garanties égales à toutes les parties en cause. (Voir précédemment, n° 1008.)

1131. L'une des innovations les plus importantes apportées à la législation antérieure par la loi du 22 juillet 1889 consiste dans la suppression de la tierce-expertise qu'avait organisée l'article 56 de la loi du 16 septembre 1807. (Voir précédemment, n° 1122.)

---

(1) Décrets des 5 mai 1859, Hubie ; 30 août 1861, Chabaneau ; 5 février 1864, Kégel; 2 mai 1866, Boinpois (Dufour, t. VIII, p. 248); et 6 août 1881 (Dalloz, 1883, 3, 11).

(2) Décret du 4 février 1859, Lacrouts et conclusions de M. de Belbœuf, commissaire du gouvernement (Dufour, t. VIII, p. 248.)

1132. Ce mode d'instruction avait donné lieu aux plus graves critiques. Il était une cause de retards et de frais considérables, auxquels il était impossible aux parties de se soustraire, et la source d'une foule d'incidents qui venaient compliquer inutilement la procédure.

1133. La disposition de l'article 56 de la loi du 16 septembre 1807 qui provoquait les attaques les plus vives était surtout celle qui faisait de l'ingénieur en chef du département le tiers-expert de droit. « Cet ingénieur, disait M. Aucoc, sous la direction duquel se sont accomplis les travaux dont l'exécution donne lieu au litige, est mal placé pour émettre un avis impartial sur la réclamation, ou du moins son impartialité peut être suspectée par les parties. » (1). Aussi beaucoup d'ingénieurs demandaient-ils eux-mêmes l'abrogation de cette disposition de loi.

1134. L'application des règles relatives à la tierce-expertise avait donné lieu, sous l'empire de la loi du 16 septembre 1807, à la formation d'une jurisprudence considérable. Nous n'entrerons point dans l'examen des difficultés qui avaient motivé cette jurisprudence, toutes ces questions n'ayant plus aujourd'hui qu'un intérêt purement historique.

1135. L'article 13 de la loi du 22 juillet 1889, qui modifie complètement les anciennes dispositions de l'article 56 de la loi du 16 septembre 1807, constitue incontestablement une loi de procédure. Il en résulte que le principe de la non-rétroactivité des lois ne lui est point applicable. C'est ce qui résulte implicitement d'une décision du Conseil d'Etat, du 16 mars 1890 (2) suivant laquelle, après que le Conseil d'Etat a déclaré irrégulière une expertise qui avait eu lieu sous l'empire de la loi de 1807, si l'une des parties demande qu'il soit procédé à une expertise régulière, il y a lieu de renvoyer l'affaire devant le conseil de préfecture pour y être statué après une expertise faite dans les formes prescrites par la loi du 22 juillet 1889.

1136. Le Conseil d'Etat a décidé de même, le 1ᵉʳ août 1890 (3) que, quand il n'a pas été procédé à une expertise ordonnée par un arrêté du conseil de préfecture, antérieu-

(1) Voir Pandectes françaises, *Rép.*, v° Conseil de préfecture, nᵉ 587.
(2) Dalloz, 1891. 3.92.
(3) Dalloz, 1892. 3.45.

rement à la loi de 1889, il y a lieu, au moment où le conseil d'État statue sur la requête dirigée contre cet arrêté de faire droit aux conclusions de l'une des parties tendant à faire décider que l'expertise sera faite dans les formes prescrites par la loi nouvelle.

1137. On doit, à plus forte raison, ainsi que l'a reconnu le Conseil d'État, le 9 août 1889 (1) se conformer aux prescriptions de la loi nouvelle pour statuer sur une réclamation relative à un dommage même antérieur à cette loi.

1138. Toutefois, il a été décidé par le Conseil d'Etat, le 22 décembre 1893 (2), que, quand l'arrêté qui a ordonné une expertise est antérieur à la loi du 22 juillet 1889, et que, par un deuxième arrêté, le Conseil de préfecture s'est borné à demander un complément de vérification aux mêmes experts, sans ordonner une expertise nouvelle, l'annulation de ces opérations ne peut être demandée à raison de l'inobservation des prescriptions de la loi de 1889.

1139. Lorsqu'une demande d'indemnité, qui n'avait d'abord rencontré qu'un refus absolu, a été reconnue fondée, les frais d'expertise doivent être entièrement supportés par l'administration : le conseil de préfecture n'a pas la faculté de les compenser (3).

1140. Mais ces frais peuvent être mis en totalité à la charge de celle des parties qui, par l'insuffisance de ses offres ou l'exagération de ses prétentions, a rendu l'instruction nécessaire (4).

1141. Nous croyons aussi, avec M. Dufour, que, si le conseil de préfecture estime que, de part et d'autre, les prétentions ont été exagérées, il peut soit compenser les dépens, soit les répartir dans la proportion qu'il juge équitable.

1142. La disposition de l'article 57 de la loi du 16 septembre 1807, portant que le contrôleur et le directeur des contributions donneront leur avis sur le procès-verbal d'ex-

(1) Dalloz, 1891, 3, 92, note 2.
(2) Lebon, p. 873.
(3) Décret du 12 juillet 1864, Fortin-Proust. (Dufour, t. VIII, p. 251 et 252.)
(4) Décret du 26 décembre 1868, Rossigneux. (Dufour, t. VIII, p. 252.)

pertise, est tombée en désuétude ; elle avait sa raison d'être lorsque le conseil de préfecture avait à statuer sur des indemnités de toute sorte, à apprécier l'évaluation d'immeubles expropriés pour cause d'utilité publique ; il était alors naturel de consulter des agents qui s'occupent constamment d'examiner la valeur des biens-fonds. Mais « aujourd'hui, dit avec raison M. Serrigny (t. II, 2e édit., n° 765), que les conseils de préfecture ne connaissent plus que des indemnités pour simples dommages et non pour expropriation, il n'y a plus de raison d'exiger l'avis du contrôleur et du directeur ; la disposition de l'article 57 est donc surannée en ce point, et ne peut occasionner que des pertes de temps. Le conseil d'État la considère comme abrogée, et il a parfaitement raison (1). »

1143. Ainsi que nous l'avons déjà dit, les conseils de préfecture exercent une juridiction de premier degré (voir précédemment, n°ˢ 1067, 1094 et suiv.), et le recours au conseil d'État est ouvert aux parties contre leurs décisions, dans la forme et les délais ordinaires. « Devant cette juridiction supérieure, aucun mode particulier d'information n'est prescrit, et, en général, le conseil d'État se refuse à entrer dans la voie de l'enquête ou de l'expertise. Il se borne à annuler la décision qu'il juge fondée sur une instruction irrégulière ou incomplète, et renvoie devant le conseil de préfecture pour être procédé aux vérifications qu'il indique. On a cependant plus d'un exemple d'expertise ordonnée par la section du contentieux et de visites de lieux faites par un maître des requêtes délégué à cet effet (2). »

§ V.—Expertise en matière de mines, minières et carrières.

1144. Tout ce qui concerne la propriété, la recherche, la concession et l'exploitation des mines, minières, carrières et tourbières est réglé par la loi du 21 avril 1810, dont l'article 87 est ainsi conçu : « Dans tous les cas prévus par la présente loi, et autres naissant des circonstances, où il y a lieu à expertise, les dispositions du titre XIV du Code de procédure

---

(1) Décret du 10 février 1865, ville de Nantes. (Dufour, t. VIII, p. 252.)
(2) Ordonnance du 6 janvier 1835, Lemaire ; décrets des 22 novembre 1855, Roger, et 29 décembre 1868, Horliac. (Dufour, t. VIII, p. 253.)

civile, articles 303 à 323, seront exécutées. » (Voir précédemment les dispositions commentées de ces divers articles, n⁰ˢ 494 et suiv.) C'est, par conséquent, la procédure des tribunaux civils qui devra être suivie en cette matière (1).

1145. Toutefois la loi précitée contient, relativement à l'expertise, des articles spéciaux dont il est nécessaire de donner ici le texte.

1146. « Les experts seront pris parmi les hommes notables et expérimentés dans le fait des mines et de leurs travaux. » (Loi du 21 avril 1810, art. 88.)

1147. « Le procureur impérial sera toujours entendu, et donnera ses conclusions sur le rapport des experts. » (Loi du 21 avril 1810, art. 89.)

1148. « Nul plan ne sera admis comme pièce probante, dans une contestation, s'il n'a été levé ou vérifié par un ingénieur des mines. La vérification des plans sera toujours gratuite. » (Même loi, art. 90.)

1149. « Les frais de vacation des experts seront réglés et arrêtés, selon les cas, par les tribunaux ; il en sera de même des honoraires qui pourront appartenir aux ingénieurs des mines. Le tout suivant le tarif qui sera fait par un règlement d'administration publique. — Toutefois, il n'y aura pas lieu à honoraires pour les ingénieurs des mines, lorsque leurs opérations auront été faites soit dans l'intérêt de l'administration, soit à raison de la surveillance et de la police publiques. » (Même loi, art. 91.)

1150. « La consignation des sommes jugées nécessaires pour subvenir aux frais d'expertise pourra être ordonnée, par le tribunal, contre celui qui poursuivra l'expertise. » (Même loi, art. 92.)

1151. Ces modifications sont, on le voit, peu importantes ; elles ne changent pas le caractère de l'expertise, qui reste soumise, pour tout le reste, aux règles contenues dans les articles 303 à 323 du Code de procédure civile.

1152. Les dispositions de l'article 87 de la loi du 21 avril 1810, que nous venons de reproduire (voir précédemment, n° 1144), sont bien précises, et aucun doute n'aurait pu s'élever, dans aucun cas, relativement aux règles à suivre pour

---

(1) Ordonnance du 24 juillet 1835, Bazouin ; décret du 26 décembre 1867, compagnie d'Aix-Noulette. (Dufour, t. VI, p. 641.)

l'expertise, si des dispositions contradictoires ne s'étaient trouvées dans l'article 44 de la même loi, que nous allons reproduire textuellement.

1153. « Lorsque l'occupation des terrains, pour la recherche ou les travaux des mines, prive les propriétaires du sol de la jouissance du revenu au delà du temps d'une année, ou lorsque, après les travaux, les terrains ne sont plus propres à la culture, on peut exiger des propriétaires des mines l'acquisition des terrains à l'usage de l'exploitation. Si le propriétaire de la surface le requiert, les pièces de terre trop endommagées ou dégradées sur une trop grande partie de leur surface devront être achetées en totalité par le propriétaire de la mine. — L'évaluation du prix sera faite, quant au mode, suivant les règles établies par la loi du 16 septembre 1807, sur le dessèchement des marais, etc., titre XI; mais le terrain à acquérir sera toujours estimé au double de la valeur qu'il avait avant l'exploitation de la mine.» (Loi du 21 avril 1810, art. 44.)

1154. D'après le dernier paragraphe de cet article, la procédure à suivre aurait été celle qu'indiquent les articles 56 et 57 de la loi du 16 septembre 1807. (Voir précédemment, n°ˢ 1122 et suiv.) L'administration exprimait cet avis dans une circulaire du directeur général des ponts et chaussées et des mines, du 5 novembre 1837, et elle en tirait la conséquence que le règlement de l'indemnité appartenait au conseil de préfecture.

1155. Cette doctrine fut vivement combattue par MM. Delebecque (t. II, p. 72, n° 728), Delalleau (*De l'Expropriation*, 2ᵉ édit., n° 868) et Dufour (t. VI, p. 658 et suiv.), qui n'hésitèrent point à considérer le renvoi à la loi de 1807, exprimé par l'article 44, comme une inadvertance du législateur.

1156. Appelée à examiner la question, la Cour de cassation s'est prononcée en faveur de la juridiction civile (1). A son tour, le conseil d'Etat, après de longues hésitations, s'est décidé à statuer de la même manière que la cour suprême, et la jurisprudence s'est enfin fixée, sur ce point, par diverses décisions (2), desquelles il résulte que c'est seule-

---

(1) Arrêt du 8 août 1839, Goulard. (Dufour, 1ʳᵉ édit., t. III, p. 644, et 3ᵉ édit., t. VI, p. 660.)
(2) Ordonnances des 18 février 1845, Ponelle, et 5 décembre 1846, Fogle; décrets des 22 août 1853, Galland, et 12 août 1854, Grimaldi. (Dufour, t. VI, p. 660.)

ment lorsqu'il s'agissait de travaux faits, avant toute concession, en vertu d'autorisations administratives, que la fixation de l'indemnité était de la compétence des conseils de préfecture. S'il s'agissait, au contraire, de travaux postérieurs à la concession, effectués en vertu de la concession, la question d'indemnité devait être soumise aux tribunaux civils, et l'expertise avoir lieu suivant les règles de la procédure civile, conformément à l'article 87 de la loi du 21 avril 1810.

1157. La loi du 27 juillet 1880, revisant celle du 21 avril 1810, a d'ailleurs définitivement mis fin à cette ancienne controverse. En refondant les articles 43 et 44 de la loi de 1810. elle dispose en effet formellement, dans le nouvel arcle 43, que les contestations relatives aux indemnités réclamées en pareil cas seront soumises aux tribunaux civils.

1158. Il est enfin à remarquer qu'aux termes de ce nouvel article 43, modifié par la loi du 27 juillet 1880, les experts devront prendre comme base de leurs calculs, pour la fixation de l'indemnité, l'estimation du terrain à acquérir au double de la valeur qu'il avait avant l'occupation. S'il s'agit d'un immeuble productif de fruits, les intérêts de l'indemnité seront dus à partir du jour de la dépossession (1).

§ VI. — *Expertise en matière cadastrale.*

1159. Lorsqu'on dresse le cadastre d'une commune, les géomètres de l'administration des contributions directes procèdent d'abord à la triangulation, puis à l'arpentage et à la levée du plan, qu'ils vérifient avec les propriétaires intéressés.

---

(1) Arrêts de la Cour de cassation des 8 août 1839, Dulac ; 22 décembre 1852, Rambourg, et 7 avril 1868, Sauzéas. (Dufour, t, VI, p. 661)

1160. Après qu'on a ainsi obtenu la configuration et la contenance des parcelles, il faut évaluer le revenu net de chacune d'elles. On appelle *expertise* l'ensemble des opérations à l'aide desquelles on obtient ce résultat. Les règles à suivre sont tracées dans le règlement du 10 octobre 1821.

1161. Ce sont des propriétaires eux-mêmes, au nombre de cinq, désignés par le conseil municipal renforcé des plus imposés en nombre égal à celui des conseillers en exercice, qui sont chargés de procéder, avec le contrôleur, à l'expertise. Ils prennent le nom de commissaires vérificateurs et classificateurs.

1162. Ces commissaires font d'abord, conjointement avec le contrôleur, une reconnaissance générale du territoire; ensuite ils choisissent et indiquent spécialement et nominativement les fonds devant servir de type pour chacune des classes de chaque nature de propriété. Là s'arrête la première partie de leur travail.

1163. Le conseil municipal s'occupe alors de la classification, qui consiste à déterminer en combien de classes chaque nature de propriété doit être divisée. La classification étant arrêtée, le conseil municipal règle le tarif des évaluations. Ce tarif est envoyé au préfet, qui l'approuve, en le modifiant s'il y a lieu, après avoir pris l'avis du conseil de préfecture.

1164. Dès que le tarif est arrêté, on procède au classement, c'est-à-dire à la répartition de toutes les parcelles de fonds dans les diverses classes établies par le conseil municipal.

1165. Le classement s'opère sur le terrain; à cet effet, les commissaires classificateurs se transportent successivement dans chaque section de la commune. Ils sont autorisés à s'adjoindre des indicateurs en état de leur fournir les renseignements dont ils ont besoin. Les propriétaires et leurs régisseurs ou fermiers peuvent également assister au classement et faire leurs observations.

1166. Lorsque le classement est achevé, la mission des commissaires est remplie. C'est au directeur des contributions directes qu'il appartient de rassembler les résultats des opérations cadastrales, de former la matrice et d'en extraire les rôles, que le préfet rend exécutoires par un arrêté pris en conseil de préfecture.

§ VII.— *Expertise en matière de délimitation et bornage entre
les forêts de l'État et les propriétés riveraines.*

1167. Quand il y a lieu d'opérer la délimitation générale
d'une forêt de l'État, ce sont, d'après l'article 10 du Code
forestier, les agents de l'administration qui y procèdent, en
présence ou en l'absence des propriétaires riverains, qui
peuvent s'y faire représenter par des fondés de pouvoirs spéciaux, mais n'ont pas d'expert à désigner. Il n'y a donc pas,
dans ce cas, d'expertise.

1168. Mais, lorsqu'il s'agit d'une délimitation partielle et
que le propriétaire et l'administration sont d'accord pour
l'exécuter à l'amiable, le préfet nomme, en vertu de l'article 58 de l'ordonnance royale d'exécution du Code forestier, du 1er août 1827, un agent forestier pour opérer dans
l'intérêt de l'État. De son côté, le propriétaire riverain nomme
aussi un expert, qu'il peut choisir comme il l'entend : géomètre, arpenteur, propriétaire, ou autre.

1169. Les experts sont dispensés de toutes les formalités
ordinaires des expertises. Ils dressent un procès-verbal (FOR-
MULE 128ᵉ) de leur opération dans la forme administrative.
Ce procès-verbal, signé d'eux et du propriétaire, est soumis
à l'approbation du ministre des finances, par l'intermédiaire
du préfet, et copie en est ensuite délivrée au propriétaire.

1170. Les choses se passent de cette manière lorsqu'il y
a accord entre le propriétaire et l'administration; mais, si
cet accord n'existe pas, la demande en bornage doit être
portée devant la juridiction civile. « L'action en séparation,
— porte l'article 9 du Code forestier, — sera intentée soit
par l'État, soit par les propriétaires riverains, dans les
formes ordinaires. » L'expertise aura lieu alors d'après les
règles à observer devant les juges de paix, dans la compétence desquels l'article 6 de la loi du 25 mai 1838 a placé les
actions en bornage.

§ VIII. — *Expertise en matière d'occupation de terrains pour travaux urgents de fortifications*

1171. La nécessité d'exécuter sans retard des travaux de fortifications ne permet pas toujours de remplir les formalités que comporte la législation relative à l'expropriation pour utilité publique. Il a fallu, pour ce cas particulier, adopter une marche plus prompte, sans cependant compromettre les droits des propriétaires. Tel a été le but du vote de la loi du 30 mars 1831, dont nous allons faire connaître les dispositions, en ce qui concerne l'expertise.

1172. « Lorsqu'il y aura lieu d'occuper tout ou partie d'une ou plusieurs propriétés particulières pour y faire des travaux de fortifications dont l'urgence ne permettra pas d'accomplir les formalités, il sera procédé de la manière suivante. » (Loi du 30 mars 1831, art. 1er.)

1173. « L'ordonnance royale qui autorisera les travaux et déclarera l'utilité publique déclarera en même temps qu'*il y a urgence*. » (Même loi, art. 2.)

1174. Malgré la teneur de cet article, nous croyons, comme M. Dufour (t. VI, p. 230), que, si l'urgence survient postérieurement à la déclaration d'utilité publique, elle peut être déclarée par une ordonnance ou un décret spécial. L'urgence peut naître, en effet, de circonstances imprévues, qui se manifestent en cours d'exécution des travaux, tout aussi bien que de la nature des travaux eux-mêmes. « Supposons, — disait M. le comte Daru dans son second rapport à la Chambre des pairs, sur la loi du 4 mai 1841, — supposons que, dans un travail quelconque, l'administration ait une tranchée à ouvrir; supposez qu'à une certaine profondeur les eaux commenceront à paraître : il faudra leur donner un écoulement à travers les propriétés voisines, ou perdre toute une campagne et renvoyer tout un atelier d'ouvriers. Voilà une cause de retard, si les propriétaires voisins se refusent à la cession de leurs terrains... Voilà l'urgence motivée sur des circonstances exceptionnelles, se produisant en cours d'exécution des travaux (1). » Ces arguments, que M. Daru

---

(1) *Moniteur universel* du 28 avril 1841, p. 1043.

faisait valoir à propos de l'urgence en matière d'expropriation pour cause d'utilité publique ordinaire, ont encore
plus de force dans le cas d'occupation pour travaux de fortifications.

1195. « Dans les vingt-quatre heures de la réception de
l'ordonnance du roi, le préfet du département où les travaux
de fortifications devront être exécutés transmettra ampliation de ladite ordonnance au procureur du roi près le tribunal de l'arrondissement où seront situées les propriétés
qu'il s'agira d'occuper, et au maire de la commune de leur
situation. — Sur le vu de cette ordonnance, le procureur du
roi requerra de suite, et le tribunal ordonnera immédiatement que l'un des juges se transportera sur les lieux avec un
expert que le tribunal nommera d'office. — Le maire fera
sans délai publier l'ordonnance royale par affiche, tant à la
principale porte de l'église du lieu qu'à celle de la maison
commune, et par tous autres moyens possibles. Les publi-
cations et affiches seront certifiées par ce magistrat. » (Loi
du 30 mars 1831, art. 3.)

1196. « Dans les vingt-quatre heures, le juge-commissaire rendra, pour fixer le jour et l'heure de sa descente sur
les lieux, une ordonnance qui sera signifiée, à la requête du
procureur du roi, au maire de la commune où le transport
devra s'effectuer, et à l'expert nommé par le tribunal. — Le
transport s'effectuera dans les dix jours de cette ordonnance,
et seulement huit jours après la signification dont il vient
d'être parlé. — Le maire, sur les indications qui lui seront
données par l'agent militaire chargé de la direction des travaux, convoquera, au moins cinq jours à l'avance, pour le
jour et l'heure indiqués par le juge-commissaire : 1° les propriétaires intéressés, et, s'ils ne résident pas sur les lieux,
leurs agents, mandataires ou ayants cause ; 2° les usufruitiers
ou autres personnes intéressées, tels que fermiers, locataires,
ou occupants à quelque titre que ce soit. — Les personnes
ainsi convoquées pourront se faire assister par un expert ou
arpenteur. » (Même loi, art. 4.)

1197. « Un agent de l'administration des domaines et un
expert ingénieur, architecte ou arpenteur, désignés l'un et
l'autre par le préfet, se transporteront sur les lieux au jour
et à l'heure indiqués pour se réunir au juge-commissaire, au
maire ou à l'adjoint, à l'agent militaire et à l'expert désigné

par le tribunal. — Le juge-commissaire recevra le serment préalable des experts sur les lieux, et il en sera fait mention au procès-verbal. — L'agent militaire déterminera, en présence de tous, par des pieux et piquets, le périmètre du terrain dont l'exécution des travaux nécessitera l'occupation. » (Même loi, art. 5.)

1178. « Cette opération achevée, l'expert désigné par le préfet procédera immédiatement et sans interruption, de concert avec l'agent de l'administration des domaines, à la levée du plan parcellaire, pour indiquer dans le plan général de circonscription les limites et la superficie des propriétés particulières. » (Même loi, art. 6.)

1179. « L'expert nommé par le tribunal dressera un procès-verbal qui comprendra : 1° la désignation des lieux, des cultures, plantations, clôtures, bâtiments et autres accessoires des fonds. Cet état descriptif devra être assez détaillé pour pouvoir servir de base à l'appréciation de la **valeur** foncière, et, en cas de besoin, de la valeur locative, ainsi que des dommages et intérêts résultant des changements ou dégâts qui pourraient avoir lieu ultérieurement ; **2°** l'estimation de la valeur foncière et locative de chaque parcelle de ces dépendances, ainsi que de l'indemnité qui pourra être due pour frais de déménagement, pertes de récoltes, détérioration d'objets mobiliers, ou tous autres dommages. — Ces diverses opérations auront lieu contradictoirement avec l'agent de l'administration des domaines et l'expert nommé par le préfet, avec les parties intéressées si elles sont présentes, ou avec l'expert qu'elles auront désigné. Si elles sont absentes et qu'elles n'aient point nommé d'expert, ou si elles n'ont point le libre exercice de leurs droits, un expert sera désigné d'office par le juge-commissaire pour les représenter. » (Même loi, art. 7.)

1180. L'expert nommé par le tribunal devra, dans son procès-verbal : 1° indiquer la nature et la contenance de chaque propriété, la nature des constructions, l'usage auquel elles sont destinées, les motifs des évaluations diverses, **et** le temps qu'il paraît nécessaire d'accorder aux occupants pour évacuer les lieux ; 2° transcrire l'avis de chacun des autres experts, et les observations et réquisitions, **telles** qu'elles lui seront faites, de l'agent militaire, du maire, **de** l'agent des domaines, et des parties intéressées ou de **leurs**

représentants. Chacun signera ses dires, ou mention **sera**
faite de la cause qui l'en empêche. » (Même loi, art. 8.)

1181. Le projet de loi présenté par le gouvernement ne
contenait pas l'obligation, pour le tribunal de première instance, de nommer un expert. Ce fut la commission qui
introduisit, dans l'article 3, cette modification, dont elle
donnait les motifs en ces termes, par l'organe de M. Gillon,
son rapporteur : « L'introduction de cet expert a principalement été décidée par cette réflexion, née de l'expérience
des expertises juridiques, que, tenant ses pouvoirs de la seule
autorité de la justice, il se maintiendra plus aisément et
aussi plus religieusement dans l'observation d'une stricte
impartialité ; aussi est-ce à lui que nous vous demanderons
de confier le soin de recueillir, dans un procès-verbal, tous
les renseignements propres à faire arbitrer par le tribunal
l'exacte valeur des propriétés dont se saisit le gouvernement. » L'expert est donc appelé à tenir la balance entre les
intérêts divergents qui sont en présence; c'est à lui qu'il
appartient de recueillir avec impartialité les éléments de la
bonne justice que le tribunal sera appelé à rendre, et de fixer
et rassurer la conscience des magistrats entre les assertions
contraires de l'administration et des expropriés (1). C'est une
mission grave et délicate, de l'importance de laquelle l'expert
devra se bien pénétrer.

1182. Le dernier paragraphe de l'article 3 prescrit au
maire de porter l'ordonnance à la connaissance des intéressés par *tous les moyens possibles;* ce fonctionnaire ne devra
donc pas se borner à la faire afficher aux portes de l'église
et de la mairie. L'article 6 de la loi du 13 mai 1841 lui indique
deux moyens de publicité plus efficaces, et qu'il ne devra
pas négliger ; ce sont : la publication à son de trompe ou de
caisse dans la commune, et, s'il est possible, l'insertion dans
les journaux de l'arrondissement ou du département

1183. Nous venons de lire dans l'article 7 que le procès-
verbal de l'expert nommé par le tribunal doit comprendre
l'estimation de la valeur foncière et de la valeur locative,
ainsi que l'indemnité qui pourra être due pour déménagement, récoltes perdues, objets mobiliers détériorés et autres

---

(1) *Moniteur universel* du 14 mars 1831, p. 543 et 544. (Dufour, t. **VI**,
p. 231.)

dommages. « En effet, — disait à la Chambre des députés le rapporteur, M. Gillon, — il se peut qu'il y ait une indemnité à fournir non-seulement au propriétaire, mais encore au locataire ; il se peut aussi que d'abord il n'y ait à acquitter qu'une somme représentative de loyer, et que, finalement, il faille payer le prix du fonds lui-même. » Au surplus, tout dommage causé par la dépossession devant être réparé, il est expressément recommandé aux experts d'en déterminer l'évaluation.

1184. Tous les détails de l'expertise sont consignés, comme l'indiquent les articles 7 et 8, dans le procès-verbal de l'expert nommé par le tribunal. De son côté, le juge-commissaire dresse un procès-verbal constatant l'accomplissement de toutes les formalités prescrites.

1185. Le rapporteur de la loi à la Chambre des députés avait expliqué que le juge-commissaire a l'impérieux devoir d'assister à toutes les opérations que prescrit la loi ; une jurisprudence constante a affirmé ce principe, qui découle du reste de l'article 10, portant que, « sur le vu de la minute du procès-verbal de l'expert et de celui du juge-commissaire, *qui aura assisté à toutes les opérations*, le tribunal, dans une audience tenue *aussitôt après le retour de ce magistrat*, » déterminera les indemnités, etc.

1186. Par arrêts des 5 juillet 1842 (1) et 2 janvier 1843 (2), la Cour de cassation a décidé que, si le juge-commissaire n'a pas assisté à toutes les opérations de l'expertise, non-seulement le jugement qui prononce la dépossession et fixe l'indemnité doit être déclaré nul, mais que l'instruction même est frappée de nullité. Il ne suffirait pas que le juge eût ouvert et fermé le procès-verbal.

1187. Aussitôt que l'expert aura terminé son travail sur le terrain, il devra se hâter de rédiger son rapport et de le déposer au greffe dans la forme ordinaire ; car, d'après ce que nous venons de voir dans l'article 10 de la loi, le tribunal est obligé de statuer sur le vu de la minute de ce procès-verbal et de celui du juge-commissaire, dans une audience tenue aussitôt après le retour de ce magistrat.

(1) Journal du palais, 1842, t. II, p. 208.
(2) Journal du palais, 1843, t. I, p 129.

§ IX. — *Expertise des tabacs en feuilles de la culture indigène.*

1188. Le classement des tabacs récoltés en France est opéré, conformément à la décision ministérielle du 17 octobre 1835, par une commission d'expertise composée de cinq membres, directement choisis et nommés par le préfet, lesquels ne doivent avoir aucun intérêt dans la culture du tabac, et dont le garde et le contrôleur du magasin font nécessairement partie.

1189. Le préfet nomme de la même manière des experts suppléants, pour remplacer les experts titulaires qui se trouveraient empêchés de prendre part aux classements.

1190. Les experts titulaires et les experts suppléants étrangers à la régie prêtent serment entre les mains du préfet.

1191. Ni les uns ni les autres ne peuvent coopérer à l'expertise des tabacs de leurs parents jusqu'au deuxième degré et des habitants de leurs communes respectives.

1192. Les experts n'ont aucun droit de s'immiscer dans la gestion intérieure du magasin, qui concerne exclusivement le garde et le contrôleur de l'établissement, mais ils doivent vérifier tous les actes et expéditions qu'ils ont à signer.

1193. L'un des experts étrangers à l'administration est chargé, concurremment avec un employé de la régie, de la tenue d'un registre-balance et de surveiller l'exactitude de chaque pesée.

1194. La commission étant seule chargée de statuer sur la qualité des tabacs livrés par les planteurs, il est défendu à ces derniers de prendre part aux discussions de l'expertise. Si, nonobstant cette défense, des planteurs troublaient les opérations de la commission, ils seraient immédiatement expulsés, et procès-verbal serait dressé des faits ayant motivé cette mesure. Le planteur dont on classe la récolte peut seul se présenter à la table d'expertise.

1195. Les tabacs présentés en livraison sont pesés séparément par qualité. On peut leur faire subir des réfactions de poids, soit en raison de leur humidité par insuffisance de dessiccation, soit parce qu'ils auraient reçu des préparations frauduleuses, seraient surchargés de caboches, ou présenteraient un mélange de matières étrangères; dans ce dernier cas, les tabacs ne pourraient être classés que comme non marchands. Si les feuilles avaient des caboches de plus d'un centimètre de longueur, la commission pourrait, au lieu de réduire le poids, ordonner que l'écabochage soit fait par les ouvriers du magasin, aux frais des contrevenants.

1196. La commission procède au classement des tabacs qu'elle reconnait de qualité marchande, et à l'estimation des tabacs non marchands jugés propres à entrer dans la fabrication des tabacs de qualité inférieure. Enfin, elle prononce le rejet et la destruction de ceux qui ne sont susceptibles d'aucun emploi dans les manufactures. Elle fixe également les quantités pour lesquelles il y a lieu d'accorder la prime de 10 francs par cent kilos à titre de surchoix, conformément à l'article 192 de la loi du 28 avril 1816.

1197. Toutes les décisions de la commission sont prises à la majorité des voix.

1198. Les tabacs rejetés par la commission comme impropres à la fabrication sont détruits en présence des experts et d'un délégué du préfet. Le procès-verbal de cette opération est signé par eux, concurremment avec les employés de la régie chargés de faire opérer la destruction.

1199. Les feuilles d'épamprement, d'écimage, de bourgeons ou de regain, et généralement toutes les feuilles non inventoriées qui seraient présentées en livraison, ne sont pas admises en décharge. En cas de contestation de la part des planteurs, la commission d'expertise est appelée à prononcer. Procès-verbal administratif est dressé à la charge des contrevenants, pour que la culture leur soit interdite l'année suivante.

1200. Lorsqu'un manquant a été constaté aux charges d'un planteur, ce dernier est appelé, séance tenante, à produire devant la commission d'expertise ses dires et justifications, qui sont consignés dans un procès-verbal que dresse la commission. Le contrôleur de culture, présent à ces justifications, est chargé d'en vérifier l'exactitude, et il inscrit ses observations sur le procès-verbal, dont il lui est immédiatement fait remise.

1201. Nous n'entrerons pas dans de plus longs détails sur cette sorte d'expertise, pour laquelle l'administration remet aux experts tous les règlements, arrêtés et instructions nécessaires, ainsi que les modèles des procès-verbaux, qui sont même, le plus souvent, dressés sur des formules imprimées *ad hoc*.

§ X. — *Expertise en matière de chemins vicinaux ou ruraux*.

1202. Il peut y avoir lieu à expertise, en matière de chemins vicinaux ou ruraux, dans les divers cas prévus par les articles 14 et 15 de la loi du 21 mai 1836, 11 de la loi du 20 août 1881 et 3 de la loi du 29 décembre 1892, savoir : 1° pour déterminer les subventions spéciales à imposer aux entrepreneurs ou propriétaires dont les exploitations dégradent habituellement ou temporairement les chemins vicinaux ou ruraux en état de viabilité ; — 2° pour évaluer les indemnités dues aux propriétaires riverains, par suite de reconnaissance et de fixation de la largeur d'un chemin vicinal ; — 3° à l'effet de régler les indemnités dues aux propriétaires de terrains désignés pour être occupés temporairement, ou pour servir à des extractions de matériaux des dépôts ou des enlèvements de terres.

1203. « Toutes les fois qu'un chemin vicinal, entretenu à l'état de viabilité par une commune, sera habituellement ou temporairement dégradé par des exploitations de mines, de carrières, de forêts ou de toute entreprise industrielle appartenant à des particuliers, à des établissements publics, à la couronne ou à l'État, il pourra y avoir lieu à imposer aux entrepreneurs ou propriétaires, suivant que l'exploitation ou les transports auront eu lieu pour les uns ou les autres, des subventions spéciales dont la quotité sera proportionnée à la dégradation extraordinaire qui devra être attribuée aux exploitations. — Ces subventions pourront, au choix des subventionnaires, être acquittées en argent ou en prestations en nature, et seront exclusivement affectées à ceux des chemins qui y auront donné lieu. — Elles seront réglées annuellement, sur la demande des communes, par les conseils de préfecture, après des expertises contradictoires, et recouvrées comme en matière de contributions. — Les experts seront nommés suivant le mode déterminé par l'article 17 ci-après. — Ces subventions pourront aussi être déterminées par abonnement ; elles seront réglées, dans ce cas, par le préfet en conseil de préfecture. » (Loi du 21 mai 1836, art. 14.)

1204. Les dispositions de cet article sont littéralement reproduites par l'article 11 de la loi du 20 août 1881 qui les rend applicables en matière de chemins ruraux.

1205. « Les arrêtés du préfet portant reconnaissance et fixation de la largeur d'un chemin vicinal attribuent défini-tivement au chemin le sol compris dans les limites qu'ils déterminent. — Le droit des propriétaires riverains se résout en une indemnité, qui sera réglée à l'amiable ou par le juge de paix du canton, sur le rapport d'experts nommés con-formément à l'article 17. » (Loi du 21 mai 1836, art. 15).

1206 Lorsqu'il y a lieu d'occuper temporairement un terrain, soit pour en extraire ou y ramasser des matériaux, soit pour y fouiller ou y faire des dépôts de terre, soit pour tout autre objet relatif à l'exécution de projets de travaux publics, civils ou militaires, cette occupation est autorisée par un arrêté de préfet, indiquant le nom de la commune où le terrain est situé, les numéros que les parcelles dont il se compose portent sur le plan cadastral, et le nom du propriétaire tel qu'il est inscrit sur la matrice des rôles. — Cet arrêté indique d'une façon précise les travaux à raison desquels l'occupation est ordonnée, les surfaces sur les-quelles elle doit porter, la nature et la durée de l'occupa-tion et la voie d'accès. — Un plan parcellaire désignant par une teinte les terrains à occuper est annexé à l'arrêté, à moins que l'occupation n'ait pour but exclusif le ramassage des matériaux. » (Loi du 29 décembre 1892, art. 3.)

1207. Nous allons d'abord nous occuper des cas prévus par cette dernière disposition. Nous reviendrons ensuite aux articles 14 et 15 de la loi du 21 mai 1836 et 11 de la loi du 20 août 1881. (Voir ci-après, n°s 1232 et suiv.)

1208. Lorsqu'il est nécessaire d'occuper temporairement des terrains, soit pour extraction de matériaux, soit pour dépôt ou enlèvement de terres, ou pour toute autre cause relative au service des chemins vicinaux, et que le proprié-taire refuse soit de consentir à cette occupation, soit d'ac-quiescer aux offres d'indemnités qui lui ont été faites par le maire, le préfet prend un arrêté pour autoriser l'occupation.

1209. « Le préfet envoie ampliation de son arrêté et du plan annexé au chef de service public compétent et au maire de la commune. — Si l'administration ne doit pas occuper

elle-même le terrain, le chef de service compétent remet
une copie certifiée de l'arrêté à la personne à laquelle elle
a délégué ses droits. — Le maire notifie l'arrêté au propriétaire du terrain, ou, si celui-ci n'est pas domicilié dans la
commune, au fermier, locataire, gardien ou régisseur de
la propriété; il y joint une copie du plan parcellaire et garde
l'original de cette notification. — S'il n'y a dans la commune personne ayant qualité pour recevoir la notification,
celle-ci est valablement faite par lettre chargée adressée
au dernier domicile connu du propriétaire. L'arrêté et le
plan parcellaire restent déposés à la mairie pour être communiqués sans déplacement aux intéressés, sur leur demande. » (Loi du 27 décembre 1892, art. 4.)

1210. « Après l'accomplissement des formalités qui
précèdent et à défaut de convention amiable, le chef de
service ou la personne à laquelle l'administration a délégué
ses droits, fait au propriétaire du terrain, préalablement à
toute occupation du terrain désigné, une notification par
lettre recommandée, indiquant le jour et l'heure où il
compte se rendre sur les lieux ou s'y faire représenter. —
Il l'invite à s'y trouver ou à s'y faire représenter lui-même
pour procéder contradictoirement à la constatation de l'état
des lieux. — En même temps, il informe par écrit le maire
de la commune de la notification par lui faite au propriétaire. — Si le propriétaire n'est pas domicilié dans la commune, la notification est faite conformément aux stipula-
tions de l'article 4. — Entre cette notification et la visite
des lieux, il doit y avoir un intervalle de dix jours au
moins. » (Loi du 29 décembre 1892, art. 5.)

1211. « Lorsque l'occupation temporaire a pour objet
exclusif le ramassage des matériaux à la surface du sol, les
notifications individuelles prescrites par les articles 4 et 5
de la présente loi sont remplacées par des notifications col-
lectives par voie d'affichage et de publication à son de caisse
ou de trompe dans la commune. En ce cas, le délai de dix
jours prescrit à l'article précédent, court du jour de l'affichage. » (Loi du 29 décembre 1892, art. 6.)

1212. « A défaut par le propriétaire de se faire représenter sur les lieux, le maire lui désigne d'office un représentant pour opérer, contradictoirement avec celui de
l'administration ou de la personne au profit de laquelle
l'occupation a été autorisée. — Le procès-verbal de l'opé-

ration qui doit fournir les éléments nécessaires pour évaluer le dommage est dressé en trois expéditions destinées, l'une à être déposée à la mairie, et les deux autres à être remises aux parties intéressées. — Si les parties ou les représentants sont d'accord, les travaux autorisés par l'arrêté peuvent être commencés aussitôt. — En cas de désaccord sur l'état des lieux, la partie la plus diligente saisit le conseil de préfecture, et les travaux pourront commencer aussitôt que le conseil aura rendu sa décision.» (Loi du 29 décembre 1892, art. 7.)

1213. On s'est demandé si l'administration, ou son représentant, est tenue d'attendre, pour commencer les travaux, que le conseil de préfecture ait statué. Il ressort bien évidemment des documents parlementaires (1) comme du texte de la loi elle-même que le législateur a voulu que l'occupation ne pût être commencée qu'après reconnaissance de l'état des lieux. Mais, en cas d'urgence, il pourrait être procédé à cette constatation par un expert désigné par le président du conseil de préfecture conformément à l'article 24 de la loi du 22 juillet 1889. (Voir précédemment, n° 1027) (2). Cette façon de procéder était déjà indiquée, même antérieurement à la loi de 1889, par plusieurs auteurs, notamment par MM. Al. René et Frennelet (3) et les décisions du Conseil d'Etat des 26 décembre 1873 (4) et 2 mai 1884 (5) en avaient consacré l'existence.

1214. « Tout arrêté qui autorise des études ou une occupation temporaire est périmé de plein droit s'il n'est suivi d'exécution dans les six mois de sa date. » (Loi du 29 décembre 1892, art. 8.)

1215. « L'occupation des terrains ou des carrières nécessaires à l'exécution des travaux publics ne peut être ordonnée pour un délai supérieur à cinq années. — Si l'occupation doit se prolonger au delà de ce délai, et à défaut d'accord amiable, l'administration devra procéder à l'expropriation, qui pourra aussi être réclamée par le pro-

(1) Rapport de M. Morel au Sénat.
(2) Voir en ce sens : Pand. fran., Rép., v° Occupation temporaire, n° 157.
(3) Clauses et conditions générales régissant les entreprises de travaux des Ponts et chaussées, n° 819.
(4) Lebon, p. 965.
(5) Lebon, p. 342.

priétaire dans les formes prescrites par la loi du 3 mai
1841. » (Loi du 29 décembre 1892, art. 9.)

1216. « Immédiatement après la fin de l'occupation
temporaire des terrains et à la fin de chaque campagne, si
les travaux doivent durer plusieurs années, la partie la
plus diligente, à défaut d'accord amiable sur l'indemnité,
saisit le conseil de préfecture pour obtenir le règlement de
cette indemnité conformément à la loi du 22 juillet 1889. »
(Loi du 29 décembre 1892, art. 10.)

1217. Ainsi donc, pas d'indemnité préalable, sauf dans le
cas exceptionnel où, en raison de la trop longue durée de
l'occupation, l'article 9 de la loi de 1892 veut qu'il soit procédé à l'expropriation. C'est que l'indemnité devant être
proportionnée aux dommages causés et, en certains cas, à
la valeur des matériaux extraits, elle ne peut être réglée
qu'après l'exploitation, avant laquelle il serait difficile
d'apprécier convenablement l'importance ou la durée du
sacrifice imposé à la propriété (1).

1218. Les experts choisis par les parties ou désignés
par le conseil de préfecture pour procéder aux vérifications
et évaluations nécessaires doivent se conformer, dans l'accomplissement de leur mission, aux règles édictées par les
articles 16 et suivants de la loi du 22 juillet 1889. (Voir
précédemment, nos 1010 et suiv.)

1219. Les experts doivent de nouveau prêter serment
lorsque, par suite d'annulation de leur première opération,
ils procèdent à une seconde expertise (2).

1220. La mission des experts est d'évaluer le chiffre de
l'indemnité due aux propriétaires, et, s'il y en a, aux locataires ou fermiers que les propriétaires sont tenus, aux
termes de l'article 11 de la loi du 29 décembre 1892, de
mettre eux-mêmes en cause ou de faire connaître à la
partie adverse.

1221. Les bases de l'indemnité sont énoncées dans les
articles 13, 14 et 15 de la loi du 29 décembre 1892. Nous
avons déjà reproduit ces différentes dispositions dans la
section IV du présent chapitre. (Voir précédemment,
nos 1113, 1117 et suiv.).

(1) Consulter à cet égard: Pandectes françaises, *Rép.*, vº Occupation tempora re, nos 179 et suiv.
(2) Arrêtés du gouvernement des
17 juin 1848, Deguerre, et 18 juin
1848, Parquin; décret du 22 novembre 1849, administration des forêts. (Grandvaux, t. I, p. 290.)

1222. Rappelons à cet égard que, contrairement à ce qui avait lieu sous l'empire de la loi du 16 septembre 1807, on doit toujours tenir compte, pour l'évaluation de l'indemnité, tant du dommage causé à la surface que de la valeur des matériaux extraits (1).

1223. D'après l'ancienne loi, l'administration ne devait, au contraire, d'indemnité pour la valeur des matériaux extraits qu'autant qu'on se trouvait en présence d'une carrière en exploitation ; et le point de savoir si une carrière devait être ou non considérée comme étant en exploitation soulevait de nombreuses difficultés, devenues aujourd'hui sans intérêt.

1224. Ainsi, on décidait qu'il n'y avait pas lieu de considérer une carrière comme en exploitation pour le compte du propriétaire lorsque celui-ci ne l'avait ouverte qu'après avoir eu connaissance du cahier des charges d'après lequel le terrain où elle était située devait être fouillé par l'entrepreneur pour l'extraction des matériaux. La jurisprudence du conseil d'Etat était formelle à cet égard (2).

1225. Le conseil d'Etat décidait encore (3) que le propriétaire n'était pas fondé non plus à se prévaloir de fouilles opérées, par ses auteurs, dans le champ où l'entrepreneur avait ouvert sa carrière, il était établi que les excavations alléguées étaient depuis longtemps comblées et qu'il n'avait jamais existé sur ce point de carrière en exploitation.

1226. Il en était de même, toujours d'après le conseil d'Etat (4), si la carrière, réellement mise en exploitation plusieurs années avant les fouilles faites par l'entrepreneur, avait été entièrement abandonnée ; si, par exemple, le terrain avait été nivelé, ensemencé, et si toute trace d'exploitation avait disparu.

1227. Quand les experts ont arrêté les estimations, ils dressent leur procès-verbal (FORMULE 129e), qu'ils déposent au greffe du conseil de préfecture, conformément à l'article 21 de la loi du 22 juillet 1889.

1228. Si le rapport des experts ne contient pas d'éclair-

---

(1) Consulter à cet égard : Pandectes françaises, *Rép.*, vo Occupation temporaire, nos 212 et suiv.
(2) Décrets des 24 mars 1849, de Lantaye; 13 avril 1850, Rouillé, et 1er juin 1850, Lefranc de Pompignan. (Grandvaux, t. II, p. 182.)
(3) Décret du 18 mai 1854, Lebègue de Germiny. (Grandvaux, t. II, p. 182.)
(4) Décret du 20 juillet 1854, Pouplin. (Grandvaux, t. II, p. 182.)

cissements suffisants, le conseil de préfecture peut, ainsi que l'y autorise l'article 22 de la loi du 22 juillet 1889, soit ordonner un supplément d'instruction, soit inviter les experts à comparaître devant lui pour lui fournir les explications et renseignements nécessaires. (Voir précédemment, nᵒˢ 1021 et suiv.)

1229. « Les plans, procès-verbaux, certificats, significations, jugements, contrats, quittances et autres actes faits en vertu de la présente loi, seront visés pour timbre et enregistrés gratis, quand il y aura lieu à la formalité de l'enregistrement. » (Loi du 29 décembre 1892, art. 19.) Mais la disposition de l'article 58 de la loi du 3 mai 1841, qui, en matière d'expropriation, autorise la restitution des droits perçus sur les acquisitions amiables, n'est pas applicable en cette matière. C'est ce que rappelle une instruction de la Régie, citée dans le Répertoire des *Pandectes françaises*, vᵒ *Occupation temporaire*, nᵒ 324. L'exemption de droits n'est établie que d'une manière toute limitative, en faveur des actes énumérés dans l'article 19 et faits en vertu de la loi du 29 décembre 1892.

1230. Les frais d'expertise sont taxés par le conseil de préfecture, conformément aux dispositions de l'article 23 de la loi du 22 juillet 1889. (Voir précédemment, nᵒ 1025.)

1231. Le conseil de préfecture règle l'indemnité d'après les procès-verbaux d'expertise, et sa décision est notifiée administrativement aux parties intéressées.

1232. Revenons maintenant aux cas prévus par les articles 14 de la loi du 21 mai 1836 et 11 de la loi du 20 août 1881, dont nous avons déjà donné le texte. (Voir précédemment, nᵒˢ 1203 et 1204.)

1233. Lorsque des exploitations de mines, de carrières, de forêts, ou de toute autre entreprise industrielle, dégraderont habituellement ou temporairement un chemin vicinal ou rural entretenu à l'état de viabilité, on pourra, en exécution des articles précités, imposer des subventions spéciales aux entrepreneurs ou aux propriétaires, suivant que l'exploitation ou les transports auront eu lieu pour le compte des uns ou des autres.

1234. Il serait impossible de donner la nomenclature complète des exploitations soumises aux prescriptions de ces articles. Il suffit de faire remarquer que les exploitations industrielles sont seules tenues au payement des subventions, et que, conformément à la circulaire ministérielle du 24 juin 1836, « les exploitations agricoles ne sont pas comprises dans cette catégorie ; ainsi, un domaine, une ferme, quels que soient ses moyens de culture, ne peut être assujetti à une indemnité extraordinaire pour dégradation de chemins ; le législateur a considéré que l'exploitation agricole avait acquitté sa dette par la prestation en nature, qui n'atteint pas la plupart des autres exploitations. »

1235. Les subventions réclamées par les communes devant être proportionnées aux dégradations causées par les exploitations ou autres entreprises industrielles, ces dégradations sont constatées par des experts nommés, suivant l'article 14 de la loi du 21 mai 1836, dans la forme prescrite par l'article 17 de la même loi. D'après cette dernière disposition, les opérations devaient être confiées à deux experts, nommés, l'un par le sous-préfet, et l'autre par le propriétaire. En cas de désaccord, il devait être procédé à une tierce-expertise, et le tiers-expert était nommé par le conseil de préfecture.

1236. Aujourd'hui, les experts sont nommés conformément aux prescriptions des articles 14 et 15 de la loi du 22 juillet 1889, et ils doivent, pour remplir leur mission, se conformer aux règles tracées par les articles 16 et suivants de la même loi. (Voir précédemment, n°ˢ 1005 et suiv.)

1237. L'expertise contradictoire était indispensable antérieurement à la loi de 1889 ; il ne pouvait pas y être suppléé par une enquête faite avant que le conseil de préfecture eût été saisi de la contestation (1).

1238. On décidait alors que les opérations auxquelles se seraient livrés des experts désignés par le préfet, avant que le conseil de préfecture n'eût été saisi de l'affaire, ne constituaient qu'une enquête administrative, ne pouvant dispenser de l'expertise contradictoire (2).

1239. Le conseil de préfecture aurait commis un excès de pouvoir en fixant le chiffre d'une subvention sans faire

---

(1) Ordonnances des 21 avril 1830 (Pandectes chronologiques) ; 22 février 1833, de Vandeul. (Dufour, t. III, p. 420.) Décrets des 28 juillet 1849, Fayard et consorts (Grandvaux, t. I. p. 287) ; 10 janvier 1856 (Lebon, p. 56) ; 6 mars 1856 (Lebon, p. 195) ; 28 mars 1860 (Lebon, p. 253) ; 16 août 1862 (Lebon, p. 651) ; 30 juillet 1886 (Lebon, p. 668.)

(2) Ordonnance du 10 décembre 1846. (Grandvaux, t. I, p. 287.)

procéder à l'expertise. Une enquête administrative faite par
ordre du préfet aurait été insuffisante pour la remplacer (1).

1210. Mais, depuis que la loi du 22 juillet 1889 est
venue établir, pour les expertises devant les conseils de
préfecture, une réglementation nouvelle, il est constamment admis, ainsi que le constate le Répertoire des *Pandectes françaises* (v° *Chemins vicinaux*, n° 2112), qu'on ne
saurait plus annuler un arrêté par lequel le conseil de préfecture a prononcé sur une demande de subvention, par
le motif qu'il n'a pas eu préalablement recours à une
expertise, pour autant que la demande de cette voie d'estimation lui aurait été expressément faite.

1211. Il a été jugé par le conseil d'Etat, le 7 novembre
1891 (2), qu'il y a lieu à décharge complète de la subvention spéciale, lorsque le réclamant n'a pas été convoqué
aux opérations de l'expertise, contrairement aux prescriptions formelles de la loi du 22 juillet 1889.

1212. Les règles concernant la récusation des experts en
cette matière, sont, suivant l'article 17 de la loi du 22 juillet
1889 (voir précédemment, n° 1013), celles établies par le
Code de procédure civile. (Voir précédemment, n°s 236 et
suiv.)

1213. Le conseil d'Etat a décidé, le 5 juillet et le 31 décembre 1878 (3), sous l'empire de l'article 17 de la loi du
21 mai 1836, que le maire de l'une des communes intéressées ne saurait, à peine de nullité, être désigné comme
tiers-expert pour le règlement d'une subvention spéciale.

1214. Mais un expert ne pourrait être récusé par le
seul motif qu'il est agent-voyer (4).

1215. Le conseil d'Etat décide en effet qu'aucune disposition législative n'interdit de choisir pour expert un
du service vicinal (5).

---

(1) Ordonnance du 21 avril 1830. (Dufour, t. III, p. 420.)
(2) Lebon, p. 610.
(3) Lebon, p. 628 et 1128.
(4) Décrets des 13 mars 1860 (Lebon, p. 211); 14 janvier 1865 (Pandectes chronologiques, à sa date); 9 septembre 1869 (Lebon, p. 847);
20 mars 1875 (Lebon, p. 276); 27 avril 1877 (Lebon, p. 377); 21 décembre
1877 (Lebon, p. 1020); 28 décembre 1877 (Lebon, p 1053); 5 juillet 1878
(Lebon, p. 629); 3 août 1888 (Lebon, p. 701); 8 novembre 1889 (Lebon,
p 990); 13 décembre 1889 (Lebon, p. 1156.)
(5) Décrets des 9 janvier 1874 (Lebon, p. 4); 1er décembre 1876 (Pandectes chronologiques, à sa date); 27 avril 1877 (Lebon, p. 991);
16 décembre 1887 (Lebon, p. 807.)

1246. L'expertise se fera à la fin de l'exploitation si cette exploitation est temporaire. Ainsi l'a décidé le conseil d'Etat les 21 décembre 1877 (1), 2 mai 1879 (2) et 18 mai 1888 (3).

1247. Mais si l'exploitation est permanente, le règlement des subventions, et, par suite, l'expertise préalable doivent se faire à la fin de chaque année. Tel est le principe affirmé par le conseil d'Etat dans ses décisions des 18 janvier 1851 (4), 1er mars 1860 (5) et 24 avril 1862 (6).

1248. Toutefois, suivant une décision du conseil d'Etat du 26 juillet 1851 (7), une expertise unique suffirait, quoique se rapportant à deux exercices, si elle évaluait d'une manière distincte les dégradations commises et les subventions à payer pour chacun de ces exercices.

1249. D'ailleurs, la loi n'ayant, en cette matière, fixé aucun délai pour les opérations de l'expertise, il est reconnu par de très nombreuses décisions citées dans le Répertoire des *Pandectes françaises* (v° *Chemins vicinaux*, n°ˢ 2185 et suiv.), que l'expertise, à quelque époque qu'il y ait été procédé, ne peut être considérée comme tardive, du moment que les experts ont pu apprécier à un moment quelconque l'existence et l'étendue des dégradations, à l'aide de documents établis en temps utile.

1250. L'expertise ayant uniquement pour objet les dégradations extraordinaires, les experts doivent se borner à estimer le dommage causé par l'exploitation ; ils ne peuvent comprendre dans leurs évaluations ni les sommes dépensées pour l'entretien et les réparations ordinaires, ni les prestations en nature, ni le traitements des agents-voyers (8), ni le salaire des cantonniers (9).

1251. Ils ne doivent pas non plus, pour évaluer les subventions, déterminer le chiffre total de la dépense nécessaire pour réparer le chemin, et mettre à la charge de ceux qui ont causé des dégradations extraordinaires une quotité de la dépense d'entretien proportionnelle à la circulation qui

(1) Lebon, p. 1024.
(2) Lebon, p. 330.
(3) Lebon, p 457.
(4) Lebon, p. 53.
(5) Pand. chronologiques à sa date.
(6) Lebon, p. 321.

(7) Lebon, p. 547.
(8) Décret du 22 février 1849. (Grandvaux, t. I, p. 291.)
(9) Décrets des 26 juin 1885 (Lebon, p. 614) ; 27 avril 1891 (Lebon, p. 314) ; 8 avril 1892 (Lebon, p 365.)

est de leur fait relativement à la circulation générale; un tel mode de procéder aurait, en effet, pour résultat, de faire supporter aux industriels non-seulement la dégradation extraordinaire, mais encore la part de dépense relative à l'usage qu'ils ont fait du chemin dans les conditions ordinaires de sa destination (1).

1252. Les experts opèrent exclusivement d'après leurs impressions personnelles; ils ne sont pas liés par la fixation, faite antérieurement par un arrêté du préfet, de la part à supporter par des propriétaires d'établissements industriels dans les frais de réparation du chemin. Ils n'ont pas non plus à tenir compte des titres anciens que les exploitants pourraient invoquer : l'appréciation de ces titres appartient exclusivement aux tribunaux ordinaires; le conseil de préfecture lui-même serait incompétent (2).

1253. Le dommage doit être constaté pour ce qu'il est réellement. Les experts ne sauraient donc l'apprécier au moyen d'une simple induction basée, par exemple, sur le nombre de voitures qui ont suivi le chemin pour le compte de l'exploitation (3).

1254. Les procès-verbaux d'expertise sont soumis au conseil de préfecture, qui règle la subvention due à la commune, conformément au troisième paragraphe de l'article 14 de la loi.

1255. Le conseil de préfecture est seul compétent pour statuer sur le chiffre de la subvention (4), de même que, le cas échéant, sur le droit de la commune à cette indemnité.

1256. Lorsqu'un exploitant, mis en demeure de désigner un expert pour procéder à l'évaluation de la subvention spéciale qui pourrait être mise à sa charge, a consenti à la désignation de cet expert, il ne peut être, pour ce seul fait, présumé avoir renoncé au droit de contester le principe de la subvention devant le conseil de préfecture (5).

1257. Il doit être tenu compte, dans le règlement de

(1) Décrets des 15 juin 1864, Desbrosses; 14 janvier 1865, Doré, et 27 janvier 1855, Bouiller. (Dufour, t. III, p. 422 et 423.)

(2) Ordonnance du 20 juillet 1832, ville de Troyes. (Grandvaux, t. I, p. 291.)

(3) Ordonnance du 16 janvier 1828, Brison et Gougeon (Grand-vaux, t. I, p. 291). Voir aussi les décisions citées dans le Répertoire des *Pandectes françaises*, v° *Chemins vicinaux*, n° 2154 et suiv., 2197 et suiv.

(4) Ordonnance du 6 juillet 1843, Chantreaux (Grandvaux, t. I. p. 291.)

(5) Décret du 13 mai 1855, Elleaume. (Grandvaux, t. I, p. 293.)

l'indemnité, et conséquemment dans l'expertise, des dépenses nécessaires pour la réparation du chemin (1).

1258. Après avoir longtemps jugé, par application de l'article 18 de l'arrêté du gouvernement du 24 floréal an VIII, relatif à la perception des contributions directes, que les frais d'expertise ne devaient rester à la charge du réclamant qu'au cas de rejet absolu de sa réclamation, le conseil d'État décide aujourd'hui que ces frais, souvent considérables, eu égard au montant de la subvention imposée, peuvent être, au cas où la demande en décharge ou réduction n'est admise que partiellement, compensés ou répartis entre la commune et l'industriel, comme en matière ordinaire (2).

1259. Ce changement de jurisprudence a été l'objet de vives critiques de la part de M. Serrigny (*Revue critique*, 1863, t. I, p. 19). « Nous avons, comme lui, — ajoute M. Dufour, — beaucoup de peine à admettre qu'en cette matière, où l'expertise est un élément nécessaire de l'instruction, les frais puissent en être mis à la charge d'un contribuable qui, après tout, a démontré que l'administration s'était trompée, et a réussi à se faire exonérer dans une certaine mesure. »

1260. Les subventions spéciales pour les dégradations causées aux chemins vicinaux doivent être considérées comme l'une des charges de l'entreprise et doivent par suite être supportées par l'entrepreneur. On peut consulter sur ce point le *Traité théorique et pratique des travaux publics*, de MM. Christophle et Auger, n° 684, et les *Clauses et conditions générales régissant les entreprises de travaux de ponts et chaussées*, par MM. René et Frennelet, n° 352.

1261. Nous arrivons maintenant aux expertises que peuvent nécessiter les dispositions de l'article 15 de la loi du 21 mai 1836. Elles diffèrent essentiellement de celles dont nous venons de nous occuper, en ce que la juridiction dont elles émanent, et qu'elles ont pour objet d'éclairer, n'est pas la même. Ce ne sera plus au conseil de préfecture qu'appar-

---

(1) Décrets des 27 août 1854, 7 mai 1857, et 28 janvier 1858 (Pandectes chronologiques, à leur date); 25 février 1863 (Lebon, p. 168); 13 mars 1874 (Lebon, p. 255); 22 mai 1885 (Lebon, p. 525); 26 juin 1885 (Lebon, p. 614); 14 mai 1891 (Lebon, p. 354); 7 novembre 1891 (Lebon, p. 640) et 26 décembre 1891 (Lebon, p. 795).

(2) Décrets des 20 mars 1861, Grindelle, et 28 mars 1862, Renguier (Dufour. t. III, p. 421 et 422; 12 juillet 1870 (Lebon, p. 8 0); 13 mars 1874 (Lebon, p. 276); 9 juin 1876 (Lebon, p. 527); 22 décembre 1876 (Lebon, p. 920); 26 novembre 1886 (Lebon, p. 824); 1er juin 1888 (Lebon, p. 477).

tiendra le règlement de l'indemnité, mais au juge de paix du canton où le chemin vicinal est situé : la justice administrative fait place à la justice civile.

1262. La décision administrative qui fixe la largeur d'un chemin vicinal opère, au profit de la commune, la dépossession du propriétaire dont les terrains doivent servir à l'élargissement du chemin. Elle constitue, en faveur de la commune, d'après les arrêts de la cour de Nancy, du 6 août 1845 (1), et de la Cour de cassation des 28 février 1877 (2) et 27 novembre 1880 (3), un titre irréfragable qui ne laisse au propriétaire se prétendant injustement dépossédé qu'une action en indemnité.

1263. D'après l'article 21 de l'instruction générale du 7 décembre 1870, dont le conseil d'Etat a eu à faire l'application le 2 mars 1888 (4), cette décision doit être notifiée aux propriétaires, au moins dix jours avant la prise de possession.

1264. Si le propriétaire ne consent pas à faire à la commune l'abandon gratuit de la parcelle à réunir au chemin, le maire traitera avec lui du montant de l'indemnité à accorder. S'il y a accord, les conditions de la cession, constatées par écrit et signées par le maire et le propriétaire, seront soumises à l'acceptation du conseil municipal ; et elles seront, s'il y a lieu, approuvées par le préfet, en conseil de préfecture, par application de l'article 10 de la loi du 28 juillet 1824 (5).

1265. Si l'indemnité ne peut être réglée à l'amiable, le juge de paix sera appelé à la fixer, sur le rapport d'experts nommés l'un par le propriétaire, l'autre par le sous-préfet. En cas de désaccord, le tiers-expert est nommé par le juge de paix (6).

1266. Ce n'est pas au maire qu'appartient l'initiative pour recourir à l'intervention du juge de paix. L'action doit s'ouvrir à la diligence du propriétaire dépossédé.

---

(1) Journal du palais, 1845, t. I, p. 738.
(2) Journal du palais, 1878, p. 1189.
(3) Journal du palais, 1881, t. I. p. 919.
(4) Lebon, p 215.
(5) Voir: *Pandectes françaises*, *Rép.*, v° *Chemins vicinaux* n°s 541 et suiv.
(6) Voir : *Pandectes françaises*, *Rép.*, v° *Chemins vicinaux* , n°s 560 et suiv.

1267. La procédure à suivre en cette matière est celle qui est réglée par les articles 124 et suivants de la loi du 5 avril 1884.

1268. Le propriétaire adresse au préfet un mémoire sur papier timbré, exposant les motifs de sa réclamation ainsi que le chiffre de l'indemnité qu'il réclame, et demandant à ce que la commune, si elle ne consent pas à lui payer la somme indiquée, soit autorisée à se défendre dans l'action qu'il se propose de lui intenter.

1269. Le préfet donne récépissé de ce mémoire, dont la présentation interrompt la prescription et toutes déchéances, d'après l'article 124 ci-dessus relaté.

1270. Le préfet transmet le mémoire au maire, qui convoque le conseil municipal, dont la délibération est transmise au conseil de préfecture, lequel accorde ou refuse à la commune l'autorisation de plaider.

1271. Si l'autorisation de défendre à l'action intentée contre elle lui est refusée, la commune doit payer l'indemnité réclamée par le propriétaire, et il n'y a pas lieu à expertise.

1272. Dans le cas, au contraire, où l'autorisation est accordée, le propriétaire fait citer la commune devant le juge de paix ; il désigne son expert dans la citation et somme le maire d'avoir à en faire nommer un pour la commune par le sous-préfet, ou par le préfet dans l'arrondissement chef-lieu.

1273. Si l'une des parties refusait ou négligeait de faire opérer cette nomination, son expert serait désigné d'office par le juge de paix. Le conseil d'État a jugé dans ce sens, en annulant, pour excès de pouvoirs, l'arrêté d'un préfet qui avait nommé d'office un expert à défaut du propriétaire(**1**).

1274. Par arrêt du 25 juin 1878 (2), la Cour de cassation a décidé que, lorsque les dispositions de l'art. 17 de la loi du 27 mai 1836 sur les chemins vicinaux ont été observées, c'est-à-dire lorsque les experts ont été nommés, l'un par le sous-

(1) Ordonnances des 30 décembre 1841 et 26 avril 1844. Breton. (Grand-vaux, t, I, p. 53,)
(2) Journal du palais, 1879, p. 619. Voir aussi : *Pandectes françaises*, *Rép.* v° *Chemins vicinaux*, n° 562

préfet et l'autre par le propriétaire auquel une indemnité est due en vertu de l'art. 15 de la même loi, la commune ne saurait fonder un moyen de nullité de l'expertise sur ce qu'elle n'a pas nommé elle-même son expert.

1275. La Cour a jugé, dans le même arrêt, qu'il importe peu, au point de vue de la validité de l'expertise, qu'elle ait lieu avant que l'autorisation de plaider ait été accordée à la commune. L'expertise, en pareille matière, étant obligatoire, ne constitue pas un acte judiciaire, et rien ne s'oppose à ce que les parties y fassent procéder d'un commun accord, pour que le rapport serve de base à un règlement amiable ou à un règlement contentieux devant le juge de paix.

1276. Avant de commencer leurs travaux, les experts prêtent serment, à peine de nullité de l'expertise, devant le juge de paix du canton de la situation du chemin; car il est de principe que tout expert doit effectuer sa prestation de serment devant le tribunal saisi de la contestation.

1277. Au jour par eux indiqué dans le procès-verbal de prestation de serment, les deux experts se rendent sur les lieux et procèdent ensemble à leur opération. Ils ne doivent pas se borner à évaluer en bloc l'indemnité qu'ils pensent être due; il faut que leur travail fournisse au juge de paix les éléments nécessaires pour contrôler le chiffre auquel ils se sont arrêtés.

1278. Le travail des experts est nécessairement, — dit avec raison M. Grandvaux (t. I, p. 50 et 51), — un travail d'analyse; ils estiment un à un chaque préjudice, précisant ainsi d'une manière distincte leur opinion sur la valeur des terrains, sur celle des haies et des arbres détruits, sur celle des récoltes endommagées, etc.; de telle sorte qu'il puisse être possible au juge non-seulement de se rendre compte de leurs appréciations, mais encore d'attribuer soit au propriétaire, soit à l'usufruitier, fermier ou administrateur, la part revenant à chacun dans l'indemnité due.

1279. Les experts doivent également rechercher et faire connaître si les dommages qu'éprouve la propriété ne seront pas compensés par les avantages immédiats qui résulteront pour elle de l'amélioration du chemin, et donner l'évaluation de ces avantages, afin de les déduire du chiffre de l'indemnité.

1280. La Cour de cassation a, en effet, décidé, par arrêt du 14 décembre 1847 (1), que l'article 51 de la loi du 3 mai 1841 (2) est applicable en matière vicinale. Voici les termes de cet arrêt : « Attendu que l'un des experts désignés et le tiers-expert régulièrement appelé estimèrent que l'élargissement du chemin produisait pour la propriété du défendeur une plus-value spéciale et immédiate, laquelle devait venir en déduction de l'indemnité évaluée par eux et la réduire à la somme de 196 francs ; — attendu que la sentence du juge de paix, et, sur l'appel, le jugement attaqué, se sont refusés à prendre en considération cette plus-value, par le motif que la loi du 21 mai 1836, sur les chemins vicinaux, ne contenait aucune disposition à ce sujet, et que la loi du 3 mai 1841 ne pouvait recevoir d'application à la matière spéciale réglée par ladite loi du 21 mai 1836 ; — attendu, en droit, que, si l'article 15 de cette dernière loi a établi des formalités abrégées et spéciales pour l'évaluation des indemnités dues par suite de l'élargissement des chemins vicinaux, ces indemnités n'en ont pas moins pour objet l'expropriation pour cause d'utilité publique des terrains nécessaires auxdits chemins et doivent être soumises aux mêmes règles d'appréciation ; — attendu que ces règles sont déterminées par la loi du 3 mai 1841, qui est générale pour tous les cas d'expropriation pour cause d'utilité publique, et doit être appliquée dans chacune de ses dispositions auxquelles il n'est pas formellement dérogé par une loi spéciale ; — attendu que l'article 51 de cette loi porte que l'augmentation de valeur immédiate et spéciale, procurée par l'exécution des travaux sera prise en considération dans l'évaluation de l'indemnité, et que l'article 15 de la loi du 21 mai 1836 ne contient aucune disposition contraire ; — d'où il suit qu'en se fondant uniquement sur ce dernier article pour écarter en principe, dans l'espèce, la prise en considération d'une plus-value, le jugement attaqué a fait une fausse application dudit article 15, et a expressément violé l'article 51 de la loi du 3 mai 1841. »

1281. Toutefois le principe de la plus-value ne peut pas

(1) Grandvaux, t. I, p. 51 et 52.
(2) Cet article est ainsi conçu : « Si l'exécution des travaux doit procurer une augmentation de valeur immédiate et spéciale au restant de la propriété, cette augmentation sera prise en considération dans l'évaluation du montant de l'indemnité. »

avoir pour effet d'annihiler entièrement le droit à une in-demnité. Ainsi l'a jugé la Cour de cassation, dans un arrêt du 28 février 1848 (1), par application des articles 545 du Code civil et 38, § 3, de la loi du 3 mai 1841.

Dans ce cas, les tribunaux allouent ordinairement une indemnité d'*un franc*.

1282. Les experts rédigent ensemble leur rapport (FOR-MULE 130ᵉ), qui est déposé, par l'un d'eux, au greffe de la justice de paix, sans nouveau serment. Les frais et honorai-res sont taxés, comme d'ordinaire, au bas du rapport.

1283. Si les deux experts ne sont pas d'accord, le tiers-expert doit être nommé par le juge de paix, bien que l'ar-ticle 17 de la loi du 21 mai 1836, auquel se réfère notre article 15, porte « que le tiers-expert sera nommé par le conseil de préfecture. » C'est l'opinion de M. Curasson (t. I, p. 31), et le conseil d'Etat a adopté cette jurisprudence (2) en annulant un arrêté du conseil de préfecture de Seine-et-Oise, par les motifs : « que, d'après l'article 15 de la loi du 21 mai 1836, c'est au juge de paix qu'il appartient de régler, sur le rapport d'experts nommés conformément à l'article 17 de la même loi, l'indemnité due aux propriétaires dont une portion de terrain est réunie aux chemins vicinaux ; — qu'aux termes de cet article 17, les experts doivent être nommés, l'un par le sous-préfet, l'autre par le propriétaire, et que la désignation du tiers-expert est faite par le conseil de préfecture, comme autorité chargée de statuer dans le cas dudit article ; — que, dans le cas de l'article 15, l'indemnité devant être réglée par le juge de paix, c'est à ce juge qu'il appartient de nommer le tiers-expert ; — que, dès lors, le con-seil de préfecture de Seine-et-Oise n'était pas compétent pour nommer le tiers-expert chargé de procéder à l'éva-luation de l'indemnité due au sieur Breton » (3).

1284. Le tiers-expert prête serment et opère de la même

(1) Grandvaux, t. I, p. 52 et 53.

(2) Ordonnance du 26 avril 1844, Breton. (Jay, *Rép. des juges de paix*, t. V, p. 420 et 421.)

(3) Ce mode de procéder a d'ailleurs été consacré par l'article 23 de l'instruction générale du 6 décembre 1870 (V. à cet égard le *Répertoire des Pandectes françaises*, vᵒ *Chemins vicinaux*, nᵒˢ 563 et suiv.).

manière que les autres. Comme eux, il dépose son rapport (FORMULE 131ᵉ) au greffe de la justice de paix, où les parties peuvent prendre connaissance et expédition, si elles en ont besoin, tant de ce rapport que de celui des premiers experts.

1285. Lorsque l'expertise et la tierce-expertise, s'il y en a une, sont terminées et les rapports déposés, les parties reviennent à l'audience, discutent les appréciations des experts ou y adhèrent et le juge de paix statue. Il peut, en vertu de l'article 322 du Code de procédure civile, ordonner une nouvelle expertise (voir précédemment, nᵒˢ 149, 653 et suiv.), si elle lui paraît nécessaire.

1286. L'article 323 du Code de procédure civile est également applicable en cette matière : le juge de paix n'est pas astreint à suivre l'avis des experts si sa conviction s'y oppose. (Voir précédemment, nᵒˢ 150, 661 et suiv.) Telles sont et l'opinion de M. Curasson (t. I, p. 32) et la jurisprudence constante de la Cour suprême.

1287. Lorsque le juge de paix règle l'indemnité due en vertu de l'article 15, il statue comme juge et non comme faisant fonctions de jury spécial ou d'amiable compositeur ; sa décision est, dès lors, un véritable jugement, susceptible d'appel si le chiffre de l'indemnité réclamée est indéterminé ou supérieur à 100 francs ; et, par suite, ce jugement ne peut être directement attaqué par la voix du recours en cassation que si, la demande n'excédant pas 100 francs, il est rendu en dernier ressort. Toutes ces solutions résultent tant de l'avis du conseil d'État du 19 mars 1840, déjà cité pour un autre objet (voir précédemment, nᵒ 1267), que de divers arrêts de la Cour de cassation, notamment de ceux des 19 juin 1843 (1), 18 août 1843 (2), 10 décembre 1845 (3) et 27 janvier 1847 (4).

1288. Les frais de l'expertise et du jugement sont « à la charge de la commune débitrice de l'indemnité, — dit M. Curasson (t. I, p. 33), — et le juge de paix devra l'y condamner, lors même qu'il réduirait de beaucoup la somme que réclamait le propriétaire, attendu que, d'après l'article 2246 du Code civil, la *plus-pétition* n'a pas lieu parmi nous. Cependant il est possible que la commune, ayant offert

(1, 2, 3 et 4) Jay, *Rép. des juges de paix*, t. V, p. 380 à 382.

une somme soit avant, soit ensuite du mémoire présenté au préfet par le propriétaire avant d'intenter son action, demande que ses offres soient déclarées valables. Dans ce cas, si l'estimation des experts était égale ou inférieure à la somme offerte, le propriétaire devrait être condamné aux frais de l'expertise, dont l'inutilité serait démontrée, et même aux frais du jugement, si le conseil avait consenti et que le préfet eût ordonné que la somme proposée par la commune fût portée au budget. »

§ XI. — *Expertise en matière d'expropriation pour cause d'utilité publique.*

1289. Aux termes de l'article 37 de la loi du 3 mai 1841, sur l'expropriation pour cause d'utilité publique, le jury spécial chargé de régler les indemnités « pourra entendre toutes les personnes qu'il croira pouvoir l'éclairer. Il pourra également se transporter sur les lieux, ou déléguer à cet effet un ou plusieurs de ses membres. »

1290. Il est certain, d'après l'esprit de la loi, que le jury doit faire par lui-même toutes les vérifications qu'il croit utiles, et il excéderait évidemment ses pouvoirs en ordonnant une enquête ou une expertise dans les termes du Code de procédure civile (1). Mais nous pensons, avec M. Husson (*Travaux publics*, p. 243), et avec le Journal du palais (*Rép.*, t. VII, p. 200), que la faculté d'entendre toutes personnes doit être interprétée dans le sens le plus large, et que le jury pourrait commettre un expert pour procéder à certaines opérations techniques et même à certaines estimations, sauf aux jurés à en faire, pour leur décision définitive, tel usage que de raison.

1291. Tout au moins pourrait-il, cela ne saurait être douteux, se faire accompagner, dans sa visite des lieux, par un ou plusieurs experts capables de l'aider à opérer toutes les constatations utiles, et la Cour de cassation a décidé, par arrêt du 9 mai 1834 (2), que, lorsqu'un homme de l'art a été

(1) *Moniteur universel* du 8 juin 1833, p. 1607.
(2) Journal du palais, *Rép.*, t. VII, p 200, n° 695.

commis par le jury à l'effet d'assister et d'éclairer le juré délégué pour visiter les lieux, il n'est pas nécessaire que cet homme de l'art dresse un rapport.

1292. Du reste, les personnes ainsi appelées par le jury à titre de renseignements, et les tiers chargés par lui d'une mission, n'étant ni des témoins ni des experts proprement dits, peuvent être avertis dans quelque forme que ce soit, n'ont pas à prêter serment, ne sont pas reprochables, et ne sont, en un mot, soumis à aucune des règles tracées par le Code de procédure civile.

1293. Dans le cas où il y a lieu de déterminer le prix de terrains à rétrocéder, conformément à l'article 60 de la loi du 3 mai 1841, c'est également au jury qu'appartient, d'après cet article, la fixation du prix des terrains, et il procède de la même manière que pour le règlement de l'indemnité préalable. Il n'y a donc pas lieu non plus, dans ce cas, d'ordonner une expertise régulière; mais le jury peut prendre, comme nous venons de le dire, l'avis d'hommes spéciaux.

1294. D'après l'article 68 de la même loi du 3 mai 1841, lorsque le tribunal de première instance est appelé à fixer le montant de la somme à consigner, avant la prise de possession, déclarée urgente, de terrains non bâtis soumis à l'expropriation, « le tribunal peut se transporter sur les lieux, ou commettre un juge, pour visiter les terrains, recueillir tous les renseignements propres à en déterminer la valeur, et en dresser, s'il y a lieu, un procès-verbal descriptif. »

1295. Les termes de cet article indiquent trop bien que le législateur a voulu s'en remettre au tribunal, ou au juge par lui commis, du soin d'agir personnellement, pour qu'on puisse admettre la faculté d'ordonner une expertise; mais il est évident que rien n'empêche le tribunal, ou le juge-commissaire, de se faire accompagner, dans le cas où cela est utile, d'hommes spéciaux ayant les connaissances nécessaires pour établir toutes les constatations qui doivent figurer dans le procès-verbal descriptif. Il ne faut pas oublier, en effet, que, la prise de possession devant être immédiate, et, conséquemment, l'état des lieux devant être changé avant la fixation définitive de l'indemnité, le procès-verbal descriptif a une importance énorme, puisqu'il sera plus tard le principal document sur lequel le jury pourra se baser pour déterminer le chiffre de l'indemnité à allouer au propriétaire et autres intéressés.

1296. Ici, comme dans le cas de l'article 37, les hommes de l'art ne sont appelés qu'à titre de renseignements ; ce ne sont pas des experts proprement dits, et ils ne sont, dès lors, astreints à aucune des formalités prescrites par la loi pour les expertises civiles ou administratives.

CHAPITRE V.

DE L'EXPERTISE EN MATIÈRE COMMERCIALE.

1297. En créant, pour les affaires commerciales, des tribunaux spéciaux, le législateur a eu le double but de soumettre ces sortes de contestations à des hommes ayant les connaissances pratiques nécessaires pour les bien juger, et de faire résoudre les difficultés qui s'élèveraient entre négociants avec la célérité indispensable au développement et à la prospérité du commerce.

1298. Les tribunaux de commerce ne sont cependant pas établis uniformément sur tout le territoire français, comme le sont les tribunaux de première instance et les justices de paix pour la juridiction civile, et les conseils de préfecture pour la juridiction administrative. Des règlements d'administration publique ont déterminé, en exécution de l'article 615 du Code de commerce, les villes qui doivent en recevoir, et des décrets ou ordonnances en désignent de nouvelles au fur et à mesure que s'étendent le commerce et l'industrie.

1299. L'arrondissement de chaque tribunal de commerce est le même que celui du tribunal civil dans le ressort duquel il est placé. S'il se trouve plusieurs tribunaux de commerce dans le ressort d'un seul tribunal civil, il est assigné par le gouvernement des arrondissemens particuliers.

1300. Dans les arrondissements où il n'y a pas de tribunaux de commerce, les juges du tribunal civil exercent les fonctions et connaissent des matières attribuées aux juges de commerce. L'instruction, dans ce cas, a lieu dans la même forme que devant les tribunaux de commerce, et les jugements produisent les mêmes effets.

1301. Le législateur, en créant cette magistrature spéciale, a eu pour but, avons-nous dit, d'accélérer la solution des procès entre commerçants; il fallait, dès lors, simplifier les formes de la procédure et rendre l'instruction des causes moins compliquée. Tel est l'esprit dans lequel ont été rédigés les articles de nos codes relatifs à la juridiction commerciale.

1302. Ainsi, pour ce qui concerne spécialement la partie de la procédure qui fait l'objet de ce traité, les règles à suivre ont été modifiées autant qu'il a été possible de le faire sans nuire à la bonne exécution de l'expertise, ni diminuer les garanties dont elle doit être entourée pour inspirer aux magistrats une légitime confiance.

1303. Le titre XXV du livre II de la première partie du Code de procédure civile (art. 414 à 442) est consacré à la procédure devant les tribunaux de commerce. Trois des articles qui le composent, les articles 429, 430 et 431, sont relatifs à l'expertise. Le titre III du livre IV du Code de commerce, intitulé : *De la forme de procéder devant les tribunaux de commerce*, ne contient aucune disposition à ce sujet : il renvoie, pour toute la procédure commerciale en général, au titre XXV du Code de procédure civile, que nous venons d'indiquer.

1304. « S'il y a lieu de renvoyer les parties devant des arbitres pour examen de comptes, pièces et registres, il sera nommé un ou trois arbitres pour entendre les parties et les concilier, si faire se peut, sinon donner leur avis. — S'il y a lieu à visite ou estimation d'ouvrages ou marchandises, il sera nommé un ou trois experts. — Les arbitres et les experts seront nommés d'office par le tribunal, à moins que les parties n'en conviennent à l'audience. » (Code de procédure civile, art. 429.)

1305. Par cet article, les juges consulaires sont autorisés à nommer des *arbitres* ou des *experts*. La dénomination n'est pas la même, mais les fonctions sont à peu près identiques ; car il ne faut pas confondre les arbitres dont il s'agit ici avec les *arbitres-juges*, qui statuent sur le fond du litige et rendent un véritable jugement, désigné habituellement sous le nom de *sentence arbitrale*. Ceux qu'indique l'article 429 ne diffèrent des experts qu'en ce qu'ils ne prêtent pas serment et que le tribunal leur confie toujours la mission de concilier, s'ils le peuvent, les parties ; en cas de non-conciliation, ils donnent leur avis, comme les autres experts, et ne décident absolument rien. On les appelle *arbitres-rapporteurs*. (Voir ci-après, nᵒˢ 1345 et suiv.)

1306. Les arbitres-rapporteurs ont, dans la procédure commerciale, une telle importance, que l'usage était déjà établi de se servir d'intermédiaires analogues entre la justice et les plaideurs lorsque le chancelier de l'Hôpital, instituant à Paris les juges-consuls, fit insérer, dans l'édit de 1563, une disposition qui autorisait ces magistrats à appeler tel nombre de personnes de conseil qu'ils aviseraient, et dont les fonctions étaient déterminées par la formule suivante : « Tenu d'ouïr les parties, de les recorder, s'il se peut, et, à défaut, de donner son avis et de l'envoyer à la Compagnie. » L'édit de 1563 fut rendu commun à toute la France par l'ordonnance de 1673. Les juges consulaires avaient, en outre, auprès d'eux des conseillers, pris parmi les plus jeunes commerçants, sortes d'arbitres-rapporteurs permanents, auxquels ils renvoyaient les affaires « pour les examiner et concilier les parties, sinon donner leur avis. » La révolution de 1789 fit disparaître ces conseillers, mais il n'en fut pas de même des arbitres-rapporteurs proprement dits, auxquels la juridiction commerciale continua d'avoir recours en vertu des édits de 1563 et 1673. L'article 429 du Code de procédure civile, en consacrant le droit des tribunaux de commerce de nommer des arbitres-rapporteurs, n'a donc fait que leur garantir la continuation d'un usage auquel ils étaient restés fidèles (1).

1307. Les tribunaux de commerce sont toujours libres de renvoyer les parties devant des arbitres-rapporteurs, ou de nommer des experts dans toutes les causes où ils le croient utile. Mais il résulte de l'article 429 que ce n'est jamais pour eux une obligation quant aux arbitres, et qu'ils ne sont tenus de nommer des experts que dans les quelques cas où la loi a rendu l'expertise obligatoire. (Voir précédemment, nᵒˢ 43 et suiv.)

1308. La cour de Rouen a jugé dans ce sens, le 23 décembre 1837 (2), que le tribunal de commerce saisi d'une contestation sur la qualité d'une marchandise n'est pas tenu de la faire vérifier par des experts; qu'il peut l'apprécier

(1) *Revue de législation*, t. XV, p. 317 et suiv.
(2) Journal du palais, 1839, t. I, p. 316. — Journal des avoués, t. **LV,** p. 693.

lui-même sur l'apport des pièces. Cela est parfaitement juste :
les membres des tribunaux de commerce sont tous des
hommes pratiques, et il se trouve souvent, parmi les juges
appelés à statuer sur la cause, des hommes dont le négoce a
spécialement pour objet des marchandises de la même nature
que celle sur laquelle porte le litige. Il serait alors bien inutile de recourir à des experts qui ne pourraient pas avoir des
connaissances spéciales plus étendues que celles d'un ou
plusieurs des juges eux-mêmes, auxquels l'objet de la contestation serait directement présenté.

1309. En affirmant, avec MM. Pardessus (t. V, p. 64),
et Thomine-Desmazures (t. I, p. 652), le droit du tribunal
de nommer des experts toutes les fois qu'il aura besoin de
recourir aux lumières de gens spécialement connaisseurs,
MM. Carré et Chauveau (t. III, p. 554) citent le cas où, un
effet de commerce se trouvant revêtu d'endossements en une
langue étrangère, et quelquefois même en caractères étrangers, il peut être nécessaire d'en ordonner la traduction.
Une opération de ce genre n'a rien de commun avec la vérification d'écritures et de signatures dont le renvoi devant les
juges compétents doit être ordonné, conformément à l'article 427 du Code de procédure civile, et, par conséquent,
le tribunal de commerce peut en connaître.

1310. En indiquant dans l'article 429 les cas où il est
ordinairement utile de nommer des arbitres-rapporteurs, le
législateur n'a pas entendu que cet article fût limitatif; les
motifs de célérité et d'espoir de conciliation qui l'ont dicté
s'étendent à toute espèce d'affaires. « Il est pourtant, — dit
avec raison M. Chauveau (*sur Carré*, t. III, p. 553), — des
opérations si exclusivement placées dans les attributions des
magistrats, que ceux-ci ne pourraient s'en dessaisir pour les
confier à des particuliers. Nous pensons que les tribunaux
de commerce ne pourraient, par exemple, déléguer ces arbitres pour entendre des témoins. Ce serait, dit la cour de
Toulouse dans son arrêt du 16 juillet 1827 (1), enlever aux
justiciables absents toutes les garanties que leur offrent les
formalités prescrites par la loi et l'autorité du juge. Les
termes de l'article 429 ne supposent pas d'ailleurs d'autre

(1) Journal des avoués, t. XXXV, p. 169.

pouvoir aux arbitres que celui d'entendre les parties et de les concilier, si faire se peut, sinon de donner leur avis.

1311. Quant aux experts, il ne saurait y avoir de doute sur leur défaut de qualité pour entendre des témoins. (Voir précédemment, n°s 449 et suiv.)

1312. Quelle que soit la nature de l'opération à laquelle les arbitres-rapporteurs ont à se livrer, ils suivent toujours les mêmes formes de procédure. Les experts agissent comme eux dans la plupart des circonstances; mais il y a des expertises pour lesquelles la loi a tracé des règles particulières, auxquelles on doit se conformer.

1313. La première section du présent chapitre va indiquer la procédure à suivre par les arbitres rapporteurs et, dans les cas ordinaires, par les experts. Nous consacrerons la seconde section aux expertises à faire dans les cas spéciaux.

SECTION PREMIÈRE.

EXPERTISES COMMERCIALES ORDINAIRES.

1314. Ainsi que nous l'avons précédemment dit (voir n° 1305), la mission des arbitres-rapporteurs a une grande analogie avec celle des experts; ces arbitres doivent, par conséquent, dans leurs opérations, se conformer aux règles tracées pour les expertises commerciales ordinaires, à l'exception de quelques légères différences que nous ferons connaître au fur et à mesure qu'elles surgiront.

1315. D'après MM. Pigeau (*Commentaire*, t. I, p. 723), Thomine-Desmazures (t. I, p. 653), Pardessus (t. V, p. 66), Favard de Langlade (t. V, p. 716), Carré et Chauveau (t. III, p. 555), Bioche (v° *Tribunal de commerce*, n° 104) et les auteurs du Commentaire inséré aux *Annales du Notariat* (t. II, p. 514), on doit, en matière d'expertises commerciales, pour tous les points qui n'ont pas été prévus par les articles 429 et suivants du Code de procédure civile et par les dispositions spéciales indiquées dans le Code de commerce (voir ci-après, n°s 1366 et suiv.), recourir aux principes généraux posés dans le titre XIV du livre II de la première partie du Code de procédure civile.

1316. Ainsi l'expertise, comme le renvoi devant des arbitres-rapporteurs, doit, aux termes de l'article 302 de ce Code, être ordonnée par un jugement (FORMULES 132ᵉ et 133ᵉ), qui énonce clairement l'objet de l'opération. (Voir précédemment, nᵒˢ 166 et suiv.)

1317. Il a été jugé par la cour de Paris, suivant arrêt du 12 mai 1877 (1), qu'il n'appartient qu'au tribunal de décider s'il y a lieu d'ordonner une expertise et de déterminer la mission qui doit être donnée aux experts; que c'est là un acte de juridiction qui ne peut être délégué par le tribunal à un juge, et qu'en donnant mission au juge-commissaire d'une faillite de nommer un expert, en cas de besoin, à l'effet de visiter les travaux exécutés, le tribunal a excédé ses pouvoirs et méconnu les dispositions de la loi.

1318. Mais les articles 303, 304, 305 et 306 ne sont point applicables aux expertises commerciales, les dispositions qu'ils contiennent étant modifiées par l'article 429 du même Code. Cela résulte d'un arrêt de la Cour de cassation, du 20 novembre 1854 (2), qui a jugé que, la nomination des experts devant avoir lieu, en matière commerciale, en vertu non des articles 303 et suivants du Code de procédure civile, mais de l'article 429, la nomination d'experts faite d'office par le tribunal est régulière et légale, alors que les parties ne sont pas convenues de leur choix à l'audience.

1319. Aux termes de l'article 429 (voir précédemment, nᵒ 1304), le tribunal peut, selon qu'il le juge à propos, nommer trois arbitres ou trois experts, ou bien n'en désigner qu'un seul, sans avoir besoin, -- dit M. Locré (*Esprit du Code de commerce*, t. II, p. 465), -- de prendre le consentement des parties; et la cour de Colmar a décidé, par arrêt du 24 décembre 1835 (3), que l'expertise est valable, en matière commerciale, quoique le tribunal n'ait nommé qu'un seul expert.

1320. Il résulte également d'un arrêt de la Cour de cassation, du 16 juin 1874, précédemment cité (voir nᵒ 376), et des arrêts de la même cour des 8 janvier 1890 (4) et 10 février 1891 (5) que lorsque la cause est commerciale, c'est l'arti-

(1) *Gaz. des trib.* des 25 et 26 juin 1877, p. 615.
(2) Journ. du pal., 1856, t. II, p.396.
(3) Journal du palais, *Rép. sup-* plément., t. I, p. 1237, nᵒ 563.
(4) Pand. françaises, 1890,1, 367.
(5) Pand. françaises, 1891,1, 313.

cle 429 du Code de commerce, et non pas les articles 303 et suivants du Code de procédure civile, qui règle les formes de l'expertise. Un seul expert peut donc être nommé, conformément à la disposition de cet article, lequel régit les matières de commerce aussi bien en appel qu'en première instance.

1321. Mais, ainsi que l'a jugé la cour de Besançon, le 19 décembre 1812 (1), le tribunal doit toujours s'abstenir de désigner les experts au nombre de deux, afin d'éviter le partage qui exigerait l'intervention d'un tiers-départiteur.

1322. Les termes de l'article 429 sont trop précis pour qu'il soit permis aux juges de porter à plus de trois le nombre des experts. Nous pensons toutefois que, si les marchandises étaient en quantité considérable et de natures diverses, rien ne s'opposerait à ce qu'il fût ordonné autant d'expertises qu'il y aurait d'objets distincts, en affectant un ou trois experts à chacune de ces opérations.

1323. Les experts et les arbitres doivent toujours être nommés dans le jugement qui ordonne l'expertise; le tribunal les nomme d'office, mais il ne peut le faire qu'autant que les parties n'en conviennent pas à l'audience. Ainsi l'ont jugé la cour d'Orléans, par arrêt du 28 août 1824 (2), et la Cour de cassation, par arrêt du 11 août 1856 (3). La Cour de cassation a également décidé, le 10 mars 1838 (4), qu'en matière commerciale les experts doivent être nommés d'office par les juges d'appel, comme par ceux de première instance, lorsque les parties n'en sont pas convenues à l'audience.

1324. Par application de ce principe, la cour de Bordeaux a décidé, par arrêt du 25 janvier 1831 (5), qu'en matière d'expertise les tribunaux de commerce ne sont pas, comme les tribunaux civils, astreints à accorder aux parties un délai de trois jours pour convenir des experts.

1325. Aucun délai ne doit même être accordé lorsqu'une des parties, ou même les deux font défaut. D'après l'article 429, si les parties ne conviennent pas des experts ou des arbitres à l'audience, le tribunal doit les nommer d'office; or elles ne peuvent pas en convenir si elles ne sont pas toutes

(1) Journal des avoués, t. XII, p. 710.
(2) Journal des avoués, t. XII, p. 741.
(3) Journal du palais, 1859, p. 209.
(4) Journal du palais, 1858, p. 995.
(5) Journal des avoués, t. XL, p. 345.

présentes ou dûment représentées, et dans ce cas, le tribunal est obligé de passer outre. M. Locré (t. II, p. 169 et 170) émet cette opinion, qui nous paraît juste et qui a été confirmée par un arrêt de la cour de Rouen, du 10 septembre 1813 (1).

1326. Suivant un arrêt de la cour de Bordeaux du 18 avril, 1839 (2), et la doctrine professée par MM. Locré (t. II, p. 165), Carré et Chauveau (t. III, p. 555), si, une des parties ayant choisi des experts, l'autre partie ne consent pas à les nommer de son côté, le tribunal ne peut pas accepter les experts ainsi désignés : il doit nommer d'office tous les experts, sans avoir égard au choix fait par l'un des plaideurs.

1327. Comme c'est à l'audience que les parties doivent, aux termes de l'article 429, convenir des arbitres ou des experts, pour éviter que le tribunal les désigne d'office, lorsque le jugement a nommé des experts en déclarant que c'était sur le refus de l'une des parties qu'il procédait à cette nomination, l'arrêt intervenu sur l'appel, en confirmant le jugement, s'approprie la constatation du refus de la partie, et par suite celle-ci n'est plus recevable à prétendre au droit de nommer elle-même son expert. Ainsi l'a jugé la Cour de cassation, par arrêt du 17 août 1846 (3).

1328. La partie qui se fait représenter à l'audience par un fondé de pouvoirs peut très-bien, dit M. Locré (*loco citato*), donner à son mandataire l'autorisation de convenir d'arbitres ou d'experts, s'il y a lieu. Cela est évident, et une autorisation expresse ne serait même pas nécessaire ; le mandat général de représenter la partie dans l'instance suffirait.

1329. D'après un arrêt de la Cour de cassation, du 19 novembre 1856 (4), les juges peuvent, lorsqu'ils ordonnent une expertise à l'effet de vérifier les causes d'un abordage, autoriser les experts à entendre les parties et des témoins à titre de renseignements. Ce n'est pas là une enquête pour laquelle les formes prescrites par la loi doivent être suivies.

1330. « La récusation ne pourra être proposée que dans les trois jours de la nomination. » (Code de procédure civile, art. 430.)

---

(1) Sirey, t. XV, p. 118. — Journal des avoués, t. X, p. 49.
(2) Sirey, t. XXXIX, 2ᵉ partie, p. 494.

(3) Sirey, t. XLVI, 1ʳᵉ partie, p. 790.
(4) Journal du palais, 1857, p. 871.

1331. Cet article, en constatant le droit qu'ont les parties de récuser les arbitres et les experts, se borne, comme on le voit, à fixer le délai accordé pour la récusation, délai qui, suivant un arrêt de la cour de Rennes, du 4 février 1848 (1), est fatal, c'est-à-dire prescrit à peine de déchéance du droit de récusation.

1332. Le même arrêt décide qu'on ne peut récuser un arbitre-rapporteur par le motif qu'en qualité de consignataire il a été et est peut-être encore en procès avec l'une des parties. Nous admettons parfaitement cette jurisprudence si le procès est terminé, mais nous ne saurions y adhérer dans le cas où le procès serait encore pendant. (Voir précédemment, nᵒˢ 318 et 319.)

1333. Dans le cas où le jugement de nomination aurait été prononcé par défaut, le délai de récusation ne courrait bien entendu, que du jour de la signification du jugement : cela ne peut être douteux.

1334. Au reste, MM. Locré (*Exp. du Code de proc. civ.*, t. II, p.171, et *du Code de comm.*, t. IX, p. 430), Pigeau (*Comm.*, t. I, p. 723), Demiau-Crouzilhac (p. 310), Thomine-Desmazures (t. I, p. 653), Carré et Chauveau (t. III, p. 556 et 557) pensent, comme nous, que l'article 430, en se bornant à fixer le délai dans lequel la récusation doit être exercée, a entendu se référer, pour toutes les autres formalités, aux articles 308 à 314 du Code de procédure civile, que nous avons déjà reproduits et commentés dans le paragraphe 2 de la deuxième section du chapitre III de cet ouvrage. (Voir précédemment, nᵒˢ 236 et suiv.)

1335. Disons, toutefois, qu'il y a lieu d'apporter quelques modifications aux commentaires que nous avons donnés dans ce paragraphe 2. Ainsi on ne doit pas s'occuper du délai d'option mentionné au nᵒ 247, l'option réservée aux parties par l'art. 305 du Code de procédure civile n'étant pas applicable aux expertises commerciales, et le nᵒ 249 tout entier est conséquemment sans objet en pareille matière.

1336. Il faut aussi remarquer que tous les actes qui, devant les tribunaux civils, seraient signifiés d'avoué à avoué, doivent, en matière commerciale, l'être au domicile élu par

(1) Journal des avoués, t. IV, p. 628.

les parties, conformément à l'article 422 du Code de procédure civile.

1337. En cas de refus, déport ou empêchement des experts ou arbitres-rapporteurs, l'article 316 du Code de procédure civile est applicable. (Voir précédemment, nᵒˢ 348 et suiv.)

1338. Il en est de même des articles 307, 315, 317, 318, 319, 320, 321, 322 et 323 du même Code, relatifs à la prestation de serment (1), à la fixation des lieu, jour et heure de l'opération et à la sommation aux parties d'y assister (voir précédemment, nᵒˢ 371 et suiv.), aux opérations des experts (voir précédemment, nᵒˢ 424 et suiv.), à la rédaction du rapport (voir précédemment, nᵒˢ 466 et suiv.), au dépôt du rapport et aux frais de l'expertise (voir précédemment, nᵒˢ 550 et suiv.), au caractère et aux conséquences du rapport (voir précédemment, nᵒˢ 607 et suiv.), et enfin aux nouvelles expertises (voir précédemment, nᵒˢ 703 et suiv.).

1339. Pour compléter les commentaires dont nous avons fait suivre chacun des articles ci-dessus rappelés, commentaires auxquels on devra se reporter, ainsi que nous venons de l'indiquer, nous allons faire connaître les décisions judiciaires, spéciales aux matières commerciales, qui confirment ou modifient les dispositions de ces divers articles.

1340. Par arrêt du 28 août 1824 (2), la cour d'Orléans a décidé qu'en matière de commerce, de même que devant la juridiction civile, les experts doivent prêter serment devant le tribunal ou le juge-commissaire.

1341. La cour de Bordeaux, dans son arrêt du 23 février 1838, que nous avons déjà cité (voir précédemment, nᵒ 373), a jugé que les experts doivent prêter serment en matière commerciale comme en matière civile, et que l'omission de cette formalité « entraîne de plein droit la nullité du rapport des experts ». Sauf, bien entendu, lorsque les experts ont été dispensés du serment avec le consentement des parties. (Voir précédemment, nᵒˢ 377 et suiv.)

1342. Dans le même arrêt, la cour décide qu'en cas d'omission, dans le jugement qui ordonne l'expertise, de nommer un juge pour recevoir le serment des experts, ce serment ne peut être reçu par le président du tribunal de

---

(1) Pour ce qui concerne les arbitres-rapporteurs, voir ci-après, nᵒˢ 1345 et suiv.

(2) Journal des avoués, t. XII, p. 741.

commerce s'il n'a pas été commis à cet effet. « Attendu, — porte cet arrêt, — qu'aux termes des articles 305 et 307 du Code de procédure civile, le serment des experts doit être prêté devant le juge-commissaire nommé par le jugement, et qui, en vertu de cette délégation, représente le tribunal ; que la loi ne donnant point, à cet effet, pouvoir au président du tribunal de commerce, il ne peut, comme tout autre juge, tenir ce pouvoir que du tribunal lui-même ; que si l'usage peut, en certains cas, suppléer la loi, il ne peut jamais l'abroger ; que si, dans le cas de l'article 106 du Code de commerce, les experts prêtent serment dans les mains du président du tribunal de commerce, c'est parce qu'ils tiennent de lui seul leur mission et qu'il faut bien qu'il les habilite à la remplir ; — Attendu que, dans l'espèce, le jugement n'ayant point nommé un juge pour recevoir le serment des experts, il fallait revenir devant le tribunal pour en faire désigner un ; que le président n'avait point caractère pour recevoir ce serment ; que c'est donc comme s'il n'avait point été prêté : d'où la conséquence que le rapport est frappé de nullité ; — Attendu que, le rapport des experts étant nul, il ne saurait servir de base à une décision juridique, etc. »

1343. Il résulte d'un arrêt de la cour de Rennes, du 17 août 1812 (1), que l'expert nommé par un tribunal de commerce n'est pas tenu, s'il est courtier-juré, de prêter serment pour l'opération particulière dont il est chargé.

1344. Quand l'expertise ordonnée est accessoire à une première expertise et qu'elle a simplement pour objet de la compléter, il est loisible au juge de décider que l'expert procédera sous la foi du serment déjà prêté par lui, et, par conséquent, sans prestation nouvelle. Ainsi l'a décidé la Cour de cassation dans l'arrêt du 16 juin 1874, que nous avons déjà cité. (Voir précédemment, n°s 376 et 1320.)

1345. Les arbitres doivent-ils prêter serment comme les experts ? Cette question est résolue négativement par MM. Pardessus (*Cours de droit comm.*, t. V, p. 65), Locré (*Esp. du Code de proc. civ.*, t. II, p. 160 et 161), Carré et Chauveau (t. III, p. 552), Gouget et Merger (*Dict.*, v° *Arbitre-rapporteur*, n° 8), et Mongalvé (*De l'Arbitrage*, n° 109), qui estiment que les arbitres-rapporteurs ne sont pas, comme les

(1) Journal des avoués, t. XII, p. 710.

experts, assujettis au serment, et que cette différence résulte de celle qui existe entre leurs fonctions respectives. A la vérité, — disent ces auteurs, — les arbitres ont cela de commun avec les experts, que les uns et les autres n'émettent qu'une simple opinion. Mais l'opinion des arbitres repose ou sur des raisonnements dont il est possible aux juges d'apprécier la force, ou sur des pièces qui sont sous les yeux du tribunal. Celle des experts, au contraire, est fondée sur des faits qu'ils attestent et que les juges ne sont pas à portée de vérifier, circonstance qui, jusqu'à un certain point, donne au rapport le caractère d'un témoignage dont la fidélité doit être garantie par la religion du serment.

1346. Nous ne partageons pas cette opinion. Dans la pratique, les arbitres dont parle l'article 429 sont de véritables experts chargés de donner leur avis, s'ils ne peuvent pas concilier les parties. (Voir précédemment, n°s 1305, 1314 et 1315.) Leur rapport doit donc inspirer la même confiance que celui des experts proprement dits. On prétend que leur opinion repose « sur des raisonnements dont il est possible aux juges d'apprécier la force, ou sur des pièces qui sont sous les yeux du tribunal. » Mais les raisonnements que font les experts ne sont pas plus difficiles à apprécier que ceux des arbitres, et les uns comme les autres doivent s'appuyer sur des faits. Ces faits, les arbitres les puisent dans les comptes, pièces et registres, tandis qu'ils sont révélés aux experts par l'examen des ouvrages ou marchandises. Les comptes, pièces et registres peuvent, à la vérité, être mis sous les yeux des juges ; mais on peut leur apporter aussi, dans bien des cas, un échantillon des marchandises (1), et ils ont toujours la faculté de se transporter sur les lieux, s'ils le croient utile. Ont-ils, d'ailleurs, la possibilité, dans la plupart des cas, d'opérer eux-mêmes la vérification des comptes, pièces et registres, et ne sont-ils pas le plus souvent obligés d'accepter sans contrôle les chiffres donnés par les arbitres-rapporteurs ? Quand, par exemple, il s'agit de l'examen d'une comptabilité entière, les juges peuvent-ils opérer ce contrôle sans refaire tout le travail des experts ? Non ; et, dans

(1) Voir, dans ce sens, l'arrêt de la cour de Rouen du 23 décembre 1837, que nous avons cité au n° 1308.

la pratique, les tribunaux de commerce ne vérifient pas plus le travail des arbitres que celui des experts; l'opinion des uns a, dans la balance de la justice, le même poids que celle des autres. Les juges ne sont pas plus astreints à suivre l'avis des experts que celui des arbitres, et il n'y a pas de raison pour que les arbitres soient dispensés du serment, quand on l'exige des experts; car, s'il y a une différence entre eux, elle est en faveur de l'importance des fonctions des arbitres-rapporteurs, auxquels la loi confie la mission de concilier les parties, ce qui, — dit le Journal du palais (*Rép.*, t. VII, p. 107), — leur donne jusqu'à un certain point le caractère du juge. Nous croyons donc que, comme les experts, les arbitres-rapporteurs devraient prêter serment, ou en être dispensés par le tribunal avec le consentement unanime des parties. (Voir précédemment, nᵒˢ 371 et suiv.)

1347. Néanmoins, dans la pratique, les arbitres-rapporteurs ne prêtent pas serment, et il en résulte que la jurisprudence établit une différence entre la nature des opérations des experts et des arbitres-rapporteurs. Ainsi, dans un arrêt du 10 juillet 1876 (1), la Cour de cassation a rejeté le pourvoi formé contre un arrêt de la cour de Paris, du 2 août 1875, en se fondant sur ce qu'un jugement ne méconnaît pas la nature des pouvoirs de l'arbitre-rapporteur, et ne confond pas ces pouvoirs avec ceux de l'expert, lorsqu'il ne charge l'arbitre devant lequel il renvoie les parties de faire aucune visite ou estimation d'ouvrage, ni aucune constatation rentrant dans la mission d'un expert, mais l'autorise seulement à se faire assister comme il le jugera convenable. Et le conseiller chargé du rapport de l'affaire devant la Cour suprême s'exprimait ainsi : « On reproche à l'arrêt de s'être associé à une pratique vicieuse, qui serait usitée dans certains tribunaux de commerce et qui consisterait à renvoyer systématiquement devant arbitre-rapporteur un très-grand nombre d'affaires, sans examiner suffisamment si ces renvois sont autorisés par la disposition du paragraphe 1ᵉʳ de l'article 429 du Code de procédure civile. On lui reproche plus spécialement d'avoir donné à l'arbitre-rapporteur, nommé dans la cause, une mission dans laquelle se trouvent cumulés et confondus les pouvoirs d'expert avec ceux d'arbitre, d'où

_____

(1) Journal des avoués, t. CII, p. 455.

résulterait notamment la suppression de la garantie du serment, prescrit pour les experts et qui n'existe pas pour les arbitres. — Sur le premier de ces deux reproches, nous sommes disposé à reconnaître, avec le pourvoi, que la prescription de la loi limite, en effet, les cas où les juges consulaires sont autorisés à recourir à l'examen préalable d'un arbitre-rapporteur, et que, par conséquent, elle implique pour eux l'obligation de rechercher d'abord si la cause se présente dans les conditions que la loi a eues en vue. Mais, outre que les expressions employées par l'article cité : *examen de comptes, pièces et registres*, malgré leur signification limitative, ont encore une très-grande compréhension, il nous paraît bien difficile que votre contrôle puisse s'exercer efficacement sur la pensée du juge ; et, à moins que les termes de la mission conférée à l'arbitre-rapporteur n'excèdent manifestement la limite posée par la loi, la décision prise sera toujours protégée par cette présomption que le juge n'a réellement donné à l'arbitre que la mission qu'il pouvait lui donner selon la loi. — Ici se place le second reproche formulé par le pourvoi. La mission donnée, dit-il, excède la limite légale ; elle ajoute formellement au rôle de l'arbitre-rapporteur nommé des pouvoirs qui ne peuvent appartenir qu'à un expert. Si cela était vrai en fait, il y aurait nécessité pour la cause actuelle, et il pourrait y avoir utilité à un point de vue plus général, de prononcer l'admission du pourvoi. Mais en se rapportant à la teneur du dispositif du jugement de nomination d'arbitre (1), la cour pensera peut-être que le grief manque en fait... — Reste la critique soulevée d'une manière générale contre le mode de procéder qui serait en usage. Il ne peut être question ici d'un pouvoir réglementaire qui ne vous appartient pas. Le droit de censure et de contrôle dont vous êtes investis par la loi trouverait, au contraire, à s'exercer efficacement le jour où vous serait dénoncée, par exemple, une décision qui, en nommant un arbitre-rapporteur, lui aurait, en termes plus ou moins explicites, conféré les pouvoirs d'un expert, ou bien une décision fondée sur le rap-

---

(1) Ce dispositif était ainsi conçu : « Ordonne, avant faire droit et tous droits et moyens respectivement réservés, que les parties se retireront devant le sieur R..., que le tribunal nomme d'office arbitre-rapporteur et autorise à se faire assister comme il le jugera convenable ; lequel arbitre entendra les parties les conciliera si faire se peut, sinon rédigera son rapport. »

port d'un arbitre qui aurait fait œuvre d'expert. Telle n'est pas la situation dans la cause actuelle. » — Ne vaudrait-il pas mieux faire prêter serment aux arbitres-rapporteurs ? On éviterait par là toutes les difficultés, toutes les distinctions, parfois très-difficiles à saisir, entre la nature de leur mission et celle de l'opération qui doit être confiée à des experts.

1348. Le principe que les expertises commerciales sont soumises aux règles du droit commun, à moins de dérogation expresse ou implicite, a été souvent reconnu par la jurisprudence. Ainsi l'a jugé la cour de Nîmes, dans un arrêt du 3 janvier 1820 (1), qui porte notamment que les dispositions du Code de procédure civile, ayant pour objet de faire connaître aux parties l'époque de l'expertise et le contenu du rapport, sont applicables en matière commerciale comme en matière civile.

1349. La cour de Colmar a également décidé, le 5 décembre 1831 (2), que l'expertise faite en l'absence des parties intéressées, et sans qu'elles y aient été appelées, est nulle, en matière commerciale comme en matière civile. La cour de Bordeaux a jugé, le 17 juillet 1847 (3), qu'en matière commerciale, comme en matière civile, l'expertise faite en vertu d'un jugement rendu en l'absence des parties, et sans qu'elles aient été appelées à l'opération, est frappée d'une nullité radicale. Enfin, il résulte d'un arrêt de la Cour de cassation, du 10 décembre 1878 (4), et du jugement du tribunal de commerce de Bordeaux que cet arrêt a cassé, que l'expertise **doit** être contradictoire.

1350. Enfin, par arrêt du 21 mai 1846 (5), la cour de Rouen a jugé que, lorsqu'un tribunal de commerce donne à des arbitres-conciliateurs la mission d'experts, pour le cas où la conciliation n'aurait pas lieu, il ne suffit pas que leur rapport constate qu'ils ont entendu les parties pour tâcher de les concilier ; que s'il ne ressort pas de ce rapport que les arbitres, depuis qu'ils se sont occupés de leur mission d'experts, ont de nouveau entendu les parties ou leur ont fait donner sommation d'être présentes à l'opération, on doit en

(1) Journal des avoués, t. XII, p. 728.
(2) Journal du palais, *Rép.*, t. VII, p. 109, nº 579.
(3) Journal du palais, 1848, t. **I,** p. 207.
(4) Journal du palais, 1879, p. 540.
(5) Journal du palais, 1846, t. **I,** p. 244.

conclure qu'il y a eu inobservation des formalités prescrites
par les articles 315 et 317 du Code de procédure civile, auxquels le Code de commerce n'a point dérogé quant à l'obligation de faire connaître aux parties le jour, l'heure et le lieu
des opérations des experts.

1351. Il résulte du même arrêt que ces formalités sont
substantielles ; que leur omission entraîne la nullité de l'expertise ; qu'il suffit que cette nullité soit produite dans la
discussion, et qu'elle ne serait pas couverte par ce fait que
la partie qui l'invoque aurait été présente à l'audience où
le rapport a été lu, et n'aurait point pris de conclusions. Cela
confirme ce que nous avons déjà dit des nullités spéciales à
l'article 315 (voir précédemment, n⁰ˢ 395 et suiv.), et des
nullités substantielles (voir précédemment, n⁰ˢ 500 et suiv.),
qui, on le voit, s'appliquent aux expertises ordonnées par la
juridiction commerciale comme aux autres.

1352. La cour d'Angers, par arrêt du 7 mars 1871 (1), a
décidé que la sommation faite à un étranger d'assister à une
expertise ordonnée par le tribunal de commerce doit, aux
termes de l'article 69 du Code de procédure civile et à peine
de nullité, être notifiée au parquet du tribunal où est portée
la demande. — Le paragraphe 9 de l'article 69 du Code de
procédure civile est, en effet, applicable en matière commerciale, et l'article 70 du même code frappe de nullité l'inobservation des prescriptions de cet article. La copie de la sommation doit, dans ce cas, être remise au procureur de la
République près le tribunal de première instance dans le
ressort duquel se trouve le tribunal de commerce appelé à
statuer sur la contestation.

1353. En ce qui concerne spécialement les arbitres-rapporteurs, la comparution des parties devant eux sera toujours nécessaire, indispensable même dans certains cas, soit
que les arbitres remplissent leur rôle de conciliateurs, soit
qu'ils procèdent en qualité d'experts, et ils ne pourraient, en
l'absence de l'une des parties, opérer valablement que si
cette partie avait été régulièrement sommée de comparaître
(FORMULE 134ᵉ).

1354. Si la minorité des arbitres-rapporteurs ou des
experts refusait de signer le rapport, soit parce que son avis

(1) Journal du palais, 1872, p. 634.

n'aurait pas été adopté, soit par tout autre motif, M. Chauveau (*sur Carré*, t. III, p. 358) pense que la mention de ce refus, faite par la majorité, suppléerait à la signature. Il se fonde sur ce que l'article 1016 du Code de procédure civile permet d'agir ainsi à l'égard des arbitres-juges qui refusent de signer la sentence arbitrale, acte autrement important qu'un rapport d'experts ou d'arbitres-rapporteurs. La cour de Bruxelles l'a ainsi jugé, par arrêt du 22 décembre 1825 (1), et c'est la solution que nous avons nous-même déjà donnée sous l'article 317. (Voir précédemment, n° 484.)

1355. MM. Gouget et Merger (v° *Arbitre-rapporteur*, n° 9) font remarquer, avec raison, que les arbitres-rapporteurs et les experts doivent exprimer dans leurs rapports une opinion précise. Il ne suffirait pas qu'ils fissent des observations, sans donner des conclusions formelles. Leur avis doit également être motivé. Ils ont d'ailleurs, nous l'avons déjà dit, à se conformer à l'article 318 du Code de procédure civile (voir précédemment, n°s 520 et suiv.) pour la formation de leur avis et la rédaction du rapport (FORMULES 135e à 138e).

1356. Les arbitres nommés pour le règlement d'un compte doivent, suivant un arrêt de la cour de Rennes, du 10 décembre 1813 (2), référer dans leur avis les débats qui ont eu lieu entre les parties sur le règlement de ce compte, afin que le tribunal soit suffisamment éclairé.

1357. « Le rapport des arbitres et experts sera déposé au greffe du tribunal. » (Code de procédure civile, art. 431.)

1358. Tels sont les termes du dernier des trois articles que nous avons indiqués comme s'occupant seuls de l'expertise en matière de commerce. Il ne fait que rappeler, en l'abrégeant, la première disposition de l'art. 319 ; il faut, dès lors, comme nous l'avons déjà dit, se reporter à cet article et aux commentaires dont nous l'avons accompagné. (Voir précédemment, n°s 550 et suiv.)

1359. Un tribunal de commerce peut-il, après avoir nommé trois experts pour examiner des marchandises, se faire accompagner de ces experts et d'une quatrième per-

---

(1) Journal des arrêts de cette cour, 1826, t. I, p. 81.
(2) Journal des avoués, t. XII, p. 493.

sonne, comme étant plus en état d'apprécier ces marchandises? La Cour de cassation a jugé la négative, par un arrêt du 22 juillet 1850 (1), ainsi motivé : « Vu les articles 429 et 431 du Code de procédure civile ; — attendu qu'aux termes de ces articles, s'il y a lieu à visite ou estimation de marchandises, il doit être nommé un ou trois experts, et le rapport des experts doit être déposé au greffe du tribunal ; — attendu que le jugement attaqué constate que le tribunal, après avoir ordonné une expertise, s'est transporté dans les magasins dans lesquels étaient déposées les peaux dont la qualité était contestée, s'est fait accompagner des trois experts et d'une quatrième personne que le jugement désigne comme pouvant mieux que personne apprécier les défauts des marchandises dont il s'agit ; que le jugement ajoute, dans ses motifs, que ces quatre personnes ont donné leur avis sur l'état des marchandises, et que c'est sur les nouveaux renseignements qu'elles ont fournis que le jugement a été rendu ; qu'il suit de là que le tribunal, après avoir nommé des experts conformément à la loi, a pris l'avis d'un quatrième expert, qui a opéré sans avoir été nommé par jugement, sans avoir prêté serment, qui n'a ni dressé ni déposé au greffe du tribunal le procès-verbal de ses opérations, et dont l'opinion n'a pu être soumise aux observations du défendeur ; que le jugement attaqué, rendu dans de semblables circonstances, a formellement violé les articles 429 et 431 du Code de procédure ; la cour casse, etc. »

1360. Aux termes de l'article 321 du Code de procédure civile, applicable, comme nous l'avons déjà dit, aux matières commerciales, après le dépôt du rapport au greffe, la partie la plus diligente en lève une expédition, qu'elle fait signifier à l'adversaire, au domicile élu, avec sommation de comparaître à la prochaine audience, pour plaider et avoir jugement. (Voir précédemment, nᵒˢ 635 et suiv.)

1361. Cette voie de procéder est la plus régulière ; cependant, — disent MM. Demiau-Crouzilhac (p. 321), Carré et Chauveau (t. III, p. 557), — il est des tribunaux, et notamment le tribunal de commerce de Paris, où le rapport n'est ni expédié ni signifié. Lorsqu'il est déposé, la partie la plus

(1) Sirey, t. LI, 1ʳᵉ partie, p. 62. — Rogron, *Code de procédure civile annoté*, p. 289, 1ʳᵉ colonne.

diligente dénonce le dépôt à l'adversaire et assigne en ouverture ; à l'audience, après avoir ouvert et entendu lire le rapport, le tribunal renvoie à jour prochain pour laisser aux parties le temps d'en prendre communication au greffe. Cet usage est plus économique, mais il nous paraît plutôt faire perdre que gagner du temps , et nous préférons la signification du rapport, qui met immédiatement les parties mieux en état de méditer et discuter cet acte, chose nécessaire pour peu que l'affaire soit compliquée.

1362. Dans tous les cas, ce qui est indispensable, — disons-le avec M. Chauveau (*loco citato*), — et ce que la raison même commande, c'est que la partie non poursuivante ait été mise, de quelque manière que ce soit, en position de prendre connaissance du rapport et d'en discuter les conclusions devant le tribunal. Sans cela le jugement qui interviendrait serait radicalement nul, comme l'a jugé, avec raison, la cour de Nîmes, le 3 janvier 1820 (1).

1363. Dans un arrêt du 17 mars 1879 (2), la Cour de cassation a décidé que, si, en matière ordinaire et aux termes de l'article 321 du Code de procédure civile, les rapports d'experts doivent être levés « et signifiés », la communication d'une pièce de ce genre peut se faire par dépôt au greffe quand la matière est spéciale, et notamment en matière de commerce, ainsi qu'on doit l'induire de l'article 189 du même code.

1364. La cour de Rennes a décidé, par arrêt du 8 septembre 1815 (3), que les arbitres-rapporteurs ne peuvent concourir à la délibération du tribunal, et qu'il y aurait nullité du jugement s'ils avaient été appelés, ne fût-ce que pour être présents au délibéré, sans même donner leur avis. Cette décision, parfaitement juste, s'applique également aux experts ; mais elle ne modifie en rien ce que nous avons dit (voir précédemment, nos 658 et 659) sur la faculté qu'ont les juges de demander, pendant l'instruction de la cause, des explications orales aux experts, et, par conséquent aussi, en matière commerciale, aux arbitres-rapporteurs.

1365. D'après un arrêt de la Cour de cassation, du 29 mars 1876 (4), on ne peut arguer du défaut d'accomplis-

---

1) Journal des avoués, t. XII, p. 728.
(2) *Gazette des tribunaux* , du 19 mars 1879, p. 261.

(3) Journ. des av., t. XV, p. 118.
(4) *Gazette des tribunaux*, du 30 mars 1876, p. 313; Pandectes chronologiques, à sa date.

sement des règles auxquelles le Code assujettit les expertises ordonnées en cours de procès comme mesures d'instruction, à l'encontre d'un simple procès-verbal de constat dressé à l'étranger par un consul français, pour valoir ce que de droit, et que les juges n'ont apprécié qu'à titre de simple document ou certificat.

SECTION II.

EXPERTISES COMMERCIALES DANS DES CAS SPÉCIAUX.

1366. Le législateur, qui, tout en renvoyant au titre des *Rapports d'experts*, a voulu, par les articles 429, 430 et 431 du Code de procédure civile, simplifier les formalités en matière d'expertises commerciales, a également tracé, pour quelques cas extraordinaires, des règles spéciales que nous allons examiner dans cette section.

§ Ier. — *Expertise d'objets transportés.*

1367. « En cas de refus ou contestation pour la réception des objets transportés, leur état est vérifié ou constaté par des experts nommés par le président du tribunal de commerce, ou, à son défaut, par le juge de paix, et par ordonnance au pied d'une requête. — Le dépôt ou séquestre, et ensuite le transport dans un dépôt public, peut en être ordonné. — La vente peut en être ordonnée en faveur du voiturier, jusqu'à concurrence du prix de la voiture. » (Code de commerce, art. 106.)

1368. « Les dispositions contenues dans le présent titre sont communes aux maîtres de bateaux, entrepreneurs de diligences et voitures publiques. » (Même Code, art. 107.)

1369. Les voituriers, ainsi que les maîtres de bateaux, entrepreneurs de diligences ou autres voitures publiques et, par conséquent, aussi les compagnies de chemin de fer ou de transport par eau, sont, en vertu de l'article 103 du Code de commerce, garants des objets qu'on leur donne à transporter ; il est, dès lors, indispensable de faire constater l'état de ces objets lorsqu'il s'élève, à l'arrivée, des difficultés sur leur réception. Il résulte également des arrêts de la Cour de cassation des 27 avril 1837 (1), 15 avril 1846 (2), et 26 novembre 1889 (3), que cette constatation doit être opérée lorsque le destinataire n'a pu être trouvé, ou qu'il y a des doutes sur la propriété des objets et sur la personne à laquelle ils doivent être remis, et qu'elle peut même être ordonnée sur la demande de l'expéditeur, si le destinataire refuse de prendre livraison de marchandises sujettes à un prompt dépérissement.

1370. A défaut du président, le plus ancien juge du tribunal de commerce peut procéder à la nomination des experts ; et ce n'est que dans le cas où il n'existe pas, dans la localité, de tribunal de commerce, ou de tribunal civil en faisant les fonctions, qu'il y a lieu de s'adresser au juge de paix. Telle est la doctrine professée par MM. Duverdy (*Du Contrat de transp.*, n° 102), Galopin (n° 194) et Alauzet (*Commentaire du Code de comm.*, t. II, p. 468), doctrine à laquelle nous adhérons, en ajoutant, toutefois, que, dans le lieu où siège le tribunal, le juge de paix serait compétent pour nommer les experts dans le cas d'absence ou d'empêchement du président et de tous les juges du tribunal.

1371. La nomination des experts est faite par une ordonnance mise au bas de la requête que présente le demandeur (FORMULES 139e à 143e).

1372. Les experts sont choisis d'office. Le magistrat auquel la requête est présentée a le pouvoir d'en prendre trois, comme de n'en désigner qu'un seul ; mais il doit éviter d'en nommer deux, à cause des partages d'avis, dont nous avons, plusieurs fois déjà, signalé l'inconvénient.

1373. Les solutions que nous venons d'indiquer dans les trois numéros précédents sont confirmées par des arrêts des cours de Rennes, 17 août 1812 (4) ; Rouen, 10 décembre 1826 (5), et Colmar, 24 décembre 1833 (6).

1374. La cour de Rennes a également jugé, par arrêt du 24 novembre 1847 (7), que le président du tribunal de com-

---

(1) Sirey, t. XXXVII, 1re partie, p. 401. — Journal du palais, 1837, t. II, p. 429.
(2) Sirey, t. XLVI, 1re partie, p. 343.
(3) Pand. françaises, 1890, 1, 91.
(4) Journ. des av., t. XII, p. 709.

(5) Journal des arrêts de Rouen et Caen, t. X, p. 302.
(6) Journal des avoués, t. XLVII, p. 574. — Devill., 1834, t. II, p. 649.
(7) Journal du palais, 1849, t. I, p. 18.

merce qui ordonne une expertise, dans le cas de l'article 106, n'est pas tenu de nommer plusieurs experts. Le même arrêt porte qu'en pareille matière, la présence des parties à l'expertise n'est pas exigée à peine de nullité.

1375. Les experts sont tenus de prêter serment devant le président ou le juge commis à cet effet, ou devant le juge de paix du canton où ils doivent procéder. La cour de Lyon a décidé, par arrêt du 27 août 1828 (1), qu'il y a nullité du procès-verbal d'expertise quand le serment a été prêté devant le greffier du tribunal. Jamais, en effet, un greffier n'a qualité pour recevoir seul un serment quel qu'il soit : son rôle se borne à assister le juge pour la rédaction du procès-verbal de prestation de serment.

1376. Par arrêt du 29 avril 1845 (2), la cour de Colmar a jugé que, lorsqu'une marchandise est successivement transportée par plusieurs commissionnaires, il ne peut être exigé que chacun d'eux fasse procéder à une expertise pour conserver son recours contre le commissionnaire qui lui remet cette marchandise, alors surtout qu'il n'y a ni déficit de poids ni avarie apparente.

1377. Il résulte du même arrêt que l'article 106 n'exige pas que les parties intéressées soient présentes à l'expertise qu'il prescrit, et que les commissionnaires qui ont successivement transporté une marchandise sont suffisamment représentés par le dernier commissionnaire.

1378. Les experts dressent leur rapport comme dans les cas ordinaires (FORMULE 144e), et le déposent au greffe du tribunal ou de la justice de paix, suivant que leur nomination émane de l'une ou de l'autre de ces juridictions.

1379. La Cour de cassation a jugé, par deux arrêts des 18 avril 1834 (3) et 2 août 1842 (4), la cour de Lyon par un arrêt du 24 août 1838 (5), et la cour de Colmar par un arrêt du 30 juin 1865 (6), que l'article 106 du Code de commerce, en disant que l'état des marchandises sera vérifié et constaté par experts, ne prescrit pas l'expertise immédiate ou dans un délai déterminé à peine de déchéance; qu'il n'exclut pas

(1) Dalloz, 1829, t. II, p. 13.
(2) Journal du palais, 1845, t. II, p. 728.
(3) Sirey, t. XXXI, 1re partie, p. 283.
(4) Sirey, t. XLII, 1re partie, p. 327.
(5) Dalloz, 1839, t. II, p. 157.
(6) Journal du palais, 1866, p. 193.

tout autre moyen de preuve; que la constatation peut, par exemple, avoir lieu primitivement par un procès-verbal du juge de paix (FORMULE 145ᵉ), du maire ou du commissaire de police, sauf au tribunal à ordonner plus tard une expertise pour déterminer la quotité des dommages-intérêts à accorder, et que l'exclusion de toute expertise après la réception des objets serait aussi contraire au texte qu'à l'esprit de la loi (1).

1380. Une expertise peut, par conséquent, avoir lieu aussi bien après que la marchandise a été reçue qu'au moment du refus ou de la contestation pour la réception. Les experts sont alors nommés par le tribunal, au lieu de l'être par le président ou le juge de paix, et ils opèrent comme dans les cas ordinaires.

1381. Les termes de l'article 106, — dit M. Alauzet (t. II, p. 467), — ne sont pas du tout exclusifs du droit qui appartient au destinataire de vérifier la nature des colis, alors même qu'ils se trouvent dans un bon état de conditionnement extérieur; et s'il résulte de cette vérification qu'il a des raisons de refuser les colis et de contester, c'est alors seulement qu'il y a nécessité de recourir aux formes de procédure indiquées par cet article. Cette doctrine est conforme à un arrêt de la Cour de cassation, du 27 décembre 1854 (2).

1382. Il résulte de deux décisions de la même Cour des 15 février 1876 (3) et 1ᵉʳ mars 1892 (4), qu'un arrêt a pu, sans violer les articles 103 et 106 du Code de commerce, refuser de faire acception, dans le procès qui s'agitait entre le transporteur et les expéditeurs de la marchandise, d'une expertise provoquée par le transporteur après l'assignation qu'il avait reçue des expéditeurs et effectuée au lieu de l'arrivée de la marchandise, contradictoirement avec le destinataire, qui n'était pas partie audit procès et n'avait pas d'intérêt réel à sa solution, sans que les expéditeurs eussent été appelés à assister aux opérations de cette expertise. Le jugement n'a fait, en cela, que maintenir avec raison une règle essentielle de droit commun en matière d'expertise; et l'on peut d'autant moins, dans la première espèce, lui reprocher de n'avoir pas fait état du rapport d'expert dont il

(1) Comp. Caen, 10 avril 1891. (Pandectes françaises, 1892, 2, 19.)
(2) Sirey, t. LV, 1ʳᵉ partie, p. 261.
(3) Journal du palais, 1876, p. 529.
(4) Pandectes françaises, 1893, 1, 284.

s'agit, qu'il y est déclaré « que, en l'absence de tout contradicteur, l'expert s'est borné à reproduire les allégations du
chef de gare de la compagnie, sans avoir pu se rendre compte
de leur véracité, et qu'il n'y a pas lieu de s'y arrêter » ; motif
subsidiaire renfermant la déclaration au moins implicite du
juge que sa conviction s'oppose à ce qu'il accepte l'avis de
l'expert.

§ III. — *Expertise pour constater l'innavigabilité d'un navire.*

1383. « Hors le cas d'innavigabilité légalement constatée,
le capitaine ne peut, à peine de nullité de la vente, vendre le
navire sans un pouvoir spécial des propriétaires. » (Code de
commerce, art. 237.)

1384. « Le délaissement des objets assurés peut être fait
en cas de prise, — de naufrage, — d'échouement avec bris,
— d'*innavigabilité* par fortune de mer ; — en cas d'arrêt
d'une puissance étrangère ; — en cas de perte ou détérioration des effets assurés, si la détérioration ou la perte va au
moins aux trois quarts. — Il peut être fait, en cas d'arrêt de
la part du gouvernement, après le voyage commencé. »
(Même Code, art. 369.)

1385. « Le délaissement à titre d'innavigabilité ne peut
être fait si le navire échoué peut être relevé, réparé et mis
en état de continuer sa route pour le lieu de sa destination.
— Dans ce cas, l'assuré conserve son recours sur les assureurs pour les frais et avaries occasionnés par l'échouement. »
(Même Code, art. 389.)

1386. Les trois articles qui précèdent prévoient deux cas
où il est nécessaire de constater légalement, par des experts,
l'innavigabilité d'un navire : le besoin de vendre le navire,
sans mandat du propriétaire, et le cas où le propriétaire veut
en opérer le délaissement aux assureurs.

1387. Aux termes de l'article 237, le seul cas où le capitaine puisse vendre le navire sans un pouvoir spécial du propriétaire est, comme nous venons de le voir, le cas d'innavigabilité légalement constatée. D'après M. Alauzet (t. IV,
p. 192) et un arrêt de la cour de Rouen, du 3 juillet 1867 (1),

_____

(1) Sirey, t. LXVIII, 2ᵉ partie, p. 254.

l'innavigabilité réside dans une dégradation du navire, telle qu'il y a impossibilité absolue de le remettre en état de tenir la mer, ou que les réparations à faire excéderaient la valeur du navire. Dans ce cas, l'innavigabilité est relative et peut ne résulter que des circonstances, dont l'appréciation nécessite une expertise.

1388. Dans son commentaire de l'article 389, M. Alauzet (t. ., ?. 394) s'exprime ainsi : « L'idée propre attachée au mot *innavigabilité*, dit Émérigon d'après Targa, emporte la dégradation absolue ou le défaut irrémédiable de quelques-unes des parties essentielles du vaisseau, sans lesquelles il ne saurait subsister et remplir l'objet de sa destination. Elle peut provenir des suites d'une tempête, d'un incendie, d'un combat, d'un échouement, d'une voie d'eau, d'un abordage ou de tout autre accident qui a pour effet de réduire le navire à l'impossibilité de naviguer : *allo stato*, dit Targa, *da potersi più navigare* (1). Il ne faudrait donc pas conclure des termes de l'article 389 que l'innavigabilité ne peut se produire qu'à la suite d'un échouement. »

1389. D'après M. Dalloz (*Rép.*, v° *Droit maritime*, n° 2008), M. Alauzet (*loco citato*) et un arrêt de la cour de Douai, du 7 avril 1842 (2), il y a innavigabilité même lorsque les débris du navire ont pu être renfloués et ramenés dans le port : il faut, pour être reconnu navigable, que le navire soit demeuré entier et seulement tenu de réparations. Mais la loi n'exige point qu'au moyen de ces réparations il soit complétement rendu à ses anciennes conditions de solidité et de durée : il suffit que le navire puisse être mis en état de continuer sa route, même dans des conditions moins bonnes qu'à son départ, pour que, suivant le cas, la vente par le capitaine ne puisse avoir lieu, ou que le délaissement aux assureurs soit non recevable.

1390. Par arrêt du 14 juin 1832 (3), la Cour de cassation a décidé qu'il faut ranger dans le cas d'innavigabilité l'échouement qui, sans être accompagné de bris, serait cependant tel que le navire ne pourrait être remis à flot qu'en employant plus de temps et de dépenses que pour en construire un neuf.

(1) Targa, ch. LX ; Émérigon, *Traité des assurances*, ch. XII, sect. **xxxvⅢ.**
(2) Dalloz, *Rép.*, v° *Droit maritime*, n° 2013.
(3) Sirey, t. XXXII, 1ʳᵉ partie, p. 757.

22

1391. La cour de Paris a consacré le même principe, dans un arrêt du 27 novembre 1841 (1), portant qu'il y a innavigabilité non-seulement lorsque le navire éprouve, par fortune de mer, des avaries qui ne sont pas susceptibles d'être réparées, mais encore lorsque le capitaine ne trouve pas dans le lieu où il aborde soit les matériaux, soit les ouvriers, soit l'argent nécessaires pour mettre le navire en état de reprendre la mer et de continuer son voyage. La cour de Bordeaux a jugé dans le même sens, par arrêt du 15 novembre 1842 (2).

1392. Aux termes de l'article 369 du Code de commerce, l'innavigabilité doit être causée par *fortune de mer* et non par le vice propre du navire. D'après un arrêt de la cour de Bordeaux, du 1er mars 1828 (3), c'est aux assureurs qui contestent le délaissement à prouver que l'innavigabilité provient d'un vice propre au bâtiment. L'expertise est presque toujours appelée à trancher la question, ou du moins à en faciliter grandement la solution ; les experts doivent, dès lors, constater avec soin tout ce qui peut éclairer les parties et la justice à cet égard, et le consigner dans leur rapport, dont l'authenticité réduit à néant les présomptions contraires.

1393. C'est par application de ce principe que la Cour de cassation a jugé le 17 janvier 1848 (4), que le certificat de visite constatant la navigabilité d'un navire ne forme pas, en faveur du propriétaire, une présomption *juris et de jure*, mais seulement une simple présomption de droit qui tombe devant les faits attestés par un procès-verbal régulier d'expertise.

1394. D'après l'article 389, le délaissement ne peut être fait si le navire échoué peut être mis en état de continuer sa route *pour le lieu de sa destination.* C'est encore là un point essentiel, qui doit attirer l'attention des experts et faire l'objet de sérieuses investigations. Il résulte, en effet, d'un arrêt de la cour de Paris, du 22 mars 1836 (5), que le délaissement ne saurait être refusé à l'assuré dans le cas où le navire ne pourrait être remis à flot que pour une navigation telle

(1) Dalloz, 1842, t. II, p. 63.
(2) Sirey, t. XLIII, 2e partie, p. 87.
(3) Dalloz, 1828, t. II, p. 132.
(4) *Gazette des tribunaux*, 18 janvier 1848.
(5) Journal *Le Droit*, 24 mars 1836.

quelle, ou pour un voyage différent de celui qui avait été
projeté.

1395. En France, les experts sont nommés sur requête
(FORMULES 146ᵉ et 147ᵉ), par le tribunal de commerce ou par
le juge de paix ; à l'étranger, par le consul français, ou, à
défaut, par un consul étranger, ou enfin, s'il n'y a dans le
lieu où le navire a subi les avaries aucun consul français ni
étranger, par un magistrat ou fonctionnaire du pays.

1396. Il peut arriver que, dans l'impossibilité de faire
nommer des experts, ainsi que nous venons de le dire, l'innavigabilité ne puisse être constatée dans la forme légale
indiquée aux articles ci-dessus du Code de commerce. En ce
cas, d'autres preuves sont admises ; la Cour de cassation l'a
décidé par un arrêt du 14 mai 1834 (1), motivé comme suit :
« Attendu que, si les articles 237, 244 et 390 du Code de commerce prescrivent divers moyens de constater l'état d'innavigabilité d'un bâtiment, et les causes, les effets de cette innavigabilité, l'emploi de ces moyens ne peut être exigé que
lorsqu'il y a eu possibilité d'y recourir ; que, dans l'espèce,
l'impossibilité a été démontrée : 1° par l'absence de tout
consul français ou européen dans la partie de la Cochinchine
où le bâtiment assuré a subi les avaries qui l'ont rendu innavigable ; 2° par le refus des mandarins de la Cochinchine, et
du roi lui-même du pays, soit de constater l'innavigabilité,
soit d'accorder des secours pour la réparation du navire ;
3° par la déclaration formelle de plusieurs capitaines consultés sur le manque de toute ressource dans le village de
Touranna ; — attendu, d'ailleurs, qu'en l'absence du livre
de bord, perdu pendant la catastrophe, des lettres du capitaine et de celles de son lieutenant, plusieurs procès-verbaux
et interrogatoires fournissent la preuve que les officiers,
l'équipage et les passagers ont reconnu et constaté l'innavigabilité, ses causes et ses résultats ; — attendu que, sur les
questions relatives à l'état d'innavigabilité du bâtiment
assuré, aux causes, aux effets de cette même innavigabilité,
l'arrêt a pu, comme il l'a fait, poser en principe que la distance des lieux, les ressources du pays, la nature des événe-
ments et l'impossibilité de remplir des formalités légales
devaient influer sur la nature des preuves et sur leurs effets;

(1) Sirey, t. XXXV, 1ʳᵉ partie, p. 637.

— attendu, d'ailleurs, que l'arrêt attaqué a jugé toutes ces questions par un examen des faits, actes et circonstances particulières de la cause, lesquels étaient exclusivement placés dans les attributions de la cour royale de Bordeaux ; — qu'ainsi l'arrêt attaqué n'a pu violer les articles invoqués ; rejette, etc. »

1397. Les experts prêtent serment devant le tribunal ou le magistrat qui les a nommés, procèdent à leur opération et dressent leur rapport, dans la forme ordinaire (FORMULE 148e). En France, ils le déposent au greffe du tribunal ou de la justice de paix du lieu où ils ont opéré ; à l'étranger, ils le remettent au consul, ou, à défaut, au capitaine.

1398. C'est le tribunal de commerce du domicile des parties qui prononce le délaissement pour cause d'innavigabilité, sur la production, par le demandeur, des pièces probantes à l'appui de sa demande. Aussi, par arrêt du 3 août 1821 (1), la Cour de cassation a-t-elle décidé, contrairement à l'opinion de M. Pardessus (*Droit commerc.*, no 840), que, dans le cas d'échouement arrivé sur les côtes soumises aux autorités françaises, les commissaires de la marine n'avaient pas caractère pour déclarer l'innavigabilité et que le tribunal de commerce était seul compétent.

1399. Quand l'état d'innavigabilité se déclare en pays étranger, il faut s'adresser soit, d'après un arrêt de la cour de Bordeaux, du 5 avril 1832 (2), au consul de France, s'il en existe un au lieu où le navire s'est réfugié, soit, à défaut, aux autorités étrangères compétentes. Le décret du 22 septembre 1854 donne également aux vice-consuls le droit de constater l'innavigabilité, sur le rapport d'experts nommés à cet effet, et d'autoriser la mise en vente du navire.

1400. Il ne faut cependant pas se méprendre sur le caractère d'actes de cette nature ; car, si la Cour de cassation a reconnu que la décision des juges du fond, rendue sur la production d'une déclaration d'innavigabilité délivrée par un consul de France à l'étranger, échappe à sa censure, elle a expressément dit, dans une autre occasion, que les décisions émanées d'un consul étaient purement administratives et ne dépouillaient pas l'autorité judiciaire française du droit

(1) Alauzet, t. V, p. 396.
(2) Sirey, t. XXXIII, 2e partie, p. 13.

de prononcer définitivement : la déclaration du consul ne peut être produite que comme élément de décision devant les tribunaux, seuls compétents pour décider le litige. Telle est l'opinion de M. Alauzet (t. V, p. 397), de M. Dalloz (*Rép.*, vº *Droit maritime*, nº 2078), et la jurisprudence adoptée par la Cour de cassation, arrêts des 3 août 1839 (1) et 1er août 1843 (2), et par les cours de : Paris, arrêt du 16 décembre 1854 (3); Bordeaux, arrêt du 2 mars 1859 (4), et Rouen, arrêt du 20 juin 1866 (5).

1401. « Il est donc admis, — dit M. Alauzet (*loco citato*), — qu'au consul appartient le droit d'autoriser la vente du navire, dont il a été chargé, par le capitaine ou toute autre partie intéressée, de constater l'innavigabilité. Mais quoique sa décision, quant à la vente, soit basée sur la présomption acquise de cet état du navire, le consul ne déclare qu'un fait, sauf la preuve contraire réservée devant les tribunaux compétents, s'il y a contestation. »

1402. Les tribunaux saisis du litige « pourront, — ajoute M. Alauzet, — refuser de déclarer l'innavigabilité nonobstant la déclaration du consul, dont les décisions ne peuvent avoir, en semblable matière, aucun caractère judiciaire ; et même se fonder, en prononçant ainsi, sur les faits mêmes constatés par l'expertise ordonnée par le consul et appréciés par lui pour arriver à la déclaration que le jugement vient contredire. »

1403. Nous pensons, comme M. Alauzet (p. 398), que le tribunal, s'il ne se trouvait pas suffisamment éclairé, aurait le droit d'ordonner, conformément à l'article 322 du Code de procédure civile, une nouvelle expertise, dans le cas où elle serait encore possible, et d'adresser, à cet effet, une commission rogatoire au consul ou aux juges du lieu. « En agissant ainsi, le tribunal n'incriminerait nullement la régularité des opérations accomplies, mais il maintiendrait intact le pouvoir de l'autorité judiciaire. »

1404. Nous croyons également que, dans le cas où il n'y aurait ni juges ni consul ou vice-consul dans la localité, le tribunal aurait le droit de nommer directement des experts,

---

(1) Sirey, t. XXXIX, 1re partie, p. 849.
(2) Sirey, t. XLIV, 1re partie, p. 117.
(3) Sirey, t. LV, 2e partie, p. 64.
(4) Journal du palais, 1859, p. 736.
(5) Sirey, t. LXVII, 2e partie, p. 18.

qui, ayant à opérer en pays étranger, ne pourraient pas remplir leur mission dans toutes les formes voulues, mais dont le rapport servirait toujours, ne fût-ce que comme renseignement, à éclairer la religion du tribunal.

§ III. — *Expertise en matière de jet à la mer et de contribution.*

1405. — La matière qui va nous occuper est une des plus importantes pour les experts devant la juridiction commerciale, car ils ont non-seulement à procéder à une expertise, mais encore à opérer la répartition des pertes et dommages par eux constatés. Le législateur a consacré à cet objet le titre XII tout entier du livre II du Code de commerce.

1406. « Si, par tempête ou par la chasse de l'ennemi, le capitaine se croit obligé, pour le salut du navire, de jeter en mer une partie de son chargement, de couper ses mâts ou d'abandonner ses ancres, il prend l'avis des intéressés au chargement qui se trouvent dans le vaisseau, et des principaux de l'équipage. — S'il y a diversité d'avis, celui du capitaine et des principaux de l'équipage est suivi. » (Code de commerce, art. 410.)

1407. « Les choses les moins nécessaires, les plus pesantes et de moindre prix, sont jetées les premières, et ensuite les marchandises du premier pont, au choix du capitaine, et par l'avis des principaux de l'équipage. » (Même Code, art. 411.)

1408. « Le capitaine est tenu de rédiger par écrit la délibération, aussitôt qu'il en a les moyens. — La délibération exprime : — les motifs qui ont déterminé le jet, — les objets jetés ou endommagés. — Elle présente la signature des délibérants, ou les motifs de leur refus de signer. — Elle est transcrite sur le registre. » (Même Code, art. 412.)

1409. Il est évident que, dans un péril imminent, au milieu d'une tempête ou lorsqu'on est sur le point d'être capturé, on peut rarement écrire la délibération que l'on prend ; mais, dès qu'il est possible de rédiger cet acte (FORMULE 149ᵉ), le capitaine doit se hâter de le faire, tant que ceux qui y ont pris part sont encore présents et peuvent le signer.

1410. « Au premier port où le navire abordera, le capitaine est tenu, dans les vingt-quatre heures de son arrivée, d'affirmer les faits contenus dans la délibération transcrite sur le registre. » (Même Code, art. 413.)

1411. « L'état des pertes et dommages est fait dans le lieu du déchargement du navire, à la diligence du capitaine et par experts. — Les experts sont nommés par le tribunal de commerce, si le déchargement se fait dans un port français. — Dans les lieux où il n'y a pas de tribunal de commerce, les experts sont nommés par le juge de paix. — Ils sont nommés par le consul de France, et, à son défaut, par le magistrat du lieu, si la décharge se fait dans un port étranger.—Les experts prêtent serment avant d'opérer. » (Même Code, art. 414.)

1412. Aux termes de l'article 414, les experts doivent être nommés (FORMULES 150e et 151e), et l'état des pertes doit être fait dans le lieu du déchargement; il résulte d'un arrêt de la Cour de cassation, du 14 novembre 1859 (1), que le règlement fait au lieu de la condamnation du navire serait nul.

1413. Mais le lieu du déchargement peut n'être pas toujours celui de la destination : quand, par exemple, les avaries éprouvées par le navire obligent le capitaine à le décharger dans un port de relâche.

1414. L'opération ne peut même pas être toujours faite au lieu du déchargement, et la règle cesse d'être appliquée dans le cas où il y a impossibilité de faire procéder aux constatations voulues. Aussi la Cour de cassation a-t-elle décidé, par arrêt du 13 août 1840 (2), que lorsque, le navire n'ayant pu arriver jusqu'à destination, les marchandises ont été apportées par un autre bâtiment, et que le capitaine n'a pu se procurer les pièces justificatives nécessaires, l'action en constatation et en règlement des avaries a pu être portée devant les tribunaux français du lieu du chargement.

1415. La Cour de cassation a également jugé, le 16 février 1841 (3), que, lorsqu'il s'agit non pas d'une action réelle à fin de contribution aux pertes, mais d'une action personnelle intentée contre les assureurs par le propriétaire d'objets jetés ou avariés, pour se faire indemniser en vertu de la police d'assurance, la demande, au lieu d'être portée devant le tribunal du lieu du déchargement, peut l'être devant le

(1) Sirey, t. LX, 1re partie, p. 367.
(2) Sirey, t. XL, 1re partie, p. 837.
(3) Sirey, t. XLI, 1re partie, p. 177.

tribunal de leur domicile, et le règlement des avaries être fait par des experts commis par ce tribunal.

1416. L'article 414 porte que l'état des pertes et dommages sera fait par experts, et il indique la manière dont ces experts sont nommés. Mais nous sommes entièrement de l'avis de M. Alauzet (t. V, p. 473), lorsqu'il dit, en s'appuyant sur l'autorité de MM. Locré (*Esp. du Code de comm.*, t. IV. p. 383 et 384), Boulay-Paty (t. IV, p. 549 et suiv.) et Bédarride (n° 1825), que, « quand la loi décide que l'estimation des pertes et dommages sera faite par experts, c'est dans la supposition que les parties intéressées ne seront pas présentes et ne parviendront pas à se régler de gré à gré : il est certain que l'entremise des experts n'est nécessaire que s'il n'y a pas règlement amiable. Il n'est pas douteux non plus que, si les parties s'entendent, au moins pour la nomination des experts, elles ne sont nullement obligées de recourir aux juges pour les choisir ; la loi n'a statué que pour le cas où les parties ne peuvent s'accorder, et a déterminé avec soin alors par qui les experts doivent être nommés. »

1417. Par arrêt du 19 août 1879 (1), la cour de Paris a jugé qu'on ne saurait voir une violation des dispositions de l'article 414, paragraphe 4, du Code de commerce établissant que, si le déchargement des marchandises se fait en pays étranger, elles seront estimées par experts nommés par le consul de France et à défaut seulement de celui-ci par le magistrat du lieu, dans le fait par l'assuré d'avoir demandé cette nomination d'experts au tribunal étranger, lorsque la résidence du consul de France le plus rapproché se trouvait à environ quinze lieues de mer du lieu du sinistre. Alors surtout qu'il est constant que les intérêts des assureurs ont été sauvegardés dans la procédure suivie devant le tribunal étranger.

1418. « Les marchandises jetées sont estimées suivant le prix courant du lieu du déchargement ; leur qualité est constatée par la production des connaissements et des factures, s'il y en a. » (Code de commerce, art. 415.)

1419. La perte causée par le jet devant être supportée par tous les intéressés, il faut d'abord déterminer cette perte par l'estimation des marchandises jetées. L'estimation se fait

---

(1) *Gazette des tribunaux*, des 25 et 26 août 1879, p. 829.

d'après la valeur qu'elles ont au lieu du déchargement ; ce mode d'évaluation est le plus juste, car ce que perd réellement le chargeur, c'est le prix qu'il aurait pu vendre les marchandises au lieu où elles seraient arrivées sans le jet à la mer.

1420. Afin d'éviter toute discussion, l'article 415 dit que les connaissements et factures seront consultés pour établir la quantité des marchandises ; mais ces pièces ne serviront pas à en fixer la valeur ; il faut, en effet, tenir compte des détériorations que les objets sacrifiés auraient subies avant le jet et qui ne seraient que des avaries particulières.

1421. Mais la mission des experts ne se borne pas à estimer les marchandises jetées ; ils ont à faire la répartition des pertes et dommages d'après les règles tracées dans les articles suivants. Cette opération est très importante, très délicate, et elle peut présenter des difficultés, que nous allons nous efforcer d'aplanir en entrant dans des détails, peut-être un peu longs, mais que nous croyons nécessaires pour éclairer complètement les experts sur la manière dont ils doivent procéder.

1422. « Les experts nommés en vertu de l'article précédent font la répartition des pertes et dommages. — La répartition est rendue exécutoire par l'homologation du tribunal. — Dans les ports étrangers, la répartition est rendue exécutoire par le consul de France, ou, à son défaut, par tout tribunal compétent sur les lieux. » (Code de commerce, art. 416.)

1423. « La répartition pour le payement des pertes et dommages est faite sur les effets jetés et sauvés, et sur la moitié du navire et du fret, à proportion de la valeur au lieu du déchargement. » (Même Code, art. 417.)

1424. Pour arriver à régler la contribution de chacun, les experts ne doivent pas seulement fixer le montant des pertes que le jet a occasionnées, il faut aussi qu'ils estiment celui de toutes les avaries communes.

1425. Les effets jetés doivent, comme les effets sauvés, contribuer au payement du dommage ; car sans cela les propriétaires de ces objets, recevant leur valeur entière, n'éprouveraient aucun préjudice, tandis que les propriétaires des objets sauvés en éprouveraient un.

1426. Les experts doivent estimer les marchandises sui-

vant leur valeur au lieu du déchargement; cela ne fait aucun
doute, l'article 417 le dit formellement, et il s'accorde en cela
avec l'article 402 du Code de commerce, relatif aux avaries,
qui est ainsi conçu : « Le prix des marchandises est établi par
leur valeur au lieu du déchargement. »

1427. Mais la question de savoir si le navire doit également être évalué au lieu du déchargement est très-vivement
controversée. D'après un arrêt de la cour de Bordeaux,
du 20 mai 1833 (1), un arrêt de la Cour de cassation,
du 16 février 1841 (2), et l'opinion de MM. Locré (t. IV,
p. 343), Delvincourt (t. II, p. 263, note 6), et Alauzet (t. V,
p. 478), c'est de la valeur au lieu du départ qu'il s'agit.
M. Bédarride (n⁰ˢ 1728 et 1838) pense, au contraire, que
l'estimation doit être basée sur la valeur au lieu du déchargement. La cour de Caen, par arrêt du 8 novembre 1843 (3),
et la cour de Bordeaux, par arrêt du 2 juin 1869 (4), se sont
également prononcés dans le même sens.

1428. C'est à cette dernière interprétation que nous donnons la préférence; elle est conforme au texte de l'article 417,
qui, à notre avis, lève tous les doutes : c'est d'après sa
valeur au lieu du déchargement que le navire doit être estimé; il n'y a, à cet égard, en matière de jet, aucune différence entre la marchandise et le navire : les termes de
l'article 417 sont clairs et précis.

1429. Il résulte d'un arrêt de la cour de Rouen, du 6 février 1843 (5), qu'il faut, pour fixer la valeur du navire qui
doit contribuer aux pertes, ajouter fictivement au navire les
parties manquantes représentées par le montant des avaries.

1430. Cette jurisprudence a été adoptée par la Cour de
cassation, qui a décidé, le 18 décembre 1867 (6), que les
parties du navire jetées à la mer devaient être réunies fictivement aux parties du navire conservées et figurer avec
celles-ci dans la formation de la masse contribuable.

1431. « Si la qualité des marchandises a été déguisée par
le connaissement, et qu'elles se trouvent d'une plus grande
valeur, elles contribuent sur le pied de leur estimation, si

(1) Sirey, t. XXXIV, 2ᵉ partie, p. 141.
(2) Journal du palais, 1841, t. I, p. 531.
(3) Dalloz, 1844, t. II, p. 129. — Sirey, t. XLIV, 2ᵉ partie, p. 209.
(4) Sirey, t. LXIX, 2ᵉ partie, p. 325.
(5) Sirey, t. XLIII, 2ᵉ partie, p. 529.
(6) Sirey, t. LXVIII, 1ʳᵉ partie, p. 101.

elles sont sauvées; — elles sont payées d'après la qualité désignée par le connaissement, si elles sont perdues. — Si les
marchandises déclarées sont d'une qualité inférieure à celle
qui est indiquée par le connaissement, elles contribuent
d'après la qualité indiquée par le connaissement, si elles sont
sauvées; — elles sont payées sur le pied de leur valeur, si
elles sont jetées ou endommagées. » (Code de commerce,
art. 418.)

1432. Le propriétaire qui a déguisé sur le connaissement
la qualité de ses marchandises est en faute; or, comme il ne
doit retirer aucun avantage de sa faute, *nemo ex suo delicto
debet consequi emolumentum*, la répartition sera faite à son
désavantage. S'il faut lui payer les marchandises, on prendra
la valeur inférieure; s'il s'agit de les faire contribuer, on se
basera sur la valeur supérieure.

1433. « Les munitions de guerre et de bouche, et les
hardes des gens de l'équipage, ne contribuent point au jet;
la valeur de celles qui auront été jetées sera payée par
contribution sur tous les autres effets. » (Code de commerce,
art. 419.)

1434. Le législateur n'a pas voulu que les munitions de
guerre et de bouche contribuent à la perte, parce qu'elles
sont un moyen de salut, les unes en servant de défense contre
l'ennemi, les autres en nourrissant l'équipage qui lutte dans
l'intérêt du navire et de la cargaison. L'exception ne s'appli-
querait conséquemment pas à des munitions ou des vivres
mis à bord pour être transportés et qui feraient partie du
chargement.

1435. Nous sommes d'avis, comme M. Alauzet (t. **V**,
p. 482), qu'il faut comprendre dans les munitions de bouche
les vivres embarqués par les passagers pour leur usage pendant la traversée; rien ne les distingue, en effet, au point de
vue de l'article 419, de la masse des victuailles embarquées
pour la nourriture de tous les individus réunis à bord du
navire.

1436. De la règle posée dans l'article 419, que les choses
qui sont transportées doivent seules contribuer, et non celles
dont on se sert pendant le voyage, il résulte que l'on doit
exempter de contribution, — ajoute M. Alauzet (*loco citato*),
— « les habits et les bijoux que portent les passagers, quoique
cette règle même ait été controversée, mais non leur coffre

et autres bagages (1) ; et ce ne serait qu'à l'aide d'une interprétation, dont la bienveillance nous paraîtrait excessive,
qu'on pourrait affranchir de la contribution les objets composant le *port permis* de l'équipage, et qui n'ont d'autre destination qu'un menu commerce (2) : la contribution doit les
atteindre. » Cela est de toute évidence.

1437. « Les effets dont il n'y a pas de connaissement ou
déclaration du capitaine ne sont pas payés s'ils sont jetés; ils
contribuent s'ils sont sauvés. » (Code de commerce, art. 420.)

1438. Il arrive quelquefois que des objets sont furtive-
ment introduits dans le navire; l'article 292 du Code de commerce, prévoyant le cas, a dit que « le capitaine peut faire
mettre à terre, dans le lieu du chargement, les marchandises
trouvées dans le navire, si elles ne lui ont point été déclarées,
ou en prendre le fret au plus haut prix qui sera payé dans le
même lieu pour les marchandises de même nature. »

1439. Si le capitaine, usant de la faculté que lui laisse
l'article 292, se charge volontairement des marchandises
clandestinement embarquées, il le constate, et, en vertu de
sa déclaration, effectuée comme nous allons le dire dans le
numéro suivant elles font partie du chargement régulièrement opéré.

1440. Il peut également se faire que le navire lève l'ancre
avant que les connaissements aient été signés. Le législateur
a obvié à cet inconvénient en insérant dans l'article 420, sur
la demande du conseil de commerce de Bordeaux, la disposition qui permet de remplacer le connaissement par une
déclaration du capitaine, laquelle est consignée sur le livre
de bord, inscrite sur la facture générale du chargement ou
faite de toute autre manière non suspecte à apprécier par les
tribunaux (3).

1441. Dans l'un comme dans l'autre de ces deux cas,
l'existence des marchandises à bord est censée avoir été
révélée au capitaine avant de partir, alors qu'il était libre de

---

(1) Jugement d'Oléron, art. 35 ;
ordonn. de Wisby, art. 41 ; *Guidon
de la mer*, chap. V, art. 26; Casa-
regis, *Disc.*, 45, n° 7 ; Emérigon, *Assurances*, chap. XII, sect. xlii, § 8 ;
Pothier, *Contrat maritime*, n° 125 ;
Locré, t. IV, p. 400 et 401 ; Boulay-
Paty, t. IV, p. 562; Bédarride, n° 1846.

(2) Pardessus, n° 745 ; Bédarride,
n° 1840.
(3) Alauzet, t. V, p. 484 ; Locré,
t. IV, p. 405 ; Valin, sur l'article 12,
titre VIII, livre III ; arrêt de la cour
d'Aix, du 9 juin 1840; Dalloz, *Rép.*,
n° 1189.

les garder dans le bâtiment ou de les faire mettre à terre; mais, s'il ne s'en est aperçu qu'après avoir mis à la voile, nous sommes parfaitement d'avis, comme MM. Alauzet (t. V, p. 484), Dageville (t. IV, p. 469) et Bédarride (n° 1869), que l'inscription de ces objets par le capitaine ne peut plus être considérée comme le résultat de l'option qui lui est laissée; elle ne constitue plus qu'un acte indispensable pour mettre à l'abri sa responsabilité, et elle ne saurait changer la condition faite par l'article 420 au chargeur furtif.

1442. Si les effets sont sauvés, ils contribuent, dit en terminant l'article 420. Il n'y a pas alors de distinction à établir : peu importe que les marchandises aient été chargées subrepticement et qu'il n'y ait ni connaissement ni déclaration du capitaine : elles sont tenues de supporter leur part du sacrifice auquel elles doivent leur conservation.

1443. « Les effets chargés sur le tillac du navire contribuent s'ils sont sauvés. — S'ils sont jetés, ou endommagés par le jet, le propriétaire n'est point admis à former une demande en contribution : il ne peut exercer son recours que contre le capitaine. » (Code de commerce, art. 421.)

1444. On ne doit point, en général, placer de marchandises sur le tillac, parce qu'elles nuisent à la manœuvre et à la marche du navire; il eût, dès lors, été injuste de faire payer par les autres chargeurs des objets qui ont été une des causes du sinistre, et il est naturel que leur jet à la mer ne donne droit à aucune indemnité par contribution.

1445. Aux termes de l'article 229 du Code de commerce, « le capitaine répond de tout le dommage qui peut arriver aux marchandises qu'il aurait chargées sur le tillac de son vaisseau sans le consentement par écrit du chargeur. » L'article 421 a fait application de ce principe en réservant au propriétaire son recours contre le capitaine, recours qui cesserait néanmoins si le propriétaire avait donné l'autorisation écrite de mettre les marchandises sur le tillac.

1446. Mais le second paragraphe de l'article 229 porte que la responsabilité qu'il met à la charge du capitaine « n'est point applicable au petit cabotage. » Se fondant sur cette exception, la Cour suprême a décidé, par arrêt du 20 mai 1845 (1), que la disposition de l'article 421, qui refuse

_____

(1) Dalloz, 1845, t. I, p. 292. — Sirey, t. **XLV**, 1ʳᵉ partie, p. 648.

au propriétaire d'effets chargés sur le tillac et jetés à la mer
le droit de former une demande en contribution, « si générale qu'elle paraisse au premier coup d'œil, ne saurait être
étendue au petit cabotage, puisque, d'après l'article 229 du
Code de commerce, le tillac est, dans ce cas, un lieu régulier
de chargement ; que, par suite, si les marchandises placées
sur le tillac viennent à être jetées, loin qu'on puisse se prévaloir alors des présomptions légales qui dominent l'article 421, ces présomptions sont nécessairement détruites par
l'impossibilité d'attribuer à la faute du capitaine ou autres
l'avarie éprouvée, et, à leur place, s'élève la preuve évidente
que le jet a eu lieu pour le salut commun ; que, si l'article 421
devait être appliqué au petit cabotage, il en résulterait que
les chargeurs dont les marchandises auraient été sacrifiées
n'auraient ni action contre les autres chargeurs, à cause de
l'article 421, ni action contre le capitaine, à cause de l'article 229 : résultat inadmissible et contraire à toutes les
idées de justice, d'équité et d'égalité ; qu'une jurisprudence
contraire à celle de l'arrêt attaqué porterait une atteinte
funeste au petit cabotage, si utile aux intérêts commerciaux ;
que, de plus, elle serait en opposition avec les usages maritimes les plus anciens, les plus respectables, et sanctionnés,
du reste, d'une manière formelle par l'article 229 du Code
de commerce. » La cour de cassation a persisté dans cette
jurisprudence par un arrêt du 25 juillet 1892 (1).

1447. La cour de Bordeaux, par arrêt du 2 février 1846 (2),
a décidé que, lorsque le propriétaire des marchandises en
a autorisé le placement sur le tillac, il ne peut ni exercer
contre le capitaine une action récursoire, ni former une
demande en contribution contre les autres chargeurs.

1448. La dunette d'un navire ne saurait être assimilée
au tillac, quant à la sûreté et à la conservation des marchandises ; le capitaine n'est, par conséquent, pas responsable
de la perte des effets et valeurs qui y sont déposés. Deux
arrêts de la cour de Bordeaux l'ont ainsi jugé, le 6 décembre
1838 (3) et le 13 janvier 1841 (4).

1449. « Il n'y a lieu à contribution, pour raison de dom-

(1) Pandectes françaises, 1894, 1, 89.
(2) Sirey, t. XLVI, 2ᵉ partie, p. 326.
(3 et 4) Sirey, XLI, 2ᵉ partie, p. 173 et 174 ; Pand. chronologiques,
2, 177.

mage arrivé au navire, que dans le cas où le dommage a été fait pour faciliter le jet. » (Code de commerce, art. 422.)

1450. Si le navire a éprouvé quelques dommages dans l'exécution du jet, on compte ces dommages comme avaries grosses et communes : ainsi, par exemple, lorsqu'on est forcé de *saborder* le navire, c'est-à-dire de pratiquer des ouvertures pour retirer les marchandises enfermées dans la cale, de couper des mâts ou des cordages, de déchirer des voiles, etc.

1451. M. Locré (t. IV, p. 411) et M. Alauzet (t. V, p. 488 et 489), — qui reproduit l'opinion conforme de Valin, sur l'article 14 du titre VIII, livre III de l'ordonnance de 1681, dont la rédaction a été conservée dans l'article 422,—pensent que ce n'est pas seulement quand il y a eu jet et lorsque les dommages ont été faits pour le faciliter qu'il y a lieu à contribution en faveur du navire. Ils ne doutent pas que la règle soit applicable au cas, assez fréquent, où des mâts, des agrès, des apparaux sont sacrifiés et les marchandises conservées. Nous partageons entièrement cette manière de voir, qui nous paraît d'autant plus rationnelle que c'est presque toujours le sacrifice de ces portions de gréement qui empêche d'être obligé de jeter à la mer des marchandises du chargement.

1452. « Si le jet ne sauve le navire, il n'y a lieu à aucune contribution. — Les marchandises sauvées ne sont point tenues du payement ni du dédommagement de celles qui ont été jetées ou endommagées. » (Code de commerce, art. 423.)

1453. Le jet n'ayant pu empêcher la perte du bâtiment, les objets restés à bord ont été perdus comme ceux qu'on a jetés. Plus tard, on en a retrouvé quelques-uns ; c'est une heureuse chance, qui pouvait arriver aux uns comme aux autres, et ces objets ne doivent rien à ceux qui ont été jetés ou endommagés, puisque le jet ni le dommage ne leur ont nullement profité.

1454. Mais, si le jet a sauvé le navire du naufrage ou de la prise, le droit à indemnité est acquis dès ce moment au propriétaire des effets jetés. Il affecte le navire et le chargement ; et le navire est réputé sauvé, par cela seul qu'il a pu ensuite, bien que désemparé et innavigable, atteindre un port de salut : il est juste que la marchandise sauvée contribue en raison de sa valeur au port de salut. Cela résulte d'un arrêt de la Cour de cassation, du 23 juillet 1856 (1).

1455. « Si le jet sauve le navire, et si le navire, en continuant sa route, vient à se perdre, — les effets sauvés contribuent au jet sur le pied de leur valeur en l'état où ils se trouvent, déduction faite des frais de sauvetage. » (Code de commerce, art. 424.)

1456. Après avoir été sauvé par le jet, le navire a le malheur de périr; mais des marchandises restées à bord, lorsque le jet a eu lieu, sont sauvées : il est juste qu'elles contribuent au dédommagement à accorder aux propriétaires des objets jetés, de même que celles qui ne sont pas sauvées doivent être affranchies de la contribution.

1457. « Les effets jetés ne contribuent, en aucun cas, au payement des dommages arrivés depuis le jet aux marchandises sauvées. — Les marchandises ne contribuent point au payement du navire perdu ou réduit à l'état d'innavigabilité. » (Code de commerce, art. 425.)

1458. Les effets jetés pourraient, par conséquent, être ultérieurement sauvés, qu'ils ne contribueraient point pour cela aux pertes subies par les marchandises restées sur le navire, quand bien même ces pertes seraient plus considérables que le dommage souffert par les effets jetés.

1459. Mais le navire, sauvé une première fois, peut, en continuant sa route, être assailli par une seconde fortune de mer et échapper à ce nouveau danger par un second jet : il y aura alors lieu à plusieurs règlements, d'où peuvent naître des difficultés auxquelles M. Alauzet (t. V, p. 494 à 496) a consacré les explications que nous allons textuellement reproduire dans les numéros 1460 à 1465 ci-après.

1460. L'article 425 applique aux effets jetés une règle générale qui doit être étendue à toutes les marchandises qui, pour quelque cause que ce soit, n'étaient plus sur le navire au moment où le dommage est arrivé, soit parce qu'elles avaient été jetées dans une précédente occasion, soit parce qu'elles avaient été précédemment vendues pour les besoins du navire, soit parce qu'elles avaient été déchargées et laissées en route : « Les choses que le sacrifice des autres a concouru à sauver, dit Pardessus, doivent contribuer, mais

---

(1) Sirey, t. LVI, 1re partie, p. 659; Pandectes chronologiques, à sa date

non celles qui étaient hors de service avant le danger. » Un doute avait été élevé à l'occasion des marchandises vendues : « Mais la raison de décider, dit encore Pardessus, est que ces marchandises n'étaient plus dans la communauté de risques établie lors du chargement ; qu'elles ne doivent pas leur salut au sacrifice fait pour le bien de cette communauté ; que leur valeur est devenue la dette des armateurs, dont le payement n'était pas subordonné aux risques de la navigation ; que les sacrifices n'ont donc rien conservé aux propriétaires des marchandises vendues (1). »

1461. M. Bédarride a soutenu que les effets jetés n'étaient point sortis de la communauté des risques ; mais, en fait, il ne conteste nullement que, conformément à l'article 425, ils ne soient exempts de toute contribution au second règlement qui devra être fait par suite du second jet (2).

1462. Il faut donc poser comme principe général que des marchandises qui ne sont plus sur le navire au moment où l'avarie commune est soufferte ne peuvent jamais contribuer au payement des dommages volontairement acceptés dans l'intérêt d'une communauté, dont elles avaient cessé de faire partie.

1463. Ainsi, lorsqu'une relâche a été déclarée nécessaire pour le salut commun du navire et des marchandises, si le propriétaire du chargement, usant de la faculté accordée par l'article 293, décharge ses marchandises en payant le fret entier, il doit supporter proportionnellement toutes les dépenses, tous les frais qui incombent à sa marchandise, mais seulement jusqu'au moment où elle a été réclamée par lui ; il reste complétement étranger à toute autre dépense ultérieure (3).

1464. Dans le cas particulier prévu par l'article 425, la loi a dit explicitement que la règle devait être suivie, soit que les effets jetés fussent recouvrés par le chargeur, dont ils n'ont pas cessé d'être la propriété, soit qu'ils demeurent perdus : c'est ce qu'elle a exprimé en disant *dans aucun cas.*

1465. Quand il y a lieu, comme dans l'espèce que nous

(1) *Droit commun*, n° 744 ; Boulay-Paty, t. IV, p. 570 et 583 ; Dageville, t. IV, p. 179 et suiv.
(2) Bédarride, n°° 1892 et 1893.
(3) Arrêt de la cour de Rouen, du 3 février 1854 (Lehir, t. LIV, 2° part., p. 472). — *Sic*, Pothier, *Contr. mar.*, n° 121.

23

examinons, à plusieurs règlements d'avaries grosses subies successivement, on commence par le règlement des plus récentes : la moitié du navire et du fret; et les marchandises qui contribuent à ce premier règlement ne pourront entrer dans le règlement à faire des premières avaries grosses que déduction faite de la somme pour laquelle ces objets ont été déjà imposés : ainsi un chargement évalué au lieu de reste à 20,000 francs, s'il a contribué pour une somme de 4,000 francs dans un premier règlement, ne représentera plus qu'une somme de 16,000 francs quand il s'agira de l'évaluer pour le second règlement (1).

1466. M. Alauzet examine ensuite (t. V, p. 496 à 500) comment doit être entendu le second paragraphe de l'article 425, relatif au navire, et dans quels cas l'innavigabilité doit être assimilée à la perte. Nous ne saurions encore mieux faire que de reproduire en entier son lumineux commentaire à cet égard, et nous lui consacrons les numéros 1467 à 1475 ci-après.

1467. Le sens le plus naturel à donner au second paragraphe de l'article 425, c'est qu'il est la répétition inutile, sans doute, pour le cas d'un second jet, du principe que l'article 423 avait déjà établi pour le premier jet : si le navire n'est pas sauvé, il n'y a lieu à aucune contribution : le mot *marchandises* employé dans le second paragraphe de l'article 425, au lieu de *effets jetés* dans le premier, indique bien que pas plus les marchandises jetées que celles qui ont été sauvées ne contribueront au payement du navire perdu.

1468. Aucune difficulté ne peut exister à cet égard ; mais cette disposition du Code de commerce, empruntée à l'ordonnance de 1681, ne dit pas assez si elle n'a en vue, en effet, que ce cas particulier, ou si elle pose en règle générale que le navire volontairement perdu, pour sauver le chargement, n'a droit cependant à aucune contribution; car il est inutile de dire que, si la perte est le résultat d'un événement fortuit, elle ne constitue qu'une avarie simple, dont le législateur n'avait pas à s'occuper au titre *Du Jet.*

1469. M. Bédarride enseigne que l'article 425 est absolu, et, quelle que soit l'époque où le navire a péri, et quelles que soient les circonstances qui ont précédé ou accompagné

(1) Bédarride, n° 1895.

soit la perte, soit l'innavigabilité, alors même que l'une ou l'autre ne serait que la conséquence d'un dommage volontairement souffert, aucune contribution n'est due par le chargement. « Cette rigueur, ajoute-t-il, n'est pas sans danger pour les chargeurs eux-mêmes. Toutes les fois, en effet, que le capitaine sera dans le cas d'opter entre le sacrifice du navire et celui de la cargaison, il n'hésitera pas à consommer celui-ci de préférence. La certitude de ne recevoir aucune contribution le déterminera à ne recourir à l'autre que lorsque sa sûreté personnelle et celle de son équipage l'exigeront impérieusement. » Il n'existe aucun doute, d'un autre côté, dit M. Bédarride, que le navire contribuera si le chargement a été intégralement jeté à la mer (1).

1470. Nous avons eu occasion de dire déjà, en plusieurs circonstances, que les dispositions insérées au titre *Du Jet* ne peuvent être appliquées que sous la réserve des principes généraux posés pour toutes les avaries communes, dont le jet n'est qu'une espèce particulière. S'il est possible de considérer le jet à la mer de *toute* la cargaison comme fait dans l'intérêt *commun* du navire et de la cargaison, ce n'est qu'à la condition que le navire contribuera à la perte que ce sacrifice impose aux chargeurs; si, d'un autre côté, le navire, pour sauver la cargaison, a été s'échouer sur la côte où il s'est définitivement brisé; et que, soulagé par le jet des mâts et des agrès, et d'une partie des marchandises, il a dû à ce sacrifice la possibilité de gagner la terre, les principes généraux décident souverainement qu'il y aura lieu à un règlement d'avaries grosses; le dernier paragraphe de l'article 425 ne peut être un empêchement à cette juste demande, quel que soit le sens qu'on veuille lui donner.

1471. Cette question spéciale écartée, et en admettant que l'article 423 et le second paragraphe de l'article 425 ne disent, en termes différents, que la même chose pour deux situations analogues, il faut bien constater cependant que ce dernier article ajoute au mot de *perte* celui d'*innavigabilité;* l'ordonnance de 1681 (art. 17, tit. III, liv. III) se contentait de dire : « Les effets jetés ne contribueront, en aucun cas, au payement des dommages arrivés depuis le jet aux marchandises sauvées, ni les marchandises au payement du vaisseau *perdu* ou *brisé.*

(1) Bédarride, nᵒˢ 1897 et 1900.

1472. En matière d'assurances, l'innavigabilité est assimilée à la perte, et l'article 425 applique de nouveau cette règle; quoiqu'elle semble, dans ce cas, devoir être rejetée, si cette innavigabilité, au moins, ne se déclare qu'au port : « Le jet a atteint son but, a dit la cour de Bordeaux, dans un arrêt du 4 décembre 1855 (1), toutes les fois que le navire allégé parvient au port, en quelque état qu'il y arrive; il serait aussi injuste que déraisonnable que le chargeur, qui doit au jet le salut de sa marchandise, pût se dispenser d'y contribuer sous prétexte que le navire, une fois dans le port, a été reconnu innavigable. »

1473. La Cour de cassation a interprété la loi de la même manière, dans son arrêt du 23 juillet 1856 (2) : « Peu importe, a-t-elle dit, au chargeur qui reçoit sa marchandise, qu'elle lui parvienne sur un navire en possession de tous ses agrès ou sur la coque d'un navire désemparé : le navire doit être réputé sauvé, du moins au respect des obligations que les chargeurs contractent, lorsque, par le sacrifice volontairement fait d'une partie de sa substance, il a pu continuer sa route et opérer le salut de la marchandise qui lui était confiée. »

1474. Cette décision est pleine d'équité, et le texte, sainement entendu, n'y est pas contraire; au respect des chargeurs, le navire n'est point sauvé, il doit être considéré comme perdu ou réduit à l'état d'innavigabilité, dans le cas seulement où il ne peut arriver au port; si le chargeur ne recouvre ses marchandises qu'à l'aide d'un véritable sauvetage, il ne peut y avoir lieu à contribution; mais lorsqu'elles parviennent à terre portées sur le navire, qui s'est soumis à un sacrifice dans le but, parfaitement réalisé, d'accomplir le voyage, l'article 423 ni le second paragraphe de l'article 425 ne trouvent plus d'application.

1475. Dans l'hypothèse où l'on voudrait reconnaître à l'article 425 un sens absolu, et décider qu'à quelque époque que la perte ou l'innavigabilité se réalise, à l'occasion du jet ou postérieurement, aucune contribution n'est due par le chargement, alors même que l'une ou l'autre ne serait que la conséquence d'un dommage volontairement souffert (doctrine que nous repoussons), ce serait au moins un devoir

(1) Sirey, t. LVI, 1re partie, p. 659.
(2) Sirey, t. LVI, 1re partie, p. 659 et 660; Pand. chronologiques, à sa date.

pour les tribunaux de se montrer extrêmement sévères dans l'admission de la condition exigée. Ainsi, la cour de Bordeaux a eu occasion de décider que, si l'état d'innavigabilité n'existait pas au moment où la marchandise a été déchargée et n'est survenu que depuis, les chargeurs ne peuvent élever aucune objection : dans ce cas, il faudrait décider encore que la loi a voulu une innavigabilité réelle, et que les chargeurs ne pourraient jamais se prévaloir d'un état d'innavigabilité purement relative (1).

1476. « Si, en vertu d'une délibération, le navire a été ouvert pour en extraire les marchandises, elles contribuent à la réparation du dommage causé au navire. » (Code de commerce, art. 426.)

1477. La délibération indiquée dans cet article est prise en la forme prescrite par les articles 410 et 412. (Voir précédemment, nᵒˢ 1406 et 1408.) L'ouverture que cette délibération a pour but d'autoriser est le *sabordage,* dont nous avons déjà parlé. (Voir précédemment, nᵒ 1450.)

1478. D'après M. Bédarride (nᵒ 1903), l'article 426 a été écrit pour le cas où le navire échoué par cas fortuit est sabordé, afin d'opérer plus rapidement un déchargement que les circonstances rendent trop urgent pour qu'il n'y ait pas danger de recourir au mode ordinaire : « Le dommage résultant de l'ouverture du navire pour en extraire la marchandise, dit-il, est une avarie grosse, quelle qu'ait été la cause du naufrage ou de l'échouement, et, alors qu'il ne constituerait qu'une avarie particulière, la contribution est due pour la réparation de ces ouvertures. »

1479. M. Alauzet (t. V, p. 501) fait judicieusement observer que, dans le cas prévu par M. Bédarride, les ouvertures étant faites dans l'intérêt exclusif du chargement, c'est le chargement qui doit la réparation entière. « Mais, ajoute-t-il, si l'extraction des marchandises est faite dans l'intérêt commun, et afin que le navire allégé puisse être relevé, il faut en revenir aux principes généraux posés par l'article 400 du Code de commerce; » c'est-à-dire que le dommage éprouvé par le navire rentre dans la classe des avaries grosses ou communes, dont la répartition est opérée conformément à l'article 417. (Voir précédemment, nᵒ 1423.)

(1) Bédarride, nᵒ 1902.

1480. « En cas de perte des marchandises mises dans
des barques pour alléger le navire entrant dans un port ou
une rivière, la répartition en est faite sur le navire et son
chargement en entier. — Si le navire périt avec le reste de
son chargement, il n'est fait aucune répartition sur les marchandises mises dans les alléges, quoiqu'elles arrivent à bon
port. » (Code de commerce, art. 427.)

1481. Les marchandises perdues dans des alléges sont
assimilées aux marchandises jetées, parce que c'est pour le
salut commun qu'elles sont mises dans ces frêles barques,
moins solides que le navire, et conséquemment exposées à
une perte plus imminente.

1482. Il y aurait lieu à contribution non-seulement en
faveur des marchandises, mais pour les barques ou alléges, si
elles étaient une dépendance du navire, telles que la cha-
loupe, les canots, etc., parce qu'il ne serait payé, dans ce
cas, aucun nolis qui puisse être considéré comme l'équiva-
lent du danger que ces barques auraient couru. Telle est
l'opinion, parfaitement fondée, de MM. Émérigon (chap. XII,
sect. XLI, § 1er), Boulay-Paty (t. IV, p. 585), Pardessus
(n° 744), Bédarride (n° 1913) et Alauzet (t. V, p. 502).

1483. Mais, — dirons-nous avec les mêmes auteurs et
M. Valin (sur l'art. 19, tit. VIII, liv. III de l'ordonnance de
1681, qui correspond au premier paragraphe de l'art. 427),
— il faut absolument que ce soit pour le salut commun que
les marchandises ont été mises à bord des alléges; car, s'il
n'était question que de les rendre à quai pour la décharge ordinaire du navire, ou si la nécessité de les transborder provenait uniquement de ce que le port de destination aurait
trop peu de profondeur pour recevoir le navire avec sa cargaison entière, il n'y aurait évidemment lieu à aucune contribution : ce serait là, en effet, le résultat inévitable de la
navigation ordinaire, qui ne pourrait affecter que la responsabilité de l'armateur.

1484. A cet égard, M. Pothier (*Contr. mar.*, n° 146) est
très-explicite. Il admet la contribution « lorsque c'est pour
entrer dans un port, où un accident a obligé de relâcher,
qu'il a fallu alléger le navire, parce qu'il ne peut y avoir,
dans ce cas, aucune faute du maître, qui ne pouvait pas devi-
ner, lorsqu'il a chargé son navire, qu'il serait obligé d'entrer dans ce port. Mais, lorsque c'est pour entrer le navire

dans le port de sa destination qu'il a été nécessaire de l'alléger, le maître, qui connaissait ou devait connaître la portée du port où il conduisait son navire, est en faute d'y avoir mis une plus grande charge que celle avec laquelle il aurait pu entrer. C'est donc le maître seul qui doit être, en ce cas, responsable de l'accident, et il ne peut en faire une avarie commune. »

1485. Les mots *si le navire périt*, du second paragraphe de l'article 427, ont fait soulever la question de savoir si cette disposition doit être restreinte au cas où la perte est totale. A cela M. Locré (t. IV, p. 449) répond : « L'article 427 ne s'explique pas textuellement sur l'hypothèse où il n'y a pas perte totale, mais simplement dommage. Toutefois il est évident qu'en restreignant l'effet de ces dispositions au premier de ces cas, il a voulu en exclure le second et le soumettre à des règles différentes. » MM. Dageville (t. IV, p. 485), Bédarride (n° 1914) et Alauzet (t. V, p. 504) partagent cette doctrine que nous adoptons également, bien que M. Dalloz (v° *Droit maritime*, n° 1476) soit d'un avis contraire.

1486. C'est donc seulement dans le cas de perte totale, de naufrage complet, que l'axiome *res perit domino*, appliqué par l'article 427, exerce son empire. Il en est de même, — ajoute avec raison M. Alauzet (*loco citato*), — pour tout dommage au navire ou aux marchandises résultant d'un cas fortuit et constituant une avarie simple : la réserve faite par M. Locré, pour l'hypothèse où il y a simplement dommage, s'applique au seul cas d'avaries communes ; s'il a été fait volontairement un sacrifice depuis que les marchandises ont été mises dans les allèges, elles seront considérées comme faisant partie encore de la communauté, de même que si elles étaient encore dans le navire, jusqu'au moment où elles ont été mises à terre et consignées au propriétaire au lieu de la destination.

1487. « Dans tous les cas ci-dessus exprimés, le capitaine et l'équipage sont privilégiés sur les marchandises ou le prix en provenant, pour le montant de la contribution. » (Code de commerce, art. 428.)

1488. Si le capitaine a souffert quelque dommage dont il doive être indemnisé, ou si les gens de l'équipage ont eu quelques-uns de leurs effets jetés à la mer ou endommagés, ils sont privilégiés pour le payement de la contribution qui leur est due.

1489. Le capitaine a action non-seulement pour ce qui lui est dû personnellement, mais encore, comme mandataire légal de tous les intéressés, pour l'exercice de leurs droits. C'est à lui qu'il appartient de poursuivre le règlement de l'avarie commune; mais il est certain, — comme le disent très-bien MM. Boulay-Paty (t. IV, p. 589), Bédarride (n° 1924) et Alauzet (t. V, p. 506), — que ce règlement peut aussi être demandé par les propriétaires du navire, par les chargeurs, par les assureurs poursuivis, ou par toute personne faisant partie de l'équipage : il suffit d'avoir intérêt pour être en droit d'agir, en ce cas, devant la justice.

1490. Le fret est, comme les marchandises, soumis au privilége. Il résulte d'un arrêt de la cour de Rennes, du 30 juillet 1853 (1), que, pour pouvoir disposer librement de sa marchandise, le propriétaire du chargement est tenu de payer le fret et une somme équivalente à sa contribution dans le montant des avaries, ou de fournir caution.

1491. « Si, depuis la répartition, les effets jetés sont recouvrés par les propriétaires, ils sont tenus de rapporter au capitaine et aux intéressés ce qu'ils ont reçu dans la contribution, déduction faite des dommages causés par le jet et des frais de recouvrement. » (Code de commerce, **art.** 429.)

1492. Les effets jetés continuent d'appartenir à leur propriétaire, qui a, par conséquent, le droit de les réclamer, lorsqu'ils ont été sauvés, à charge par lui de payer les frais de sauvetage. Il doit alors rapporter les sommes qu'il avait reçues comme indemnité de la perte de ces objets, en déduisant toutefois les frais de sauvetage et la valeur du dommage occasionné aux effets par le jet à la mer.

1493. Il ne faut pas, néanmoins, perdre de vue que le propriétaire des effets jetés et ensuite recouvrés a été lui-même un des contribuants; il doit donc, lui aussi, profiter, proportionnellement à son intérêt particulier, du rapport qu'il fait dans l'intérêt de tous; et si, par exemple, la somme qu'il rapporte doit donner à chaque contribuant deux pour cent de sa part, il retiendra lui-même deux pour cent sur la

_____

(1) Lehir, t. LIV, 2ᵉ partie, p. 468.

somme pour laquelle il avait contribué. Tous les auteurs, notamment MM. Valin (sur l'art. 22, tit. VIII, liv. III) et Alauzet (t. V, p. 507), sont d'accord sur ce point.

1494. M. Alauzet (*loco citato*) fait enfin remarquer, avec M. Delvincourt (t. II, p. 256 et suiv.), que, d'un autre côté, quand l'article 428 parle de ce que les propriétaires ont reçu dans la contribution, il entend non-seulement ce qui leur a été réellement payé par les autres contribuants, mais encore ce qu'ils ont touché fictivement sur leur contribution.

1495. Ainsi qu'on l'a vu dans l'article 416, ce sont les experts qui procèdent à la répartition, conformément aux règles établies par les diverses dispositions que nous venons de reproduire et d'expliquer. Ils dressent ensuite leur rapport (FORMULE 152ᵉ), et le déposent, en France, au greffe du tribunal de commerce ou, à défaut, au greffe du tribunal civil qui en remplit les fonctions, et, à l'étranger, au consulat français ou, à défaut, au greffe du tribunal compétent sur les lieux, afin que la répartition soit homologuée et rendue exécutoire dans les formes prescrites par l'article 416.

§ IV. — *Expertise ou prisée*
dans les inventaires après faillite ou liquidation judiciaire.

1496. Dès qu'un commerçant a été déclaré en faillite, les scellés sont apposés sur ses magasins, comptoirs, caisse, portefeuilles, livres, papiers, meubles et effets, à moins que le juge-commissaire estime que l'actif du failli peut être inventorié en un seul jour, auquel cas le syndic doit procéder immédiatement à l'inventaire.

1497. Lorsque les scellés ont été mis, les syndics en requièrent la levée et procèdent à l'inventaire, le failli présent ou dûment appelé.

1498. « L'inventaire sera dressé en double minute par les syndics, à mesure que les scellés sont levés, et en présence du juge de paix, qui le signera à chaque vacation. L'une de ces minutes sera déposée au greffe du tribunal de commerce, dans les vingt-quatre heures; l'autre restera entre les mains des syndics. — Les syndics seront libres de se faire aider, pour sa rédaction comme pour l'estimation des objets, par qui ils jugeront convenable. — Il sera fait récolement des objets qui, conformément à l'article 469, n'auraient pas été mis sous les scellés, et auraient déjà été inventoriés et prisés. » (Code de commerce, art. 480.)

1499. En cas de liquidation judiciaire, l'article 4 de la loi du 4 mars 1889 dispose que les liquidateurs provisoires « arrêtent et signent les livres du débiteur dans les vingt-quatre heures de leur nomination, et procèdent avec celui-ci à l'inventaire. »

1500. Le syndic ou le liquidateur judiciaire peut se faire aider, pour l'estimation des objets, par qui il juge convenable, à moins qu'il ne veuille faire lui-même la prisée, ainsi qu'il en a légalement le droit.

1501. C'est ordinairement un commissaire-priseur que les syndics emploient dans les villes où résident ces officiers ministériels; ailleurs, ils se servent presque toujours du greffier du juge de paix qui lève les scellés; mais ils peuvent, comme nous venons de le dire, se faire aider par toute autre personne qu'un officier public.

1502. L'expert priseur, quel qu'il soit, ne dresse point de procès-verbal de ses estimations; les chiffres qu'il fixe sont inscrits dans l'inventaire à la suite de chaque objet.

§ V. — *Expertise en matière de vices rédhibitoires d'animaux domestiques.*

1503. Ces sortes d'expertises sont ordonnées, les experts sont choisis, et l'opération est faite absolument de la même manière en matière commerciale qu'en matière civile. Il faut, par conséquent, se reporter au § 9 de la 3e section du chapitre III de cet ouvrage (voir précédemment, nos 874 et suiv.), où nous avons reproduit et expliqué les dispositions de la loi du 2 août 1884, qui contiennent les règles à suivre à cet égard.

CHAPITRE VI.

DE L'EXPERTISE AMIABLE.

1504. L'expertise amiable est celle qui est confiée directement par les parties, sans intervention de la justice, à des hommes de leur choix.

1505. Les parties peuvent convenir d'une expertise de cette nature et nommer des experts soit par un acte sous seing privé, soit par simples lettres missives, soit dans un acte notarié, soit enfin dans un procès-verbal de conciliation sur avertissement dressé par le juge de paix, conformément à l'article 17 de la loi du 25 mai 1838, modifié par celle du 2 mai 1855.

1506. Nous avons même vu, assez souvent, surtout dans les campagnes, s'accorder pour faire faire une expertise et opérer le choix des experts *verbalement*. Cette manière de procéder est, sans doute, très-expéditive et surtout fort commode pour les personnes illettrées, et elle évite quelquefois un procès, en mettant les parties très-promptement d'accord ; mais elle ne doit, on le comprend, être employée que dans des contestations de minime importance ; car, après que l'expertise est terminée, si une des parties refuse d'en accepter le résultat, on ne peut pas l'y contraindre : le travail auquel les experts se sont livrés est conséquemment nul, et la peine qu'ils ont prise est inutile. Il sera donc toujours préférable de n'accepter une semblable mission que si elle est donnée par écrit, surtout lorsque les parties conviennent de s'en rapporter, pour trancher le différend, à la décision souveraine des experts.

1507. Si les experts nommés à l'amiable n'ont qu'à faire une vérification, opérer un mesurage ou constater un fait, ils ne sont que de simples mandataires, responsables vis-à-vis des intéressés, de l'exécution de leur opération ; mais ils reçoivent une mission semblable à celle des arbitres quand ils ont à statuer souverainement sur une contestation. Aussi la Cour de cassation a-t-elle jugé, par arrêt du 30 janvier 1855 (1), que, lorsque deux parties en désaccord sur la valeur de travaux nomment des experts pour fixer cette valeur, avec convention que le montant de leur estimation sera payé à la partie qui a fait les travaux, cette estimation des experts constitue non un simple avis, mais une véritable décision donnant effet à une convention.

1508. Quelle que soit, d'ailleurs, l'étendue de la mission confiée à ces experts, choisis à l'amiable, les dispositions de nos Codes relatives aux expertises, pas plus que les règles tracées pour les arbitrages, ne sauraient s'appliquer à leurs opérations. Ce principe était déjà admis avant le Code de procédure civile, ainsi que le constate un arrêt de la Cour de cassation du 13 brumaire an X (2); la cour de Besançon, par arrêt du 5 décembre 1811 (3) et la cour de cassation, par un arrêt du 21 février 1887 (4), ont décidé que les règles relatives aux arbitrages et aux expertises judiciaires ne sont pas applicables à des experts convenus par les parties pour estimer un immeuble ou pour apprécier un dommage en cas d'incendie.

1509. Mais, dans l'acte ou les écrits quelconques qui nomment ces experts ou arbitres, les parties peuvent indiquer les formalités légales dont elles leur imposent l'accomplissement. Ainsi elles peuvent leur prescrire la prestation de serment, à laquelle ils ne seront pas obligés sans cela, l'obligation de fixer d'avance les lieu, jour et heure de l'opération, afin que les parties puissent y assister, celle de déposer leur rapport ou d'en remettre un original à chaque intéressé, etc., etc.

1510. Un point sur lequel nous appelons surtout l'attention des parties, c'est la nécessité d'énoncer clairement les objets de l'expertise et les questions à résoudre. Les experts devront avoir soin d'exiger, à cet égard, des énonciations précises, de manière à ce qu'ils soient bien fixés sur la nature de la mission qui leur est confiée et que des difficultés

---

(1) Journal du palais, 1857, p 871.
(2) Journal du palais, Rép., t. VII, p. 83, n° **5.**
(3) Journal des avoués, t. XII, p 676
(4) Pandectes françaises, 1888, 1, 363.

nouvelles ne surgissent pas soit pendant, soit après l'expertise.

1511. Quant à l'obligation de dresser un procès-verbal ou rapport de leur opération ; les experts ou arbitres y sont naturellement soumis, car c'est le seul moyen de constater qu'ils ont rempli leur mission, à moins toutefois qu'après avoir achevé leur travail, ils ne rédigent un acte privé que signent les parties et qui termine le différend, ou qu'ils ne les réunissent chez un notaire pour y faire dresser un acte authentique et public destiné à produire le même résultat, ou bien encore que la partie qui a tort ne s'exécute aussitôt qu'il lui est donné verbalement connaissance de l'avis des experts ou de la décision des arbitres.

1512. Les cas qui donnent le plus souvent lieu à des expertises amiables sont les règlements d'indemnités à payer par les Compagnies d'assurances après un sinistre, les règlements de comptes de travaux ou fournitures, l'évaluation de dommages aux champs, fruits et récoltes, les contestations relatives à la propriété exclusive ou à la mitoyenneté d'une haie, de quelques arbres, d'un fossé, d'un sillon de terre, etc. Ce que nous allons dire concernant ces diverses opérations servira de règle pour toutes les autres expertises amiables.

1513. Dès qu'un incendie a détruit ou dégradé des meubles ou des immeubles assurés, la Compagnie et le propriétaire désignent chacun un expert et signent un compromis (FORMULE 153e) par lequel ils chargent ces deux experts de procéder à la reconnaissance et à l'estimation des pertes et dommages.

1514. Au bas de chacun des originaux de cet acte sous seing privé, qui les dispense ordinairement du serment et de toutes formes judiciaires, les experts déclarent qu'ils acceptent la mission qui leur est confiée et promettent de la remplir fidèlement.

1515. Les experts fixent aux deux parties le jour et l'heure auxquels ils se rendront sur le lieu du sinistre, et, ce jour venu, ils procèdent aux constatations nécessaires, en la présence ou en l'absence des parties, selon qu'elles se sont ou non rendues.

1516. Leur opération terminée, les experts, s'ils sont d'accord, dressent leur rapport (FORMULE 154e) en autant d'originaux qu'il y a de parties ayant un intérêt distinct, et ils remettent un de ces originaux à chacune d'elles, à moins que le compromis n'ait ordonné le dépôt, auquel cas les experts ne font qu'un seul exemplaire du rapport.

1517. Si les experts ne sont pas d'accord, ils nomment un tiers-expert, et, s'ils ne peuvent pas convenir de ce tiers, la nomination est faite par le président du tribunal de première instance ou de commerce, par le juge de paix ou par tout autre magistrat désigné dans le compromis. Ce choix pourrait même être laissé au maire : ce serait plus commode dans les communes rurales non chefs-lieux de canton, où ne réside pas le juge de paix.

1518. Le tiers-expert se joint aux deux autres, et ils procèdent ensemble à l'opération ; leurs décisions sont alors prises à la majorité des voix.

1519. Il n'est pas nécessaire que les experts en désaccord dressent un rapport contenant leurs opinions respectives; ils peuvent se borner à conserver de simples notes, qu'ils communiquent au tiers-expert, avec lequel ils doivent opérer de nouveau. Cette seconde opération collective est le meilleur moyen d'arriver à une prompte solution ; car, si les experts divisés font leur rapport soit ensemble, soit séparément, et que le tiers-expert procède seul, il faudra qu'il adopte entièrement l'avis d'un des deux autres, afin qu'il y ait majorité ; ou bien, s'il émet une opinion nouvelle, on se trouvera en présence de trois avis différents, et l'on sera encore moins avancé qu'auparavant ; tandis que, si l'opération est recommencée conjointement par les trois experts, les observations du tiers-expert rapprocheront les autres, et, s'ils ne parviennent pas à se mettre tous les trois d'accord, deux au moins réussiront à s'entendre, et l'on aura l'avis de la majorité, auquel on se conformera.

1520. Le rapport fait avec le tiers-expert (FORMULE 155e) est, comme nous l'avons dit pour celui des deux experts primitifs (voir précédemment, n° 1516), déposé au greffe ou remis aux parties, selon les termes du compromis.

1521. Les règles que nous venons de tracer pour l'expertise en matière d'assurances s'appliquent à tous les autres cas d'expertises amiables (FORMULES 156e à 158e). Elles n'ont rien d'obligatoire, et les parties peuvent les modifier comme elles le jugent convenable ; mais il est bon de les suivre

autant que possible, afin de donner à l'opération un caractère sérieux et décisif (1).

1522. En matière de règlement de comptes ou d'estimation de dommages, on ne nomme souvent, — surtout quand
l'affaire a peu d'importance, — qu'un seul expert, à la décision duquel les parties conviennent de se rapporter. C'est
alors, comme nous l'avons déjà dit, plutôt un arbitrage
qu'une expertise. Dès que l'expert-arbitre s'est prononcé, la
partie qui reste débitrice envers l'autre s'exécute habituellement, soit en payant comptant, soit en souscrivant un effet à
échéance convenue, et il n'est dressé ni rapport ni procès-
verbal, l'affaire étant ainsi définitivement terminée.

(1) Un cas d'arbitrage ou d'expertise amiable qui se produit assez souvent, dans certaines localités, c'est celui où un vendeur et un acquéreur,
usant de la faculté accordée par l'article 1592 du Code civil, laissent à un
tiers l'estimation du prix de la vente. Pour que cette clause soit valable, il
faut que l'expert soit nominativement désigné dans l'acte. Ainsi l'a jugé la
cour de Bordeaux, par arrêt du 6 février 1878 (Journal des arrêts de cette
cour, t. LIII, p. 50), dans une affaire où il avait été stipulé que les marchandises et le matériel (il s'agissait de la vente d'un fonds de commerce),
seraient estimés par deux experts choisis, l'un par le vendeur, l'autre par
l'acquéreur ; lesquels experts pourraient, en cas de désaccord, s'en adjoindre un troisième choisi par eux. Voici les motifs sur lesquels cette
décision est appuyée : « Attendu qu'aux termes des articles 1583 et 1589
du Code civil, la vente ou la promesse de vente est parfaite entre les contractants lorsqu'on est convenu de la chose et du prix ; que, suivant l'article 1591, le prix doit être déterminé et désigné par les parties elles-
mêmes ; que, toutefois, par dérogation à cette règle générale et dans le but
de faciliter les transactions, l'article 1592 porte que le prix peut être laissé
à l'arbitrage d'un tiers, et que, si ce tiers ne veut ou ne peut faire l'estimation, il n'y a pas de vente ; — Attendu que cette disposition, par cela
même qu'elle crée une exception au droit commun, doit être renfermée
dans les limites les plus étroites ; qu'il résulte du rapprochement et de la
combinaison des textes, en cette matière, que la fixation ne peut être laissée
à l'arbitrage d'un tiers qu'autant que l'expert appelé à déterminer la valeur
de la chose vendue a été nommé par les parties dans l'acte constituant
soit la promesse de vente, soit la transmission effective de la propriété ;
— Attendu que, si cette formalité n'a pas été accomplie et si, comme dans
l'espèce, il a été stipulé que cette désignation serait faite ultérieurement,
il dépend de la volonté seule d'un des contractants de rendre sans effet
la convention en refusant de concourir à la nomination du tiers dont l'intervention est indispensable pour donner à l'acte son complément nécessaire ; que le contrat, privé ainsi de l'un des éléments essentiels sans lequel il ne saurait avoir d'existence légale, tombe sous l'application de l'article 1170 du même Code, qui définit la condition potestative, celle qui fait
dépendre l'exécution de la convention d'un événement qu'il est au pouvoir
de l'une ou de l'autre des parties de faire arriver ou d'empêcher, et de
l'article 1174, qui déclare nulle toute obligation contractée sous une condition potestative de la part de l'obligé ; — Attendu que cette solution est
justifiée par les termes mêmes dans lesquels, à la séance du Corps législa-
latif du 15 ventôse an XII, l'orateur chargé de présenter le vœu du Tribu-
nat sur le livre III, titre VI du Code civil, expliquait le but et la pensée
de la loi relative à la vente, en disant : « L'incertitude sur le prix ferait

1523. S'il s'agit d'une question de propriété ou de mitoyenneté, on peut, lorsqu'il n'y a qu'à fixer la ligne divisoire de deux héritages, planter des bornes, avec ou sans l'intervention du juge de paix. Mais, quand il faut constater qu'un mur, une haie, un fossé, un arbre, des pieds de vigne ou autres arbustes, un chemin de service, un sentier, etc., sont la propriété de l'une des parties, ou mitoyens entre elles, un bornage ne peut suffire, et il est alors nécessaire de rédiger un acte sous seing privé (FORMULE 159ᵉ), si toutes les parties savent écrire, ou par devant notaire si seulement l'une d'elles est illettrée.

1524. Nous venons de dire que l'on peut planter des bornes avec ou sans l'intervention du juge de paix. En effet, les parties, se conformant à la décision des experts, ont la faculté de procéder elles-mêmes au bornage, soit seules, soit avec l'assistance des experts. Mais il est indispensable pour cela qu'elles sachent toutes écrire, car ce n'est pas seulement de planter des bornes, de mettre des pierres dans la terre qu'il s'agit : les bornes sont exposées à être déplacées ou même enlevées ; il faut que le placement de ces « témoins muets » de la convention soit constaté par un procès-verbal sous signatures privées, qui indique d'une manière bien exacte la nature des bornes, leur forme et surtout l'endroit où elles sont posées, afin qu'on puisse facilement retrouver ce point dans le cas où les bornes n'y seraient plus. Ce procès-verbal (FORMULE 160ᵉ), pour être valable, doit, comme tous les actes sous seing privé, être signé par chacune des parties intéressées, ou par un mandataire auquel les parties illettrées ne pourraient donner leurs pouvoirs, à cet effet, que par acte notarié.

1525. Le procès verbal ou rapport que dresseraient les experts pour constater le bornage ne saurait remplacer l'acte signé de toutes les parties ou de leurs mandataires ; et, pour que les experts puissent agir en qualité d'arbitres et rendre un jugement qui validât le bornage, il faudrait que

» naître une incertitude sur le consentement, et dès lors comment pour-
» rait-on voir une vente?... On sent qu'il importait de laisser le moins
» d'arbitraire possible sur le sort de la vente dont le prix était laissé à l'ar-
» bitrage d'un tiers; que les conditions nécessaires pour que, dans ce cas,
» la vente existe sont qu'il n'y ait qu'un tiers chargé de la fixation du prix,
» qu'il soit expressément désigné par les parties, que ce tiers veuille ou
» puisse faire lui-même l'estimation, et qu'il la fasse. »

toutes les formalités prescrites par le Code de procédure civile, au titre unique du livre III, fussent remplies. Recourir au juge de paix serait alors plus simple, plus facile et plus économique.

1526. L'expertise amiable se fait à frais communs, à moins que le compromis ne renferme des conventions contraires. Les tarifs légaux ne sont point applicables aux opérations de cette nature; néanmoins, les experts, de même que les parties, s'y conforment généralement pour la fixation des débours, frais de transport et honoraires.

1527. Dans le cas où les experts rencontreraient des difficultés pour le payement de leurs débours et honoraires, ce n'est ni au juge de paix, ni au président du tribunal qu'ils pourraient recourir pour faire taxer leur état de frais et obtenir ensuite un exécutoire. Ils devraient actionner directement les parties devant la justice de paix si la demande de chacun d'eux n'excédait pas deux cents francs et, au delà de cette somme, devant le tribunal de première instance. — Pour la compétence en égard au chiffre de la demande, voir précédemment, n° 606.

CHAPITRE VII.

TARIFS DES FRAIS ET HONORAIRES DES EXPERTS.

1528. Nous avons indiqué, en traitant des diverses natures d'expertises, et notamment au paragraphe 7 de la section II du chapitre III (voir précédemment, n°s 566 et suiv.), la manière dont les experts doivent faire régler leurs débours et honoraires, les droits que la loi leur donne, et les formalités à remplir pour obtenir le payement des sommes qui leur sont dues. Il nous reste à faire connaître les dispositions des tarifs, ordonnances et décrets qui les concernent.

SECTION PREMIÈRE.

TAXE DES EXPERTS EN JUSTICE DE PAIX.

1529. « La taxe des experts en justice de paix sera la même que celle des témoins, et il ne leur sera alloué de frais de voyage que dans les mêmes cas. » (Décret du 16 février 1807, art. 25.)

1530. « Il sera taxé au témoin entendu par le juge de paix une somme équivalente à une journée de travail, même à une double journée si le témoin a été obligé de se faire remplacer dans sa profession, ce qui est laissé à la prudence du juge. — Il sera taxé au témoin qui n'a pas de profession, deux francs. — Il ne sera point passé de frais de voyage, si le témoin est domicilié dans le canton où il est entendu. — S'il est domicilié hors du canton et à une distance de plus de deux myriamètres et demi du lieu où il fera sa déposition, il lui sera alloué autant de fois une somme double de journée de travail, ou une somme de quatre francs, qu'il y aura **de**

fois cinq myriamètres de distance entre son domicile et le lieu où il aura déposé. » (Même décret, art. 24.)

1531. C'est au juge de paix qu'il appartient de fixer le taux de la journée de travail de l'expert, suivant sa profession, sans cependant pouvoir l'élever au-dessus de 10 francs, maximum de la taxe réglée par l'article 167 du décret. Notre opinion est en cela conforme à celle de MM. Chauveau (*Commentaire du Tarif*, t. I, p. 29), Dalloz (v° *Frais et dépens*, n° 314) et Bonnesœur (*Taxe des frais*, p. 15).

1532. Nous pensons également, avec MM. Sudraud-Desisles (p. 312) et Jay (*Formulaire*, p. 175), que l'indemnité de voyage peut être accordée cumulativement avec l'indemnité fixée pour la déposition ou l'opération.

1532 *bis* D'après les arrêts de la cour de cassation du 8 juin 1864 (1) et de la cour de Paris du 27 décembre 1894 (2), c'est le juge de paix qui est compétent pour taxer les frais et honoraires d'expertises faits au cours d'une instance dont il a eu à connaître et pour statuer sur l'opposition à la taxe formée par les parties.

<h3 style="text-align:center">SECTION II</h3>
TAXE DES EXPERTS DEVANT LES TRIBUNAUX CIVILS
ET LES COURS D'APPEL.

1533. Dans la presque totalité des affaires civiles, la taxe des frais et honoraires des experts est régie par les dispositions des articles 159 à 162 du décret réglementaire du 16 février 1807, auquel nous allons consacrer le paragraphe 1er de cette section. Dans les paragraphes suivants, nous examinerons les dispositions particulières aux expertises en vérification d'écritures et faux incident civil, et aux ventes judiciaires de biens immeubles, les seules qui fassent exception en matière civile.

§ Ier. — Tarif ordinaire.

1534. « Il sera taxé aux experts, par chaque vacation de trois heures, quand ils opéreront dans les lieux où ils sont domiciliés ou dans la distance de deux myriamètres, savoir :

« Dans le département de la Seine : — pour les artisans et laboureurs, 4 francs ; — pour les architectes et autres artistes, 8 francs ;

« Dans les autres départements : — aux artisans et labou-

(1) Dalloz, 1865, 1, 67.
(2) Pandectes françaises, 1895, 2, 167.

reurs, 3 francs ; — aux architectes et autres artistes, 6 fr. »
(Décret du 16 février 1807, art. 159.)

1535. « Au-delà de deux myriamètres, il sera alloué par
chaque myriamètre, pour frais de voyage et nourriture, aux
architectes et autres artistes, soit pour aller, soit pour revenir : — à ceux de Paris, 6 francs ; — à ceux des départements, 4 fr. 50 c. » (Même décret, art. 160.)

1536. Il leur sera alloué, pendant leur séjour, à la charge
de faire quatre vacations par jour, savoir : — à ceux de Paris,
32 francs ; — à ceux des départements, 24 francs. — *Nota.* La
taxe sera réduite, dans le cas où le nombre de quatre vacations n'aurait pas été employé. — S'il y a lieu à transport
d'un laboureur au-delà de deux myriamètres, il sera alloué
3 francs par myriamètre pour aller, et autant pour le retour,
sans néanmoins qu'il puisse être rien alloué au-delà de cinq
myriamètres. » (Même décret, art. 161.)

1537. « Il sera encore alloué aux experts deux vacations,
l'une pour la prestation de serment, l'autre pour le dépôt de
leur rapport, indépendamment de leurs frais de transport,
s'ils sont domiciliés à plus de deux myriamètres de distance
du lieu où siége le tribunal ; il leur sera accordé, par myriamètre, en ce cas, le cinquième de leur journée de campagne.
— Au moyen de cette taxe, les experts ne pourront rien réclamer ni pour frais de voyage et de nourriture, ni pour s'être
fait aider par des écrivains ou par des toiseurs ou porte-
chaînes, ni sous quelque autre prétexte que ce soit ; ces frais,
s'ils ont eu lieu, resteront à leur charge. — Le président, en
procédant à la taxe de leurs vacations, en réduira le nombre
s'il lui paraît excessif. » (Même décret, art. 162.)

1538. D'après le dernier paragraphe de l'article 151 du
même décret, « il ne sera passé aux experts que trois vacations par jour quand ils opéreront dans le lieu de leur résidence : deux par matinée et une seule l'après-dîner. »

1539. Le tarif contenu dans le décret réglementaire, dont
nous venons de reproduire les articles relatifs aux experts,
ne concernait que le ressort de la cour de Paris ; mais, le
même jour, 16 février 1807, fut rendu un décret supplémentaire qui appliqua ce tarif aux ressorts des cours de Bordeaux, Lyon et Rouen, les mettant ainsi sur le même pied
que Paris ; réduisit les sommes portées en ce tarif d'un
dixième, pour les autres cours d'appel et les villes dont la

population excède trente mille âmes, et enfin rendit commun à tout l'empire le tarif des frais et dépens décrétés pour les tribunaux autres que celui de Paris. Plus tard, deux décrets, des 30 avril 1862 et 13 décembre 1862, ont rendu le tarif de Paris applicable aux cours et tribunaux de Toulouse, Lille et Nantes. Par conséquent, les dispositions des articles 159, 160 et 161 du décret du 16 février 1807, ci-dessus rapportés, doivent être modifiées, dans leur application, conformément à ces trois décrets supplémentaires.

1540. Les vacations et frais de voyage des experts doivent-ils être taxés d'après le lieu où s'opère l'expertise, ou d'après le domicile des experts ? Cette question nous a été posée et voici la solution que nous avons donnée : La difficulté nous paraît clairement résolue par les termes mêmes des articles 160 et 161 du Tarif, qui portent : « à ceux de Paris, » 6 fr. ou 32 fr., et « à ceux des départements, » (non assimilés à Paris, bien entendu,) 4 fr. 50 c. ou 24 fr. Il est évident que la taxe doit varier suivant le domicile de l'expert, et qu'il n'y a pas à s'occuper du lieu où il a procédé à son opération. Ainsi, l'expert de Paris, Bordeaux, Lyon, Rouen, Toulouse, Lille ou Nantes a droit à 6 fr. par myriamètre et 32 fr. par jour; celui des autres chefs-lieux de cours d'appel et des villes dont la population excède trente mille âmes, à 5 fr. 40 c. et 28 fr. 80 c.; l'expert domicilié partout ailleurs n'a droit qu'à 4 fr. 50 c. et 24 fr. Il en est de même pour les vacations, taxées par l'article 159 du Tarif, combiné avec les dispositions du troisième décret du 16 février 1807, à 4 fr. ou 8 fr. pour le département de la Seine et les localités où le même tarif est applicable; 3 fr. 60 c. ou 7 fr. 20 c. pour les autres chefs-lieux de cours d'appel et les villes de plus de trente mille âmes; **3** fr. ou 6 fr. pour tout le reste de la France.

§ II. — *Tarif des experts en vérification d'écritures et en faux incident civil.*

1541. « Il sera taxé aux experts en vérification d'écritures, et en cas d'inscription de faux incident, par chaque vacation de trois heures, indépendamment de leurs frais de voyage, s'il y a lieu : — à Paris, 8 francs; — dans les tribunaux du ressort, 6 francs. » (Décret du 16 février 1807, art. 163.)

TRAITÉ DES EXPERTISES.

1542. « Il ne leur sera rien alloué pour prestation de serment, ni pour dépôt de leur procès-verbal, attendu qu'ils doivent opérer en présence du juge ou du greffier, et que le tout est compris dans leurs vacations. » (Même décret, art. 164.)

1543. « Il leur sera alloué pour frais de voyage, s'ils sont domiciliés à plus de deux myriamètres du lieu où se fait la vérification : — à Paris, 32 francs; — dans le ressort, 24 francs; — à raison de cinq myriamètres par journée, et, au moyen de cette taxe, ils ne pourront rien réclamer pour frais de transport et de nourriture. » (Même décret, art. 165.)

1544. Les explications contenues dans les nᵒˢ 1538 à 1540 qui précèdent sont applicables aux expertises qui font l'objet du présent paragraphe; les articles 163 et 165 du Tarif doivent, par conséquent, être modifiés conformément aux trois décrets supplémentaires indiqués dans le nᵒ 1539, pour ce qui concerne les ressorts des cours et tribunaux auxquels se rapportent ces trois décrets.

§ III. — *Tarif des experts en matière de ventes judiciaires de biens immeubles.*

1545. « Il sera taxé aux experts, par chaque vacation de trois heures, quand ils opéreront dans les lieux où ils sont domiciliés ou dans la distance de deux myriamètres, savoir :

» Dans le département de la Seine : — pour les artisans ou laboureurs. 4 francs : — pour les architectes et autres artistes, 8 francs.

» Dans les autres départements : — pour les artisans et laboureurs, 3 francs; ☞ pour les architectes et autres artistes, 6 francs. »(Ordonnance royale. du 10 octobre 1841 . art. 15, § 1ᵉʳ)

1546. « Au-delà de deux myriamètres , il sera alloué par chaque myriamètre, pour frais de voyage et nourriture , aux architectes et autres artistes , soit pour aller, soit pour revenir : — à ceux de Paris, 6 francs ; — à ceux des départements, 4 francs 50 centimes. » (Même ordonnance, art. 15, § 2.)

1547. « Il leur sera alloué pendant leur séjour, à la charge de faire quatre vacations par jour, savoir : — à ceux de Paris,

32 francs ; — à ceux des départements, 24 francs. — La taxe sera réduite dans le cas où le nombre de quatre vacations n'aurait pas été employé. » (Même ordonnance, art. 45, § 3.)

1548. « S'il y a lieu à transport d'un laboureur au-delà de deux myriamètres, il sera alloué 3 francs par myriamètre pour aller et autant pour le retour, sans néanmoins qu'il puisse être rien alloué au-delà de cinq myriamètres. » (Même ordonnance, art. 45, § 4.)

1549. « Il sera encore alloué aux experts deux vacations : l'une pour leur prestation de serment, l'autre pour le dépôt de leur rapport, indépendamment de leurs frais de transport, s'ils sont domiciliés à plus de deux myriamètres de distance du lieu où siége le tribunal ; il leur sera accordé par myria-mètre, en ce cas, le cinquième de leur journée de campagne. » (Même ordonnance, art. 45, § 5.)

1550. « Au moyen de cette taxe, les experts ne pourront rien réclamer, ni pour frais de voyage et de nourriture, ni pour s'être fait aider par des écrivains ou par des toiseurs et porte-chaînes, ni sous quelque autre prétexte que ce soit ; ces frais, s'ils ont eu lieu, restant à leur charge. » (Même ordonnance, art. 45, § 6.)

1551. « Le président, en procédant à la taxe de leurs vacations, en réduira le nombre, s'il lui paraît excessif. » (Même ordonnance, art. 45, § 7 et dernier.)

1552. L'article 46 de cette ordonnance rend commun aux tribunaux de Marseille, Lyon, Bordeaux et Rouen le tarif réglé pour le tribunal de Paris ; mais le dernier paragraphe de cet article porte que les dispositions de l'article 45 que nous venons de reproduire, et qui forme à lui seul le cha-pitre IV du titre II de l'ordonnance, « seront appliquées sans autre distinction, à raison de la résidence, que celle qui se trouve indiquée dans ce chapitre. » Il n'y a, par conséquent, à modifier en rien les dispositions de l'article 45 ; seuls Paris et le département de la Seine jouissent du taux le plus élevé ; tous les autres départements indistinctement n'ont droit qu'à la taxe inférieure.

SECTION III

TAXE DES EXPERTS EN MATIÈRE ADMINISTRATIVE.

1553. Les frais et honoraires des experts sont taxés, en matière administrative, conformément aux dispositions du décret du 18 janvier 1890. Il leur est alloué, par vacation de trois heures, 8 francs dans le département de la Seine et dans les villes de plus de 100.000 habitants, 7 francs dans les villes de plus de 30.000 habitants, et 6 francs dans les autres localités. Les articles 3 et suivants du décret fixent les indemnités dues aux experts pour déplacements ou pour direction de travaux et autres opérations exigeant des connaissances ou des soins particuliers. Ces dispositions sont reproduites et commentées dans le *Répertoire des Pandectes françaises*, v° *Conseil de préfecture*, n°s 897 et suiv.

1554. Ainsi que nous l'avons déjà dit (voir précédemment, n° 1149), lorsque les ingénieurs des mines vérifient des plans, ou agissent à raison de leurs fonctions, il ne leur est point dû d'honoraires.

1555. Les frais et honoraires des experts sont taxés par le juge de paix, le président du tribunal civil ou du conseil de préfecture, selon que l'expertise a été ordonnée dans une affaire de la compétence de l'une ou de l'autre de ces diverses juridictions; ou bien par le préfet, lorsque l'opération a eu lieu en dehors d'une instance pendante devant la justice civile ou administrative.

SECTION IV.

TAXE DES EXPERTS EN MATIÈRE COMMERCIALE.

1556. Les dispositions du décret réglementaire du 16 février 1807 s'appliquent évidemment aux expertises en matière commerciale, puisque c'est en vertu des articles 429, 430 et 431 du Code de procédure civile qu'ont lieu ces opérations. C'est, par conséquent, dans le § 1er de la deuxième section du présent chapitre (voir précédemment, nos 1531 et suiv.) qu'il faut puiser les règles à suivre en cette matière.

1557. Aussi la cour de Pau a-t-elle appliqué, par arrêt du 2 janvier 1864 (1), l'article 159 du décret du 16 février 1807 à des experts chargés de vérifier une comptabilité commerciale, en décidant que le taux de la vacation à eux due était de 6 francs et non pas seulement de 3 francs, ces experts devant être considérés comme des artistes et non comme des artisans, dans le sens de l'article 159.

1558. Les experts sont taxés, en France ou dans les colonies françaises, par les magistrats qui les ont commis; à l'étranger, par le consul français, le consul étranger ou le fonctionnaire du pays dont ils tiennent leur nomination. (Voir précédemment, nos 1395 et 1411.)

1559. Par arrêt du 3 juin 1867 (2), la cour de Bordeaux a décidé : 1° que la contestation soulevée au sujet du règlement des honoraires dus à des experts chargés de donner leur avis dans un litige commercial n'a point elle-même un caractère commercial; qu'elle reste purement civile, et doit, dès lors, être portée devant les tribunaux ordinaires ; 2° que, le tribunal de commerce n'ayant pas compétence pour délivrer un titre exécutoire aux experts, en statuant sur les difficultés relatives au règlement de leurs honoraires, il s'ensuit que le président de ce tribunal ne peut avoir lui-même qualité pour rendre exécutoire la taxe qu'il aurait faite à ce sujet; 3° que l'ordonnance incompétemment rendue par ce magistrat ne peut être attaquée par voie d'opposition ; ni devant le tribunal de commerce, ni devant le tribunal civil, et que le seul recours dont elle soit susceptible est celui de l'appel.

1560. Il résulte également des arrêts de la cour de Paris, du 18 février 1853 (3), de la cour de cassation du 26 décembre 1889 (4) et de la cour d'Alger du 24 janvier 1894 (5),

---

(1) Journal du palais, 1864, p. 740 ; Pandectes chronologiques, à sa date.
(2) Journal des arrêts de cette cour, 1867, p. 271. — Journal du palais, 1870, p. 215.
(3) Journal du palais, 1853, t. I, p. 154.
(4) Pandectes chronologiques, à sa date.
(5) Pandectes françaises, 1895, 2, 15,

que, le mandat donné à des arbitres étant purement civil, même lorsque la contestation est commerciale, il ne peut, à aucun titre, donner action devant le tribunal de commerce.

1561. Enfin, la Cour de cassation a jugé, par arrêt du 26 décembre 1859 (1), que l'action en payement des honoraires dus à des experts-arbitres, à raison de rapports faits par eux sur des contestations pendantes devant le tribunal de commerce, ne peut être portée devant ce tribunal, de tels rapports n'ayant pas, en effet, le caractère d'actes de commerce.

---

(1) Journal du palais, 1860, p. 565. — Sirey, t. LX, 1re partie, p. 155 ; Pandectes chronologiques, à sa date.

CHAPITRE VIII.

FORMULES.

1562. La rédaction d'un acte n'est pas toujours chose facile, même pour les hommes de loi, et, à plus forte raison, pour les personnes peu habituées aux affaires contentieuses, comme il s'en trouve presque toujours dans les opérations qui font l'objet de ce Traité. Nous avons, dès lors, pensé que, pour compléter les explications contenues dans les sept chapitres qui précèdent, il était indispensable de donner les modèles des divers actes que peuvent nécessiter les différentes natures d'expertises. Joindre les formules aux règles est le seul moyen de rendre celles-ci parfaitement claires, d'en faciliter l'application et d'éviter autant que possible les nullités, qui résultent souvent d'une légère omission ou d'une simple erreur de rédaction.

SECTION PREMIÈRE.

EXPERTISES CIVILES.

FORMULE 1ʳᵉ. — Jugement du juge de paix qui ordonne une visite de lieux avec expertise. (Voir précédemment, nᵒ 113.)

Entre le sieur A... (*nom, prénoms, profession et domicile du demandeur*), demandeur, comparant en personne (*ou* : représenté par le sieur ....., son mandataire, aux termes d'une procuration, etc.), d'une part;

Et le sieur B... (*nom, prénoms, profession et domicile du dé-*

fendeur), défendeur, comparant aussi en personne (*ou bien :* représenté par le sieur ....., etc.), d'autre part.

Faits : Par exploit du ministère de..., huissier à..., en date du..., enregistré, le sieur A... a fait citer le sieur B... à comparaître devant nous, le..., pour (porte ledit exploit), attendu que... (*copier les conclusions de la citation*).

La cause appelée à la présente audience, le sieur A.., demandeur, a développé les motifs de sa demande, et, persistant dans les conclusions de sa citation, il en a requis l'adjudication.

Le sieur B..., défendeur, a dit que...

A cela le sieur A... a répondu que...

Puis le sieur B... a répliqué que...

Sur quoi, attendu que la visite des lieux est utile pour prononcer sur les faits à nous soumis ; que cette visite est requise (1) par le sieur A..., demandeur (*ou :* par le sieur B..., défendeur); que l'objet du litige exige des connaissances qui nous sont étrangères, et nécessite l'avis de gens de l'art ;

Par ces motifs, nous, juge de paix, avant faire droit, ordonnons que nous nous transporterons... (*indiquer le jour, l'heure et le lieu du transport*) pour en opérer la visite, à laquelle visite nous procéderons avec l'assistance de monsieur ..... *ou :* de messieurs..... (*nom, prénoms, profession et domicile de l'expert, ou des experts*), experts par nous nommés d'office (*ou :* sur la présentation des parties qui en sont convenues à l'audience), lesquels experts prêteront serment entre nos mains de bien et fidèlement remplir leur mission, et nous donneront leur avis ; pour, après lesdites visite et expertise, être par nous statué ce qu'il appartiendra. Tous droits, moyens et dépens réservés.

Ainsi jugé et prononcé, contradictoirement et en présence des parties, par nous, N..., juge de paix susdit, en audience publique, à..., au prétoire, le...

(*Signatures du juge de paix et du greffier.*)

---

(1) Dans le cas où aucune des parties ne requerrait le transport sur les lieux, on dirait : « que cette visite n'est requise par l'une ni l'autre des parties, mais que nous estimons qu'elle doit être ordonnée d'office. »

FORMULE 2ᵉ. — Jugement du juge de paix qui ordonne une expertise sans visite des lieux par le juge. (Nᵒ 113.)

Entre le sieur ....., etc. (*le commencement comme à la formule précédente*).

Sur quoi, attendu qu'il y a nécessité de constater l'état des lieux pour apprécier l'importance des dommages allégués (*ou :* pour estimer la valeur des indemnités demandées); que cette appréciation exige des connaissances qui nous sont étrangères, et qu'elle ne peut être faite que par des hommes de l'art;

Attendu que les parties ne requièrent pas notre transport sur les lieux, et qu'il ne nous paraît pas utile de le prescrire d'office;

Attendu qu'un seul expert suffit pour l'opération à faire (*ou :* attendu que l'opération à faire est trop importante pour qu'elle puisse être confiée à un seul expert, et qu'il convient, dès lors, d'en nommer trois, pour éviter les partages d'avis et la tierce-expertise);

Par ces motifs, nous, juge de paix, ordonnons que, le..., à... heures du..., les lieux litigieux seront examinés par un expert (*ou :* trois experts), à l'effet de constater... (*énoncer clairement les points sur lesquels doit porter l'expertise*), et de dresser un rapport de cette opération; nommons d'office (*ou :* sur la présentation des parties) messieurs ...., qui devront préalablement prêter serment devant nous, et dresseront un rapport, qui sera déposé au greffe de notre justice de paix dans le délai de..., pour être ensuite par les parties requis, et par nous statué ce qu'il appartiendra. Tous droits, moyens et dépens réservés.

Ainsi jugé et prononcé... (*comme à la formule précédente*).
(*Signatures du juge de paix et du greffier.*)

FORMULE 3ᵉ. — Jugement par défaut, qui ordonne la visite des lieux et l'expertise. (Nᵒ 119.)

Entre le sieur A..., demandeur, comparant en personne (*ou :* représenté par le sieur ....., etc.), d'une part; et le sieur B..., défendeur, non comparant ni personne pour lui, d'autre part.

Faits : (*comme à la* FORMULE 1ʳᵉ).

Ouï le demandeur, qui a requis défaut contre le défendeur, et l'adjudication des conclusions de son exploit,

Nous, juge de paix, attendu que B... ne comparaît ni en personne ni par fondé de pouvoirs, quoique régulièrement cité, et que plus d'une heure s'est écoulée au-delà de celle fixée par la citation ;

Attendu qu'aux termes de l'article 19 du Code de procédure civile, si, au jour indiqué par la citation, l'une des parties ne comparaît pas, la cause sera jugée par défaut ; — mais attendu que la demande n'est pas entièrement justifiée et qu'elle est susceptible de l'être par la visite des lieux ; — que cette visite est également utile pour apprécier la valeur des indemnités et dédommagements demandés ;

Attendu que cette appréciation exige des connaissances qui nous sont étrangères, et nécessite l'avis des gens de l'art ;

Par ces motifs, nous, juge de paix, donnons défaut contre B.., défendeur, faute par lui de comparaître, et, pour le profit, avant faire droit, ordonnons... (*la suite comme à la* FORMULE 1ʳᵉ).

Ainsi jugé et prononcé, en présence du demandeur seulement, par nous, N..., juge de paix, etc.

(*Signatures du juge de paix et du greffier.*)

NOTA. — Dans le cas où le juge de paix ordonnerait l'expertise sans visite de lieux, le modèle ci-dessus serait modifié conformément à la FORMULE 2ᵉ.

FORMULE 4ᵉ. — **Jugement contradictoire, mais prononcé hors la présence d'une des parties.** (Nᵒ 120.)

Entre le sieur ....., etc. (*comme à la* FORMULE 1ʳᵉ, *jusqu'à la fin des conclusions de la citation*).

La cause appelée à la présente audience, le sieur A.., demandeur, a développé les motifs de sa demande, et, persistant dans les conclusions de sa citation, il en a requis l'adjudication. Subsidiairement, il a conclu à la nomination d'experts pour évaluer le dommage dont il se plaint et la quotité de l'indemnité à lui allouer.

Le sieur B... a répondu que... ; puis il a quitté l'audience.

Sur quoi, attendu que la demande de A... n'est pas plei-

nement justifiée et qu'une expertise est nécessaire pour constater et évaluer le dommage causé à sa propriété ; — que la
visite des lieux nous est également indispensable pour apprécier l'indemnité qui peut lui être due, et qu'il y a lieu de
l'ordonner, bien que ni l'une ni l'autre des parties ne l'ait
requise ;

Attendu que l'importance et la diversité des contestations
à opérer exige que nous nous fassions accompagner par un
maçon, un charpentier et un serrurier, possédant des connaissances spéciales qui nous sont étrangères ;

Par ces motifs, nous, juge de paix, avant faire droit, ordonnons que nous nous transporterons le..., à... heures
du..., dans la maison située à..., rue..., numéro... (*ou :* sur
la pièce de terre en nature de..., située à..., lieu de...), pour
en opérer la visite, à laquelle nous procéderons avec l'assistance de messieurs.... (*noms, prénoms, professions et domiciles des trois experts*), experts nommés par nous d'office, qui,
après avoir prêté serment entre nos mains, nous donneront
leur avis ; pour, lesdites visite et expertise opérées, être par
les parties requis et par nous statué ce qu'il appartiendra.
Tous droits, moyens et dépens demeurant réservés.

Ainsi jugé contradictoirement et prononcé, en l'absence du
défendeur, par nous, N..., juge de paix, etc.

(Signatures du juge de paix et du greffier.)

FORMULE 5ᵉ. — **Extrait du jugement contradictoire, prononcé en
l'absence de l'une des parties, qui ordonne la visite des lieux et
l'expertise.** (Nᵒ 121.)

D'un jugement rendu le..., par monsieur le juge de paix
du canton de..., arrondissement de..., département de...,
entre le sieur A..., demandeur, et le sieur B..., défendeur,
ledit jugement rendu sur conclusions respectives, mais prononcé en l'absence dudit sieur... ,

Il appert avoir été ordonné que, le...,à...heures du. ., monsieur le juge de paix se transportera dans la maison située...
(*ou :* sur la pièce de terre en nature de..., située à...), à
l'effet d'en opérer la visite, avec l'assistance de messieurs...
(*noms, prénoms, professions et domiciles des experts*), experts
nommés d'office pour donner leur avis sur le dommage

causé et le montant de l'indemnité à allouer au demandeur.

Pour extrait conforme, délivré par nous, greffier, etc.

(Signature du greffier.)

FORMULE 6e. – **Cédule de citation pour appeler les experts, dans le
cas où ils doivent accompagner le juge de paix à la visite des lieux.**
(N° 122.)

Nous, N..., juge de paix du canton de..., arrondissement
de..., département de...,

Vu le jugement par nous rendu le..., enregistré le..., entre
le sieur...., demandeur, et le sieur...., défendeur, lequel
jugement porte... *(copier les faits, les motifs et le dispositif du
jugement)*;

Vu l'article **29** du Code de procédure civile, et sur la réquisition du sieur.... *(désignation de la partie poursuivante)*;

Autorisons le sieur.... à faire citer les sieurs.... *(ou:* le
sieur...., *s'il n'y a qu'un expert)*, experts sus-nommés, à se
trouver, les jour et heure sus-indiqués, dans la maison
(ou : sur la pièce de terre en nature de...) ci-dessus désignée,
pour prêter devant nous le serment de bien et fidèlement
remplir leur mission et nous donner leur avis, après avoir
opéré les constatations nécessaires.

Donné à..., en notre prétoire *(ou :* en notre cabinet), le....

(Signature du juge de paix.)

FORMULE 7e.— **Cédule de citation pour appeler les experts, dans le
cas où ils doivent opérer sans que le juge se transporte sur les lieux.**
(N° 122.)

Nous, N..., juge de paix du canton de... *(la suite comme à
la formule précédente)*,

Autorisons ledit sieur.... à faire citer les sieurs...., experts sus-nommés, à comparaître devant nous, en notre prétoire *(ou :* en notre cabinet), à..., le..., à... heures du matin,
à l'effet de prêter en nos mains le serment de bien et fidèlement remplir leur mission, pour être ensuite par eux procédé à l'accomplissement de ladite mission, aux lieu, jour et
heure indiqués dans notre jugement ci-dessus relaté.

Donné à..., etc.   *(Signature du juge de paix.)*

FORMULE 8ᵉ. — Signification aux experts de la cédule, et sommation d'avoir à prêter serment et à procéder à l'expertise. (Nᵒ 122.)

L'an..., et le..., à la requête du sieur.... *(nom, prénoms, profession et domicile du poursuivant)*,

Nous, ... *(immatricule de l'huissier)*, soussigné,

Avons signifié et donné copie en tête des présentes : 1ᵒ au sieur...; 2ᵒ au sieur...; 3ᵒ au sieur.... *(noms, prénoms, professions et domiciles des experts)*, de la cédule délivrée par monsieur le juge de paix du canton de..., le..., dùment enregistrée afin qu'ils ne l'ignorent ;

Et, au surplus, avons fait sommation auxdits sieurs..... d'avoir à se trouver aux lieu, jour et heure indiqués dans ladite cédule, pour prêter serment de bien et fidèlement remplir la mission qui leur est confiée, et procéder aux opérations ordonnées *(s'il s'agit du cas prévu dans la cédule de la* FORMULE 7ᵉ, *on dira :* d'avoir à comparaître aux lieu, jour et heure indiqués dans la cédule ci-dessus et le jugement qu'elle relate, d'abord pour prêter le serment prescrit par la loi et ensuite pour procéder à l'expertise qui leur a été confiée) ; leur déclarant que, faute par eux de déférer à la présente sommation, le requérant se pourvoira selon qu'il le jugera utile. Sous toutes réserves.

Dont acte, fait à... : 1ᵒ au domicile du sieur...., où, pour lui, nous avons, en parlant à...., laissé copie tant de la cédule sus-mentionnée que du présent exploit ; 2ᵒ au domicile du sieur ..., etc. ; 3ᵒ au domicile du sieur...., etc.

(Signature de l'huissier.)

FORMULE 9ᵉ. — Jugement du juge de paix constatant la présence des experts à l'audience, leur acceptation et leur prestation de serment. (Nᵒ 123.)

Entre le sieur...., etc. *(la suite comme à l'une des formules de jugement précédemment indiquées jusqu'à ces mots :* et être par nous statué ce qu'il appartiendra).

Et, attendu que le sieur..., expert sus-nommé *(ou :* les sieurs....) est présent, et qu'il déclare accepter la mission qui lui est confiée, nous lui donnons acte de cette acceptation ainsi que de la promesse qu'il fait de se trouver sur les lieux

25

litigieux, les jour et heure ci-dessus fixés. Nous lui donnons également acte du serment qu'il a présentement prêté, la main droite levée à Dieu, de bien et fidèlement remplir sa mission.

Ainsi jugé et prononcé, etc.

(Signatures du juge de paix et du greffier).

FORMULE 10ᵉ. — Requête présentée au juge de paix pour récuser un expert. (Nº 131.)

A monsieur le juge de paix du canton de...

Le sieur.... *(nom, prénoms, profession et domicile du requérant)* a l'honneur de vous exposer que, par votre jugement du..., vous avez nommé monsieur J... expert dans l'instance existante entre le requérant et monsieur.... *(nom, prénoms, profession et domicile de l'autre partie)*; que depuis cette nomination ledit expert a bu et mangé avec ledit sieur..... et à ses frais *(ou indiquer tout autre motif de récusation)*, ce qui constitue une cause de récusation, de nature à l'empêcher de procéder à l'expertise dont vous l'avez chargé.

En conséquence, il vous plaira, monsieur le juge de paix, révoquer ledit sieur.... de ses fonctions d'expert et le remplacer d'office par telle personne qu'il vous conviendra de choisir.

Fait à..., le....   *(Signature du requérant.)*

FORMULE 11ᵉ. —Ordonnance du juge de paix, statuant sur la récusation. (Nº 131.)

Nous, N..., juge de paix du canton de..., arrondissement de..., département de...,

Vu la requête qui précède et les dispositions de la loi,

Attendu que le motif de récusation allégué par le requérant contre l'expert est fondé,

Déclarons ledit sieur J... révoqué des fonctions d'expert que nous lui avions confiées dans la cause pendante entre les sieurs A... et B...; — nommons d'office, pour le remplacer en cette qualité, monsieur L... *(nom, prénoms, profession et domicile du nouvel expert)*, qui procédera conformément aux prescriptions de notre jugement du... ;—autorisons le requé-

rant à faire signifier la présente ordonnance tant aux sieurs
J... et L... qu'à la partie adverse.

Donné , en notre cabinet, à..., le...

(Signature du juge de paix.)

FORMULE 12e. — Procès-verbal de prestation de serment des experts.
(N° 138.)

L'an..., et le..., à... heures du...,

Devant nous , N..., juge de paix du canton de..., arrondissement de..., département de..., assisté de monsieur....,
greffier,

Sont comparus monsieur ....., monsieur ..... et monsieur..... (*noms, prénoms, professions et domiciles des trois
experts*), experts nommés par notre jugement du..., dans
l'instance entre les sieurs A... et B..., à l'effet de procéder
à l'expertise ordonnée par ledit jugement ; lesquels experts
ont dit se présenter devant nous pour prêter le serment prescrit par la loi, préalablement à toute opération de leur part.

Sur quoi, nous, juge de paix susdit, déférant à cette
demande, avons reçu de chacun des comparants le serment
qu'ils ont fait individuellement, la main droite levée à Dieu ,
de bien et fidèlement remplir la mission que nous leur avons
confiée.

En foi de quoi, nous avons dressé le présent procès-verbal,
que messieurs ..... ont signé avec nous et le greffier , après
lecture.

Fait à..., en notre cabinet (*ou : en notre prétoire*), les
jour, mois et an susdits.

(Signatures des experts, du juge de paix et du greffier.)

NOTA. — Dans le cas où il n'y aurait qu'un seul expert, les modifications
à faire au procès-verbal ci-dessus sont assez simples pour que nous
n'ayons pas besoin de les indiquer.

**FORMULE 13e. — Procès-verbal de visite des lieux par le juge
de paix, assisté d'experts. (N° 139.)**

L'an..., et le..., à... heures du...,

Nous, N..., juge de paix du canton de..., arrondissement
de..., département de..., assisté de monsieur ....., greffier ;

Vu le jugement par nous rendu le..., entre le sieur A...,

demandeur, et le sieur B..., défendeur, nous nous sommes transporté dans la maison (ou : sur la pièce de terre en nature de...) indiquée dans ledit jugement, où nous avons trouvé :

1° Ledit sieur A..., demandeur ;

2° Ledit sieur B..., défendeur ;

3° Les sieurs C..., D... et E..., experts nommés par nous dans le jugement sus-relaté.

Le sieur A..., nous ayant remis les originaux des sommations faites en vertu de notre jugement et de la cédule que nous lui avons délivrée le..., nous a requis de procéder à la visite ordonnée, de concert avec les experts ci-avant désignés, qui auront à nous donner leur avis.

Le sieur B... a déclaré, à son tour, qu'il ne s'oppose pas aux visite et expertise ordonnées, offrant d'y assister, sous toutes réserves. (*Si le défendeur fait d'autres dires ou observations, on les mentionnera.*)

Sur quoi, nous, juge de paix susdit, ayant donné aux parties acte de leurs réquisitions, dires et observations, avons reçu des experts sus-nommés le serment qu'ils ont individuellement fait, la main droite levée à Dieu, de bien et fidèlement remplir la mission qui leur est confiée, et à laquelle ils se sont mis en devoir de procéder, lecture à eux préalablement faite, par le greffier, de notre jugement du..., qui a ordonné les présentes visite et expertise.

Nous avons ensuite parcouru les lieux, et nous avons reconnu que... (*Le juge consignera ses constatations.*)

Les experts, de leur côté, ont reconnu et constaté que..., et ont été d'avis que... (*Si l'avis des experts n'est pas unanime, on indiquera l'opinion de chacun d'eux.*) Et ont lesdits experts signé, après lecture. (*Si les avis des experts sont différents, chacun d'eux signera séparément le sien.*)

Notre visite et l'opération des experts étant terminées, nous renvoyons la cause et les parties à notre audience du..., à laquelle les parties sont intimées de comparaître sans citation préalable ; tous droits, moyens et dépens réservés.

Fait à..., en la maison (*ou :* sur la pièce de terre) sus-indiquée, les jour, mois et an susdits, et signé avec le greffier, après lecture.

(Signatures du juge de paix et du greffier.)

Formule 14e. — Procès-verbal de visite des lieux et d'expertise, avec jugement rendu sur le lieu même. (No 139.)

L'an..., etc. *(comme à la formule précédente, jusqu'aux mots :* « et ont lesdits experts signé, après lecture »).

Notre visite et l'opération des experts étant ainsi terminées, nous avons invité les parties à nous fournir leurs dires, conclusions, observations et défenses.

Le sieur A..., demandeur, a dit que..., et a conclu à ce que...

Le sieur B..., défendeur, a répondu que..., et a conclu à ce que...

Sur quoi, nous, juge de paix susdit, vu l'article 42 du Code de procédure civile,

Attendu que... *(donner les motifs du jugement).*

Disons que..., condamnons..., etc.

Ainsi jugé et prononcé publiquement, en premier *(ou :* dernier) ressort, par nous, N..., juge de paix susdit, à..., en la maison *(ou :* sur la pièce de terre) sus-indiquée, les jour, mois et an susdits.

(Signatures du juge de paix et du greffier.)

Formule 15e. — Rapport d'experts en justice de paix. (No 140.)

A monsieur le juge de paix du canton de...

L'an mil huit cent..., le..., à... heures du...,

Nous, ... *(noms, prénoms, professions et domiciles des experts),* experts nommés par le jugement rendu le..., entre le sieur A..., demandeur, d'une part, et le sieur B..., défendeur, d'autre part, et dont le dispositif, en ce qui nous concerne, est ainsi conçu : *(copier la partie du jugement qui détermine l'opération)* ;

Après avoir prêté serment entre les mains de monsieur le juge de paix du canton de..., suivant procès-verbal, en date du..., nous nous sommes transportés en la maison *(ou :* sur la pièce de terre) indiquée dans le jugement sus-relaté, où nous avons trouvé... *(indiquer celles des parties qui se sont rendues, et, dans le cas où aucune d'elles ne serait présente, on dirait :* où nous avons attendu pendant une heure sans qu'aucune des parties se soit rendue).

Nous avons, avec lesdites parties (*ou :* après avoir donné défaut contre lesdites parties), visité avec soin les lieux litigieux, examiné les divers points sur lesquels devaient porter nos investigations, et nous avons reconnu que . (*indiquer avec soin toutes les constatations opérées, l'état des lieux, la nature et l'importance des dommages; s'il s'agit de travaux : leur bonne ou mauvaise confection, leur solidité, la qualité des matériaux employés, etc. ; — répondre d'une manière claire et précise aux questions posées par le juge ; — donner enfin un avis parfaitement motivé, de manière à ce que le juge puisse apprécier le degré de confiance qu'il doit lui accorder*).

Et, après avoir ainsi procédé à l'accomplissement de notre mission, nous avons rédigé le présent rapport sur le lieu même (*ou :* après nous être retirés dans la maison de. . *ou à* la mairie de...), lequel rapport a été écrit par monsieur...., l'un de nous, et signé par tous les trois, après lecture. Et nous affirmons avoir employé chacun trois vacations, la prestation de serment comprise.

Fait à..., les jour, mois et an susdits.

(*Signatures des trois experts.*)

Formule 16e. — Autre rapport, dressé par un seul expert. (No 140.)

A monsieur le juge de paix du canton de...

L'an mil huit cent..., le..., à... heures du . ,

Nous,..... (*nom, prénoms, profession et domicile de l'expert*), nommé par le jugement rendu le..., entre monsieur A..., demandeur, d'une part, et monsieur B..., défendeur, d'autre part, à l'effet de constater le dommage fait par les chevaux du défendeur au champ du demandeur, situé au lieu de..., commune de V..., et confrontant du levant à... (*donner les confrontations de la pièce*) ;

Après avoir prêté devant monsieur le juge de paix le serment de bien et fidèlement remplir notre mission, nous nous sommes rendu dans la pièce de terre sus-indiquée, où nous avons trouvé les deux parties, en présence desquelles nous avons reconnu et constaté ce qui suit :

Le champ dont il s'agit est couvert d'une récolte de blé-froment d'une belle venue et dont la moisson pourra être faite dans une quinzaine de jours. Sur une étendue de trente six ares, cette récolte a été mangée et piétinée par les vaches, de manière à être complétement perdue; tous les épis qui restent sont vides, et la paille est broyée au point de ne pouvoir faire que de la litière, dont la valeur est à peu près nulle. La quantité de blé qui aurait pu être récoltée sur ces trente-six ares de terrain peut être évaluée à trois hectolitres cinquante litres, qui, au prix actuel du marché de..., commune limitrophe de celle de V..., aurait valu, déduction faite des frais de la moisson, vingt-deux francs l'hectolitre; le poids de la paille aurait été d'environ deux cent vingt kilogrammes, dont le prix peut être évalué à cinq francs cinquante centimes les cent kilogrammes; ce qui reste de paille ne vaut pas plus de deux francs.

En conséquence, nous sommes d'avis que le dommage causé par les vaches de monsieur B... à la récolte de monsieur A... doit être évalué à la somme de quatre-vingt-sept francs dix centimes, les débris de paille dont nous venons de parler restant au sieur A...

Ayant ainsi satisfait à la mission qui nous était donnée, nous avons immédiatement rédigé le présent rapport, de retour en notre demeure, à..., les jour, mois et an susdits, par simple vacation.

(Signature de l'expert.)

Nota. — Il est inutile de donner ici d'autres modèles de rapports, les experts en justice de paix pouvant consulter les nombreuses formules de ces actes, qui se trouvent plus loin, et y puiser tous les éclaircissements dont ils ont besoin. Il y aura lieu, notamment, de se reporter aux formules 59e ou 60e, lorsque les experts ou l'expert ne pourront pas terminer leurs opérations en un seul jour, et à la formule 73e, lorsque les experts ou l'un d'eux étant illettrés, le rapport devra être écrit par le greffier.

Formule 17e. — Rapport d'experts constatant un empiétement et des dommages. (No 140.)

A monsieur le juge de paix du canton de...

L'an mil huit cent quatre-vingt .., le..., à... heures du...,
Nous, ... (*noms, prénoms, professions et demeures des experts*), experts nommés par jugement rendu le... entre le sieur A..., demandeur, d'une part, et les sieurs C... et F...,

défendeurs, d'autre part, le dispositif duquel jugement, en ce qui nous concerne, est ainsi conçu : (*copier la partie du jugement relative à l'expertise*).

Après avoir prêté serment devant monsieur le juge de paix du canton de..., et indiqué pour notre opération les jour et heure sus-énoncés, ainsi qu'il résulte de son procès-verbal du..., nous nous sommes transportés sur la pièce de terre en nature de prairie artificielle, objet du litige, laquelle est située en la commune susdite de..., au lieu dit..., et confronte du levant à la vigne du sieur J. ., du nord à la terre labourable du sieur B..., du couchant à la prairie de la dame veuve....., et du midi au bois de pins du sieur Z .. Nous y avons trouvé ledit sieur A... (*nom, prénoms, profession et domicile*), lequel nous a dit qu'il persistait dans les conclusions par lui prises à l'audience, et nous a requis de procéder à l'opération ordonnée, même en l'absence du sieur B..., lequel a reçu sommation de se rendre à ladite opération aux jour et heure fixés, ainsi qu'il résulte d'un acte du ministère de..., huissier à..., en date du..., dont l'original nous a été remis, en même temps que la grosse du jugement sus-indiqué du..., et ledit sieur A... a signé, après lecture.

(*Signature du demandeur.*)

Est également comparu le sieur B... (*nom, prénoms, profession et domicile*), lequel a dit qu'il n'est pas l'auteur des anticipation et dommages dont se plaint le sieur A..., mais qu'il ne s'oppose pas néanmoins à notre opération, à laquelle il assistera, sous toutes réserves, et a signé, après lecture.

(*Signature du défendeur.*)

Nous avons, en conséquence, procédé aux constatations suivantes. La pièce de terre du sieur A... est plantée en trèfle incarnat, vulgairement appelé *farouche*, environ à moitié de a croissance. Trois côtés de cette pièce sont parfaitement intacts, mais le côté nord contigu au champ du sieur B... est entamé par la charrue dans toute sa longueur, d'une manière à peu près uniforme ; ce travail remonte à environ un mois. Ayant visité le champ du sieur B..., nous avons remarqué qu'il a été labouré vers la même époque, et que la rége qui a empiété sur la prairie du sieur A... est entièrement semblable, pour la largeur comme pour la profondeur, à toutes celles qui sillonnent le champ de B..., ce qui nous donne la conviction que l'anticipation commise sur ladite prairie provient du labourage fait par B..., ou d'après son ordre. Aucune borne n'existant sur la ligne divisoire des deux héritages, nous avons dû faire des recherches minutieuses pour déterminer la largeur de la zone de terrain anticipée. L'extrémité de la haie qui sépare, du côté levant, la prairie dont s'agit de la vigne du sieur J..., nous a servi de point de départ, et, du côté du couchant, nous avons pu découvrir le point où devait aboutir la plantation de trèfle incarnat opérée par A...; les débris de cette herbe, que nous avons trouvés dans la rége longeant la prairie, nous ont servi à compléter ces premiers indices. Nous avons, par là, pu reconnaître que la zone de terrain empiétée est d'une largeur de quarante-huit centimètres, sur une longueur de cent quatre-vingt-cinq mètres soixante centimètres, ce qui donne une superficie de quatre-vingt-neuf centiares, contenance totale du terrain à restituer à la prairie du sieur A...

Nous estimons, en outre, à l'unanimité, que le dommage causé à la récolte et à cinq arbres fruitiers, deux cerisiers et trois pommiers, dont les racines ont été bouleversées par la charrue, est d'une valeur de vingt-quatre francs.

Notre mission sur le terrain étant ainsi terminée, nous avons rédigé le présent rapport, écrit en entier par monsieur ....., l'un de nous, qui en fera le dépôt au greffe de la justice de paix.

Fait et clos, à..., sur les lieux contentieux, le..., à... heures du... et signé, après lecture.

(Signatures des trois experts.)

FORMULE 18e.— Acte de dépôt du rapport au greffe. (N° 141.)

Aujourd'hui... mil huit cent..., à... heures du...,

Devant nous, N... (*nom et prénoms du greffier*), greffier de la justice de paix du canton de..., arrondissement de..., département de...,

S'est présenté monsieur ..... (*nom, prénoms, profession et demeure de l'expert comparant*), lequel nous a remis, pour être déposé au rang des minutes du greffe de cette justice de paix, un rapport rédigé et signé par lui (*et s'ils sont plusieurs experts* : et par messieurs ....., ses collègues), le..., en exécution d'un jugement rendu par monsieur le juge de paix de ce canton, le..., entre le sieur A..., demandeur, et le sieur B..., défendeur (*noms, prénoms, professions et domiciles des deux parties*); ledit rapport écrit sur... feuilles de papier timbré d'un franc vingt centimes, contenant... renvois et... mots rayés nuls, et portant en marge (*ou :* à la fin) la mention suivante : « Enregistré à... » (*copier en entier*).

De ce dépôt, nous avons, en présence du comparant, rédigé le présent acte, qu'il a signé avec nous, après lecture.

Fait à..., au greffe, les jour, mois et an susdits.

(*Signatures de l'expert et du greffier.*)

FORMULE 19ᵉ. — **Taxe des experts.** (Nᵒ 141.)

Nous, N..., juge de paix du canton de...,

Vu le rapport ci-dessus et les articles 24 et 25 du tarif du 16 février 1807,

Taxons au sieur ....., expert (*ou :* aux sieurs....., experts), la somme de..., pour... vacations, y compris la prestation de serment, ainsi que le dépôt du rapport, et celle de... pour les droits de timbre et d'enregistrement dudit rapport, dont il a (*ou :* ils ont) fait l'avance;

Ordonnons que ces sommes soient provisoirement payées par le sieur....., demandeur, et qu'elles soient ensuite comprises dans la liquidation des dépens.

Fait à..., en notre cabinet, le...

(*Signature du juge de paix.*)

FORMULE 20ᵉ. — **Jugement** en dernier ressort, dans les causes non sujettes à appel. (Nᵒ 147.)

Entre le sieur A... (*nom, prénoms, profession et domicile du demandeur*), demandeur, comparant en personne (*ou :* représenté par le sieur....., son mandataire, aux termes d'une procuration, etc.), d'une part;

Et le sieur B... (*nom, prénoms, profession et domicile du défendeur*), défendeur, comparant aussi en personne (*ou bien:*

représenté par le sieur...., son mandataire, etc.), d'autre part.

Faits : Par exploit du ministère de..., huissier à..., en date du..., enregistré, le sieur A... a fait citer le sieur B... à comparaître devant nous, le..., pour (porte ledit exploit), attendu que... *(copier les motifs et les conclusions de la citation)*.

La cause appelée à l'audience du..., nous avons ordonné, avant faire droit, que nous nous transporterions sur les lieux litigieux, pour en opérer la visite, avec l'assistance de messieurs...., experts par nous nommés d'office (*ou* : sur la présentation des parties), lesquels experts nous donneraient leur avis, après avoir préalablement prêté serment ; pour être ensuite par les parties requis et par nous statué ce qu'il appartiendrait.

La visite et l'expertise dont il s'agit ont eu lieu le..., à... heures du..., en l'absence des parties, contre lesquelles **nous** avons donné défaut (*ou* : en présence du sieur....., etc.; — *indiquer les parties qui se sont rendues)*. Les experts susnommés ont d'abord prêté, entre nos mains, le serment **de** bien et fidèlement remplir leur mission, ce dont nous **leur** avons donné acte ; puis ils ont procédé avec nous aux opérations prescrites, desquelles il n'a point été dressé procèsverbal, la cause étant non sujette à l'appel, et ils nous ont donné leur avis, dont voici le résultat : *(énoncer, en le résumant, l'avis de l'expert ou des experts, et, dans le cas où ils ne seraient pas d'accord, indiquer l'opinion de chacun d'eux)*.

Notre visite et l'opération des experts étant ainsi **terminées** nous avons renvoyé la cause et les parties à notre **audience** d'aujourd'hui, intimant les parties de s'y trouver.

La cause appelée à l'audience de ce jour, le sieur **A....,** demandeur, a dit que...

Sur quoi, attendu que... *(donner les motifs du jugement)* ;

Par ces motifs, nous, juge de paix, condamnons B... **à** payer à A... la somme de... à titre de dommages-intérêts, etc. ; le condamnons également aux dépens, liquidés à... (*ou, dans le cas où la demande n'est pas fondée* : déboutons A... de sa demande et le condamnons aux dépens liquidés à...).

Ainsi jugé et prononcé, en audience publique et en dernier ressort, par nous, N..., juge de paix susdit, à..., au prétoire, le....   (*Signatures du juge de paix et du greffier.*)

FORMULE 21°. — Jugement en premier ressort, dans les causes
sujettes à appel. (N° 148.)

Entre le sieur A... (*la suite comme à la formule précéden'e jusqu'après les motifs et conclusions de la citation*).

La cause appelée à l'audience du..., nous avons rendu un jugement par lequel nous avons ordonné que nous nous transporterions, le..., à... heures du..., sur les lieux litigieux, pour en opérer la visite avec l'assistance de messieurs....., experts par nous nommés d'office (*ou* : sur la présentation des parties), lesquels experts nous donneraient leur avis, serment par eux préalablement prêté devant nous.

(*Ou, si le jugement ordonne que l'expertise sera faite sans visite des lieux par le juge de paix :* par lequel nous avons ordonné que, le..., à... heures du..., les lieux litigieux seront examinés par un expert (*ou* : trois experts), à l'effet de constater... etc. (*copier le dispositif du jugement*).

Les opérations ci-dessus indiquées ayant été faites, la cause a été appelée à l'audience de ce jour. Le sieur A..., demandeur, a dit que... et conclu à ce que...

Le sieur B..., défendeur, a répondu que... et conclu à ce que..., etc.

Sur quoi, attendu que... (*donner les motifs du jugement, et continuer comme à la formule précédente, sauf les mots :* dernier ressort, *qu'il faudra remplacer par les mots :* premier ressort).

FORMULE 22°. — Requête à fin de constatation de l'état des lieux.
(N° 155.)

A monsieur le juge de paix du canton de...

Le sieur Henri-Joseph D..., propriétaire, demeurant et domicilié à..., a l'honneur de vous exposer qu'il a loué verbalement (*ou* : par bail sous signatures privées, en date du..., enregistré à..., le...; *ou bien* : par acte passé devant maître R..., notaire à..., en date du...) au sieur L... (*nom, prénoms, profession et domicile du preneur*) une maison (*ou tout autre immeuble*), située à..., rue..., numéro...; — que le bail a pris fin aujourd'hui (*ou :* hier) ; — que ledit sieur L... ayant déménagé, le requérant s'est aperçu que des dégradations ont été faites aux lieux loués, et qu'il vous prie, en conséquence, monsieur le juge de paix, de vouloir bien désigner le jour et l'heure où vous vous transporterez dans ladite maison, avec un expert (*ou plusieurs experts, si cela est rendu nécessaire par l'importance ou la diversité des dégradations*), par vous nommé d'office, à l'effet de constater, en présence du sieur L.. , ou lui dûment appelé, les dégradations et dommages existants.

A..., le...　　　　　　　　　　*(Signature du requérant)*

FORMULE 23°. — Ordonnance du juge de paix. (N° 155.)

Nous, N..., juge de paix du canton de.. , arrondissement de. , département de. ,

Vu la requête qui précède,

Disons et ordonnons qu'il sera par nous procédé à la constatation requise le..., à... heures du..., avec le concours de monsieur...., expert par nous nommé d'office (*ou :* de messieurs . , etc.), qui prêtera préalablement entre nos mains le serment de bien et fidèlement remplir sa mission, et en présence de monsieur ... (*nom et prénoms du preneur*), auquel nous autorisons le requérant à donner sommation à cet effet.

Donné, en notre cabinet, à .., le...

　　　　　　　　(Signature du juge de paix)

FORMULE 24°. — Procès-verbal de constatation de l'état des lieux. (N° 155.)

L'an mil huit cent quatre-vingt..., et le .., à... heures du...,

Nous, N .., juge de paix du canton de..., arrondissement de..., département de.. , assisté de maître..., greffier, en exécution de notre ordonnance du..., enregistrée à.. , le..., nous sommes transporté... (*désigner le lieu*), où nous avons trouvé : 1° le sieur D . (*nom, prénoms, profession et domicile du bailleur*), qui, après nous avoir représenté ladite ordon-

nance ét l'exploit par lequel elle a été notifiée au sieur L. ...
(*nom, prénoms, profession et demeure du preneur*), locataire
sortant, ledit exploit du ministère de. ., huissier à . , en date
du..., a déclaré persister dans ses réquisitions et offert de
nous indiquer les lieux à visiter, et a signé.

(*Signature du requérant.*)

2° le sieur L . , ci-dessus dénommé et qualifié, qui a déclaré ne pas s'opposer à la visite et aux constatations requises,
et vouloir y assister, sous la réserve de tous ses droits, et a
signé.   (*Signature du locataire.*)

Est également comparu monsieur... (*nom, prénoms, profession et domicile de l'expert*), expert par nous nommé dans
l'ordonnance sus-datée, lequel a déclaré accepter la mission
à lui confiée, a immédiatement prêté en nos mains le serment de bien et fidèlement la remplir, et a signé.

(*Signature de l'expert.*)

(*Dans le cas où le locataire ne comparaîtrait pas, on supprimerait en entier le paragraphe* 2° *qui le concerne, et le chiffre* 1°
qui précède le nom du requérant, et l'on mettrait : Ayant attendu pendant une heure sans que le sieur L.. , locataire
sortant, ci-dessus dénommé et qualifié, se soit présenté, ni
personne pour lui, nous avons donné défaut contre lui,
faute de comparaître, et déclaré que nous allions procéder
en son absence.)

Nous, juge de paix, avons donné acte aux parties (*ou :
au requérant, si l'autre partie a fait défaut*) et à l'expert de
leurs comparution, dires et prestation de serment, et nous
avons, avec eux reconnu et constaté ce qui suit : (*décrire
les lieux très-exactement et en faire dresser un plan, si les
parties le réclament ; détailler les dégradations et dommages
existants, en tenant compte de l'état des lieux dressé à l'époque
de l'entrée en jouissance, s'il en a été fait un ; expliquer toutes
les circonstances, tous les faits que l'une ou l'autre des parties
a intérêt à constater, etc.*)

De tout quoi nous avons dressé le présent procès-verbal,
que les parties et l'expert ont signé avec nous, et le greffier,
après lecture, à..., en la maison (*ou autre lieu*) sus-indiquée,
les jour, mois et an susdits.   (*Signatures.*)

Formule 25ᵉ. — Procès-verbal de constatation des lieux, contenant la requête et l'ordonnance. (N° 156.)

L'an mil huit cent quatre-vingt..., et le.., à .. heures du ...,

Devant nous, N .., juge de paix du canton de.., etc., assisté de maître.. , greffier,

Est comparu monsieur..... (*nom, prénoms, profession et domicile du requérant*), lequel nous a exposé : qu'il avait loué verbalement (*ou :* par bail, etc) au sieur F .. (*nom, prénoms, profession et domicile du locataire*) une maison (*ou autre immeuble*) située en cette ville, rue..., numéro...; — que le bail a pris fin aujourd'hui, et que ledit sieur F .. vient d'achever de déménager ; — que, le requérant s'étant aperçu qu'il existe dans l'immeuble dont s'agit de nombreuses dégradations, qu'il y a urgence de constater, il requiert qu'il nous plaise de nous y transporter immédiatement avec un expert par nous nommé d'office, et a signé (*ou :* et a déclaré ne savoir signer, après lecture*)

Sur quoi, nous, juge de paix susdit, vu la requête qui précède, et attendu qu'il y a urgence,

Avons nommé d'office expert, aux fins dont il s'agit, monsieur... (*nom, prénoms, profession et demeure de l'expert*), qui, sur l'avis à lui donné de cette désignation, s'est aussitôt rendu près de nous, et nous nous sommes transporté avec lui et le greffier dans la maison sus-désignée où nous avons trouvé le sieur..., requérant, qui a déclaré persister dans ses réquisitions et être prêt à nous indiquer les lieux à visiter.

(*Dans le cas où le locataire sortant serait encore sur les lieux, ou y serait revenu sur l'avis que le juge de paix lui aurait fait donner de l'opération, on ajouterait :* Est aussi comparu monsieur F..., locataire sortant, ci-avant dénommé et qualifié, qui a dit..., etc.)

Après avoir reçu de monsieur..., expert, le serment de bien et fidèlement remplir sa mission, nous, juge de paix, avons donné acte aux parties, etc. (*la suite comme à la formule précédente*) (*Signatures*).

Nota. — La formule ci-dessus, contenant la requête et l'ordonnance, **peut** être employée, même quand il n'y a pas urgence, lorsque le requérant ne sait pas signer. On pourrait, dans ce cas, prévenir l'expert et le locataire sortant au moyen d'un avertissement délivré par le greffier, comme en matière de conciliation.

FORMULE 26e.— Requête en nomination d'experts avant qu'une instance soit introduite. (N° 157.)

A monsieur le juge de paix du canton de...

Le sieur P... (*nom, prénoms, profession et domicile du requérant*) a l'honneur de vous exposer :

Que, dans le courant de la nuit dernière, un troupeau de vaches, qu'on dit être celui du sieur... (*ou :* dont il ne connaît pas le propriétaire), s'est introduit dans une pièce de vigne qui lui appartient (*ou :* appartenant à monsieur..., et dont il est fermier) ; que ce troupeau a commis dans ledit vignoble des dégâts considérables, qu'il importe au requérant de faire constater sans retard, afin de reconnaître l'étendue du dommage qu'il a éprouvé et de bien préciser la cause et la valeur de ce dommage, pour qu'il puisse en demander la réparation en temps et lieu.

En conséquence, le requérant vous prie, monsieur le juge de paix, de vouloir bien commettre tel expert (*ou :* tels experts) qu'il vous plaira de choisir, à l'effet d'opérer les constatations sus-indiquées et de dresser de ses (*ou :* de leurs) opérations un procès-verbal, qui sera déposé au greffe de votre justice de paix, pour servir et valoir ce que de droit.

Fait à.., le...   (*Signature du requérant*)

FORMULE 27e. —Ordonnance du juge de paix. (N° 157.)

Nous, N.. , juge de paix du canton de. ., arrondissement de..., département de.. ,

Vu la requête qui précède, et l'utilité de l'expertise qu'elle a pour objet,

Nommons monsieur .. (*nom, prénoms, profession et domicile*), expert (*ou :* messieurs.. , experts), à l'effet de procéder, serment préalablement prêté devant nous, aux opérations indiquées par le requérant, et de dresser un rapport, dont

il sera fait dépôt au greffe de notre justice de paix, pour
en être ultérieurement fait tel usage qu'il appartiendra

Donné, en notre cabinet, à .., le...

(*Signature du juge de paix.*)

NOTA. — La demande en nomination d'experts pourrait aussi être faite
verbalement au juge de paix ; c'est même la meilleure marche à suivre
lorsque le requérant est illettré. Le juge dresse alors un procès-verbal,
qui contient la requête et l'ordonnance. En voici le modèle, que l'on
pourra utiliser dans tous les cas où il y a lieu de présenter requête au
juge de paix :

FORMULE 28ᵉ. — **Procès-verbal du juge de paix contenant requête
en nomination d'experts et ordonnance.** (Nᵒ 157.)

L'an mil huit cent quatre-vingt..., et le..., à .. heures du. .,

Devant nous, N..., juge de paix du canton de .., arrondissement de..., département de..., assisté de maître.. , notre
greffier,

Est comparu le sieur... (*nom, prénoms, profession et domicile du requérant*), lequel nous a exposé : que dans le courant de la nuit dernière .. (*la suite comme à la* FORMULE 26ᵉ *ou
tout autre libellé, selon le cas ; puis l'on termine ainsi :*) Et a
ledit sieur... signé, après lecture. (*Signature du requérant.*)

(*Ou, s'il ne sait pas signer :* Et a ledit sieur... déclaré, après
lecture, ne savoir signer)

Sur quoi, nous, juge de paix susdit,

Vu la requête ci-dessus, et considérant qu'il y a nécessité
de recourir à l'expertise demandée,

Nommons monsieur .., expert (*ou :* messieurs.. , experts),
à l'effet de procéder, serment préalablement prêté entre
nos mains, aux opérations indiquées par le requérant, de
dresser un rapport de ces opérations et de le déposer au
greffe de notre justice de paix, pour en être ultérieurement
fait tel usage que de droit.

De tout quoi nous avons dressé le présent procès-verbal,
que nous avons signé avec le greffier, après lecture, à .., en
notre prétoire, les jours, mois et an susdits.

(*Signatures du juge de paix et du greffier.*)

26

FORMULE 29°. — Procès-verbal ou rapport dressé par un expert nommé par ordonnance, avant qu'une instance soit engagée. (N° 157.)

L'an mil huit cent quatre-vingt..., et le...,

En exécution d'une ordonnance rendue par monsieur le juge de paix du canton de .., le... enregistrée à . , le.. , et mise au bas d'une requête présentée le..., par le sieur ... (*nom, prénoms, profession et demeure du requérant*), laquelle ordonnance m'a nommé expert à l'effet de vérifier et constater les dégâts faits par un troupeau de vaches, dans une pièce de vigne située à..., et dont le sieur... est propriétaire (*ou :* fermier), reconnaître l'étendue du dommage éprouvé, en préciser la cause et la valeur ; du tout dresser un rapport, et le déposer au greffe de la justice de paix du canton de...,

Je soussigné, N... (*nom, prénoms, profession et domicile de l'expert*), expert nommé par l'ordonnance sus-datée, après avoir prêté, le... du courant, entre les mains de monsieur le juge de paix du canton de..., le serment de bien et fidèlement remplir ma mission me suis transporté aujourd'hui, à... heures du..., dans la pièce de vigne ci-dessus indiquée, où j'ai trouvé le sieur..., requérant sus-nommé (*ou :* le sieur..., chargé par le requérant de le représenter), qui a offert de m'accompagner, ce que j'ai accepté (*ou bien, si le requérant ne se trouve pas sur les lieux :* où je n'ai trouvé ni le requérant ni personne pour le représenter).

J'ai, en conséquence, parcouru les lieux seuls (*ou :* avec le requérant, — *ou bien :* avec ledit sieur..., représentant du requérant), et, après les avoir examinés avec le plus grand soin, j'ai reconnu et constaté ce qui suit : (*désigner la pièce de terre sur laquelle le dégât a été commis, en donnant sa contenance, la nature des plantations qu'elle contient, leur âge, leur état d'entretien, etc.; constater le dommage en indiquant si c'est par des bestiaux ou de toute autre manière qu'il paraît avoir été fait ; décrire les traces, les indices sur lesquels l'expert se fonde pour asseoir son opinion à cet égard ; indiquer si les dégâts sont tout récents, ou, dans le cas contraire, déterminer autant que possible l'époque à laquelle ils remontent ; estimer la valeur du dommage, en donnant les bases du calcul fait* *pour établir cette valeur; répondre enfin d'une manière claire et péremptoire à toutes les questions qui peuvent avoir été posées dans l'ordonnance du ju**ge**).*

Ayant ainsi satisfait à la mission qui m'a été confiée, j'ai procédé, sur les lieux mêmes (*ou :* de retour dans ma demeure), à la rédaction du présent rapport, fait et clos, à..., les jour, mois et an susdits, à... heures du..., par simple (double *ou* triple) vacation, plus celle de ma prestation de serment, et signé, après lecture.   (*Signature de l'expert.*)

FORMULE 30°. — **Autre rapport dressé par trois experts, également nommés par ordonnance sur requête.** (N° 157.)

L'an mil huit cent quatre-vingt..., et le...,

En exécution d'une ordonnance rendue par monsieur le juge de paix du canton de..., le..., enregistrée à..., le..., et mise au bas d'une requête présentée par monsieur ....., laquelle ordonnance nous a nommés experts à l'effet de... (*indiquer l'objet de l'expertise d'après le texte de la requête et de l'ordonnance*),

Nous, soussignés, ... (*noms, prénoms, professions et demeures des trois experts*), experts nommés par l'ordonnance sus-datée, après avoir prêté, le... du courant, entre les mains de monsieur le juge de paix, qui nous a commis, le serment de bien et fidèlement remplir notre mission, nous sommes rendus ensemble aujourd'hui, à... heures du..., sur la propriété (*ou :* dans la maison, etc.) ci-dessus désignée, où nous avons trouvé... (*Si le requérant, ou toute autre personne intéressée, s'est rendu, on le mentionnera, ainsi que ses dires, réquisitions et observations.*)

Nous avons visité et exploré les lieux, examiné attentivement tous les points sur lesquels devaient porter nos investigations, et nous avons reconnu et constaté ce qui suit : (*Les experts constatent, comme nous l'avons déjà indiqué dans les précédentes formules de rapports, les faits et circonstances objets de leur mission; puis ils donnent leur avis motivé. Dans le cas où les trois experts ne seraient pas d'accord, l'opinion de chacun d'eux sera mentionnée dans le rapport, avec les motifs sur lesquels elle est basée, afin que le juge appelé plus tard à statuer puisse en apprécier le mérite.*)

De tout quoi nous avons rédigé le présent rapport , sur les lieux mêmes (*ou :* après nous être retirés à la mairie de..., *ou* dans la maison de...), lequel rapport a été écrit par monsieur ....., l'un de nous, et signé par tous les trois, après lecture. Nous affirmons avoir employé chacun... vacations, non compris notre prestation de serment.

Fait et clos, à..., les jour, mois et an susdits.

(Signature des trois experts.)

FORMULE 31ᵉ. — **Requête en nomination de tiers-expert.** (Nᵒ 159.)

A monsieur le juge de paix du canton de...

Le sieur... (*nom, prénoms, profession et domicile du requé- rant*) a l'honneur de vous exposer :

Que par compromis sous signatures privées en date du..., enregistré à..., le..., folio... , case..., par... qui a reçu les droits, entre le requérant et M..., il a été convenu qu'en cas de désaccord des deux experts nommés, MM. L... et M..., le tiers-expert serait désigné par M. le juge de paix du canton de... ;

Que les deux sus-nommés ont déclaré n'être pas d'accord dans leurs constatations et appréciations, et qu'ils n'ont pu s'entendre pour le choix du tiers-expert appelé à les dépar- tager ;

En conséquence, l'exposant vous prie, Monsieur le juge de paix, de vouloir bien désigner la personne qu'il vous plaira de choisir pour remplir les fonctions de tiers-expert.

Fait à..., le...   (*Signature du requérant.*)

FORMULE 32ᵉ.— **Ordonnance du juge de paix.** (Nᵒ 159.)

Nous, N..., juge de paix du canton de..., arrondissement de..., département de...,

Vu la requête qui précède, le compromis sus-relaté et la déclaration des experts ,

Nommons monsieur... (*nom, prénoms, profession et domi- cile*), tiers-expert, aux fins indiquées dans la requête ci-dessus visée.

Donné, en notre prétoire (*ou :* en notre cabinet), à..., le...
(Signature du juge de paix.)

Formule 33ᵉ. — Jugement du tribunal de première instance qui ordonne une expertise et nomme les experts. (Nᵒ 168.)

Le tribunal de première instance de... a rendu le jugement suivant, auquel ont assisté messieurs A..., président, R... et N..., juges, et monsieur C..., substitut du procureur de la République, présent et tenant la plume maître P..., commis-greffier assermenté.

Entre : 1° le sieur G ... (*nom, prénoms, profession et domicile*); 2° la dame Marie G..., sans profession, épouse du sieur L..., et 3° ledit sieur L..., agissant tant en raison des droits que sa qualité de mari lui confère sur les biens de son épouse que pour l'autorisation de celle-ci, demandeur, comparant par maître Martin, leur avoué, d'une part;

Et 1° le sieur E... (*nom, prénoms, profession et domicile*); 2° et la demoiselle J... (*nom, prénoms, profession et domicile*), célibataire et majeure, défendeurs, comparant par maître Gérard, leur avoué, d'autre part;

Point de fait. — (*Détailler les faits sur lesquels l'instance est basée ; indiquer les actes signifiés, etc.*)

Conclusions. — Maître Martin, pour ses parties, a conclu à ce qu'il plaise au tribunal, etc.

Maître Gérard, avoué des défendeurs, a conclu à ce qu'il plaise au tribunal, etc.

Maître B..., avocat, a été ensuite entendu en sa plaidoirie pour les demandeurs, et l'affaire a été continuée à l'audience du lendemain vingt février, pour la suite des plaidoiries. — Ledit jour vingt février mil huit cent soixante-douze, maître T..., avocat, a plaidé dans l'intérêt du sieur E... et de la demoiselle J..., défendeurs. – Puis monsieur C .., substitut du procureur de la République, a donné ses conclusions verbales et motivées. — La cause a présenté à juger les questions suivantes :

Point de droit. — Le tribunal doit-il ordonner la liquidation, etc.? Le sieur G .. et les époux L... sont-ils fondés dans... etc.? Y a-t-il lieu de... etc.? Le tribunal doit-il ordonner une expertise préalable? Sur quels points cette expertise devra-t-elle porter? *Quid* des dépens?

Ouï les avoués en leurs conclusions et les avocats en leurs

plaidoiries ; ouï également monsieur le substitut du procureur de la République en ses conclusions verbales et motivées ;

Attendu... (motifs du jugement) ;

Par ces motifs, le tribunal, après en avoir délibéré, jugeant en premier ressort, ordonne..., etc. ; déclare impartageables les immeubles qui dépendent des successions et sociétés d'acquêts à liquider ; et, pour arriver à la composition des lots et au mode de lotissement de la vente à réaliser, ordonne que, par trois experts convenus entre les parties dans les trois jours de la signification du présent jugement, et à défaut par messieurs .... (noms, prénoms, professions et domiciles des experts), experts que le tribunal nomme d'office, et qui, en cas d'empêchement, refus ou déport, seront remplacés par simple ordonnance de monsieur le président de la deuxième chambre, il sera, serment préalablement prêté par lesdits experts entre les mains du président de ladite deuxième chambre, ou du magistrat en remplissant les fonctions, procédé à la visite des divers immeubles indivis et à leur description sommaire, avec indication de la contenance, des tenants et aboutissants, des mitoyennetés, servitudes et autres dépendances ;

Donne mission auxdits experts : 1° de rechercher et constater tous et chacun desdits immeubles et de les classer, d'après leur nature de propres ou d'acquêts, dans chacune des sociétés d'acquêts ou successions dont ils dépendent, et ce au vu des titres et documents qui établissent leurs origines respectives ;— 2° d'estimer chacun de ces immeubles ;— 3° de former et composer le mode de lotissement de la vente, avec indication des immeubles entrant dans chaque lot, et de fixer les mises à prix ; — 4° d'établir enfin, par voie de ventilation, la valeur respective de chaque immeuble d'origine différente qui pourrait, d'après le mode de lotissement adopté par les experts, entrer dans la composition d'un même lot, de manière à servir de base précise aux opérations ultérieures de la liquidation ;

Donne, en outre, mission auxdits experts de rechercher et d'établir : premièrement, la valeur des immeubles qui ont été donnés à la demoiselle J... par la veuve S..., son aïeule, aux termes de la donation entre vifs passée devant maître ....., notaire à Paris, le six juin mil huit cent soixante-seize, et ce suivant leur état au moment de ladite donation et leur valeur au décès de la veuve S..., arrivé le dix août mil huit cent soixante-dix-neuf; — deuxièmement, le montant de la plus-value que peuvent avoir donnée à ces immeubles les travaux qui y ont été faits par le sieur J..., père de la donataire;

Donne enfin mission aux mêmes experts de déterminer d'une manière exacte les limites des immeubles compris dans la donation entre vifs du six juin mil huit cent soixante-seize, en s'entourant de toutes notoriétés à cet égard; — pour, le rapport de ces diverses opérations rédigé et déposé au greffe du tribunal, être ultérieurement requis et statué ce qu'il appartiendra;

Ordonne que les dépens faits par toutes parties seront prélevés sur la masse, etc.

Fait et prononcé en l'audience publique de la deuxième chambre du tribunal de première instance de..., le... mil huit cent quatre-vingt, et signé par le président et le commis-greffier. (*Signatures.*)

FORMULE 34ᵉ. — **Requête en nomination d'experts présentée au président du tribunal, en référé.** (Nᵒ 169.)

monsieur le président du tribunal de première instance de.....

Le sieur ..... (*nom, prénoms, profession et domicile du requérant*), lequel constitue maître T... pour son avoué, a l'honneur de vous exposer : qu'il est propriétaire d'une maison, située en cette ville, rue Saint-Joseph, numéro huit, laquelle est contiguë à un hôtel situé même rue, numéro dix, et appartenant à monsieur P... (*nom, prénoms et profession*), qui y demeure; — que ledit sieur P... fait en ce moment des réparations à son hôtel, et qu'ayant percé le mur mitoyen entre les deux immeubles, pendant l'orage qui a eu lieu la nuit dernière, la pluie est entrée en abondance dans plusieurs pièces du premier et du second étage de la maison du requérant et a occasionné aux plafonds, planchers, tapisseries, peintures, etc., des dommages considérables; — que le requérant a le plus grand intérêt à constater ces dégâts, ainsi que le fait qui les a occasionnés, et que, pour opérer d'une manière précise et complète cette constatation, il y a urgence d'en confier la mission à des hommes de l'art, seuls capables d'apprécier les causes et la valeur des dommages soufferts.

Partant, il vous plaira, monsieur le président, nommer immédiatement trois experts, exerçant la profession d'architecte ou d'entrepreneur de bâtisses, pour procéder aux opérations sus-indiquées et en rédiger un rapport qu'ils déposeront au greffe du tribunal, conformément à la loi.

Fait à..., le...

(Signatures de la partie et de l'avoué, ou de l'avoué seul.)

Formule 35ᵉ. — Ordonnance du président, sur la requête qui précède. (Nᵒ 169.)

Nous, N..., président du tribunal de première instance de..., statuant en référé,

Vu la requête qui précède et les motifs d'urgence qu'elle contient,

Nommons messieurs ..... (*noms, prénoms, professions et demeures des trois experts*), experts, à l'effet de procéder, serment préalablement prêté devant nous, à la constatation immédiate des dégâts dont se plaint le sieur..... ; d'en rechercher et établir les causes, de déterminer l'importance du dommage et d'en estimer la valeur ; et du tout dresser un rapport, que lesdits experts déposeront au greffe du tribunal, pour y avoir recours au besoin.

Délivré, en notre cabinet, à..., le...

(Signature du président.)

Formule 36ᵉ. — Acte de nomination d'experts par déclaration au greffe du tribunal. (Nᵒ 226.)

L'an..., et le..., au greffe du tribunal de première instance de..., devant moi, greffier soussigné, sont comparus :

1º Le sieur P..., demeurant à..., assisté de maître L..., son avoué ;

2º Le sieur J..., etc., assisté de maître....., son avoué ;

3º Le sieur F..., etc., assisté de maître....., son avoué,

Lesquels ont dit que, par jugement en date du..., rendu contradictoirement entre eux, dûment enregistré et signifié il a été ordonné, avant faire droit, qu'une expertise serait opérée par trois experts dont les parties conviendraient dans les trois jours de la signification du jugement, sinon par messieurs ....., que le tribunal a désignés d'office; qu'en conséquence, s'étant accordés entre eux, lesdits sieurs P..., J... et F... nomment pour procéder à ladite expertise : 1° monsieur....., 2° monsieur ....., et 3° monsieur ..... (*noms, prénoms, professions et demeures des trois experts choisis par les parties*).

Sur leur réquisition, nous avons donné acte auxdits sieurs P..., J..., et F... de leurs comparution, dires et nominations, et ils ont signé, ainsi que leurs avoués, avec nous, après lecture.

(*Signatures des parties, de leurs avoués et du greffier.*)

FORMULE 37°. — **Acte de récusation d'un expert.** (N° 256.)

A la requête de monsieur F... (*nom, prénoms, profession et domicile de la partie qui récuse l'expert*), ayant pour avoué maître L..,

Soit déclaré et signifié à maître G.., avoué du sieur S... (*nom, prénoms, profession et domicile de la partie adverse*), que ledit sieur F... récuse le sieur V... (*nom, prénoms, profession et demeure de l'expert récusé*), expert convenu entre les parties (*ou : nommé d'office par jugement du...*) pour procéder aux opérations ordonnées par jugement contradictoire du tribunal de première instance de..., en date du..., dûment enregistré, par le motif que ledit sieur V... a soupé chez le sieur S... (*ou : avec le sieur S... et à ses frais*), le.. du courant, ainsi que le requérant offre de le prouver, en cas de déni, par trois témoins, qui sont messieurs .....(*noms prénoms, professions et domiciles des témoins*).

Fait à..., le...

(*Signatures de la partie et de son avoué.*)

L'an..., et le...,

A la requête de monsieur F..., etc.,

Nous, ... (*nom, prénoms, demeure et immatricule de l'huissier*),

Avons signifié et laissé copie du présent acte à maître G..., avoué du sieur S..., en son étude, rue..., numéro..., en parlant à..., ainsi déclaré, qui a reçu de nous ladite copie. — Coût :...

(*Signature de l'huissier.*)

FORMULE 38°. — **Acte constatant les motifs de récusation allégués.**
(N° 323.)

A la requête de monsieur S... (*nom, prénoms, profession et domicile*), ayant pour avoué maître G...,

Soit déclaré et signifié à maître L..., avoué du sieur F... (*nom, prénoms, profession et domicile*), que ledit sieur S... conteste le motif sur lequel est fondée la récusation de l'expert V... contenue dans l'acte d'avoué à avoué du ministère de..., huissier à..., en date du..., par la raison qu'il est faux que ledit V... ait soupé chez le sieur S... (*ou :* avec le sieur ..... et à ses frais) le... du courant, ni aucun autre jour depuis sa nomination.

Fait à..., le...

(Signatures de la partie et de son avoué.)

L'an..., et le...,

A la requête de monsieur S..., etc.,

Nous, ..., huissier, etc.

Avons signifié et laissé copie à maître L..., avoué du sieur F..., en son étude, rue..., numéro..., du présent acte, en parlant à..., ainsi déclaré, qui l'a de nous reçue. — Coût : ...

(Signature de l'huissier.)

FORMULE 39°. — **Autre acte contestant la validité des motifs allégués.** (N° 323.)

A la requête de monsieur V... (*nom, prénoms, profession et domicile*), lequel constitue maître G... pour son avoué,

Soit déclaré et signifié à maître L. ., avoué du sieur F..., que ledit sieur V... conteste la validité du motif sur lequel ledit sieur F... s'est fondé, dans l'acte d'avoué à avoué du ministère de..., huissier à..., en date du..., pour récuser le requérant en qualité d'expert nommé d'office (*ou :* convenu entre les parties), ainsi qu'il résulte du jugement rendu par le tribunal de première instance de..., le... Il est constant, en effet, que, si le sieur V..., requérant, a soupé le... du courant chez le sieur S..., le sieur F... y a également soupé avec quelques autres personnes, et que c'est sur l'invitation réitérée des deux parties que le requérant s'est rendu à ce repas.

Fait à..., le...

(*Signatures de l'expert requérant et de son avoué.*)

L'an..., et le...,

A la requête de monsieur V..., etc.,

Nous, ..., huissier, etc.,

Avons signifié et laissé copie du présent acte à maître L..., avoué du sieur F..., en son étude, rue..., numéro..., en parlant à..., etc.   (*Signature de l'huissier.*)

FORMULE 40e. — Acte d'intervention de l'expert récusé, avec demande de dommages-intérêts. (No 344)

A la requête de monsieur C... (*nom, prénoms, profession et domicile*), lequel constitue pour son avoué maître B...,

Soit signifié à maître D..., avoué du sieur J... (*nom, prénoms, profession et domicile*), que le requérant déclare intervenir dans l'incident que ledit sieur J... a introduit par acte du ministère de..., huissier à..., en date du..., lequel acte récuse le sieur C..., requérant, expert nommé d'office (*ou : sur la présentation des parties*) par jugement du tribunal de première instance de..., en date du..., par le motif que ledit sieur C... aurait été, il y a deux ans, condamné, pour cause de vol, à six mois d'emprisonnement, ce qui est complétement faux et sera reconnu tel par le tribunal ;

Et, attendu que l'allégation d'un pareil motif, dénué de toute espèce de fondement, porte à l'honneur et à la considération du requérant une atteinte dont il a le droit de demander la réparation, s'entendre condamner ledit sieur J... à trois mille francs de dommages-intérêts, à l'insertion du jugement à intervenir dans les deux principaux journaux du département, et aux dépens.

Fait à..., le...

(*Signatures de l'expert requérant et de son avoué.*)

L'an..., et le...,

A la requête de monsieur C..., etc.,

Nous, ..., huissier, etc.,

Avons signifié et laissé copie du présent acte à maître D...

avoué du sieur J..., en son étude, rue..., numéro..., en parlant à..., etc.   (*Signature de l'huissier.*)

FORMULE 41ᵉ. — Requête à fin de remplacement d'un expert, en cas de déport, refus ou empêchement quelconque. (Nᵒ 366.)

A monsieur le président du tribunal de première instance de... (*ou tout autre magistrat désigné par le jugement qui a ordonné l'expertise et nommé les experts*).

Le sieur A..., (*nom, prénoms, profession et domicile*), ayant pour avoué maître K..., a l'honneur de vous exposer que, par jugement du..., le tribunal, dans l'instance pendante entre le requérant et le sieur X..., a nommé trois experts, parmi lesquels se trouve monsieur R..., qui a déclaré refuser de se charger de cette mission, parce qu'il se trouve dans l'impossibilité physique de la remplir.

Il vous plaira, en conséquence, monsieur le président, nommer un autre expert pour remplacer le sieur R..., ainsi que vous y autorise le jugement sus-relaté.

Fait à..., le...   (*Signature de l'avoué.*)

FORMULE 42ᵉ. — Ordonnance sur la requête qui précède. (Nᵒ 366.)

Nous, N..., président du tribunal de première instance de... (*ou :* juge, etc., à ces fins commis),

Vu la requête ci-dessus et le jugement du..., qui nous autorise, en cas d'empêchement, refus ou déport des experts, à procéder à leur remplacement,

Nommons monsieur .... (*nom, prénoms, profession et demeure*), expert, à la place de monsieur R..., empêché, et lui donnons mission de procéder, conjointement avec messieurs ..... (*noms des deux autres experts*), aux opérations prescrites par le jugement sus-daté, dans l'instance pendante entre le sieur A... et le sieur X...

Donné, en notre cabinet, à..., le...

       (**Signature du président.**)

FORMULE 43e. — Requête en fixation du jour de prestation de serment des experts. (No 386.)

A monsieur le président du tribunal de première instance de... (*ou* : à monsieur B..., juge du tribunal de première instance de..., commis pour recevoir le serment dont il va être parlé).

Le sieur Antoine P..., négociant, demeurant à...; la dame Marie V..., veuve du sieur Jean M..., sans profession, demeurant à...; et le sieur Etienne G..., maître charpentier, demeurant à..., lesquels ont constitué maître L... pour leur avoué,

Ont l'honneur de vous exposer que, dans une instance pendante entre les exposants et les sieurs Jacques et Bernard E..., le tribunal de première instance de... a rendu, à la date du..., un jugement qui, entre autres dispositions, a ordonné une expertise et nommé messieurs ...., experts, à l'effet de procéder à diverses opérations indiquées dans ledit jugement, serment par eux préalablement prêté devant vous; — que ce jugement a été enregistré, expédié et signifié, et qu'il y a lieu de le ramener à exécution ;

Partant, il vous plaira, monsieur le président (*ou* : le juge-commissaire), fixer les lieu, jour et heure auxquels vous recevrez le serment des experts sus-nommés.

Fait à..., le...   (*Signature de l'avoué.*)

FORMULE 44e. — Ordonnance sur la requête ci-dessus. (No 386.)

Nous, Auguste-Joseph E..., président du tribunal de première instance de... (*ou* : juge du tribunal de première instance de..., commis pour recevoir le serment qui va être ci-après spécifié),

Vu la requête qui précède et les dispositions de la loi,

Fixons au mercredi, neuf du mois de..., à midi, en notre cabinet, au palais de justice, les lieu, jour et heure auxquels nous recevrons le serment dont s'agit.

Délivré, en notre cabinet, à..., le...

                    (*Signature du président ou du juge commis.*)

FORMULE 45°. — **Signification aux experts de la requête et de l'or-donnance et sommation d'avoir à prêter serment. (N° 386.)**

L'an mil huit cent quatre-vingt..., et le...,

A la requête du sieur Antoine P..., négociant, demeurant à...; de la dame Marie V..., veuve du sieur Jean M..., sans profession, demeurant à...; et du sieur Etienne G..., maître charpentier, demeurant à..., lesquels ont pour avoué constitué près le tribunal de première instance de... maître L..., licencié en droit, demeurant en cette ville, rue..., numéro...,

Nous, ... (*nom, prénoms, demeure et immatricule de l'huissier*), avons signifié et laissé copie de la requête et de l'or-donnance dont copie est en tête du présent exploit : 1° à mon-sieur ..; 2° à monsieur...; 3° à monsieur ... (*noms, prénoms, professions et demeures des experts*).

Et, au surplus, nous leur avons fait sommation d'avoir à comparaître le mercredi, neuf du mois de..., à midi, devant monsieur le président du tribunal de première instance de... (*ou :* devant monsieur le juge du tribunal de première instance de..., délégué à cet effet), pour, là étant, prêter entre les mains de ce magistrat le serment de bien et fidèlement remplir la mission qui leur a été confiée par le jugement ci-dessus relaté, dont la grosse leur sera remise en temps et lieu.

Sous toutes réserves. Dont acte, fait à... : 1° au domicile de monsieur..., où pour lui nous avons laissé copie du pré-sent en parlant à..., ainsi déclaré, qui l'a reçue de nous ; 2° au domicile de monsieur .., où pour lui, etc.; 3° au domi-cile de monsieur..., où pour lui nous avons, etc.

(*Signature de l'huissier.*)

FORMULE 46°. — **Signification de la requête et de l'ordonnance à la partie, par acte d'avoué à avoué. (N° 388.)**

L'an mil huit cent quatre-vingt..., et le...,

A la requête du sieur Antoine P..., etc.; de la dame Marie V .., etc.; et du sieur Etienne G..., etc , lesquels ont maître L... pour avoué près le tribunal de première instance de...,

Nous, ... (*nom, prénoms, demeure et immatricule de l'huissier*), avons signifié et laissé copie de la requête et de l'ordonnance dont copie est en tête du présent exploit, à maître D..., avoué du sieur J... et de la demoiselle C..., afin qu'ils ne l'ignorent, et qu'ils assistent, si bon leur semble, à la prestation de serment des experts, leur déclarant que cette formalité sera remplie, aux lieu, jour et heure fixés, tant en leur absence qu'en leur présence.

Dont acte, etc. (*Signature de l'huissier.*)

FORMULE 47ᵉ. — Procès-verbal de prestation de serment des experts en présence de toutes les parties ou de leurs avoués. (Nᵒ 390.)

L'an..., le..., à... heures du..., devant nous, N. ., président du tribunal de première instance de (*ou :* juge au tribunal de première instance de..., commissaire pour l'expertise dont il s'agit), en la chambre du conseil dudit tribunal, **et** assisté de maître ..., greffier,

Est comparu maître L..., avoué des sieurs P... et G... et de la dame V..., lequel a dit qu'en vertu de notre ordonnance, en date du..., enregistrée le .., il a, par acte du ministère de..., huissier à..., en date du..., fait sommation à messieurs... (*noms, prénoms, professions et demeures des trois experts*) de comparaître en ces lieu, jour et heure, pardevant nous, pour prêter, en qualité d'experts, le serment de bien et fidèlement remplir la mission que le tribunal leur a confiée, par son jugement du..., dans l'instance pendante entre les sieurs P.. et G. . et la dame V..., d'une part, et le sieur J... et la demoiselle C..., d'autre part, et en même temps lesdits experts indiquer les lieu, jour et heure où ils commenceront leurs opérations ;

Que ledit maître L..., auxdits noms, nous requiert de recevoir le serment de messieurs ..., et a signé.

(*Signature de l'avoué.*)

Est également comparu maître D..., avoué du sieur J... et de la demoiselle C..., qui a dit ne pas s'opposer à la prestation de serment des experts, sous toutes réserves, et a signé.

(*Signature de l'avoué.*)

Et, à l'instant, se sont présentés les sieurs .., experts ci-dessus dénommés et qualifiés, lesquels ont, individuellement et la main droite levée à Dieu, prêté le serment de bien et fidèlement remplir leur mission. Ils ont ensuite fixé au jeudi... du courant, à. . heures du matin, leur transport sur les lieux li .gieux, pour commencer à procéder aux opérations ordonnées, et ont signé.   (*Signatures des trois experts.*)

Desquelles comparutions, réquisitions et fixation des jour et heure, nous avons donné acte aux avoués des parties et aux experts, auxquels nous avons également donné acte de leur prestation de serment, et avons signé avec le greffier, après lecture.

(*Signatures du président ou juge et du greffier.*)

FORMULE 48ᵉ. — **Procès-verbal de prestation de serment en l'absence de la partie non requérante et de son avoué.** (Nᵒ 390.)

L'an..., le..., etc., devant nous, etc. (*comme à la formule précédente, en supprimant le paragraphe relatif à la comparution du second avoué*).

Desquelles comparutions, réquisition et indication de lieu, jour et heure, nous avons donné acte à maître L... et aux experts, et encore à ceux-ci, du serment qu'ils ont prêté de bien et fidèlement remplir leur mission, prestation de serment et indication de lieu, jour et heure qui devront être notifiées aux parties absentes, et avons signé avec le greffier, après lecture.

(*Signatures du président ou juge et du greffier.*)

FORMULE 49ᵉ. — **Sommation aux experts de se réunir devant le président ou le juge-commissaire pour fixer les jour et heure de l'opération.** (Nᵒ 392.)

L'an. , et le..., — A la requête du sieur G..., etc , lequel a pour avoué maître E...,

Nous, ... (*nom, prénoms, demeure et immatricule de l'huissier*), avons fait sommation : 1ᵒ à monsieur...; 2ᵒ à monsieur ...; 3ᵒ à monsieur.... (*noms, prénoms, professions et demeures des trois experts*), d'avoir à se réunir le mardi . du courant, à onze heures du matin, devant monsieur le président du tribunal de première instance de... (*ou:* devant monsieur...., juge du tribunal de première instance de...., commissaire en cette partie), en son cabinet, au palais de justice,

Pour, attendu que, par jugement en date du..., lesdits sieurs ont été nommés experts dans l'instance pendante entre le sieur G..., d'une part, et les sieurs R... et S..., d'autre part ; que lesdits sieurs.... ont prêté, en cette qualité, le serment voulu par la loi, mais qu'en remplissant cette formalité ils ont omis de donner, pour qu'elle fût insérée au procès-verbal, l'indication des lieu, jour et heure de leur opération ; qu'il est indispensable de réparer cet oubli, afin de pouvoir faire aux parties la sommation prescrite par le troisième paragraphe de l'article 315 du Code de procédure civile,

Avoir, en conséquence, lesdits trois experts, à convenir entre eux du lieu et des jour et heure auxquels ils commenceront leur opération, et à les faire connaître à monsieur le président (ou : le juge-commissaire), qui dressera procès-verbal de cette indication, pour suppléer à la mention omise dans l'acte de prestation de serment du... du courant.

Dont acte, fait à... : 1° au domicile de monsieur...., où pour lui nous avons laissé copie du présent exploit en parlant à..., ainsi déclaré, qui l'a reçue de nous ; 2° au domicile de monsieur...., où pour lui..., etc. ; 3° au domicile de monsieur...., où pour lui nous avons laissé, etc. — Coût : ...

(*Signature de l'huissier.*)

FORMULE 50°. — **Assignation aux experts de commencer leurs opérations**, dans le cas où ils n'ont pas fixé de jour. (N° 392.)

L'an..., le..., — A la requête du sieur G..., etc., lequel a maître E... pour avoué,

Nous, ..., etc., huissier..., avons dit et déclaré : 1° à monsieur....; 2° à monsieur....; 3° à monsieur.... (*noms, prénoms, professions et demeures des trois experts*), qu'ayant été nommés experts, par jugement en date du..., dans l'instance pendante entre la demoiselle B... et le sieur C..., d'une part, et le requérant, d'autre part, ils ont en cette qualité, prêté le serment prescrit par la loi, ainsi qu'il résulte d'un procès-verbal dressé par monsieur le président du tribunal de première instance de... *(ou :* par monsieur..., juge au tribunal

27

de première instance de..., à ces fins commis), le... du courant ; mais que ce procès-verbal ne contient pas l'indication du lieu et des jour et heure de leur opération ; que le requérant a le plus grand intérêt à ce que cette opération soit faite dans un bref délai, et qu'il importe dès lors qu'elle soit commencée sans le moindre retard.

En conséquence, nous, huissier sus-nommé, avons, à même requête que ci-dessus, donné assignation auxdits sieurs...., experts, d'avoir à se trouver le... du courant, à... heures du ..., dans la maison où ils ont à procéder à l'expertise qui leur est confiée, afin de commencer leur opération et de la terminer ensuite le plus promptement possible, leur déclarant que nous allons aujourd'hui même faire sommation aux parties adverses de se trouver lesdits jour et heure en la maison sus-indiquée, afin d'assister, si bon leur semble, à l'expertise dont il s'agit.

Nous avons enfin déclaré auxdits sieurs...., experts, que, dans le cas où ils feraient défaut sur la présente assignation, le requérant se pourvoira contre eux par les voies de droit et de rigueur. Sous toutes réserves.

Dont acte, fait à... : 1° au domicile de monsieur....., où pour lui nous avons laissé copie du présent exploit, en parlant à..., ainsi déclaré, qui l'a reçue de nous ; 2° au domicile de monsieur...., où pour lui nous avons laissé...., etc. ; 3° au domicile de monsieur...., où pour lui nous avons...., etc. — Coût : ...   (*Signature de l'huissier.*)

FORMULE 51°. — Sommation aux parties adverses de se trouver à l'expertise dans le cas de la formule précédente. (N° 392.)

A la requête du sieur G..., etc., ayant pour avoué maître E...,

Soit signifié et déclaré à maître D..., avoué près le tribunal de première instance de..., et de la demoiselle B... et du sieur C..., que messieurs...., experts nommés, par jugement du..., à l'effet de procéder à l'expertise ordonnée par ledit jugement, ont prêté le serment prescrit par la loi, le..., entre les mains de monsieur le président du tribunal de première instance de... (*ou :* de monsieur....., juge du tribunal de première instance de..., commissaire en cette partie), mais que le procès-verbal de cette prestation de serment ne contient pas l'indication du lieu et des jour et heure de l'opération des experts; que le requérant ayant le plus grand intérêt à ce que cette opération soit faite dans un bref délai, a donné assignation auxdits experts d'avoir à se trouver le... du courant, à... heures du..., dans la maison où ils ont à procéder à l'expertise qui leur est confiée, afin de commencer leur opération et de la terminer ensuite le plus promptement possible.

En conséquence, soit sommé maître D .., de faire comparaître ses parties et de comparaître lui-même auxdits lieu, jour et heure indiqués ci-dessus, à l'effet d'être présents, si bon leur semble, à l'opération dont il s'agit, lui déclarant qu'il sera procédé tant en leur absence qu'en leur présence à ladite opération. Dont acte.

Fait à..., le...   (*Signature de l'avoué.*)

L'an..., et le...,

A la requête du sieur G..., etc.,

Nous, ... (*nom, prénoms, demeure et immatricule de l'huissier*), avons signifié et laissé copie à maître D..., avoué du sieur C..., en son étude, rue..., numéro..., du présent acte, en parlant à..., ainsi déclaré, qui l'a reçue de nous.—Coût:...

(*Signature de l'huissier.*)

FORMULE 52ᵉ. — **Sommation aux parties de se trouver à l'expertise, dans le cas où le procès-verbal de prestation de serment indique les lieu, jour et heure.** (Nᵒ 395.)

A la requête : 1ᵒ du sieur Antoine P..., négociant, demeurant à..., 2ᵒ de la dame Marie V..., veuve du sieur Jean M..., sans profession, demeurant à...; et 3ᵒ du sieur Étienne G..., maître charpentier, demeurant à..., lesquels ont pour avoué maître L..., etc.,

Soit déclaré et signifié à maître D..., avoué près le tribunal de première instance de..., et du sieur Bernard J... et de la demoiselle Anne-Marie C... :

Premièrement, que messieurs...., experts nommés d'office (*ou :* sur la désignation des parties), par jugement du tribunal de première instance de..., en date du..., pour procéder à l'expertise ordonnée par ledit jugement, dûment enregistré et signifié, ont prêté, le..., devant monsieur le président dudit tribunal (*ou* : monsieur..., juge dudit tribunal, à ces fins commis), serment de bien et fidèlement remplir la mission qui leur a été confiée ;

Secondement, que lesdits experts ont indiqué dans le procès-verbal de prestation de serment sus-daté, qu'ils procéderont à leur opération sur les lieux litigieux, le .. du courant, à... heures du matin.

En conséquence, soit sommé maître D... de comparaître et de faire comparaître le sieur J... et la demoiselle C .., ses parties, aux lieu, jour et heure indiqués ci-dessus, pour être, si bon leur semble, présents à l'opération dont s'agit, lui déclarant que, faute par eux de comparaître, il sera procédé hors leur présence. Sous toutes réserves. Dont acte.

Fait à..., le...   (*Signature de l'avoué.*)

L'an..., et le...,

A la requête du sieur Antoine P..., etc. ; de la dame Marie V..., etc. ; et du sieur Etienne G. ., etc., ayant maître L... pour avoué,

Nous, ..., huissier, etc., avons signifié et laissé copie du présent acte à maître D..., avoué du sieur J.. et de la demoiselle C..., en son étude, rue..., numéro..., en parlant à..., ainsi déclaré, qui l'a reçue de nous. — Coût : ...

(*Signature de l'huissier.*)

FORMULE 53ᵉ. — Assignation aux experts de commencer leurs opérations dans le cas de dispense de serment. (Nᵒ 396.)

L'an. ., le . , — A la requête du sieur P..., lequel a pour avoué maître N...,

Nous, ..., huissier, avons dit et déclaré : 1ᵒ à monsieur...; 2ᵒ à monsieur .... ; 3ᵒ à monsieur .... (*noms, prénoms, professions et demeures des trois experts*), experts nommés par jugement du tribunal de première instance de..., en date du..., dans l'instance pendante entre le requérant et le sieur F. ., qu'ils ont été régulièrement dispensés du serment et qu'ils n'avaient, par conséquent, pas à remplir cette formalité, mais qu'ils devaient s'entendre pour fixer les lieu, jour et heure de leur opération, ce que le requérant n'a pu encore obtenir d'eux malgré toutes les démarches qu'il a faites pour cela ; — qu'il a cependant le plus grand intérêt à ce que cette opération soit faite dans le plus bref délai possible, et qu'il importe, dès lors, qu'elle soit commencée sans le moindre retard.

En conséquence, nous, huissier sus-nommé, avons, à même requête que ci-dessus, donné assignation auxdits sieurs ...., experts, d'avoir à se trouver le... (*la suite comme à la* FORMULE 50e, *qui précède*).

FORMULE 54e. — **Sommation à la partie adverse de se trouver à l'expertise, dans le cas de la formule précédente.** (N° 396.)

A la requête du sieur P..., lequel a pour avoué maître N..., soussigné,

Soit signifié et déclaré à maître B..., avoué près le tribunal de première instance de..., et du sieur F..., que messieurs ...., experts nommés par le jugement rendu entre le requérant et ledit sieur F..., le..., ayant été dispensés du serment, n'ont pas eu à remplir cette formalité, mais qu'ils auraient dû s'entendre pour fixer les lieu, jour et heure de leur opération, chose que le requérant n'a pu obtenir d'eux malgré toutes les démarches qu'il a faites pour cela ; — que le requérant, ayant le plus grand intérêt à ce que cette opération soit faite dans un très-court délai, a donné assignation auxdits experts d'avoir à se trouver le..., à... heures du....., dans la maison (*ou :* sur le terrain) où ils ont à procéder à l'expertise qui leur est confiée, afin de commencer leur opération, et de la terminer ensuite le plus promptement possible.

En conséquence, soit sommé maître B... de faire comparaître sa partie et de comparaître lui-même aux lieu, jour et heure indiqués ci-dessus, à l'effet d'être présents, si bon leur semble, à l'opération dont il s'agit, leur déclarant qu'il sera procédé tant en leur absence qu'en leur présence à ladite opération. Dont acte.

Fait à..., le...   (*Signature de l'avoué.*)

L'an..., et le...,

A la requête du sieur P..., ayant pour avoué maître N...,

Nous, ..., huissier, etc., avons signifié et laissé copie du présent acte à maître B..., avoué du sieur F...., en son étude, rue..., numéro. ., en parlant à..., ainsi déclaré, qui l'a reçue de nous.

Coût : ...   (*Signature de l'huissier.*)

FORMULE 55ᵉ. — **Sommation pour assister à la continuation de l'expertise, après renvoi indéfini.** (N° 408.)

A la requête du sieur ....., etc., ayant maître T... pour avoué,

Soit déclaré et signifié à maître J...., avoué près le tribunal de première instance de..., et des sieurs M... et H..., que messieurs ....., experts nommés par le jugement du tribunal de première instance de..., en date du....., à l'effet de procéder à l'expertise ordonnée par ledit jugement, après avoir vaqué à leurs opérations pendant trois jours, en avaient renvoyé indéfiniment la continuation ; — que le requérant, en présence du retard qu'ils mettaient à reprendre leur travail, s'est pourvu auprès d'eux et a obtenu qu'ils se rendront de nouveau, sur les lieux litigieux, le samedi... du mois prochain, à... heures de l'après-midi, pour continuer et achever leurs opérations.

En conséquence, soit sommé maître J... de comparaître et de faire comparaître messieurs M... et H..., ses parties, aux lieu, jour et heure sus-indiqués, pour être, si bon leur semble, présents à la continuation de l'expertise dont il s'agit, lui déclarant qu'il sera procédé tant en leur absence qu'en leur présence. Dont acte.

Fait à..., le...   (*Signature de l'avoué.*)

L'an..., et le...,

A la requête du sieur ..... (*signification par l'huissier comme à la précédente formule*).

FORMULE 56ᵉ. — **Déclaration des experts qu'une enquête est nécessaire** pour établir certains faits de nature à servir de base à l'expertise ou à modifier l'avis des experts. (N° 460.)

Nous, B..., D... et C... (*noms, prénoms, professions et domiciles des experts*), experts nommés par jugement du tribunal de première instance de..., en date du..., dans l'affaire pendante entre le sieur H.. et le sieur L..., ayant commencé de procéder aux opérations qui nous sont confiées, serment préalablement prêté conformément à la loi, avons reconnu à l'unanimité que, pour pouvoir continuer lesdites opérations, il est indispensable d'établir, au moyen d'une enquête régulière et légale, le fait suivant, avancé par le sieur L..., défendeur, et dont il est impossible de reconnaître l'exactitude autrement que par l'audition de témoins, entendus dans les formes voulues et sous la foi du serment. Ce fait consiste en ce que... *(préciser le fait qui doit faire l'objet de l'enquête).*

En conséquence, nous, experts sus-nommés et soussignés, déclarons surseoir à la continuation de nos opérations jusqu'à ce qu'il ait été statué, par le tribunal de première instance de..., à la requête de la partie la plus diligente, sur la demande d'enquête que nous formons, parce qu'il nous est impossible de donner un avis concluant et péremptoire, sur les questions qui nous sont soumises, sans savoir si le fait ci-dessus relaté est exact ou non.

En foi de quoi nous avons rédigé la présente déclaration, que nous avons signée, après lecture.

. Fait à..., le...

(*Signatures des trois experts.*)

FORMULE 57e. — Sommation d'assister à la rédaction du rapport des experts. (N° 476.)

A la requête du sieur T..., ayant maître B... pour avoué,
Soit déclaré et signifié à maître R..., avoué près le tribunal de première instance de..., et du sieur F...,
Que messieurs ....., experts nommés par jugement du tribunal de première instance de..., en date du .., pour procéder à l'expertise ordonnée par ledit jugement, ayant terminé leurs opérations sur le terrain, ont fixé au mardi... du courant le jour auquel ils procéderont à la rédaction de leur rapport, dans la demeure de monsieur...., l'un d'eux, à..., rue..., numéro..., à deux heures de l'après-midi.

En conséquence, soit sommé maître R... de comparaître et faire comparaître le sieur F..., sa partie, auxdits lieu.

jour et heure, si bon leur semble, pour faire tous dires, réquisitions et observations; leur déclarant que, faute par eux de comparaître, il sera procédé en leur absence.

Dont acte. Fait à..., le...   (*Signature de l'avoué.*)

L'an..., et le...,

A la requête du **sieur T** ....., lequel a pour avoué maître B ..,

Nous, ..., huissier, etc., avons signifié et laissé copie du présent acte à maître R..., avoué du sieur F....., en son étude, rue..., numéro..., en parlant à..., ainsi déclaré, qui l'a reçue de nous. — Coût : ...   (*Signature.*)

FORMULE 58°. — Rapport d'experts (1). (N° 479.)

A messieurs les président et juges du tribunal de première instance de...

L'an mil huit cent quatre-vingt, le mardi trente du mois de mars, à neuf heures du matin,

Nous... (*noms, prénoms, professions et demeures des trois experts*), experts nommés d'office (*ou* : sur la présentation des parties) par jugement du tribunal de première instance de..., en date du..., dûment enregistré et signifié, lequel jugement a été rendu dans l'instance en..., entre : 1° le sieur J... ; 2° la dame V..., épouse du sieur P...; 3° et ledit sieur P.., agissant tant à raison des droits que sa qualité de mari lui confère, etc. (*donner les noms, prénoms, professions et domiciles des demandeurs*), demandeurs, ayant maître X... pour avoué, d'une part; et 1° la demoiselle A..., célibataire et majeure, etc ; 2° et le sieur S... (*noms, prénoms et domiciles des défendeurs*), défendeurs, ayant maître C .. pour avoué, d'autre part; et enfin le sieur B... (*nom, prénoms, profession et domicile*), également défendeur, ayant maître M... pour avoué, aussi d'autre part; le dispositif **duquel**

(1) Ce modèle de rapport et les deux suivants, qui n'ont aucun caractère spécial, peuvent s'appliquer à toutes les expertises ordinaires. Nous reproduisons ensuite *in extenso*, FORMULES 61° à 70°, des rapports dressés dans des affaires importantes, qui peuvent servir de modèles dans les opérations du même genre, en y introduisant les modifications que comporte chaque expertise en particulier. Nous donnerons enfin, en traitant des cas spéciaux, les formules des rapports et des autres actes relatifs à ces sortes d'expertises.

jugement est conçu, en ce qui nous concerne, ainsi qu'il suit : « Le tribunal... (*copier textuellement toute la portion du dispositif du jugement relative à l'expertise, puis continuer de la manière suivante*) ; »

Après avoir prêté serment de bien et fidèlement remplir notre mission, entre les mains de monsieur le président du tribunal de première instance de .. (*ou : devant monsieur le président de la deuxième chambre du tribunal de...,—ou : devant monsieur....., juge du tribunal de première instance de...,* à ces fins commis), ainsi que cela est constaté par le procès-verbal de ce magistrat en date du..., dûment enregistré, et avoir fixé, dans cet acte, le commencement de nos opérations à aujourd'hui... mars, à neuf heures du matin, en la maison située... (*ou : chez monsieur ....., l'un de nous, — ou : sur la pièce de terre en nature de..., située à...*), lieu, jour et heure indiqués dans la sommation faite aux parties par acte d'avoué à avoué en date du...,

Nous nous sommes transportés sur la pièce de terre (*ou :* dans la maison) sus-désignée, où, étant arrivés à l'heure indiquée, nous avons trouvé : 1° le sieur J... ; 2° les époux P. ., assistés de maître X..., leur avoué ; 3° la demoiselle A... ; 4° le sieur S..., assistés de maître C..., leur avoué, et 5° le sieur B..., assisté de M..., son avoué.

Maître X... nous a remis la grosse du jugement sus-énoncé, ensemble les sommations faites aux parties d'assister à la présente expertise et diverses autres pièces qui peuvent nous être utiles ; puis il a dit et exposé, au nom du sieur J... et des époux P..., que... (*mentionner les dires des parties et de l'avoué*), et enfin nous a requis de procéder à nos opérations, et ont, les parties et l'avoué, signé, après lecture.

(*Signatures des parties et de leur avoué.*)

Maître M... a dit ensuite que la demoiselle A... et le sieur S... comparaissaient, ainsi que lui, pour satisfaire à la sommation sus-énoncée, déclarant qu'ils ne s'opposaient point à ce qu'il fût procédé par nous à l'expertise ordonnée par le tribunal. Il a ajouté que..., et nous a remis, à l'appui de ses dires : 1°... (*indiquer les pièces produites*), et il a signé avec la demoiselle A... et le sieur S..., après lecture.

(*Signatures des parties et de l'avoué.*)

Maître M... a dit à son tour que le sieur B... ainsi que lui comparaissaient pour satisfaire à la sommation, etc. (*comme ci-dessus*); il a ajouté que...; il nous a remis à l'appui de ses dires les pièces suivantes..., et il a signé avec le sieur B..., après lecture.

(*Signatures des parties et de l'avoué.*)

Desquels comparutions, réquisitions, consentements, dires, conclusions et remises nous avons donné acte aux parties; et, lecture préalablement faite du jugement sus-énoncé, du..., nous avons procédé, en présence des parties susnommées et de leurs avoués, à la visite des lieux litigieux et aux diverses opérations prescrites par le jugement, et nous avons immédiatement rédigé sur les lieux mêmes notre rapport, lequel a été écrit par monsieur..., l'un de nous, ainsi qu'il suit : (*décrire les lieux objet de l'expertise; constater les diverses opérations auxquelles se sont livrés les experts, telles que toisés, arpentage, application ou analyse de titres de propriété, expériences, etc. ; mentionner les observations des parties ou de leurs avoués, les renseignements pris de personnes étrangères au procès, dans le cas où le tribunal a autorisé ou prescrit ce mode accessoire d'instruction, etc.*).

Les parties et leurs avoués se sont ensuite retirés, et, étant restés seuls, nous avons conféré entre nous, délibéré sur les divers points soumis à notre appréciation, et été unanimement d'avis que... (*les experts donneront les motifs de leur avis, et le formuleront en termes clairs et précis*).

Après avoir vaqué à ce que dessus depuis neuf heures du matin jusqu'à cinq heures du soir, nous avons clos le présent rapport, que nous avons signé, après lecture, et laissé entre les mains de monsieur ....., l'un de nous, qui demeure chargé d'en faire le dépôt au greffe du tribunal.

Fait à..., les jour, mois et an susdits.

(*Signatures des trois experts.*)

FORMULE 59ᵉ. — Rapport d'experts, dont les opérations ont duré plusieurs jours. (N° 479.)

A messieurs les président et juges du tribunal de première instance de...

L'an mil huit cent quatre-vingt..., le jeudi quatre avril, à midi,

Nous, ..., (*noms, prénoms, professions et demeures des experts*), experts nommés d'office... (*ou :* sur la présentation des parties) par jugement du tribunal de première instance de..., rendu le..., dans l'instance en..., entre : le sieur André F... (*nom, prénoms, profession et domicile*), demandeur, ayant maître J.. pour avoué, et le sieur Jérôme L... (*nom, prénoms, profession et domicile*), défendeur, ayant maître K... pour avoué; lequel jugement, dûment enregistré et signifié, est conçu, en ce qui nous concerne, de la manière suivante : (*copier le dispositif du jugement relatif à l'expertise*) ;

Après avoir prêté serment de bien et fidèlement remplir notre mission, devant monsieur le président du tribunal de première instance de... (*ou :* devant monsieur ... ., juge du tribunal de première instance de..., commissaire en cette partie), ainsi que le constate le procès-verbal dressé par ce magistrat le..., dûment enregistré, et avoir fixé dans cet acte le commencement de nos opérations à aujourd'hui quatre avril, à midi, sur les lieux litigieux (*ou :* en la maison ci-dessus indiquée, — *ou :* à la mairie de la commune de..., — *ou :* en la demeure de monsieur ....., etc.), lieu, jour et heure portés dans la sommation faite au défendeur par acte d'avoué à avoué en date du...,

Nous nous sommes réunis, lesdits jour et heure, au lieu sus-indiqué, où nous avons trouvé le sieur André F..., qui s'est présenté seul (1), nous a remis la grosse du jugement sus-relaté, l'original de la sommation et l'acte d'achat de

_____

(1) Les parties n'ont pas besoin d'être assistées de leurs avoués pour comparaître à l'expertise et y faire des réquisitions, dires, réserves et observations; elles peuvent toujours se présenter seules, soit comme demanderesses, soit comme défenderesses.

sa propriété, et nous a requis de procéder par défaut, en l'absence du sieur L... et de son avoué, aux opérations dont nous sommes chargés, et a signé, après lecture.

(Signature du demandeur.)

Nous avons donné acte au sieur F... de ses comparution, réquisitions, et remise de pièces, et, ayant attendu jusqu'à une heure de l'après-midi sans que le sieur Jérôme L... ait comparu personnellement ni par son avoué ou tout autre mandataire, nous avons donné défaut contre lui, et avons procédé ainsi qu'il suit, en présence du sieur F..., lecture préalablement faite du jugement sus-énoncé du... et du titre de propriété, dont ledit F... nous a demandé de prendre tout d'abord connaissance.

Nous avons visité en détail toutes les parties de l'immeuble litigieux, ses appartenances et dépendances, de manière à nous rendre bien compte de son état et de sa situation; nous en avons vérifié la contenance, qui s'élève à... hectares... ares... centiares, et nous avons reconnu qu'il confronte, du levant, à..., etc.

Après avoir vaqué à ce qui précède jusqu'à six heures du soir, nous nous sommes ajournés, pour continuer nos opérations, au lundi huit du courant, à dix heures du matin, sur le même lieu, et avons intimé la partie présente de s'y trouver, si bon lui semble, sans nouvelle sommation, et avons signé, après lecture.   (Signatures des trois experts.)

Et ledit jour, huit avril mil huit cent quatre-vingt..., à dix heures du matin, nous, experts ci-dessus dénommés et qualifiés, nous sommes réunis à.., où nous avons, en l'absence des parties et de leurs avoués qui ne se sont pas rendus, continué notre travail, en opérant les différentes vérifications et constatations et recueillant les diverses notes dont nous avions besoin pour remplir la mission que le tribunal nous a confiée et répondre aux questions qui nous ont été posées. Puis, nos opérations sur le terrain étant terminées à quatre heures du soir, nous nous sommes ajournés (1),

_____

(1) Dans le cas où les opérations sur le terrain durent plusieurs jours, il n'est pas nécessaire d'arrêter le rapport chaque jour, et l'on peut le rédiger comme nous l'indiquons dans les diverses formules qui suivent.

pour la rédaction de notre rapport, au samedi treize du courant, à onze heures du matin, en la demeure de monsieur....., l'un de nous, à..., rue..., numéro..., et avons signé, après lecture.   (*Signatures des experts.*)

Et ledit jour, treize avril mil huit cent quatre-vingt..., à onze heures du matin, nous, experts sus-nommés, nous sommes réunis à..., en la demeure sus-indiquée de monsieur ....., l'un de nous, ainsi que le portait l'ajournement pris dans la précédente séance, dont nous avons officieusement donné avis aux avoués des parties (1). Après avoir dépouillé les notes et renseignements que nous avions pris, nous avons conféré et délibéré entre nous, hors la présence des parties et de leurs avoués qui ne s'étaient point rendus, et, étant tous trois d'accord, nous avons rédigé notre rapport et formulé notre avis ainsi qu'il suit : (*donner le détail des constatations opérées, des faits reconnus, des renseignements recueillis, des notoriétés consultées, etc. ; puis déduire les motifs de l'opinion que les experts se sont faite, et exprimer leur avis unanime en termes clairs et précis*).

Ayant ainsi achevé de remplir la mission qui nous était confiée, nous avons clos le présent rapport, lequel est écrit en entier de la main de monsieur ....., l'un de nous, qui demeure chargé d'en faire le dépôt au greffe du tribunal de première instance de...

Nous affirmons avoir employé chacun six vacations, non compris celle de prestation de serment, soit ensemble vingt-une vacations, plus celle du dépôt du rapport.

Fait et clos, à .., en la demeure de monsieur....., le..., à cinq heures du soir, et signé, après lecture.

                        (*Signatures des trois experts.*)

---

(1) Les experts ne sont pas tenus d'avertir les parties ni leurs avoués du jour où ils rédigeront leur rapport, lorsque les parties ont été régulièrement sommées d'assister au commencement de l'expertise, et qu'elles n'ont pas jugé à propos de s'y rendre. (Voir précédemment, nᵒˢ 476 à 478.) Les experts agiront, toutefois, prudemment en avisant officieusement les avoués, ou les parties elles-mêmes, des lieu, jour et heure de la rédaction du rapport.

FORMULE 60e. — Rapport dressé par un seul expert, dont les **opérations** ont duré plusieurs jours. (N° 479.)

A messieurs les président et juges du tribunal
de première instance de...

L'an..., et le mercredi premier mai, à neuf heures du matin,

Je, soussigné... (*nom, prénoms, profession et demeure de l'expert*), expert nommé d'office, mais sur le consentement des parties de ne nommer qu'un seul expert (*ou :* nommé sur la présentation des parties et avec leur consentement de ne nommer qu'un seul expert), ainsi qu'il résulte du jugement rendu par le tribunal de première instance de..., le..., dans l'instance en..., entre : 1° la dame Anne C..., dentellière, épouse du sieur Jean-Baptiste Q..., imprimeur ; 2° ledit sieur Q..., agissant tant à raison des droits que sa qualité de mari lui confère sur les biens de son épouse que pour l'autoriser, demeurant et domiciliés ensemble à... ; 3° du sieur Frédéric L..., bijoutier, demeurant et domicilié à..., défendeurs, ayant maître V..... pour avoué; 4° le sieur François D..., marchand de vins, demeurant et domicilié à... ; 5° la demoiselle Marie D..., modiste, célibataire et majeure, demeurant et domiciliée à... ; 6° le sieur Célestin N..., libraire, demeurant et domicilié à..., tous les trois défendeurs, ayant pour avoué maître X..., lequel jugement, enregistré et signifié, conformément à la loi, porte, en ce qui concerne l'expertise actuelle : (*copier cette partie du dispositif du jugement*) ;

Après avoir prêté serment de bien et fidèlement remplir ma mission entre les mains de monsieur . ..., juge du tribunal de première instance de..., commissaire en cette partie, ainsi que le constate le procès-verbal dressé par ce magistrat le..., dûment enregistré, et dans lequel j'ai fixé le commencement de mes opérations à aujourd'hui. neuf heures du matin, en la maison sus-indiquée (*ou :* sur la pièce de terre située à..., sus-indiquée), lieu, jour et heure désignés dans la sommation faite aux diverses parties par acte d'avoué à avoué en date du..., dont l'original m'a été adressé **par** maître V...,

Me suis rendu, lesdits jour et heure, au lieu ci-dessus désigné, où j'ai trouvé le sieur André J..., régisseur des propriétés des époux Q..., lequel m'a dit que les demandeurs ni
leur avoué n'avaient pas pu se rendre et qu'ils l'avaient
chargé de me remettre la grosse du jugement et de m'accompagner officieusement, si je le désirais, ce que j'ai
accepté; et, après avoir attendu pendant une heure sans
que les autres parties ni leurs avoués se soient présentés, j'ai
donné défaut contre elles et j'ai procédé à mes opérations,
sur l'indication dudit sieur J...

Après avoir vaqué jusqu'à trois heures de l'après-midi,
j'ai renvoyé la suite de mon travail au surlendemain, trois
mai, à dix heures du matin, puis au mardi quatorze mai, et
enfin au samedi dix-huit du même mois, toujours à dix
heures du matin, et, ayant terminé ce dernier jour, à sept
heures du soir, mes opérations sur le terrain, je me suis
ajourné, pour la rédaction de mon rapport, au jeudi vingt-
trois mai, à midi, en ma demeure, à..., rue..., numéro..., ce
dont j'ai officieusement averti les avoués des parties, afin
qu'ils y assistent, si bon leur semble, et fassent les observations qui leur paraîtraient utiles à leurs intérêts.

Et ledit jour, vingt-trois mai mil huit cent quatre-vingt...,
à midi, je, soussigné, expert ci-dessus dénommé et qualifié,
étant dans mon cabinet, où les parties ni leurs avoués ne se
sont pas rendus, j'ai dépouillé les notes, renseignements,
mesurages, etc., que j'avais recueillis ou opérés sur les lieux
contentieux, et j'ai fait mon rapport ainsi qu'il suit: (*L'expert
fera connaître le résultat des opérations par lui faites, et donnera
son avis motivé, ainsi que nous l'avons indiqué dans les précédentes formules et que nous l'avons expliqué dans le cours de
cet ouvrage; puis il terminera en ces termes :*)

Ma mission étant ainsi terminée, j'ai clos le présent rapport, écrit en entier de ma main, à..., dans ma demeure,
le..., à huit heures du soir, déclarant avoir employé en tout
dix vacations, la prestation de serment comprise, plus celle
de dépôt du présent rapport.

(*Signature de l'expert.*)

FORMULE 61*. — **Rapport d'experts contenant estimation de la valeur d'immeubles à une époque antérieure à l'expertise.** (N° 479.)

A messieurs les président et juges du tribunal de première instance de Bordeaux.

L'an mil huit cent quatre-vingt, le vingt juillet, à midi,

Nous, experts nommés d'office par jugement du tribunal de première instance de Bordeaux, en date du .., dans l'instance pendante entre le sieur Bernard Martin, propriétaire, demeurant et domicilié à..., ayant pour avoué maître R..., demandeur, et la dame Joséphine Lavau, sans profession, veuve du sieur Jacques Legrix, demeurant et domiciliée à..., défenderesse, ayant maître B... pour avoué, le dispositif duquel jugement, en ce qui nous concerne, est ainsi conçu :

« Ordonne qu'il sera procédé à l'estimation, valeur du trente juillet mil huit cent soixante-un : *primo,* de deux terrains situés au lieu d'Eyrac, commune d'Arcachon, acquis par Legrix du sieur Gaillard, suivant deux actes au rapport de maître....., notaire à Bordeaux, aux dates des sept mars mil huit cent cinquante-quatre et trente-un janvier mil huit cent soixante ; *secundo*, d'un autre emplacement situé au lieu de Les Places, même commune d'Arcachon, acquis par Legrix du sieur Maurel, suivant acte au rapport du même notaire du vingt novembre mil huit cent cinquante-cinq ;

» Ordonne que les experts prendront en considération, dans les évaluations, les constructions de toute nature qui existent sur les terrains dont s'agit, ou qui existaient le trente juillet mil huit cent soixante-un, en faisant connaître l'importance des constructions effectuées postérieurement à cette date et la plus-value qu'elles ont donnée aux immeubles ;

» Autorise lesdits experts à s'entourer de tous renseignements et notoriétés qu'ils croiront nécessaires ;

» Pour, sur leur rapport déposé au greffe, être par les parties requis et par le tribunal statué ce qu'il appartiendra ; »

Avons prêté, devant monsieur le président du tribunal de première instance de Bordeaux, le serment prescrit par la loi, ainsi qu'il appert du procès-verbal dressé par ce magistrat, le six du courant, dans lequel nous avons fixé le commencement de notre opération à aujourd'hui, vingt juillet, à midi, sur les terrains litigieux, lieu, jour et heure mentionnés dans la sommation faite à la dame veuve Legrix, par acte du ministère de..., huissier à Bordeaux, en date du onze de ce mois, dûment enregistré, et dont l'original nous a été remis ainsi que la grosse du jugement sus-daté et les actes d'acquisition également ci-dessus relatés;

Et, en conséquence de ce qui précède, nous nous sommes rendus sur les terrains objet de notre mission, aujourd'hui, vingt juillet, à midi; nous y avons trouvé maître R..., avoué du sieur Martin, et la dame veuve Legrix, assistée de maître B..., son avoué, qui nous ont tous les trois déclaré être prêts à nous accompagner, ce que nous avons accepté. Nous avons immédiatement visité, avec eux, d'abord les deux emplacements acquis de M. Gaillard, lesquels sont situés sur l'avenue de la Gare, et ensuite l'emplacement acquis de M. Maurel, qui est à l'angle de l'avenue du Casino et du cours Desbiey, terrains dont nous avons relevé les confrontations avec les comparants sus-nommés, qui nous ont fourni à cet égard les explications nécessaires et se sont ensuite retirés.

N'ayant pu terminer notre opération ce jour-là, nous en avons renvoyé la continuation au vingt-huit juillet, puis successivement aux cinq, neuf et dix-sept août, jour où nous avons procédé à la rédaction de notre rapport, en la demeure de monsieur ....., l'un de nous, comme suit :

§ Iᵉʳ. — *Terrains acquis du sieur Gaillard et situés avenue de la Gare.*

Ces deux terrains sont situés entre une large avenue qui va du boulevard de la Plage à la gare du chemin de fer; le premier, acquis en mil huit cent cinquante-quatre, confronte du levant à..., etc.; le second, acheté en mil huit cent soixante, confronte, du levant, à... etc. Ils ne forment qu'un seul et même emplacement, dont la contenance totale est de douze cent trente-six mètres carrés, ou douze ares six centiares. Ces terrains étaient en contre-bas de la voie publique d'environ un mètre soixante centimètres, en moyenne, et ils n'ont été exhaussés qu'en mil huit cent soixante-six.

Pour nous rendre compte de la valeur qu'ils pouvaient

avoir en mil huit cent soixante-un, nous avons dû rechercher les mutations qui s'étaient opérées à la même époque, mais il n'en existe point se rapportant à des terrains du même quartier : elles sont toutes antérieures ou postérieures de plusieurs années au trente juillet mil huit cent soixante-un. Il importait, dès lors, de rechercher quel était l'état des lieux à cette époque, de se rendre compte des prix des terrains à la date antérieure la plus rapprochée du trente juillet mil huit cent soixante-un, et de suivre le mouvement ascensionnel de ces prix, afin d'obtenir des termes de comparaison certains. Or, la vente la plus rapprochée est du seize décembre mil huit cent cinquante-huit : le prix est de quatre francs le mètre carré. A cette époque pas plus qu'en mil huit cent soixante-un, l'avenue de la Gare n'était ni ouverte ni macadamisée comme elle l'a été plus tard ; les terrains du sieur Legrix étaient en contre-bas de l'avenue, ce qui était une cause de défaveur ; la hausse considérable qu'ont déterminée la construction de la gare définitive, la création des villas d'hiver, du casino, etc., ne s'était pas encore produite. Toutes ces circonstances ayant été bien étudiées, nous avons été unanimes pour fixer à cinq francs par mètre carré la valeur des deux emplacements dont s'agit, soit, pour les douze cent trente-six mètres qu'ils contiennent, à la somme de six mille cent quatre-vingts francs.

Il existe sur ces terrains les soubassements d'une maison, construits par Legrix en mil huit cent soixante ; ils sont bâtis en moellons et briques doubles de bonne qualité, et avec de bon mortier. Le cube total de cette maçonnerie s'élève à cinquante-sept mètres, qui, à raison de vingt francs le mètre cube, valent onze cent quarante francs, laquelle somme, ajoutée à la valeur du terrain ci-dessus fixée, donne un chiffre total de sept mille trois cent vingt francs.

§ II. — *Emplacement acquis du sieur Maurel, et situé avenue du Casino.*

Cet emplacement est situé à l'angle de l'avenue du Casino, sur laquelle il a une façade de quatorze mètres, et du cours Desbiey, où il a vingt-deux mètres de façade ; sa contenance est de trois cents mètres carrés ou trois ares. Des constructions y ont été élevées soit par le sieur Legrix, soit par sa veuve ; nous nous en occuperons plus tard. Voyons d'abord quelle était la valeur du sol.

Comme pour les terrains de l'avenue de la Gare, les mutations antérieures à mil huit cent soixante-un sont presque nulles, et nous avons dû procéder de la même manière, c'est-à-dire rétablir par la pensée les choses en l'état où elles étaient au trente juillet de ladite année. A cette époque, la Compagnie des chemins de fer du Midi n'avait pas encore acheté la portion de forêt où elle a créé depuis le Casino et les villas d'hiver. Or, la création de ces établissements a opéré une révolution dans les prix des terrains avoisinant celui de Legrix : des voies nouvelles ont été ouvertes ; celles qui existaient déjà ont été améliorées, et l'avenue du Casino est devenue la principale artère entre la ville d'été et la ville d'hiver. Mais le trente juillet mil huit cent soixante-un, rien de tout cela n'existait ; ce quartier était délaissé, et, au commencement de mil huit cent soixante-deux, il s'est encore vendu des emplacements, à côté de l'immeuble objet de notre expertise, à trois francs seulement le mètre carré, alors que les projets de la Compagnie avaient transpiré et qu'une hausse s'était déjà produite. D'après ces données, nous avons été unanimement d'avis que la valeur de l'emplacement du sieur Legrix était, au trente juillet mil huit cent soixante-un, de deux francs le mètre carré, soit, pour les trois cents mètres, la somme de six cents francs.

Il existe sur cet emplacement une maison, construite par Legrix en mil huit cent cinquante-huit ; elle est bâtie en briques, à rez-de-chaussée, occupe une superficie de soixante-onze mètres quarante décimètres, et forme un carré dont chaque côté a huit mètres quarante-cinq centimètres de développement. Aux deux angles sud de ce bâtiment, se trouvent deux petites cuisines, qui occupaient autrefois chacune six mètres carrés de terrain ; mais l'une d'elles a été agrandie, depuis mil huit cent soixante-un, par la veuve Legrix, qui a également fait élever, à la suite, une écurie en bois occupant une superficie de seize mètres. Après avoir calculé en détail les diverses parties de la maison et de ses dépendances, dans l'état où elles étaient en mil huit cent soixante-un, nous avons unanimement reconnu que leur valeur doit être estimée à deux mille neuf cent cinquante francs,

ce qui, avec l'évaluation donnée ci-dessus au sol, porte la
valeur totale de cet immeuble, à l'époque sus-indiquée, à la
somme de trois mille cinq cent cinquante francs.

Le coût des travaux exécutés postérieurement par la
veuve Legrix a été estimé par nous, à l'unanimité, après les
avoir calculés en détail, à la somme de six cent soixante
francs.

Quant à la plus-value que la construction de l'écurie et
l'agrandissement d'une des cuisines ont pu donner à la
maison, nous avons reconnu, à l'unanimité, qu'en raison de
l'accroissement du prix des constructions et des avantages
que ces travaux ont procurés à l'immeuble soit pour la location, soit pour la vente, cette plus-value do't être fixée à la
somme de mille francs.

De tout quoi nous avons dressé le présent rapport, écrit
en entier de la main de monsieur ....., l'un de nous, qui l'a
conservé pour en faire le dépôt au greffe du tribunal. Nous
déclarons avoir employé chacun neuf vacations, non compris celles de la prestation de serment et du dépôt du présent
rapport.

Fait et clos, à Arcachon, en la demeure de monsieur .....,
le dix-sept août mil huit cent quatre-vingt, et signé, après
lecture.   (*Signatures des trois experts.*)

FORMULE 62*. — Rapport d'experts contenant estimation d'immeubles
à partager. (N° 479.)

A messieurs les président et juges du tribunal
de première instance de...

L'an..., le..., à huit heures du matin,

Nous, ... (*noms, prénoms, professions et demeures des experts*), experts nommés par jugement du tribunal de première
instance de..., rendu le..., dans l'instance en liquidation
et partage de la succession de monsieur Gérard père, entre
ses trois enfants : 1° le sieur Henri Gérard aîné, négociant, domicilié à..., ayant pour avoué maître C...; 2° la
dame Marie Gérard, propriétaire, veuve de monsieur Léopold Lucas, domiciliée à..., ayant maître R... pour avoué ;
3° le sieur Léopold Gérard, capitaine de navire, domicilié

à..., ayant pour avoué maître F... ; lequel jugement, dûment
enregistré et signifié, ordonne qu'il sera, par trois experts
nommés d'office, sur le refus des parties, « procédé à la
description et à l'estimation des immeubles dépendant de la
succession de Gérard père, en indiquant s'ils sont ou non
susceptibles d'être commodément partagés en nature : dans
le premier cas, les experts composeront des lots aussi égaux
que possible ; dans le second, ils déduiront les causes qui
s'opposent au partage, indiqueront le mode de lotissement à
adopter pour la licitation, et fixeront les mises à prix sur lesquelles la vente pourra être faite ; pour, le rapport de leurs
opérations déposé au greffe, être ultérieurement requis et
statué ce qu'il appartiendra ; »

Après avoir prêté, devant monsieur....., juge à ces fins
commis, le serment de bien et fidèlement remplir notre
mission, ainsi que le constate le procès-verbal de ce magistrat, en date du..., dûment enregistré, et avoir fixé, dans
cet acte, le commencement de notre opération à aujourd'hui,
à huit heures du matin, dans la maison située à..., rue..,
numéro...., lieu, jour et heure indiqués dans la sommation
faite à la dame veuve Lucas et au sieur Léopold Gérard, par
acte d'avoué à avoué du ministère de.., huissier à....., en
date du..., dont l'original nous a été remis,

Nous sommes réunis dans la maison sus-indiquée, où se
sont présentés :

1° Maître C..., avoué du sieur Henri Gérard, lequel nous
a remis la grosse du jugement sus-relaté, les divers titres de
propriété des immeubles dépendant de la succession et les
extraits de la matrice cadastrale y relatifs, et a dit qu'il consentirait à assister aux opérations qui nous sont confiées, se réservant de faire telles réquisitions et observations
qu'il aviserait, et a signé, après lecture.

(Signature de l'avoué.)

2° Maître R..., avoué de la dame veuve Lucas, qui a dit
ne pas s'opposer à l'expertise ordonnée et être dans l'intention d'y assister, sous toutes réserves, dans l'intérêt de sa
cliente ; et a signé, après lecture.   (Signature de l'avoué)

3° Monsieur Léopold Gérard, l'une des parties ci-dessus
qualifiées, qui a déclaré vouloir également assister à l'expertise, sous toutes réserves, notamment dans le cas où les

experts seraient d'avis que les immeubles sont impartageables, sa conviction étant qu'ils peuvent parfaitement être
partagés en nature, ce qu'il demande formellement, et a
signé, après lecture.   (*Signature de la partie.*)

Desquelles comparutions, remises, réquisitions et réserves
nous avons donné acte à maîtres C... et R... et à monsieur
Léopold Gérard, et, en leur présence et sur leurs indications, nous avons procédé à la visite des immeubles, dont
nous avons constaté la situation, examiné l'état et relevé les
contenances et confrontations. Puis, l'heure étant trop avancée pour pouvoir achever notre opération, nous en avons
renvoyé la continuation au dix du courant, à neuf heures du
matin, sur les mêmes lieux, intimant les parties et les avoués
de s'y trouver, s'ils le jugeaient utile.

Et ledit jour, dix du mois de..., à neuf heures du matin,
nous, experts sus-nommés, nous sommes rendus dans la maison sus-indiquée, où nous avons continué nos opérations,
conféré entre nous et rédigé notre rapport de la manière
suivante, en l'absence des parties et de leurs avoués, aucun
d'eux ne s'étant rendu à cette seconde journée de notre
travail.

DÉSIGNATION ET ESTIMATION DES IMMEUBLES FORMANT LA MASSE A PARTAGER.

Article premier. — Une maison, à rez-de-chaussée, bâtie
en pierres, couverte en ardoises, de construction moderne,
occupant, avec l'écurie et le bûcher à la suite, une superficie
de terrain de cent quatre-vingts mètres carrés, ou un are
quatre-vingt centiares, et située à..., rue..., numéro... Sa
principale façade, tournée au levant, sur la rue, est percée
d'une porte et de quatre fenêtres; elle confronte en outre :
du nord, à la maison du sieur J..., mur mitoyen jusqu'à
l'héberge; du couchant, au jardin qui va être ci-après désigné, sur lequel elle est percée de deux portes et trois
fenêtres; du midi, à une allée de trois mètres qui la sépare
de la maison du sieur B..., dont le mur est mitoyen dans son
entier. De ce côté la maison des héritiers Gérard est percée
de deux fenêtres et d'une lucarne au dessus. Cette maison se
compose d'une antichambre, un salon, une salle à manger,

deux chambres à coucher, une cuisine, une chambre de domestique et une souillarde, le tout en parfait état d'entretien. Au couchant de la maison, adossés au mur, sont deux
petits pavillons, servant, l'un d'écurie, et l'autre de bûcher; ils
sont bâtis en briques et couverts en ardoises. Sous la maison
est une cave voûtée de sept mètres de largeur sur dix de
longueur. Dans les combles, il y a une chambre mansardée
et des greniers. A la suite de la maison, du côté du couchant,
se trouve un jardin potager et d'agrément d'une contenance
de trente-six ares soixante centiares, confrontant : du levant,
à la maison; du nord, au jardin du sieur J..., haie mitoyenne;
des couchant et midi, à une prairie du sieur B..., également
haie mitoyenne. Par comparaison avec les immeubles qui
l'entourent, et qui sont donnés à bail, la maison et dépendances objet de notre expertise, qui servait d'habitation à
monsieur Gérard père, est d'un revenu brut de six cents
francs. Nous l'avons, en conséquence, estimée, déduction
faite des charges, à la somme de onze mille francs.

Article deux. — Une pièce de terre en nature de prairie,
même commune de..., à environ cinq cents mètres de la
maison, d'une contenance de neuf hectares quatre-vingt-dix
ares, confrontant du nord au sieur F..., haie mitoyenne; du
midi, au sieur G..., haie mitoyenne; du couchant, à la route
départementale numéro vingt-sept, et du levant au grand
ruisseau de Lafage, sur lequel est une prise d'eau qui arrose
toute la prairie. Cette pièce de terre est dans une excellente
situation, d'un très-bon rapport et parfaitement entretenue.
Elle est affermée trois mille francs par an, les impôts à la
charge du propriétaire. Nous l'avons estimée six mille francs
l'hectare, soit cinquante-neuf mille quatre cents francs.

Article trois. — Une petite maison à rez-de-chaussée, couverte en tuiles plates, bâtie en briques, occupant une superficie de soixante-quatre centiares, et située sur le bord de
la route départementale, en face de la prairie sus-indiquée.
Sa façade, tournée au levant, est percée d'une porte et de
deux fenêtres; elle confronte des trois autres côtés au jardin
qui en dépend, lequel est d'une contenance de trente ares
vingt centiares, et confronte : du levant, à la maison, et, par
deux avancements, à la route départementale; des nord,
couchant et midi, aux possessions de monsieur le comte de
Saint-Hilaire, haies mitoyennes de toutes parts. La maison

contient une cuisine, trois chambres et un cabinet. Au dessous est une cave non voûtée de toute l'étendue de la maison. Les combles sont disposés en greniers. Cette maison, qui est en t ès-bon état et récemment construite, est louée, avec le jardin, trois cent soixante-quinze francs par an. Nous l'avons estimée à la somme de six mille quatre cents francs.

Article quatre. — Une pièce de terre ensemencée en luzerne, située à deux cents mètres de la maison de l'article précédent, d'une contenance de un hectare vingt ares, confrontant : du levant, à la route départementale numéro vingt-sept ; des nord et couchant, aux prairies du sieur Audoit, haie mitoyenne ; du midi, au ruisseau du moulin de Sainte-Barbe, sur lequel la pièce présentement décrite a une prise d'eau. Cette pièce de terre n'est point affermée. En la comparant aux propriétés de même nature qui l'avoisinent, nous l'avons estimée trois mille francs l'hectare, soit trois mille six cents francs.

En récapitulant les valeurs des quatre articles ci-dessus, nous trouvons que l'estimation totale de la masse à partager s'élève à quatre-vingt mille quatre cents francs.

Examinant ensuite la question de savoir si ces immeubles peuvent être commodément partagés suivant les droits qu'amende chacune des parties, nous avons été unanimement d'avis que ce partage est facile à faire, et nous avons, en conséquence, formé les trois lots qui vont être ci-après établis :

COMPOSITION DES LOTS.

Premier lot. — Il se composera : 1° de la maison formant l'article premier, dont l'estimation s'élève à la somme de onze mille francs, ci. . . . . 11,000 »

2° D'une portion de la prairie formant l'article deux, ladite portion d'une contenance de deux hectares soixante-trois ares, à prendre à l'extrémité nord, confrontant au sieur F... et allant de la route départementale au ruisseau de Lafage. A raison de six mille francs l'hectare, sa valeur s'élève à la somme de quinze mille sept cent quatre-vingts francs, ci. . . . . . 15,780 »

Total de la valeur du premier lot : vingt-six mille sept cent quatre-vingts francs, ci. . . . 26,780 »

Deuxième lot. — Il se composera : 1° de la maison formant l'article trois, dont l'estimation s'élève à la somme de six mille quatre cents francs, ci. . . . . . . 6,400 »

2° D'une portion de la prairie de l'article deux, d'une contenance de trois hectares quarante ares, à prendre à la suite de celle qui figure dans le premier lot ci-dessus, et allant toujours de la route départementale au grand ruisseau; ladite portion, à raison de six mille francs l'hectare, a une valeur de vingt mille quatre cents francs, ci. . . . . 20,400 »

Total de la valeur du deuxième lot : vingt-six mille huit cents francs, ci. . . . . . . 26,800 »

Troisième lot. — Il se composera : 1° de la pièce de terre en nature de luzernière formant l'article quatre, estimée trois mille six cents francs, ci . . . . 3,600 »

2° De la portion qui reste de la prairie de l'article deux, à la suite de celle qui figure dans le deuxième lot jusqu'à l'extrémité sud, confrontant au sieur G... Sa contenance est de trois hectares quatre-vingt-sept ares, qui, à raison de six mille francs l'hectare, valent vingt-trois mille deux cent vingt francs, ci. . . . . 23,220 »

Total de la valeur du troisième lot : vingt-six mille huit cent vingt francs, ci. . . . . . 26,820 »

La valeur totale des biens à partager étant de quatre-vingt mille quatre cents francs, et celle de chacun des trois lots devant, dès lors, être de vingt-six mille huit cents francs, le troisième lot se trouve excéder ce chiffre d'une somme de vingt francs, qui manque au premier lot. En conséquence, l'héritier auquel écherra ce troisième lot devra payer à celui auquel sera attribué le premier lot une soulte de vingt francs.

Les trois cohéritiers devront également faire planter et cultiver à frais communs, jusqu'à ce qu'elles soient à la hauteur voulue, deux haies dans la prairie désignée en l'article deux : une entre le premier et le deuxième lot, et l'autre entre le deuxième et le troisième lot. Ces haies devront être semblables à celles qui existent au nord et au midi de ladite prairie, de manière à ce que chacune des trois portions de prairie attribuée à chaque héritier soit exactement fermée de la même manière que les deux autres.

LOTISSEMENT ET MISES A PRIX ÉVENTUELS.

Dans le cas où le tribunal croirait devoir ordonner la vente, nous sommes d'avis que chacun des articles un, deux, trois et quatre devrait former un lot séparé, et que les mises à prix ne devraient pas dépasser les deux tiers de la valeur que nous avons donnée à chaque immeuble.

Notre mission étant remplie, nous avons clos le présent rapport, qui a été écrit en entier par monsieur....., l'un de nous, entre les mains duquel nous le laissons pour être par lui déposé au greffe du tribunal. Nous déclarons avoir employé chacun sept vacations, celle de prestation de serment non comprise.

Fait et clos, à..., les jour, mois et an susdits, à sept heures du soir, et signé, après lecture.

(Signatures des trois experts.)

FORMULE 63e. — Rapport d'experts déclarant que les immeubles
sont impartageables. (N° 479.)

A messieurs les président et juges du tribunal
de première instance de...

L'an....., et le onze du mois de mai, à sept heures du matin,

Nous, ..., etc., experts nommés par jugement du tribunal sus-désigné, en date du..., dans l'instance en liquidation et partage de la succession du sieur Jean Dubois père, entre ses deux enfants : 1° Marie-Angélique Dubois, sans profession, célibataire, demeurant à..., rue..., numéro..., ayant maître L... pour avoué; et 2° Pierre-Eugène Dubois, négociant, demeurant aussi à..., rue..., numéro..., ayant maître N... pour avoué, lequel jugement, dûment enregistré et signifié, nomme, sur la présentation des parties, les trois experts ci-dessus désignés et « ordonne que ces experts examineront et déclareront si les biens de la succession sont susceptibles d'être partagés en nature , sans dépréciation, ou s'ils sont impartageables ; dans le premier cas , leur donne mission de composer deux lots aussi égaux que possible, et, dans le second cas , les charge de procéder au lotissement le plus avantageux pour la vente, et de déterminer les mises à prix; pour, leur rapport fait et déposé au greffe, être par les parties requis et par le tribunal statué ce qu'il appartiendra, tous droits, moyens et dépens réservés ; »

Après avoir prêté, devant monsieur....., juge, etc. (*la suite comme aux formules précédentes*),

Nous nous sommes transportés dans la maison sus-indiquée, où nous avons attendu pendant une heure sans que les parties ni leurs avoués se soient présentés; nous avons alors procédé à la visite des immeubles, sur l'indication du sieur ....., locataire principal de la maison dont s'agit, et de la dame veuve B..., locataire de celle qui est située de l'autre côté de la rue; puis nous avons conféré entre nous , arrêté notre avis, sur lequel nous avons été tous les trois d'accord, et, nous étant retirés dans la demeure de monsieur ....., l'un de nous, nous avons procédé à la rédaction de notre rapport ainsi qu'il suit :

DÉSIGNATION DES IMMEUBLES ET ESTIMATION DE LEUR VALEUR.

Article premier. — Une maison située à..., rue..., numéro..., bâtie en pierres , couverte en tuiles plates et élevée d'un rez-de-chaussée sur caves voûtées, un premier et un deuxième étage. La façade, au midi, donnant sur la rue, est percée au rez-de-chaussée d'une porte d'entrée et de deux larges portes de magasin; le premier et le deuxième étage sont percés de quatre fenêtres. Du côté du couchant, la maison confronte à monsieur X..., et, du levant, à monsieur Z..., murs mitoyens avec tous les deux. Au nord, elle donne sur une cour dallée en pierres, de quatre mètres de largeur, où elle est percée de deux portes et trois fenêtres au rez-de-chaussée , et de quatre fenêtres à chacun des premier et deuxième étages. Le sol de cette maison a une contenance, la cour comprise, de deux ares quatre-vingt-dix centiares. Elle contient : au rez-de-chaussée, un grand magasin, un corridor d'entrée, une cuisine, une salle à manger et deux chambres à coucher ; au premier étage, auquel on arrive par un

bel escalier en pierres, qui se continue jusqu'à l'étage supérieur, un beau salon, une vaste salle à manger, un boudoir,
une cuisine, une souillarde et une chambre de domestique;
au deuxième étage, quatre chambres à coucher de maître,
deux cabinets de toilette, un cabinet de travail et deux
chambres de domestique. Au dessus, dans les mansardes,
sont de vastes greniers plâtrés et plafonnés. Cette construction est très-soignée, et les appartements sont bien décorés.
Par comparaison avec les immeubles qui l'entourent, et dont
nous avons pu savoir le revenu ou le prix d'acquisition, elle
nous a paru devoir être estimée la somme de soixante-huit
mille francs, ci. . . . . 68,000 »

Article deux. — Une petite maison, en face
de la précédente, même rue, numéro....., dont
le sol a une contenance de soixante centiares;
elle est bâtie en pierres, couverte en tuiles
creuses, composée d'un rez-de-chaussée sur
cave voûtée et d'un premier étage. Sa façade,
tournée vers le nord, est percée d'une porte et
une fenêtre au rez-de-chaussée et deux fenêtres
au premier étage. Les côtés levant, midi et
couchant confrontent à monsieur ....., partout
murs mitoyens. Le derrière de la maison, côté
midi, donne sur une petite cour de deux mètres
de largeur; il est percé de deux portes au rez-
de-chaussée et de deux fenêtres au premier
étage. Le rez-de-chaussée se compose d'un
corridor, une chambre, une cuisine et une petite salle à manger, plus un cabinet d'aisances
en avancement dans la cour; le premier étage,
auquel on monte par un escalier en bois, comprend trois chambres à coucher et un petit cabinet de toilette. Cette maison est louée cinq
cent trente francs, réparations et impôts à la
charge du propriétaire; nous l'avons estimée
neuf mille francs, ci. . . . . 9,000 »

Article trois. — Un emplacement propre à
bâtir plusieurs maisons, situé rue F....., numéro..., d'une contenance de sept ares soixante-

A reporter. . . 77,000 »

Report. . . **77,000** »

cinq centiares, ou sept cent soixante-cinq mètres carrés, ayant au levant et au midi deux
autres façades sur les rues P... et D..., et confrontant du couchant au jardin de monsieur ....., mur mitoyen. Ce terrain, comparé
à ceux qui ont été récemment vendus dans le
voisinage, a une valeur de quarante francs le
mètre, soit trente mille six cents francs, ci. .   **30,600** »

Total de la valeur des immeubles : cent sept
mille six cents francs, ci. . . . . **107,600** »

Ayant examiné si ces immeubles pourraient être partagés,
nous avons reconnu qu'il y a impossibilité absolue de diviser la maison formant l'article premier. Il faudrait, par conséquent, l'attribuer en entier à un des héritiers ; or, comme
la part de chacun des deux enfants Dubois ne s'élève qu'à
cinquante-trois mille huit cents francs et que cette maison
vaut à elle seule soixante-huit mille francs, celui des héritiers auquel écherrait ce lot aurait à payer à son cohéritier
une soulte de *quatorze mille deux cents francs*, somme exor-
bitante pour une succession de cette importance.

La licitation nous a, dès lors, paru indispensable, et nous
nous sommes occupés du lotissement et de la fixation des
mises à prix de la manière suivante :

LOTISSEMENT ET MISES A PRIX.

Premier lot. — Il se composera de la maison située rue...,
numéro..., désignée dans l'article premier ci-dessus. La
mise à prix sera fixée à quarante-cinq mille francs.

Deuxième lot. — Il se composera de la maison située rue...,
numéro .., désignée dans l'article deux, et la mise à prix
sera fixée à six mille francs.

Troisième lot. — Il se composera de la moitié de l'emplacement désigné dans l'article trois, laquelle moitié aura une
façade de dix-sept mètres sur la rue F... et de vingt-trois
mètres sur la rue P..., et une contenance de trois cent quatre-
vingt-onze mètres carrés. La mise à prix sera fixée à trente
francs le mètre carré, soit, pour la totalité du lot, onze mille
sept cents francs en chiffres ronds.

Quatrième lot. — Il se composera de l'autre moitié de l'emplacement désigné dans l'article trois, laquelle aura une façade de vingt-deux mètres sur la rue P... et de dix-sept mètres sur la rue D..., et une contenance de trois cent soixante-quatorze mètres carrés. A raison de vingt cinq francs le mètre, la mise à prix sera de neuf mille francs en chiffres ronds.

Comme il n'existe plus dans le quartier d'emplacements aussi vastes que celui-là, il serait bon de stipuler, dans le cahier des charges de la vente, que les adjudications partielles du troisième et du quatrième lot ne seront définitives qu'après qu'ils auront été réunis et soumis à de nouvelles enchères.

Notre mission étant ainsi remplie, nous avons clos le présent rapport, qui a été écrit en entier par monsieur ...., l'un de nous, qui demeure chargé d'en opérer le dépôt au greffe. Nous déclarons avoir employé chacun quatre vacations, plus celle de prestation de serment.

Fait et clos, à..., les jour, mois et an susdits, à sept heures et demie du soir, et signé, après lecture.

(Signature des trois experts.)

FORMULE 64*. — **Rapport d'experts contenant description et estimation des immeubles, formation des lots, avec mises à prix et ventilation.** (N° 479.)

A messieurs les président et juges du tribunal
de première instance de...

L'an mil huit cent quatre-vingt..., le mardi six du mois de mai, à dix heures du matin,

Nous, ..., experts nommés par jugement rendu le..., dans l'instance en liquidation et partage des immeubles dépendant des succession et société d'acquêts du sieur Jean Voix et de la dame Claire Serres, son épouse, et des succession et société d'acquêts de la dame Marie Voix et du sieur Henri Harel, son mari, entre : 1° le sieur Benjamin Harel aîné, docteur-médecin, demeurant et domicilié à...; 2° la demoiselle Henriette Harel, propriétaire, majeure, domiciliée à..., tous deux demandeurs, ayant maître S... pour avoué; et

1° le sieur Émile Harel puîné, négociant, demeurant et domicilié à...; 2° le sieur François-Gustave Harel jeune, agent de change, à..., défendeurs, ayant maître T... pour avoué; le dispositif duquel jugement est ainsi conçu, en ce qui nous concerne :

« Déclare impartageables en nature les immeubles qui dépendent des successions et sociétés d'acquêts des époux Voix et Harel; ordonne toutefois qu'avant la réalisation de la vente desdits immeubles, il sera, par trois experts convenus entre les parties dans les trois jours de la signification du présent jugement, et, à défaut, par messieurs ....., experts que le tribunal nomme d'office, et qui, en cas d'empêchement, seront remplacés par monsieur le président du tribunal, procédé à la recherche et à la visite des divers immeubles indivis et à leur description, avec indication de la contenance de chacun desdits immeubles ainsi que de sa situation, avec tenants et aboutissants, servitudes, mitoyennetés et autres dépendances;

» Donne mission auxdits experts, premièrement, de classer chaque immeuble, d'après sa nature de propre ou d'acquêt, dans chacune des sociétés d'acquêts ou successions dont il dépend, et ce au vu des titres et documents qui établissent leurs origines respectives; — deuxièmement, d'estimer chacun de ces immeubles ; — troisièmement, de former le mode de lotissement de la vente, avec indication des immeubles entrant dans chaque lot, et de déterminer les mises à prix sur lesquelles cette vente devra avoir lieu ; — quatrièmement, enfin d'établir, par voie de ventilation, la valeur respective de chaque immeuble d'origine différente qui pourrait, d'après le mode de lotissement adopté par les experts, entrer dans la composition d'un même lot, de manière à servir de base précise aux opérations ultérieures de la liquidation ; pour, sur leur rapport fait et déposé, être requis et statué ce que de droit ; »

Après avoir prêté serment entre les mains de monsieur le président du tribunal, suivant procès-verbal en date du .., lequel contient l'indication des lieu, jour et heure de notre opération, nous, experts sus-nommés, nous sommes réunis en la maison désignée dans l'article premier ci-après, où toutes les parties se sont également rendues, et nous ont remis la grosse du jugement, l'original de la sommation d'assister à l'expertise et les titres de propriété des immeubles compris dans les articles un, deux, trois, quatre, sept et neuf, ainsi que le plan cadastral.

Nous nous sommes transportés, avec lesdites parties, ledit jour six mai et les neuf, douze et dix-sept du même mois, jours auxquels nous nous sommes successivement ajournés, sur les divers immeubles indivis, que nous avons visités avec soin; puis nous avons cherché à nous rendre compte de leur origine respective; mais, à ce sujet, les parties nous ont donné, sur certains immeubles, des renseignements tellement contradictoires que nous n'avons pu être définitivement fixés. Alors nous nous sommes de nouveau ajournés au lundi vingt-six mai, en la demeure de monsieur ....., l'un de nous, en priant les parties de remettre à ce dernier tous les documents qu'elles pourraient se procurer pour nous éclairer sur les origines de propriété qui nous manquaient.

Et ledit jour, vingt-six mai, à neuf heures du matin, nous, experts soussignés, nous sommes réunis en la demeure dudit sieur ....., où, en l'absence des parties, qui ne se sont pas rendues, nous avons conféré sur le résultat des visite et examen par nous faits des immeubles dont s'agit, que nous sommes encore allés voir en partie pour mieux nous fixer sur le mode de lotissement, qui a été ensuite arrêté entre nous de la manière ci-après indiquée. Nous avons, après cela, fait des recherches à la mairie et en l'étude de maître B..., notaire à..., où nous avons trouvé des renseignements sur les origines de propriété à l'égard desquelles les parties n'étaient pas d'accord. Nous sommes, enfin, convenus de notre avis sur toutes les questions posées par le tribunal, et nous nous sommes occupés de la rédaction de notre rapport, que nous avons terminé le lendemain, vingt-sept mai, et dont voici la teneur :

§ 1er. — *Description et estimation des immeubles.*

Article premier. — Un corps de bâtisses, situé commune de V..., au lieu appelé Beau-Site, construit sur un terrain de sept cent trente-deux mètres carrés de superficie, et portant les numéros trois cent cinquante-trois, trois cent cinquante-quatre et trois cent cinquante-cinq de la section A du plan cadastral.

Cet immeuble confronte dans son ensemble : du levant, à

la route départementale numéro sept ; du midi, à D..., murs
mitoyens ; du couchant, au cours d'eau qui sépare la commune de V... de celle de C..., et, du nord, aux époux M...,
haie mitoyenne.

Ce corps de bâtiments comprend les objets suivants : Une
maison ayant sa façade principale sur la route départementale et une autre façade sur une cour intérieure, occupant une
superficie de cent trente mètres carrés et portant le numéro
trois cent cinquante-cinq du plan cadastral. La façade principale est percée de cinq grandes portes cintrées d'une belle
hauteur, et garnies de châssis vitrés fermant avec des volets.
La façade sur la cour est en partie parallèle à celle de la
route , et, en outre, forme deux avancements à droite et à
gauche. Elle est percée de huit ouvertures. Cette maison se
compose de trois pièces donnant sur la grande route, une
chambre, un vestibule et un atelier de forgeron, le tout avec
grenier au dessus, plus un salon et une cuisine au rez-de-
chaussée, à la suite de l'atelier, et une chambre au premier
étage, ces trois pièces prenant jour sur la cour ; plus, enfin ,
un chai et une souillarde au rez-de-chaussée prenant également jour sur la cour et faisant suite à la chambre.

Derrière cette maison se trouve une cour d'une superficie
de cent soixante mètres carrés et portant le numéro trois cent
cinquante-quatre du cadastre.

A la suite de cette cour se trouve un autre corps de bâtisses
beaucoup plus ancien que celui qui vient d'être décrit ; il
porte le numéro trois cent cinquante-trois du plan cadastral,
et occupe, avec la cour qui en dépend, quatre cent dix mètres
carrés. Il se compose d'un chai et cuvier au rez-de-chaussée
et d'un passage couvert communiquant d'une cour à l'autre,
de trois pièces et un corridor au premier étage , auquel on
parvient par deux escaliers extérieurs en pierres , l'un donnant dans la première cour et l'autre dans une autre cour
située derrière cette bâtisse.

A la suite et à toucher ce bâtiment , il en existe un autre
composé d'un chai et d'une cuisine au rez-de-chaussée , une
chambre et un vaste grenier au premier étage. Ce bâtiment
communique avec le précédent et prend jour sur la cour de
derrière ; cette dernière cour aboutit au ruisseau, sur le bord
duquel se trouve une cale pour l'embarquement et le débar-
quement des marchandises et denrées.

Cet immeuble, par son étendue et sa position avantageuse entre la route départementale numéro sept de G... à N... et le ruisseau navigable qui limite la commune de V..., acquiert une valeur assez considérable, malgré l'ancienneté des bâtisses intérieures. Il convient beaucoup et paraît très-avantageux pour le commerce des barriques, des pierres et des bois de construction ou autres genres de commerce du pays. Ne pouvant être divisé dans le sens de sa longueur, il perdrait de sa valeur par une division en travers qui séparerait la partie donnant sur l'eau de celle donnant sur la route, et priverait l'immeuble de l'avantage qu'il retire des deux voies qui le bordent. Par suite, notre avis est de n'en former qu'un seul lot. La valeur de cet immeuble nous paraît être de neuf mille francs.

Article deux. — Une petite maison, située dans la commune de C..., au lieu de Saint-Aignan, ayant sa façade au levant, percée de quatre ouvertures, composée d'une cuisine et un chai au rez-de-chaussée et de deux pièces au premier étage, tenant : du levant, à la place commune du village ; du midi, au sieur L..., mur mitoyen ; du couchant, au même, mur également mitoyen ; du nord, au sieur G..., mur mitoyen. Du côté du nord, entre le sieur G... et le sieur L..., il existe un petit lopin de terrain situé entre le chai et le chemin public appelé de la Cave. Le chai a une porte donnant sur ce terrain. Cet immeuble occupe une superficie totale d'environ cinquante-huit mètres carrés. Nous estimons sa valeur à mille francs.

Article trois. — Un petit jardin, situé dans la commune de C..., au lieu de Saint-Aignan, contenant environ trois ares et portant le numéro soixante-quinze *bis* de la section B du plan cadastral, tenant : du levant, au sieur G..., haie mitoyenne ; du midi, à M..., fossé mitoyen ; du couchant, à un chemin ou sentier de service, et, du nord, à mademoiselle F... Cet immeuble est d'une valeur de deux cents francs.

Article quatre. — Un grand corps de bâtisses, situé audit lieu de Saint-Aignan, commune de C... Ce corps de bâtisses présente à la vue une façade, sur une même ligne droite, donnant au levant, et percée de huit ouvertures au rez-de-chaussée et huit ouvertures au premier étage. Il domine les villages de Saint-Aignan et de Lafleur ; sa situation est une des plus belles de la commune.

Ce corps de bâtisses a toujours été considéré par les parties comme formant quatre maisons distinctes, que nous allons décrire en commençant par celle qui se trouve du côté du nord.

La première maison, appelée en famille maison des aïeux ou des époux Voix, est composée d'un chai et une pièce au rez-de-chaussée, une vaste chambre et un grenier au premier étage, le tout confrontant : du levant, à un sentier ou chemin de service; du midi, à la maison ci-après désignée; du couchant, au sieur D..., et, du nord, aux époux O.., passage entre deux.

La seconde maison est appelée maison neuve; elle se compose d'une pièce au rez-de-chaussée sur le devant et en contre-bas sur le derrière, d'une chambre et un corridor au-dessus de la première chambre formant rez-de-chaussée sur le derrière, un grenier au dessus, le tout confrontant : du levant, par la façade, audit sentier; du midi, à la maison ci-après; du couchant, au sieur D... et à une pièce de vigne dépendant des immeubles indivis, et qui sera ci-après désignée, et, du nord, à la maison ci-dessus désignée.

La troisième maison est connue sous le nom de maison Victoire; elle se compose d'une cuisine et un chai au rez-de-chaussée, et d'une chambre au premier étage; elle confronte : du levant, au susdit sentier; du midi, à la maison ci-après désignée; du couchant, à deux parcelles de vigne, qui seront aussi désignées ci-après, et, du nord, à la maison ci-dessus désignée.

La quatrième maison, qui est appelée maison Germain, comprend un pas-perdu, un chai et une souillarde, dans laquelle se trouve un puits au rez-de-chaussée, une cuisine et une chambre au premier étage; elle confronte : du levant, audit sentier; du midi, à un petit jardin en dépendant; du couchant, à une pièce de vigne aussi en dépendant, et, du nord, à la maison Victoire. Ces bâtisses sont en mauvais état et ont besoin de réparations.

Article cinq. — Une pièce de vigne, située audit lieu de Saint-Aignan, commune de C..., portant le numéro quatre-vingt-quatre du plan cadastral de ladite commune, contenant environ huit arcs, et tenant : du levant, à la maison neuve et à la maison Victoire, qui viennent d'être décrites; du midi, à la parcelle qui sera ci-après désignée ; du couchant, au chemin de la Cave, et, du nord, au sieur D...

Article six. — Une pièce de vigne, contiguë à la précédente, située au même lieu, même commune, contenant environ vingt ares, portant les numéros quatre-vingt-deux et quatre-vingt-trois du plan cadastral, et tenant : du levant, à la maison Victoire et à la maison Germain, puis à un sentier ; du midi, à M... et à L... ; du couchant, à L... et au chemin de la Cave, et, du nord, à la parcelle ci-dessus désignée.

Les maisons et les parcelles de vignes désignées ci-dessus sont en un seul tenant et forment un petit enclos dans une jolie situation, à mi-côte. Les vignes sont en bon état et en plein rapport ; elles sont susceptibles de donner d'abondantes récoltes de bonne qualité. Ces immeubles sont d'une valeur de sept mille francs. Il en sera formé deux lots, que nous indiquerons plus bas.

Article sept. — Une pièce de vigne située au lieu de la Rose, commune de C..., contenant environ huit ares, tenant : du levant, à N... ; du midi, à B... ; du couchant, à J..., et, du nord, au même et à N... Cette parcelle est d'une valeur de quatre cents francs.

Article huit. — Une pièce de vigne située au lieu du Renard, commune de C..., contenant environ huit ares, tenant : du levant, à R...; du midi, à G...; du couchant, à un chemin, et, du nord, à G... Cette parcelle est d'une valeur de quatre cents francs.

Article neuf. — Une pièce de terre en nature de prairie, au même lieu du Renard, contenant quinze ares, tenant : des levant et nord, à L... ; du couchant, au chemin, et, du midi, à S... Cette prairie est d'une valeur de cinq cents francs.

Article dix. — Une pièce de vigne située au lieu de la Violette, commune de C..., contenant environ trente-deux ares, tenant : du levant, à R... ; du midi, au chemin de Marontine ; du couchant, à la veuve D..., et, du nord, à la demoiselle A... Cette parcelle est d'une valeur de dix-huit cents francs.

Article onze. — Une pièce de fonds en nature de terre labourable, située même commune de C..., au lieu de Marthon, d'une contenance de quatre-vingts ares, tenant : du levant, à un chemin public; du midi, à T... ; des couchant et nord, à M... Cette parcelle est d'une valeur de deux mille francs.

Tels sont les immeubles dont le tribunal a ordonné la vente, et qui seuls dépendent des communautés et successions dont s'agit.

§ II. — *Formation des lots et fixation des mises à prix.*

De ces immeubles les experts soussignés ont formé huit lots, de manière à en rendre la vente plus facile et plus avantageuse.

Premier lot. — Le premier lot se composera de l'immeuble situé dans la commune de V..., et dont la désignation a été faite ci-dessus à l'article premier. La mise à prix sera de six mille francs.

Deuxième lot. — Le deuxième lot se composera de la petite maison située à Saint-Aignan, commune de C..., désignée à l'article deux. La mise à prix sera de six cents francs.

Troisième lot. — Le troisième lot se composera d'une partie des bâtisses désignées à l'article quatre et de la pièce de vigne désignée à l'article cinq; en voici la désignation : 1° une partie de maison, située au lieu de Saint-Aignan, commune de C..., comprenant la maison dite des aïeux et la maison neuve, composé le tout d'une chambre et de deux pièces servant de chais au rez-de-chaussée, avec escalier en pierres pour arriver au premier étage, d'un corridor, de deux chambres et un grenier au premier étage, tenant dans son ensemble : du levant, à un sentier ou chemin de service; du midi, à la maison qui va être comprise au quatrième lot, mur mitoyen dans toute sa hauteur; du couchant, au sieur D .. et à la pièce de vigne ci-après désignée, et, du nord, aux époux O..., passage entre deux; — 2° une pièce de vigne, située au même lieu, même commune, contenant environ huit ares, tenant : du levant, à la maison ci-dessus désignée et à celle qui va être comprise au quatrième lot; du midi, à la parcelle de vigne qui va être comprise au quatrième lot; du couchant, au chemin appelé de la Cave, et, du nord, au sieur D... Cette parcelle est séparée, au midi, de celle comprise au quatrième lot, par une ligne, à peu près droite, allant de la maison du quatrième lot au chemin, et déterminée par le milieu de l'allée qui sépare déjà les deux parcelles. Le point où arrive cette ligne sur la maison Victoire, qui va être comprise au quatrième lot, se trouve à trois mètres quarante-deux centimètres, vers le midi, du parement extérieur du mur nord de ladite maison, et à quatre mètres quatre-vingt-huit centimètres, vers le nord, du parement extérieur du mur midi de la même maison. Cette parcelle sera grevée, sur son extrémité levant, d'un droit de recrépissage au profit de la maison du quatrième lot. D'un autre côté, ladite maison du quatrième lot n'aura aucun droit de vue sur cette parcelle, et la fenêtre qui existe actuellement dans le mur couchant de la maison Victoire devra être murée par l'adjudicataire du quatrième lot, dans le délai d'un mois à partir du jour de l'adjudication. Le sentier qui se trouve au levant des bâtisses du troisième lot devra être maintenu assez large pour qu'il soit possible d'arriver facilement, devant les bâtisses du quatrième lot, en voiture ou avec charrette à bœufs ou autres. Les immeubles composant le troisième lot sont d'une valeur de trois mille francs. Ils proviennent d'origines différentes, et la ventilation en sera établie plus bas. La mise à prix sera de deux mille francs.

Quatrième lot. — Le quatrième lot se composera du surplus des bâtisses désignées à l'article quatre, du jardin désigné à l'article trois et de la pièce de vigne désignée à l'article six. En voici la désignation : 1° Une partie de maison, située au lieu de Saint-Aignan, commune de C..., comprenant la maison Victoire et la maison Germain, le tout composé d'un pas-perdu, une cuisine, une souillarde dans laquelle existe un puits, et deux chambres au rez-de-chaussée, une cuisine et deux chambres au premier étage; confrontant : du levant, à un sentier ou chemin de service; du midi, à la pièce de vigne ci-après désignée; du couchant, à la même pièce de vigne et à celle du troisième lot, sur laquelle le quatrième lot pourra passer pour recrépir le mur de ladite maison, et, du nord, au troisième lot, mur mitoyen. La croisée qui se trouve exister dans le mur couchant de ladite maison, vis-à-vis la vigne du troisième lot, devra être murée aux frais de l'adjudicataire du présent lot dans le mois de l'adjudication, le présent lot ne devant avoir aucun droit de vue sur le troisième. Le sentier pour arriver au présent lot devra être assez large, vis-à-vis le troisième lot, pour qu'on puisse y passer en voiture et avec des charrettes à bœufs ou autres. — 2° Une pièce de vigne sous laquelle se trouve une grotte fermant par une porte et servant de cave, ladite pièce portée au plan cadastral de la commune de C... sous les numéros quatre-vingt-deux et quatre-vingt-trois, contenant environ vingt ares, et tenant : du levant, partie à la maison ci-dessus désignée et partie à un sentier ; du midi, à la veuve M... et à L...; du couchant, à L... et au chemin dit de la Cave, et, du nord, à une pièce de vigne comprise au troisième lot. Cette parcelle sera séparée, au nord, de celle comprise au troisième lot, par une ligne droite allant du chemin au mur couchant de la maison Victoire, et déterminée par le milieu de l'allée qui sépare déjà les deux parcelles. Le point où arrive cette ligne sur la maison Victoire se trouve à trois mètres quarante-deux centimètres, vers le midi, du parement extérieur du mur nord de cette maison, et à quatre mètres quatre-vingt-huit centimètres, vers le nord, du mur midi de ladite maison. — 3° Un petit jardin en face des maisons comprises au présent lot, situé au même lieu, même commune, porté sous le numéro soixante-quinze *bis* de la section B du plan cadastral, contenant environ deux ares, et tenant : du levant, à G..., haie mitoyenne ; du midi, à la veuve M..., fossé mitoyen ; du couchant, à un chemin ou sentier, et, du nord, à mademoiselle F... Les immeubles composant ce lot sont d'une valeur de quatre mille deux cents francs ; ils proviennent d'origines différentes, et la ventilation en sera faite ci-après. La mise à prix sera de deux mille huit cents francs.

Cinquième lot. — Le cinquième lot sera composé de la pièce de vigne de la Rose, désignée dans l'article sept ci-dessus. La mise à prix sera de deux cent cinquante francs.

Sixième lot. — Le sixième lot se composera de la pièce de vigne du Renard et de la pièce de prairie du même lieu, désignées dans les articles huit et neuf. La mise à prix sera de six cents francs.

Septième lot. — Le septième lot sera composé de la pièce de vigne de la Violette, désignée à l'article dix. La mise à prix sera de douze cents francs.

Huitième et dernier lot. — Le huitième lot se composera de la pièce de prairie désignée à l'article onze. La mise à prix sera de treize cents francs.

§ III. — *Origines de propriété.*

Premier lot.

Les immeubles composant le premier lot font partie des biens dépendant de la société d'acquêts qui a existé entre le sieur Henri Harel et la dame Marie Voix, son épouse. Monsieur Harel s'en est rendu adjudicataire à l'audience des criées du tribunal civil de L..., suivant jugement du douze décembre mil huit cent trente-huit, transcrit au bureau des hypothèques de M... le vingt mai suivant, volume sept cent vingt-sept, numéro vingt. Cette adjudication a eu lieu moyennant le prix de deux mille six cent vingt-cinq francs, outre les charges de l'enchère. Cet immeuble dépendait de la succession de la dame Marie Picard, décédée à Paris le treize février mil huit cent trente-cinq, épouse de monsieur Paul Vergnes, et de celle du sieur Jean-Adolphe Vergnes, fils de ladite dame, décédé le cinq août mil huit cent trente-six. Ces successions étaient indivises entre ledit sieur Vergnes (Paul), propriétaire, domicilié commune de..., et la demoiselle Anne-Gabrielle Vergnes, sa fille, issue de son mariage avec ladite dame Marie Picard. La vente de cet immeuble était poursuivie, à ladite audience, à la requête de monsieur Paul Vergnes, contradictoirement avec le sieur Guillaume Nicolet, propriétaire à..., tuteur de mademoiselle Vergnes, et en présence de monsieur Auguste Picard, négociant, demeurant à..., son subrogé-tuteur. Monsieur Harel s'est libéré de son prix d'adjudication, ainsi qu'il l'a déclaré aux experts, mais ne leur a fourni aucune espèce de justification. Cet immeuble appartenait à la dame Vergnes pour lui avoir été attribué dans un acte passé devant maître ....., notaire à..., le vingt-cinq avril mil huit cent vingt-quatre, intervenu entre ladite dame Vergnes, la dame Antoinette-Octavie Picard, sa sœur, épouse de monsieur Guillaume Nicolet, et le sieur Jean Picard aîné, leur père, et contenant liquidation et partage de la société d'acquêts qui avait existé entre ledit sieur Jean Picard aîné et la dame Françoise-Madeleine Frère, son épouse, mère desdites dames Vergnes et Nicolet, et de la succession de ladite dame Picard. L'immeuble dont s'agit avait été acquis par le sieur Jean Picard du sieur Armand Robert, agriculteur, demeurant commune de..., suivant contrat passé devant maître ....., notaire à..., le vingt-neuf germinal an treize, moyennant trois mille huit cents francs, dont le contrat porte quittance.

Deuxième lot.

La maison composant le deuxième lot est aussi un acquêt de la société conjugale d'entre le sieur Harel et la demoiselle Voix. Elle a été acquise par le sieur Harel, pendant son mariage, de Jeanne V..., fille majeure, demeurant à..., et de Marguerite B..., épouse du sieur Jean-Pierre F..., cordonnier, demeurant ensemble à..., aux termes d'un contrat contenant quittance, passé devant maître ....., notaire à..., le neuf juillet mil huit cent trente-quatre, transcrit au bureau des hypothèques de M... le vingt-un dudit mois de juillet, volume six cent quarante-sept, numéro cinquante, sans inscriptions, ainsi que le constate un certificat de monsieur le conservateur des hypothèques en date du vingt-six août suivant.

Troisième lot.

La moitié environ (du côté du nord) de la maison comprise dans ce lot, cette moitié composée de la maison dite des aïeux, et la pièce de vigne comprise au même lot, dépendent de la société d'acquêts qui a existé entre le sieur Jean Voix et la dame Claire Serres, son épouse, aux termes de leur contrat de mariage passé devant maître ....., notaire à..., le sept nivôse an sept, contenant société entre les futurs époux, le sieur Philippe Maurel et la dame Jeanne Richon, son épouse, veuve en premières noces du sieur Pierre Serres, par quarts entre eux. Cette société a été liquidée par un jugement arbitral en date du cinq mai mil huit cent huit, enregistré et en forme, qui attribuait au sieur Voix le quart des biens en dépendant et les trois quarts de surplus au sieur Maurel. Mais, par acte passé devant maître ....., notaire à..., ce dernier a vendu au sieur Voix les trois quarts lui re-

venant, pour se libérer d'une somme de mille vingt-trois
francs soixante-quinze centimes, dont il était débiteur envers
ledit sieur Voix. Cette vente a eu lieu avec faculté de rachat
pendant un an ; mais ce rachat n'a pas eu lieu. La maison
dite maison neuve, formant la moitié, du côté du midi, des
bâtisses comprises au troisième lot, est un acquêt de la société d'entre le sieur Henri Harel et la dame Marie Voix, son
épouse, par suite de l'attribution qui leur en a été faite à ce
titre dans un acte intervenu entre eux, le sieur Jean Voix
et la dame Claire Serres, son épouse, contenant dissolution
de société et partage, retenu par maître....., notaire à....., le
onze juillet mil huit cent quarante-huit.

Quatrième lot.

La maison Victoire, formant la moitié environ, vers le nord,
des bâtisses du quatrième lot, dépend de la société d'acquêts
d'entre le sieur Voix et la dame Claire Serres, son épouse,
en vertu de l'acte de dissolution de société et partage, retenu
par maître ....., notaire à..., le onze juin mil huit cent quarante-huit. Le surplus des bâtisses de ce lot, soit la maison
Germain, dépend de la société d'acquêts d'entre le sieur
Harel et la dame Marie Voix, en vertu du même acte du
onze juin mil huit cent quarante-huit. Ces maisons ont été
édifiées pendant la société par quart établie entre les époux
Voix et les époux Harel. Le surplus des immeubles compris
dans ce lot dépend de la société d'acquêts des époux Harel.
Une partie de la pièce de vigne située au couchant des bâtisses a été acquise par le sieur Harel, pendant son mariage,
de la demoiselle T..., fille majeure, demeurant à..., aux
termes d'un contrat, contenant quittance du prix, passé devant maître ....., notaire à..., le quatorze décembre mil
huit cent trente-deux, énonçant que la demoiselle T... en
avait reçu l'attribution dans un acte de partage passé devant le même notaire, le dix du même mois de décembre.
Le surplus de la pièce de vigne contiguë aux bâtisses, et dans
laquelle se trouve une grotte, a été acquis par le sieur Harel,
pendant son mariage, du sieur Paul N.. , propriétaire, demeurant à..., aux termes d'un contrat passé devant maître .....,
notaire à .., ainsi que M Harel et ses enfants l'ont déclaré
aux experts soussignés, sans pouvoir préciser la date de ce

contrat. Le petit jardin désigné à l'article trois de ce lot a
été acquis par le sieur Harel, avec la maison du deuxième
lot, de Jeanne V..., demeurant à ..., et de Marguerite B...;
épouse de Jean-Pierre F..., cordonnier, demeurant à ..., aux
termes de l'acte sus-énoncé, passé devant maître . ..., notaire
à. ., le neuf juillet mil huit cent trente-quatre, contenant
quittance du prix.

Cinquième lot.

La pièce de vigne située à la Rose, composant ce lot, dépend de la société d'acquêts des époux Voix, pour avoir été
acquise de Marie C..., veuve M..., aux termes d'un acte contenant quittance du prix, passé devant maître ....., notaire
à .., le vingt-huit mars mil huit cent seize.

Sixième lot.

La pièce de vigne du Renard et la prairie située au même
lieu, composant ce lot, dépendent de la société d'acquêts
des époux Harel. Elles ont été acquises par le sieur Harel,
pendant son mariage, de Jeanne M..., épouse du sieur Jean
C..., cordonnier, demeurant ensemble à..., aux termes d'un
contrat contenant quittance du prix passé devant ledit
maître ....., notaire à..., le dix mars mil huit cent trente-
trois, transcrit au bureau des hypothèques de M... le onze
août suivant, volume cinq cent soixante-sept, numéro quarante-six, sans inscriptions, ainsi que le constate un certificat de monsieur le conservateur des hypothèques en date
du vingt-sept dudit mois d'août.

Septième lot.

La pièce de la Violette, composant ce lot, dépend de la
société d'acquêts des époux Harel. Elle a été acquise par le
sieur Harel, pendant son mariage, de Jean T. .., boucher,
demeurant à ...., aux termes d'un contrat passé devant
maître ...., notaire à..., le quatre octobre mil huit cent
vingt-neuf, transcrit au bureau des hypothèques de M... le
douze du même mois, volume cinq cent seize, numéro vingt-
huit, à la charge d'une seule inscription, qui a été radiée

depuis. Cette vente a eu lieu moyennant quatre cents francs, dont cent francs ont été payés comptant, et le surplus suivant quittance passée devant ledit maître ....., le dix décembre mil huit cent trente.

Huitième lot.

La pièce de terre labourable de Marthon dépend de la succession de la dame Harel, à laquelle elle appartenait en propre, pour l'avoir recueillie dans la succession de la dame Marie Voix, veuve Lenoir, sa tante, décédée à..., le onze août mil huit cent trente-deux.

§ IV. — *Ventilation.*

Le troisième et le quatrième lot comprennent seuls des immeubles d'origine différente, dépendant en partie de la société d'acquêts des époux Voix, et en partie de la société d'acquêts des époux Harel, ainsi que cela est établi dans l'origine de propriété.

Procédant à la ventilation ordonnée par le tribunal, les experts soussignés sont unanimement d'avis : 1° que, dans le troisième lot, la maison et la terre dépendant de la société d'acquêts des époux Voix représentent les deux tiers de la valeur de ce lot, et la maison dépendant de la société d'acquêts des époux Harel le tiers de la valeur de ce lot ; 2° que, dans le quatrième lot, la maison dépendant de la société d'acquêts des époux Voix représente le septième de la valeur du lot entier, et les immeubles dépendant de la société d'acquêts des époux Harel les six septièmes de la valeur du lot entier.

Notre mission étant ainsi terminée, nous avons clos le présent rapport, que monsieur J..., l'un de nous, a écrit en entier et qu'il s'est chargé de déposer au greffe du tribunal. Nous affirmons avoir employé chacun dix-neuf vacations, non compris celle de prestation de serment, due à chacun de nous, ni la vacation de dépôt du présent rapport, à laquelle monsieur J... seul a droit.

Fait et clos, à..., les jour, mois et an susdits, à six heures du soir, et signé, après lecture.

(*Signatures des trois experts.*)

FORMULE 65°. — Rapport d'experts contenant description d'immeubles, lotissement, mises à prix, recherche de limites, estimation de valeur et de plus-value. (N° 479.)

A messieurs les président et juges du tribunal
de première instance de...

L'an mil huit cent quatre-vingt..., le mercredi quatorze août, à midi,

Nous, ..., experts nommés par jugement rendu le..., dans l'instance en liquidation et partage de la succession de monsieur Sixte Bertin père, entre : 1° la demoiselle Gertrude Bertin, majeure, sans profession, demeurant et domiciliée à..., demanderesse; 2° le sieur Jean Bertin, négociant, et 3° le sieur François Bertin, rentier, demeurant et domiciliés ensemble à..., défendeurs; le dispositif duquel jugement est conçu, en ce qui nous concerne, ainsi qu'il suit :

« Déclare impartageables en nature les immeubles qui dépendent de la succession à liquider; ordonne toutefois qu'avant d'opérer la vente desdits immeubles, il sera, par trois experts convenus entre les parties dans les trois jours de la signification du présent jugement, ou, à défaut, par messieurs ....., experts que le tribunal nomme d'office et qui, en cas d'empêchement, seront remplacés par monsieur le président du tribunal, procédé : premièrement, à la recherche et à la description des immeubles à liciter, avec tenants et aboutissants; deuxièmement, à la formation du mode de lotissement de la vente et à la fixation des mises à prix ;

» Donne, en outre, mission auxdits experts : premièrement, de déterminer d'une manière exacte les limites des immeubles qui ont été donnés par Bertin père à la demoiselle Gertrude Bertin, sa fille, aux termes de la donation entre-vifs passée devant maître ....., notaire à..., le quinze octobre mil huit cent cinquante, et ce au vu de cet acte et en s'entourant de tous renseignements et notoriétés à cet égard; — deuxièmement, de rechercher et d'établir la valeur de ces immeubles, selon leur état au moment de la donation et leur valeur au moment du décès de Bertin père, arrivé le quatre avril mil huit cent soixante-onze; — troisièmement, d'estimer la plus-value qui aurait été donnée auxdits immeubles par les travaux et constructions que la demoiselle Bertin peut y avoir exécutés ; — Pour, ledit rapport fait et déposé au greffe, être ultérieurement requis et statué ce qu'il appartiendra ; »

Après avoir prêté serment entre les mains de monsieur le président du tribunal, messieurs ....., le ..., et monsieur....., le ... du même mois , et fixé , dans le procès-verbal de cette dernière prestation de serment, le commencement de nos opérations à aujourd'hui, quatorze août, à midi, à la mairie de..., lieu, jour et heure indiqués dans la sommation faite aux défendeurs par acte du ministère de ....., huissier à..., en date du...,

Nous nous sommes transportés, lesdits jour et heure , à la mairie de..., où nous avons trouvé toutes les parties. Remise nous ayant été faite de la grosse du jugement, de l'original de la sommation sus-datée et de diverses autres pièces nécessaires à notre opération , nous avons donné lecture dudit jugement et nous avons établi avec les parties la nomenclature des divers immeubles qu'elles nous ont dit composer la succession, immeubles qui sont situés dans les communes de Pontenx , Saint-Paul et Aureilhan.

Nous avons vaqué à ce qui précède jusqu'à six heures du soir, puis nous avons renvoyé la continuation de nos opérations au lundi dix-neuf août, à neuf heures du matin, à la gare du chemin de fer de ..., où nous avons intimé les parties de se trouver, si elles le jugeaient convenable.

Et ledit jour, dix-neuf août, à neuf heures du matin, nous, experts sus-nommés , nous sommes rendus à la gare de..., où les parties arrivaient de leur côté, et nous avons aussitôt commencé, avec elles, la visite des immeubles dépendant de la succession , visite que nous avons continuée dans la commune de Pontenx les vingt, vingt-trois, vingt-sept et trente août, neuf septembre, deux et sept octobre. Nous nous sommes également rendus dans la commune de Saint-Paul les seize et dix-neuf septembre , et dans celle d'Aureilhan les vingt-trois , vingt-huit et trente septembre. Dans ces diverses journées, nous avons été constamment accompagnés par les trois parties, sauf à Saint-Paul, le dix-neuf septembre, où monsieur Jean Bertin n'est pas venu, et à Aureilhan, les vingt-huit et trente septembre , où mademoiselle Bertin et monsieur François Bertin ne se sont pas rendus.

Nos opérations sur le terrain étant terminées le sept octobre, nous nous sommes ajournés, pour la rédaction de notre rapport, au quatorze du même mois, à onze heures du matin, en la demeure de monsieur ....., l'un de nous, à Pontenx, intimant les parties de s'y trouver si bon leur semblait.

Et ledit jour, quatorze octobre mil huit cent quatre-vingt..., à onze heures du matin, nous, experts sus-nommés, nous sommes réunis à Pontenx, en la demeure dudit sieur..., où se sont rendues les trois parties. Là, nous avons, en présence desdites parties, dépouillé les notes que nous avions prises sur les lieux pour établir la consistance des immeubles et leur situation avec tenants et aboutissants, et reçu les dires et observations des parties quant à la formation des lots, à la fixation des mises à prix et à la portion de notre travail relative aux immeubles donnés par Berlin père à sa fille aux termes de l'acte du quinze octobre mil huit cent cinquante.

Puis, les parties s'étant retirées, nous avons conféré entre nous et arrêté, à l'unanimité, les bases de notre rapport, dont la rédaction a été confiée à monsieur ..., l'un de nous, rédaction que nous avons adoptée, à l'unanimité, le jeudi trente-un octobre, ainsi qu'il suit :

DESCRIPTION DES IMMEUBLES.

§ Ier. — *Immeubles situés dans la commune de Pontenx, canton de Mimizan.*

Article premier. — Une parcelle de fonds en nature de terre labourable, située au lieu du Bourg, portée au cadastre sous le numéro vingt-six de la section A, d'une contenance cadastrale de soixante-deux ares, confrontant : du levant, à Dutruch, fossé mitoyen ; du midi et du couchant, à Pélix ; du nord, à Verdier.

Article deux. — Une parcelle de fonds en nature de prairie, située au lieu du Bourg, portée sous le numéro trente-neuf de la section A, d'une contenance cadastrale de quarante-trois ares dix centiares, confrontant : du levant, à Ramin, haie mitoyenne ; du midi, à Laluque, etc.

Article trois. — Une maison située même quartier du
Bourg, portée sous le numéro cent dix-sept de la section A,
et dont le sol est d'une contenance cadastrale de deux ares
six centiares. Elle est à rez-de-chaussée, a sa façade au
levant, sur le chemin vicinal de..., où elle est percée de deux
portes vitrées à volets et de trois fenêtres avec croisées et
contrevents ; elle confronte en outre : du midi, où elle a une
fenêtre avec contrevent mais sans croisée, à un passage de
deux mètres de largeur, mitoyen avec Raymond Lerat ; du
couchant, à la veuve Zévort, et, du nord, au jardin désigné
dans l'article suivant, sur lequel sont deux portes vitrées et
trois fenêtres avec croisées et contrevents. Cette maison est
bâtie en briques doubles, couverte de tuiles creuses, et se
compose d'une cuisine, une buanderie, quatre chambres à
coucher, un salon servant de salle à manger, et deux cabinets, le tout carrelé et lambrissé. Elle a le droit de puisage
à un puits appartenant à monsieur Jean Laguette, situé de
l'autre côté du chemin vicinal.

Article quatre. — Un petit lopin de jardin porté sous le
numéro cent dix-huit de la section A, d'une contenance de
huit ares soixante centiares, confrontant : du levant, au
chemin vicinal de...; du midi, à la maison désignée dans
l'article précédent; des couchant et nord, à Simon Nérac.

Article cinq. — Une pièce de fonds en nature de prairie, etc. (*Suivent les articles six à cinquante-huit.*)

§ II. — *Immeubles situés dans la commune de Saint-Paul,
canton de Mimizan.*

Article cinquante-neuf. — Un moulin à eau, composé d'un
corps de bâtiments entouré de cours des côtés levant, midi et
couchant, situé au lieu de Menaut, porté au cadastre sous le
numéro deux cent huit de la section C et dont le sol est
d'une contenance de neuf ares trente-deux centiares. Cet
immeuble confronte dans son ensemble : du levant, partie à
l'étang du moulin et partie à la prairie désignée dans l'article soixante-un ci-après ; du nord, à la route agricole numéro trois; du couchant, à Castaignède ; du midi, partie à
Castaignède et partie à l'étang du moulin. Le corps de bâtiments est composé comme suit : 1° une pièce, élevée sur
quatre piles en pierres et huit poteaux en bois de chêne,

dans laquelle sont trois meules à moudre les grains, avec
leurs accessoires, mues par trois rouets hydrauliques ou
turbines en bois de pin ; cette pièce a, au levant, une porte
ouvrant sous un hangar soutenu par six poteaux en bois de
chêne et couvert de tuiles creuses ; elle est éclairée, au
nord, par deux fenêtres garnies de croisées et contrevents,
et a, au midi, une porte pleine et deux fenêtres avec croisées et contrevents ; — 2° au couchant de cette pièce, avec
laquelle elle communique par une porte, se trouve une cuisine ayant une porte de sortie au midi, et deux fenêtres au
nord garnies de croisées et contrevents ; — 3° au couchant
de cette cuisine, avec laquelle elle communique, est une
grande chambre ayant deux fenêtres avec croisées et contrevents, l'une au nord et l'autre au couchant ; — 4° au midi
de la chambre, et formant un tour d'équerre, est une écurie
ayant sa porte d'entrée au levant ainsi que deux lucarnes en
demi-cercle ; — 5° enfin, à la suite de l'écurie, vers le midi,
est une grange à foin, ouvrant également à l'est au moyen
d'une grande porte cochère, et ayant deux lucarnes du
même côté et une au couchant. A l'extrémité sud de cette
grange est un petit pavillon contenant dans le bas un pou-
lailler et au dessus un pigeonnier. Toutes ces bâtisses sont
à rez-de-chaussée, construites en pierres de taille et briques
doubles et couvertes de tuiles creuses.

Article soixante. — Étang et déversoir du moulin, portés
au cadastre sous le numéro deux cent neuf de la section G
et pour une contenance totale de quinze ares sept centiares.
L'étang confronte : du levant, partie à la prairie qui fait
l'objet de l'article soixante-un ci-après, partie au déversoir
dont il va être parlé, et partie à la prairie désignée dans l'article soixante-deux ci-après ; du nord, à l'immeuble qui fait
l'objet de l'article cinquante-neuf qui précède ; du couchant,
partie au même immeuble, partie à Castaignède et partie à
Boucau et Perrin. Le déversoir est situé entre les deux prairies désignées dans les articles soixante-un et soixante-
deux ci-après ; il part de l'étang qui vient d'être confronté,
sur le bord duquel il a une largeur de six mètres, point
où existe un vannage en bois de pin, garni de maçonnerie
en pierres de taille des deux côtés, ayant six mètres cinquante centimètres de développement, et sur lequel est une
passerelle de un mètre de largeur pour communiquer à pied

d'une prairie à l'autre; le radier de ce vannage est en bois de pin

Article soixante-un. — Une parcelle de fonds en nature de prairie, située même lieu de Menaut, portée sous le numéro deux cent dix de la section C, et d'une contenance cadastrale de quarante-trois ares; elle confronte : du nord, à la route agricole numéro trois; du levant, au ruisseau du déversoir du moulin; des midi et couchant, à l'étang et au déversoir.

Article soixante-deux. — Une parcelle de fonds en nature de prairie, située au même lieu, portée sous le numéro deux cent onze de la section C, d'une contenance de quarante-huit ares onze centiares, et confrontant : du levant, au chemin vicinal du Barbet; du nord, partie au déversoir du moulin et partie à Lauba; du couchant, à l'étang et au ruisseau du moulin; du midi, à Delest, haie mitoyenne entre deux.

Article soixante-trois. - Une parcelle de terrain en nature de lande, située au même lieu de Menaut, portée sous le numéro deux cent douze de la section C, d'une contenance de quatre-vingts ares, confrontant : du levant, au chemin vicinal du Barbet; du nord, à Delest frères; du couchant, à la lande communale; du midi, partie à Bernède et partie à Laluque, partout fossés mitoyens, excepté au levant.

Article soixante-quatre. — Une parcelle de fonds en nature, etc. (*Suivent les articles soixante-cinq à soixante-dix-neuf.*)

§ III. — *Immeubles situés dans la commune d'Aureilhan, canton de Mimizan.*

Article quatre-vingt. — Une parcelle de fonds en nature de terre labourable, située au lieu de Gajac, portée sous le numéro soixante-cinq de la section B, d'une contenance cadastrale de deux hectares soixante centiares, et confrontant : du levant, à Lamarque, haie mitoyenne; du nord, à Dumartin, etc.

Article quatre-vingt-un. — Une parcelle de terrain complantée en pins d'environ quarante ans, située au lieu du Mouton, portée sous le numéro trois cent huit de la section B, d'une contenance de vingt-deux hectares seize ares quatre centiares, et confrontant : du levant, à Detrail; du nord et du couchant, à Labro ; du midi, à Germon frères. Il existe dans cette pièce, qui produit de la résine et est exploitée d'après le système Hugues, une cabane de résinier de neuf mètres de longueur sur six mètres de largeur ; elle est en bois de trois côtés, et en maçonnerie de moellons ferrugineux du côté nord, où se trouve une cheminée ; la couverture est en tuiles creuses. (*Suivent les numéros quatre-vingt-deux à cent onze.*)

Article cent douze et dernier. — Une parcelle de fonds complantée en jeunes pins d'environ douze ans, située au lieu du Mayne, portée sous le numéro six cent sept de la section D, d'une contenance de cent vingt hectares trente centiares, et confrontant : du levant, à la route agricole numéro trois ; des nord, couchant et midi, à la commune, fossés mitoyens.

FORMATION DES LOTS ET FIXATION DES MISES A PRIX.

De tous les immeubles qui viennent d'être décrits dans les cent douze articles qui précèdent, les experts soussignés pensent qu'il y a lieu, pour faciliter la vente, de former trente-deux lots, de la manière suivante, et de fixer les mises à prix aux chiffres modérés qui vont être ci-après établis, afin d'attirer le plus grand nombre possible d'enchérisseurs et de rendre ainsi l'adjudication plus avantageuse.

Premier lot.

Le premier lot se composera de la parcelle de fonds en nature de terre labourable, située commune de Pontenx, au lieu du Bourg, dont la désignation est contenue dans l'article premier. — La mise à prix sera de six cents francs.

Deuxième lot.

Il se composera de la parcelle de fonds en nature de prairie, située au même lieu du Bourg, et qui est décrite dans l'article deux. — La mise à prix sera de cinq cent cinquante francs.

Troisième lot.

Il se composera : 1° de la maison située au bourg de Pontenx, dont la description fait l'objet de l'article trois; 2° et de la parcelle de jardin désignée dans l'article quatre. — La mise à prix de ce lot sera de trois mille francs. — (*Suivent la composition et les mises à prix des lots suivants, jusqu'au dix-septième lot inclusivement.*)

Dix-huitième lot.

Il se composera : 1° du moulin à eau situé commune de Saint-Paul, désigné dans l'article cinquante-neuf; 2° de l'étang et du déversoir de ce moulin désignés dans l'article soixante; 3° des deux prairies désignées dans les articles soixante-un et soixante-deux; 4° enfin de la parcelle de lande qui fait l'objet de l'article soixante-trois. — La mise à prix de ce lot sera de huit mille francs. — (*Suivent la composition et les mises à prix des lots suivants, jusqu'au trente-unième lot inclusivement.*)

Trente-deuxième et dernier lot.

Ce dernier lot se composera de la parcelle de jeunes pins située à Aureilhan, au lieu du Mayne, désignée dans l'article cent douze et dernier. — La mise à prix sera de vingt-quatre mille francs.

Ayant ainsi achevé de remplir la première partie de notre mission, nous avons procédé à l'accomplissement de la seconde partie de la manière suivante :

DÉLIMITATION DES IMMEUBLES DONNÉS A LA DEMOISELLE BERTIN PAR SON PÈRE; ESTIMATION DE LEUR VALEUR ET DE LA PLUS-VALUE QU'ILS ONT ACQUISE.

Par acte au rapport de maître ....., notaire à..., en date du quinze octobre mil huit cent cinquante, monsieur Bertin père a donné à mademoiselle Gertrude Bertin, sa fille, « une » maison, située à..., quartier de..., avec dépendances di-» verses, telles que chai, cuvier, écurie, jardin, prairie et » vacants, le tout en un tenant. »

Les héritiers Bertin n'étant pas d'accord sur l'étendue des dépendances de cette maison, le tribunal a donné aux experts soussignés la mission « de déterminer d'une manière exacte les limites des immeubles qui ont été donnés par Bertin père à sa fille, et ce au vu de l'acte de donation et en s'entourant de tous renseignements et notoriétés à cet égard. »

Après avoir soigneusement exploré les lieux en litige, accompagnés de mademoiselle Bertin et de messieurs Bertin frères, et avoir recueilli tous les renseignements qui pouvaient nous être utiles, nous, experts soussignés, avons reconnu et constaté ce qui suit et arrêté unanimement notre avis de la manière qui sera ci-après indiquée.

Sur trois côtés, les limites des immeubles dont il s'agit ne sont pas contestées; ils confrontent : du levant, au chemin du Rat; du nord, à Michaud; du couchant, à la place du village. La limite du midi est, dès lors, seule en litige.

Mademoiselle Bertin prétend que cette limite doit aller « jusqu'à une ligne droite partant de la place et aboutissant au chemin du Rat en passant à deux mètres au midi de la grange qui est construite sur le vacant. » Elle se fonde, pour cela, sur ce que, depuis de longues années, et du vivant de son père, qui ne s'y est jamais opposé, elle a toujours déposé, comme elle le fait encore, les fumiers sortant de son écurie à l'extrémité sud du vacant, et qu'elle y a également mis en dépôt depuis qu'elle a fait reconstruire sa maison, en mil huit cent soixante-neuf, un tas de moellons ferrugineux d'environ vingt-cinq mètres cubes, et une trentaine de pierres de taille.

Ces dépôts existent, en effet; ils dépassent même la ligne que mademoiselle Bertin donne comme étant sa limite, et, d'après les renseignements que nous avons recueillis, ces dépôts sont bien là depuis les époques ci-dessus indiquées. L'assertion est donc exacte. Mais il ne nous a pas paru que le seul fait d'avoir ainsi déposé des fumiers, des moellons et des pierres sur cette partie du vacant, entièrement inoccupée, fût de nature à établir que la limite du terrain attribué à mademoiselle Bertin par l'acte de mil huit cent cinquante dût s'étendre si loin. La grange tout entière serait, de cette façon, comprise dans les dépendances de la maison; or, cette grange, qui existait bien avant l'année mil huit cent cinquante, date de la donation, n'est point indiquée dans cet acte, et il résulte, tant de la notoriété publique que des explications des parties elles-mêmes, que monsieur Bertin père a toujours conservé jusqu'à son décès la jouissance de la plus grande partie de ce bâtiment. Mademoiselle Bertin n'en possède et n'en a jamais possédé qu'une portion, qu'elle a séparée du reste, en mil huit cent cinquante-neuf, lors de la construction de sa maison, par une cloison de planches, et dans laquelle elle entre par une porte spéciale ouvrant du côté nord, en face de son jardin, porte dont elle a seule la clef. C'est évidemment cette portion de la grange qui seule appartient à mademoiselle Bertin, et on ne saurait admettre que le terrain qui lui a été donné puisse s'étendre au delà. Rien sur les lieux ne l'indique, et aucun des documents produits n'en fait mention.

Messieurs Jean et François Bertin ont prétendu, à leur tour, que l'étendue du vacant donné à leur sœur se borne à une zone de terrain prenant à la place pour aboutir au chemin et ayant seulement trois mètres de largeur à partir de la cour fermée de la maison et du mur de l'écurie et du cuvier, ce qui laisserait la grange complétement en dehors, les frères Bertin déniant à leur sœur toute espèce de droit sur ce bâtiment, bien qu'ils reconnaissent que c'est par elle que la porte et la cloison ont été faites du vivant de Bertin père, et que c'est elle seule qui en a joui depuis cette époque.

Evidemment cette limite serait beaucoup trop restreinte. L'étroit espace qu'elle laisserait libre ne suffirait point pour le service, surtout en face du cuvier, où une charrette ne pourrait se tourner qu'avec beaucoup de difficulté; cependant la fenêtre destinée à recevoir la vendange a, de tout temps, comme elle l'est encore aujourd'hui, été placée de ce côté. Il est, dès lors, certain qu'il n'a pas pu entrer dans la pensée du père de famille de donner aussi peu d'aisance à l'immeuble dont il gratifiait sa fille. D'ailleurs, la possession exclusive par mademoiselle Bertin, alors que son père vivait encore, et sans opposition de la part de celui-ci, de la portion de grange sus-indiquée, ainsi que le fait d'avoir constamment tenu en dépôt, depuis plus de trois ans, des bois et autres matériaux au-delà de la limite que prétendent lui assigner ses frères, prouvent suffisamment que le vacant attribué à mademoiselle Bertin ne se borne pas au simple passage de trois mètres de largeur auquel ses frères vou-draient la réduire. Si monsieur Bertin père n'avait voulu donner que la largeur d'un chemin de charrette, il l'aurait, sans aucun doute, indiqué dans sa donation, et il ne se serait pas servi du mot *vacant*, qui s'applique toujours à un espace de terrain plus étendu qu'un chemin. Dans l'espèce, ce chemin de trois mètres serait même, ainsi que nous l'avons déjà dit, insuffisant pour le service du cuvier, ce qui démontre clairement que la limite objet de nos recherches ne saurait être aussi rapprochée des bâtisses.

En conséquence, nous sommes d'avis, à l'unanimité, que c'est de l'alignement de la cloison en planches qui sépare la portion de grange possédée privativement par mademoiselle Bertin du surplus de cette grange resté en la possession de son père, que doit partir la ligne divisoire entre la propriété particulière de ladite demoiselle Bertin, telle qu'elle est indiquée dans l'acte du quinze octobre mil huit cent cinquante, et le surplus du vacant qui reste compris dans la succession de Bertin père. Les deux extrémités de cette ligne doivent, dès lors, aboutir : 1° du côté du levant, sur le bord du chemin du Rat, à seize mètres trente centimètres de l'angle sud-est de la haie du jardin de mademoiselle Bertin; 2° et, du côté du couchant, sur le bord de la place, à douze mètres soixante centimètres de l'angle sud-est de la clôture en planches qui ferme la cour d'entrée de la maison.

Après avoir ainsi déterminé les limites des immeubles compris dans la donation du quinze octobre mil huit cent cinquante, nous avons dû rechercher : premièrement, quelle était la valeur de ces immeubles au décès de monsieur Bertin père, selon leur état à l'époque de la donation; deuxièmement, quel est le montant de la plus-value donnée auxdits immeubles par les travaux et constructions exécutés par la demoiselle Bertin.

Sur la première question : — Il résulte des notes qui nous ont été remises par mademoiselle Bertin, des explications que ses frères nous ont fournies et des divers renseignements que nous avons nous-mêmes recueillis, que la maison a été louée à différentes personnes depuis l'année mil huit cent cinquante-deux jusqu'à l'année mil huit cent soixante-sept; que, depuis cette dernière époque, il n'y a plus eu de loca-taire, et que le plus fort loyer annuel qu'elle ait produit s'éle-

vait à deux cent soixante francs. Mais la maison et une petite
partie de ses dépendances étaient seules occupées par les
locataires, et mademoiselle Bertin jouissait de la majeure
partie de ces dépendances, qui sont assez considérables.
Nous pensons, dès lors, qu'on doit évaluer à quatre cents
francs le revenu net desdits immeubles en entier, lequel revenu, calculé au taux ordinaire de cinq pour cent l'an, donne
un capital de huit mille francs. Cette somme représente également, d'après les termes de comparaison que nous avons
pu établir avec les propriétés similaires de la commune qui
ont été l'objet de mutations dans les dernières années, la valeur vénale de la maison et de ses dépendances, dans l'état
où elles étaient avant les modifications et améliorations que
mademoiselle Bertin y a apportées.

Nous sommes, en conséquence, tous les trois d'avis que
les immeubles donnés par monsieur Bertin père à sa fille
avaient, au moment du décès de celui-ci, le quatre avril mil
huit cent soixante-onze, et selon leur état au moment de la
donation du quinze octobre mil huit cent cinquante, une valeur de huit mille francs.

Sur la deuxième question : — Pour établir la plus-value
donnée par elle aux immeubles dont s'agit, mademoiselle
Gertrude Bertin nous a présenté un état des travaux qu'elle
a fait exécuter de mil huit cent cinquante-un à mil huit cent
soixante-neuf, travaux dont le coût s'élève à la somme de
douze mille trois cent onze francs quinze centimes. Dans la
visite que nous avons faite des divers bâtiments reconstruits
ou réparés, nous avons pu nous convaincre de la bonne confection de tous ces travaux ; la maison, notamment, qui a été
reconstruite en entier, sauf les fondations, est solidement
bâtie et en matériaux excellents. Néanmoins le coût de ces
divers travaux nous a paru très-élevé, et il est certain qu'ils
auraient pu être faits à meilleur marché. Dans tous les cas,
la plus-value qui en est résultée pour la maison et ses dépendances ne saurait atteindre le chiffre des dépenses effectuées.
En comparant ces immeubles à ceux qui les avoisinent et qui
sont donnés à bail, nous avons acquis la certitude qu'il ne
serait pas possible d'en retirer un revenu net de plus de sept
cent cinquante francs, et que, si on voulait les vendre, on
n'en obtiendrait pas un prix supérieur au capital correspondant à ce revenu, calculé sur le pied de cinq pour cent l'an.

Nous sommes, par conséquent, d'avis, à l'unanimité, que les immeubles composant la donation du quinze octobre mil huit cent cinquante, dans l'état où les a mis mademoiselle Bertin par les travaux et constructions qu'elle y a exécutés, ont actuellement une valeur de quinze mille francs : d'où il suit que la plus-value donnée à ces immeubles par les travaux et constructions dont il s'agit s'élève à sept mille francs.

La mission qui nous avait été confiée étant ainsi achevée, nous avons clos le présent rapport, écrit en entier de la main de monsieur ....., l'un de nous, qui demeure chargé d'en opérer le dépôt au greffe.

Nous affirmons avoir employé, en totalité, indépendamment des trois vacations de prestation de serment, cent soixante-huit vacations, non compris celle du dépôt du présent rapport.

Fait et clos, à Pontenx, en la demeure de monsieur ....., l'un de nous, le trente-un octobre mil huit cent quatre-vingt..., à six heures du soir, et signé, après lecture.

(Signatures des trois experts.)

FORMULE 66ᵉ. — Rapport d'experts, sur ordonnance de **référé**, à la suite d'un incendie. (Nº 479.)

Par ordonnance sur requête, rendue le vingt septembre mil huit cent quatre-vingt.. ., par monsieur....., président du tribunal de première instance de..., tenant l'audience des référés, ladite ordonnance enregistrée à..., le..., entre : 1º la compagnie d'assurances contre l'incendie *la*..., dont le siége est à Paris, rue..., numéro..., aux poursuites et diligences de monsieur N..., son directeur général, demeurant au siége de ladite société, demanderesse, ayant maître ..... **pour** avoué; 2º le sieur J. Crémol, propriétaire de la maison sise à..., rue Bleue, numéro quarante-six, demeurant même rue, numéro soixante-neuf, défendeur, ayant maître ..... pour avoué; 3º le sieur B. Requin, charcutier, ayant maître ..... pour avoué; 4º le sieur G. Triffou, restaurateur, ayant maître ..... pour avoué; 5º enfin le sieur F. Roger, tailleur, ayant maître ..... pour avoué; ces trois derniers locataires de la maison rue Bleue, numéro quarante-six, où ils demeurent, également défendeurs,

A été dit et ordonné : « que, par trois experts, les sieurs Jean-Baptiste L..., Henri F... et Frédéric B... (*noms, prénoms, professions et demeures des experts*), il sera, serment par eux préalablement prêté devant monsieur le président du tribunal ou devant celui des magistrats qui le remplacerait, procédé à la visite de la maison appartenant au sieur Crémol, située à..., rue Bleue, numéro quarante-six, à l'effet : d'en constater et décrire l'état ; de rechercher les causes de l'incendie du dix-sept du courant ; d'indiquer le point de départ de cet incendie et la marche que le feu a suivie ; d'indiquer également les divisions des diverses pièces de la maison et les matériaux avec lesquels ces divisions étaient faites ; de rechercher les vices de construction qui pouvaient exister, ainsi que ceux encore apparents, et spécialement si, dans la partie de maison occupée par le sieur Triffou, il n'existait pas un tuyau de cheminée en tôle, passant à travers le grenier et la charpente, qui n'aurait pas été conforme soit aux règles de l'art, soit aux règlements municipaux, et qui se serait trouvé insuffisant pour remplir sa destination, soit en lui-même, soit par rapport aux dimensions et au mode de construction du fourneau auquel on l'avait adapté ; — dit que les constatations dont il s'agit seront matérielles et qu'il ne pourra pas être fait d'enquête par les experts. »

En conséquence de cette ordonnance, dont copie a été signifiée aux experts sus-nommés, sommation leur a été faite, par exploit du ministère de..., huissier à..., en date du .., enregistré, d'avoir à comparaître le jeudi vingt-neuf septembre, à midi, devant monsieur le président du tribunal de première instance de..., en son cabinet, rue..., numéro..., pour prêter le serment prescrit et indiquer les lieu, jour et heure de leur opération.

Les experts sus-nommés et soussignés ont, en effet, procédé à leur prestation de serment dans les conditions sus-indiquées, ce dont il a été dressé procès-verbal, ainsi que de la fixation au mercredi cinq octobre, à dix heures du matin, de leur premier transport dans la maison incendiée, lieu, jour et heure qui ont été notifiés aux parties défenderesses, avec sommation d'assister à l'expertise, par exploit de..., huissier à..., en date du..., enregistré.

Et ledit jour, cinq octobre, les experts s'étant réunis **sur**

les lieux litigieux, ils y ont trouvé : 1° le sieur Léonard
Blaise, agent de la compagnie d'assurances *la*..., demeurant
à..., rue..., numéro...; 2° le sieur Crémol, propriétaire, et
3° les sieurs Requin, Triffou et Roger, locataires de la maison incendiée, auxquels ils ont donné lecture de l'ordonnance de référé dont le dispositif est ci-dessus transcrit, et
ils se sont mis en devoir de procéder à la visite des lieux litigieux. Ils ont écouté les dires respectifs des parties, en ont
pris bonne note, fait toutes les constatations qu'ils ont jugées
utiles, puis ils se sont retirés. Mais ils sont ensuite revenus
plusieurs fois, à l'effet de prendre les mesures et croquis nécessaires pour dresser un plan général destiné à faciliter la
description de l'état des lieux avant et après l'incendie.

Enfin, le lundi trente-un octobre, à neuf heures du matin,
les experts se sont de nouveau rendus dans la maison en
litige, afin de contrôler et vérifier sur place le plan dressé
dans le cabinet de l'un d'eux, avec les documents pris comme
il vient d'être dit. Cette opération terminée, les experts,
ayant la conviction d'avoir fait toutes les constatations matérielles de nature à les éclairer sur les détails de l'expertise,
ont, d'un commun accord, répondu comme suit aux divers
chefs de la mission qui leur a été confiée :

§ Ier. — *Constater et décrire l'état de la maison située rue Bleue,*
numéro quarante-six.

La maison dont s'agit comprend deux corps de logis séparés par une cour couverte d'une lanterne vitrée. Le premier corps de logis a, sur la rue, une façade percée de
quatre grandes baies de magasin et d'une porte d'entrée
donnant accès à un corridor. Il se composait d'un rez-
de-chaussée seulement avec grenier pris dans la hauteur
du comble et dans la partie sur le devant. Le second corps
de logis comprend un rez-de-chaussée et un premier étage
auquel donne accès un escalier placé dans la cour, au fond
du corridor. A l'extrémité de cette cour, en face de l'escalier, existe une petite construction, de la hauteur du premier étage, affectée à des cabinets d'aisances. — Tout le premier corps de logis a été dévoré par le feu ; les murs seuls
subsistent, ainsi que le carrelage et le plancher du rez-de-
chaussée ; ce dernier, néanmoins, est détérioré, surtout dan

la partie centrale. Dans la partie A, B, C, D, correspondant
à une petite cave voûtée qui existait sur le devant, le plancher est totalement détruit. Les pièces principales de la
charpente du comble sont encore à leur place, mais complétement carbonisées de tous les côtés ; elles sont indiquées sur le plan général par les traits à l'encre rouge A B,
A C, D E, F G, L B et I H. Les verres de la lanterne de la
cour sont entièrement brisés. — Le rez-de-chaussée et le premier étage du second corps de logis n'ont subi aucune détérioration par le fait de l'incendie.

> § II. — *Rechercher les causes de l'incendie du dix-sept septembre;
> indiquer le point de départ de cet incendie et la marche que le feu
> a suivie.*

Les experts ne peuvent préciser par aucune constatation
matérielle les causes de l'incendie du dix-sept septembre.
Mais, l'état de calcination des murs étant beaucoup plus prononcé dans la partie supérieure, le chevronnage du comble, le
lattis et le plancher du grenier étant entièrement détruits, les
grosses poutres du comble, quoique demeurées à leur place,
étant complétement carbonisées en tous sens, les experts
ont été amenés à conclure de ces faits : que le point de départ
de l'incendie a dû être dans les greniers du comble du premier corps de logis ; qu'à un certain moment le plancher du
grenier s'est effondré, et que les débris enflammés sont tom-
bés sur le plancher du rez-de-chaussée, où ils ont produit
les détériorations constatées ; que les autres parties du
plancher du rez-de-chaussée non situées directement au-
dessous du grenier n'ont reçu que des quantités moins considérables de débris enflammés, et présentent en effet des
traces moins sensibles de détérioration. En conséquence, les
experts sont unanimement d'avis que le feu a pris naissance
dans les greniers du comble et s'est ensuite communiqué
au rez-de-chaussée. — Quant à la marche que le feu a suivie,
aucun fait matériel ne permet aux experts d'en préciser la
direction, ni même d'établir à cet égard des probabilités de
quelque valeur.

§ III. — *Indiquer également les divisions des diverses pièces de la maison et les matériaux avec lesquels ces divisions étaient faites.*

Par l'examen des traces ou incrustations existant sur les parois des murs et sur le sol du rez-de-chaussée, la disposition des baies et les rencontres du carrelage avec le plancher, les experts sont parvenus à dresser le plan ci-contre, représentant les divisions qui existaient dans le premier corps de logis avant l'incendie. Sur ce chef, ils ont cru devoir accepter la déclaration unanime des parties établissant : que la partie teintée en jaune sur le plan, tant dans le premier corps de logis que dans le second, était occupée par le sieur Requin ; que la partie teintée en rouge, dans le premier corps de logis, était habitée par le sieur Triffou, qui occupait aussi le premier étage du second corps de logis ; enfin, que la partie teintée en brun était occupée par le sieur Roger dans le premier corps de logis. — Par le même examen des lieux, les experts ont été amenés à conclure que toutes les divisions du rez-de-chaussée du premier corps de logis étaient formées par des cloisons en briques et plâtre de cinq centimètres d'épaisseur, avec les poteaux et traverses d'huisserie nécessaires ; et que tout le sol du premier corps de logis était planchéié, à l'exception de l'espace F, G, K, L, correspondant à la cuisine et au corridor faisant partie du local occupé par le sieur Roger. — En ce qui concerne les greniers, les seules constatations matérielles qu'ont pu faire les experts consistent : 1° dans l'existence d'une poutre horizontale A B, et de deux traces verticales sur les murs mitoyens aux points A et B, indiquant la place qu'a dû occuper une clôture légère qui devait limiter le grenier de ce côté ; 2° dans l'existence d'un glacis sur la retraite du mur mitoyen au point O et à la hauteur du plancher du grenier, glacis ayant servi d'appui à une échelle volante qui conduisait au grenier. — L'examen des pentes du comble a amené les experts à supposer que le grenier devait s'étendre jusqu'à la demi-ferme F G et occuper la totalité de l'espace A, B, G, F ; mais aucune constatation matérielle n'a pu leur faire connaître la position et la nature des séparations ayant existé dans les greniers, ni leur permettre, par conséquent, de contrôler les dires des parties, qui ont déclaré que ces séparations étaient en

bois et formaient trois compartiments, et que chacun de
ces compartiments était occupé par le locataire qui habitait
la partie du rez-de-chaussée placée au dessous.

§ IV. — *Rechercher les vices de construction qui pouvaient exister, ainsi
que ceux encore apparents, et spécialement si, dans la partie de maison occupée par le sieur Triffou, il n'existait pas un tuyau de cheminée en tôle, passant à travers le grenier et la charpente, qui n'aurait
pas été conforme soit aux règles de l'art, soit aux règlements municipaux, et qui se serait trouvé insuffisant pour remplir sa destination,
soit en lui-même, soit par rapport aux dimensions et au mode de
construction du fourneau auquel on l'avait adapté.*

Le tuyau de la cheminée T de la cuisine de l'appartement
occupé par le sieur Roger est monté en maçonnerie dans la
hauteur du rez-de-chaussée et arrêté en contre-bas de la
toiture du petit bâtiment des lieux d'aisances ; il est continué
dans la partie supérieure par un tuyau en tôle. Cette disposition, sans être conforme aux meilleures règles de l'art,
ne constitue cependant pas un vice de construction ; il est,
d'ailleurs, certain que ce n'est pas en cet endroit que l'incendie a pris naissance. — Dans l'angle V de la chambre à
coucher occupée par le sieur Roger se trouve une cheminée
en maçonnerie dont le tuyau est arrêté au niveau du plafond
du premier étage ; il n'existe pas de trace apparente de
souche au-dessus de ce tuyau : les experts n'ont donc pu
faire aucune constatation matérielle à ce sujet. — Dans
l'angle U de la partie en façade occupée par le sieur Requin,
existe encore une petite cheminée en tôle, dite à la prussienne, dont le tuyau, aussi en tôle, s'élève verticalement
dans l'angle formé par la rencontre de la cloison en briques
avec le mur en demi-parpaing du corridor ; ce tuyau traversait le grenier et la charpente à environ un mètre quinze
centimètres de la demi-ferme D E. — Dans l'angle P de la
partie habitée par le sieur Triffou, contiguë à la précédente,
existait primitivement une cheminée en tôle, à la prussienne,
qui a été montrée aux experts dans une des pièces du second
corps de logis, où elle est en dépôt. Cette cheminée est en tout
conforme à la précédente ; elle était, comme elle, surmontée
d'un tuyau en tôle, pareil au premier, lequel traversait également le grenier et la charpente entre la demi-ferme A C et
la poutre A B, ayant servi d'appui au clin qui formait la

façade du grenier du côté de la cour. Les tuyaux de ces deux cheminées, s'ils traversaient le plancher du grenier, le grenier lui-même et la charpente sans qu'on les eût revêtus, comme nous allons l'indiquer, constituaient une contravention formelle aux règles de l'art. En effet, lorsqu'on emploie ce genre de tuyaux, il est indispensable de les envelopper d'un manchon ou tuyau en terre cuite d'un diamètre supérieur, dans la traversée des planchers, du grenier et des combles, disposés comme l'étaient ceux dont il s'agit ici. Cet isolement obtenu par la poterie, peu conductrice du calorique, et la libre circulation d'un courant d'air dans l'espace compris entre la tôle et la poterie par suite de la différence des diamètres, cet isolement est considéré comme une garantie suffisante pour que l'ensemble de la disposition ne soit pas déclaré contraire aux règles de l'art et ne constitue pas un danger plus grand au point de vue des risques d'incendie. — Les règlements municipaux ne contiennent de prescriptions que relativement à la construction des tuyaux de cheminée en maçonnerie et en fonte; ils sont muets sur le mode dont il s'agit ici. Les experts ne peuvent donc pas dire si ce mode est contraire ou non aux règlements municipaux. — Les experts ont découvert, dans les décombres, parmi les tuiles et briques cassées, l'existence d'un fragment de tuyau en poterie de la nature de ceux qui auraient dû être placés comme il vient d'être dit; mais ils ne peuvent rien affirmer à cet égard, ni même préciser s'il y a eu un plus grand nombre de ces tuyaux employés dans la construction, et, le cas échéant, dans quelle partie ils se trouvaient. — Le diamètre des tuyaux en tôle était suffisant pour le service des cheminées à la prussienne sur lesquelles ils avaient été placés. — Le sieur Triffou, pour les besoins de son industrie, avait enlevé la cheminée à la prussienne du point P, et l'avait remplacée par un fourneau métallique qui a été montré aux experts : il a quatre-vingts centimètres de longueur, cinquante centimètres de largeur et quatre-vingts centimètres de hauteur. Ce fourneau est du plus petit échantillon en usage. L'orifice de dégagement de la fumée a vingt-quatre centimètres de longueur et huit centimètres de largeur, soit une section de cent quatre-vingt-douze centimètres carrés. L'orifice circulaire dans lequel passe la fumée de la cheminée à la prussienne, et, par suite, du tuyau ascensionnel en tôle, a vingt centimètres de diamètre, ce qui donne une section de trois cent quatorze centimètres carrés. La comparaison de ces deux sections prouve clairement que le tuyau dont il s'agit était suffisant, pour remplir sa destination, sous tous les rapports. Les experts croient devoir faire remarquer seulement que l'affectation de ce tuyau à l'usage d'un fourneau fonctionnant pour le service d'un restaurant, c'est-à-dire d'une manière permanente, et probablement alimenté avec de la houille, était une cause d'obstruction beaucoup plus grande que l'usage du même tuyau pour une cheminée à la prussienne, simplement destinée au chauffage de l'appartement et alimentée avec du bois ; que, dès lors, un entretien plus minutieux et des nettoyages plus fréquents étaient les conséquences forcées de la modification apportée par le sieur Triffou dans la disposition primitive des lieux.

Après avoir ainsi répondu à toutes les questions posées, et leur mission étant remplie, les experts soussignés ont clos le présent rapport, écrit par monsieur ..., l'un d'eux, en déclarant avoir employé chacun quatorze vacations, non compris celle du dépôt, et ils ont signé, après lecture, à ..., le..., à quatre heures du soir.

(Signatures des trois experts.)

FORMULE 67e. — Rapport d'experts contenant vérification et évaluation de travaux et règlement de compte. (N° 479.)

A messieurs les président et juges du tribunal
de première instance de...

En exécution d'un jugement rendu par la deuxième chambre du tribunal sus-indiqué, le....., entre primo, le sieur André Merlin, entrepreneur de bâtisses, demeurant et domicilié à..., demandeur, ayant maître C... pour avoué ; secundo, le sieur Jérémie Langlois, propriétaire, demeurant et domicilié à..., défendeur, ayant maître B... pour avoué, lequel jugement, dûment enregistré et signifié, porte ce qui suit : « Ordonne, avant faire droit, que, par trois experts dont les parties conviendront dans les trois jours de la signification du présent jugement, ou, à défaut, par messieurs ....., que le tribunal nomme d'office, et qui, en cas d'empêchement, seront remplacés par monsieur le président de la deuxième chambre, il sera, serment préalablement prêté devant ce magistrat, procédé à la visite des travaux exécutés par André Merlin, pour compte de Jérémie Langlois, dans la construction de la maison située à..., quartier de..., à l'effet de : premièrement, rechercher et constater lesdits travaux et en apprécier l'exécution ; — deuxièmement, en faire connaître la nature, l'importance et en fixer la valeur ; — troisièmement, déterminer le montant des acomptes reçus par l'entrepreneur Merlin, et régler le compte des parties ; — Pour, leur rapport, etc. ; »

Nous, ... (*noms, prénoms, professions et domiciles des trois experts*), experts sus-nommés et soussignés, après avoir prêté le serment prescrit par la loi, entre les mains de monsieur le président de la deuxième chambre, ainsi qu'il résulte du procès-verbal de ce magistrat en date du ..., lequel contient la fixation du commencement de nos opérations au mercredi quatorze avril mil huit cent quatre-vingt, à huit heures du matin, dans la maison sus-indiquée, lieu, jour et heure désignés dans la sommation faite par le demandeur au défendeur, suivant acte du ministère de ....., huissier à..., en date du .. , enregistré ;

Nous nous sommes transportés ledit jour, douze avril, à..., dans la maison litigieuse, où, étant arrivés à huit heures du matin, nous y avons trouvé : *primo*, le sieur André Merlin, demandeur, et, *secundo*, maître B..., avoué du défendeur, lesquels nous ont remis la grosse du jugement, dont nous avons immédiatement fait lecture, et diverses notes destinées à faciliter les opérations que le tribunal nous a confiées et auxquelles nous nous sommes aussitôt livrés, en présence et avec l'aide des sus-nommés, qui nous ont fait toutes les observations qu'ils ont jugées nécessaires.

Notre travail de visite, vérification et mesurage étant terminé à sept heures du soir, nous nous sommes ajournés au jeudi quinze avril, à neuf heures du matin, à..., dans le cabinet de monsieur ....., l'un de nous, intimant les parties de s'y trouver si bon leur semble.

Et ledit jour, quinze avril, nous, experts soussignés, nous étant, en effet, réunis dans le lieu et à l'heure sus-indiqués, où les parties ni leurs avoués ne se sont pas présentés, nous avons commencé le dépouillement des notes que nous avions recueillies et les divers calculs que nécessitait l'accomplis-

sement de notre mission; puis nous nous sommes ajournés
au mardi vingt avril, et ensuite au mardi vingt-sept du même
mois, jour où nous avons arrêté la rédaction de notre rapport, qui a été confiée à monsieur ....., l'un de nous, et que
nous avons définitivement adoptée, le mercredi cinq mai,
ainsi qu'il suit :

PREMIER POINT : « Rechercher et constater les travaux, et en apprécier
l'exécution. »

Les travaux faits par monsieur Merlin pour compte de
monsieur Langlois consistent : 1° dans la maçonnerie complète
et entièrement à neuf de la maison située à ..., quartier de...,
se composant d'un rez-de-chaussée sur caves voûtées et d'un
premier étage, avec greniers au dessus; 2° dans le carrelage de trois pièces et les corridors de ladite maison ; 3° dans
la construction d'un puits ; 4° enfin, dans le nivellement des
alentours de la maison. — Ces travaux sont convenablement
exécutés, suivant les règles de l'art, et les matériaux fournis
par l'entrepreneur sont de bonne qualité.

DEUXIÈME POINT : « Faire connaître la nature et l'importance
des travaux, et en fixer la valeur. »

A cet égard, nous avons dressé le mémoire ci-après, résultant de notre vérification des travaux, et nous y avons
appliqué les prix en usage dans la localité à l'époque où la
construction a eu lieu, en tenant compte des difficultés
qu'éprouvaient alors les transports, par suite du mauvais
état des routes et chemins qu'il fallait suivre, et de l'élévation des prix de la main-d'œuvre, causée par le manque
d'ouvriers.

Fouilles pour l'établissement des fondations des murs extérieurs et intérieurs et pour le déblaiement de la partie des
caves restant à creuser, sept cent quarante-deux mètres
cubes et onze centièmes, à cinquante centimes le mètre cube,
trois cent soixante-onze francs six centimes, ci. .   **371 06**

Fosse d'aisances : murs de briques en boutisses, avec mortier de chaux grasse, trente mètres
dix centièmes, à raison de dix sept francs cin-

A reporter. . . .   **371 06**

Report. . . . 371 06

vingt-six francs soixante-quinze centimes, ci. . 526 75

Enduit des murs en ciment romain, trente
mètres dix centièmes, à quatre francs le mètre
superficiel, cent vingt francs quarante centimes,
ci. 120 40

Voûte de la fosse d'aisances en pierre tendre,
dix-sept mètres trente centièmes, à vingt-deux
francs le mètre superficiel, trois cent quatre-
vingts francs soixante centimes, ci. 380 60

(La visite et le métrage des murs de cette
fosse étant impossibles, nous nous sommes basés
sur les renseignements qui nous ont été fournis
tant par le sieur Merlin que par l'architecte qui
a dirigé les travaux pour compte de M. Langlois.)

Murs des fondations de la maison, en moellons
durs et mortier de chaux grasse, deux cent cinquante-trois mètres cubes, à vingt-cinq francs le
mètre, six mille trois cent vingt-cinq francs, ci. 6,325 »

Remblais autour des fondations, cent quatre-
vingt-douze mètres cubes vingt-huit centièmes,
à cinquante centimes, quatre-vingt-seize francs
quatorze centimes, ci. 96 14

Parpaings de refend dans la cave et au-dessous
des cloisons de la salle à manger et du salon,
trente-deux mètres soixante-dix centièmes, à
quinze francs le mètre superficiel, quatre cent
quatre-vingt-dix francs cinquante centimes, ci. . 490 50

Plus-value pour l'établissement, après coup,
d'une descente à barriques dans la cave sous la
cuisine, avec couverture en pierre dure et encadrement en pierre tendre, un mètre de hauteur
sur un mètre vingt centimètres de largeur, deux
cent dix francs, ci. . . . . 210 »

Plus-value pour ouverture, après coup, de deux
portes dans les parpaings de la cave, pieds-droits
et linteaux en pierre, cent quatre-vingt-dix-sept
francs, ci. . . . . 197 »

A reporter. . . . 8,717 45

Report. . . .   8,717 45

Mur de façade du rez-de-chaussée du côté levant, de cinquante centimètres d'épaisseur, en briques doubles, moulées, avec encadrements et chaînes en pierres et doublage de moellons durs, mesuré tant plein que vide, cent quatre-vingt-dix mètres vingt centièmes, à vingt quatre francs le mètre superficiel, quatre mille cinq cent soixante-quatre francs quatre-vingts centimes, ci. 4,564 80

Murs des façades du rez de-chaussée des trois autres côtés, de cinquante centimètres d'épaisseur, en briques doubles ordinaires, deux cent quatre-vingt douze mètres soixante quatorze centièmes, à vingt deux francs, six mille quatre cent quarante francs vingt huit centimes, ci. .   6,440 28

Mur de façade du premier étage, côté levant, de vingt-cinq centimètres d'épaisseur, en briques moulées, avec encadrements et chaînes en pierre, mesuré tant plein que vide, cent quatre-vingts mètres trente centièmes, à vingt francs le mètre superficiel, trois mille six cent six francs, ci. . .   3,606 »

Murs des façades du premier étage des trois autres côtés, de vingt-cinq centimètres d'épaisseur, en briques ordinaires, deux cent soixante-dix-huit mètres quarante centièmes, à dix-neuf francs le mètre superficiel, cinq mille deux cent quatre-vingt-neuf francs soixante centimes, ci. .   5,289 60

Frontons des côtés levant et couchant, en briques de vingt-cinq centimètres et pierres de taille avec décoration architecturale, quarante-deux mètres dix centièmes, à quarante-cinq francs le mètre superficiel, dix-huit cent quatre-vingt-quatorze francs cinquante centimes, ci. .   1,894 50

Murs intérieurs en briques doubles et pierres, de vingt-cinq centimètres d'épaisseur, mesurés tant pleins que vides, deux cent vingt cinq mètres quarante-cinq centièmes, à dix-sept francs cinquante centimes le mètre superficiel, trois mille

A reporter,   30,512 63

	Report. . . .	30,512 63

neuf cent quarante-cinq francs trente huit centimes, ci. 3,945 38

Murs intérieurs en briques doubles et pierres,
de treize centimètres d'épaisseur, mesurés tant
pleins que vides, deux cent quarante-cinq mètres
soixante-huit centièmes, à neuf francs le mètre
superficiel, deux mille deux cent onze francs
douze centimes, ci. 2,211 12

Fondations des murs intérieurs qui ne se trouvent pas sur la cave, maçonnerie de briques
doubles en boutisses, huit mètres cinquante centièmes, à dix-sept francs cinquante centimes le
mètre superficiel, cent quarante-huit francs
soixante-quinze centimes, ci. 148 75

Tuyaux des cheminées en briques et pierres,
vingt-neuf mètres quarante centimètres, à dix
francs le mètre montant, deux cent quatre-vingt-
quatorze francs. . . . . 294 »

Souches de ces tuyaux en briques et pierres,
avec chapeaux à moulures, neuf mètres soixante-
deux centimètres, à vingt-cinq francs le mètre
montant, deux cent quarante francs cinquante
centimes, ci. 240 50

Corps de cheminée de la cuisine en pierre dure,
soixante douze francs, ci. . . . . 72 »

Tirants en fer avec mandrins, trois cent
soixante-six kilogrammes, à quatre-vingts centimes le kilogramme, quatre cent cinquante-deux
francs quatre-vingts centimes, ci. 452 80

Tuyaux en fonte de fer pour les lieux d'aisances, cinq mètres soixante centièmes, à dix
francs le mètre linéaire, cinquante-six francs, ci. 56 »

Carrelage de la cuisine, la souillarde, une
chambre et les deux corridors du rez-de-chaussée, en carreaux de Gironde, taillés et polis, cent
soixante-six mètres, à quatre francs le mètre superficiel, six cent soixante quatre francs, ci. . 664 »

Construction d'un puits de un mètre de dia-

	A reporter. . . .	38,597 18

Report. . . .   38,597 18

mètre intérieur, bâti en pierres, avec margelle
en pierre dure; douze mètres de profondeur, à
raison de soixante-dix francs le mètre, huit cent
quarante francs, ci. . . . .   840 »

Déblais pour le nivellement général des alentours de la maison. — Les éléments nécessaires
pour la vérification exacte de cette portion des
travaux nous ayant complétement fait défaut,
nous avons dû procéder plutôt par induction que
de toute autre manière; mais l'examen des lieux
auxquels nous nous sommes livrés, et la configuration des terrains environnants ainsi que leur
nature, nous ont donné la conviction que la demande formée par l'entrepreneur n'est point
exagérée, et qu'il y a eu réellement quatre mille
huit cent quarante-sept mètres cubes de déblais,
qui, à raison de cinquante centimes le mètre,
prix qui n'est pas trop élevé, donnent une somme
de deux mille quatre cent vingt-trois francs cinquante centimes, ci. 2,423 50

Total général de la valeur des travaux : quarante-un mille huit cent soixante francs soixante-
huit centimes, ci. 44,860 68

TROISIÈME POINT : « Déterminer le montant des acomptes reçus par
l'entrepreneur Merlin et régler le compte des parties. »

Pour établir le montant des acomptes payés au sieur
Merlin par le sieur Langlois, maître B... nous a exhibé neuf
reçus signés dudit sieur Merlin, et contenant ensemble quittance d'une somme totale de trente-quatre mille sept cents
francs. Le sieur Merlin a parfaitement reconnu que tous ces
reçus sont écrits et signés de lui; mais il a prétendu que le
troisième, portant la date du quatorze mars mil huit cent
soixante dix-huit et une somme de neuf cent cinquante francs,
était applicable au compte d'une autre construction, réglé
entre Langlois et lui au mois de mai mil huit cent soixante-
dix-neuf. Maître B... nous a alors, sur notre demande, procuré
les pièces de ce règlement; nous les avons examinées avec
lui et le sieur Merlin, et il est résulté de cette vérification que

la somme de neuf cent cinquante francs n'a point été comprise dans le règlement dont s'agit, et qu'elle doit, dès lors, figurer parmi les acomptes reçus par l'entrepreneur Merlin, qui, d'ailleurs, sur nos explications, a loyalement reconnu son erreur et déclaré n'avoir plus aucune objection à faire à cet égard.

En conséquence, la valeur des travaux exécutés par le sieur Merlin étant de quarante-un mille huit cent soixante francs soixante-huit centimes, ci. 41,860 68
et les acomptes reçus par cet entrepreneur s'élevant à la somme de trente-quatre mille sept cents francs, ci. . . . . 34,700 »

il en résulte qu'il est encore dû audit sieur Merlin, par monsieur Langlois, pour solde du présent compte, sept mille sept cent soixante francs soixante-huit centimes, ci. 7,160 68

Notre mission étant ainsi terminée, nous avons clos le présent rapport, écrit en entier par monsieur ....., l'un de nous, après avoir employé chacun seize vacations, non compris celle de dépôt du rapport au greffe, qui sera opéré par ledit sieur .....

Fait et clos, à..., le cinq mai mil huit cent quatre-vingt, et signé, après lecture.   (*Signatures des trois experts.*)

FORMULE 68°.—**Rapport d'experts, sur ordonnance de référé, constatant l'état d'un mur mitoyen, les travaux à faire, le dommage qui en résultera pour le locataire, etc.** (No 479.)

Par ordonnance de référé rendue, le vingt août mil huit cent quatre-vingt, par monsieur le président du tribunal de première instance de. ., entre : 1° monsieur Jacques Lelièvre, propriétaire, domicilié à... ; 2° la demoiselle Eulalie Renaud, modiste, domiciliée à..., tous les deux demandeurs, ayant maître N..... pour avoué; et 3° monsieur Sébastien Mallet, horloger, domicilié à..., défendeur, ayant maître J... pour avoué ;

Nous, soussignés....., (*noms, prénoms, professions et demeures des experts*), avons été nommés experts à l'effet de procéder, serment préalablement prêté, à la visite, constatation et description du mur mitoyen entre la maison appartenant au

sieur Lelièvre, située rue Saint-Marc, numéro vingt-huit, **et**
celle que possède la demoiselle Renaud, même rue, numéro trente, dans le but : premièrement, de reconnaître si
le mur est bon ou mauvais, et s'il est en état de suffire aux
besoins de la construction projetée ; — deuxièmement, **de**
constater s'il doit être démoli et reconstruit, ou s'il pourrait
être conservé en totalité ou en partie; — troisièmement,
pour le cas où il serait jugé mauvais, d'indiquer la cause du
mauvais état de ce mur ainsi que des murs adjacents du
corps de logis de la maison de la demoiselle Renaud ; —
quatrièmement, dans ce dernier cas, d'indiquer les mesures
à prendre, les cloisons et autres travaux à faire, pour abriter
le sieur Mallet contre les inconvénients pouvant résulter
pour lui des travaux projetés ; — cinquièmement, d'indiquer
également si les travaux à faire seront de nature à priver le
sieur Mallet, en totalité ou en partie, des pièces qu'il occupe;
dans quelle mesure il pourra en faire usage, et pendant combien de temps il en sera privé ; — sixièmement, d'indiquer
l'importance des travaux à exécuter et le temps nécessaire
pour les mener à fin ; — septièmement, d'évaluer le coût des
travaux à faire, comme aussi l'importance du dommage qui
pourra en résulter ; — huitièmement, enfin, d'indiquer le
dommage pouvant résulter pour les demandeurs de la cessation des travaux à partir du seize août, jour de l'assignation,
jusqu'au jour où le rapport des experts sera déposé au greffe.

Conformément à cette ordonnance, et pour satisfaire à la
sommation qui nous a été donnée, le vingt-sept août, par
exploit du ministère de ....., huissier à..., nous, experts sus-
nommés, avons prêté, le trente-un du même mois, devant
monsieur le président du tribunal, serment de bien et fidèlement remplir la mission qui nous a été confiée, et nous avons
fixé notre transport sur les lieux litigieux au vendredi trois
septembre, à midi, lieu, jour et heure qui ont été notifiés par
les demandeurs au défendeur.

Et ledit jour, trois septembre, nous nous sommes transportés, à midi, dans la maison, rue Saint-Marc, numéro
trente, où étaient déjà rendus : 1° le sieur Gervais, entrepreneur de bâtisses, représentant le sieur Lelièvre et la
demoiselle Renaud, demandeurs; 2° le sieur Mallet, défendeur, desquels nous avons reçu l'ordonnance de référé ci-
dessus relatée, que nous avons lue à haute voix.

Nous avons ensuite, sur l'indication des sieurs Gervais et
Mallet, qui nous ont constamment accompagnés, visité le
deuxième corps de logis de ladite maison, occupé par ce
dernier, en commençant par les combles et terminant par
les caves, et nous avons ainsi reconnu successivement
toutes les parties du mur mitoyen objet du litige, son épaisseur aux divers étages, sa longueur, les dimensions des
chambres dans lesquelles il se trouve, et enfin toutes les
dégradations qui affectent soit ledit mur, soit les parties
adjacentes.

Après avoir opéré ces constatations du côté de la maison
de la demoiselle Renaud, habitée par le sieur Mallet, nous
nous sommes rendus dans la maison du sieur Lelièvre, actuellement en construction, et nous avons également constaté
l'état du mur mitoyen dans toutes ses parties, la nature des
matériaux qu'il contient et celle des mortiers employés à sa
construction.

Ces opérations achevées, nous avons pris toutes les notes
qui nous étaient utiles, et nous nous sommes ajournés au
vendredi dix septembre, à dix heures du matin, chez monsieur ....., l'un de nous, rue..., numéro..., après avoir invité
le sieur Gervais de nous remettre un plan, avec coupe et
élévation, du mur projeté dans les constructions que fait
établir le sieur Lelièvre.

Aux jour et heure dits, nous étant réunis dans le cabinet
de monsieur ....., l'un de nous, où aucune des parties ne
s'est présentée, et ayant en notre possession les plan, coupe
et élévation du mur mitoyen projeté par rapport aux
constructions du sieur Lelièvre, nous avons procédé à l'examen de toutes les notes que nous avions prises et de tous les
documents qui nous ont été remis, et nous nous sommes
de nouveau ajournés au lundi treize septembre, à huit heures
du matin, jour où nous avons rédigé, parfaitement d'accord
entre nous, le résultat de nos constatations matérielles de la
manière suivante :

Le mur séparatif entre les maisons Lelièvre et Renaud,
dans la portion comprise entre la cour, l'extrémité de la
maison Renaud et le mur mitoyen adjacent, se compose de
deux parties presque perpendiculaires l'une à l'autre. La
première partie, ayant environ quatre mètres quatre-vingts
centimètres de longueur, est formée d'une portion en sou-

bassement qui sert de pied-droit aux voûtes de caves des deux maisons, dont l'épaisseur n'a pu être rigoureusement déterminée, qui n'a pas de fondations, et qui est dans le même-état que la partie supérieure au-dessus du sol, laquelle a quarante-six centimètres d'épaisseur, est bâtie en moellons, et galets posés avec du mortier terreux ne présentant aucune consistance, et est complétement envahie par le salpêtre. Cette portion du mur mitoyen rend un bruit sourd lorsqu'on la frappe, ce qui indique une disjonction entre les divers matériaux qui la composent, et, par suite, une absence complète de liaison et d'homogénéité. Au-dessus du plancher du second étage, le mur mitoyen est formé de deux parpaings juxtaposés, sans liaisons entre eux, qui se continuaient jusqu'au sommet des deux maisons. Par suite de la démolition de la maison Lelièvre, et pour éviter un écroulement imminent, l'un des parpaings a été démoli, en sorte que le mur séparatif est réduit à une épaisseur de vingt centimètres dans la partie comprise entre la toiture et le plancher du grenier de la maison Renaud.

La deuxième partie du mur mitoyen, perpendiculaire à la précédente, a un mètre cinquante-huit centimètres de longueur environ ; elle est formée d'un gros mur de un mètre trente centimètres d'épaisseur partant du sol des caves pour aboutir au plancher du premier étage, d'un mur de cinquante centimètres d'épaisseur bâti, comme le précédent, en pierres et moellons du premier au second étage, et enfin d'un parpaing de trente centimètres d'épaisseur du second étage à la toiture. Cette deuxième partie du mur mitoyen est coupée, à peu près au milieu, d'une forte lézarde qui paraît toute récente.

A la première partie du mur mitoyen sont adossées trois cheminées, du côté de la maison Renaud, l'une au rez-de-chaussée, l'autre au premier étage, et la dernière au second étage.

De nombreuses dégradations anciennes et récentes se font remarquer dans la maison Renaud : le mur d'échiffre de l'escalier, ayant quinze centimètres d'épaisseur, est fortement lézardé à toutes ses ouvertures, mais plus particulièrement dans le cintre de la baie qui donne accès sur le palier du second étage; les marches sont détachées du mur d'échiffre et du mur de cour qui les supportent; les portes et fenêtres des deux murs de cour perpendiculaires au mur mitoyen sont également lézardées, et ces deux murs sont séparés du mur mitoyen; il y a une très-grande difficulté à faire jouer la menuiserie. Les voûtes des caves sont intactes, mais le mur de remplissage, qui ferme la cave sur le devant, est légèrement descendu, et, par conséquent, s'est détaché de la voûte par une fissure sans importance.

Les propriétaires se sont mis d'accord pour reconstruire le mur mitoyen dans la partie comprise entre le mur de la cour, celui du fond et le mur mitoyen adjacent; ils comptent opérer cette reconstruction en suivant la ligne mitoyenne et donnant audit mur l'épaisseur exigée par les règlements municipaux, c'est-à-dire quatre-vingt-dix centimètres dans le soubassement et cinquante-sept centimètres en élévation au-dessus du sol; les fondations de ce mur seront établies sur trois assises de hauteur, la première ayant un mètre quatre-vingts centimètres de largeur, la seconde un mètre cinquante centimètres, et la troisième un mètre vingt centimètres.

Après avoir constaté ce qui précède, les experts soussignés ont résumé comme suit leurs réponses aux divers chefs énoncés dans l'ordonnance de référé, réponses qu'ils ont arrêtées d'un accord unanime.

PREMIER CHEF : « Reconnaître si le mur est bon ou mauvais, et s'il est en état de suffire aux besoins de la construction projetée. »

La partie du mur mitoyen séparatif, comprise entre le mur de cour, le mur du fond de la maison Renaud et le mur mitoyen adjacent, est mauvaise de la base au sommet. Ce mur est mal construit, avec de mauvais matériaux, et a généralement une épaisseur insuffisante; il est entièrement salpêtré, et il ne pourrait en aucune manière suffire aux besoins de la construction.

DEUXIÈME CHEF : « Constater s'il doit être démoli et reconstruit, ou s'il pourrait être conservé en totalité ou en partie. »

La partie du mur mitoyen sus-indiquée doit être démolie et reconstruite. En raison de la nature des matériaux qui la composent et de l'état de désagrégation dont elle est atteinte,

on ne saurait la conserver, même partiellement, sous peine
de compromettre la solidité et la durée des deux bâtiments.

TROISIÈME CHEF : « Pour le cas où il serait jugé mauvais, indiquer la cause
du mauvais état de ce mur, ainsi que des murs adjacents du corps de
logis de la maison de la demoiselle Renaud. »

La cause du mauvais état du mur mitoyen gît dans sa
vétusté et sa mauvaise construction primitive, mais ce
mauvais état a été aggravé par la démolition de la maison
Lelièvre.

Les causes du mauvais état des murs adjacents au mur
mitoyen sont extrêmement complexes; elles proviennent en
grande partie de l'état de vétusté de ces murs, singulièrement
aggravées par toutes les constructions de la nouvelle rue de
Paris, la construction des deux égouts collecteurs et celle de
la maison Lelièvre. La majeure partie des dégradations ou
aggravations de dégradations souffertes par la maison Renaud
proviennent de cette dernière construction; mais le surplus
doit être attribué à une action générale et indirecte, impossible à éviter, exercée insensiblement par la série de démoli-
tions et de reconstructions faites depuis quelques années
autour de cet immeuble.

QUATRIÈME CHEF : « Dans ce dernier cas, indiquer les mesures à prendre,
les cloisons et autres travaux à faire, pour abriter le sieur Mallet
contre les inconvénients pouvant résulter pour lui des travaux projetés. »

Pour abriter le sieur Mallet contre les inconvénients possibles des travaux à faire, il est nécessaire : *primo*, de cintrer
la voûte de cave de la maison Renaud dans toute la partie
du second corps de logis; *secundo*, d'étayer les planchers
des trois étages du même corps de logis, au moyen de
chevalements placés sous les poutres; *tertio*, d'étayer la
charpente du second corps de logis au moyen de chevalements placés sous les pièces; *quarto*, de cintrer toutes les
ouvertures des murs de cour perpendiculaires au mur mitoyen, ainsi que celles du mur d'échiffre, et d'étrésillonner le
mur de la cage d'escalier avec le mur mitoyen; *quinto*, enfin
d'établir à chaque étage, à un mètre trente centimètres en
recul du parement projeté du mur mitoyen, et parallèlement

à ce mur, une cloison en planches avec couvre-joints allant de chaque plancher à chaque plafond

CINQUIÈME CHEF : « Indiquer également si les travaux à faire seront de nature à priver le sieur Mallet, en totalité ou en partie, des pièces qu'il occupe ; dans quelle mesure il pourra en faire usage, et pendant combien de temps il en sera privé. »

Les travaux à faire sont de nature à priver le sieur Mallet d'une partie des pièces qu'il occupe dans le second corps de logis, et ils occasionneront une grande gêne pour l'habitation du reste de la maison. Cette privation et cette gêne persisteront pendant toute la durée des travaux, qui ne pourra être moindre de trois mois pour arriver à leur entier achèvement. Les pièces occupées par le sieur Mallet dans le second corps de logis sont une cave en soubassement, une cuisine au rez-de-chaussée, une chambre au premier étage servant en partie d'atelier, une chambre au second étage, et un grenier au dessus. Il ne pourra être fait aucun usage de la cave pendant toute la durée des travaux ; la cuisine sera diminuée de largeur et sa cheminée démolie, en sorte que le sieur Mallet sera obligé de faire préparer ses aliments et ceux de sa famille dans un magasin, où se trouve une cheminée ; les chambres seront d'un usage incomplet et gêné, par suite de l'obligation où l'on se trouvera de boucher en grande partie chacune des fenêtres qui les éclairent ; leurs cheminées seront détruites ; le grenier sera à peu près hors d'usage, et enfin les étaiements occasionneront un obstacle assez grand à la libre circulation dans l'escalier.

SIXIÈME CHEF : Indiquer l'importance des travaux à exécuter et le temps nécessaire pour les mener à fin. »

Les travaux à exécuter consistent : 1° dans l'étaiement général et la construction des cloisons spécifiées au quatrième chef ; 2° dans la démolition du mur mitoyen et des cheminées qui y sont adossées ; 3° dans la reconstruction dudit mur de sa base à son sommet, en lui donnant l'épaisseur réglementaire ; 4° dans la reconstruction des cheminées de la maison Renaud ; 5° dans les raccords des voûtes et planchers ; et 6° dans la réparation des dégradations qui

affectent les parties adjacentes du mur mitoyen. Ces travaux
ne sauraient avoir une durée de moins de trois mois.

SEPTIÈME CHEF : « Évaluer le coût des travaux à faire, comme aussi
l'importance du dommage qui pourra en résulter. »

Le coût des travaux à faire peut être calculé approximativement de la manière suivante :

Pour cintrer la voûte de cave, étayer les planchers et la
charpente de la maison Renaud, établir des cloisons en
planches de dix-sept à dix-huit millimètres d'épaisseur, enlever les cintres, les étais et les cloisons, raccorder les planchers à tous les étages, ainsi que la charpente et la couverture, cinq cents francs, ci.   500   »

Démolition des cheminées et du mur mitoyen,
deux cent soixante francs, ci.   260   »

Reconstruction du mur jusqu'à la hauteur de
l'héberge de la maison Renaud, y compris la
construction des cheminées et leurs garnitures,
deux mille sept cent trente-cinq francs, ci. . .   2,735 »

Raccords des voûtes, du carrelage et des têtes
du mur de cour, cent quatre-vingts francs, ci. .   180   »

A valoir pour travaux imprévus, environ un
dixième, trois cent soixante-dix francs, ci. . .   370   »

Montant des travaux concernant la mitoyenneté Lelièvre-Renaud, quatre mille quarante-
cinq francs, ci. . . . .   4,045 »

Travaux de réparations dans la maison Renaud : cintrer les ouvertures de la cour et celles
du mur d'échiffre, étrésillonner le mur de la cage
de l'escalier, raccords et travaux de consolida-
tion dans l'escalier et la cour, et travaux imprévus, quatre cent cinquante francs, ci.   450   »

Total du coût des travaux à faire : quatre mille
quatre cent quatre-vingt-quinze francs, ci. . .   4,495 »

L'importance du dommage qui pourra résulter pour le
sieur Mallet de l'exécution des travaux sus-mentionnés peut
être estimée aux trois cinquièmes du prix de la location pendant la durée de l'exécution desdits travaux, tant à raison de
l'impossibilité où il sera de disposer librement des pièces

formant le second corps de logis, que de la gêne qui en résultera pour l'habitation du reste de la maison.

HUITIÈME CHEF : « Enfin, indiquer le dommage pouvant résulter, pour les demandeurs, de la cessation des travaux à partir du seize août, jour de l'assignation, jusqu'au jour où le rapport des experts sera déposé au greffe. »

Le chantier du sieur Lelièvre n'ayant pas été abandonné, et les travaux ayant continué sur d'autres points que celui en litige, la cessation des travaux sur ce point ne lui a causé aucun dommage. Quant à la demoiselle Renaud, elle n'a rien souffert de la cessation des travaux et n'a rien à souffrir de la continuation de l'état de choses actuel.

Ayant ainsi répondu à toutes les questions posées dans l'ordonnance, et notre mission étant accomplie, nous, experts soussignés, avons clos le présent rapport, écrit par monsieur ....., l'un de nous, après avoir employé à toutes nos opérations, tant sur le terrain que dans le cabinet et pour la prestation de serment, un total de trente-trois vacations, non compris celle de dépôt du présent rapport

Fait et clos, à..., le quatorze septembre mil huit cent quatrevingt, et signé, après lecture.

(*Signatures des trois experts.*)

FORMULE 69°. — Rapport d'experts contenant arpentages, levée de plans et délimitations de propriétés. (N° 479.)

A messieurs les président et juges du tribunal
de première instance de...

L'an mil huit cent quatre-vingt..., le..., à... heures du...,
Nous, ... (*noms, prénoms, professions et demeures des experts*), experts nommés par jugement du tribunal de première instance de .., en date du..., rendu contradictoirement entre le sieur Taix, demandeur, comparant par maître J..., son avoué, et le sieur Gros, défendeur, comparant par maître A..., son avoué, à l'effet (porte ledit jugement) « de procéder aux visite, confrontation, arpentage, levée de plan et délimitation entre les parties des diverses pièces de terre qu'elles possèdent dans la commune de..., au lieu dit le..., portées

au cadastre sous les numéros sept, huit, onze, douze et quinze de la section B de ladite commune ; pour, le plan et le rapport dressés par lesdits experts, déposés au greffe, être par les parties requis et par le tribunal statué ce que de droit ; »

Ayant prêté serment de bien et fidèlement remplir notre mission, ainsi qu'il appert du procès-verbal de monsieur le président du tribunal en date du..., et ayant fixé notre transport sur les lieux litigieux au quinze du même mois, à... heures du..., lieu, jour et heure qui ont été notifiés par le demandeur au défendeur par exploit du ministère de .... , huissier à..., en date du..., enregistré,

Nous nous sommes transportés à..., sur les lieux litigieux, ledit jour de mardi, quinze mai, à... heures du..., où, étant, ont comparu devant nous le sieur Taix, assisté de maître J..., son avoué, lesquels nous ont remis l'expédition du jugement sus-daté, l'original de la sommation donnée au sieur Gros, et les titres de propriété dudit sieur Taix, nous requérant de procéder aux opérations ordonnées tant en l'absence qu'en présence du sieur Gros, et ont signé, après lecture.

(Signatures de la partie et de son avoué)

Et, après avoir attendu pendant une heure, nous allions donner défaut contre ledit sieur Gros, faute de comparaître en personne ni par mandataire, lorsqu'est arrivé maître A..., son avoué, chargé de le représenter, lequel nous a remis les titres de propriété de son client ainsi qu'un extrait de la matrice cadastrale, et a déclaré ne pas s'opposer à nos opérations, sous toutes réserves, et sans que sa présence pût être considérée comme un acquiescement aux constatations que nous croirions devoir faire, et il a signé, après lecture.

(Signature de l avoué du défendeur.)

Nous avons alors donné lecture du jugement en vertu duquel nous devions agir, et nous avons procédé avec les comparants à la visite des lieux, à l'arpentage des deux pièces de terre dont il était nécessaire de connaître la contenance, et nous avons levé le plan général des cinq parcelles ; et, attendu l'heure avancée, nous avons renvoyé la continuation de notre travail au vendredi dix-huit du courant, à sept heures du matin, intimant les parties de se rendre, si elles le jugeaient à propos.

Et ledit jour, dix-huit mai, à sept heures, nous nous sommes réunis sur les lieux en litige, où nous avons trouvé les sieurs Taix et Gros, sans leurs avoués, et nous avons, en leur présence, procédé comme suit. Nous avons commencé par la pièce numéro sept, appartenant au sieur Gros et confrontant: des levant et nord, à Dupuy; du couchant, à Charvin, et, du midi, à Taix. Cette pièce, en nature de prairie, est d'une contenance de un hectare soixante ares non contestée et conforme au titre. La ligne séparative entre elle et la pièce de terre labourable, appartenant au sieur Taix, située au midi, doit partir du point indiqué sur le plan, vers le levant, par la lettre A, passer, en se dirigeant vers le couchant, par le point B, situé à quarante-deux mètres de distance, et aboutir, après avoir parcouru soixante-sept mètres trente centimètres, au point C, qui se trouve à l'angle des quatre numéros sept, huit, neuf et dix.

Etant ensuite passés sur la parcelle numéro douze, qui est la propriété du sieur Gros, nous avons reconnu qu'elle confronte: du levant, au numéro onze, appartenant au sieur Taix; du midi, à Gervais; du couchant, encore audit sieur Taix, et, du nord, à la veuve Blois. En admettant comme exacte la limite indiquée par Taix du côté couchant, et qui est contestée par le sieur Gros, comme nous le verrons plus loin, cette pièce de terre, en nature de labour, est d'une contenance de deux hectares trois ares vingt centiares, tandis que le titre du sieur Gros porte une contenance de deux hectares trente-six ares. Cette différence ne peut se trouver que sur l'une ou l'autre des propriétés de Taix, contiguës au levant et au couchant, car les côtés nord et midi de la pièce de Gros sont limités par des haies très-anciennes. Nous avons, dès lors, dû vérifier d'abord la contenance de la pièce de prairie du sieur Taix, située au levant et portant le numéro onze; nous avons trouvé que sa contenance est de quatre-vingt-douze ares quinze centiares, ainsi qu'il est dit dans l'acte d'achat, et le sieur Gros n'a point élevé de contestation à ce sujet. Nous avons alors reconnu que la ligne divisoire devait partir du point marqué sur le plan par la lettre D, situé à la jonction des numéros neuf, onze, douze et treize du cadastre, et aboutir directement au point E, distant de cent douze mètres vingt-cinq centimètres du point D.

32

Ayant ainsi délimité le côté levant de la propriété du sieur Gros, nous nous sommes occupés du côté couchant, qui confronte à la parcelle de terre labourable numéro quinze, appartenant au sieur Taix. Ces deux pièces de fonds de même nature, et cultivées par le même fermier depuis de longues années, ne forment qu'un seul champ, et il est impossible de reconnaître leurs limites respectives sur le point en litige. L'unique repère que le sieur Taix et le fermier Pierre L... aient pu nous indiquer est un vieux pied d'aubépine existant dans la haie qui s'étend du côté nord, lequel faisait, ont-ils dit, partie d'une vieille haie qui devait autrefois séparer les deux héritages, mais qu'ils n'ont jamais vue; et le sieur Taix a vainement cherché avec nous des vestiges de cette haie, soit dans le champ, soit à l'autre extrémité de la ligne qu'il prétend devoir être suivie. Le sieur Gros repousse formellement cette prétention, et, sur son allégation qu'en admettant cette limite le sieur Taix aurait plus de contenance qu'il n'en doit avoir, nous avons procédé au mesurage de la pièce de terre numéro quinze, que nous avons constatée être d'une contenance de deux hectares soixante-seize ares quarante centiares, tandis qu'elle n'est portée dans les divers titres de propriété que pour deux hectares quarante-huit ares. D'où il suit qu'en comparant les deux contenances que nous avons trouvées avec celles que portent les titres des deux parties, Taix aurait vingt-huit ares quarante centiares de plus, tandis que Gros aurait trente-deux ares quatre-vingts centiares de moins. La limite indiquée par Taix ne saurait donc être adoptée.

Afin de mettre le tribunal à même de se rendre parfaitement compte de la difficulté et de lui en faciliter la solution, nous avons indiqué sur le plan : premièrement, par une ligne ponctuée en rose, la limite proposée par Taix, d'après laquelle la propriété de Gros ne comprendrait que deux hectares trois ares vingt centiares; deuxièmement, par une ligne ponctuée en bleu, la limite au moyen de laquelle on attribuerait à Gros les vingt-huit ares quarante centiares que Taix prétend posséder de plus que ne porte son titre; troisièmement, enfin, par une ligne ponctuée en jaune, la limite qui aurait pour résultat de faire supporter à chacune des parties en cause une portion du déficit de quatre ares quarante centiares existant entre la contenance totale indiquée dans les titres et celle qui existe réellement, attribuant ainsi deux hectares quarante-cinq ares quatre-vingts centiares au sieur Taix, et deux hectares trente-trois ares quatre-vingts centiares au sieur Gros.

Notre mission étant ainsi terminée, etc. *(La fin comme à l'une des formules précédentes.)*

FORMULE 70°. — **Rapport d'experts constatant la plantation de bornes faite en vertu du jugement du tribunal rendu sur le rapport qui précède.** (N° 479.)

L'an mil huit cent quatre-vingt..., le samedi quatorze septembre, à huit heures du matin,

En exécution d'un jugement rendu par le tribunal de première instance de..., le..., entre le sieur Taix, etc., demandeur, et le sieur Gros, etc., défendeur, lequel jugement porte que par messieurs....., experts, qui ont déjà opéré, et qui, du consentement des parties, sont dispensés de prêter de nouveau serment, il sera procédé à la plantation des bornes destinées à limiter les propriétés des parties situées à..., au lieu dit *le ..*, conformément au plan annexé au rapport desdits experts, clos le dix-huit mai mil huit cent soixante..., et ce en suivant : *primo*, pour la limite entre les parcelles numéros sept et huit, la ligne brisée indiquée sur le plan par les lettres A, B, C; *secundo*, pour la limite entre les parcelles numéros onze et douze, la ligne droite indiquée sur le plan par les lettres D, E; *tertio*, pour la limite entre les parcelles douze et quinze, la ligne ponctuée en jaune sur ledit plan, afin d'attribuer à Taix une contenance de deux hectares quarante-cinq ares quatre-vingts centiares, et à Gros une contenance de deux hectares trente-trois ares quatre-vingts centiares.

Nous, ... *(noms, prénoms, professions et demeures)*, experts sus-désignés, après avoir indiqué au demandeur les jour et heure de notre transport sur les lieux litigieux, jour et heure que celui-ci a fait régulièrement notifier au défendeur, ainsi qu'il résulte d'un exploit du ministère de ....., huissier à..., en date du..., nous sommes rendus ledit jour, quatorze septembre mil huit cent quatre-vingt..., à huit heures du matin,

sur la pièce de terre en nature de prairie portant le numéro
sept, où nous avons trouvé les sieurs Taix et Gros, et nous
avons immédiatement, en leur présence, fait planter une
borne en pierre au point de jonction des parcelles numéros
cinq, six, sept et huit, ces deux dernières parcelles appartenant, l'une au sieur Gros et l'autre au sieur Taix, point
marqué de la lettre A sur notre plan. A quarante-deux
mètres de distance de cette première borne, allant vers le
couchant et inclinant un peu vers le nord, nous avons fait
planter une seconde borne, au point marqué B sur le plan.
Enfin, à soixante-sept mètres trente centimètres de la précédente borne, allant toujours vers le couchant, mais avec
une légère inclinaison vers le midi, nous avons fait placer
une troisième borne, au point de jonction des parcelles sept,
huit, neuf et dix, point marqué de la lettre C sur notre
plan.

Passant ensuite sur la pièce numéro onze, nous avons fait
placer une première borne au point indiqué sur le plan par
la lettre D, où viennent se joindre les parcelles numéros
neuf, onze, douze et treize. A une distance de cent douze
mètres vingt-cinq centimètres de cette première borne, allant
en ligne droite vers le nord, nous avons fait planter une
seconde borne à la jonction des parcelles numéros onze,
douze, vingt-quatre et vingt-six, point marqué de la lettre E
sur notre plan.

Passant enfin à la limite entre les pièces numéros douze
et quinze, nous avons fait planter, à l'extrémité nord de la
ligne ponctuée en jaune sur notre plan, point que nous
avons marqué de la lettre F, une première borne, qui se
trouve sur le bord de la haie mitoyenne entre les parties
et la veuve Dumont, et à deux cent seize mètres quinze
centimètres de distance de la borne placée au point E. A
quatre-vingt-dix-huit mètres soixante-cinq centimètres de la
précédente, en allant vers le midi et suivant la ligne droite
ponctuée en jaune sur le plan, nous avons fait planter une
seconde borne, qui se trouve au bord de la haie mitoyenne
avec le sieur Ribot, sur un point que nous avons marqué
de la lettre G, et à deux cent vingt-sept mètres cinq centimètres de la borne placée au point D ci-avant indiqué.

Sous chacune de ces bornes, qui sont toutes en pierre
dure de trente centimètres sur chaque face et de un mètre

de longueur, nous avons mis, pour servir de témoins muets de notre opération, trois fragments de tuile creuse s'adaptant parfaitement entre eux (*ou bien* : du mâchefer, de la brique pilée, etc.).

Notre opération étant ainsi achevée, nous avons rédigé le présent rapport, écrit par monsieur ....., l'un de nous, après avoir employé ensemble neuf vacations, non compris celle de dépôt du rapport..

Fait et clos, à... les jour, mois et an susdits, à six heures du soir, et signé avec les parties, après lecture.

(*Signatures des parties et des experts.*)

FORMULE 71°. — **Rapport d'experts pour l'estimation des fruits d'une pièce de fonds, en vertu d'un jugement définitif.** (N° 479.)

A messieurs les président et juges du tribunal
de première instance de...

L'an mil huit cent quatre-vingt..., le..., à... heures du...,

Nous, ... (*noms, prénoms, professions et demeures*), experts nommés par jugement du tribunal de première instance de .., rendu le..., entre le sieur L..., d'une part, et le sieur M..., d'autre part, lequel porte condamnation contre ledit sieur M... à payer au sieur L..., à titre de dommages-intérêts, « le montant de la valeur des fruits qu'aurait pu produire pendant l'année courante la pièce de fonds en nature de.., située à..., lieu de..., et appartenant audit sieur L..., et ordonne que l'estimation de la valeur desdits fruits sera faite par trois experts dont les parties conviendront dans les trois jours de la signification du jugement, et, à défaut, par messieurs ...., que le tribunal nomme d'office, lesquels devront préalablement prêter serment devant monsieur le président de la deuxième chambre, ou celui de messieurs les juges appelé à le suppléer, et dresser ensuite un rapport qui sera déposé au greffe, conformément à la loi ; »

Après avoir prêté, devant monsieur le président de la deuxième chambre, le serment de bien et fidèlement remplir notre mission et avoir indiqué les lieu, jour et heure de notre opération, ainsi qu'il résulte du procès-verbal dressé par ce magistrat le..., et de la sommation adressée au défendeur, à la requête du demandeur, par acte du ministère de......, huissier à..., en date du...,

Nous sommes transportés sur la pièce de terre en nature de... sus-indiquée, ledit jour... du mois de..., à... heures du..., où ont comparu : *primo*, le sieur L.., demandeur, lequel nous a requis de procéder, tant en l'absence qu'en la présence du sieur M..., à l'opération qui nous a été confiée et nous a remis l'original de la sommation sus-datée, et a signé, **après lecture, sous toutes réserves;**

(Signature de la partie demanderesse.)

Secundo, le sieur M..., défendeur, assisté de maître V..., son avoué, lesquels ont déclaré vouloir assister à notre opération, pour faire tels dires et observations qu'il appartiendra, sous toutes réserves, et a maître V... signé, après lecture, ce que n'a point fait le sieur M..., qui a déclaré ne savoir.

(Signature de l'avoué du défendeur.)

Nous avons donné aux parties acte de leurs réquisition, remise, consentement et réserves, après avoir parcouru, visité et examiné, en leur présence, la pièce de fonds en nature de..., objet de notre expertise, nous nous sommes concertés et avons rédigé, d'accord entre nous, notre rapport de la manière suivante :

La pièce de fonds dont s'agit est d'une contenance de. .; elle confronte : du levant, à..., etc. *(donner les confrontations, puis indiquer la nature du terrain, sa qualité, la culture qui lui est applicable et tous les renseignements et constatations à l'aide desquels les experts ont formé leur opinion sur la quantité et la valeur des fruits que la pièce aurait pu produire).*

Il résulte de tout ce qui précède que la pièce de fonds dont il s'agit aurait pu produire pendant l'année courante... *(indiquer la nature et la quantité des fruits)*, qui, à raison de... francs les cent kilos (*ou* : l'hectolitre), auraient donné une somme de..., de laquelle il faut déduire les frais de culture, engrais, semences et contributions, s'élevant ensemble à...; d'où il suit que le produit aurait été de... francs, somme à laquelle nous avons fixé, d'un commun accord, la valeur que le tribunal nous avait chargés d'estimer.

Ayant ainsi terminé notre opération, à l'accomplissement de laquelle nous avons employé chacun quatre vacations, non compris celle de dépôt du rapport, qui sera fait par monsieur......, l'un de nous, nous avons clos le présent rapport, à. ., les jour, mois et an susdits, à... heures du soir, et avons signé, après lecture.

(Signatures des trois experts.)

FORMULE 72ᵉ. — **Mention du refus de signer le rapport par un des experts.** (N° 484.)

(Lorsqu'un des experts refusera de signer le rapport, après avoir concouru aux opérations et délibéré avec ses deux collègues, on terminera le rapport comme suit:) La mission qui nous avait été confiée étant ainsi remplie, nous avons clos le présent rapport, écrit en entier de la main de monsieur....., l'un de nous, déclarant avoir employé chacun... vacations, non compris celle de dépôt du rapport. Mais, au moment de signer, après lecture, monsieur.... a déclaré refuser d'apposer sa signature par le motif que... *(indiquer le motif donné par l'expert qui refuse de signer, ou bien, s'il n'en donne pas, mettre :* a déclaré refuser d'apposer sa signature, sans donner les motifs qui le faisaient agir ainsi). Messieurs..... et... ont, en conséquence, constaté ce refus de leur collègue, et signé, après lecture.

Fait et clos, à..., les jour, mois et an susdits, à... heures du...

(Signatures des deux experts.)

FORMULE 73ᵉ. — **Rapport d'experts écrit par le greffier de la justice de paix, quand les experts ne savent pas tous écrire.** (N° 486.)

A messieurs les président et juges du tribunal de première instance de...

L'an mil huit cent quatre-vingt..., le..., à... heures du...,

Devant nous, Joseph N..., greffier de la justice de paix du canton de..., demeurant dans ladite commune de..., se sont présentés messieurs..... *(noms, prénoms, professions et demeures des experts)*, lesquels nous ont dit qu'ayant été nommés experts, dans la cause et par le jugement qui seront ci-après indiqués, ils ont procédé à leurs opérations, mais que, l'un d'eux (*ou* : deux d'entre eux) ne sachant pas écrire, (*ou bien* : qu'aucun d'eux ne sachant écrire), ils nous requièrent d'avoir à écrire nous-même et signer leur rapport, conformément à l'article trois cent dix-sept du Code de procédure civile , ce à quoi nous nous sommes empressé d'obtempérer de la manière suivante :

Par jugement du tribunal de première instance de..., en date du..., entre les sieurs.... (*noms, prénoms, professions et domiciles des parties*), messieurs...., ci-dessus désignés et qualifiés, ont été nommés experts à l'effet de procéder aux opérations indiquées par ledit jugement, dont le dispositif est ainsi conçu : (*copier la partie du dispositif du jugement relative à l'expertise*).

En conséquence, messieurs..... ont prêté, devant monsieur ....., le serment de bien et fidèlement remplir leur mission , et indiqué les lieu, jour et heure de leur opération, ainsi qu'il appert du procès-verbal dressé par ce magistrat le..., et en vertu duquel sommation a été faite aux parties défenderesses, par exploit de ....., huissier à..., en date du..., enregistré , de se trouver à l'expertise si elles le jugeaient convenable.

Et au jour indiqué, le mardi... du mois de..., à... heures du..., les trois experts se sont transportés à..., sur les lieux litigieux, où ils ont trouvé : *primo*... (*constater la présence des parties, ou leur absence, et leurs réquisitions, dires, etc., comme nous l'avons indiqué dans les formules précédentes*).

Après avoir donné aux parties acte de leurs réquisitions, dires, remises de pièces et réserves , les experts ont visité avec elles les lieux litigieux , et ils ont reconnu et constaté... (*indiquer les constatations opérées par les experts comme dans les rapports ordinaires, les calculs auxquels ils se sont livrés, les remarques qu'ils ont faites, etc.*).

Les experts se sont ensuite concertés entre eux , et ils ont été unanimement d'avis... (*énoncer l'avis motivé des experts, et, s'ils ne sont pas d'accord, l'opinion motivée de chacun d'eux*).

De tout quoi nous avons dressé le présent rapport, en présence des experts sus-nommés, qui ont déclaré avoir employé chacun... vacations, celle du serment comprise, rapport dont nous demeurons chargé d'opérer le dépôt au greffe du tribunal, conformément à la loi (*ou bien, si c'est un des experts qui doivent déposer le rapport :* dont monsieur...., l'un des experts sus-nommés, demeure chargé d'opérer le dépôt, etc.).

Fait et clos, à..., le..., à... heures du..., et signé, après lecture, avec messieurs ....., ce que n'a fait monsieur ....., qui a déclaré ne savoir (*ou :* avec monsieur ....., ce que n'ont fait messieurs ....., qui ont déclaré ne savoir ; — *ou bien, si aucun des experts ne sait signer :* et signer seul, après lecture, ce que n'ont fait messieurs ....., qui ont tous les trois déclaré ne savoir.)

(*Signatures du greffier et des experts qui savent signer.*)

FORMULE 74°. — **Rapport d'experts écrit par un notaire en cas d'empêchement du greffier.** (N° 498.)

A messieurs les président et juges du tribunal de première instance de...

L'an mil huit cent quatre-vingt..., le..., à... heures du...

Devant nous, Henri-Adolphe D..., notaire à la résidence de..., ont comparu messieurs ..... (*noms, prénoms, professions et demeures*), lesquels nous ont dit : qu'ayant été nommés experts, dans la cause et par le jugement qui seront ci-après indiqués, ils ont procédé à leurs opérations ; que, l'un d'eux (*ou :* deux d'entre eux, — *ou bien :* aucun d'eux) ne sachant écrire, ils doivent, conformément à l'article trois cent dix-sept du Code de procédure civile, faire écrire et signer leur rapport par le greffier de la justice de paix ; qu'à cet effet ils se sont rendus au domicile de cet officier ministériel, mais qu'il est absent et ne sera de retour que dans plusieurs jours ; que les comparants ne peuvent pas attendre aussi longtemps sans s'exposer à oublier des faits qu'il est nécessaire de constater, et risquer ainsi de donner un avis incomplet ou erroné ; que, d'ailleurs, l'affaire est urgente ; que, dans cette situation, ils nous requièrent d'écrire et signer leur rapport, à défaut du greffier empêché.

Faisant droit à cette réquisition, et attendu le cas de force majeure qui ne permet pas aux experts sus-nommés de se conformer littéralement aux prescriptions de la loi, nous avons reçu leur rapport ainsi qu'il suit :

Par jugement du tribunal de première instance de...
(*continuer comme il est dit dans la formule précédente, terminer de la manière suivante*).

(*Signatures du notaire et des experts qui savent signer.*)

FORMULE 75ᵉ. — **Rapport d'experts contenant des avis différents.**
(Nᵒ 524.)

A messieurs les président et juges du tribunal
de première instance de...

L'an mil huit cent quatre-vingt..., le... (*L'intitulé du rapport, la description des lieux, la constatation des faits, etc., sont rédigés comme à l'ordinaire jusqu'au point où les experts donnent leur avis ; puis l'on termine de la manière suivante :*)

Après avoir ainsi terminé nos opérations sur le terrain, dépouillé les diverses notes que nous avions prises, et compulsé tous les documents qui nous avaient été fournis, les parties s'étant retirées, nous avons conféré entre nous ; mais, n'ayant pu nous mettre d'accord pour adopter un avis unanime, nous avons indiqué comme suit, en exécution de l'article trois cent dix-huit du Code de procédure civile, nos différents avis et les motifs qui nous ont amenés à les adopter.

Premier avis : (*donner les motifs et les conclusions de l'avis adopté par deux des experts*).

Second avis : (*donner les motifs et les conclusions de l'avis adopté par l'expert dissident*).

(*Dans le cas où chaque expert a été d'un avis différent, on émet l'opinion de chacun d'eux, sous les rubriques : premier avis ; — deuxième avis ; — troisième avis, — et toujours sans donner les noms des experts, les juges comme les parties devant ignorer quel est celui qui a émis tel ou tel avis.*)

Notre mission étant ainsi remplie, nous avons clos le présent rapport, écrit en entier par monsieur....., l'un de nous, qui en opérera le dépôt au greffe, et nous déclarons avoir employé... vacations chacun, non compris celle du dépôt.

Fait et clos, à..., le..., à... heures du..., et signé, après lecture.   (*Signatures des trois experts.*)

FORMULE 76e. — **Rapport d'experts du même avis,
mais par des motifs différents.** (N° 527.)

A messieurs les président et juges du tribunal de première instance de...

Par jugement rendu le..., entre : premièrement, la dame Marie R..., veuve du sieur Pierre D..., propriétaire, demeurant et domiciliée à..., ayant maître S... pour avoué, demanderesse; deuxièmement, et le sieur Grégoire V..., parfumeur, demeurant et domicilié à..., ayant maître B... pour avoué, défendeur, le tribunal de première instance de... a ordonné que, « par trois experts dont les parties conviendront dans les trois jours de la signification du présent jugement, ou, à défaut, par messieurs ....., experts que le tribunal nomme d'office, et qui prêteront serment devant monsieur le président du tribunal ou celui des magistrats qui le remplacerait en cas d'empêchement, il sera procédé à la visite de l'immeuble légué à Grégoire V..., par Henri D..., fils de la demanderesse, appert son testament olographe en date du..., à l'effet de décrire cet immeuble, en constater l'état, l'importance et en estimer la valeur au jour du décès de Henri D..., pour, le rapport fait et déposé, être requis et statué ce que de droit. »

En exécution de ce jugement, les experts ci-dessus dénommés et qualifiés, s'étant rendus le..., devant monsieur le président du tribunal, ont prêté serment de bien et fidèlement remplir leur mission, et ont fixé les lieu, jour et heure de leur transport, indication qui a été notifiée, avec sommation de comparaître, au sieur V..., par exploit de ....., huissier à..., en date du..., enregistré.

Et cejourd'hui, vingt-six septembre mil huit cent quatre-vingt..., à dix heures du matin, lesdits experts se sont rendus à..., sur l'immeuble objet de leur expertise, où ils ont trouvé les deux parties, qui ont déclaré vouloir assister à l'opération, sous toutes réserves, et ont fait remise de la grosse du jugement sus-daté, ainsi que de différentes pièces et notes pouvant servir de renseignements sur les constatations à opérer.

Après avoir fait lecture dudit jugement, les experts ont procédé à la visite des lieux, en présence des parties, dont ils ont écouté toutes les observations ; ils ont fait toutes les

recherches, constatations et pris toutes les notes qui leur
étaient nécessaires, et ont renvoyé au samedi premier
octobre, à neuf heures du matin, en la demeure de monsieur....., l'un d'eux, à..., rue..., numéro..., à l'effet de
se concerter et de rédiger leur rapport, intimant les parties
de s'y trouver si elles le jugeaient à propos.

Et ledit jour, les experts se sont réunis, à neuf heures du
matin, au domicile sus-indiqué, où aucune des parties ne
s'est rendue; et, après avoir sérieusement examiné les notes,
documents et renseignements qu'ils avaient recueillis sur les
lieux et avoir conféré entre eux, ils ont procédé ainsi qu'il
suit à la rédaction de leur rapport.

L'immeuble objet de l'expertise se compose : *primo*, d'une
maison à rez-de-chaussée, avec mansardes, construite en
briques et pierres de taille, sur caves voûtées, et couverte
en ardoises; elle contient un salon, une salle à manger,
séparés par un large corridor, deux chambres à coucher,
une cuisine, une souillarde et une chambre de domestique;
secundo, d'une écurie avec remise et grenier au dessus construite en briques et couverte en tuiles plates; *tertio*, d'une
cour de deux ares dix centiares de superficie; *quarto*, d'un
jardin potager et d'agrément d'une contenance de seize ares
trente centiares; *quinto*, d'une prairie d'une contenance de
cinquante-neuf ares soixante-deux centiares; *sexto*, enfin
d'un bois taillis de chêne d'une contenance de deux hectares
quinze centiares. Le tout confronte : du levant, par la façade
de la maison, la cour et le jardin d'agrément, à la route
départementale numéro vingt-deux; du nord, partie au
sieur Gudin et partie à la veuve Lecat; du couchant, au
chemin vicinal de la Vallée; du midi, aux époux Lemire. Cet
immeuble est dans une belle position et en parfait état d'entretien.

Les experts soussignés, s'étant concertés sur la valeur à lui
attribuer, ont été unanimement d'avis que cette valeur, au
seize mars mil huit cent quatre-vingt..., jour du décès de
Henri D.., était de quinze mille huit cents francs

Toutefois, pour arrêter ce chiffre, les experts se sont basés
sur des motifs différents, qu'il importe de faire connaître
pour éclairer la religion des magistrats appelés à statuer sur
le présent rapport.

L'un des experts a considéré principalement la bonne

construction de la maison, la manière dont elle est distribuée et le confortable des appartements, toutes choses de nature à rendre l'habitation agréable, et conséquemment la location plus facile et plus lucrative.

Un autre expert a attaché moins d'importance aux agréments de la maison, qui lui a paru devoir toujours être difficile à louer dans un pays où tous les habitants sont logés chez eux, où il vient fort peu d'étrangers, et où ceux qui louent des maisons sont généralement des ouvriers qui ne peuvent payer que de médiocres loyers; mais il a attaché beaucoup de prix à la qualité supérieure du sol de la prairie et du jardin, qui sont susceptibles de produire d'abondantes récoltes et de donner un excellent revenu, la proximité de la ville donnant aux fourrages et aux produits maraîchers une grande valeur.

Enfin, le troisième expert, s'attachant plus à la valeur vénale de l'immeuble qu'à son revenu probable, a surtout pris en considération la position de cette propriété, située sur les bords d'une route départementale et d'un chemin vicinal très-fréquentés, à portée de la station du chemin de fer et à peu de distance de la rivière, position qui en fait à la fois un lieu d'agrément et d'utilité commerciale ou industrielle.

Ces différentes appréciations, toutes favorables à l'immeuble dont s'agit, prouvent, dans tous les cas, qu'il réunit des avantages de plusieurs sortes, et justifient l'estimation qui en est faite.

Ayant ainsi rempli la mission qui leur avait été confiée, et pour l'accomplissement de laquelle ils ont employé chacun huit vacations, non compris celle du dépôt, les experts soussignés ont clos le présent rapport, à..., le .., à... heures du .., et ont signé, après lecture.

(Signatures des trois experts.)

●

FORMULE 77e.—**Acte de dépôt du rapport d'experts.** (N° 551.)

L'an mil huit cent quatre-vingt..., le..., au greffe du tribunal de première instance de..., devant moi, greffier dudit tribunal, soussigné, a comparu :

Monsieur ... *(nom, prénoms, profession et demeure de l'expert qui fait le dépôt*), lequel a déposé un rapport qu'il a dressé conjointement avec messieurs ..... (*noms et prénoms des deux autres experts*), en exécution d'un jugement rendu par le tribunal de première instance de .., le... (*ou :* en exécution d'une ordonnance de référé rendue par monsieur le président du tribunal de..., le...), entre le sieur..... et le sieur..... (*noms, prénoms, professions et domiciles des parties.*)

Ce rapport, écrit sur... feuilles de papier timbré de un franc vingt centimes, contient... mots rayés nuls et... renvois (*ou :* ne contient ni renvois ni mots rayés nuls). Il a été clos à..., le..., et enregistré à..., le..., folio..., case..., par....., qui a reçu trois francs soixante-quinze centimes.

(*Lorsqu'il y a un plan annexé au rapport, on ajoute :*) A ce rapport est annexé un plan dressé sur une feuille timbrée à l'extraordinaire au timbre de un franc vingt centimes ; il a été également enregistré à..., le..., folio..., case..., par le même receveur, qui a perçu trois francs soixante-quinze centimes.

Duquel dépôt le comparant m'a requis acte, que je lui ai octroyé, et a signé avec moi, greffier susdit, après lecture.

(*Signatures de l'expert et du greffier.*)

FORMULE 78ᵉ. — **Assignation aux experts pour avoir à déposer leur rapport au greffe.** (Nº 560.)

L'an..., le..., à la requête du sieur..., etc. (*nom, prénoms, profession et domicile de la partie requérante*), pour lequel domicile est élu en la demeure de maître C..., son avoué,

Nous, ... (*nom, prénoms et immatricule de l'huissier*), avons donné assignation :

1º Au sieur ...., 2º au sieur ....., 3º au sieur ..... (*noms, prénoms, professions et demeures des experts*), experts nommés par jugement du tribunal de première instance de..., rendu le... (*ou :* par ordonnance de référé rendue par monsieur le président du tribunal de première instance de..., le...), entre les sieurs ..... (*noms, prénoms, professions et domiciles des parties*), à l'effet de procéder à l'expertise ordonnée par ledit jugement (*ou :* par ladite ordonnance de référé),

A comparaître, d'aujourd'hui à trois jours francs, à onze heures du matin, à l'audience et par-devant messieurs les président et juges composant le tribunal de première instance de..., séant au palais de justice,

Pour, attendu que lesdits sieurs..... ont accepté la mission qui leur a été confiée, ainsi que cela résulte de leur prestation de serment faite devant monsieur le président dudit tribunal (*ou :* devant monsieur...., juge audit tribunal, commis à cet effet) et constatée par procès-verbal de ce magistrat, en date du... ;

Attendu qu'il s'est écoulé (*indiquer le temps*) depuis qu'ils ont été mis en état de procéder à ladite expertise, et qu'ils n'ont point encore déposé leur rapport au greffe du tribunal, comme ils auraient dû le faire ;

Attendu qu'en leur qualité de mandataires judiciaires, ils étaient de plein droit en demeure d'effectuer ce dépôt ;

Par ces motifs et autres à faire valoir dans le cours de la procédure et des plaidoiries,

Premièrement, voir dire et ordonner que, dans les trois jours de la signification du jugement à intervenir, ils feront au greffe le dépôt dudit rapport, aux offres qu'a toujours faites le requérant, et qu'il réitère, de payer auxdits experts les déboursés et honoraires qui pourront leur être dus, d'après la taxe qui en sera faite ; sinon, et faute par eux d'effectuer ledit dépôt dans le délai ci-dessus énoncé, se voir, conformément à l'article trois cent vingt du Code de procédure civile, contraindre par corps, en vertu du jugement à intervenir, et s'entendre condamner en dix francs de dommages-intérêts par chaque jour de retard ;

Secondement, et pour le préjudice actuel causé par leur retard à remplir leurs obligations, s'entendre condamner à payer au requérant la somme de... à titre d'indemnité, et enfin s'entendre condamner aux dépens, dont distraction, etc. ; sous toutes réserves. Dont acte

Fait à... : 1° au domicile de monsieur....., où pour lui nous avons laissé copie du présent exploit, en parlant à..., ainsi déclaré, qui l'a reçue de nous ; 2° au domicile de monsieur ...., où pour lui, etc. ; 3° au domicile de monsieur ....., où pour lui nous avons laissé copie..., etc.

(*Signature de l'huissier.*)

FORMULE 79°. — **Décompte des débours et honoraires des experts.**
(N° 566.)

Débours et honoraires des experts :
.. .. vacations, à... francs l'une. . . . . » »
..... voyages pour transports de..., à... Distance...
myriamètres ; ensemble... myriamètres, aller et retour, à... l'un. . . . . » »
..... feuilles de papier timbré, à un franc vingt
centimes, et droit d'enregistrement du rapport. . . » »
Une vacation pour le dépôt du rapport. . . . . » »
Total : ... francs .. centimes, ci. . . . » »

FORMULE 80°. — **Taxe des experts.** (N° 567.)

Nous, N..., président du tribunal de première instance
de...,

Vu le rapport qui précède, l'article 319 du Code de procédure civile et les articles 159 à 162 du décret du 16 février
1807,

Taxons aux sieurs....., experts, la somme de... pour...
vacations, y compris la prestation de serment, ainsi que le
dépôt du rapport, celle de... pour frais de voyages et nourriture, et celle de... pour les droits de timbre et d'enregistrement dudit rapport, dont ils ont fait l'avance ;

Ordonnons que ces sommes soient provisoirement payées
par le sieur ....., requérant (*ou* : poursuivant), et qu'elles soient
ensuite comprises dans la liquidation des dépens.

Fait à .., en notre cabinet, au palais de justice, le...

(*Signature du président.*)

FORMULE 81°. — **Exécutoire des débours et honoraires des experts.**
(N° 568.)

République française. — Au nom du peuple français.

Le président du tribunal de première instance de... a rendu
l'exécutoire suivant : (*copier la taxe*).

En conséquence, le Président de la République mande et ordonne à tous huissiers, sur ce requis, de mettre le présent à exécution, aux procureurs généraux et aux procureurs de la République près les tribunaux de première instance d'y tenir la main, et à tous commandants et autres officiers de la force publique de prêter main-forte lorsqu'ils en seront légalement requis.

En foi de quoi la minute du présent exécutoire a été signée par monsieur le président.

Fait et délivré, à..., le...   (*Signature du greffier.*)

FORMULE 82ᵉ. – **Acte d'opposition à l'exécutoire.** (Nᵒ 596.)

A la requête du sieur Barthélemy P... (*profession et domicile*), ayant maître T... pour avoué,

Soit signifié et déclaré à maître C..., avoué du sieur J... (*nom, prénoms, profession et domicile de la partie adverse*), ainsi qu'à messieurs.... (*noms, prénoms, professions et demeures des experts*), que ledit sieur Barthélemy P... requérant, est opposant à l'exécutoire délivré contre lui le..., aux experts sus-nommés, et qu'en conséquence ledit maître C..., avoué, et les sieurs......, experts, soient sommés de comparaître le .., à... heures du..., en la chambre du conseil du tribunal de première instance de..., pour voir dire que le requérant sera reçu opposant à l'exécutoire ci-dessus énoncé, et qu'il sera de nouveau, en sa présence, procédé à la taxe dont il s'agit, laquelle sera réformée et réduite par le magistrat qui sera commis à cet effet, et être, en cas de contestation, lesdits sieurs J... et... condamnés aux dépens de l'incident. Dont acte.

Fait à..., le...   (*Signature de l'avoué.*)

L'an mil huit cent..., le..., à la requête du sieur Barthélemy P..., etc.,

Nous, ... (*nom, demeure et immatricule de l'huissier*), avons signifié et laissé copie du présent acte : 1ᵒ à maître C..., avoué du sieur J..., en son étude, rue..., numéro..., en parlant à..., ainsi déclaré, qui l'a reçue de nous ; 2ᵒ au sieur....., expert, en son domicile, à..., en parlant à... ainsi déclaré, qui l'a reçue de nous; 3ᵒ au sieur....., expert, en son domicile,

33

à..., etc.; 4° enfin, au sieur....., expert en son domicile, à ., en parlant à..., ainsi déclaré, qui l'a reçue de nous. — Coût : ...   (*Signature de l'huissier.*)

FORMULE 83°. — **Signification du rapport d'experts.** (N° 636.)

A la requête de monsieur Simon B... (*profession et domicile*), ayant maître J... pour avoué,

Soit signifié et, avec celle des présentes, donné copie à maître P..., avoué du sieur Pierre A..., etc., du rapport fait et clos à..., le..., par messieurs....., experts nommés par jugement du tribunal de première instance de..., en date du..., ledit rapport enregistré le..., par.. .., qui a reçu... et déposé le... au greffe dudit tribunal, afin que ledit maître P... et sa partie ne l'ignorent. Dont acte, sous toutes réserves.

Fait à . , le...   (*Signature de l'avoué.*)

L'an..., et le..., à la requête du sieur Simon B..., etc., ayant maître J... pour avoué,

Nous, ..., huissier, etc., avons signifié et laissé copie tant du présent acte que du rapport dont s'agit, à maître P..., avoué du sieur Pierre A..., en son étude, rue .., numéro..., en parlant à..., ainsi déclaré, qui l'a reçue de nous.— Coût : ...   (*Signature de l'huissier.*)

FORMULE 84°. —**Acte en forme d'avenir pour poursuivre l'audience après la signification du rapport.** (N° 638.)

A la requête du sieur Simon B..., etc., ayant pour avoué maître J...,

Soit sommé maître P..., avoué du sieur Pierre A..., etc., de comparaître le..., à... heures du..., à l'audience du tribunal de première instance de..., séant au palais de justice, pour y plaider et voir statuer sur le rapport d'experts dont signification lui a été faite le..., par exploit de.... ., huissier à..., enregistré ; sous toutes réserves. Dont acte.

Fait à..., le...   (*Signature de l'avoué.*)

Signifié, à même requête que ci-dessus, et laissé copie du présent acte, le..., à maître P..., avoué du sieur A..., en son étude, à..., en parlant à..., ainsi déclaré, qui l'a reçue de nous huissier soussigné. — Coût : ...

(Signature de l'huissier.)

NOTA. — *Les deux actes ci-dessus* (FORMULES 83° *et* 84°) *peuvent n'en faire qu'un seul, en ajoutant l'avenir à l'acte de signification du rapport. On procède ainsi dans plusieurs ressorts.*

FORMULE 85°. — **Rapport d'experts sur nouvelle expertise** (1). (N° 742.)

A messieurs les président et juges du tribunal
de première instance de...

L'an mil huit cent quatre-vingt, le vendredi six août, à dix heures du matin,

Nous, ... (*noms, prénoms, professions et demeures des trois experts*), experts nommés par jugement du tribunal de première instance de..., rendu le..., entre le sieur André Merlin, entrepreneur de bâtisses, demeurant et domicilié à..., demandeur, ayant maître C... pour avoué, d'une part, et le sieur Jérémie Langlois, propriétaire, demeurant et domicilié à..., défendeur, ayant maître B... pour avoué, d'autre part, lequel jugement, dûment enregistré et signifié, « ordonne que, par messieurs ....., experts nommés d'office, il sera, serment préalablement prêté devant le président de la deuxième chambre ou tel autre magistrat qui le remplacera, et après connaissance donnée à ces experts des conventions verbales du cinq juillet mil huit cent soixante-seize, ainsi que du compte signifié par Merlin, procédé à une nouvelle vérification et visite et à un nouveau métrage des travaux exécutés par ledit Merlin pour Langlois ; à la recherche et à la fixation, eu égard aux conventions arrêtées entre les parties, du prix de ces travaux, ainsi que de la valeur des ouvrages non prévus dont il y aurait lieu de ne pas assimiler les prix à ceux convenus ; ordonne enfin que lesdits experts procéderont au règlement des comptes des parties ; pour, leur rapport fait et déposé au greffe du tribunal, être statué ce qu'il appartiendra ; »

(1) L'expertise primitive dont cette nouvelle expertise a pour but de réparer l'insuffisance fait l'objet du rapport de la FORMULE 67° qui précède.

Après avoir prêté serment de bien et fidèlement remplir notre mission devant monsieur le président de la deuxième chambre du tribunal, ainsi que cela est constaté par le procès-verbal de ce magistrat en date du..., dûment enregistré, et avoir, dans cet acte, fixé au jeudi dix-neuf août à neuf heures du matin, le commencement de nos opérations, dans la maison où ont été faits les travaux objet du litige, lieu, jour et heure indiqués dans la sommation faite au défendeur par acte du ministère de ....., huissier à..., en date du..., dûment enregistré et dont l'original nous a été remis,

Nous nous sommes transportés à..., dans la maison susdésignée, où, étant arrivés à l'heure dite, nous y avons trouvé les sieurs Merlin et Langlois, auxquels nous avons donné lecture du jugement du..., ci-dessus-énoncé; puis, accompagnés par eux, nous avons procédé à l'examen détaillé de tous les travaux de maçonnerie, carrelage, terrassements, etc., exécutés par Merlin, et que nous avons vérifiés tant sous le rapport des quantités et de la nature des matériaux fournis que sous celui du mode d'exécution. Nous avons également écouté et pris note des dires et observations des sieurs Merlin et Langlois tant sur la construction en elle-même que sur les conventions verbales du cinq juillet mil huit cent soixante-seize, le compte signifié par Merlin et les notes rectificatives présentées par Langlois, ainsi que tous les autres documents qui nous ont été remis. Nous avons, enfin, reçu leurs dires et recueilli des notes sur les travaux exécutés en dehors de ceux prévus dans les conventions dont il vient d'être parlé. Puis, ayant la certitude d'être parfaitement renseignés sur tous les détails de cette affaire, et l'heure avancée ne nous permettant pas de continuer notre opération, nous nous sommes ajournés au mardi vingt-quatre août, à... heures du..., à..., dans le cabinet de monsieur ....., l'un de nous, intimant les parties de s'y trouver si elles le jugeaient convenable.

Nous nous sommes, en effet, réunis audit lieu, lesdits jour et heure, sans que l'une ni l'autre des parties se soient présentées; nous avons, en leur absence, continué nos opérations, et, après plusieurs réunions successives, qui ont eu lieu les sept, dix-huit et vingt-neuf septembre, et six octobre, nous avons, dans cette dernière séance, arrêté, d'un commun accord, la rédaction définitive de notre rapport, qui a été confiée à monsieur....., l'un de nous, rédaction que nous avons adoptée ensemble, le samedi trente octobre, en ces termes :

PREMIER CHEF : « Ordonne que, par les experts, il sera procédé à une nouvelle vérification et visite et à un nouveau métrage des travaux exécutés par ledit Merlin pour Langlois ; à la recherche et à la fixation, eu égard aux conventions arrêtées entre les parties, du prix de ces travaux, ainsi que de la valeur des ouvrages non prévus dont il y aurait lieu de ne pas assimiler les prix à ceux convenus. »

En nous conformant à ces prescriptions, et après avoir opéré toutes les constatations nécessaires, nous avons dressé de la manière suivante le compte général des travaux exécutés par Merlin et de la valeur de ces ouvrages, prévus ou non prévus :

Fouilles ou déblais pour le creusement des caves, rigoles de fondations des murs et de la fosse d'aisances. — Il est de toute impossibilité de constater aujourd'hui le cube de ces fouilles, même approximativement, attendu qu'il existait sur l'emplacement de la maison des variations considérables de niveaux dont il ne reste plus de traces ; nous n'avons donc pu consulter à cet égard que les documents qui nous ont été communiqués. De cet examen il est résulté que, sur le compte présenté par Merlin en mil huit cent soixante-dix-neuf, le cube de ces fouilles est porté à sept cent quarante-huit mètres, et que, dans le règlement fait, le trois janvier mil huit cent quatre-vingt, par l'architecte Pauliet, qui était chargé de la surveillance des travaux, ce cube est réduit à sept cent trois mètres trente centièmes. En présence de ces deux chiffres, et sans nous arrêter au cube porté dans le rapport de la première expertise, faite dans les mois d'avril et mai derniers, alors qu'il n'y avait sur les lieux pas plus d'éléments de vérification qu'il n'y en a actuellement, nous avons cru devoir maintenir le cube fixé par l'architecte directeur des travaux, s'élevant, comme nous venons de le dire, à sept cent trois mètres trente centièmes, qui, à raison de cinquante centimes l'un, prix prévu à l'article premier des conventions du cinq juillet mil huit cent soixante-seize, produisent une somme de trois cent cinquante-un francs soixante-cinq centimes, ci. 351 65

Fosse d'aisances. Maçonnerie faite de briques

À reporter. . .   **351 65**

Report. . .   351 65

posées en boutisses et mortier de chaux grasse,
trente mètres dix centièmes, à dix-sept francs
cinquante centimes le mètre superficiel, prix non
prévu, ni susceptible d'assimilation, cinq cent
vingt six francs soixante-quinze centimes, ci. .   526 75

Enduit de ces murs en ciment romain : surface
de trente mètres dix centièmes, à trois francs le
mètre superficiel, prix non prévu, ni susceptible
d'assimilation, quatre-vingt-dix francs trente
centimes, ci. 90 30

Voûte de la fosse d'aisances en pierre tendre :
surface de quatorze mètres soixante centièmes,
à vingt-deux francs le mètre, prix non prévu aux
conventions, trois cent vingt-un francs vingt
centimes, ci. 321 20

Maçonnerie des murs de fondations, faite en
moellons durs, avec angles et chaînes en pierre
tendre, le tout posé avec mortier de chaux grasse
et sable : cube total, deux cent cinquante-trois
mètres cubes, à vingt-cinq francs le mètre, prix
indiqué à l'article deux des conventions du cinq
juillet, six mille trois cent vingt-cinq francs, ci. .   6,325 »

Remblais autour des fondations : cent quatre-
vingt-douze mètres cubes vingt-huit centièmes,
à cinquante centimes, prix prévu, quatre-vingt-
seize francs quatorze centimes, ci. 96 14

Maçonnerie en parpaing de pierre tendre dans
la cave et au-dessous des cloisons de la salle à
manger et du salon : trente-deux mètres soixante-
dix centièmes superficiels, à quinze francs l'un,
prix non prévu, quatre cent quatre-vingt-dix
francs cinquante centimes, ci. 490 50

Plus-value pour établissement, après coup,
d'une descente à vin dans la cave sous la cuisine,
avec encadrement en pierre tendre et couverture
en pierre dure, travail non prévu et sans assimilation, deux cents francs, ci. . . . .   200 »

A reporter. . . .   8,401 54

Report. . . .   8,401 54

Plus-value pour ouverture, après coup, de deux portes dans le parpaing de la cave et un mur d'épaisseur, avec construction de pieds-droits en pierre et linteaux en bois de chêne, travail imprévu et sans assimilation , cent-quatre-vingts francs, ci. . . . .   180 »

Mur de façade du rez-de-chaussée, du côté levant, de cinquante centimètres d'épaisseur, construit en briques comprimées, avec encadrements et chaînes en pierre et doublage en moellons durs : surface, cent quatre-vingt dix mètres vingt centièmes , à vingt-quatre francs le mètre superficiel, prix prévu dans l'article trois des conventions du cinq juillet, quatre mille cinq cent soixante-quatre francs quatre-vingts centimes, ci. 4,564 80

Murs des trois autres façades, de cinquante centimètres d'épaisseur, dans la hauteur du rez-de-chaussée, construits de la même manière, mais en briques ordinaires non comprimées : surface, deux cent quatre-vingt-douze mètres soixante-quatorze centièmes , à vingt-deux francs, prix prévu dans l'article quatre des conventions , six mille quatre cent quarante francs vingt-huit centimes, ci. 6,440 28

Mur de façade du premier étage , côté levant, construit en briques comprimées pour le parement extérieur et en briques non comprimées à l'intérieur , avec encadrements et chaînes en pierre de taille , ledit mur ayant vingt-cinq centimètres d'épaisseur : surface, cent quatre-vingts mètres trente centièmes, à vingt francs le mètre, prix prévu dans l'article cinq, trois mille six cent six francs , ci. . . . .   3,606 »

Murs des trois autres façades, dans la hauteur du premier étage, ayant vingt-cinq centimètres d'épaisseur, construits de la même manière que le précédent, mais entièrement en briques non

A reporter. . . .   23,192 62

Report. . . .	23,192 62

comprimées : surface, deux cent soixante-dix-huit mètres quarante centièmes, à dix-neuf francs le mètre, prix prévu dans l'article six des conventions, cinq mille deux cent quatre-vingt-neuf francs soixante centimes, ci. . . . . . . | 5,289 60 |

Frontons des côtés levant et couchant, construits en briques et en pierres, avec décorations architecturales : surface, quarante-deux mètres cinquante centièmes, à trente-cinq francs le mètre superficiel, prix non prévu et non susceptible d'assimilation, quatorze cent quatre-vingt-sept francs cinquante centimes, ci. . . . | 1,487 50 |

Murs de refend intérieurs, de vingt-cinq centimètres d'épaisseur, construits en briques non comprimées et posées en boutisses : surface totale, deux cent douze mètres, à quinze francs l'un, prix prévu en l'article sept des conventions du cinq juillet, trois mille cent quatre-vingts francs, ci . . . . | 3,180 » |

Murs de refend intérieurs, construits en briques doubles ordinaires posées à plat, et donnant une épaisseur de douze à treize centimètres : surface totale, deux cent quarante-quatre mètres quatre-vingts centièmes, à huit francs le mètre, prix fixé dans l'article huit des conventions, mille neuf cent cinquante-huit francs quarante centimes, ci. . . . . | 1,958 40 |

Tuyaux et corps de cheminées construits en briques et pierres, mesurés dans la hauteur comprise entre le foyer et la charpente du comble : hauteurs réunies, vingt-huit mètres soixante centimètres linéaires, à raison de huit francs le mètre, prix prévu dans l'article neuf des conventions, deux cent vingt-huit francs quatre-vingts centimes, ci. . . . . | 228 80 |

Souches ou chapeaux de ces cheminées, au-dessus du comble, construits en briques et pierres moulurées : hauteurs réunies, neuf mètres

A reporter. . . .	35,336 92

Report. . . .	35,336	92	

soixante-dix centimètres linéaires, à dix francs le
mètre, prix prévu en l'article neuf, quatre-vingt-
dix-sept francs, ci.   97   »

Garniture d'une cheminée de cuisine en pierre
dure, travail non prévu dans les conventions et
estimé quatre-vingts francs, ci   80   »

Fourniture et pose de tirants en fer avec ancres
ou mandrins. — Toute vérification de ce travail
étant maintenant impossible, nous avons cru devoir accepter l'évaluation faite par l'architecte
Pauliet, qui a dirigé les travaux, avec d'autant
plus de raison que les conventions du cinq juillet
indiquent bien la pose de ces tirants, mais ne
fixent aucun prix. Nous portons, en conséquence,
cet article, comme M. Pauliet, pour une somme
de quatre cent vingt-huit francs cinquante centimes, ci.   428   50

Fourniture et pose de tuyaux en fonte pour les
lieux d'aisances : longueur totale, cinq mètres
soixante centimètres, à douze francs le mètre
linéaire, prix non prévu dans les conventions,
soixante-sept francs vingt centimes, ci. . . .   67   20

Carrelage de la cuisine, la souillarde, une
chambre et les corridors du rez-de-chaussée, en
carreaux de Gironde, taillés et polis : surface
totale, deux cent trente-cinq mètres carrés, à
quatre francs l'un, prix non prévu aux conventions, neuf cent quarante francs, ci.   940   »

Puits de un mètre de diamètre intérieur, creusé
et bâti en pierre tendre, avec margelle en pierre
dure : profondeur, douze mètres linéaires, à
raison de soixante francs le mètre, prix non
prévu dans les conventions, sept cent vingt
francs, ci.   720   »

Fourniture et pose d'un boudin en bois de
sapin au pourtour de l'escalier, dix francs, ci. .   10   »

Grand déblai pour le nivellement général de
l'emplacement. — Nous n'avons pu contrôler que
d'une manière très-imparfaite cette partie des

A reporter. . . .	37,679	62	

Report. . .   37,679 62

travaux ; néanmoins l'examen des lieux nous a
démontré qu'il avait dû être pratiqué dans cet
endroit un déblai considérable, et que le cube
réclamé par l'entrepreneur Merlin n'est point
exagéré. Nous avons, en conséquence, adopté à
l'unanimité le chiffre total de quatre mille huit
cent quarante-sept mètres cubes, qu'avaient
aussi accepté les premiers experts ; mais, quant
au prix, qui n'est point prévu dans les conventions du cinq juillet, nous avons été d'avis, également à l'unanimité, qu'il doit être inférieur à
celui porté en l'article premier, et nous l'avons,
dès lors, réduit à quarante centimes, ce qui
donne une somme de mille neuf cent trente-huit
francs quatre-vingts centimes, ci. 1,938 80

Total général du prix des travaux exécutés par
Merlin : trente-neuf mille six cent dix-huit francs
quarante-deux centimes, ci. 39,618 42

SECOND CHEF : « Ordonne que lesdits experts procéderont au règlement
des comptes des parties. »

A l'effet d'établir le montant des acomptes payés à l'entrepreneur Merlin pendant les travaux, le sieur Langlois
nous a présenté neuf reçus, portant les dates des dix-sept
septembre et vingt décembre mil huit cent soixante-dix-sept,
quatorze mars, vingt et vingt-six juin, dix-neuf octobre, seize
décembre mil huit cent soixante-dix-huit, onze avril et dix-
sept mai mil huit cent soixante-dix-neuf, s'élevant ensemble
à trente-quatre mille sept cents francs, somme que le sieur
Merlin a parfaitement reconnu avoir reçue aux époques sus-
indiquées.

En conséquence, la valeur totale des travaux exécutés par
Merlin étant fixée à trente-neuf mille six cent dix-huit francs
quarante-deux centimes, ci. 39,618 42
et le montant général des acomptes payés à
cet entrepreneur s'élevant à trente-quatre mille
sept cents francs, ci. . . . .   34,700 »
il reste dû pour solde audit Merlin : quatre
mille neuf cent dix-huit francs quarante-deux
centimes, ci. . . . .   4,918 42.

Après avoir ainsi rempli la mission qui nous était confiée, nous avons clos le présent rapport, entièrement écrit par monsieur ....., l'un de nous, qui demeure chargé d'en opérer le dépôt au greffe. Nous affirmons avoir employé chacun dix-huit vacations, non compris celle du dépôt.

Fait et clos, à..., le trente octobre mil huit cent quatre-vingt, à six heures du soir, et signé, après lecture.

(*Signatures des trois experts.*)

FORMULE 86e. — **Procès-verbal de nomination d'un expert pour l'estimation des meubles d'enfants mineurs, que le père ou la mère veut garder en nature.** (No 765.)

L'an..., et le....,

Devant nous, N..., juge de paix du canton de..., arrondissement de...., département de..., assisté de maître C.., greffier,

A comparu monsieur J... (*nom, prénoms, profession et domicile du père*), tuteur naturel et légal de ses deux enfants Marie et Joseph J..., issus de son mariage avec la dame Antoinette D...., son épouse, décédée à..., le..., lequel a dit : que le plus âgé de ces enfants n'a pas encore atteint sa neuvième année ; que le comparant, en sa qualité de père, a l'usufruit légal des biens desdits mineurs jusqu'à l'âge de dix-huit ans ; que son intention est de garder en nature les meubles leur appartenant ; qu'à cet effet il se propose d'en faire faire, à ses frais, une estimation à juste valeur ; que pour se conformer à la loi, il a invité monsieur Henri F..., nommé subrogé-tuteur desdits mineurs par délibération du conseil de famille prise, sous notre présidence, le..., dûment enregistrée, à nommer un expert, dont il nous requiert de recevoir ensuite la prestation de serment.

Et, au même instant, a comparu monsieur Henri F. . (*nom, prénoms, profession et domicile du subrogé-tuteur*), subrogé-tuteur, qui, en cette qualité, a reconnu qu'il y a avantage pour les mineurs de conserver leur mobilier en nature, et a déclaré nommer pour expert, à l'effet de procéder à l'estimation de ce mobilier, monsieur R... (*nom, prénoms, profession et demeure de l'expert*), qu'il a prévenu et qui est ici présent.

Et, au même instant, a comparu ledit sieur R ..., expert, qui a déclaré accepter sa nomination, et a prêté, la main droite levée à Dieu, le serment de bien et fidèlement remplir la mission qui lui est confiée, en estimant les meubles dont s'agit à juste valeur. Il a ensuite fixé son opération au jeudi.. du courant, à .. heures du...

De tout quoi nous avons dressé le présent procès-verbal, que les trois comparants ont signé avec nous et le greffier, après lecture, à .., en notre cabinet, les jour, mois et an susdits.

(*Signatures du tuteur, du subrogé-tuteur, de l'expert, du juge de paix et du greffier.*)

FORMULE 87e. — **Procès-verbal d'estimation des meubles.** (N° 769.)

L'an..., le...., à... heures du...,

A la réquisition de monsieur J... (*nom, prénoms, profession et domicile du père*), tuteur naturel et légal de Marie et Joseph J..., ses enfants mineurs, issus de son mariage avec la dame Antoinette D..., décédée à..., le.. ,

Et en présence de M. Henri F... (*nom, prénoms, profession et domicile*), subrogé-tuteur desdits mineurs, qualité qui lui a été conférée par délibération prise, sous la présidence de monsieur le juge de paix du canton de..., par le conseil de famille, le..., enregistrée à..., le...,

Nous..... (*nom, prénoms, profession et domicile*), expert spécialement nommé par ledit sieur F..., subrogé-tuteur, à l'effet de procéder à l'estimation à juste valeur et sans crue des meubles appartenant aux mineurs sus-nommés, que leur père et tuteur veut garder pour les leur remettre ultérieurement en nature, en vertu de l'article 453 du Code civil, mission que nous avons acceptée,

Après avoir prêté, devant monsieur le juge de paix du canton de..., le serment prescrit par la loi, ainsi qu'il résulte du procès-verbal dressé par ce magistrat le..., dûment enregistré, nous sommes transporté dans la maison habitée par ledit sieur J..., située à..., rue..., numéro..., où, étant, nous avons procédé de la manière suivante à la description et à la prisée des meubles dont s'agit, sur la représentation qui nous en a été faite par les sieurs J.. et F .., tuteur et subrogé-tuteur.

1° Une armoire en noyer verni, de grande dimension, à deux portes, avec corniche sculptée, forme moderne, en très-bon état, estimée cent soixante francs, ci.   160 »

2° Une commode en noyer verni, avec dessus de marbre noir, à cinq tiroirs fermant tous à clef, forme moderne, en bon état, estimée quatre-vingts francs, ci. . . . .   80 »

3° Un bois de lit en noyer verni, de un mètre trente centimètres de largeur, avec un sommier à élastique, deux matelas en laine, deux couvertures en coton, un traversin et un oreiller garnis de plume d'oie, rideaux et courte-pointe en damas de laine jaune à riche dessin, et couronne en bois de noyer verni, forme carrée, le tout en bon état, estimé quatre cent vingt francs, ci. .   420 »

4° Une table de nuit en noyer verni, avec dessus de marbre noir, etc . . . .   » »

5°... — 6°... — 7°... etc. . . . .   » »

Total de l'estimation : neuf mille huit cent soixante-quinze francs cinquante centimes, ci.   9,875 50

Lesquels objets ci-dessus estimés, que le sieur J... a affirmés être les seuls dépendant de la succession de son épouse et appartenant à ses enfants mineurs, sont restés en sa possession, du consentement du sieur F..., subrogé-tuteur, pour être conservés en nature et remis auxdits mineurs ainsi qu'il appartiendra.

Il a été vaqué à ce qui précède depuis l'heure indiquée en tête du présent procès-verbal, jusqu'à... heures du..., par simple (double *ou* triple) vacation.

De tout ce que dessus nous avons dressé le présent procès-verbal, que messieurs J... et F..., tuteur et subrogé-tuteur, ont signé avec nous, après lecture, à..., les jour, mois et an susdits.

(*Signatures du tuteur, du subrogé-tuteur et de l'expert.*)

FORMULE 88°. — **Rapports d'experts dans le cas de demande en rescision pour cause de lésion.** (N° 885.)

A messieurs les président et juges du tribunal de première instance de...

L'an mil huit cent quatre-vingt..., le..., à... heures du...,

Nous, etc. (*rédiger tout le commencement du rapport d'après les* FORMULES 58e *ou* 59e, *selon le cas, jusqu'aux mots :* nous avons rédigé notre rapport et formulé notre avis ainsi qu'il suit :)

La pièce de fonds, en nature de terre labourable, objet de la vente faite par .... , à..., le..., est située, comme il est dit ci-dessus, dans la commune de..., au lieu dit... Elle confronte : du levant, à la veuve..... ; du nord, au ruisseau de... ; du couchant, au sieur...; du midi, à la route nationale numéro... Elle est portée au cadastre sous le numéro deux cent douze de la section D, et pour une contenance de quatre hectares vingt-huit ares cinquante-deux centiares, contenance que nous avons vérifiée et dont nous avons reconnu l'exactitude. A l'angle sud-ouest, et bordant la route, existe une petite cabane en briques de trois mètres de longueur sur deux mètres quatre-vingts centimètres de largeur et deux mètres soixante-six centimètres de hauteur, couverte de tuiles creuses, ayant une porte au levant et une petite fenêtre au nord, garnie d'un contrevent sans croisée. Cette construction existait au moment de la vente ; mais il résulte des renseignements que nous avons recueillis, et des dires des parties elles-mêmes, qu'elle était en mauvais état et a été réparée quatre mois après par l'acquéreur. Ces réparations ont consisté dans le recrépissage des murs intérieurement et extérieurement, le remaniement de la toiture et le changement d'une planche à la porte, qui a été pourvue d'une serrure neuve et repeinte, ainsi que le contrevent.

Cette pièce de terre doit être classée parmi les fonds de première qualité de la commune ; elle serait susceptible d'être convertie en prairie et même en jardin potager ; le ruisseau qui la baigne au nord présenterait, en ce cas, de grands avantages. Sa situation au bord de la grande route est aussi très-favorable.

Au moment de la vente, le champ dont il s'agit était couvert d'une belle récolte de blé-froment, qui a été moissonnée vingt-six jours après et a produit, d'après les renseignements qui nous ont été donnés, et de l'aveu même du sieur....., acquéreur, soixante-un hectolitres vingt litres de grains, pesant en moyenne quatre vingts kilos l'hectolitre.

Conformément à ce qui précède, et après nous être concertés, nous avons arrêté nos évaluations aux chiffres suivants :

Primo, la pièce de terre, susceptible d'un revenu annuel

moyen de quatre cent trente francs, nous a paru avoir, à l'époque de la vente, une valeur vénale de deux mille francs l'hectare, soit huit mille cinq cent soixante-dix francs quarante centimes, y compris la petite cabane sus-indiquée, qui est plutôt d'agrément que d'utilité, ci. 8,570 40

Secundo, la récolte pendante au moment de la vente, et pour laquelle il n'y avait d'autres frais à faire que ceux de la moisson, du battage et du vannage, largement compensés par la valeur de la paille, nous a paru devoir être estimée, à raison de vingt francs l'hectolitre, ou les quatre-vingts kilogrammes, la somme de douze cent vingt-quatre francs, ci. . . . . 1,224 »

Total de l'estimation : neuf mille sept cent quatre-vingt-quatorze francs quarante centimes, ci 9,794 40

Le prix de vente porté sur le contrat sus-daté n'étant que de quatre mille francs, il en résulte que ce prix est inférieur de plus de sept douzièmes à la valeur de l'immeuble vendu, et qu'il y a, par conséquent, lieu à rescision de la vente pour cause de lésion.

(Si, au contraire, le prix de vente était plus élevé, les experts diraient : le prix de vente porté sur le contrat sus-daté étant de... [quatre mille cinq cents francs, par exemple], il en résulte que ce prix n'est pas inférieur de sept douzièmes à la valeur de l'immeuble, et qu'il n'y a, dès lors, pas lieu à rescision pour cause de lésion.)

Notre mission se trouvant ainsi terminée, nous avons clos le présent rapport, etc. (comme aux formules précédentes).

(Signatures des trois experts.)

FORMULE 89ᵉ. — Premier procès-verbal ou rapport pour constater l'état des lieux relativement au privilége des architectes, entre-preneurs et ouvriers. (Nᵒ 840.)

L'an mil huit cent quatre-vingt..., le..., à... heures du...,

Je soussigné, Jean-Baptiste B.., architecte, demeurant à..., expert nommé d'office par jugement du tribunal de première instance de..., rendu le..., entre : 1ᵒ le sieur T... (nom et prénoms), entrepreneur de bâtisses, demeurant et domicilié à..., et 2° le sieur L... (*nom et prénoms*), propriétaire, demeurant et domicilié à..., à l'effet de constater l'état dans lequel se trouve la maison située à..., que ledit sieur L... a l'intention de faire élever d'un étage au-dessus du rez-de-chaussée, par l'entrepreneur T..., lequel veut acquérir le privilége que lui accorde l'article deux mille cent trois du Code civil sur l'immeuble qu'il va réparer et exhausser pour le compte du propriétaire sus-nommé ;

Après avoir prêté serment devant monsieur le président du tribunal sus-indiqué, ainsi qu'il résulte du procès-verbal dressé par ce magistrat le..., et fixé à aujourd'hui, à... heures du..., mon transport sur les lieux, jour et heure indiqués dans la sommation faite à L... par T..., suivant exploit de....., huissier à..., en date du..., dont l'original m'a été remis ainsi que la grosse du jugement ci-avant relaté, me suis rendu à la maison objet de mon expertise, où sont également venus les sieurs T..., entrepreneur, et L..., propriétaire, qui ont déclaré être prêts à assister à l'opération qui m'était confiée.

J'ai, en conséquence, visité avec eux la maison dont il s'agit, et j'ai reconnu et constaté ce qui suit :

Cette maison confronte : du levant, à la rue... ; du nord, au sieur ....., mur mitoyen ; du couchant, à une cour de quatre mètres de largeur appartenant à ladite maison ; du midi, à la veuve J .., au sieur ..... et au sieur ....., également murs mitoyens. Elle est à rez-de-chaussée, sur caves voûtées, et occupe une superficie de terrain de.. (*décrire la maison en entier, donner l'épaisseur des murs, la nature des matériaux dont ils sont composés, leur développement et leur hauteur, l'état dans lequel sont la toiture, la charpente, etc., etc., de manière à ce qu'on puisse reconnaître facilement plus tard que les travaux ont été nouvellement faits, soit que le tribunal confie la seconde expertise au même expert, soit qu'il en charge une autre personne, ce dont il a parfaitement le droit ; enfin l'expert terminera en donnant une estimation de la valeur de la maison, afin de pouvoir établir, après la perfection des nouveaux travaux, le montant de la plus-value*).

La mission qui m'avait été confiée étant ainsi remplie, j'ai clos le présent procès-verbal, les jour, mois et an susdits, sur les lieux litigieux, à... heures du..., par simple (double *ou* triple) vacation.　　　　(*Signature de l'expert*)

FORMULE 90ᵉ. — **Second procès-verbal ou rapport constatant la réception des travaux et la plus-value de l'immeuble.** (Nᵒ 841.)

L'an mil huit cent quatre-vingt .., etc. (*comme à la formule précédente*)..., à l'effet de recevoir les ouvrages faits par ledit sieur T..., entrepreneur, à la maison du sieur L ., propriétaire, située à .., et qui a été l'objet d'un premier procès-verbal dressé par moi (*ou :* par monsieur ....., expert alors nommé par le même tribunal) le..., enregistré le..., déposé au greffe et transcrit au bureau des hypothèques ;

Après avoir prêté serment, etc. (*comme à la précédente formule. — Si les parties ne sont pas présentes, on le constate.*)

J'ai, en conséquence, visité avec eux (*ou :* avec ledit sieur ....., — *ou bien :* en l'absence des parties) la maison dont il s'agit, et j'ai reconnu et constaté ce qui suit :

La maison a été élevée d'un étage au-dessus du rez-de-chaussée, dont les murs, suffisants pour supporter cet exhaussement, sont restés tels qu'ils étaient auparavant, etc. (*Décrire avec soin tous les travaux qui ont été faits, leur bonne ou mauvaise confection, la qualité des matériaux employés, etc., et enfin estimer la valeur de l'immeuble dans l'état où l'ont mis ces nouveaux ouvrages, quel que soit le prix qu'ils ont coûté.*)

La valeur de la maison du sieur L... étant actuellement de..., et la valeur qu'elle avait auparavant, ainsi que le constate le premier procès-verbal dressé par moi (*ou :* par l'expert. ...) le..., ayant été de..., il en résulte que cet immeuble a acquis, par les travaux nouvellement effectués, une plus-value de..., somme sur laquelle repose le privilége de l'entrepreneur T..., conformément à l'article deux mille cent trois du Code civil.

(*Dans le cas où la plus-value ne proviendrait pas en entier des nouveaux travaux, il faudrait l'établir de la manière suivante :* Il en résulte que cet immeuble a acquis une plus-value de...; mais je suis d'avis que cette plus-value ne provient pas entièrement des travaux nouvellement effectués. Il est incontestable, en effet, que l'élargissement de la rue, qui de neuf mètres a été porté à douze mètres, et son prolongement jusqu'à la rivière, ont donné à la maison L... une augmentation de valeur, qui me paraît devoir être estimée

34

la somme de...; d'où il suit que la plus-value sur laquelle doit reposer le privilége de l'entrepreneur T... ne saurait être portée à plus de..., conformément à l'article deux mille cent trois du Code civil).

Ayant ainsi rempli la mission qui m'était confiée, j'ai clos le présent procès-verbal, de retour dans ma demeure, les jour, mois et an susdits, à... heures du..., après avoir employé à mes opérations, le serment compris, ... vacations.

(Signature de l'expert.)

FORMULE 91e. — **Requête en matière de vices rédhibitoires.** (No 877.)

A monsieur le juge de paix du canton de...

Le sieur .... (*nom, prénoms, profession et domicile du requérant*), a l'honneur de vous exposer :

Que, le..., il a acheté, en foire de... (*ou :* à...), du sieur ..... (*nom, prénoms, profession et domicile du vendeur*), moyennant la somme de..., payée comptant (*ou :* payable le...), un cheval (*ou tout autre animal*), race..., âgé d'environ... ans, robe..., taille de...,

Et que cet animal, dont la livraison a été faite à l'exposant le..., paraît atteint du vice rédhibitoire désigné sous le nom de... (*spécifier le nom présumé*).

En conséquence, l'exposant vous prie, monsieur le juge de paix, de vouloir bien commettre tel expert qu'il vous plaira de choisir (*ou :* de vouloir bien, attendu la gravité du cas, commettre les trois experts qu'il vous plaira de choisir), à l'effet d'opérer la visite de l'animal, de constater le vice dont il paraît atteint, ou tous autres que l'expertise pourrait révéler; en cas de mort, procéder à l'ouverture de son cadavre, et du tout dresser procès-verbal, conformément à la loi.

Fait à..., le...   (*Signature du requérant.*)

FORMULE 92e. — **Autre requête en même matière.** (No 877.)

A monsieur le juge de paix du canton de...

Le sieur .... (*nom, prénoms, profession et domicile de l'exposant*) a l'honneur de vous exposer :

Que, le... (*date de la vente*), il a acheté, à... (*lieu de la vente*), du sieur...,. (*nom, prénoms, profession et domicile du ven-deur*), moyennant la somme de... (*prix de vente*), payée comptant (*ou* : payable le...), un lot de moutons au nombre de... ;

Que plusieurs bêtes de ce troupeau, dont la livraison a été faite au requérant le... (*date de la livraison*), paraissent déjà atteintes du vice rédhibitoire désigné sous le nom de *cla-velée*, et qu'il y a tout lieu de croire que la maladie s'éten-dra sur un grand nombre d'autres.

En conséquence, le requérant vous prie, monsieur le juge de paix, de vouloir bien commettre tel expert qu'il vous plaira de choisir, à l'effet d'opérer la visite des animaux actuellement malades, ainsi que de ceux qui pourront l'être ultérieurement ; de constater le vice dont ils paraissent at-teints, ou tous autres que l'expertise pourrait révéler ; en cas de mort, de procéder à l'ouverture des cadavres, et du tout dresser procès-verbal, conformément à la loi.

Fait à..., le...

Pour le sieur ..... (*nom du requérant*) qui ne sait pas signer :

(*Signature d'un parent ou d'un ami.*)

FORMULE 93°. — Ordonnance du juge de paix. (N° 878.)

Nous, N..., juge de paix du canton de..., département de...,

Vu la requête qui précède en date du..., et les disposi-tions de l'article 7 de la loi du 2 août 1884,

Nommons monsieur ... (*nom et prénoms de l'expert*), vété-rinaire à... (*demeure de l'expert*), expert, à l'effet de pro-céder, serment préalablement prêté devant nous, à la visite du... (*indiquer l'animal*) sus-indiqué ; de constater son état et les vices rédhibitoires dont il peut être atteint ; en cas de mort, d'en rechercher les causes soit par l'examen extérieur du cadavre, soit par l'autopsie ; et du tout dresser procès-verbal, conformément à la loi précitée, pour être ensuite par les parties requis et par le tribunal statué ce qu'il appar-tiendra.

Donné, en notre prétoire (*ou* : en notre cabinet), à..., le...

(*Signature du juge de paix.*)

NOTA. — Dans la pratique, le greffier signe l'ordonnance avec le juge de paix ; cela est très-convenable, mais n'est cependant pas nécessaire, et l'ordonnance est parfaitement régulière et valable avec la seule signature du juge. Nous faisons cette observation parce que souvent, dans les cantons ruraux, le juge de paix et le greffier n'habitent pas la même commune, et que, pour faire signer l'ordonnance par ce dernier, la partie requérante serait obligée à un déplacement dont il est bon qu'elle connaisse l'inutilité.

FORMULE 94ᵉ. — **Autre ordonnance du juge de paix.** (Nᵒ 878.)

Nous, N..., juge de paix du canton de..., département de...,

Vu la requête en date du..., qui précède, ensemble les dispositions de l'article 7 de la loi du 2 août 1884,

Et attendu que le cas est trop grave pour qu'un seul expert puisse procéder convenablement aux opérations requises,

Nommons messieurs..... (*noms, prénoms, professions et demeures des trois experts*), experts, à l'effet d'opérer, serment préalablement prêté devant nous, la visite du. ., susdésigné ; de constater son état et les vices rédhibitoires dont il peut être atteint; en cas de mort, d'en rechercher les causes soit par l'examen extérieur du cadavre, soit par l'autopsie ; et du tout dresser procès-verbal, conformément à la loi précitée, pour être ensuite par les parties requis et par le tribunal statué ce qu'il appartiendra.

Donné, en notre prétoire, à..., le...

(*Signature du juge de paix.*)

FORMULE 95ᵉ. — **Autre ordonnance du juge de paix.** (Nᵒ 878.)

Nous, N..., juge de paix du canton de .., département de...,

Vu la requête en date du..., qui précède, et les dispositions de l'article 7 de la loi du 2 août 1884,

Nommons monsieur....., vétérinaire à..., expert, à l'effet de procéder, serment préalablement prêté devant nous, à la visite du troupeau sus-désigné; de constater l'état des moutons (*ou* : brebis) qui le composent et les vices rédhibitoires dont ils peuvent ou pourront être atteints; en cas de mort, d'en rechercher les causes, soit par l'examen extérieur des cadavres, soit par l'autopsie; et du tout dresser procès verbal, conformément à la loi précitée, pour être ensuite par les parties requis et par le tribunal statué ce qu'il appartiendra.

Donné, en notre cabinet, à..., le...

(*Signature du juge de paix.*)

FORMULE 96°. — **Procès-verbal du juge de paix contenant la requête et l'ordonnance.** (N° 879).

L'an..., et le..., à... heures du...,

Devant nous, N..., juge de paix du canton de..., département de..., assisté de monsieur...,., notre greffier,

Est comparu le sieur (*nom, prénoms, profession et domicile du requérant*), lequel nous a exposé : que, le..., il a acheté, en foire de... (*ou* : à..,), du sieur..... (*nom. prénoms, profession et domicile du vendeur*, moyennant la somme de..., payée comptant (*ou* : payable le...*), une vache (*ou tout autre animal*), race..., âgée d'environ... ans, poil..., taille de...; et que cet animal, dont la livraison a été faite au requérant le..., paraît atteint du vice rédhibitoire désigné sous le nom de... (*spécifier le vice présumé*). En conséquence, l'exposant nous a prié de commettre un ou trois experts pour opérer la visite de l'animal dont s'agit, constater le vice dont il est atteint ; en cas de mort, procéder à l'ouverture du cadavre, et du tout dresser procès-verbal, conformément à la loi. Et a ledit sieur . ... signé (*ou* : déclaré ne savoir signer*), après lecture. (*Signature du requérant.*)

Sur quoi, nous, juge de paix susdit,

Vu la requête en date du, qui précède, et les dispositions de l'article 7 de la loi du 2 août 1884,

Nommons monsieur..... (*nom et prénoms de l'expert*), vétérinaire à..., expert, à l'effet de procéder, serment préalablement prêté devant nous, à la visite de la vache susdésignée; de constater son état et les vices rédhibitoires dont elle peut être atteinte ; en cas de mort, d'en rechercher la cause soit par l'examen extérieur du cadavre, soit par l'autopsie; et du tout dresser procès-verbal, conformément à la loi précitée, pour être ensuite par les parties requis et par le tribunal statué ce qu'il appartiendra.

De tout quoi nous avons dressé le présent procès-verbal, que nous avons signé avec le greffier, après lecture.

A..., en notre prétoire, les jour, mois et an susdits.

(Signatures du juge de paix et du greffier.)

FORMULE 97ᵉ. — **Sommation à l'expert de prêter serment, etc.**
(Nº 880.)

L'an..., et le..., à la requête du sieur..... (*nom , prénoms, profession et domicile de l'acheteur*),

Nous, ... (*immatricule de l'huissier*),

Avons signifié et donné copie, en tête des présentes, au sieur ..... (*nom , prénoms , profession et demeure de l'expert*), d'une requête présentée le..., par le requérant, à monsieur le juge de paix du canton de..., et de l'ordonnance en date du..., dûment enregistrée, par laquelle ce magistrat a nommé ledit sieur..... expert, à l'effet de procéder à la visite du... (*indiquer l'animal*) vendu au requérant par le sieur .... (*nom et prénoms du vendeur*), et ce afin qu'il ne l'ignore.

Au surplus, avons fait sommation audit sieur ..... (*nom de l'expert*), en vertu de l'ordonnance sus-datée, d'avoir à se présenter le..., à... heures du..., devant monsieur le juge de paix du canton de..., en son prétoire, sis à... (*ou : en son cabinet, sis dans son domicile, à...*), à l'effet de prêter, entre les mains de ce magistrat, le serment de bien et fidèlement remplir la mission confiée audit expert, pour être ensuite par ledit sieur ..... (*nom de l'expert*) procédé à son opération dans le plus bref délai, ainsi que le veut la loi ; lui déclarant que, faute par lui de déférer à la présente sommation, le requérant se pourvoira selon qu'il le jugera utile.

Sous toutes réserves.

Dont acte,

Fait à..., au domicile dudit sieur ..... (*nom de l'expert*), où, pour lui, nous avons, en parlant à..., laissé copie tant des requête et ordonnance sus-mentionnées que du présent, dont le coût est de... *(Signature de l'huissier.)*

FORMULE 98°. — **Procès-verbal de prestation de serment** (N° 881).

L'an..., et le..., à... heures du...,

Devant nous, N..., juge de paix du canton de..., département de..., assisté de monsieur....., greffier,

Est comparu monsieur..... (*nom, prénoms, profession et demeure*), qui, par notre ordonnance en date du..., enregistrée à..., le..., par..., au droit d'un franc quatre-vingt-huit centimes, et mise au bas de la requête que nous a présentée le sieur..... (*nom, prénoms, profession et domicile du requérant*), a été nommé expert à l'effet de procéder à la visite du... (*désigner l'animal*) vendu audit sieur..... par le sieur..... (*nom, prénoms, profession et demeure du vendeur*), et présumé atteint du vice rédhibitoire désigné sous le nom de...;

Lequel dit sieur...., expert, a dit se présenter devant nous pour prêter le serment prescrit par la loi préalablement à toute opération de sa part.

Sur quoi, nous, juge de paix susdit, déférant à cette demande, avons reçu du comparant le serment qu'il a fait, la main droite levée à Dieu, de bien et fidèlement remplir la mission que nous lui avons confiée.

En foi de quoi, nous avons dressé le présent procès-verbal, que monsieur..... a signé avec nous et le greffier, après lecture.

Fait à..., en notre cabinet, les jour, mois et an susdits.

(*Signatures de l'expert, du juge de paix et du greffier*).

FORMULE 99°. — **Sommation au vendeur d'être présent à l'expertise.**
(N° 882.)

L'an..., et le..., à la requête du sieur..... (*nom, prénoms, profession et demeure de l'acquéreur*),

Nous..... (*immatricule de l'huissier*),

Avons signifié et laissé copie, en tête des présentes, au sieur..... (*nom, prénoms, profession et demeure du vendeur*), d'une requête présentée par le requérant à monsieur le juge de paix du canton de..., le..., et de l'ordonnance rendue par ce magistrat le..., dûment enregistrée, laquelle ordonnance nomme monsieur....., vétérinaire, expert à l'effet de procéder à la visite du... (*désigner l'animal*) vendu par ledit sieur....., au requérant;

Et, attendu que ledit expert, après avoir prêté le serment voulu par la loi, a fixé au..., à... heures du... le commencement de ses opérations, nous, huissier susdit et soussigné, avons, à pareille requête que ci-dessus, fait sommation audit sieur..... (*nom et prénoms du vendeur*) de se trouver ledit jour, à... heures du..., au domicile du requérant (*ou dans tout autre lieu si l'animal s'y trouve*), pour être présent, si bon lui semble, à la visite de l'animal par lui vendu, et au procès-verbal qui sera dressé par l'expert; déclarant audit sieur..... que, faute par lui de se rendre au lieu sus-indiqué, les jour et heure ci-dessus fixés, il sera procédé en son absence aux opérations requises et ordonnées.

Sous toutes réserves.

Dont acte,

Fait à. ., au domicile dudit sieur....., où, pour lui, nous avons, en parlant à..., laissé copie tant des requête et ordonnance sus-énoncées que du présent, dont le coût est de...

(Signature de l'huissier.)

FORMULE 100°. — **Procès-verbal ou rapport d'expert.** (N° 883.)

Je soussigné, N... (*nom, prénoms, profession et demeure de l'expert*), expert nommé par ordonnance de monsieur le juge de paix du canton de .., en date du..., enregistrée à .., le..., à l'effet de procéder à la visite du... (*désigner l'animal*) vendu par le sieur..... (*nom, prénoms, profession et demeure du vendeur*) au sieur..... (*nom, prénoms, profession et demeure de l'acquéreur*), et que ce dernier présume être atteint du vice rédhibitoire connu sous le nom de..., ainsi qu'il résulte de la requête par lui présentée le... et au bas de laquelle a été rendue l'ordonnance sus-datée,

Après avoir prêté, le... du courant, entre les mains de monsieur le juge de paix, serment de bien et fidèlement remplir ma mission, me suis transporté au domicile du sieur .... (*nom de l'acquéreur*), qui m'a présenté un... (*désigner l'animal*), race..., âgé d'environ... ans, robe..., taille de... (*donner le signalement complet*), que ledit sieur..... m'a dit être l'animal objet de la contestation. (*Si le vendeur est présent à l'expertise, on ajoute :* ce qui a été reconnu par le sieur....., vendeur, présent à mon opération.)

J'ai examiné attentivement le... dont il s'agit, et j'ai reconnu... (*L'expert décrit avec soin l'état de l'animal ; il rend compte des faits qu'il constate, des moyens qu'il emploie pour reconnaître le vice présumé ou tout autre, des dires des parties si elles sont présentes, puis il termine comme suit :*)

En conséquence, j'estime que le .. soumis à mon expertise est atteint du vice rédhibitoire désigné par la loi sous le nom de...

(*Ou bien :* De tout ce qui précède, je conclus que le... objet de mon expertise n'est atteint ni de..., ainsi que le présumait l'acheteur, ni d'aucun autre vice rédhibitoire.)

(*Ou bien encore :* D'après ce qui précède, j'affirme que le... soumis à mon expertise n'est pas atteint de..., comme le présumait l'acquéreur, mais qu'il est affecté du vice rédhibitoire désigné par la loi sous le nom de...)

En foi de quoi j'ai dressé le présent-procès-verbal, à..., le...   (*Signature de l'expert.*)

FORMULE 101°. — **Autre procès-verbal d'expert, plus complet.**
(N° 883.)

L'an..., et le...,

En exécution d'une ordonnance rendue par monsieur le juge de paix du canton de..., le..., enregistrée à..., le..., et mise au bas d'une requête présentée le... par le sieur . ..., (*nom, prénoms, profession et demeure de l'acheteur*), qui présume que le... (*désigner l'animal*) à lui vendu par le sieur..... est atteint du vice rédhibitoire connu sous la dénomination de ..

Je soussigné, N... (*nom, prénoms profession et demeure de l'expert*), expert nommé par l'ordonnance sus-datée, « à » l'effet de (*copier l'ordonnance*) procéder à la visite du... » sus désigné, constater son état et les vices rédhibitoires » dont il peut être atteint; en cas de mort, d'en rechercher » les causes soit par l'examen extérieur du cadavre, soit par » l'autopsie; et du tou' dresser procès-verbal, conformément » à la loi..., »

Après avoir prêté, le... du courant, entre les mains de

monsieur le juge de paix, le serment de bien et fidèlement
remplir ma mission, me suis transporté cejourd'hui, à...
heures du..., dans l'écurie du sieur ....., aubergiste à..., qui
m'a présenté un... (*désigner l'animal*) qu'il m'a dit être celui
qui fait l'objet de la requête et de l'ordonnance sus-énoncées,
et dont le signalement est comme suit : (*donner le signalement complet de l'animal*) ;

(*Ou bien :* Me suis transporté dans l'écurie du sieur .....,
aubergiste à..., où j'ai trouvé les sieurs ..... (*noms du vendeur et de l'acheteur*), qui m'ont présenté un... qu'ils m'ont
dit être celui qui fait l'objet de la contestation existant entre
eux, et dont le signalement est comme suit :),

J'ai procédé à l'examen attentif de l'animal dont il s'agit,
et j'ai reconnu... (*donner les détails de l'expertise*).

Ayant acquis la conviction que cette première visite ne
suffisait pas pour m'éclairer entièrement, j'ai renvoyé la continuation de mes opérations au... du courant, à... heures
du. ., jour et heure auxquels je procéderai à un nouvel examen de l'animal, que j'ai laissé en fourrière chez le sieur .....,
qui en demeurera dépositaire jusqu'à ma prochaine visite.

Fait à..., les jour, mois et an susdits.

(*Signature de l'expert.*)

Et le..., à... heures du...,

Je, soussigné, expert sus-nommé, agissant toujours en
exécution de l'ordonnance ci-dessus énoncée, et par suite
du renvoi contenu dans la première partie du présent procès-
verbal, me suis de nouveau transporté dans l'écurie du
sieur ....., aubergiste à..., qui m'a représenté le... que j'avais
confié à sa garde. J'ai procédé à un second examen de cet
animal, et j'ai reconnu... (*donner les détails de cette seconde
visite*).

De tout ce qui précède, je conclus que le... soumis à mon
expertise est atteint du vice rédhibitoire désigné par la loi
sous le nom de ..

(*Ou bien :* En conséquence, j'affirme que le... objet de
mon expertise n'est atteint ni de..., ainsi que le présumait
l'acquéreur ni d'aucun autre vice rédhibitoire.)

(*Ou bien encore :* J'estime, d'après tout ce qui précède, que
le... objet de mon expertise n'est pas atteint de..., comme

le prétendait l'acheteur, mais qu'il est affecté du vice rédhibitoire désigné par la loi sous le nom de...)

En foi de quoi j'ai dressé le présent procès-verbal, clos à..., les jour, mois et an susdits.

(Signature de l'expert.)

FORMULE 102e. — **Autre procès-verbal d'expert.** (N° 883.)

Aujourd'hui... mil huit cent quatre-vingt..., à... heures du...,

En exécution de l'ordonnance rendue par monsieur le juge de paix du canton de..., enregistrée à..., le..., et mise au pied d'une requête présentée par le sieur ..... (*nom, prénoms, profession et demeure de l'acheteur*), qui présume que le... (*désigner l'animal*) à lui vendu par le sieur .... (*nom, prénoms, profession et demeure du vendeur*) est atteint du vice rédhibitoire connu sous le nom de...,

Je soussigné, N... (*nom, prénoms, profession et demeure*), expert nommé par cette ordonnance, à l'effet de... (*reproduire les termes de l'ordonnance*),

Après avoir prêté, le..., entre les mains de monsieur le juge de paix, le serment prescrit par la loi, me suis rendu au domicile du sieur ..... (*ou bien :* me suis transporté au clos d'équarrissage situé à..., où j'ai trouvé le sieur .....); qui m'a représenté le cadavre d'un... (*désigner l'animal*) qu'il m'a déclaré être celui qui fait l'objet des requête et ordonnance sus-datées. Cet animal était couché sur le côté gauche (*ou :* droit) et paraissait mort depuis environ... heures ; j'ai pris son signalement ainsi qu'il suit : (*donner le signalement complet*).

(*Si le vendeur est présent, on ajoute :* Le sieur ....., présent à mon opération, a parfaitement reconnu le... mort pour être celui qu'il a vendu au sieur .....)

Le sieur ..... (*nom de l'acquéreur ou de la personne qui présente le cadavre*) m'a fourni sur la maladie et la mort de l'animal les explications suivantes : (*consigner tous les renseignements qui pourront être recueillis par l'expert*).

J'ai d'abord procédé à l'examen extérieur du cadavre, et j'ai remarqué... (*décrire avec soin l'état extérieur du cadavre.*)

Puis j'ai procédé à l'ouverture du cadavre (*ou bien :* j'ai fait procéder en ma présence à l'ouverture du cadavre par le sieur....., équarrisseur), et j'ai reconnu et constaté ce qui suit : 1°... (*L'expert doit rendre un compte minutieux de toutes les lésions existantes et de toutes les circonstances de l'autopsie.*)

Il résulte de tout ce qui précède que l'animal dont il s'agit était affecté du vice rédhibitoire désigné par la loi sous le nom de..., et que sa perte provient de cette maladie.

(*Ou bien :* D'après tout ce qui précède, j'estime que l'animal, objet de mon expertise, était atteint du vice rédhibitoire indiqué par l'acquéreur (*ou de tout autre*), mais que sa perte provient de..., maladie qui n'est point considérée par la loi comme rédhibitoire.)

(*Ou bien encore :* De tout ce qui précède, je conclus que l'animal soumis à mon expertise n'était point affecté de..., comme le prétend l'acheteur, mais qu'il était atteint du vice rédhibitoire désigné par la loi sous le nom de..., et que cette maladie a causé sa perte.)

En foi de quoi, j'ai rédigé le présent procès-verbal, à..., les jour, mois et an susdits.   (*Signature de l'expert.*)

FORMULE 103ᵉ. — **Autre** procès-verbal, dressé par trois experts.
(N° 883.)

L'an..., le..., à... heures du...,

En exécution de l'ordonnance, etc. (*la suite comme aux deux formules précédentes*),

Nous, soussignés, ... (*noms, prénoms, professions et demeures des trois experts*), experts nommés par l'ordonnance sus-datée, à l'effet de... (*reproduire les termes de l'ordonnance*),

Après avoir prêté, le... du courant, entre les mains de monsieur le juge de paix qui nous a commis, le serment de bien et fidèlement remplir notre mission, nous sommes rendus ensemble au domicile du sieur....., où nous avons trouvé les sieurs ..... (*noms et prénoms du vendeur et de l'acheteur*), qui nous ont présenté, comme faisant l'objet du litige existant entre eux, un... (*désigner l'animal et donner son signalement complet*).

Nous avons examiné avec soin cet animal, et nous avons remarqué... (*donner les détails de la visite*).

Ayant reconnu qu'il ne nous était pas possible de nous prononcer sans revoir l'animal et lui faire subir une seconde fois les mêmes épreuves (*ou :* le soumettre à un travail différent qu'il n'est pas possible de lui imposer actuellement), nous avons décidé qu'il serait mis en fourrière chez le sieur....., aubergiste à..., ce que les parties ont accepté. Nous avons, en conséquence, fait conduire le... dont il s'agit dans l'écurie dudit sieur....., qui s'en est chargé, et nous avons renvoyé la continuation de notre opération au... du courant, à... heures du..., invitant les sieurs....., vendeur et acheteur, à se trouver lesdits jour et heure, dans l'écurie sus-indiquée, pour assister à cette seconde visite, ce qu'il nous ont promis de faire.

Fait à..., les jour, mois et an susdits.

(*Signatures des experts.*)

Et le... mil huit cent quatre-vingt..., à... heures du...,

Nous soussignés, experts ci-dessus dénommés et qualifiés, agissant toujours en exécution de l'ordonnance sus-énoncée, et par suite du renvoi contenu dans la première partie du présent procès-verbal, nous sommes transportés dans l'écurie du sieur....., où se sont également rendus les sieurs..... (*noms du vendeur et de l'acquéreur*), et où nous avons trouvé le... (*désigner l'animal*) objet de notre expertise.

Nous avons de nouveau examiné cet animal, et nous avons reconnu... (*détails de la seconde visite*).

Cette nouvelle visite ne nous ayant pas encore mis à même de résoudre d'une manière positive la question qui nous est soumise, nous avons décidé que nous examinerions une troisième fois l'animal, demain,... du courant, à... heures du..., et nous l'avons laissé, comme précédemment, en la garde du sieur....., invitant les parties à se rendre à cette nouvelle visite, ce qu'elles nous ont déclaré ne pouvoir pas faire, étant obligés, le sieur..... de vaquer aux travaux de sa profession, et le sieur..... d'aller en voyage.

Fait à..., les jour, mois et an susdits.

(*Signatures des experts*).

Et le... mil huit cent quatre-vingt..., à... heures du...,

Nous soussignés, experts ci-dessus dénommés, agissant toujours en vertu de l'ordonnance sus-datée, et par suite du renvoi prononcé dans la précédente vacation, nous sommes transportés de nouveau dans l'écurie du sieur....., qui nous a déclaré que le... objet de notre expertise est mort hier (*ou :* aujourd'hui), à... heures du... Nous avons, en effet, trouvé le cadavre de cet animal étendu sur le côté gauche (*ou :* droit), et ledit sieur..... nous a fourni les explications suivantes sur les circonstances qui ont précédé, accompagné et suivi cet événement... (*consigner les dires du gardien*).

Nous avons, après cela, procédé à l'examen attentif du cadavre, à l'extérieur, et nous avons reconnu... (*donner les détails de la visite extérieure*).

Puis monsieur....., l'un de nous, a procédé à l'autopsie, et nous avons constaté ce qui suit... (*détails de toutes les recherches faites dans le cadavre et les découvertes qu'elles ont amenées*).

De tous les faits constatés, soit pendant la vie de l'animal, soit après sa mort, et à l'intérieur comme à l'extérieur du cadavre, il est résulté pour nous la conviction que... (*donner une des solutions indiquées dans la* FORMULE 102e).

(*Ou bien, si les experts ne sont pas tous les trois du même avis :* De tout ce qui précède, et considérant que... [*donner les raisons qui ont motivé l'avis de la majorité des experts*], il est résulté, pour d'eux d'entre nous, la conviction que..., etc. Le troisième expert, au contraire, considérant que... [*donner les motifs*], est d'avis que..., etc.)

En foi de quoi, nous avons dressé le présent procès-verbal, fait et clos, à..., le... (*ou :* les jour, mois et an susdits).

(*Signatures des trois experts.*)

FORMULE 104e. — **Acte de dépôt au greffe de la pièce dont la vérification est ordonnée.** (No 895.)

L'an mil huit cent quatre-vingt.., est comparu au greffe du tribunal de première instance de..., devant nous, greffier, soussigné :

Monsieur..... (*nom, prénoms, profession et domicile*), assisté de maître....., son avoué, lequel, en exécution d'un jugement du tribunal de première instance de... rendu le... entre le sieur..... et lui, jugement qui ordonne la vérification de l'écriture et de la signature (*ou seulement :* de la signature) de la pièce ci-après décrite, nous a présenté un billet en date du..., enregistré à..., le..., portant obligation de payer le..., pour cause de..., la somme de... avec les intérêts au taux légal, qu'il nous a dit avoir été souscrit à son profit par le sieur.. .. (*s'il s'agit de tout autre acte qu'un billet, on en indiquera également la date et l'objet de la même manière*), et il nous a requis d'en recevoir le dépôt au greffe, après en avoir constaté l'état, conformément à l'article 196 du Code de procédure civile, et a signé, avec maître....., son avoué.

(Signatures de la partie et de l'avoué).

Desquels dépôt et réquisition nous avons donné acte audit sieur. ..., après quoi nous avons procédé à la constatation de l'état de la pièce ainsi qu'il suit : Ce billet (*ou autre acte*) est écrit sur une feuille de papier timbrée au timbre proportionnel de. ., (*ou :* sur... feuilles de papier timbrées au timbre de dimension de...; — *ou bien :* sur... feuilles de papier de couleur... ayant... millimètres de longueur sur .. millimètres de largeur, visées pour timbre à... au droit de...). Le papier est plié dans sa longueur en deux parties égales (*ou de toute autre manière*) et usé sur les plis par le frottement. (*Si la pièce a plusieurs feuilles, indiquer comment elles se sont réunies ensemble, la couleur du fil ou tissu, etc.*) La pièce dont il s'agit commence par ces mots : « ...., » et finit par ceux-ci : « .... ; » lesquels sont suivis d'une signature avec (*ou :* sans) paraphe au nom de... ; elle contient .. (*indiquer le nombre de lignes de chaque page, la couleur de l'encre, les blancs, ratures, surcharges, renvois, interlignes, etc.*).

Après avoir été signée et paraphée au dos (*ou :* sur chaque feuillet) par le comparant, son avoué et nous, greffier soussigné, ladite pièce a été par nous déposée au greffe pour être remise quand et à qui il sera ordonné. Et ont lesdits sieur..... et maître..... signé avec nous, après lecture.

(Signatures de la partie, de l'avoué et du greffier.)

FORMULE 105°. — **Signification de l'acte de dépôt.** (N° 899.)

A la requête du sieur André V..., etc., ayant maître B...
pour avoué,

Soit signifié et déclaré à maître R..., avoué du sieur Célestin G... : que, pour satisfaire au jugement rendu entre eux
par le tribunal de première instance de..., le..., ledit sieur
V... a déposé au greffe du même tribunal, le... (*indiquer la
pièce*), dont la vérification a été ordonnée par ledit jugement; que l'état de cette pièce a été constaté, et qu'elle a
été signée et paraphée par le demandeur (*ou:* son avoué) et
par le greffier, qui a dressé du tout un procès-verbal, dont
copie sera donnée, en tête des présentes, afin que ledit
maître R... puisse, si bon lui semble, prendre communication de ladite pièce et la parapher ou faire parapher par sa
partie, conformément à la loi. Sous toutes réserves. Dont
acte.

Fait à..., le...   (*Signature de l'avoué.*)

L'an..., et le....., à la requête de monsieur....., etc.,
Nous, huissier, etc., avons signifié et laissé copie, tant des
présentes que de l'acte de dépôt sus-énoncé, à maître R ..,
avoué du sieur G..., en son étude, rue..., numéro..., en parlant à..., ainsi déclaré, qui l'a reçue de nous. — Coût:...
                       (*Signature de l'huissier.*)

FORMULE 106°. — **Requête au juge-commissaire pour avoir permission d'assigner le défendeur à l'effet de convenir des pièces de
comparaison.** (N° 900.)

A monsieur ....., juge au tribunal de première instance de...., commis
pour la vérification d'écritures dont il est ci-après parlé.

Le sieur André V..., etc., ayant pour avoué maître B..., a
l'honneur de vous exposer que, par jugement contradictoire
rendu le..., entre le sieur Célestin G... et lui, dûment enregistré et signifié, il a été autorisé à faire procéder devant
vous, par titres, témoins et experts, à la vérification des écriture et signature d'un billet (*ou autre pièce*) en date du...,
enregistré à..., le .., etc ;

Que, ledit billet (*ou autre pièce*) ayant été déposé au greffe de votre tribunal le..., ainsi qu'il résulte de l'acte de dépôt dressé par le greffier le même jour et enregistré le..., et dûment signifié, le moment est venu de convenir des pièces de comparaison, afin de parvenir à la vérification ordonnée par le jugement sus-daté.

C'est pourquoi, monsieur le juge-commissaire, il vous plaira indiquer les jour et heure auxquels le sieur G .. sera sommé de comparaître devant vous, pour convenir des pièces qui devront servir de comparaison.

(*Si le défendeur n'a pas d'avoué constitué, on ajoute :* Et, attendu que le sieur..... n'a pas d'avoué en cause ; il vous plaira commettre un huissier pour faire, à personne ou à domicile, la sommation dont il s'agit.)

Fait à..., le...   (*Signature de l'avoué.*)

Formule 107ᵉ. — Ordonnance du juge-commissaire. (N° 900.)

Nous, ..., juge-commissaire, vu la requête qui précède, les pièces à l'appui et l'article 199 du Code de procédure civile,

Disons que le sieur G. . sera sommé et tenu de comparaître devant nous à..., le..., à... heures du..., à l'effet de convenir des pièces de comparaison dont il s'agit. (*Si le défendeur n'a pas constitué d'avoué, on ajoute :* Et, pour l'exécution de la présente ordonnance, commettons le sieur....., huissier audiencier près le tribunal de...)

Donné, en notre cabinet, au palais de justice, à..., le...
            (*Signatures du juge-commissaire et du greffier.*)

Formule 108ᵉ. — Sommation à avoué de comparaître pour convenir des pièces de comparaison. (N° 900.)

A la requête du sieur André V..., lequel a pour avoué maître B...,

Soit signifié et donné copie en tête de celle du présent acte, à maître R..., avoué du sieur Célestin G..., d'une requête présentée à monsieur....., juge-commissaire en cette partie, et de l'ordonnance rendue par ce magistrat, au bas de ladite requête, le..., dûment enregistrée ;

Et, en conséquence, soit ledit maître R... sommé de comparaître, si bon lui semble, et de faire comparaître sa partie, le..., à... heures du..., à ., par-devant monsieur le juge commissaire sus nommé, à l'effet de convenir des pièces devant servir de comparaison pour la vérification du... (*indiquer la pièce à vérifier*), dont le sieur G..., a dénié l'écriture (*ou :* la signature), laquelle vérification a été ordonnée par le jugement du tribunal de première instance de..., en date du..., dûment enregistré et signifié :

Déclarant audit maître R... que, faute par sa partie de se trouver, ou faire représenter, aux lieu, jour et heure sus-énoncés, il sera pris défaut contre elle, et que la pièce dont elle a dénié l'écriture (*ou :* la signature) sera déclarée émaner d'elle en son entier (*ou :* émaner de..., etc.).

Fait à..., le...   (*Signature de l'avoué.*)

L'an..., et le..., à la requête du sieur André V..., etc.,

Nous, huissier, etc., avons signifié et laissé copie, tant des requête et ordonnance sus-énoncées que du présent exploit, à maître R..., avoué du sieur G..., en son étude, rue..., numéro..., en parlant à..., ainsi déclaré, qui l'a reçue de nous. — Coût : ...   (*Signature de l'huissier.*)

FORMULE 109e. — **Sommation à la partie de comparaître pour convenir des pièces de comparaison.** (N° 900.)

L'an mil huit cent quatre-vingt..., le.., à la requête du sieur André V..., pour lequel domicile est élu en l'étude de maître B..., son avoué, demeurant à..., rue..., numéro...,

Je,..... (*nom, prénoms et immatricule de l'huissier*), soussigné, ai signifié et donné copie au sieur Célestin G..., demeurant et domicilié à..., d'une requête présentée à monsieur....., juge-commissaire en cette partie, et de l'ordonnance rendue par ce magistrat; au bas de ladite requête, le..., dûment enregistrée, afin qu'il ne l'ignore ;

Et, en conséquence de cet ordonnance, j'ai, huissier susdit et soussigné, à même requête, constitution d'avoué et élection de domicile, fait sommation audit sieur Célestin G... de comparaître à..., le..., à... heures du..., par-devant monsieur le juge-commissaire sus-nommé, à l'effet de convenir des pièces devant servir de comparaison, etc. (*la suite comme*

à la formule précédente); déclarant audit sieur Célestin G..
que, faute par lui de comparaître, en personne ou par mandataire, aux jour, lieu et heure ci-dessus indiqués, il sera
donné défaut contre lui, et que la pièce dont s'agit sera déclarée
émaner de lui (*ou :* émaner de...).

Fait à..., au domicile du sieur G..., où, pour lui, j'ai laissé
la copie des présentes, en parlant à..., ainsi déclaré, qui l'a
reçue de nous. — Coût : ...   (*Signature de l'huissier.*)

FORMULE 119ᵉ. — **Requête pour obtenir permission de sommer
les dépositaires et les experts.** (Nᵒ 907.)

A monsieur ....., juge du tribunal de première instance de..., commis
pour la vérification d'écritures dont il sera ci-après parlé.

Le sieur André V..., etc., ayant maître B... pour avoué,
expose que, pour parvenir à la vérification d'écritures ordonnée par jugement du tribunal de première instance de..,
rendu contradictoirement entre l'exposant et le sieur Célestin
G..., le..., dûment enregistré et signifié, les parties ont
comparu devant nous le..., et qu'elles sont convenues des
pièces de comparaison, ainsi qu'il appert du procès-verbal
dressé le même jour, dûment enregistré, à la suite duquel
vous avez ordonné : d'une part, que les dépositaires des pièces
de comparaison les représenteraient aux lieu, jour et heure
que vous indiqueriez ; d'autre part, que les experts désignés
pour procéder à la vérification comparaîtraient aux mêmes
lieu, jour et heure, pour prêter serment

En conséquence, il vous plaira, monsieur le juge-commissaire, fixer le lieu, le jour et l'heure auxquels devront être
sommés de comparaître :

D'une part : 1ᵒ maître....., notaire à... (*ou tout autre dépositaire public*), dépositaire d'un acte, etc. ; 2ᵒ monsieur ....,
propriétaire à..., etc., dépositaire d'un bail sous signatures
privées, passé entre lui et le sieur G..., écrit et signé de la
main de ce dernier, en date du. ., enregistré à..., le..., acte
que vous avez également choisi (*ou :* dont les parties sont
convenues) pour pièce de comparaison ;

D'autre part : 1ᵒ le sieur E..., etc. ; 2ᵒ le sieur M..., etc. ;
3ᵒ le sieur D..., etc.. experts nommés pour procéder à la
vérification d'écritures dont il s'agit,

A l'effet, quant à maître..... et à monsieur....., de représenter les pièces de comparaison dont ils sont dépositaires,
et, quant aux experts, de prêter serment de remplir fidèlement la mission qui leur est confiée, et de procéder à la vérification dont ils sont chargés dans le plus bref délai.

Fait à,..., le...   (*Signature de l'avoué.*)

FORMULE 111°. — **Ordonnance du juge-commissaire.** (N° 907.)

Nous, ..., juge-commissaire, vu la requête qui précède,
les pièces à l'appui et l'article 204 du Code de procédure
civile,

Autorisons le sieur V... à faire sommer, par le ministère
de ....., huissier à..., que nous commettons à cet effet, les
sieurs ....., dépositaires des pièces de comparaison, et les
sieurs . ..., experts, à comparaître devant nous, à..., le...,
à... heures du..., pour procéder, les premiers à la présentation des pièces dont ils sont détenteurs, et les seconds à leur
prestation de serment et à la vérification dont ils sont
chargés.

Délivré, en notre cabinet, à..., le...

                (*Signatures du juge-commissaire et du greffier.*)

FORMULE 112°. — **Sommation aux dépositaires et aux experts.**
(N° 908.)

L'an .., et le..., à la requête du sieur André V..., etc.,
pour lequel domicile est élu en l'étude de ....., etc.,

Je, ... (*nom, demeure et immatricule de l'huissier*), soussigné, commis à cet effet par monsieur ....., juge-commissaire,
dans son ordonnance ci-après relatée, ai signifié et, en tête
de celle du présent exploit, donné copie :

1° A maître ....., etc., notaire à la résidence de..., où il
demeure; 2° à monsieur ....., etc., propriétaire, demeurant
et domicilié à...; 3° à monsieur E..., etc.; 4° à monsieur
M..., etc.; 5° à monsieur D..., etc. (*noms, prénoms, professions et demeures des experts*),

D'une requête présentée le..., à monsieur le juge-commissaire, pour la vérification d'écritures ordonnée par juge-

ment du tribunal de première instance de..., rendu contradictoirement entre les sieurs V....., requérant, et Célestin
G..., le..., dûment enregistré et signifié, ainsi que de l'ordonnance rendue au bas de ladite requête par monsieur le
juge-commissaire, le..., enregistrée à..., le..., par ....., qui
a reçu...

Et, en vertu de ladite ordonnance, j'ai, huissier susdit
et soussigné, à mêmes requête, constitution d'avoué et élection de domicile, fait sommation auxdits maître ..... et
sieur ..... de comparaître le..., à... heures du..., à..., devant monsieur le juge-commissaire sus-nommé, pour lesdits
maître ... . et sieur ..... apporter et présenter les pièces de
comparaison dont ils sont dépositaires, et lesdits sieurs E...,
M... et D..., experts, prêter le serment prescrit par la loi et
procéder aux opérations dont ils sont chargés.

Déclarant auxdits maître ..... et sieurs ....., dépositaires et
experts sus-nommés, que, faute par eux d'obtempérer à la
présente sommation, ils encourront les peines édictées par
la loi. Dont acte.

Fait à... : 1° au domicile de maître ..... où, pour lui, j'ai
laissé copie des présentes, en parlant à....., ainsi déclaré, qui
l'a reçue de nous; 2° au domicile du sieur ....., où, pour
lui, etc. ; 3° au domicile du sieur E..., etc.; 4° au domicile
du sieur M....., etc.; 5° enfin, au domicile du sieur D..., où,
pour lui, j'ai laissé copie des présentes, en parlant à .....,
ainsi déclaré, qui l'a reçue de moi. — Coût : ...

(Signature de l'huissier.)

FORMULE 113e. — **Sommation à la partie d'être présente à la représentation des pièces de comparaison et à la prestation de serment
des experts.** (N° 908.)

A la requête du sieur André V..., etc., ayant pour avoué
maître B... ,

Soit déclaré à maître R..., avoué près le tribunal de première instance de..., et du sieur Célestin G..., etc. ,

Qu'en exécution d'une ordonnance de monsieur ....., juge-
commissaire, pour la vérification d'écritures ci-après, délivrée le..., enregistrée, maître ....., notaire à..., monsieur.... ,
propriétaire à..., et messieurs E..., M... et D..., experts,

omparaîtront le..., à... heures du..., à..., devant monsieur le juge-commissaire sus-nommé, pour :

1° Maître ..... et monsieur ....., représenter les pièces dont ils sont dépositaires, qui ont été choisies à l'effet de servir de pièces de comparaison dans la vérification d'écritures ordonnée par le jugement du... ;

2° Messieurs E..., M... et D.... prêter, en leur qualité d'experts, le serment de bien et fidèlement remplir la mission qui leur est confiée par ledit jugement, afin de commencer ensuite leurs opérations dans un bref délai ;

En conséquence, sommation soit faite audit maître R... de comparaître et faire comparaître sa partie devant monsieur le juge-commissaire, aux lieu, jour et heure sus-indiqués, pour, d'une part, être présents, si bon leur semble : 1° au dépôt des pièces de comparaison dont s'agit ; 2° à la prestation de serment des experts ci-dessus dénommés ; et, d'autre part, assister aux opérations de vérification auxquelles il sera procédé par lesdits experts.

Déclarant audit maître R... que, faute par lui et sa partie de comparaître, il sera donné défaut contre eux et procédé en leur absence aux dépôt, prestation de serment et opérations dont il s'agit. Dont acte.

Fait à..., le...　　　　　　　　*(Signature de l'avoué.)*

L'an..., et le..., à la requête du sieur André V..., etc.,

Nous, huissier, etc., avons signifié et laissé copie à maître R..., avoué du sieur G..., en son étude, rue..., numéro..., du présent acte, en parlant à....., ainsi déclaré, qui l'a reçue de nous. — Coût : ...　　　　*(Signature de l'huissier.)*

FORMULE 114°. — Sommation au demandeur d'être présent à un corps d'écriture dicté par les experts. (N° 919.)

A la requête du sieur Célestin G..., etc., ayant maître R... pour avoué,

Soit sommé maître B..., avoué du sieur André V..., etc., de faire comparaître sa partie, le..., à... heures du..., au greffe du tribunal de première instance de..., devant monsieur....., juge-commissaire, pour être présente, si bon lui semble, au corps d'écriture que fera ledit sieur G..., en exécution de l'ordonnance rendue le... par monsieur le juge-commissaire, dûment enregistrée, lequel corps d'écriture sera dicté par les experts et servira à la vérification ordonnée par le jugement du tribunal de première instance de..., en date du..., dûment enregistré et signifié ; déclarant audit maître B... qu'il sera, tant en absence que présence de sa partie, procédé à ladite opération. Dont acte.

Fait à..., le...   (*Signature de l'avoué.*)

L'an..., et le..., à la requête du sieur Célestin G..., lequel a pour avoué maître R...,

Nous, huissier, etc., avons signifié et laissé copie à maître B..., avoué du sieur André V..., en son étude, rue..., numéro..., du présent acte, en parlant à....., ainsi déclaré, qui l'a reçue de nous. — Coût:...   (*Signature de l'huissier.*)

FORMULE 115°. — **Rapport d'experts en vérification d'écritures.**
(N° 936.)

A messieurs les président et juges du tribunal
de première instance de...

L'an mil huit cent quatre-vingt..., le..., à... heures du...,

Nous, ... (*noms, prénoms, professions et demeures*), experts nommés par jugement du tribunal de première instance de..., en date du..., enregistré, à l'effet de vérifier l'écriture et la signature (*ou seulement* : la signature) du billet ci-après désigné (*ou tout autre acte*), qui ont été déniées par le sieur G... dans la cause pendante entre lui et le sieur V...,

Ayant été sommés de comparaître, les jour et heure sus-indiqués, au greffe dudit tribunal, par exploit de....., huissier à..., en date du..., enregistré, nous sommes transportés au greffe susdit, devant monsieur....., juge-commissaire, assisté de monsieur....., commis-greffier assermenté, où, étant, se sont présentés le sieur André V..., demandeur, assisté de maître B..., son avoué, et le sieur Célestin G..., assisté de maître R..., son avoué, en présence desquels nous avons fait serment, devant monsieur le juge-commissaire, de bien et fidèlement remplir nos fonctions, ce dont il nous a été donné acte par ce magistrat.

Après quoi, le greffier sus-nommé nous a remis le billet (*ou autre acte*) sur lequel nous avons à opérer notre vérification, et dont la description est contenue dans l'acte de dépôt dressé le..., par ledit greffier. Remise nous a également été faite des pièces de comparaison, lesquelles sont au nombre de... et consistent... (*donner la description de ces pièces*).

Nous avons présenté le billet et les pièces de comparaison au sieur G..., qui a parfaitement reconnu ces dernières comme émanant de lui, mais a dit que l'écriture et la signature du billet lui sont faussement attribuées et qu'il persiste à les dénier. Il a déclaré, au surplus, ne pas s'opposer à notre opération, sous toutes réserves, et a signé; avec son avoué, après lecture.   (*Signatures du défendeur et de l'avoué.*)

A quoi le sieur V..., demandeur, a répondu qu'il persiste à soutenir que l'écriture et la signature de ce billet sont bien l'œuvre du sieur G..., ainsi que cela sera facilement reconnu par la vérification dont nous sommes chargés et qu'il nous a requis d'opérer, sous toutes réserves, et a signé, avec son avoué, après lecture.

(*Signatures du demandeur et de son avoué.*)

Nous avons donné acte aux parties de leurs dires, réquisitions et réserves, puis elles se sont retirées avec leurs avoués, et, en présence de monsieur le juge-commissaire, ou du greffier par lui désigné, nous avons procédé conjointement à notre opération de la manière suivante, et avons constaté ce qui suit.

D'abord, nous avons attentivement examiné le billet dont il s'agit, tant dans chaque mot de l'écriture qu'à la signature, et nous avons reconnu que l'auteur de cet acte a cherché à déguiser sa manière habituelle d'écrire et de signer; mais il nous a été cependant facile de reconnaître la main qui a tracé ces caractères, en les confrontant avec les pièces de comparaison. On remarque en effet, dans le billet comme dans ces diverses pièces, que... etc. (*indiquer les lettres, les traits de plume, etc., qui sont semblables, et tous les autres indices sur lesquels les experts se sont basés pour asseoir leur opinion*).

Nous avons, en conséquence, été unanimement d'avis que le billet et les pièces de comparaison sont écrits de la même main, et que, dès lors, ce billet est bien l'œuvre du sieur Célestin G..., défendeur.

Ayant ainsi terminé notre mission, nous avons clos le présent rapport, que nous avons signé, après lecture, et remis à monsieur le juge-commissaire pour être annexé à la minute de son procès-verbal.

Fait et clos, à..., au greffe du tribunal de première instance, le..., à... heures du... *(Signatures des experts.)*

FORMULE 116ᵉ. — Autre rapport d'experts en vérification d'écritures.
(N° 936.)

A messieurs les président et juges du tribunal de première instance de...

L'an..., et le... *(comme à la formule précédente, jusqu'à :* et avons constaté ce qui suit).

L'examen attentif que nous avons fait du billet dont il s'agit, tant dans chaque mot de l'écriture que dans la signature, nous a convaincus tout d'abord que l'on avait cherché à imiter l'écriture et contrefaire la signature du sieur G...; mais le rapprochement que nous avons fait des pièces de comparaison nous a promptement démontré que ce n'était pas l'œuvre de la même main. Ainsi nous avons remarqué... *(indiquer en détail les différences qui existent entre le billet et les pièces de comparaison).*

De toutes les constatations qui précèdent il est résulté pour nous, experts soussignés, la conviction unanime que le billet soumis à notre vérification n'est ni écrit ni signé par le sieur Célestin G...

Notre mission étant ainsi remplie, nous avons clos le présent rapport, etc. *(la fin comme à la formule précédente).*

(Signatures des experts.)

FORMULE 117ᵉ. — Autre rapport en vérification d'écritures, avec dictée de corps d'écriture, et ajournement. (N° 936.)

A messieurs les président et juges du tribunal de première instance de...

L'an..., et le... *(comme à la* FORMULE 115ᵉ, *jusqu'à :* et avons constaté ce qui suit).

Nous avons d'abord attentivement examiné le billet soumis à nos investigations, tant dans l'écriture du corps de l'acte qu'à la signature, et il nous a semblé reconnaître que l'une et l'autre ont été déguisées. Les ayant confrontées avec les pièces de comparaison, nous avons trouvé que ces pièces étaient complétement insuffisantes pour nous permettre d'asseoir une opinion sérieuse. Sur notre demande, monsieur le juge-commissaire a alors ordonné que, le... du courant, à... heures du..., le sieur Célestin G... ferait, sous notre dictée, un corps d'écriture; et nous avons, en conséquence, renvoyé auxdits jour et heure la continuation de notre expertise.

Et ledit jour,... du mois de..., à... heures du..., nous, experts soussignés, nous sommes réunis au greffe, devant monsieur le juge-commissaire, où se sont également rendus les sieurs André V.. et Célestin G... Ce dernier ayant été invité à écrire les phrases qui lui seraient dictées, il y a consenti, et, ayant immédiatement pris la plume que nous lui avons donnée, il a écrit, sous la dictée de monsieur...., l'un de nous, ce qui suit : (*donner le texte de ce qui a été dicté par l'expert et écrit par la partie*).

Pendant que le sieur G... écrivait, nous avons remarqué... (*dire s'il a écrit naturellement ou avec contrainte, etc.*).

Le corps d'écriture terminé, les parties se sont retirées, et nous avons, en présence de monsieur le juge-commissaire (*ou:* du greffier) comparé cet écrit avec le billet. Nous avons reconnu..., (*donner les détails du résultat de la comparaison des deux pièces*).

Nous avons, en conséquence, été unanimement d'avis que... (*donner l'une ou l'autre des solutions indiquées dans les deux formules précédentes*).

Notre mission étant ainsi terminée, nous avons clos le présent rapport, etc.   (*Signatures des experts.*)

FORMULE 118e. — Rapport en vérification d'écritures, avec avis différents. (N° 936.)

A messieurs les président et juges du tribunal de première instance de...

L'an mil huit cent quatre-vingt.., le..., à... heures du...,
Nous, etc., experts nommés par jugement du tribunal de première instance de..., rendu le... entre le sieur F.. (*nom, prénoms, profession et domicile*), demandeur, et le sieur P... (*nom, prénoms, profession et domicile*), défendeur, à l'effet de vérifier l'écriture et la signature d'un testament olographe, en date du..., enregistré à..., le..., que le sieur F... prétend

être écrit et signé par la veuve N..., ce qui est dénié par le sieur P...,

Ayant été sommés de comparaître, au greffe dudit tribunal, les jour et heure sus-indiqués, par exploit de....., huissier à..., en date du..., enregistré, nous sommes transportés au greffe susdit. . (*la suite comme à la* FORMULE 113e).

Nous avons représenté au sieur P... le testament et les pièces de comparaison; il a parfaitement reconnu ces dernières comme émanées de la veuve N..., mais il a dit que l'écriture et la signature du testament sont faussement attribuées à cette dame, et il a persisté à les dénier. Il a, au surplus, déclaré ne pas s'opposer à notre vérification, sous toutes réserves, et a signé, avec son avoué, après lecture.

(Signatures.)

A quoi le sieur F... a répondu qu'il persiste à soutenir que l'écriture et la signature du testament sont bien l'œuvre de la dame veuve N..., ainsi que cela sera facilement constaté par notre opération, à laquelle il nous a requis de procéder, sous toutes réserves, et a signé, avec son avoué, après lecture.
(Signatures.)

Nous avons donné acte aux parties de leurs dires, réquisitions et réserves, puis elles se sont retirées, et nous avons, en présence soit de monsieur le juge-commissaire, soit du greffier, procédé conjointement de la manière suivante:

Deux de nous, ayant examiné avec la plus scrupuleuse attention le testament et les pièces de comparaison sus-énoncées, ont reconnu... (*donner les détails des examens, comparaisons, vérifications, etc., auxquels les deux experts se sont livrés, ainsi que nous l'avons indiqué dans les formules précédentes.*)

L'autre expert a également examiné avec la plus scrupuleuse attention le testament et les pièces de comparaison, mais il lui a semblé que... (*donner le résultat de ses vérifications, comparaisons,* etc.).

Ayant délibéré tous les trois et comparé de nouveau nos appréciations et vérifications, il en est résulté qu'à la majorité de deux voix contre une, notre avis est que le testament olographe soumis à notre expertise est bien écrit en entier, daté et signé par la veuve N... (*ou bien:* que le testament olographe soumis à notre expertise n'est écrit, daté ni signé par la veuve N...; — *ou bien encore:* que le testament, etc., est bien écrit en entier et daté par la veuve N..., mais que la signature n'est point l'œuvre de cette dame).

Notre opération étant ainsi terminée, nous avons clos le présent rapport, que nous avons remis à monsieur le juge-commissaire pour être annexé à son procès-verbal.

Fait à..., au greffe du tribunal, le..., à... heures du..., et signé, après lecture.   (*Signatures des trois experts.*)

Formule 119e. — **Rapport d'experts en matière de faux incident civil.** (N° 994.)

A messieurs les président et juges du tribunal
de première instance de...

L'an mil huit cent quatre-vingt.., le .., à... heures du...,

Nous (*noms, prénoms, professions et demeures*), experts nommés par jugement du tribunal de première instance de..., rendu le... entre le sieur Isaac M..., banquier, demeurant et domicilié à..., demandeur au principal et défendeur à l'inscription de faux, ayant pour avoué maître D..., et le sieur Jacques C..., négociant, demeurant et domicilié à..., défendeur au principal et demandeur en inscription de faux, ayant maître B... pour avoué, lequel jugement, dûment enregistré et signifié, « déclare pertinents et admissibles les moyens de faux présentés par le sieur C... contre ..... (*indiquer la pièce*) produite par le sieur M... dans l'instance pendante entre eux devant ce tribunal, moyens qui consistent, le premier, en ce que... (*préciser les faits et moyens proposés pour établir le faux*); autorise le sieur C... à en faire la preuve tant par titres que par témoins, dans la forme ordinaire, par-devant monsieur ....., juge précédemment commis, la preuve contraire réservée au sieur M...; ordonne, en outre, que par trois experts, messieurs ....., que le tribunal nomme d'office, il sera procédé, devant le même juge et en présence du sieur M..., ou lui dûment appelé, à la vérification de la pièce sus-énoncée, prétendue falsifiée, pour être ensuite requis et statué ce qu'il appartiendra; »

Ayant été sommés de comparaître, au greffe dudit tribunal, les jour et heure indiqués en tête du présent rapport, par exploit de....., huissier à..., en date du..., enregistré, nous nous sommes transportés au greffe susdit, devant monsieur ....., juge-commissaire, assisté de maître ....., greffier, où, étant, se sont présentés le sieur Isaac M..., assisté de maître D..., son avoué, et le sieur Jacques C..., assisté de maître B..., son avoué, en présence desquels nous avons prêté, entre les mains de monsieur le juge-commissaire, serment de bien et fidèlement remplir la mission à nous confiée, ce dont il nous a été donné acte par ce magistrat.

Et, aussitôt après, remise nous a été faite : 1° de la grosse du jugement du tribunal de..., en date du..., qui a admis l'inscription de faux ; 2° de la pièce (la désigner) prétendue fausse ; 3° du procès-verbal, dressé le..., de l'état de ladite pièce ; 4° de la grosse du jugement du..., sus-relaté, qui a admis les moyens de faux et ordonné le rapport d'experts ; 5° des pièces de comparaison... (s'il en a été fourni, en donner la nomenclature) ; 6° du procès-verbal de présentation de ces pièces, en date du... ; 7° enfin, de la grosse du jugement par lequel ces pièces de comparaison ont été reçues, en date du...

(Dans le cas où les témoins auraient joint des pièces à leur déposition, on ajoutera : « Remise nous a également été faite [monsieur le juge-commissaire l'ayant ordonné, sur la réquisition du sieur C...] des pièces jointes par le témoin J... à sa déposition (ou : par les témoins S... et T... à leurs dépositions) ; ces pièces sont : » (les énumérer, en indiquant par quel témoin chaque pièce a été représentée).

Nous avons, tous les trois, paraphé la pièce arguée de faux ; puis, les parties nous ayant déclaré, l'une requérir notre opération et l'autre ne pas s'opposer à ce qu'elle ait lieu, sous toutes réserves, ce dont nous leur avons donné acte, elles ont signé, avec leurs avoués, après lecture, et elles se sont retirées, ainsi que lesdits avoués.

(Signatures des deux parties et de leurs avoués)

Nous avons alors, en présence d'abord de monsieur le juge-commissaire, puis du greffier par lui désigné, procédé conjointement à notre opération de la manière suivante : (les experts procéderont à leur opération comme en matière de vérification d'écritures, ainsi que nous l'avons indiqué dans les FORMULES 115e à 118e ; puis ils formuleront leur avis sur l'existence ou la non-existence du faux).

Ayant ainsi achevé de remplir la mission qui nous était confiée, nous avons clos le présent rapport, que nous avons

signé, après lecture, et remis à monsieur le juge-commissaire
pour être annexé à son procès-verbal.

Fait et clos, à..., le..., au greffe du tribunal de première
instance, à... heures du...   (*Signatures des experts.*)

SECTION II.

EXPERTISES ADMINISTRATIVES.

FORMULE 120e. — Arrêté du conseil de préfecture qui ordonne
une expertise. (N° 1002.)

Le conseil de préfecture du département de...,

Vu la requête en date du..., par laquelle le sieur. ...
(*nom, prénoms, profession et domicile du demandeur*) expose...
(*résumer les faits exposés et donner les conclusions du requérant*);

Vu le mémoire en défense, sous la date du..., par lequel le
sieur..... (*nom, prénoms, profession et domicile du défendeur*)
expose... (*résumer les moyens de défense et donner les conclusions du défendeur*) ;

Vu l'avis (*ou: le rapport*) de monsieur..... (*indiquer le
fonctionnaire appelé, s'il y a lieu, à donner son avis ou faire son
rapport*) en date du..., par lequel ce fonctionnaire conclut...
(*indiquer sommairement les conclusions*) ;

Vu également : 1°... (*indiquer les pièces soumises au conseil,
telles que devis, marchés, plans, procès-verbaux, etc.*) ;

Ouï le rapport fait, en audience publique, par monsieur.....,
l'un des conseillers ;

Ouï le sieur....., demandeur, comparaissant en personne,
assisté de monsieur..... (*indiquer l'avocat, avoué ou défenseur ; — ou bien, si la partie se fait représenter :* comparaissant
par le sieur....., son mandataire, aux termes d'une procuration sous signature privée, en date du..., enregistrée, *ou :*
d'une procuration en date du..., au rapport de maître.....,
notaire à..., enregistrée), lequel a développé les moyens de
sa demande, et conclu... ;

Ouï également le sieur....., défendeur, comparaissant, etc. (*comme d'autre part*), lequel a développé ses moyens de défense, et conclu...

(*Dans le cas où les parties, ou l'une d'elles, ne comparaissent ni en personne ni par mandataire, il en est fait mention en indiquant les actes par lesquels lesdites parties ont été appelées devant le conseil; les deux paragraphes qui précèdent sont alors supprimés.*)

Ouï les conclusions verbales et motivées de monsieur..... (*nom du fonctionnaire remplissant le ministère public*), commissaire du gouvernement;

Vu la loi... (*viser les lois, décrets et règlements applicables à la matière et sur lesquels la décision est basée*);

Après en avoir délibéré, ainsi que la loi le prescrit;

Considérant... (*déduire les motifs qui rendent l'expertise nécessaire*);

ARRÊTE :

Article premier. — Il sera par trois experts (*ou : par l'expert ci-après nommé, si un seul expert suffit*), procédé, en présence des parties ou elles dûment appelées, à une expertise ayant pour objet : 1°..., — 2°....., — 3°..., — (*indiquer avec clarté et précision tous les points sur lesquels doit porter l'expertise, et les avis que les experts sont appelés à donner.*)

Article deux. — Le conseil nomme comme expert monsieur... (*nom, prénoms, profession et demeure*). Le sieur..., demandeur, et le sieur..., défendeur, devront, dans la huitaine de la notification qui leur sera faite, désigner leur expert (*à moins que les parties ne s'accordent pour désigner leur expert à l'audience, ou ne consentent à ce qu'il soit procédé par un seul, auxquels cas il est fait mention de leur déclaration*).

Article trois. — Les experts, avant de commencer leurs opérations, prêteront serment devant l'un des membres du conseil de bien et fidèlement remplir leur mission. — Ils déposeront leur rapport en minute au greffe, dans le délai de... à dater de la prestation de serment. — Il sera ensuite par le conseil statué ce qu'il appartiendra.

Article quatre. — Tous les droits et moyens des parties sont réservés, ainsi que les dépens.

Ainsi jugé et prononcé, en audience publique, à..., le...,

par messieurs..... (*noms des membres du conseil qui ont siégé*), en présence de monsieur......, commissaire du gouvernement, et avec l'assistance de monsieur..... (*nom du greffier*), tenant la plume.

En foi de quoi, le présent arrêté a été signé, après lecture, par les membres du conseil sus-nommés et le secrétaire-greffier.

(*Signatures des membres du conseil et du greffier*).

FORMULE 121e. — Invitation aux parties
d'avoir à désigner un expert. (Nº 1006.)

Par un arrêté en date du..., le conseil de préfecture de..., a ordonné qu'il serait procédé à une expertise dans l'instance pendante entre le sieur... et le sieur...

Monsieur... est invité, conformément à l'article 15 de la loi du 22 juillet 1889, à désigner son expert dans le délai de huit jours à partir de la présente notification.

Il est prévenu que, si cette désignation n'est pas parvenue au greffe dans ce délai, la nomination dudit expert sera faite d'office par le conseil de préfecture.

(*Date et signature du secrétaire-greffier.*)

FORMULE 122e. — Rapport d'experts en matière administrative, dressé
en exécution d'un arrêté du conseil de préfecture. (Nº 1021.)

A messieurs les membres du conseil de préfecture
du département de...

L'an mil huit cent quatre-vingt..., le..., à... heures du..., Nous..... (*noms, prénoms, professions et demeures des experts*), experts choisis par les parties (*ou* : nommés d'office) pour procéder à l'expertise ordonnée par arrêté du conseil de préfecture du département de..., en date du..., à l'effet de rechercher et constater : ... (*copier les termes de l'arrêté textuellement*);

Après avoir prêté, le..., devant le conseil... (*ou* : devant monsieur....., désigné à cet effet par le conseil), le serment de bien et fidèlement remplir notre mission, et avoir prévenu par écrit les parties des lieu, jour et heure où nous procé-

derions à nos opérations, nous sommes transportés à...
(*indiquer le lieu*) lesdits jour et heure énoncés en tête du
présent rapport, où nous avons trouvé... (*dire si les parties
se sont présentées, ou constater leur absence, et faire mention
de leurs réquisitions, dires, observations et réserves*).

Nous avons d'abord fait lecture de l'arrêté du conseil de
préfecture ci-dessus relaté, afin de bien préciser l'objet de
notre expertise, puis nous avons procédé de la manière suivante : ... (*Comme dans toutes les opérations qui leur sont confiées, les experts décrivent les lieux, rendent compte des diverses
opérations auxquelles ils se sont livrés, telles que toisés, arpentages, expériences, etc., font connaître les renseignements qu'ils
ont recueillis, les calculs qu'ils ont faits, et, en un mot, tous
les moyens qu'ils ont employés pour asseoir leur opinion.*)

Ces constatations opérées, nous avons conféré entre nous
et adopté à l'unanimité l'avis suivant : (*indiquer d'une manière
claire et précise l'avis adopté. — Dans le cas où les experts ne
seraient pas d'accord, on se conformerait à la* FORMULE 75°
*mais en indiquant quelle a été l'opinion de chaque expert, ou
bien, s'ils étaient du même avis par des motifs différents, à la*
FORMULE 76°.)

Ayant ainsi rempli la mission qui nous était confiée, nous
avons clos le présent rapport, qui sera déposé par monsieur....., l'un de nous, au greffe du conseil de préfecture.

Fait et clos, à..., les jour, mois et an susdits, à... heures
du..., et signé, après lecture.   (*Signatures des experts.*)

NOTA. — Si les experts ne pouvaient pas terminer leurs opérations le
même jour, ils le constateraient de la manière que nous avons indiquée
aux FORMULES 59° et suivantes. Si l'un des experts refusait de signer, on
le mentionnerait comme nous l'avons dit dans la FORMULE 72°. En un mot,
s'il survient quelque incident, les experts se reporteront aux divers
modèles de rapports que nous avons donnés pour les expertises en matière civile, et dans lesquels se trouvent prévus tous les cas qui peuvent
se présenter.

FORMULE 123°. — Invitation aux parties d'avoir à prendre connaissance
d'un rapport d'experts et à fournir leurs observations. (N° 1021.)

Monsieur, — En exécution de l'arrêté du conseil de préfecture de.., en date du..., messieurs..., experts, ont déposé
leurs rapports au greffe du conseil de préfecture,

Vous êtes invité à en prendre connaissance et à fournir vos observations dans un délai de quinze jours à partir de la notification qui vous sera faite du présent avis conformément à l'article 21 de la loi du 22 juillet 1889.

Passé ce délai, l'affaire pourra être inscrite au rôle d'audience.

(Signature du secrétaire-greffier.)

Nota. — Cet avis est envoyé au maire de la commune où habite la partie intéressée, et il lui est notifié par les soins de ce magistrat, qui lui en fait donner récépissé.

FORMULE 124ᵉ. — **Rapport d'expert constatant qu'un bâtiment menace ruine. (N° 1033.)**

L'an mil huit cent quatre-vingt..., le..., à... heures du...,

Nous : André D... *(profession et demeure)*, expert nommé par monsieur le maire de la commune de...,

Et François L... *(profession et demeure)*, expert nommé par monsieur... *(nom, prénoms, profession et domicile)*, à l'effet de procéder contradictoirement à l'expertise de la maison appartenant audit sieur..... et située à..., rue..., numéro..., que l'administration municipale considère comme menaçant ruine ;

Après avoir prêté, le..., devant monsieur le maire de la commune de... *(ou : devant monsieur le juge de paix du canton de...)*, serment de fidèlement remplir notre mission, nous nous sommes transportés, les jour, mois et an susdits, à la maison ci-dessus indiquée, où nous avons, en présence *(ou : en l'absence)* du propriétaire, reconnu et constaté..., *(indiquer l'état dans lequel se trouve le bâtiment, et les causes qui font que cet édifice menace ruine et qu'il y a péril).*

En conséquence, nous avons été unanimement d'avis que le mur de façade dont il s'agit menace ruine et constitue un péril évident pour la sécurité des passants.

De tout quoi, nous avons dressé le présent rapport, fait et clos à..., les jour, mois et an susdits, à... heures du..., et nous avons signé, après lecture.

(Signatures des experts.)

Nota. — Si les experts ne peuvent se mettre d'accord, on procède ainsi qu'il est expliqué dans la formule qui précède.

FORMULE 125e. — Rapport d'experts en matière d'enregistrement.
(N° 1051.)

A messieurs les président et juges du tribunal
de première instance de...

Par acte au rapport de maître....., notaire à..., en date
du..., enregistré, monsieur..... (*nom, prénoms, profession,
et domicile*) a vendu à monsieur..... (*nom, prénoms, profession et domicile*) une maison (*ou tout autre immeuble*) située
à..., moyennant, porte le contrat, la somme de... L'administration de l'enregistrement, des domaines et du timbre a
trouvé que ce prix était inférieur à la valeur vénale de l'immeuble au moment de la vente, valeur qu'elle croit être d'au
moins... Elle a, en conséquence, présenté requête au tribunal de première instance de..., le..., afin qu'il fût procédé à
une expertise, conformément aux articles 17 et 18 de la loi
du vingt-deux frimaire an sept, et a désigné pour expert de
l'État monsieur....., ci-après dénommé et qualifié.

Sur la notification qui lui a été faite de cette requête, le
sieur..... (*nom de l'acquéreur*) a désigné pour son expert
monsieur ....., ci-après dénommé et qualifié, et le tribunal,
par jugement du..., a ordonné l'expertise en donnant acte
aux parties des choix par elles faits ainsi qu'il vient d'être
dit.

En conséquence, nous... (*noms, prénoms, professions et
demeures des deux experts*), experts nommés de la manière
et avec la mission ci-dessus indiquées, après avoir prêté,
le..., devant le tribunal de première instance de..., le serment de bien et fidèlement remplir nos fonctions, nous
sommes transportés le..., à... heures du.... jour et heure
par nous fixés lors de notre prestation de serment, à..., dans
la maison sus-indiquée, où nous avons trouvé..... (*indiquer
les parties présentes, ou constater leur absence; mentionner
leurs dires, réquisitions, observations et réserves, ainsi que les
pièces dont elles auront fait la remise aux experts*).

Nous avons aussitôt, en présence (*ou : en l'absence*) des
parties, procédé à la visite de l'immeuble en litige, et nous
avons reconnu et constaté... (*donner les confrontations, la
contenance et la description de l'immeuble*).

Ensuite nous avons pris des renseignements sur la valeur

vénale des fonds et des constructions de même nature situés dans le voisinage... (*indiquer les immeubles ayant servi de comparaison et les résultats obtenus par cette opération, en remontant à l'époque de l'aliénation pour fixer la valeur attribuée à chaque immeuble*).

Ayant enfin délibéré entre nous, au vu de tous les documents que nous avions recueillis, nous avons été tous les deux d'avis que la maison soumise à notre appréciation avait, au..., jour de la vente, une valeur vénale de..., inférieure de... au prix porté sur l'acte du...

Notre mission étant ainsi remplie, nous avons clos le présent rapport, après avoir employé chacun... vacations, non compris celle du dépôt du rapport, dépôt qui sera fait par monsieur....., l'un de nous.

Fait et clos, à..., le..., à... heures du..., et signé, après lecture.   (*Signatures des deux experts.*)

Ayant ainsi rempli la mission qui nous était confiée, nous avons clos le présent rapport, à..., le..., à..., heures du..., après avoir employé... vacations, et nous l'avons signé, après lecture.   (*Signature des deux experts.*)

FORMULE 126°. — Rapport d'experts avec avis différents,
en matière d'enregistrement. (N° 1051.)

A messieurs les président et juges du tribunal
de première instance de...

Dans la déclaration faite le..., au bureau de l'enregistrement de..., de la succession de la dame .. , monsieur (*nom, prénoms, profession et domicile*) a compris pour un revenu annuel de... une pièce de fonds, en nature de..., située à..., lieu de... Cette évaluation ayant paru à l'administration de l'enregistrement, des domaines et du timbre inférieure d'au moins.. à la valeur réelle du revenu de cet immeuble, elle a présenté requête au tribunal de première instance de... *(la suite comme à la formule précédente, jusqu'à l'avis des experts).*

Ayant examiné attentivement entre nous ces divers documents, discuté et délibéré ensemble sans pouvoir nous mettre d'accord, nous avons rédigé l'avis de chacun de nous deux ainsi qu'il suit :

Premier avis : (*L'un des experts, dont le nom n'est pas indiqué, donne son avis motivé.*)

Second avis : (*L'autre expert donne ensuite son avis motivé, toujours sans se nommer.*)

Procédant ensuite au choix d'un tiers-expert, en exécution de l'article dix-huit de la loi du vingt-deux frimaire an sept, nous avons, d'un commun accord, désigné monsieur..... (*nom, prénoms, profession et demeure*), auquel nous remettrons, dès qu'il aura prêté serment, le présent rapport, qu'il déposera ultérieurement avec le sien

(*Dans le cas où les deux experts ne s'accorderaient pas sur le choix du tiers, ils remplaceraient le paragraphe précédent par celui-ci :* Pour nous conformer aux dispositions de l'article dix-huit de la loi du vingt-deux frimaire an sept, nous avons cherché à convenir d'un tiers-expert, mais nous n'avons pu nous entendre sur ce choix, et nous avons dû l'abandonner à monsieur le juge de paix du canton de..., duquel dépend la commune de..., où est situé l'immeuble en litige.)

Fait et clos le présent rapport, à..., le..., à... heures du..., après avoir employé chacun... vacations, et signé, après lecture. (*Signatures des deux experts.*)

FORMULE 127e. — **Rapport du tiers-expert, en matière d'enregistrement.** (N° 1053.)

A messieurs les président et juges du tribunal de première instance de...

L'administration de l'enregistrement, des domaines et du timbre ayant trouvé insuffisante l'évaluation donnée par monsieur .. .. (*nom, prénoms, profession et demeure*) au revenu d'une pièce de fonds en nature de.. , située à..., comprise dans la déclaration par lui faite le... de la succession de la dame..., a provoqué, conformément à la loi du vingt-deux frimaire an sept, une expertise, à laquelle ont procédé messieurs ....., ainsi qu'il résulte de leur rapport clos à..., le. ., et dont remise nous a été par eux faite. Mais lesdits experts ayant différé d'opinion sur le revenu de l'immeuble dont s'agit, ils nous ont choisi, d'un commun accord, pour remplir la mission de tiers-expert, que nous avons acceptée.

(*Dans le cas où les experts ne seraient pas convenus d'un tiers, on dirait :* Mais lesdits experts ayant différé d'opinion sur le revenu de l'immeuble dont s'agit, et n'ayant pu convenir d'un tiers-expert, l'administration a dû y pourvoir, et, sur une requête présentée à monsieur le juge de paix du canton de..., le..., ce magistrat nous a nommé tiers-expert par son ordonnance du..., enregistrée à..., le...)

En conséquence, nous, ... (*nom, prénoms, profession et demeure du tiers-expert*), avons prêté, le. ., devant monsieur le juge de paix de.., en présence de ..... (*désigner les parties présentes*), le serment de bien et fidèlement remplir la mission qui nous a été confiée, et nous avons fixé au..., à... heures du..., le commencement de nos opérations sur la pièce de fonds sus-indiquée, où les parties ont été invitées de se rendre.

Et ledit jour, ..., à l'heure ci-dessus fixée, nous nous sommes, en effet, transporté à...., au lieu susdit, où nous avons trouvé... (*indiquer la présence des parties et de toutes autres personnes ayant donné des renseignements à l'expert*), qui nous ont accompagné dans la visite que nous avons faite de la pièce de fonds soumise à notre tierce-expertise, et nous ont fourni les indications qu'ils étaient à même de nous donner. Cette visite nous a mis à même de reconnaître que la contenance et les confrontations désignées dans le rapport des premiers experts sont parfaitement exactes, et, en outre, comme ils l'ont constaté... (*confirmer les constatations opérées dans le premier rapport, ou en signaler, s'il y a lieu, les erreurs ou omissions. Le tiers-expert indiquera ensuite les motifs qui lui font rejeter telle ou telle appréciation des autres experts, et il formulera, enfin, son propre avis d'une manière claire, précise et parfaitement motivée.*)

Ayant ainsi accompli notre mission, nous avons clos le présent rapport, qui sera par nous déposé, avec celui des deux autres experts, au greffe du tribunal de première instance. Nous déclarons avoir employé... vacations, non compris celle du dépôt dont il vient d'être parlé.

Fait et clos, à..., le..., à... heures du..., et signé, après lecture.   (*Signatures des trois experts.*)

FORMULE 128e.—Procès-verbal de délimitation et bornage partiels de forêts. (N° 1169.)

L'an mil huit cent quatre-vingt..., le... du mois de...,

Nous : Henry-Adrien L..., sous-inspecteur des forêts à la résidence de..., nommé expert de l'État par arrêté de monsieur le préfet du département de..., en date du...; et Joseph-Eugène F..., géomètre, demeurant à..., expert choisi par monsieur Adolphe C..., propriétaire, demeurant et domicilié à..., à l'effet de procéder, à l'amiable et à frais communs, à la délimitation et au bornage de la forêt domaniale de... et de la parcelle de la forêt appartenant audit sieur C..., situées commune de..., lieu de...,

Nous sommes rendus sur la limite desdites forêts, accompagnés du garde du triage, le sieur Gervais, où nous avons trouvé monsieur C..., à qui nous avons demandé de nous fournir quelques explications, ce qu'il a aussitôt fait, et nous avons procédé à l'opération convenue de la manière suivante :

D'abord nous avons fait ouvrir la ligne périmétrale à l'aspect du midi, et piqueté les sommets des angles de manière à régulariser le mieux possible la ligne divisoire des deux propriétés contiguës, d'après la configuration du terrain et la reconnaissance contradictoire qui en avait été faite par monsieur l'inspecteur des forêts et le propriétaire, le... der-

nier; ce qui nous a donné onze sommets d'angles à relever.

Les limites étant ainsi déterminées, nous en avons opéré le
levé géodésique comme suit :

Partant du piquet numéro un, sis à neuf mètres du bord
de la rivière de... et à trente-deux mètres soixante centimètres de l'angle nord-est de la cabane en pierres dépen-
dante de la forêt de monsieur C..., nous nous sommes
dirigés vers l'est, ayant à notre gauche la forêt domaniale,
et à notre droite celle de monsieur C..., et nous avons constaté que cette première ligne, aboutissant au piquet numéro deux, forme avec le nord un angle rentrant de cent
soixante-quinze degrés trente minutes. Chaînée avec soin,
elle présente un développement de cent dix mètres cinquante
centimètres.

Partant du piquet numéro deux, nous nous sommes dirigés
vers le piquet numéro trois, situé au nord-ouest, et nous
avons reconnu que la ligne que nous venions de suivre forme
avec la précédente un angle saillant de deux cent sept degrés
et qu'elle mesure quarante-neuf mètres trente centimètres.

Partant du piquet numéro trois, nous nous sommes dirigés
vers le nord jusqu'au piquet numéro quatre, et nous avons
reconnu que la ligne trois à quatre forme avec la précédente
un angle rentrant de... (*ainsi de suite jusqu'au dernier piquet,
portant le numéro onze*).

Le piquet numéro onze, qui termine cette délimitation, est
placé au point de jonction de la propriété de l'État et des
parcelles de forêt de monsieur C..., sus-nommé, et de madame X...

Le levé ainsi achevé, nous avons fait remplacer ces onze
piquets par le même nombre de bornes en bois de chêne de
un mètre trente centimètres de longueur sur douze centimètres d'équarrissage (*ou :* bornes en pierre blanche, dure,
de... de longueur sur... d'équarrissage), lesquelles sont en-
foncées dans la terre de quatre-vingts centimètres et sortent
de cinquante centimètres au-dessus du sol, et portent taillés
en creux dans le bois (*ou :* la pierre) les numéros des piquets
qu'elles remplacent.

Les opérations sus-indiquées sont toutes représentées sur
le plan annexé au présent procès-verbal.

De tout quoi, nous avons dressé le présent procès-verbal,

clos à..., le..., à... heures du..., et dont nous avons donné lecture à monsieur C..., qui l'a signé avec nous.

(Signatures du propriétaire et des deux experts.)

FORMULE 129e. — **Rapports d'experts en matière de chemins vicinaux, dans les cas de subventions spéciales, ou d'occupations temporaires, d'extractions de matériaux, dépôts ou enlèvements de terres.** (No 1227.)

Nous : Joseph D..., propriétaire, demeurant à..., Maurice G..., propriétaire, demeurant à..., et Alfred L..., propriétaire, demeurant à..., experts nommés (*soit* d'office, *soit* d'accord entre les parties), suivant arrêté du conseil de préfecture de..., à l'effet de procéder à l'appréciation des dommages causés à une pièce de fonds en nature de..., appartenant audit sieur G... et située à..., par l'occupation temporaire du terrain (*ou :* par les extractions de matériaux, les dépôts ou les enlèvements de terres pratiqués sur ce terrain), pour le compte de la commune de... (*ou :* pour la construction ou la réparation du chemin vicinal numéro...),

(S'il s'agit d'une expertise pour subvention spéciale, on dira :)

à l'effet de déterminer la subvention spéciale à imposer audit sieur G... pour les dégradations causées au chemin vicinal numéro.., par l'exploitation de..., à laquelle il se livre, — *ou :* par l'établissement industriel de..., lui appartenant);

Après avoir prêté, devant... (*indiquer devant quel fonctionnaire*), le serment de bien et fidèlement remplir notre mission, ainsi qu'il résulte d'un procès-verbal en date du..., dans lequel nous avons également indiqué les jour, lieu et heure de nos opérations, ce dont les parties ont été informées, nous nous sommes rendus aujourd'hui, à... heures du..., sur la pièce de fonds sus-indiquée (*ou :* sur le chemin vicinal sus-indiqué), où nous avons trouvé... (*indiquer la présence ou l'absence des parties, ainsi que leurs réquisitions, dires, observations et réserves, si elles en font, et leur en donner acte*).

Nous avons aussitôt, en présence desdites parties (*ou :* en l'absence des parties), procédé à nos opérations de la manière suivante : (*décrire les lieux, indiquer les constatations opérées, les calculs faits, les renseignements recueillis ; faire connaître, en un mot, tous les moyens employés pour arriver à une juste évaluation*).

Notre travail sur le terrain étant terminé, nous avons conféré entre nous, et nous avons été tous les trois d'avis que.. (*indiquer le montant de l'indemnité due, ou de la subvention à imposer. — Dans le cas où les trois experts ne seraient pas d'accord, ils donneraient chacun leur avis motivé, comme nous l'avons dit dans les précédentes formules*).

Notre mission étant ainsi terminée, nous avons clos le présent rapport, que monsieur..., l'un de nous, s'est chargé de déposer au greffe du conseil de préfecture.

Fait et clos, à..., le..., à... heures du..., et signé, après lecture.   (*Signatures des experts.*)

FORMULE 130ᵉ.— Rapport d'experts pour règlement d'indemnité de terrains pris par suite de reconnaissance ou d'élargissement d'un chemin vicinal. (Nᵒ 1282.)

A monsieur le juge de paix du canton de...

L'an mil huit cent quatre-vingt..., le..., à... heures du..., Nous, ... (*noms, prénoms, professions et demeures des deux experts*), experts nommés, le premier par monsieur ..... (*nom, prénoms, profession et domicile*), et le second par arrêté de monsieur le préfet du département de... (*ou : de monsieur le sous-préfet de l'arrondissement de..*), ainsi que le tout résulte d'un jugement rendu par monsieur le juge de paix du canton de..., le..., lequel jugement ordonne qu'il sera par lesdits experts procédé... (*copier le dispositif du jugement*);

Après avoir prêté le serment prescrit par la loi, devant monsieur le juge de paix susdit, ainsi que le constate le procès-verbal dressé par ce magistrat le..., et fixé notre opération aux lieu, jour et heure ci-après énoncés, dont connaissance a été donnée à monsieur le maire de la commune de..., avec sommation de s'y trouver, si bon lui semble, par exploit de ....., huissier à..., enregistré, dont l'original nous a été représenté,

Nous nous sommes transportés sur le chemin vicinal numéro... de la commune de..., aujourd'hui, ... du mois de..., à.. heures du..., où nous avons trouvé... (*indiquer celles des parties qui seront présentes ou représentées, leurs dires, réquisitions, observations et réserves, et constater l'absence de celles qui ne se seront pas rendues*).

Et aussitôt, en présence desdites parties (*ou :* en l'absence des parties contre lesquelles nous avons donné défaut), nous avons procédé à notre opération de la manière suivante : (*indiquer les constatations opérées, les mesurages, arpentages, vérifications et calculs divers effectués ; mentionner les comparaisons faites avec d'autres propriétés analogues à celles dont le chemin a pris une portion ; évaluer le terrain attribué à la voie publique, ainsi que les arbres, haies, récoltes, etc., détruits ou endommagés. — Dans le cas où l'amélioration et l'élargissement du chemin augmenteraient la valeur de la propriété endommagée ou diminuée, les experts le feront connaître, afin que cette plus-value, dont ils fixeront le chiffre, puisse être déduite du montant de l'indemnité.*)

De tout ce qui précède, nous, experts soussignés, avons conclu, d'un commun accord, que le prix du terrain retranché de la propriété du sieur ..... et le montant des dommages qu'elle a soufferts, s'élèvent à la somme totale de... ; que la plus-value qui résulte pour cet immeuble de l'amélioration du chemin doit être évaluée à la somme de... ; qu'en conséquence il convient de fixer à la somme de... l'indemnité à payer audit sieur ..... par la commune de...

(*Dans le cas de désaccord entre les experts, chacun d'eux ferait connaître ses évaluations, en les motivant, et ils constateraient le partage, laissant au juge de paix le soin de nommer un tiers-expert.*)

Ayant ainsi terminé notre mission, nous avons clos le présent rapport, dont monsieur ....., l'un de nous, s'est chargé de faire le dépôt au greffe de la justice de paix du canton de..., et nous déclarons avoir employé chacun... vacations, non compris celle du dépôt dont il vient d'être parlé.

Fait et clos, à..., le..., à... heures du...

(Signatures des deux experts.)

FORMULE 131°. — Rapport du tiers-expert, en matière de chemins vicinaux. (N° 1284.)

L'an mil huit cent quatre-vingt..., le..., à...heures du...,

Nous, ... (*nom, prénoms, profession et demeure*), tiers-expert nommé par ordonnance de monsieur le juge de paix du canton de..., rendue le..., sur la requête que lui a présentée, le..., monsieur....., par suite du désaccord existant entre messieurs....., experts appelés à procéder... (*indiquer l'objet de l'expertise faite, d'après la* FORMULE 130°), ainsi qu'il résulte du procès-verbal rédigé par lesdits experts, clos à . ., le..., enregistré et déposé le... au greffe de la justice de paix du canton de...;

Après avoir prêté serment de bien et fidèlement remplir notre mission devant..... (*relater la prestation de serment comme il est dit dans la* FORMULE 130°):

Nous sommes transporté, aujourd'hui, à... heures du... (*La suite comme à la formule qui vient d'être indiquée). — Le tiers-expert confirme les constatations opérées dans le premier rapport, ou il en signale, s'il y a lieu, les erreurs ou omissions, il indique ensuite les motifs qui lui font rejeter ou approuver telle ou telle appréciation des autres experts, et enfin il donne ses propres évaluations, en les motivant).*

Ayant ainsi rempli la mission qui nous était confiée, nous avons clos le présent rapport, à..., le..., à..., heures du..., après avoir employé... vacations, et nous l'avons signé, après lecture.   *(Signature du tiers-expert.)*

Ayant ainsi rempli la mission qui nous était confiée, nous avons clos le présent rapport, à..., le..., à..., heures du..., après avoir employé... vacations, et nous l'avons signé, après lecture. (*Signature du tiers-expert.*)

SECTION III.

EXPERTISES COMMERCIALES.

FORMULE 132e. — Jugement du tribunal de commerce portant renvoi devant un arbitre-rapporteur. (N° 1316.)

Le tribunal de commerce de l'arrondissement de..., séant à..., a rendu le jugement suivant :

Entre : 1° le sieur B... (*nom, prénoms, profession et domicile du demandeur*), demandeur, comparant en personne (*ou : représenté par monsieur ....., son mandataire, aux termes d'une procuration sous signature privée, en date du..., enregistrée le...*), d'une part;

Et 2° le sieur C... (*nom, prénoms, profession et domicile*), défendeur, comparant aussi en personne (*ou : représenté par monsieur ....., son mandataire, etc., — ou bien : assisté de maître ....., etc.*), d'autre part;

Point de fait. — (*La formule des qualités sur lesquelles se rédigent les jugements des tribunaux de commerce est semblable à celle des jugements rendus par les tribunaux civils, sauf les énonciations relatives aux avoués et au ministère public, qui n'existent pas dans la juridiction commerciale ; on se reportera, par conséquent, à la* FORMULE *33e qui précède.*)

Attendu que les faits de la cause ne sont pas suffisamment éclairés, et qu'il y a lieu, dès lors, d'user de la faculté accordée par l'article 429 du Code de procédure civile ;

Attendu, etc.,

Par ces motifs,

Le tribunal, avant faire droit, et sans rien préjuger sur les moyens respectifs des parties, ordonne que les sieurs B... et C... se retireront devant monsieur ..... (*nom, prénoms, profession et demeure*), arbitre-rapporteur que le tribunal nomme d'office (*ou : dont les parties sont convenues à l'audience*), et auquel lesdites parties, qui consentent à ce qu'il procède sans prestation de serment, seront tenues de représenter leurs titres, comptes, factures (*ou autres pièces*), timbrés et enregistrés, conformément aux lois sur la matière ; dit que ledit arbitre-rapporteur entendra les parties, les conciliera si faire se peut, sinon donnera son avis en qualité d'expert, et du tout dressera un rapport, qu'il déposera au greffe, pour être ensuite requis et par le tribunal statué ce qu'il appartiendra, les dépens réservés.

Fait et prononcé en audience publique, à laquelle ont assisté monsieur ....., président, et messieurs ......, juges, à..., le..., et signé par le président et par le greffier.

(*Signatures du président et du greffier.*)

FORMULE 133°. — Jugement du tribunal de commerce ordonnant
une expertise et nommant les experts. (N° 1316.)

Le tribunal de commerce de..., séant à l'hôtel de la Bourse, a rendu le jugement suivant :

Entre..... (*la suite comme à la formule précédente, jusqu'aux qualités inclusivement*) ;

Attendu que, pour apprécier la valeur des marchandises (*ou* : le dommage causé à ..... — *ou bien* : la bonne ou mauvaise confection des ouvrages) dont il s'agit, il importe de recourir à une expertise ;

Attendu, etc.,

Par ces motifs,

Le tribunal, après en avoir délibéré, avant de faire droit, ordonne que, par messieurs..... (*noms*, *prénoms*, *professions et demeures des trois experts*), experts, qui, à défaut d'accord entre les parties, sont nommés d'office (*ou* : dont les parties sont convenues à l'audience), il sera, serment préalablement prêté devant monsieur le président du tribunal (*ou* : devant monsieur....., juge à ces fins commis), procédé à la visite, etc. (*indiquer clairement l'objet de l'expertise*) ;

Pour, le rapport de cette opération rédigé et déposé au greffe du tribunal, être par les parties requis et par le tribunal statué ce que de droit. Les dépens réservés.

Ainsi fait et prononcé, en audience publique, etc. (*comme à la précédente formule*).

(*Signatures du président et du greffier.*)

FORMULE 134ᵉ. — **Sommation de comparaître devant un arbitre-rapporteur.** (Nᵒ 1353.)

L'an..., le..., à la requête de monsieur..... (*nom, prénoms, profession et domicile du requérant*), pour lequel domicile est élu en la demeure de maître.. .., son agréé, demeurant à..., rue..., numéro...,

Je..... (*nom, prénoms et immatricule de l'huissier*), soussigné, ai fait sommation au sieur..... (*nom, prénoms, profession et domicile du défendeur*) de comparaître le..., à... heures du... en la demeure de monsieur....., arbitre-rapporteur nommé par jugement du tribunal de commerce de..., en date du..., dûment enregistré et signifié, pour procéder devant lui sur la contestation qui divise les parties, conformément aux dispositions dudit jugement ; en conséquence, fournir audit arbitre et lui remettre tous les livres, registres, comptes (*ou autres pièces*) nécessaires pour éclairer sa religion, déclarant à mondit sieur..... qu'il sera procédé tant en son absence qu'en sa présence. Sous toutes réserves.

Dont acte, fait au domicile du sieur....., où, pour lui, j'ai laissé copie du présent acte, en parlant à ....., ainsi déclaré, qui l'a reçue de moi. — Coût : ...

(*Signature de l'huissier.*)

FORMULE 135ᵉ. — **Rapport d'arbitre-rapporteur.** (Nᵒ 1355).

A messieurs les président et juges du tribunal de commerce de...

Par jugement de votre tribunal en date du..., renvoi m'a été fait de l'examen de la contestation existant entre monsieur..... et monsieur..... (*noms, prénoms, professions et domiciles des parties*), avec mission d'entendre les parties, de les concilier, sinon de donner mon avis et de dresser du tout un rapport, à déposer ensuite au greffe du tribunal.

Ayant été dispensé de prêter serment, du consentement des parties (*ou : après avoir prêté entre les mains de monsieur..... [indiquer le magistrat qui a reçu le serment] serment de bien et fidèlement remplir ma mission*), ainsi qu'il résulte du procès-verbal dressé par ce magistrat le..., enregistré (1), j'ai fixé au..., à... heures du..., la comparution des parties devant moi, et le défendeur a été, à la requête du demandeur, sommé de s'y trouver, par exploit du ministère de ....., huissier à..., en date du..., enregistré, et dont l'original m'a été représenté.

Lesdits jour et heure, les parties ont, en effet, comparu devant moi, en ma demeure. (*Dans le cas où toutes les parties ne se rendraient pas, on indiquerait celles qui seraient présentes et on donnerait défaut contre les absents.*) De la remise qui m'a été faite de... (*mentionner les pièces remises*), ainsi que des explications qui m'ont été données par les parties (*ou :* par le sieur....., si toutes les parties ne comparaissent pas), il est résulté que le différend existant entre elles consiste... (*établir clairement l'objet de la contestation, exposer les faits, mentionner les dires et prétentions des parties, donner le résultat des vérifications et autres mesures d'instruction qui ont eu lieu, et constater enfin l'accord ou le désaccord des parties, total ou partiel*).

Dans le cas où l'arbitre ne réussirait pas à amener une conciliation complète, il continuerait son rapport comme suit : N'ayant pu, malgré tous mes efforts, arriver à concilier les parties, je leur ai déclaré que j'allais procéder à un nouvel examen de l'affaire, en qualité d'expert, et je les ai invitées à assister à cette opération, pour y faire tels dires, réquisitions et observations qu'elles jugeraient à propos, les intimant de se présenter de nouveau devant moi, en ma demeure, le.. , à... heures du... (*Si l'une des parties était absente, il faudrait inviter l'autre partie à lui faire donner sommation de comparaître aux jour et heure fixés.*)

Les parties ayant de rechef comparu ledit jour, ... du mois de..., à... heures du... (*indiquer les parties absentes, si elles ne se rendent pas toutes*), j'ai reçu leurs dires et observations ainsi qu'il suit : (*indiquer les dires et observations de chacune des parties, si elles en font ; — ou bien :* elles m'ont déclaré n'avoir rien à ajouter aux explications, dires, réquisitions et renseignements qu'elles m'ont déjà fournis).

J'ai ensuite examiné à nouveau les documents qui m'ont

---

(1) Dans le cas où l'arbitre-rapporteur n'aurait été ni dispensé du serment, ni astreint par le jugement à le prêter, on supprimerait tout ce qui précède dans cet alinéa, et on mettrait : « En conséquence, j'ai fixé, etc. »

été remis, les questions soumises à mon appréciation, et j'ai été d'avis que... (*L'arbitre donnera son avis comme dans les expertises ordinaires.*)

Le rapport sera, dans tous les cas, terminé comme suit :
Ayant ainsi rempli la mission qui m'était confiée, j'ai clos le présent rapport, à..., le..., à... heures du. ., et ai signé, après lecture. (*Signature de l'arbitre-rapporteur.*)

FORMULE 136ᵉ.—Rapport d'experts. (N° 1355.)

A messieurs les président et juges du tribunal de commerce de...

L'an mil huit cent quatre-vingt..., le..., à... heures du...,
Nous, ... (*noms, prénoms, professions et demeures*), experts nommés par jugement du tribunal de commerce de..., rendu le..., entre messieurs..... (*noms, prénoms, professions et domiciles des parties*), le dispositif duquel jugement est ainsi conçu : (*copier textuellement la partie du jugement relative à l'expertise*) ;
Après avoir prêté serment de bien et fidèlement remplir la mission qui nous a été confiée, entre les mains de monsieur..... (*indiquer le magistrat devant lequel le serment est prêté*), ainsi que le constate le procès-verbal dressé par ce magistrat le..., dûment enregistré, et avoir fixé, dans cet acte, le commencement de notre opération à aujourd'hui, ... du mois de..., à... heures du... (*désigner le lieu de l'opération*), lieu, jour et heure indiqués dans la sommation faite au sieur....., défendeur, par exploit du ministère de..., huissier à..., en date du..., enregistré ;
Nous nous sommes transportés, lesdits jour et heure, à... (*désigner le lieu*), où nous avons trouvé..... (*indiquer les parties présentes, leurs dires, réquisitions, observations, réserves, etc., et mentionner les pièces qu'elles ont remises*).
Desquels comparutions, réquisitions, dires, conclusions, réserves et remises de pièces, nous avons donné acte aux parties ; et, lecture préalablement faite du jugement susrelaté, du..., nous avons, en présence des parties ci-dessus nommées, procédé à la visite de... et aux opérations prescrites par ledit jugement, ce qui nous a amenés à reconnaître et constater ce qui suit : (*décrire l'état des lieux ou des objets*

soumis à l'expertise ; faire connaître les diverses opérations, vérifications et expériences, calculs, pesages et mesurages auxquels les experts se sont livrés ; les documents consultés, les renseignements recueillis, etc.).

Les parties s'étant ensuite retirées, nous avons conféré entre nous et nous avons été d'avis, à l'unanimité : *primo*, etc. (*Les experts donneront leur avis motivé, en termes clairs et précis.*)

(*Dans le cas où les experts différeraient d'avis, ou auraient la même opinion, mais par des motifs différents, ils se conformeraient aux* FORMULES 75ᵉ *ou* 76ᵉ. — *Si leurs opérations duraient plusieurs jours, ils se reporteraient à la* FORMULE 57ᵉ.)

Notre mission étant ainsi remplie, nous avons clos le présent rapport, écrit en entier par monsieur....., l'un de nous, qui s'est chargé d'en faire le dépôt au greffe du tribunal de commerce, après avoir employé chacun... vacations, non compris celle dudit dépôt.

Fait et clos, à..., le..., à... heures du..., et signé, après lecture.   (*Signatures des trois experts.*)

FORMULE 137ᵉ. —Rapport d'experts constatant le dommage souffert par des marchandises à bord d'un navire. (Nᵒ 1355.)

A messieurs les président et juges du tribunal de commerce de...

Aujourd'hui,... du mois de... mil huit cent quatre-vingt..., à... heures du...,

En exécution d'un jugement rendu par le tribunal ci-dessus désigné, le..., entre messieurs..... (*noms, prénoms, professions et domiciles des parties*), lequel jugement, dûment enregistré, nous a nommés experts, à l'effet de... (*copier le dispositif du jugement en ce qui concerne l'expertise*),

Nous, ... (*noms, prénoms, professions et demeures des experts*), experts nommés ainsi qu'il vient d'être dit, après avoir prêté serment de remplir en âme et conscience la mission à nous confiée, et fixé les jour et heure de notre opération, ainsi que le tout résulte d'un procès-verbal dressé par monsieur..... (*désigner le magistrat qui a reçu le serment*) le..., dûment enregistré,

Nous sommes rendus à bord du navire à voiles (*ou :* à vapeur) le..., capitaine....., du port de..., actuellement à l'ancre dans le port de... (*ou : en rade de...*), où, étant, se sont présentés : premièrement, monsieur..... (*indiquer les parties présentes et faire mention de leurs dires, réquisitions, observations, etc.; constater la comparution du capitaine, du second ou autre officier qui a représenté la marchandise; faire signer à chacun ses dires et déclarations*).

Étant descendus avec les parties et le capitaine (*ou autre officier*) dans la cale du navire, nous l'avons trouvée presque entièrement remplie de blé froment dur d'Algérie, première qualité, et nous avons remarqué que, dans la partie de l'avant, existait un affaissement assez sensible. Ayant fait sonder à cet endroit, nous avons reconnu que le blé y était fortement mouillé d'eau de mer. Nous avons alors fait procéder au déchargement de toute la partie de la cargaison qui se trouvait avariée, et, l'ayant mesurée, nous avons trouvé qu'il y avait : 1° une quantité de quatre cent dix hectolitres complétement imprégnée d'eau salée et ne pouvant servir que pour la nourriture des bestiaux, que nous avons estimée cinq francs l'hectolitre; 2° une autre quantité de deux cent soixante-huit hectolitres légèrement mouillée et qui pourra être convertie en farine, dont nous avons fixé la valeur à douze francs l'hectolitre. Le surplus de la cargaison, qui est en parfait état de conservation, ayant été ensuite mis à terre et mesuré, a donné une quantité de huit cent neuf hectolitres ; ce qui a produit un total de quatorze cent quatre-vingt-sept hectolitres.

Les connaissements nous ayant été représentés, nous avons constaté qu'il avait été mis à bord quinze cent cinquante hectolitres de blé ; il y a, par conséquent, une différence en moins de soixante-huit hectolitres. Cette différence provient, sans aucun doute, tant de ce qui a pu se perdre par la voie d'eau existant à tribord de la cale que de ce qui a été enlevé par les pompes en aspirant l'eau de la cale.

Le dommage éprouvé par le chargement de blé appartenant à monsieur..... doit, par conséquent, être évalué comme suit : premièrement, prix de soixante-huit hectolitres de blé, à raison de vingt francs l'hectolitre, valeur de cette marchandise au lieu du déchargement, treize cent soixante francs, ci . . . . 1,360 »

Deuxièmement, différence de quinze francs

A reporter. . . . 1,360 »

Report. . . . 1,360 »

par hectolitre sur quatre cent dix hectolitres, qui
ne valent plus que cinq francs, six mille cent
cinquante francs, ci. . . . . 6,150 »

Troisièmement, différence de huit francs par
hectolitre sur deux cent soixante-huit hectolitres
qui ne valent que douze francs, deux mille cent
quarante-quatre francs, ci. . . . . 2,144 »

Total : neuf mille six cent cinquante-quatre
francs, ci. . . . . 9,654 »

Du consentement des parties, les quatorze cent quatre-
vingt-sept hectolitres de blé débarqués du navire ont été
déposés dans les greniers de monsieur ....., situés en cette
ville, rue..., numéro..., en les séparant en trois parties,
comme il a été dit ci-dessus, et ils ont été confiés à la garde
du sieur ....., qui a déclaré s'en charger et promis de les représenter quand et à qui il appartiendra, s'obligeant de leur
donner, d'ici là, tous les soins nécessaires pour préserver
ceux qui sont en bon état de conservation et faire sécher
ceux qui sont mouillés.

Notre mission étant ainsi terminée, nous avons clos le
présent procès-verbal, écrit en entier par monsieur ....., l'un
de nous, après avoir employé chacun... vacations, celle du
dépôt non comprise.

Fait et clos, à..., le..., à... heures du..., et signé, après
lecture.   (*Signatures des trois experts.*)

FORMULE 138e. — Rapport d'experts contenant estimation et répar-
    tition des dommages éprouvés par deux navires en cas d'abor-
    dage. (No 1365.)

A messieurs les président et juges du tribunal de commerce de...

L'an mil huit cent quatre-vingt..., le... (*la suite comme à
la* FORMULE 136e).

Nous nous sommes transportés, lesdits jour et heure, à
bord du brick *La Garonne*, accompagnés du sieur J..., capitaine de ce navire, et du sieur H..., capitaine du trois-mâts
Le Gange, où nous avons reconnu et constaté... (*décrire les
avaries éprouvées par le navire* La Garonne).

Immédiatement après, nous nous sommes rendus, toujours accompagnés des deux capitaines sus-nommés, à bord du trois-mâts *Le Gange*, où nous avons reconnu et constaté... (*décrire les avaries de ce navire*).

Ces constatations opérées, nous avons procédé, hors la présence des capitaines J... et H..., que nous avons invités à se retirer dans une autre partie du navire, à l'évaluation des dommages soufferts par chacun des deux bâtiments, ainsi qu'il suit : (*déterminer le chiffre des dommages de chaque navire*).

Nous avons ensuite rappelé les capitaines J... et H..., auxquels nous avons demandé des explications sur la manière dont l'abordage a eu lieu Il est résulté des renseignements qu'ils nous ont fournis, ensemble ou séparément, qu'étant à la hauteur de..., à l'entrée de la nuit et par un temps brumeux, les deux navires se sont heurtés fortement, sans qu'il soit possible d'en attribuer la faute à l'un plutôt qu'à l'autre des deux capitaines ou de leurs équipages.

Ayant de nouveau délibéré entre nous, hors la présence des capitaines, nous avons unanimement reconnu qu'il était impossible de constater s'il y avait également de leur faute, ou seulement faute de l'un d'eux, et, dans le doute sur les causes de l'abordage, nous avons été d'avis à l'unanimité qu'il y a lieu de faire supporter, par égale portion, aux deux navires, le montant total du dommage, s'élevant à la somme de... (*réunir les deux sommes ci-dessus déterminées pour le dommage de chaque navire*).

De tout quoi, nous avons dressé le présent rapport, écrit en entier par monsieur ....., l'un de nous, et clos, à bord du *Gange*, le..., à... heures du..., et nous avons signé, après lecture. (*Signatures des trois experts.*)

FORMULE 139ᵉ. — **Requête en nomination d'experts pour vérifier des objets transportés.** (Nᵒ 1371.)

A monsieur le président du tribunal de commerce de...
(*ou :* à monsieur le juge de paix du canton de ..).

Le sieur T... (*nom, prénoms et domicile*) a l'honneur de vous exposer : qu'il a transporté, à l'adresse du sieur F .., gociant, demeurant à..., depuis... jusqu'à..., quatorze balles, pesant ensemble... kilogrammes, et déclarées, d'après la lettre de voiture ci-jointe, dûment timbrée, contenir...; qu'étant arrivé avec ces objets, dans le délai fixé par ladite lettre de voiture, devant les magasins du sieur F..., celui-ci a refusé de les recevoir, sous prétexte qu'il ne les avait pas demandés (*ou* : qu'ils étaient en mauvais état ; *ou tout autre motif*) ; qu'en présence de ce refus, il importe au requérant de faire vérifier et constater par experts l'état des objets dont s'agit, et d'en faire ordonner le dépôt, afin que le déchargement puisse avoir lieu.

En conséquence, il vous plaira, monsieur le président (*ou* : le juge de paix), nommer un expert (*ou* : trois experts) pour procéder aux vérification et constatation de l'état desdites quatorze balles de marchandises, et en faire opérer le déchargement.

Fait à .., le...   (*Signature du requérant.*)

FORMULE 140°. — **Autre requête semblable, présentée par le destinataire.** (N° 1371.)

A monsieur le président du tribunal de commerce de... (*ou* : le juge de paix du canton de...).

Le sieur F..., négociant, demeurant et domicilié à..., a l'honneur de vous exposer : que le sieur T.., voiturier à..., vient de se présenter à son magasin, lui apportant, d'envoi de monsieur P..., fabricant à..., quatorze balles pesant ensemble... kilogrammes, d'après la lettre de voiture, et déclarées contenir...; que, ces colis étant en mauvais état, et les marchandises qu'ils contiennent paraissant avoir souffert, il lui importe d'en faire opérer la vérification, préalablement à toute espèce d'acceptation de sa part.

En conséquence, il vous prie, monsieur le président (*ou* : le juge de paix), de nommer un expert (*ou* : trois experts), pour vérifier et constater l'état desdites quatorze balles de marchandises et en faire opérer le déchargement, et, s'il y a lieu, le dépôt dans tel magasin qu'il vous plaira de désigner.

Fait à..., le...   (*Signature de l'exposant.*)

FORMULE 141ᵉ. — Ordonnance sur l'une ou l'autre des deux requêtes qui précèdent. (Nᵒ 1371.)

Nous.. , président du tribunal de commerce de... (*ou :* juge de paix du canton de...*),

Vu la requête qui précède et les dispositions de l'article 106 du Code de commerce,

Nommons d'office monsieur... (*nom, prénoms, profession et demeure*) expert (*ou :* messieurs....., experts), à l'effet de vérifier et constater l'état des quatorze balles de... ci-dessus désignées, serment préalablement prêté devant nous, en faire opérer le dépôt dans le magasin du sieur ..... (*désigner un magasin pour décharger les objets, dans le cas où ils ne doivent pas rester chez le destinataire*), et du tout dresser un rapport qui sera déposé au greffe, pour servir ce que de droit.

Donné, en notre cabinet, à..., le...

(*Signature du président ou du juge de paix.*)

FORMULE 142ᵉ. — Autre requête, présentée au juge de paix dans les lieux où il n'y a pas de tribunal. (Nᵒ 1371.)

A monsieur le juge de paix du canton de...

Le sieur A... expose : qu'il a transporté pour le compte du sieur P..., marchand à..., depuis... jusqu'au domicile dudit sieur P..., dix caisses pesant ensemble. . et déclarées contenir chacune vingt-cinq bouteilles de vin rouge, suivant la lettre de voiture, dûment timbrée, jointe à la présente requête; que le sieur P... a refusé de recevoir ces caisses, prétextant que... (*donner les motifs du refus*); que, comme il importe au requérant d'être déchargé de ces objets et de toucher le montant du prix de voiture, il vous prie, monsieur le juge de paix, de vous transporter au lieu où ils se trouvent, pour en constater l'état avec un expert que vous nommerez d'office, en ordonner le dépôt et en autoriser la vente jusqu'à concurrence du prix de la voiture et des frais à faire jusqu'à la réalisation de cette vente.

Fait à..., le...   (*Signature de l'exposant.*)

FORMULE 143°. — Ordonnance du juge de paix sur la requête qui précède. (N° 1371.)

Nous, ..., juge de paix du canton de...,

Vu la requête ci-dessus et les dispositions de l'article 106 du Code de commerce,

Disons que nous nous transporterons aujourd'hui, à..... heures du..., au domicile du sieur P... pour visiter et constater l'état des dix caisses de vin dont s'agit, en présence dudit sieur P. ., ou lui dûment appelé ; nommons d'office, pour nous assister dans cette opération, monsieur J.. (*nom, prénoms, profession et demeure*), pour, après ces visite et constatation, être statué ce qu'il appartiendra sur le surplus des conclusions de la requête qui précède.

Délivré à..., en notre cabinet, le...

(*Signature du juge de paix.*)

FORMULE 144°. — Rapport d'experts constatant l'état des objets transportés. (N° 1378.)

L'an mil huit cent quatre-vingt .., le..., à... heures du...,

Nous,... (*noms, prénoms, professions et demeures des experts*), experts nommés par ordonnance de monsieur le président du tribunal de commerce de... (*ou :* de monsieur le juge de paix du canton de...), en date du..., dûment enregistrée, à l'effet de procéder à la vérification et de constater l'état de quatorze balles déclarées, par la lettre de voiture, contenir... (*désigner les marchandises portées dans la lettre de voiture*), peser... kilogrammes, être transportées par le sieur T..., voiturier à..., et être envoyées par le sieur P..., fabricant à..., au sieur F..., négociant à..., lequel a refusé de les recevoir, ainsi qu'il résulte de la requête présentée par le voiturier T..., le... (*ou :* lequel a refusé de les recevoir avant que l'état en ait été vérifié et constaté, ainsi qu'il résulte de la requête par lui présentée le...), et sur laquelle a été rendue, par monsieur le président du tribunal (*ou :* le juge de paix), l'ordonnance ci-dessus relatée ;

Après avoir prêté serment de fidèlement remplir notre mission, ainsi qu'il appert du procès-verbal dressé par

monsieur le président du tribunal de commerce de... (*ou :
le juge de paix du canton de...*), le..., enregistré ,

Nous nous sommes transportés devant la porte du magasin
du sieur F..., situé à..., rue..., numéro .., où se sont également rendus... (*indiquer la présence des parties , si elles s'y
trouvent et du voiturier*), lesquels nous ont montré , sur deux
voitures à quatre roues, quatorze balles de marchandises ,
qu'ils nous ont dites être celles portées sur la lettre de voiture,
et dont les marques P-F. B. se rapportent à celles qu'indique
ladite lettre de voiture, et ils nous ont requis de procéder à
l'opération qui nous a été confiée (*si les parties ou le voiturier
font quelques observations , dires ou réquisitions , les experts
devront les mentionner ici*), sous toutes réserves de part et
d'autre, et ils ont signé, après lecture.

(Signatures des parties et du voiturier.)

Ayant reconnu qu'il était impossible de vérifier sur la voie
publique le contenu des colis sus-indiqués, nous les avons fait
décharger dans le magasin du sieur F..., qui y a consenti,
sous toutes réserves, et sans que cela pût tirer à conséquence
en ce qui concerne son refus de prendre livraison de la marchandise (*ou bien :* et le sieur F... ayant persisté dans son
refus de les recevoir, nous les avons fait conduire dans le
magasin du sieur ....., situé en cette ville, rue..., numéro...,
où le déchargement en a été opéré). Nous avons d'abord fait
peser les quatorze balles dont s'agit : la première a donné
un poids de deux cent vingt kilogrammes (*si la lettre de
voiture porte le poids de chaque balle séparément, on indique la
différence à chaque pesée : dans le cas contraire , on fait ce rapprochement en bloc , comme nous le mentionnons ci-après*) ; la
seconde, deux cent dix kilogrammes ; la troisième, etc.; formant ensemble un poids total de trois mille deux cent
soixante kilos , qui excède de quarante-huit kilos le poids
porté dans la lettre de voiture , qui n'est que de trois mille
deux cent douze kilos.

Chaque balle ayant été ensuite vérifiée et examinée séparément, nous avons reconnu et constaté ce qui suit :

Numéro un. — A l'extérieur, ce colis est légèrement
mouillé dans le bas, mais la toile n'est point déchirée ; nous
l'avons fait ouvrir, et nous avons reconnu qu'il contenait
douze pièces de madapolam, portant les plombs et marques

de la fabrique de...; neuf de ces pièces étaient intactes, mais les trois autres étaient imprégnées d'une eau malpropre, qui avait donné une teinte jaunâtre au tissu et rend indispensable de faire passer à la blanchisserie ces trois pièces en entier.

Numéro deux. — L'extérieur est en bon état, de même que l'intérieur, où nous avons trouvé onze pièces de drap noir, portant les marques et plombs de la fabrique de...

Numéro trois. — L'extérieur de la balle est légèrement humide dans le haut, et un des angles est usé par le frottement qui a eu lieu dans le transport. Nous avons trouvé dans l'intérieur trois pièces de mérinos bleu portant les marques et plombs de la fabrique de..., qui n'avaient aucun dommage, et sept pièces de drap vert foncé, dont une légèrement mouillée, mais sans que cette humidité pût la gâter; cinq parfaitement intactes, et la septième ayant des trous à des distances très-rapprochées, qui en rendent l'étoffe inservable sur une longueur de six mètres trente centimètres. Ces trous correspondent à l'angle de la balle usé par le frottement.

Numéro quatre.—A l'extérieur, il y a une tache noire, etc. (*décrire ainsi l'état de toutes les balles, en distinguant bien les avaries et dommages, afin qu'on puisse se rendre compte s'ils proviennent du fait du voiturier, du fabricant ou de toute autre cause. Dans le cas où il y aurait des manquants, il faudrait tâcher de découvrir, d'après l'état du colis extérieurement et intérieurement, s'ils proviennent de soustractions commises pendant le voyage ou d'erreurs faites par l'expéditeur.*)

Notre opération étant terminée, nous avons fait refaire les balles numéros deux, etc., qui étaient en bon état, et nous avons laissé ouvertes, pour qu'on pût donner les soins nécessaires aux marchandises avariées qu'elles contenaient, les balles numéros un, trois, etc., que nous avons confiées, de même que celles qui ont été refermées, à la garde du sieur..... (*nom, prénoms, profession et demeure*), qui a promis de représenter le tout quand et à qui il appartiendra.

(*Dans le cas où, après la constatation des dommages et avaries, le destinataire consentirait à recevoir les marchandises, on dirait :* Notre opération étant terminée, nous avons fait remise à monsieur F... de tous les objets ci-dessus détaillés, qu'il a déclaré recevoir sous toutes réserves quant aux réductions à faire et aux réclamations à élever relativement aux marchandises qui manquent ou qui ont été détériorées, avariées ou endommagées de quelque manière que ce soit.)

De tout quoi nous avons dressé le présent rapport, clos à..., le..., à... heures du..., et nous avons signé, après lecture, avec le sieur ....., gardien (*ou :* avec monsieur F...).

(*Signatures du gardien* [*ou du destinataire*] *et des experts.*)

FORMULE 145°. — Procès verbal du juge de paix constatant l'état des objets, ordonnant le dépôt et autorisant la vente pour payer les frais. (N° 1379.)

L'an mil huit cent quatre-vingt..., le..., à ... heures du...,

Nous, juge de paix du canton de..., département de..., assisté de maître ...., greffier,

En exécution de l'ordonnance par nous rendue le..., enregistrée à..., le..., sur la requête qui nous avait été présentée par le sieur A..., à l'effet de constater l'état de dix caisses de vin transportées par ledit A..., et que le sieur P..., destinataire, refuse de recevoir, ordonner, s'il y a lieu, le dépôt de ces objets et en autoriser la vente, en totalité ou en partie, pour subvenir aux frais de transport et autres,

Nous sommes transporté, les jour et heure sus-indiqués, à..., au domicile du sieur P..., où, étant, ont comparu devant nous : *primo*, le sieur A... (*nom, prénoms, profession et domicile*), lequel a déclaré persister dans ses réquisitions et nous a demandé d'y faire droit; *secundo*, le sieur P... (*nom, prénoms, profession et domicile*), lequel a dit persister dans son refus de recevoir ces caisses, par le motif que... (*consigner les motifs du refus*), et a cependant consenti à assister à nos opérations, sous toutes réserves; *tertio*, enfin le sieur J... (*nom, prénoms, profession et domicile*), expert par nous désigné, qui a déclaré accepter ces fonctions, et prêté, la main droite levée à Dieu, serment de les remplir en âme et conscience.

Après avoir donné acte, aux parties, de leurs réquisitions, dires, observations et réserves, et à l'expert de sa prestation de serment, nous avons vérifié les susdites dix caisses, que nous avons reconnues, avec monsieur J..., expert ci-dessus désigné, contenir chacune vingt-cinq bouteilles de vin rouge, étiquetées « *Château-Margaux* 1868, » et n'avoir souffert aucun dommage ni avarie. Nous avons fait reclouer lesdites caisses, et nous avons ordonné qu'elles seraient déposées dans le cellier du sieur J..., expert sus nommé, qui a déclaré s'en charger, et promis de les représenter quand et à qui il appartiendra.

Enfin, sur la réquisition réitérée du sieur A..., nous avons ordonné que deux de ces caisses, les numéros 3 et 5, seront vendues par le ministère de monsieur ....., commissaire-priseur à..., et que le prix de cette vente servira à payer : 1º le montant du transport dû au sieur A...; 2º les frais de transport dans le cellier du sieur J..., 3º les frais faits et à faire pour l'exécution de ce qui précède, et que le surplus, s'il y en a, sera remis entre les mains du sieur J..., dépositaire des objets en litige, qui en rendra compte en temps et lieu.

De tout quoi nous avons dressé le présent procès-verbal, que les sieurs P... et J... ont signé avec nous et le greffier, après lecture, ce que n'a fait le sieur A..., qui a déclaré ne savoir.

Fait et clos, à..., les jour, mois et an susdits, à... heures du...

(Signatures des parties, de l'expert, du juge de paix et du greffier.)

FORMULE 146º. — Requête en nomination d'experts pour constater l'innavigabilité d'un navire. (Nº 1395.)

A messieurs les président et juges du tribunal de commerce de... *(ou : à monsieur le juge de paix du canton de...,— ou : le consul de France à...,— ou, à défaut, à un consul étranger, ou un fonctionnaire du pays.)*

Le sieur ..... *(nom et prénoms)*, capitaine du navire à vapeur *Calcutta*, du port de Bordeaux, a l'honneur de vous exposer que, par suite de la tempête qui a eu lieu depuis deux jours, son navire a échoué sur la côte de...; qu'il a éprouvé des avaries telles qu'il est impossible de le remettre en état de tenir la mer; que, dans cette situation, il est de l'intérêt du propriétaire de vendre ce bâtiment *(ou : que, dans cette situation, le délaissement du navire aux assureurs peut être effectué)*, mais qu'il faut au préalable que l'innavigabilité soit constatée par une expertise régulièrement faite.

En conséquence, il plaira au tribunal *(ou : il vous plaira,* monsieur le...) nommer d'office trois experts pour procéder à la constatation dont il s'agit et en dresser procès-verbal.

Fait à.. , le...   *(Signature du requérant.)*

FORMULE 147°. — **Jugement ou ordonnance qui nomme les experts.**
(N° 1395.)

Le tribunal de commerce de... (*ou :* le juge de paix du canton de..., — *ou :* le consul, etc.),

Vu la requête qui précède et les dispositions des articles 237 (*ou :* 369) et 414 du Code de commerce,

Nomme messieurs..... (*noms, prénoms, professions et demeures*) experts, à l'effet de vérifier l'état du navire à vapeur *Calcutta*, échoué sur la côte de..., et d'en constater, s'il y a lieu, l'innavigabilité, serment préalable prêté devant monsieur le président du tribunal (*ou :* devant nous), pour, le rapport qu'ils dresseront étant déposé au greffe, être statué ainsi que de droit.

Fait et prononcé, en la chambre du conseil, où ont siégé monsieur ....., président, et messieurs ....., juges ; monsieur ....., greffier, tenant la plume, à..., le..., et signé par le président et le greffier.

       (Signatures du président et du greffier.)

(*Ou :* Délivré à..., le... — *Signatures du juge de paix, du consul, ou autre.*)

FORMULE 148°. — **Rapport ou procès-verbal d'experts donnant leur avis sur l'innavigabilité d'un navire.** (N° 1397.)

A messieurs les président et juges du tribunal de commerce de... (*ou :* à monsieur le juge de paix du canton de...,— *ou :* le consul de France à..., *ou tout autre consul*, etc.)

L'an mil huit cent quatre-vingt..., le..., à..., heures du...,

Nous, ... (*noms, prénoms, professions et demeures*), experts nommés par jugement du tribunal de commerce de..., en date du... (*ou :* par ordonnance rendue le .., par monsieur .....), enregistré, à l'effet de constater l'innavigabilité du navire à vapeur *Calcutta*, du port de Bordeaux, appartenant à monsieur ..... et échoué sur la côte de...;

Après avoir prêté, devant....., le serment de bien et fidèlement remplir notre mission, ainsi qu'il résulte du procès-verbal dressé par ce magistrat le..., enregistré, et fixé dans ledit procès-verbal notre opération aux jour et heure énoncés en tête du présent, lesquels ont été notifiés aux parties par acte du ministère de....., huissier à..., en date du..., enregistré, avec sommation de s'y rendre si bon leur semble.

Nous sommes transportés sur la côte de..., commune de..., aujourd'hui, ... du mois de..., à... heures du..., où nous avons trouvé..... (*constater la présence des parties, du capitaine et des autres intéressés, ou leur absence, s'ils ne se rendent pas ; faire mention des réquisitions, dires, observations et réserves, s'il y en a*).

Ayant visité avec soin, en présence des sus-nommés le navire soumis à notre expertise, nous avons reconnu et constaté... (*indiquer la position du navire, les dommages qu'il a éprouvés, les avaries, etc.*).

Nous avons ensuite délibéré entre nous, hors la présence des parties et autres personnes ci-dessus désignées, et nous avons été unanimement d'avis que le navire *Calcutta* est dans un tel état de dégradation, qu'il est absolument impossible de le mettre à même de reprendre la mer (*ou :* a des avaries telles que les réparations à faire excéderaient la valeur du navire).

(*Dans le cas où les experts ne reconnaîtraient pas l'innavigabilité, ils diraient :* et nous avons été d'avis, à l'unanimité, que les dégradations souffertes par le navire *Calcutta* peuvent être réparées de manière à le remettre en état de tenir la mer, et que le coût de ces réparations ne s'élèvera pas au-delà d'une somme de..., bien inférieure à la valeur de ce bâtiment; qu'en conséquence il n'est pas dans le cas d'innavigabilité voulu par la loi, soit pour la vente, soit pour le délaissement.)

(*Si les experts étaient d'avis différents, ils le constateraient de la manière indiquée en la* FORMULE 75ᵉ.)

Ayant ainsi rempli la mission qui nous était confiée, nous avons clos le présent rapport, écrit en entier par monsieur...., qui s'est chargé d'en opérer le dépôt, à..., le..., à... heures du..., et nous avons signé, après lecture.

(*Signatures des trois experts.*)

FORMULE 149e. — **Délibération prise pour motiver le jet de marchandises à la mer, la coupe des mâts, l'abandon des ancres ou autres mesures de cette espèce.** (No 1409.)

L'an mil huit cent quatre-vingt... le..., à... heures du..., à bord du navire *le...*, du port de..., capitaine....., appartenant à monsieur....., armateur à..., se sont réunis, en la chambre du conseil, sur la convocation du capitaine....., messieurs ..... (*noms, prénoms, professions et domiciles des intéressés au navire ou à sa cargaison, ou de leurs fondés de pouvoirs, s'il y en a à bord, des officiers et des principaux de l'équipage*), auxquels ledit capitaine a exposé : que la tempête qui règne depuis dix-huit heures fatigue tellement le navire qu'il y a danger de le voir sombrer, si l'on ne se décide à jeter à la mer les objets ou marchandises ci-après : (*les désigner nominativement,* — *ou bien :* si l'on ne se décide à couper le mât de misaine, — *ou :* à jeter les ancres, voiles ou autres objets de gréement).

(*Dans le cas de chasse par l'ennemi, on dirait, par exemple :* a exposé : que depuis cinq heures ils sont poursuivis par un corsaire (*ou :* un vaisseau ennemi), qui paraît être armé d'au moins... canons; que jusqu'à ce moment ils ont pu éviter son feu, en forçant de voiles (*ou :* de vapeur); mais que la distance qui les sépare diminue de plus en plus, et qu'il est évident que la surcharge du navire retarde sa marche de manière à ce que l'ennemi l'atteindra avant longtemps ; que le seul moyen d'échapper à cette poursuite acharnée est de jeter à la mer les objets, etc.)

Ces propositions ayant été mûrement examinées et discutées, les voix ont été recueillies, et il a été décidé, à l'unanimité (*ou :* à la majorité de... voix contre...), que... — (*Dans le cas de divergence d'opinion, il sera nécessaire de mentionner l'avis du capitaine et des principaux de l'équipage, qui doit être suivi de préférence, aux termes de l'art. 410 du Code de commerce.*)

En conséquence, il a été, de cette délibération, rédigé le présent procès-verbal, qui a été, après lecture, signé immédiatement par tous les délibérants ci-dessus nommés. (*Si tous les délibérants ne signent pas, on ajoute :* à l'exception du sieur ....., qui a déclaré ne savoir, — *ou :* du sieur .... , qui a refusé de signer par le motif que...) *(Signatures.)*

NOTA. — Si la délibération ne pouvait être rédigée et signée immédiatement, on ferait mention des obstacles qui ont forcé de renvoyer l'accomplissement de cette formalité, et on indiquerait avec soin les lieu, jour et heure où elle a été remplie.

FORMULE 150°. — **Requête en nomination d'experts dans le cas de jet à la mer.** (N° 1412.)

A messieurs les président et juges du tribunal de commerce de... (*ou :* à monsieur le juge de paix du canton de... — *ou :* le consul de France à... *ou tout autre consul étranger, ou fonctionnaire du pays*).

Le sieur T... (*nom et prénoms*), capitaine du navire *Saint-François*, du port de Marseille, a l'honneur de vous exposer que, le..., à... heures du..., étant en proie à la tempête (*ou :* chassé par l'ennemi), il s'est vu forcé, pour sauver ledit navire, après avoir pris l'avis des intéressés et des principaux de l'équipage, ainsi qu'il résulte d'une délibération en date du..., ci-annexée, de jeter à la mer les objets ci-après, savoir : (*ou :* de couper le mât de..., — *ou :* de jeter les ancres..., etc.).

En conséquence, et pour se conformer aux prescriptions de la loi, l'exposant vous prie de nommer d'office trois experts à l'effet de dresser l'état des pertes et dommages et en faire la répartition.

Fait à..., le...   *(Signature du capitaine.)*

FORMULE 151°. — **Jugement ou ordonnance qui nomme les experts.** (N° 1412.)

Le tribunal de commerce de... (*ou :* le juge de paix du canton de..., — *ou :* le consul, etc.),

Vu la requête qui précède, la délibération qui l'accompagne et les articles 410 et suivants du Code de commerce,

Nomme messieurs..... (*noms, prénoms, professions et demeures*) experts, à l'effet de dresser, serment préalablement prêté, l'état des pertes et dommages éprouvés par le navire *Saint-François*, du port de Marseille, capitaine T..., et procéder ensuite à la répartition de ces pertes et dommages, pour, leur rapport fait et déposé conformément à la loi, être requis et statué ce qu'il appartiendra.

Fait et prononcé, en la chambre du conseil, où ont siégé monsieur ....., président, et messieurs ....., juges..., monsieur ....., greffier, tenant la plume, à..., le.., et signé par le président et le greffier.

(*Signatures du président et du greffier.*)

(*Ou :* Délivré à..., le... — *Signatures du juge de paix, du consul, ou autre.*)

FORMULE 152ᵉ. — **Rapport ou procès-verbal d'experts en matière de jet à la mer et de contribution.** (Nᵒ 1495.)

L'an mil huit cent quatre-vingt.. , le dix du mois de..., à... heures du... ,

Nous, ... (*noms, prénoms, professions et demeures*), experts nommés par jugement du tribunal de commerce de... (*ou :* par ordonnance rendue le..., par monsieur .....), enregistré, à l'effet de dresser l'état des pertes éprouvées par le navire *Saint-François*, du port de Marseille, capitaine C..., et procéder ensuite à la répartition de ces pertes et dommages, le tout conformément aux articles 410 et suivants du Code de commerce ;

Après avoir prêté, devant ....., le serment de bien et fidèlement remplir notre mission, ainsi qu'il résulte du procès-verbal dressé le..., enregistré, et avoir fixé dans ledit procès-verbal notre opération aux jour et heure énoncés en tête du présent rapport, lesquels ont été notifiés aux parties par acte du ministère de ....., huissier à..., en date du..., enregistré, avec sommation de s'y trouver si bon leur semble,

Nous nous sommes transportés à bord du navire *Saint-François*, mouillé dans le port de... (*ou :* en rade de...), où se sont présentés devant nous : *primo,* monsieur F... (*nom et prénoms*), négociant-armateur, demeurant à..., rue..., numéro..., propriétaire du navire ; *secundo,* monsieur C... (*nom et prénoms*), capitaine dudit navire, demeurant à...; *tertio,* monsieur T... (*nom et prénoms*), propriétaire, demeurant à...; *quarto,* monsieur R... (*nom et prénoms*), négociant, demeurant à..., rue .., numéro...; *quinto,* enfin, monsieur V... (*nom et prénoms*), fabricant de draps, demeurant à..., ces

38

trois derniers chargeurs du navire ; lesquels comparants nous ont remis les connaissements, chartes-parties, comptes, factures et autres pièces nécessaires à nos opérations, auxquelles ils ont déclaré vouloir assister, pour y faire telles réquisitions, dires et observations qu'ils jugeraient utiles à leurs intérêts ou de nature à éclairer notre religion, sous toutes réserves.

Nous avons donné acte aux sus-nommés de leurs comparution, dires, réserves et remises de pièces, et, en leur présence, nous avons procédé à l'accomplissement de notre mission tant ledit jour, dix..., que les douze, dix-huit et vingt-deux du même mois, jour où nous avons rédigé notre rapport comme suit, après nous être concertés ensemble et avoir adopté, à l'unanimité, les chiffres ci-après.

ÉTAT DES PERTES ET DOMMAGES.

Les marchandises et autres objets jetés à la mer consistent :

1° En cent soixante barriques, contenant trois cent soixante-quatre hectolitres quatre-vingts litres de vin rouge, cru de Pessac, 1878, chargées par monsieur T..., et dont la valeur, au lieu de déchargement, est de cent francs l'hectolitre, soit trente-six mille quatre cent quatre-vingts francs, ci. . . . . 36,480 »

2° En huit ballots, chargés par monsieur V..., contenant soixante-quatre pièces de drap bleu, lesquelles mesuraient ensemble trois mille deux cents mètres, et dont la valeur, au lieu de déchargement, est de quinze francs le mètre, soit quarante-huit mille quatre cents francs, ci. . . . . 48,400 «

3° En deux ancres en fer du poids de... et trois chaînes du poids de...., le tout d'une valeur de quatorze mille huit cents francs, au lieu de déchargement, ci. . . . . 14,800 »

4° Enfin, en trois pièces de vin pour l'équipage, contenant huit hectolitres, à quarante francs l'un, trois cent vingt francs, ci. . . . . 320 »

Total de la valeur des objets et marchandises jetés à la mer, cent mille francs, ci. . . . . 100,000 »

Il a également été jeté à la mer quarante barriques de vin, appartenant à monsieur V. ., sus-nommé, lesquelles contenaient cent quinze hectolitres de vin rouge ordinaire, d'une valeur de quarante francs l'hectolitre, soit quatre mille six cents francs ; mais ces marchandises, étant chargées sur le tillac, ne doivent point, d'après l'article quatre cent vingt-un du Code de commerce, être admises à contribution au profit du propriétaire, qui avait, d'ailleurs, autorisé par écrit le capitaine C... à placer lesdites quarante pièces de vin sur le tillac du navire.

CONTRIBUTION OU RÉPARTITION DES PERTES ET DOMMAGES ENTRE LES PARTIES INTÉRESSÉES.

Les objets qui doivent contribuer au payement des pertes et dommages causés par le jet à la mer sont :

1° Le navire estimé, au lieu du déchargement, y compris les ancres et chaînes jetées, la somme de cent dix mille francs, lequel navire doit contribuer pour la moitié de sa valeur, cinquante cinq mille francs, ci. . . . . 55,000 »

2° Le fret porté, d'après les chartes-parties, à la somme de vingt-quatre mille francs, et qui doit également contribuer pour moitié, soit douze mille francs, ci . . . . 12,000 »

3° Les marchandises chargées par monsieur T..., qui consistent, y compris celles qui ont été jetées, en mille barriques de vin rouge, cru de Pessac, 1878, contenant deux mille deux cent quatre-vingts hectolitres, d'une valeur de cent francs l'hectolitre, au lieu du déchargement, ensemble deux cent vingt-huit mille francs, dont il faut déduire le fret, s'élevant à quinze mille francs : reste deux cent treize mille francs, ci. . . . . . . , ... 213,000 »

4° Les marchandises chargées par monsieur R..., qui ont été toutes sauvées, sans aucune avarie, et qui consistent en quatre cents barriques, contenant neuf cent douze hectolitres de vin rouge de Saint-Loubès, 1879, à cinquante

A reporter. . . . 280,000 »

Report. . . .	280,000	»

francs l'hectolitre, au lieu du déchargement, soit quarante-cinq mille six cents francs, dont il faut déduire le fret, s'élevant à six mille francs, reste trente-neuf mille six cents francs, ci. . . . . 39,600 »

5° Les marchandises chargées par monsieur V..., consistant, y compris celles qui ont été jetées, en cent ballots, contenant douze mille deux cent vingt-six mètres de drap bleu, à quinze francs le mètre, au lieu du déchargement, soit cent quatre-vingt-trois mille quatre cents francs, dont il faut déduire le fret, s'élevant à trois mille francs : reste cent quatre-vingt mille quatre cents francs, ci. . . . . 180,400 »

Total de la valeur des objets qui doivent contribuer : cinq cent mille francs, ci. . . . . 500,000 »

D'où il suit que la somme de cent mille francs, montant de l'état ci-dessus dressé des pertes et dommages, doit être supportée par le propriétaire du navire et les chargeurs dans la manière suivante :

Par monsieur F..., pour le navire, onze mille francs, ci. . . . . 11,000 »

Par le même, pour le fret, deux mille quatre cents francs, ci. . . . . 2,400 »

Par monsieur T..., pour les marchandises par lui chargées, quarante deux mille six cents francs, ci. . . . . 42,600 »

Par monsieur R..., pour les marchandises par lui chargées, sept mille neuf cent vingt francs, ci. . . . . 7,920 »

Par monsieur V..., pour les marchandises par lui chargées, celles placées sur le tillac exceptées, trente-six mille quatre-vingts francs, ci. . . . . 36,080 »

Total égal à la valeur des objets jetés à la mer : cent mille francs, ci. . . . . 100,000 »

Notre mission étant ainsi terminée, nous avons clos le présent rapport, écrit en entier de la main de monsieur....., l'un de nous, qui s'est chargé d'en opérer le dépôt, et nous déclarons avoir employé, la prestation de serment comprise, chacun... vacations, plus celle du dépôt.

Fait et clos, à ..., en la demeure de monsieur....., le vingt-deux du mois de... mil huit cent quatre-vingt..., et signé, après lecture. *(Signatures des trois experts.)*

SECTION IV.

EXPERTISES AMIABLES.

FORMULE 153e. — **Compromis sous seing privé portant nomination d'experts, à l'amiable, après un incendie. (N° 1513.)**

Entre les soussignés :

Monsieur ..... *(nom et prénoms)*, directeur *(ou : agent)* de la compagnie française d'assurances *la*..., demeurant et domicilié à..., rue.... numéro..., agissant en cette qualité au nom de ladite compagnie, d'une part ;

Et monsieur ..... *(nom, prénoms, profession et domicile de l'assuré)*, agissant pour son propre compte, d'autre part,

A été dit, convenu et arrêté ce qui suit :

Par police numéro... de la compagnie française *la*..., agence de..., souscrite le..., pour... années consécutives, ladite compagnie a assuré contre l'incendie, à monsieur...., une somme de..., sur une maison située à..., rue..., numéro... *(ou tout autre immeuble, ou bien sur des meubles, marchandises, etc., que l'on désigne)*, aux conditions générales et particulières énoncées dans ladite police.

Dans la journée *(ou : la nuit)* du..., un incendie a détruit *(ou : endommagé)* les objets assurés.

Les parties, voulant éviter des détériorations plus grandes et faire exécuter, s'il y a lieu, les travaux nécessaires, à la charge de qui il appartiendra, sans nuire ni préjudicier à leurs droits respectifs, qui leur demeurent réservés, sont convenues de faire procéder à la reconnaissance et à l'estimation régulière des pertes et dommages.

En conséquence, elles nomment pour experts, savoir : la compagnie la..., monsieur..... (*nom*, *prénoms*, *profession et demeure*); et monsieur....., assuré susdit, monsieur..... (*nom*, *prénoms*, *profession et demeure*).

Ces experts auront la mission d'estimer, dans le plus bref délai, conformément aux conditions générales et particulières de la police sus-datée :

1° Quelle était, au moment de l'incendie, la valeur des objets assurés, déduction faite de celle du sol pour les immeubles;

2° Quelle était, après l'incendie, la valeur de ces mêmes objets ;

3° Quel est, d'après la solution des deux questions qui précèdent, le montant des pertes et dommages.

En cas de désaccord, les experts auront la faculté de s'adjoindre un tiers-expert pour procéder en commun, à la majorité des voix. Faute par eux de s'entendre sur le choix de ce tiers, il sera, à la requête de la partie la plus diligente, désigné par monsieur le président du tribunal de première instance de... (*ou :* du tribunal de commerce de...; *ou :* par M. le juge de paix du canton de...)

Les experts et tiers-expert sont autorisés à faire toutes les perquisitions, investigations et réquisitions qu'ils jugeront utiles pour éclairer leur religion. Ils sont dispensés de toutes formes judiciaires ainsi que du serment, et, au lieu de déposer leur rapport au greffe, ils en remettront un original à chaque partie.

Fait double, à..., le...

(Signatures du représentant de la compagnie
et de l'assuré.)

Au bas de chacun des doubles de ce compromis, les experts mettent :

Nous, experts désignés dans le compromis qui précède, déclarons accepter la mission qu'il nous confie et promettons de la remplir en âme et conscience.

A..., le...   (*Signatures des deux experts.*)

FORMULE 154°. — Procès-verbal ou rapport des deux experts nommés à l'amiable, en matière d'incendie. (N° 1516.)

L'an mil huit cent quatre-vingt..., le... (et jours suivants, *s'il y a lieu*),

Nous, ... (*noms, prénoms, professions et demeures*), experts nommés à l'amiable : le premier, par la compagnie française d'assurances *la...* , et le second, par monsieur..... (*nom, prénoms, profession et domicile*), suivant compromis, sous signatures privées, en date du.. , à l'effet de procéder à l'estimation des pertes et dommages causés, par un incendie survenu le..., aux objets que la compagnie sus-désignée avait assurés à monsieur....., dans la commune de... (*ou* : la ville de..., rue..., numéro...), suivant une police en date du..., numéro..., conformément aux conditions générales et particulières de ladite police ;

Nous sommes transportés sur les lieux du sinistre, et là, en présence (*ou* : en l'absence) des parties intéressées (*ou* : en présence de monsieur ..... et en l'absence de monsieur.....), nous avons procédé aux opérations qui nous étaient confiées.

Après nous être éclairés par tous les renseignements qu'il nous a été possible de recueillir, et opéré toutes les perquisitions et recherches de nature à éclairer notre religion, nous avons, d'un commun accord, répondu ainsi qu'il suit aux questions posées dans le compromis :

Sur la première question : (*Les experts donnent la valeur des objets assurés au moment de l'incendie, en motivant leur évaluation.*)

Sur la deuxième question : (*Les experts donnent la valeur de ce qui reste des objets assurés après l'incendie, toujours en faisant connaître les bases de leur estimation.*)

Sur la troisième question : Les deux évaluations qui précèdent répondent tout naturellement à la troisième question ; car, en défalquant la seconde estimation de la première, on trouve que les pertes et dommages s'élèvent à la somme de...

En conséquence, nous, experts sus-nommés et soussignés, déclarons, à l'unanimité, que le montant des pertes et dommages occasionnés aux objets assurés à monsieur ....., par l'incendie du..., s'élève à la somme de...

(*Dans le cas où l'une des parties requerrait l'insertion de quelques dires, observations, protestations ou réserves, les experts en feraient mention et inviteraient la partie requérante à les signer.*)

Fait et clos le présent procès verbal, en deux originaux, dont nous en avons remis un à chacune des parties, à. ., le...

(*Signatures des deux experts.*)

FORMULE 155°. — Procès-verbal ou rapport fait avec l'adjonction d'un tiers-expert. (N° 1520.)

L'an mil huit cent quatre-vingt..., le... (*et jours suivants, s'il y a lieu*),

Nous, ... (*noms, prénoms, professions et demeures des deux experts, et la suite jusqu'à la fin du premier paragraphe de la formule précédente*),

Et enfin nous..... (*nom, prénoms, profession et demeure du tiers-expert*), tiers-expert nommé par les deux autres experts sus-désignés (*ou :* par monsieur le président, etc., *ou autre magistrat*), à l'effet de concourir aux visite et estimation dont il s'agit,

Nous sommes, tous les trois, transportés sur les lieux du sinistre, et là, en présence, etc. (*la suite comme dans la formule précédente, jusqu'à la fin. — Dans le cas où les trois experts ne seraient pas unanimes dans leurs évaluations, on indiquerait l'avis de la majorité, ainsi que l'opinion de l'expert dissident, sans les nommer, et ils signeraient tous les trois le rapport, comme si leur avis était le même.*)

FORMULE 156°. — Compromis sous seing privé, portant nomination, à l'amiable, d'experts pour vérification de travaux et règlement de comptes. (N° 1521.)

Entre les soussignés :

Monsieur L... (*nom et prénoms*), propriétaire, demeurant et domicilié à..., d'une part ;

Et 1° monsieur D... (*nom et prénoms*), maçon, demeurant et domicilié à..., d'autre part ; et 2° monsieur J... (*nom et prénoms*), charpentier, demeurant et domicilié à..., encore d'autre part,

A été dit, convenu et arrêté ce qui suit :

Messieurs D... et J... ont construit, à..., pour le compte de monsieur L..., une maison de métayer, dont monsieur D... a fait la maçonnerie, le carrelage et la couverture, et monsieur J... tous les autres travaux, d'après les conditions arrêtées entre eux verbalement, mais sur lesquelles ils sont tous les trois d'accord. Monsieur L... devait fournir les matériaux en totalité ; cependant messieurs D... et J..., chacun dans sa partie, ont fait aussi quelques fournitures, sur le règlement desquelles il y a des difficultés, de même que sur le montant des acomptes payés soit à l'un, soit à l'autre de ces deux ouvriers, par le propriétaire. Enfin, monsieur L... trouve que l'exécution de certains ouvrages de maçonnerie et de menuiserie est défectueuse ou inachevée.

Dans cette situation, les parties ont, à l'amiable et d'un commun accord, nommé messieurs..... (*noms, prénoms, professions et demeures*) experts (*ou, si l'on se contente d'un seul expert*, monsieur....., expert), à l'effet : 1° de vérifier les travaux exécutés par les sieurs D... et J..., et notamment la maçonnerie et la menuiserie ; si ces ouvrages sont confectionnés d'après les règles de l'art et conformément aux conventions intervenues entre les parties ; et, dans le cas où ils seraient défectueux ou inachevés, indiquer ce qu'il y aurait à faire pour les réparer ou les finir, et, à défaut, évaluer le montant de l'indemnité due à monsieur L .. ; — 2° de déterminer la nature, l'importance et la valeur des matériaux fournis par les sieurs D... et J... ; — 3° de fixer le chiffre des acomptes payés par monsieur L... ; — 4° enfin, d'établir le règlement définitif des comptes de monsieur L. . avec messieurs D... et J..., séparément, de manière à ce que ledit sieur L .. sache quelle est sa position vis-à-vis de chacun de ces deux ouvriers, et *vice versa*.

Les experts sont autorisés à faire toutes les recherches, vérifications et réquisitions qu'ils croiront utile d'opérer pour l'accomplissement de leur mission. Ils sont dispensés de toutes formes judiciaires ainsi que du serment, et ils remettront un original de leur rapport à chacune des parties (*ou bien :* ils sont dispensés de toutes formes judiciaires, mais ils devront, toutefois, prêter serment devant monsieur le juge de paix du canton de..., et déposer leur rapport au greffe de ladite justice de paix, où chacune des parties en prendra connaissance et expédition si bon lui semble).

Fait triple, à..., le..., et signé, après lecture.

(*Signatures des trois parties.*)

NOTA. — Ce compromis doit être enregistré avant la prestation de serment des experts.

FORMULE 157ᵉ. — Rapport d'experts contenant vérification de travaux et règlement de comptes. (Nº 1521.)

L'an mil huit cent quatre-vingt..., le...,

Nous,..... (*noms, prénoms, professions et demeures des experts*), experts nommés par messieurs L..., D... et J... (*noms, prénoms, professions et domiciles des parties*), suivant compromis sous seing privé intervenu entre eux le..., enregistré à..., le..., par ....., qui a reçu... francs... centimes, à l'effet de : 1ᵉ vérifier, etc. (*copier le passage du compromis qui détermine l'objet de l'expertise et celui qui règle les formalités à remplir par les experts*);

Après avoir prêté serment devant monsieur le juge de paix du canton de..., le... (*si cette formalité est exigée par le compromis*), nous sommes transportés à..., dans la maison qui fait l'objet du litige, où nous avons trouvé... (*nommer les parties présentes*), en présence desquels nous avons procédé à la visite des travaux, opéré tous les recherches et vérifications nécessaires, et recueilli tous les documents, pièces et renseignements dont nous avions besoin. Puis, les parties s'étant retirées, nous nous sommes concertés ensemble et nous avons, d'un commun accord, rédigé notre rapport de la manière suivante :

1º Vérifications des travaux. — Tous les travaux faits par le sieur D..., et entre autres ceux de maçonnerie, sur lesquels il y a contestation, sont bien confectionnés, d'après les règles de l'art et conformément aux conventions arrêtées entre les parties. Il n'y a, par conséquent, rien à retoucher ni à terminer.

Les travaux effectués par le sieur J... sont également bien.

faits, selon les règles de l'art et les conventions des parties,
à l'exception toutefois du plancher de la chambre du nord,
qui a besoin d'être refait sur une longueur de quatre mètres
soixante centimètres et une largeur de trois mètres, et du râtelier de l'écurie, qui a été oublié. La valeur de ces travaux
s'élève à la somme de cinquante-trois francs quarante cen
times, dont douze francs pour le râtelier, et le surplus pour
le plancher.

2° Fournitures de matériaux. — Les matériaux fournis par
le sieur D... consistent en cent vingt carreaux pour la cuisine, taillés mais non polis, d'une valeur de quarante-cinq
francs rendus, et en six cents tuiles creuses d'une valeur de
soixante francs ; ensemble : cent cinq francs.

Les matériaux fournis par le sieur J... consistent en cinq
cents planches de bois de pin de deux mètres soixante centimètres de longueur sur vingt-deux centimètres de largeur et
trois centimètres d'épaisseur, dont la valeur est de quatre
cent vingt-cinq francs rendues sur les lieux.

3° Acomptes payés.   Il résulte des explications fournies
par les parties et des pièces par elles produites que le sieur
D... n'a reçu qu'un seul acompte de douze cents francs, et
que le sieur J... en a reçu trois : un de cinq cents francs et
deux de trois cents francs chacun, ensemble onze cents
francs.

4° Règlement des comptes. — Les parties sont parfaitement d'accord sur ce point, que le traité à forfait intervenu
entre elles attribue au sieur D... une somme totale de trois
mille francs, et au sieur J... une somme de trois mille deux
cents francs. D'où il résulte que le compte de chacun d'eux
doit être réglé comme suit :

Compte du sieur D... — Au montant total du forfait convenu, s'élevant à trois mille francs, il faut ajouter la somme
de cent cinq francs, valeur des matériaux qu'il a fournis, ce
qui fait un total de trois mille cent cinq francs, duquel il faut
déduire l'acompte de douze cents francs reçu par ledit sieur
D..., qui a, par conséquent, à toucher encore un solde de
mille neuf cent cinq francs.

Compte du sieur J... — Le montant total du forfait convenu est de trois mille deux cents francs, et la valeur des
matériaux fournis est de quatre cent vingt-cinq francs, qui

font ensemble une somme de trois mille six cent vingt-ci q
francs, ci. . . . . 3,625 »
Il y a à déduire, pour les travaux à refaire ou
à achever, cinquante-trois francs quarante centimes, et, pour les acomptes reçus, onze cents
francs, soit une somme totale de onze cent cinquante-trois francs quarante centimes, ci. . . 1,153 40

Le sieur J... a, par conséquent, à toucher un
solde de deux mille quatre cent soixante-onze
francs soixante centimes, ci. 2,471 60

Dans le cas où le sieur J... aurait, avant le payement de
ce solde réparé la portion de plancher sus-indiquée et mis
en place le râtelier de l'écurie, la valeur de ces travaux ne
devrait point lui être retenue, et il aurait alors à toucher une
somme de deux mille cinq cent vingt-cinq francs.

Ayant ainsi terminé la mission dont nous étions chargés,
nous avons clos le présent rapport en trois originaux, dont
un sera remis à chacune des parties (ou : qui sera déposé au
greffe de la justice de paix de...).

Fait à..., le..., et signé, après lecture.

(*Signatures des trois experts.*)

FORMULE 158e. — Compromis sous seing privé nommant des experts
à l'amiable, pour des opérations diverses. (No 1521.)

Entre les soussignés :

Monsieur Antoine-Henri Lepage, négociant et propriétaire, demeurant et domicilié à..., rue..., numéro..., d'une
part ;

Et la dame Eugénie-Élisabeth Robin, sans profession,
épouse de M. Jean-Adrien Corbière, docteur en médecine,
agissant tant pour l'autorisation de son épouse qu'en son nom
personnel et à raison des droits que sa qualité de mari lui
confère, demeurant ensemble commune de S..., d'autre
part ;

A été dit, convenu et arrêté ce qui suit :

Monsieur Lepage possède, dans la commune de S..., au
lieu dit Bellevue, une pièce de fonds en nature de prairie,
qui confronte des levant et midi à une pièce de fonds en nature de vigne, appartenant à la dame Corbière. Sur le côté

levant, existe une haie en aubépine, que la dame Corbière
prétend être mitoyenne, tandis que monsieur Lepage croit
en être seul propriétaire. Du côté du midi, il y a : premièrement, trois pommiers dont monsieur Lepage et la dame Corbière revendiquent l'un et l'autre la propriété exclusive ; secondement, un mur de douze mètres de longueur sur deux
mètres quatre-vingts centimètres de hauteur, auquel est
adossée une cabane en pierres appartenant à la dame Corbière : monsieur Lepage prétend que ce mur est mitoyen, et
madame Corbière soutient qu'il est entièrement à elle.

(*Ou bien, s'il s'agit d'un bornage :* Monsieur Lepage possède dans la commune de S..., au lieu dit Bellevue, une
pièce de fonds en nature de prairie, qui confronte des levant
et midi à une pièce de fonds en nature de vigne, appartenant à la dame Corbière. Aucune borne n'indique les limites de chacun de ces deux héritages, et les parties ne sont
pas d'accord pour tracer les lignes sur lesquelles il conviendrait d'opérer le bornage, dont elles reconnaissent également la nécessité.)

Dans cette situation, pour éviter un procès, et, en s'éclai-
rant sur leurs droits respectifs, arriver à un arrangement
amiable, les parties nomment messieurs ..... (*noms, prénoms, professions et demeures*) experts, à l'effet d'examiner les
points litigieux qui viennent d'être indiqués, de donner leur
avis sur les droits respectifs des parties et d'indiquer les bases
sur lesquelles elle pourraient se concilier.

(*Dans le cas où les parties n'auraient nommé que deux experts, on ajouterait :* En cas de désaccord, les experts auront
la faculté de s'adjoindre un tiers-expert, pour procéder en
commun, à la majorité des voix. Faute par eux de s'entendre
sur le choix de ce tiers, il sera, à la requête de la partie la
plus diligente, désigné par monsieur le président du tribunal de première instance de... — *ou :* par monsieur le juge de
paix du canton de ..)

Les experts et tiers-expert sont autorisés à faire toutes les
vérifications, recherches, réquisitions et perquisitions qu'ils
croiront utiles pour éclairer leur religion. Ils sont dispensés
de toutes les formes judiciaires, ainsi que du serment, et ne
rédigeront de rapport que dans le cas où les parties ne consentiraient pas à suivre immédiatement leur avis, ou si elles
les invitaient à dresser cet acte, dont les experts remettraient

alors un original à chaque partie et ne feraient point de dépôt au greffe.

Ainsi fait double, à..., le..., et signé, après lecture.

(*Signatures des parties.*)

FORMULE 159°. — Acte sous seing privé dressé conformément à l'avis des experts. (N° 1523.)

Entre les soussignés :

Monsieur Antoine-Henri Lepage, négociant et propriétaire, demeurant et domicilié à..., rue..., numéro..., d'une part ;

Et la dame Eugénie-Élisabeth Robin, sans profession, épouse de monsieur Jean-Adrien Corbière, docteur en médecine, agissant tant pour l'autorisation de son épouse qu'en son nom personnel et à raison des droits que sa qualité de mari lui confère, demeurant ensemble commune de S..., d'autre part,

Ont été arrêtées les conventions suivantes, sur l'avis de messieurs ....., que les parties avaient chargés, à l'amiable, d'examiner, sur les lieux, leurs prétentions respectives :

Article premier. — Les parties reconnaissent que la haie d'aubépine qui sépare la pièce de prairie appartenant à monsieur Lepage, au couchant, de la pièce de vigne appartenant à madame Corbière, au levant, est mitoyenne dans toute sa longueur, qui est de cent quarante-trois mètres soixante centimètres. Lesdites pièces de pré et vigne sont situées dans la commune de S..., canton de..., au lieu dit Bellevue, et portent les numéros trois et cinq de la section B du plan cadastral.

Article deux. — Sur la ligne qui sépare la prairie de monsieur Lepage, au nord, de la vigne de madame Corbière, au midi, les parties reconnaissent : premièrement, que le premier pommier, situé à l'extrémité levant de cette ligne et au bout de la haie mitoyenne dont il est parlé dans l'article précédent, est mitoyen entre les parties; deuxièmement, que les deux autres pommiers, les plus voisins de celui-ci, appartiennent entièrement à la dame Corbière, qui les conservera, bien qu'ils ne soient pas à la distance voulue de l'héritage voisin; troisièmement, que le mur situé à l'extrémité couchant de la même ligne, et auquel est adossée la cabane de la dame Corbière, est mitoyen dans toute sa longueur, qui est de douze mètres, et sa hauteur, qui est de deux mètres quatre-vingts centimètres; quatrièmement, enfin, que la ligne divisoire dont il s'agit suit l'axe de ce mur mitoyen et va aboutir directement au premier pommier mitoyen ci-dessus désigné, sur un développement de cent treize mètres cinquante centimètres depuis ledit pommier jusqu'à l'extrémité ouest du mur, bordant la route départementale numéro quatre, sur laquelle la prairie de monsieur Lepage et la vigne de madame Corbière ont leur entrée.

Article trois. — Les frais de timbre et d'enregistrement du présent acte seront payés moitié par monsieur Lepage et moitié par madame Corbière.

Fait à..., en double original, le... mil huit cent quatre-vingt..., et signé, après lecture.	*(Signatures des parties)*

FORMULE 160ᵉ ET DERNIÈRE. — **Procès-verbal sous seing privé de bornage amiable.** (Nᵒ 1524.)

Entre les soussignés :

1ᵒ Monsieur Jean-Baptiste Verteuil, marchand, demeurant et domicilié à..., d'une part;

2ᵒ Madame Louise Legros, veuve de monsieur Pierre Chatard, propriétaire, demeurant à..., d'autre part;

3ᵒ Et monsieur Marcel Morin, officier de santé, demeurant et domicilié à..., encore d'autre part;

A été dit, convenu et arrêté ce qui suit :

Les parties, désirant opérer, à l'amiable, le bornage de leurs propriétés contiguës, situées commune de..., canton de..., au lieu dit..., afin d'éviter que des difficultés s'élèvent entre elles ultérieurement, ont soumis leurs prétentions respectives à l'examen d'une personne (*ou :* de trois personnes) en qui elles avaient confiance, et, conformément à son (*ou :* leur) avis, elles ont procédé à cette opération de la manière qui va être ci-après expliquée.

La propriété de monsieur Verteuil, en nature de terre labourable, confronte : du levant, à la route départementale numéro trois; du midi, à madame veuve Chatard et à monsieur Morin sus-nommés; du couchant, au chemin vicinal numéro onze; du nord, à messieurs Delage et Leroy, haie mitoyenne entre eux.

La propriété de madame veuve Chatard, en nature de prairie, confronte : du levant, à la route départementale numéro trois; du midi, à monsieur Seguin; du couchant, à monsieur Morin, ci-dessus nommé; du nord, à monsieur Verteuil, aussi sus-nommé.

La propriété de monsieur Morin, en nature de terre labourable, confronte : du levant, à madame veuve Chatard, sus-nommée; du midi, à monsieur Seguin, fossé mitoyen entre eux; du couchant, au chemin vicinal numéro onze; du nord, à monsieur Verteuil, sus-nommé.

La ligne divisoire de la propriété Verteuil, d'une part, et des propriétés Chatard et Morin, d'autre part, ainsi que celle qui sépare la propriété Morin de la propriété Chatard, ayant été parfaitement déterminée, d'un commun accord, ces deux limites ont été établies sur le terrain par la plantation des cinq bornes ci-après, savoir :

Première borne. — Elle est placée sur le bord du fossé de la route départementale numéro trois, à l'extrémité levant des propriétés Verteuil et Chatard, qui ont, le long de ladite route, la première, une longueur de cent deux mètres trente centimètres jusqu'à la propriété Leroy, et la seconde, une longueur de quatre-vingt-treize mètres jusqu'à la propriété Seguin.

Deuxième borne. — Elle est placée à soixante-quatre mètres dix centimètres de la précédente, allant du levant au couchant, et au point de jonction des propriétés Verteuil, Chatard et Morin; la ligne droite qui va de l'une à l'autre de ces deux bornes forme la limite entre lesdites propriétés Verteuil et Chatard.

Troisième borne. — Elle est placée à cinquante-huit mètres quarante-cinq centimètres de la deuxième borne, en allant toujours du levant au couchant, mais inclinant un peu vers le nord; elle se trouve sur le bord du chemin vicinal numéro onze et à l'extrémité couchant des propriétés Verteuil et Morin, qui ont, sur ledit chemin, la première, une longueur de cent deux mètres quinze centimètres, jusqu'à la propriété Delage, et la seconde une longueur de quatre-vingt-seize mètres trente centimètres jusqu'à la propriété

Seguin ; la ligne droite qui va de la deuxième à la troisième borne détermine la limite entre les propriétés Verteuil et Morin, présentement bornées.

Quatrième borne. — Elle est placée à quarante-deux mètres cinquante-cinq centimètres de la deuxième borne, en allant du nord au sud, et à treize mètres vingt-cinq centimètres de l'angle sud-est de la cabane en bois qui existe dans la propriété Morin.

Cinquième et dernière borne. — Elle est placée à cinquante mètres vingt centimètres de la précédente, en allant toujours du nord au sud, mais inclinant légèrement vers l'est ; elle se trouve sur la limite de la propriété Seguin, à soixante mètres dix centimètres de la route départementale numéro trois et à soixante-trois mètres quatre-vingt-cinq centimètres du chemin vicinal numéro onze. La ligne brisée qui, partant de la deuxième borne, passe à la quatrième et aboutit à la cinquième et dernière borne, forme la limite entre les propriétés Chatard, d'un côté, et Morin de l'autre.

Sous chacune de ces cinq bornes, qui sont les première et troisième en pierre dure de un mètre de longueur sur trente-deux centimètres d'équarrissage, les deuxième, quatrième et cinquième en moellons ferrugineux de soixante centimètres de longueur sur quatre-vingt-trois centimètres de circonférence au milieu, nous avons placé, pour servir de témoins muets de notre opération, trois fragments de tuiles plates s'adaptant parfaitement entre eux (*ou bien :* du mâchefer, de la brique pilée, etc.).

Les parties expliquent et conviennent que les arbres et arbustes qui existent actuellement le long des lignes présentement bornées pourront être conservés par les propriétaires sus-nommés auxquels ils appartiennent, bien que ces arbres et arbustes ne soient pas à la distance voulue par la loi ou les usages locaux, sans qu'il en puisse résulter pour lesdits propriétaires aucun droit au-delà des limites ci-dessus déterminées. Dans le cas où ces arbres ou arbustes viendraient à périr, par quelque cause que ce soit, ils ne pourront être remplacés qu'en observant les distances prescrites par la loi ou les usages locaux.

Enfin, les parties se sont engagées formellement à respecter et faire respecter le présent bornage ainsi que la con-

39

vention dernière qui précède, et elles ont déclaré faire réciproquement, à cet effet, toutes les soumissions de droit et
rigueur.

Les frais du présent acte seront supportés un tiers par chacune des parties.

Fait en triple original, à. ., le... mil huit cent quatre-
vingt..., et signé, après lecture.

(Signatures des trois parties.)

FIN.

TABLE ANALYTIQUE DES MATIÈRES

CHAPITRE PREMIER.

De l'expertise en général, et des matières qui doivent ou peuvent y être soumises.

SECTION PREMIÈRE.

CAS DANS LESQUELS L'EXPERTISE EST OBLIGATOIRE.

§ Ier. — *Matières civiles.*

§ II. — *Matières administratives.*

§ III. — *Matières commerciales.*

CHAPITRE II.

Choix des experts et nature de leur mission.

CHAPITRE III.

De l'expertise en matière civile.

SECTION PREMIÈRE.

EXPERTISES EN JUSTICE DE PAIX.

SECTION II.

EXPERTISES DEVANT LES TRIBUNAUX CIVILS ET LES COURS D'APPEL.

§ II. — *Récusation des experts.*

§ III. — *Refus, déport ou empêchement des experts.*

§ IV. — *Prestation de serment des experts, et fixation des lieu, jour et heure de l'opération.* — *Sommation aux parties d'assister à l'expertise.*

§ V. — *Opérations des experts.*

§ VI. — *Rédaction du rapport des experts.*

§ VII. — *Dépôt du rapport.* — *Débours et honoraires des experts.* — *Règlement des frais d'expertise.*

§ IX. — *Nouvelle expertise ou Contre-expertise.*

SECTION III.

EXPERTISES DANS DES CAS SPÉCIAUX.

§ 1er. — *Expertise ou estimation des meubles des enfants mineurs dont les père et mère ont la jouissance.*

§ II. — *Expertise en matière de travaux à un mur mitoyen.*

CHAPITRE IV.

De l'expertise en matière administrative.

SECTION PREMIÈRE.

EXPERTISES ADMINISTRATIVES ORDINAIRES.

CHAPITRE V.

De l'expertise en matière commerciale.

SECTION PREMIÈRE.

EXPERTISES COMMERCIALES ORDINAIRES.

41

CHAPITRE VI.

De l'expertise amiable.

CHAPITRE VIII.

Formules.

SECTION II.

EXPERTISES ADMINISTRATIVES.

SECTION III.

EXPERTISES COMMERCIALES.

SECTION IV.

EXPERTISES AMIABLES.

FIN DE LA TABLE ANALYTIQUE.

INDEX ALPHABÉTIQUE DES MATIÈRES.

— ▷ ★ ◁ —

INDEX ALPHABÉTIQUE DES MATIÈRES. 659

Réquisitions des parties, 101 et suiv.,
108 et suiv., 250, 327 et suiv.
Rescision de partage ou de vente, 4,
10, 11, 186 et suiv.
Responsabilité des experts, 34, 146
et suiv., 179, 251.
Ressort (premier et dernier), 34.
Retard de dépôt du rapport, 130 et
suiv.
Rétractation de nomination d'ex-
perts, 52.
Révocation d'experts, 31.

S

Scellés, 5, 212.
Serment, 32, 33, 54, 84 et suiv., 248
et suiv., 322 et suiv., 340.
Signature du rapport, 122, 328 et suiv.
Signification du jugement, 28, 43.
Signification du rapport, 149 et suiv.,
330.
Solidarité pour les frais d'expertise,
134 et suiv.
Sommation d'assister à l'expertise,
28, 84 et suiv., 90 et suiv., 322.
Superfluités dans le rapport, 125 et
suiv.
Suplément d'expertise, 153.
Supplémentaire (Expert), 83.

T

Tabacs, 8, 16, 290 et suiv.

Tarifs, 370 et suiv.
Taxe des experts, 33, 80 et suiv., 129
et suiv., 132 et suiv., 202, 211,
251, 256, 280, 369, 370 et suiv.
Tiers-expert, 256 et suiv., 277 et
278, 308, 360.
Timbre, papier timbré, 126 et 127,
130.
Travaux publics, 7, 259 et suiv., 285
et suiv.
Tribunaux civils, 37 et suiv., 371 et
suiv.
Tribunaux de commerce, 314 et
suiv., 376 et suiv.

U

Urgence, 252.

V

Vacations des experts, 33, 80 et suiv.,
129 et suiv., 132 et suiv., 202, 211,
256, 280, 369, 370 et suiv.
Ventes d'immeubles, 4, 11, 202 et
suiv.
Ventilation, 5, 209 et suiv.
Vérification d'écritures, 10, 180, 217
et suiv.
Vices rédhibitoires, 5, 9, 215 et suiv.,
362.
Violences ou Voies de fait contre les
experts, 20 et 21.
Visites des lieux, 22 et suiv.
Voituriers, 332 et suiv.

FIN DE L'INDEX ALPHABÉTIQUE DES MATIÈRES.

CODES FRANÇ

ET LOIS USUELLES

DÉCRETS, ORDONNANCES ET AVIS DU CONSEIL D'ÉTAT

QUI LES COMPLÈTENT OU LES MODIFIENT

CONFORMES AUX TEXTES OFFICIELS

AVEC UNE

CONFÉRENCE DES ARTICLES BASÉE PRINCIPALEMENT SUR LA JURISPRUDENCE

ET ANNOTÉS

DES ARRÊTS DE LA COUR DE CASSATION

ET DES CIRCULAIRES MINISTÉRIELLES

PAR

H.-F. RIVIÈRE

Docteur en droit, Conseiller à la Cour de Cassation

AVEC LE CONCOURS DE MM.

Faustin HÉLIE
Membre de l'Institut, Vice-Président
du Conseil d'État.

Paul PONT
Membre de l'Institut, Président honoraire
à la Cour de Cassation.

PUBLICATION CONTINUÉE PAR MM.

André WEISS
Professeur à la Faculté de Droit de Paris, associé de l'Institut de Droit international
avec la collaboration pour le Code civil de

M. PONCET
Vice-Président du Tribunal civil de la Seine.

Une nouvelle édition, refondue et augmentée des nouvelles lois paraît chaque année
dans le courant d'octobre

Un très fort volume grand in-8° jésus. — Prix : broché, **25** fr.
Relié en un volume, **28** fr. — Le même ouvrage relié en deux volumes. Prix : **3**

Les MÊMES **Codes français et Lois usuelles**, *suivis des textes de l'ancien*
mis en rapport avec la *législation en vigueur*, format in-32. Prix : broché, **6** fr. ;
un volume, **7** fr. **50** ; relié en deux volumes, **9** fr.

ON VEND SÉPARÉMENT :

FORMAT IN-8°		FORMAT IN-32
Codes français	13 »	Codes français.
Lois usuelles	13 »	Lois usuelles.
Code civil et Lois constitutionnelles	5 »	Code civil et Lois constitutionnelles.
Code de procédure civile et tarifs.	3 50	Code de procédure civile et tarifs
Code de commerce	3 »	Code de commerce.
Codes d'instruction criminelle et pénal, tarifs criminels et lois de la presse	5 »	Codes d'instruction criminelle et pénal, tarifs criminels et lois de la presse.
Code forestier.	1 50	Code forestier
		Cartonnage des Codes séparés.

En dehors des avantages qu'offre cette publication, les éditeurs délivrent **gratuitement**
tout acheteur de l'ouvrage complet, format in 8°, **quatre bons** permettant de retirer
dant quatre ans les suppléments publiés annuellement et destinés à mettre les Codes au cr
des dernières dispositions législatives.

IMP. NOIZETTE, 8, RUE CAMPAGNE-PREMIÈRE, PARIS

www.ingramcontent.com/pod-product-compliance
Lightning Source LLC
Chambersburg PA
CBHW071134270326
41929CB00012B/1746